2021
서울생활문화
자료조사

도성 밖 신도시

돈암

105
통행로아님

총괄	김용석(서울역사박물관장)
기획	박현욱(서울역사박물관 학예부장) 최형수(서울역사박물관 조사연구과장) 김양균(前 조사연구과장) 정수인(서울역사박물관 학예연구사)
공동연구진	정기황, 김균언, 이승원(시·시·한연구소) 강성봉, 백외준, 박수진(성북문화원) 이원호(도시연구소) 하장호(고개엔마을) 정수인, 황희순(서울역사박물관)
원고작성	1장 정기황 2장 박수진, 백외준 3장 김균언, 송은지 4장 이승원, 백외준, 박수진 5장 김균언, 정기황, 송은지 6장 하장호, 정기황 7장 정수인, 황희순
연구보조원	송은지, 장예영(시·시·한연구소) 박원준, 이수민, 안주환(한국전통문화대학교 전통건축학과)
보고서 발간 지원	정해린(서울역사박물관)
지역활동가	김춘선, 박춘란, 석순자, 윤병관, 최점순
교정	내일날씨
사진촬영	박동명
행정지원	김은경, 백운태
협조	성북구청 지적과, 성북문화원, 경동고등학교 동문회
자료제공	경동고등학교 고려대학교 박물관 국가기록원 국립민속박물관 국립중앙박물관 국사편찬위원회 국토지리정보원 기독교대한감리회 돈암교회 김수영문학관 돈암성당 문화재청 문화체육관광부 정부기록사진집 서울시립대학교 역사도시건축연구실 석순자(지역활동가) 성 베네딕도회 왜관수도원 성북마을아카이브팀 임시정부기념사업회 재속프란치스코회 한국 국가형제회 조인래(조소앙 후손) 종로도서관 최점순(지역활동가) 한국도시연구소

일러두기

- 이 보고서는 2021년 서울생활문화자료조사 돈암 지역 조사의 일환으로 제작되었다.
- 보고서에 인용된 단행본, 신문자료, 논문의 내용은 최대한 원문의 뜻을 살려 표기하였다.
- 구술자가 동의하지 않거나 개인정보보호가 필요한 경우 익명으로 처리하였다.
- 구술자의 이야기를 그대로 살리기 위해 일부 문법에 따른 교정을 하지 않았다.
- 시기에 따른 지명과 기관명의 변화를 반영하여 작성하였으나, 불분명한 경우는 현재의 지명과 기관명의 기준으로 정리하였다.
- 책에 실린 사진의 저작권은 해당 소유자에게 있으며, 출처가 표기되지 않은 사진은 서울역사박물관 소장 자료이다.

* 표지의 문구는 박완서, 『그 남자네 집』, (주)도서출판 세계사, 2012, 「작가의 말」에 쓰인 것입니다.

2021 서울생활문화자료조사

도성 밖 신도시

돈암

서울역사박물관

부동산

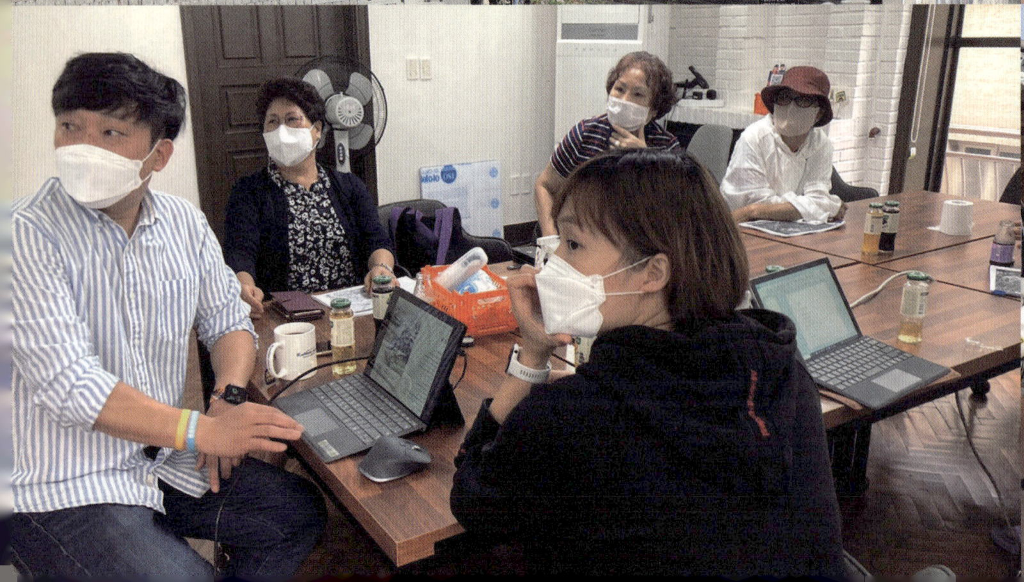

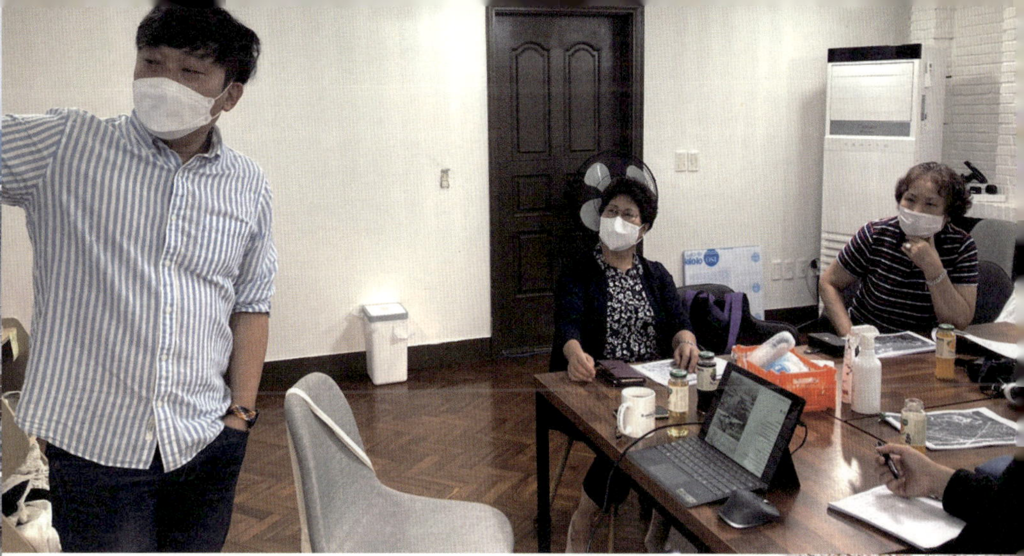

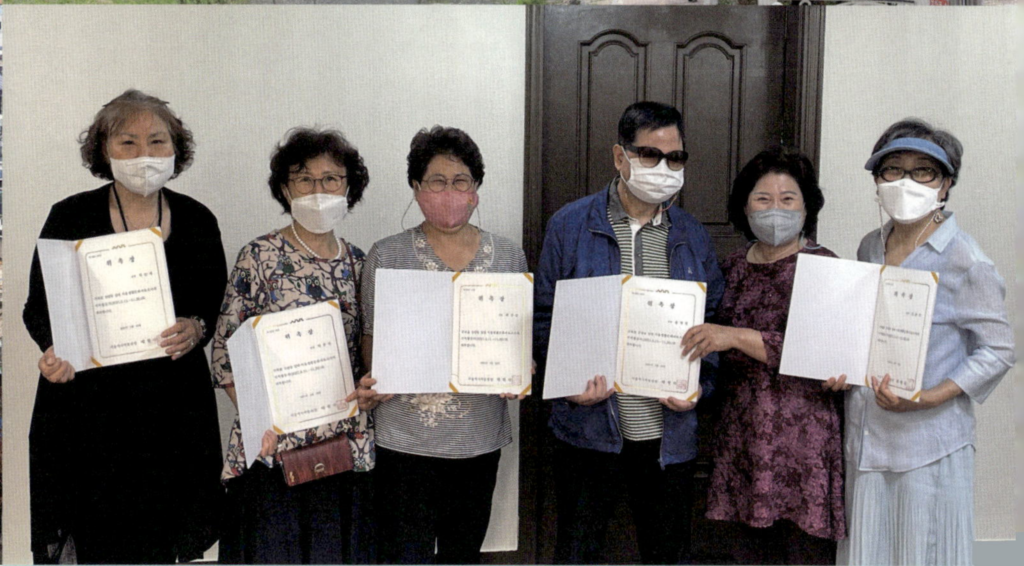

돈암 일대 조사에 참여해주신
지역활동가 김춘선, 박춘란, 석순자, 윤병관, 최점순님께
감사드립니다.

HOTEL

도성 밖 신도시,
돈암

서울역사박물관은 2007년 서울생활문화자료조사를 시작했습니다. 지금까지 37개의 조사가 이루어졌습니다. 역사적 층위가 두터운 한양도성 안을 우선적으로 실시했습니다. 도성 안은 이제 촘촘히 채워져 10개 지역의 조사가 완료됐습니다. 박물관은 한강 이남 5곳에서 조사를 벌이는 등 점차 대상 지역을 확대해 가고 있습니다. 2021년에는 한양도성 밖이지만, 다양한 역사성이 존재하는 돈암 일대에 집중했습니다.

돈암은 성북동에서 청계천으로 흐르는 성북천안암천이 남북으로 흐르고, 양옆으로 낙타산과 개운산이 자리하는 등 낮은 돌산으로 둘러싸인 넓은 분지 지역입니다. 조선 시대에는 삼선평이라고 불리는 농촌 마을이었고, 산자락에는 풍경이 좋은 별서와 주거지가 있었습니다. 근대기에는 넓은 땅 삼선평에서 야구와 축구 등 체육경기가 펼쳐지기도 했습니다. 일제강점기에는 늘어나는 경성 인구를 수용할 수 있는 주거지로 돈암 일대가 들썩이기 시작했습니다. 도성 밖에 최초의 신도시가 건설된 것입니다.

1936년 근대 도시계획기법이 적용된 경성시가지계획의 일환으로 돈암지구가 조성됐습니다. 돈암·삼선·보문·동선·동소문동 등에 도시한옥이 대량 공급됐고, 도심과 연결된 전차의 종착지도 미아리고개 바로 앞이었습니다. 이에 따라 새로운 주거지로 사람들이 많이 몰려왔습니다, 소설가 박완서도 그중 한 명입니다. 그의 소설 '그 남자네 집'에 이곳의 모습이 고스란히 담겨 있습니다.

"50년대 초, 내가 결혼해서 시집살이를 한 동네는 좁고 꼬불탕한 골목 안에 작은 조선 기와집들이 처마를 맞대고 붙어 있는 오래된 동네였다."

박완서, 『그 남자네 집』, (주)도서출판 세계사, 2012, 「작가의 말」 중

1950년대를 전후로 돈암 일대는 사람들로 북적였고, 최초의 예술대학인 서라벌예술대학도 이곳에 자리 잡아 많은 문화예술인이 모여들었습니다. 지금도 이곳은 기초지자체 중에서 가장 많은 문화예술인이 사는 동네로 문화예술의 정취를 물씬 풍기는 곳입니다.

돈암 조사에서는 특별히 지역을 기반으로 오랫동안 거주하신 분들을 대상으로 지역활동가를 선정해 조사에 함께 참여했습니다. 코로나19 확산으로 현장 조사가 어려운 상황에서 이분들의 도움으로 동네의 내밀한 사정까지 파악할 수 있었습니다. 지역활동가로 활동해 주신 김춘선·박춘란·석순자·윤병관·최점순 님께 깊은 감사의 인사를 드립니다.

더불어 2021년 돈암 서울생활문화자료조사 사업을 열정과 최선의 노력으로 감당해 주신 시·시·한연구소의 정기황 연구책임을 비롯한 연구진께도 감사드립니다. 그리고 오래된 기억을 되살려 돈암 일대의 장소와 시대와 일상을 구술해 주신 거주자분들, 태조감자국과 나폴레옹과자점 분들께도 진심으로 존경과 감사의 인사를 드립니다.

2022년 5월

김용석 서울역사박물관장

목차

1 연구개요

2 동소문 외外

3 경성시가지계획과 '돈암지구'

4 신도시 돈암에 형성된 문화

5

동대문구에서 성북구로

6

돈암지역의 현재

7

돈암동 사람들

8

부록

1 / 7
연구개요

1. 조사배경과 조사지역

1.1 조사배경

'돈암지구'는 1920~1930년대 도성 내의 인구 급증으로 인한 주택난 해소를 위해 근대 도시계획으로 도시를 확장하는 과정에서 대규모로 개발된 신도시이다. 개발 이전에 이 지역은 삼선평[01], 돈암리[02], 안암리[03] 정도가 마을을 구성하고 있었고, 도성 근교로 천변과 구릉지에 빈민들이 모여 살던 '토막촌'이 형성되어 있던 곳이다. 개발 당시 범위는 대략 현재 지하철 한성대입구역이 있는 성북동에서 지하철 신설동역 이전의 안암동까지의 지역으로, 성북동에서 발원해 청계천으로 흐르는 안감내현재 성북천, 안암천를 중심에 두고 양옆으로 낙(타)산과 개운산 사이의 지역이다. 대부분 주거시설로 도시한옥이 건설되었다. 현재도 1936~1941년 개발 당시에 지어진 도시한옥들이 많이 남아 있다.

01
현재 지하철 4호선
한성대입구역 주변
02
현재 지하철 4호선
성신여대입구역 주변
03
현재 지하철 1호선
신설동역 주변

조선시대에 '돈암지구'는 삼선평을 중심으로 군사훈련 터와 둔전이 있었으며, 안감내와 구릉지로 논밭과 과수원이 형성되어 있었고, 동대문 밖 동적전 가는 길에는 암암리에 별서와 주거지가 형성되어 있던 곳이다. 돈암지구는 일제강점기인 1936년 근대 도시계획 수법이 도입된 조선시가지계획령과 경성시가지계획토지구획정리사업으로 조성된 지역이다. 돈암지구가 개발된 후부터 낙산과 개운산 등 구릉지로 빈민촌이 형성되었다. 1960년대에는 성북천이 복개되고 복개천 위로 상가아파트가 개발되었고, 1970년대는 구릉지의 빈민촌이 재개발되어 아파트단지가 조성되었다. 1980년대 후반부터는 도시한옥 밀집지역에 빠르게 다세대·다가구 주택이 들어섰다. 현재는 구릉지 산동네와 도시한옥 밀집지역이 아파트단지로 재개발되고 있다.

근대 도시계획으로 빠르게 도시화된 돈암지구에는 신문화가 형성되었다. 삼선평에서는 야구나 축구 등의 근대 체육경기가 열렸고, 한용운 등의 독립운동가나 광복 후 이승만과 조소앙 같은 정치인들의 활동 거점이기도 하였다. 더불어 한국 최초의 예술대학인 서라벌예술대학이 있었으며 문인 등 수많은 예술가가 생활하고 활동한 지역이었다. 대표적으로 소설가 박완서는 이 지역을 기반으로 한 소설 '그 남자네 집'을 썼다. 현재에도 연극인이 많이 살고 극장 등의 문화기관이 기초지자체 중 가장 많이 모여 있어 문화예술 활동이 활발한 지역이다.

'돈암지구'는 서울의 근대 도시 개발의 역사가 고스란히 담긴 곳이다. 그럼에도 불구하고 '돈암지구'는 도성 밖이고, 근대에 형성된 곳으로 전체적인 도시적 조사기록은 부재하다. 따라서 이 연구는 '돈암지구'의 도시한옥, 상가아파트, 다세대·다가구 주택, 아파트단지 등 주거지의 변화과정을 역사적으로 조사하는 한편 현재 '돈암지구'의 도시적 상황과 비교·분석해 기록하였다. 또한 돈암지구를 기반으로 활동한 정치인과 문화예술인 등 인물들의 장소인문학적 관계망을 조사하여 돈암지구의 생활문화를 입체적으로 기록하였다.

1.2 조사지역

'돈암지구'는 1936년 경성시가지계획으로 개발된 곳으로 안감내를 중심으로 한 지역이다. 현재 행정동으로 성북구 성북동·삼선동·동소문동·동선동·안암동·보문동의 일부다. '돈암지구' 개발 이전에는 '돈암리' '성북리' '안암리'로 지칭되었지만, 개발 이후 돈암동·성북동·안암동이 되었고 여러 동으로 분화되었다. 이 과정에서 돈암동은 현재 지하철 4호선 성신여대입구역 일대부터 성북동 북악산 줄기에서 미아리고개 개운산으로 이어지는 능선까지 돈암1동과 돈암2동으로 분화되면서 '돈암지구' 밖으로 바뀌었다. 이로 인해

그림 01

1936년 돈암지구

「시가지계획 돈암토지구획정리 계획평면도」, 『경성부 영등포 및 돈암 토지구획정리비 기채의 건』, 1938, 국가기록원

그림 02

돈암지역 현재 법정동

2021년 지적도

조사지역의 범위를 현재 행정동으로 한정 짓기는 어렵다. 따라서 '돈암지구'로 개발된 지역과 '돈암지구' 생활권의 중심으로 신설된 5번 도로현재 보문로 및 6번 도로현재 동소문로를 중심으로 하되, 같은 문화권이자 생활권이었던 돈암1동·돈암2동을 포함한 '돈암지역'을 조사범위에 포함하였다. 본문에서 '돈암지구'는 1936년 개발 당시의 도시계획 범위를 지칭하며, '돈암지역'은 낙산·북악산·개운산으로 둘러싸인 지역으로 지리적으로 같은 문화·생활권을 지칭한다.

2. 조사과정과 방법

2.1 조선시대 돈암지역(삼선평, 돈암리, 안암리, 성북리): 고지도와 사료

조선시대 돈암지역은 동소문혜화문 밖으로, 주거지나 시설이 많지 않은 자연 상태에 가까운 지역이었다. 그런 만큼 역사적 기록도 많지 않다. 이에 조선시대 지도와 일제강점기 지도 자료 등을 기초로 '돈암지구'와 개발 이전의 '돈암지역'을 조사하였다. 그리고 동소문이나 인근의 삼선평을 중심으로 행해진 군사훈련과 선농단·동적전으로 가는 길인 안암리의 별서나 행궁 등에 대한 조선왕조실록·승정원일기 등의 문헌들로 조선시대 돈암지역의 경관과 생활상을 조사하였다.

2.2 일제강점기 돈암지구의 개발: 경성시가지계획 자료, 지적자료, 신문기사

1936년 경성시가지계획은 경성의 대규모 확장 계획으로 비교적 자료가 많은 편이다. 또한 돈암지구는 영등포지구와 함께 초기에 시행한 지역으로 계획도와 신문기사 자료가 많다. 이에 따라 계획 자료를 기초로 돈암지구의 개발과정과 개발 내용을 조사해 기록하였다. 아울러 폐쇄지적과 구토지대장 등의 지적자료를 기초로 개발의 양상과 돈암지역의 도시화 과정을 기록하였다. 개발 당시 지어진 도시한옥 등이 잘 보전되어 있는 지역이므로 건축물과 가로골목길 등의 현재 상태를 조사하여 도시의 변화양상을 기록하였다.

2.3 광복 전후 돈암지역의 문화: 대학 기록물, 구술자료, 문학자료, 지역 연구자료

돈암지역은 광복 이전에 고려대학교와 성신여자대학교 등이 이전해 왔고, 광복 이후로 서라벌예술대학 등이 이전해 오면서 지역에 대학문화가 형성되었다. 이에 대학의 이전과정과 대학문화의 형성과정을 대학의 기록물

그림 03

돈암지역의 주요사건과 도시변화 연표

한국 서울 주요 사건

1924
- 경성제국대학 설립
- 종묘관통선 신설
- 대학로 신설

1934
- 조선시가지계획령
- 경성시가지계획
- 경성 인구 급증

1945
- 해방

1950
- 6·25전쟁

돈암지역 주요 사건

1936
- 토지구획정리사업
- 돈암지구 시행
- 보성전문대학 이전 (현 고려대학교)

1941
- 돈암지구 완공
- 성신여학교 이전(현 성신여자대학교)

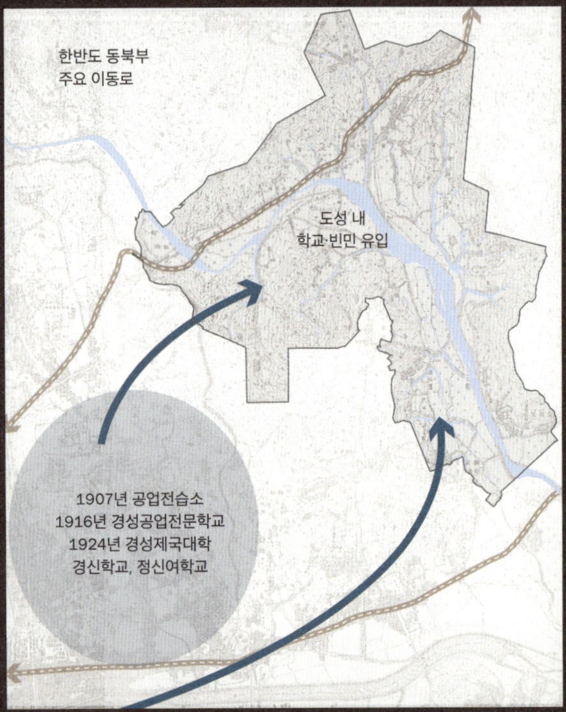

자연촌락기-1936년 이전
1921년 지형도

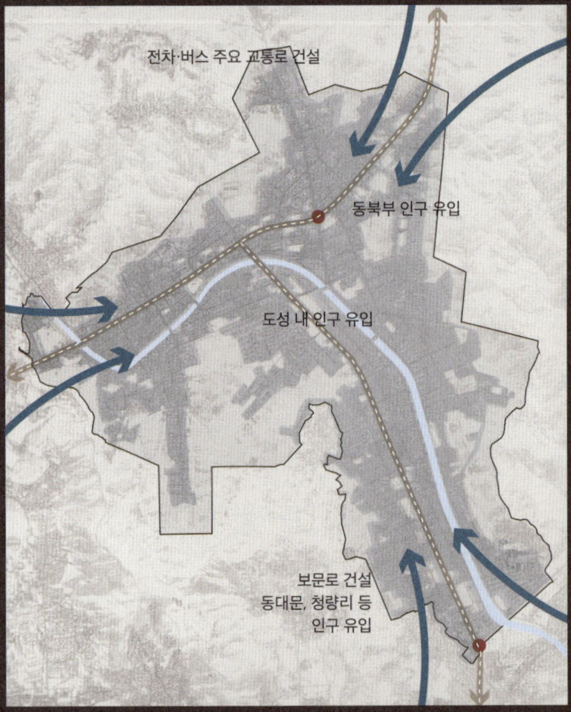

신도시 조성기-1936년~1945년
1947년 항공사진

사회문화 형성기-1945년~1986
1972년 항공사진

1968

· 성북천 복개
· 삼선상가아파트 등 개발
· 서라벌예술대학 이전
(현 중앙대학교 편입)

1975

· 불량주택지구개발

· 606번지 철거 후 아파트 단지 개발
(현 돈암1,2동)

1986

· 다세대·다가구법(건축법 개정)

· 기존 도시한옥지역 개발

2003

· 재개발법 시행

· 기존 주거지 개발
· 아파트단지 개발

2021

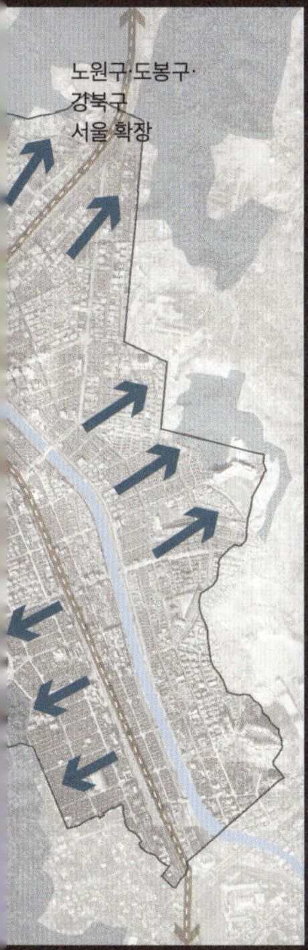

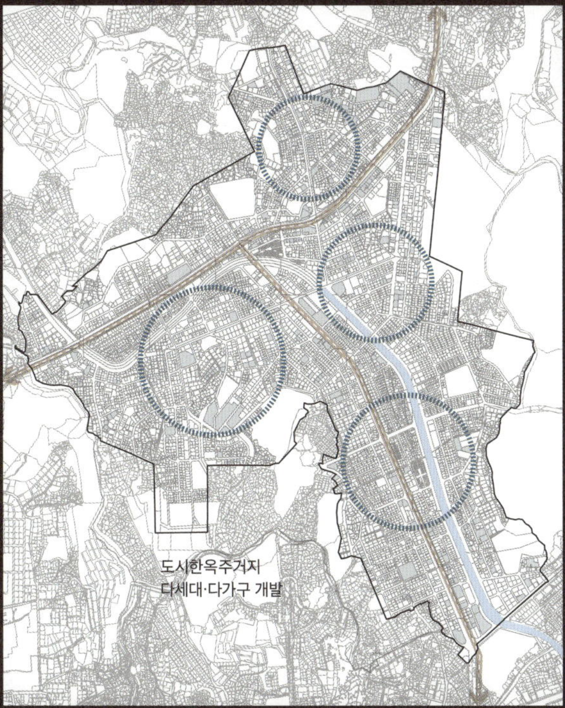

도시 재개발기-1986년~2003년
1990년 지적도

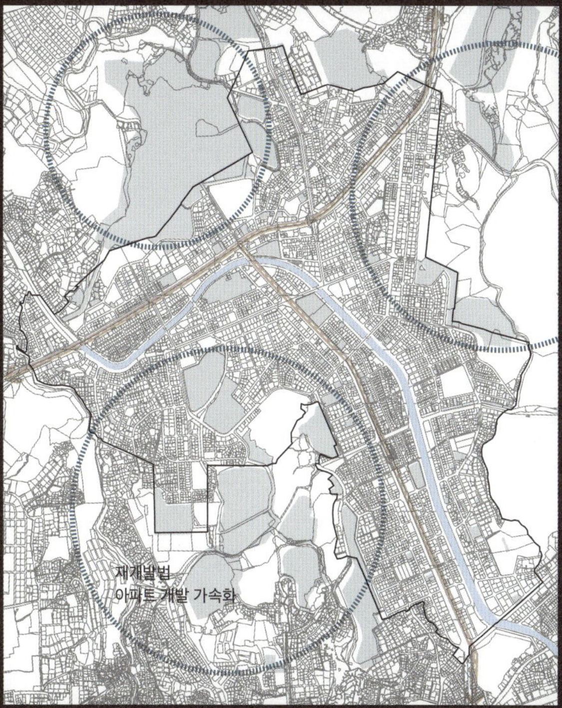

도시 재개발기-2003년~현재
2021년 지적도

과 구술자료 등을 통해 조사하였다. 또한 광복 후 이승만·조소앙 등의 정치활동과 거주공간을 지역 연구 자료와 구술자료 등으로 조사하였으며, 서라벌예술대학의 교수였던 소설가 김동리와 동선동·보문동에 거주하였던 소설가 박완서 등이 돈암지역을 배경으로 쓴 소설을 기초로 당시의 도시경관과 생활상을 기록하였다.

2.4 현대 돈암지역의 개발: 사진자료, 구술자료, 지역활동가

돈암지역은 1936~1941년 돈암지구가 개발된 이후 구릉지로 산동네가 대규모로 형성되었고, 1970년대 산동네가 아파트단지로 개발되었다. 돈암지역의 중심을 지나는 안감내는 1960년대 복개되고 복개천 위에 삼선상가 아파트 등이 들어섰다. 1980년대에는 도시한옥이 다세대·다가구 주택으로 개발되었으며, 현재는 재개발로 대규모 아파트단지가 건설되고 있다. 이런 개발과정은 비교적 근래의 사건으로 현재까지 거주하는 주민들이 많은 편이다. 이런 도시개발과정은 기존 연구자료와 사진자료 등으로 조사하였으며, 관련된 사건들을 신문기사와 구술 등을 통해 조사하였다. 특히 지역활동가를 모집해 연구기간에 지역을 안내받고, 관련된 주민들도 소개받는 등 지역의 생생한 조사자원들로 생활문화를 조사하였다.

3. 조사구성

돈암지역은 우리나라 최초의 근대도시계획법인 1934년 '조선시가지계획령'에 따른 '경성시가지계획1936년'으로 만들어진 '신도시'다. 그리고 경성시가지계획의 일환으로 경성에 지정된 10곳 중 처음으로 완공된 곳이 '돈암지구'이다. 돈암지구는 북쪽으로 성북동에서 남쪽으로 신설동에 이르는 71만 3,900평의 대규모 토지에 신설동에서 돈암동을 잇는 5번대로폭 25m, 길이 3,050m와 원남동에서 돈암동종암동을 잇는 6번대로폭 25m, 길이 4,800m를 건설하고, 대로변으로 상가와 시장돈암시장, 보문시장을 계획하고 그 안쪽으로 주거지를 건설하였다.

돈암지구는 생산과 소비 등 경제적 자족도시로 계획된 도시계획적 의미의 '신도시'라고 할 수 있다. 또한 대부분의 주거는 도시한옥으로 건설되어 현재까지 잘 남아 있는 지역이며, 소설가 박완서의 '그 남자의 집'을 포함해 김동리·신동엽·김훈 등 문인들의 거주지이자 소설의 배경이 된 곳이기도 하다.

이렇듯 돈암지역은 서울 근대 도시사의 한 획을 그은 중요한 지역이다. 그럼에도 관련된 조사나 연구는 미미하였다. 이에 이번 연구에서는 경성시가지계획으로 형성된 돈암지구3장: 경성시가지계획과 돈암지구를 중심으로 조선시대의 역사2장: 동소문 외와 신도시에 형성된 광복 전후의 사회문화적 형성과정4장: 신도시 돈

암에 형성된 문화과 도시 재개발5장: 동대문구에서 성북구로, 현재 도시 공동체의 문화와 활동6장: 돈암지역의 현재 등을 폭넓게 기록하였다.

3.1 조선시대: 동소문 외(外)

조선시대 돈암지역은 '동소문 외'로 지칭되었다. 도성의 동북쪽 소문小門은 처음에는 홍화문弘化門으로 하였다가 1483년성종 4 창경궁 동문을 홍화라 하면서 혼동을 피하기 위해 1511년중종 6 혜화惠化로 고쳤고, 도성의 동쪽에 위치한 소문으로 '동소문東小門'으로 지칭되었다. 동소문은 한양에서 한반도의 동북지역으로 가는 주요 관문이었다. 돈암지역은 서북쪽으로 동소문이 있는 낙산·북악산과 동쪽으로 개운산 등으로 둘러싸인 구릉지역이고, 그 사이로 안감내가 흐르는 계곡형 지형에 천 주변으로 평지가 형성된 분지 지형이다. 따라서 도시화 이전 돈암지역은 하천을 따라 논밭·과수원·농장 등 농경지가 펼쳐져 있고, 구릉지에 일부 주거지와 별서가 있는 전원지역이었다. 주거지는 크게 3곳으로 동소문 인근 삼선평三仙坪, 현재 4호선 한성대입구역 주변, 정릉과 흥천사 인근 돈암리현재 4호선 성신여대입구역 주변, 선농단先農壇, 동적전 가는 길 안암安岩이 있던 안암리현재 1호선 신설동역 주변에 작은 촌락이 형성되어 있었다.

『세조실록』 36권, 세조 11년 6월 4일.

> 동소문 밖東小門 外의 다야원多也院 냇가에 거둥하니 영의정 신숙주, 상당부원군 한명회, 좌의정 구치관, 우찬성 박원형, 동지중추원사 윤사흔·김국광, 병조판서 김질, 우참찬 윤자운, 호조판서 노사신, 예조참판 임원준과 승지·아종 등이 수가隨駕하였다. 한명회에게 명하여 한지閑地를 보아 가운데를 나누어 구역의 경계를 삼고, 좌우로 하여금 수전水田 수십 무畝를 만들게 하고, 아종과 김질에게 명하여 그 위에다 내를 막아 좌우로 하여금 개천을 열어 그 전지田地에 물을 대어서 보니, 뒤에 물이 장마져서 해친 바가 되고 전지가 모두 모래에 덮이었다.

조선시대 초인 1465년 세조실록의 기사에 의하면 돈암지역은 '동소문 외'로 지칭되

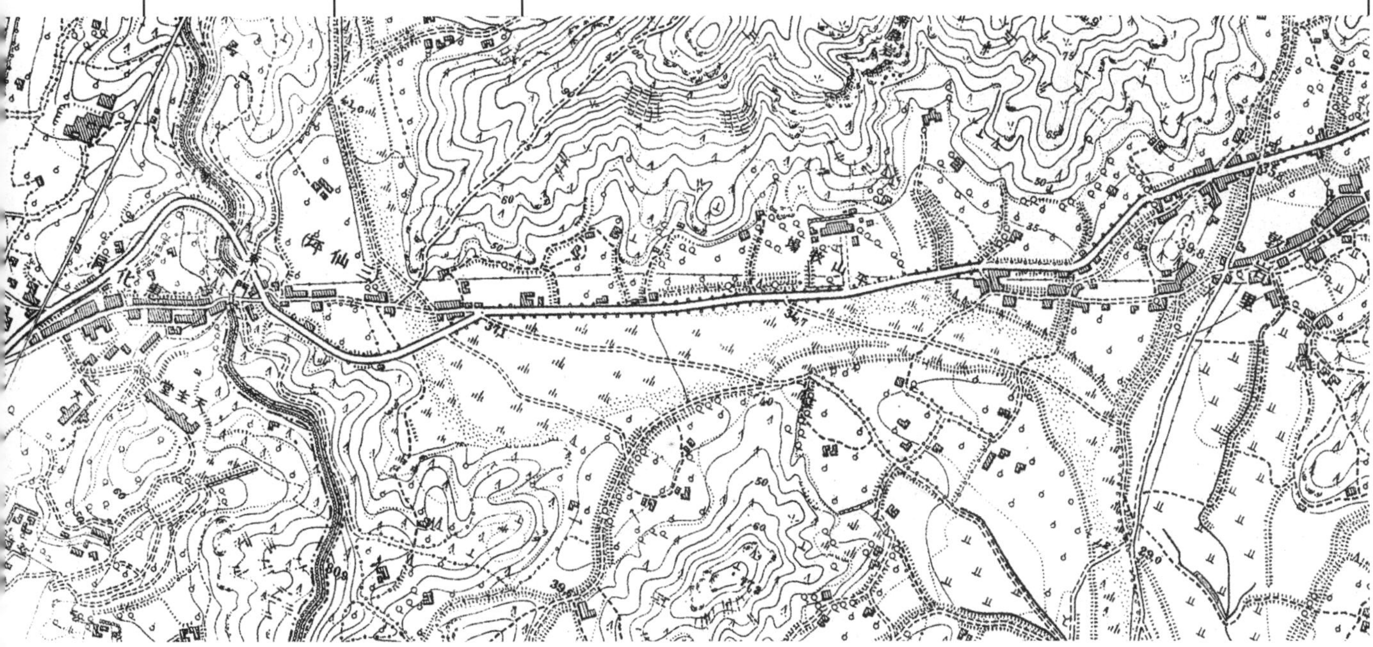

그림 04
「경성도」(부분), 『1:10,000 조선총독부지도』, 1921년 수정
국립중앙박물관

고 냇가안감내 주변으로 넓은 유휴부지한지가 많았음을 알 수 있다. 냇가를 개수해 개천을 만들고 농지를 만들었으나 장마 탓에 모래로 뒤덮였다는 기록으로 보아 동소문 밖은 지대가 낮고 모래가 많은 하천으로 주거지나 농지가 거의 존재하지 않았음을 추정해 볼 수 있다.

> 혜화문 밖에서는 무엇을 보았는가
> 푸른 숲이 흰 모래밭에 연하였네
> 북둔의 복사꽃 천하에서 가장 붉고
> 푸른 시냇가엔 울타리 짧은 집들
> 금성천부라 참으로 아름답고
> 태평성대라 또한 즐거웁구나

이덕무, 「성시전도 칠언고시 백운(城市全圖 七言古詩 百韻)」, 『청장관전서 제20권, 아정유고 12』(한국고전번역원, 영인표점 한국문집총간, 2000(이식 역, 1979), a257~278b).

조선시대 삼선평 일대의 모습은 정조조 문신 이덕무1741~1793가 쓴 '성시전도시'로 추정해 볼 수 있다. 혜화문 밖 '흰 모래밭'은 삼선평을 뜻하는데, 주변에 복숭아밭이 있었고 시냇가안감내 주변으로 주거지가 형성되어 있었음을 알 수 있다.

> 승지 박열과 권균과 이계맹, 공조판서 한사문, 병조판서 임사홍, 참판 윤구, 한성부 우윤 반우형, 참의 최관과 내관이 동소문 밖에 가서 금한禁限을 살펴 정하여 표를 세우고서 돌아와 아뢰기를, 만약 모조리 큰길을 한계로 하면 그 사이에 인가와 토전土田이 많으므로 다만 보등사寶燈寺로부터 남으로 이회양의 무덤 뒤 산허리를 넘어 다야원多野院·적유령狄逾嶺을 거쳐 동소문 밖 길 위 북쪽 가까지 표를 세웠습니다.

『연산군일기』 54권, 연산 10년 7월 18일.

조선시대 돈암리 지역은 1504년에 쓰인 『연산군일기』로 추정해 볼 수 있다. 동소문 밖으로 큰길이 형성되어 있어 적유령미아리고개를 넘어 한반도 동북부 지역으로 가는 관문임을 알 수 있다. 또한 주변으로 주거지人家와 논밭土田이 많다는 표현으로 미루어 볼 때 조선 초와 달리 주거지와 농지가 형성되었음을 알 수 있다.

> 별장은 동쪽 성문 밖 적전籍田 서쪽 안암安巖에 있는데, 산자락이 울퉁불퉁 고르지 않고 솔숲이 울창하다. 앞으로는 잔잔히 흐르는 시내와 백사장이 있고, 그 너머 큰길에는 관왕사關王祠의 뾰족한 용마루와 흰 담이 보이고, 또 그 너머에는 동지東池에 연꽃이 깔려 있고 넓은 농토가 펼쳐져 있다. 동쪽 언덕東岡에는 사찰이 있고 북쪽의 산北山에는 석부도石浮圖가 있으며, 남쪽으로는 종남終南·관악冠嶽·청계淸溪 등이 죽 늘어서 있다. 산성山城의 성가퀴는 구름에 닿아 있는데, 도시와의 거리가 멀지 않다. 언제나 청량한 밤에 인적은 없고 종소리만 은은히 저 멀리서 들려온다. 이 모두는 별장의 그윽한 정취와 뛰어난 경관이므로 아울러 기록한다.

허목, 「오사구동교별업기(吳司寇東郊別業記)」, 『기언(記言)』, 1689.

조선시대 안암리 일대의 모습은 숙종조 허목1595~1682이 『기언記言』에 기록한 '오사구동교별업기吳司寇東郊別業記'로 추정해 볼 수 있다. 현재 안암동 지명이 된 안감내 하류의 '안암' 지역에 대한 내용으로, '안암'은 선농단과 적전이 있던 현재 제기동과 청량리의 서쪽으로 울창한 숲과 시내에 백사장이 있는 자연경관으로 표현된다. 동쪽 성문인 홍인지문에서 동적전으로 가는 길로, 종로의 연장선이자 도시에서 멀지 않은 곳으로 묘사되고, 왕과 사대부가의 별서나 행궁 그리고 주거지가 형성되어 있었음을 알 수 있다.

3.2 일제강점기: 조선시가지계획령과 '돈암지구'

1920년대 경성은 인구가 급격히 증가하였고, 1930년대에는 주택난을 겪는 등 도시가 포화 상태에 이르렀다. 또한 1914년 한양도성 내로 행정구역을 좁힌 경성 시내뿐만 아니라 도성 밖 인구도 급격하게 증가하였

그림 05
1950년대 창경원(창경궁)
국가기록원

다. 이런 이유로 1930년대는 도성 내의 북촌 등에서는 건축청부업자에 의한 대규모 도시 한옥 개발이 이루어졌고, 도성 밖으로도 도시가 확장되어 갔다. 도성 밖의 대표적인 지역이 영등포와 돈암지역이었다. 영등포 지역은 이전부터 공업지역으로 발달되어 도시화가 이루어졌던 곳이고, 이에 반해 도성에 인접한 돈암지역은 농경지와 촌락이 주를 이루며 도시빈민들의 토막촌이 형성되어 있었던 곳이다.

『중외일보』 1930년 6월 25일 자, 「이십오년 후이면 대경성인구는 백만」.

> 경성부 내의 인구증가률은 최근 십 년간 현저하게 증률되여 36파센트에 달하게 된바 다섯 해 전 통계와 비교해 볼 것 가트면 15파센트나 증가된 모양이라 한다. 이대로 계속해 나갈 것 가트면 이십오 년 후에는 시내인구가 69만 3,635인에 달할 터이고 이와 동시에 경성부에 인접한 각 리 열아홉 곳의 인구증가률은 실로히 경성시내의 3배로서 최근 십 년간은 평균 1할3리의 증가를 보이고 잇슴으로 이것도 이십오 년 후에는 22만 3,750인이 되게 되여 시내와 교외를 합할 것 가트면 실로히 91만 7,394인이 될 것이다. 고리하야 인구밀도는 시외가 현재 경성시내와 가티 1인 평균 22평이 되고 시내가 12평으로 줄어들게 되야 인구밀집의 폐해가 위생교통상에 현저히 나타나리라는바 일본 각 도시의 례를 볼 것 가트면 대개 20평 전후에서 포화되는 것을 미루어 보아 경성부도 멀지 안어 그만한 밀집은 무난하리라고 관측된다더라.

그림 06
1900년대 초 혜화문 안
성 베네딕도회 왜관수도원

그림 07
1900년대 초 혜화문
국립민속박물관

그림 08
1900년대 초 혜화문 밖
퍼시벌 로웰, 조경철 옮김, 『내 기억 속의 조선, 조선 사람들』, 예담출판사, 2001, 84쪽

이에 총독부는 우리나라 최초의 근대도시계획법인 '조선시가지계획령'을 수립하고, '경성시가지계획'을 통해 영등포와 돈암지역 등을 포함한 10개 지역에 구획정리사업을 계획하고 시행하였다. '조선시가지계획령'은 '신시가의 제작에 위주'하는 것으로 명칭을 '시가지계획령'이라고 하였다.

> 본령은 조선시가지계획령이라 하엿다. 교통, 위생, 보안, 경제에 관한 각반 시설을 통제하야 영구 복리증진을 목적하는 것으로 일본 내지의 소위 도시계획에 해당하는 본령은 일본 내지의 도시계획법과 근본으로는 그 정신이 상이할 배 아니나 도시계획법이 기성 도시의 개량을 목표로 입법된 데 비하야 본령은 기성 시가의 개량은 물론 그 개량보다도 기성 시가의 확장과 신시가의 제작에 위주하는 점으로 다소 취지가 다른 것이다. 따라서 그 명칭도 시가지계획령이라고 달리한 것이다.

『동아일보』 1934년 6월 20일 자, 「시가지계획령과 우도 내무국장 담」.

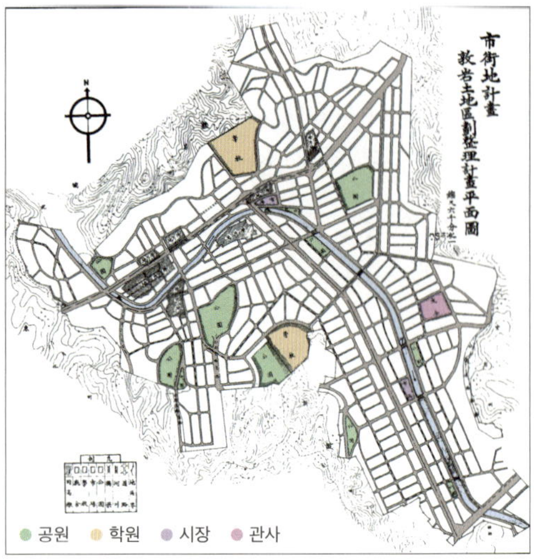

그림 09

1936년 돈암지구 토지구획정리사업계획
국가기록원

1936년 경성시가지계획은 1937년에도 토지소유자의 시행인가가 끝나지 않았다. 곳곳에 도시빈민들이 모여 토막촌을 형성하고 있었고, 토지 투기가 심각한 문제가 되어 실제 시행에서 완공은 광복 4년 전인 1941년에 이르러서였다. 따라서 계획에서 제외된 제척지가 곳곳에 있었고, 일본인과 조선인이 함께 거주하는 내선혼주內鮮混住 지역으로 일본식 필지로 계획되었으나 대부분 도시한옥으로 건설되는 등 초기계획과는 달리 시행되었다. 돈암지구는 북쪽 성북동에서 남쪽 신설동에 이르는 대규모 개발이었다. 돈암지구가 계획되면서 돈암지역은 경기도 고양군 돈암리에서 경성부 동대문구 돈암정으로 경성부에 포함되었다.

팔보(八甫), 「서울 잡기장」, 『조광』, 1943년 1월호, 130~131쪽.

> 내가 현재 살고 있는 이 안암정은 모조리 집장사들이 새 재목을 드려다 우직근 뚝딱 지어 논 것으로 이르고 보다면 그야말로 전통이 없는 개척촌과 같이만 보일 수밖에 없다. 서울살림이 자꼬 불어만 가기로 작정이니까 하는 수 없이 혹은 당연한 추세로 예까지 살림이 분가한 것인데 그래서 그런지 여기서 사는 사람도 대개는 식구도 단촐한 단가사리, 아들로 치면 둘째 셋째의 살림난 지차치들 (중략) 놀라운 것은 청사진 두서너 장의 설계로 지은 집단주택이 한 번지 안에 육십호 가까이나 된다. 사방에서 몰려와서 일제히 너는 사십 호, 나는 이십 호로 아파-트 방 차지하듯 일제히 이사 온 집… 교원, 회사원, 음악가, 화가, 각기 그럴듯한 직업을 가진 젊은 아버지들은 혹 전차 안에서라도 만나면 정다웁게 인사를 하면서 (후략)

> 조선총독부 고시 제96호 경성시가지계획으로서 결정한 토지구획정리 시행 지구 중 토지소유자의 토지구획정리 시행의 인가신청을 하여야 할 기한을 좌와 여히 지정함. 기 관계 도면은 경성부청에 비치 종람에 공함. (중략) 돈암지구의 돈암, 신설, 안암, 성북 각 정의 일부에 면적 약 2,363,000평방미돌平方米突인데 토지소유자의 시행인가를 신청할 기한은 소화 12년 3월 20일이요.

『매일신보』 1937년 2월 24일 자, 「토지구획정리 삼구 총독부고시로 발표」.

돈암지구가 완공1941년된 직후인 1943년 팔보는 '서울잡기장'에서 당시 돈암지역의 모습을 자세하게 묘사하고 있다. 집장사들이 '두서너 장의 설계'로 '전통이 없는 개척촌과 같이' 주택을 빠르게 짓고, 이주하고 있음을 표현하고 있다. '아파-트 방'이라는 표현처럼 대형 필지에 필지를 분할하지 않은 채 수십 호의 주택을 건설할 정도로 급하게 시행되었다는 사실도 알 수 있다. 그럼에도 불구하고

그림 10
1947년 돈암지역 항공사진
국토지리정보원

빠르게 사람들이 이주해 왔다는 표현에서는 당시의 심각한 주택난을 엿볼 수 있다. '교원, 회사원, 음악가, 화가' 등으로 표현되는 이주자들의 전문직 직업과 '젊은 아버지'로 표현되는 이주자들의 연령층을 통해서는 당시 돈암지역에 형성된 사회문화적 환경을 짐작해 볼 수 있다.

3.3 대한민국: 서울시 성북구 돈암동과 도시 재개발

돈암지구는 일제강점기에 계획되고 시행되었으나 말기인 1941년 완공되었고, 1936년 초기 계획과는 내용과 규모 측면에서 많이 다르게 진행되었다. 실제 돈암지구라는 도시의 사회문화는 광복 후에 형성되었다고 해도 과언이 아니다. 특히 기존의 토막촌을 형성하고 있던 도시빈민들은 개발과 함께 인근에 미개발된 구릉지에 빈민촌을 형성하였고, 광복 후 지방에서 상경한 사람들과 6·25전쟁으로 피란 내려온 이북민 등 인구가 급증하면서 현재 도시화된 범위로 주거지가 대규모로 형성되었다. 사회문화적으로는 보성전문학교현재 고려대학교, 성신여학교현재 성신여자대학교, 서라벌예술대학현재 중앙대학교에 편입, 한성대학교 등을 포함해 근대 교육시설이 이전해 오거나 신설되면서 대학가가 형성되어 교수·교사·학생 등 지식인이 많이 거주하는 지역이 되었다. 이런 도시적 조건은 광복 직후 이승만·조소앙·안재홍·조병옥 등 대표적인 정치인들과 김동리·신동엽·박완서·김훈 등 예술가들이 거주하고 활동하는 거점을 형성하는 기반이 되었다.

> 안감내만 찾으면 그 집을 쉽게 찾을 줄 알았다. 성북동 골짜기에서 발원하여 삼선교, 돈암교를 거쳐 우리 동네 앞을 흐르던 개천을 우리는 안감내라고 불렀다. 안감내는 수량이 풍부하고 맑아서 동네 사람들은 큰 빨래만 생기면 그리로 들고 나갔다. 개천과 나란히 난 천변길은 인도와 차도가 따로 있을 정도로 너른한 길이고 개천 쪽으로는 수양버들이 늘어져 있어 차가 많지 않은 당시에는 타 동네 사람들까지 일부러 산책을 올 정도로 한적하고 낭만적인 길이었다 (중략) 그제야 내가 천주교회와 신선탕 중간지점에 서 있는 걸 알았다. 나의 옛집은 바로 신선탕 뒷골목에 있었고, 그 남자네 집은 천주교당 뒤쪽에 있었다. 천주교당도 신선탕도 천변(안감내)길에 있었다. 교회는 증축을 했는지 개축을 했는지 그 자리에 있으되 외양은 많이 바뀌고 커져 있었지만 목욕탕은 그때 그 모습 그대로이고 이름까지 그대로였다.

박완서, 『그 남자네 집』, 세계사, 2012, 19~21쪽.

소설가 박완서는 '그 남자네 집'이라는 소설을 통해 동선동 거주 당시의 모습을 담아내고 있다. 현재도 그대로 남아 있는 돈암동 성당천주교회을 중심으로 돈암지역을 자세하게 묘사하고 있으며, 특히 경성시가지계획으로 조성된 도시한옥과 골목길을 6·25전쟁 직후의 모습으로 묘사하고 있다. 박완서는 동선동에 이어 보문동으로 이주해 도시한옥에 거주하며, 많은 소설을 집필하였다. 이렇게 돈암지역은 광복 후 물리적 도시의 확장뿐만 아니라 사회문화적으로 도시의 면모를 갖췄다고 할 수 있다.

그림 11
1980년대 돈암동 606번지 일대
성북구청

이렇게 형성된 돈암지역이 현재와 같은 모습으로 변화한 것은 군사정권기이다. 1968년 안감내현재 성북천를 복개해 삼선상가아파트 등을 지었으며, 구릉지의 빈민촌은 1975년 불량주택지구개발로 아파트단지가 되었다. 현재 복개천 위에 건설된 아파트는 2012년 철거되어 성북천이 되살아났고, 현재 행정구역인 돈암1동과 돈암2동은 불량주택지구개발이 1990년대까지 이어져 현재 아파트숲을 이루고 있다. 이 개발과정에서 사람이 죽고 다치는 등의 심각한 사회적 문제가 발생하기도 하였다.

> 저희 돈암·동소문동 재개발지역은 1986년 10월 2일 재개발 사업승인이 난 뒤 대책 없는 강제철거를 반대하면서 1988년 4월 16일 세입자 대책위원회를 결성하였습니다. 우리에게 강제철거를 위한 공권력 투입, 재개발 측의 세대위 이간 책동, 철거깡패들의 난동, 세입자들을 분열시키기 위한 유언비어의 날조 등 동 지역에서 우리를 몰아내고 철거를 강행하기 위해 갖은 악랄한 수단을 동원한 적들과 우리는 싸웠습니다. 이러한 철거반대투쟁을 통하여 우리는 더욱 설움을 느껴야 했으며 가진 자들의 추악한 욕심 앞에 우리는 단결 투쟁해야만이 우리의 생존권을 지킬 수 있다는 것을 알게 되어 세대 위를 중심으로 4년간에 걸쳐 철거 반대 투쟁을 해왔습니다. 그 과정에서 당연한 우리의 권리를 주장하던 형제들이 16명이나 구속되고 300여 명의 부상자가 발생하였으며, 10여 명의 주민들이 수배되어 정상적인 생활에서 제약을 받고 있었습니다.

돈암·동소문동 영구임대주택 입주자 추진위원회, 1991년 5월 23일.

또한 1986년 건축법 개정으로 시행된 '다가구·다세대법'은 경성시가지계획으로 조성된 도시한옥 지역을 빠르게 다가구·다세대 주택가로 변화시켰고, 2003년 재개발법이 시행되면서 많은 도시한옥 지역이 재개발 지역

으로 지정되고 아파트단지로 개발되고 있다. 그럼에도 불구하고 돈암지역에는 경성시가지계획으로 조성된 도시한옥 밀집지역이 여전히 남아 있으며, 1950년대부터 시각장애인이 미아리고개 일대에 공동체를 형성하고 있다. 또한 대학로 인근 지역에 산재한 연극 관련 단체를 비롯해 서라벌예술대학 이후 맥을 이어오는 문화예술 관련 공동체와 문화예술인들이 활발하게 활동하고 있고, 대학을 중심으로 한 대학문화도 발달되어 있다.

그림 12
낙산에서 바라본 돈암동 606번지 일대
한신한진아파트가 들어선 모습이다.

3.4 돈암지역 사람들: 구술조사

일제강점기 말에 조성이 완료된 돈암지구에 사람들이 본격적으로 몰려들기 시작한 것은 광복과 6·25전쟁 이후부터이다. 돈암지역은 서울 도심과 가깝고 전차, 버스 등 교통이 편리해 도심으로 직장을 다니는 사람들이 주로 모여들었다. 또한 지역 내 학교들이 많아 학령기의 자녀를 둔 학부모들과 돈암지역에 대량 공급된 중규모의 주택을 구매할 수 있는 경제적 능력을 갖춘 중산층이 주로 거주하였다. 편리한 교통, 다수의 학교, 시장과 편의시설 등 안정적 주거환경을 고루 갖추고 있어 돈암지역은 다른 지역에 비해 50년 이상 오랫동안 거주하는 주민들의 비율도 높은 편이다. 장기 거주자들이 많은 탓에 주민들의 지역에 대한 만족도와 애정도도 상당하며, 다양한 주민자치, 지역활동 등을 통해 주민들의 지역사회 참여도 높다. 이번 구술조사에서는 지역(동)별, 거주시기, 직업, 사건 등 다양한 요소로 검토하여 10명의 구술자를 선정하였다. 초창기 돈암지역 건설에 참여한 박영민 일가를 비롯하여 시인 신동엽 일가와 무용가 조흥동, 돈암시장의 태조감자국, 서울미래유산1호 나폴레옹과자점, 미아리고개 거주자 김춘선, 경찰관 박윤락, 홍천사 연회장 근무자 한○○, 현재 젊은 거주자 모초롱과 김인규가 구술에 참여하였다.

2 / **7**

동소문 외外

도성 밖 신도시

1. 낮은 돌산으로 둘러싸인 넓은 분지

1.1 동소문(혜화문)

돈암지역은 한양도성의 동북쪽에 위치한다. '돈암지구'라고 불린 것은 일제가 경성을 확장하는 대경성계획의 일환으로 1936년 경성시가지계획과 토지구획정리사업을 벌이며 지구로 묶으면서부터이다. '돈암지구'는 하나의 행정동 혹은 법정동 단위가 아니었다. 돈암지구의 범위는 행정동 기준으로 현재의 삼선동과 동선동을 중심으로 하며, 보문동·안암동과 성북동의 일부가 포함된 불분명한 범위이다.

그림 01

18세기 돈암지역

「도성대지도」(부분), 18세기

돈암지역은 자연환경을 중심으로 보면 그 범위가 명확해진다. 서쪽으로는 낙산 자락과 북악산의 응봉 자락이 경계를 이루고, 북쪽으로는 북악산의 구준봉 자락과 동쪽으로는 개운산 자락이 경계를 이룬다. 남쪽으로는 현재 존재하지 않지만 지하철 1호선 신설동역 북쪽으로 안암이 위치해 있었다. 그 가운데를 안감내성북천, 안암천가 흐른다. 낙산과 북악산에는 모두 채석장이 있었고, 개운산 역시 돌산이다. 따라서 돈암지역은 낮은 돌산에 둘러싸인 평지, 즉 분지지역을 가리키는 말이기도 하다. 조선시대 그려진 도성대지도에서 남쪽의 안암을 포함해 이런 돈암지역의 지리적 범위를 확인할 수 있다.

돈암지역의 북서쪽부터 서쪽의 경계를 이루는 산은 북악산이다. 백악白岳·면악面岳·공극拱極산으로 불리기도 하는 북악산은 해발 342.4m로, 조선의 수도 한양의 내사산內四山 가운데 하나이며 주산이다. 산의 북쪽으로는 구진봉 혹은 구준봉으로 불리는 북한산의 봉우리

그림 02

「시가지계획 돈암 토지구획정리 계획평면도」, 『경성부 영등포 및 돈암 토지구획정리비 기채의 건』, 1938

국가기록원

가 있는데, 이 산자락이 성북동 뒤편부터 이어져 내려와 정릉동과의 경계를 이루며 미아리고개까지 이어진다. 북악산의 다른 자락은 성균관대학교 뒤쪽으로 내려와 와룡공원을 거쳐 성북동의 남쪽 자락을 형성하며 낙산으로 이어진다.

북악산을 이어 돈암지구의 서남쪽 경계를 이루는 산은 낙산이다. 낙산 역시 한양도성의 내사산 중 하나로 동쪽을 지키는 산이다. 남쪽 끝자락에는 흥인지문동대문이, 북쪽 끝에는 돈암지구로 오는 관문인 혜화문동소문이 위치한다. 행정구역상으로는 삼선동과 보문동이 낙산 자락에 위치한다. 낙산 자락에는 오래전부터 사람이 살았다. 고려시대의 것으로 추정되는 미타사의 오층석탑이 있으며, 조선시대에도 낙산과 관련한 정순왕후 설화가 남아 있다.

돈암지역의 북쪽 경계를 이루는 산은 개운산이다. 한북정맥의 큰 자락은 삼각산으로 이어지고, 삼각산 자락은 다시 보현봉과 형제봉 그리고 북악터널 위쪽인 보토현을 거쳐 이어진다. 여기서 서남방으로 가면 북악산이 나오며, 동남방으로 가면 정릉과 미아리고개가 나오는데, 이 지맥의 끝자락에 바로 134m의 개운산이 있다.[01] 개운산은 돈암지구의 중심이 되는 산으로, 안암동·보문동·돈암동·길음동이 모두 개운산 자락에 위치한다. 개운산이라는 이름은 '나라의 운運을 연다開'라는 뜻의 사찰인 개운사에서 유래하였다.

이 산들 사이에 형성된 분지 한가운데로 성북천이 흐른다. 돈암지구를 둘러싼 북악산 중

01 서울지명사전, '개운산'.

하나인 구준봉 줄기에서 시작된 성북천은 성북동·삼선동·동선동·안암동·보문동을 지나 종로구 숭인동과 동대문구 용신동을 거쳐 중랑천에 이르는 길이 5.1.1㎞의 하천으로 돈암지구를 관통한다. 성북천을 따라 조선시대에는 성북동에 마을이 형성되었으며, 한양에 살던 양반들이 휴식을 즐기러 오는 장소가 되었다. 안암동 지역에는 그보다 일찍 마을이 형성되었으며, 안암동을 지나던 성북천은 안암천·안감내·안암내 등으로 불리기도 하였다.

1.1 동소문(혜화문)

한양도성에서 돈암지구로 오는 관문인 혜화문惠化門은 한양도성의 동북쪽 소문으로 동소문東小門이라고도 한다. 혜화문의 본래 이름은 홍화문弘化門이다. 성종 14년1483에 창건한 창경궁의 정문을 홍화문이라 하면서, 혼동을 피해 중종 6년1511부터 혜화문이라 부르기 시작하였다고 전해진다. 북대문인 숙정문이 풍수상의 이유로 닫혀 있었기 때문에 혜화문이 도성의 북문 역할을 담당하였다. 혜화문은 한양과 원산을 연결하는 경원가도京元街道와 이어져 있어 많은 사람이 드나들었다. 보통 도성의 대문을 지키는 병사가 30명이고 소문은 20명이었는데, 혜화문을 지키는 병사의 수는 예외적으로 30명이었다. 또한 조선 후기에 편찬된 『동국여지비고東國輿地備考』 경도京都조에는 혜화문을 숭례문·흥인문·돈의문과 함께 도성의 정문으로 기록하고 있다. 이를 종합해 보면 혜화문은 도성의 소문이었지만, 사실상 대문의 역할을 담당하였다고 볼 수 있다.

그림 03
겸재 정선의 동소문도
고려대학교 박물관 소장

혜화문의 문루는 한양도성의 축성과 함께 만들어졌는데, 문루가 소실된 것과 관련해서는 두 가지 이야기가 전해진다. 혜화문은 본래 여진족의 사신이 도성을 출입할 때 사용하던 문이었다. 그러나 여진족이 청을 세운 후에는 명나라 사신이 출입하던 사대문, 즉 돈의문을 사용하게 된다. 그러면서 혜화문에 대한 관리가 소홀해져 문루가 소실되었다는 이야기가 있다. 다른 하나는 임진왜란 당시 불탔다는 것이다. 만약 임진왜란 때 문루가 불에 탔다고 한다면, 혜화문의 문루는 소실된 채로 150년이나 방치된 것이다. 실록에 따르면 영조 20년1744에 문루를 새로 지었음을 알 수 있다. 혜화문에 문루가 없어 임금이 어영청에 명해 이를 재건하게 하였다고 전해진다.

문루가 없던 당시의 모습은 겸재 정선의 동소문도에서 살펴볼 수 있다. 영조 30년경 겸재 정선이 그린 동소문도는 현재 고려대박

그림 04
훼철 이전 혜화문
『동아일보』 1928년 7월 12일 자, 「오백년의 역사 가진 동소문 수구문 양문 철훼」

그림 05
1994년 복원된 혜화문

물관에 소장되어 있는데, 그림 속 동소문에는 문루가 없는 것이 특징이다. 문루가 만들어진 이후에 그린 그림임에도 문루를 표현하지 않은 것은 아마도 이전의 모습을 기록하기 위해 그린 것으로 추정할 수 있다. 복원된 혜화문의 홍예 천장은 다른 문들과 비교되는 특징을 갖고 있다. 보통 홍예 천장에는 용을 그리는 것이 일반적인데, 혜화문에는 용이 아닌 봉황이 그려져 있다. 옛날 혜화문 밖 삼선평三仙坪 일대에는 새들로 인한 농사의 피해가 심하였다고 한다. 그래서 새들의 왕인 봉황을 그려 넣은 것이라고 전해진다. 혜화문은 도성의 동북쪽 문으로 구한말까지 기능하다가 일제강점기에 두 번에 걸쳐 훼철되었다.

> 경성 성벽 구문 중애는 동북간 문인 동소문(동소문東小門=혜화문惠化門)과 동남간에 잇는 부정문不淨門이라고 하는 광희문(광희문光熙門=수구문水口門)은 퇴락하야 위험하기 짝이 업스며 또한 보관을 소홀히 하야 걸인의 숙박처가 되어 위생상 그대로 둘 수 업다 하야 이전부터 돈을 들여 고적보존회의 손으로 수리 보관을 하든지 그러치 못하면 차라리 텰회하야 불안이 업시 하자는 두 의견이 잇서 오든바 고적보존회로부터 경비가 업서서 전긔 두문을 유지할 수 업스니 철회하야도 무방하다는 의견을 표시하얏슴으로 토목부 관유재산계에서는 재목만을 내자동內資洞에사는 진모秦某에게 일천이백여원에 팔아버리어 철회케 하는 중인데 동소문은 태조 오년에 창건되어 홍화문弘化門이라고 하다가 연산군燕山君 십년에 현재 위치로 이전하야 지금까지 내려온 것이오 광희문은 본시 수구문으로 출상出喪하든 문인데 창건된 년대는 미상하다고 한다. 이밧게 창의문彰義門마저 헐어버리자는 의견도 잇섯스나 아즉 그럴 필요가 업다하야 그것만은 고적보존회에서 관리하기로 되엇다더라.

『동아일보』 1928년 7월 12일 자, 「오백년의 역사 가진 동소문 수구문 양문 철훼」.

일제강점기인 1928년에 혜화문은 관리가 어렵고 수리비용이 없다는 이유로 문루가 헐리었으며 이어 1939년에는 일제가 전차 선로를 연장하면서 남아 있던 홍예마저 훼철되었다. 현재 혜화문은 1994년 원래의 위치에서 조금 떨어진 곳에 복원한 것이다.

2. 성북천과 되너미고개: 삼선동, 동선동, 성북동, 동소문동, 돈암동

2.1 삼선평과 북둔: 성북동과 삼선동

성북천은 북악산자락에서 발원하여 돈암지구를 관통하는 하천인데, 이 하천을 중심으로 펼쳐진 평야에 돈암지구가 형성되었다. 특히 동소문혜화문을 나오면 바로 삼선평이 펼쳐지고 성북천이 흘렀는데, 성북동은 이 두 곳을 중심으로 조성되었다.

성북동이 본격적으로 만들어진 것은 영조 41년1765, 혜화문 밖에 북둔北屯을 설치하면서부터이다. 그 이전에도 사람이 살았는지는 알 수 없으나, 본격적으로 마을에 대한 기록이 등장하는 것은 성북둔의 설치 이후이다. 영조는 성북동에 사람이 살도록 하기 위해 마전한 천과 쑨 메주를 시전市典 궁에서 값을 정해 사주기로 하였는데, 이것을 문서로 만든 것이 『성북동포백훈조계완문절목城北洞曝白燻造契完文節目』이다. 당시 형성된 마을의 위치는 채제공의 성북동 유람기인 『유북저동기遊北渚洞記』에서 확인할 수 있다.

> 혜화문을 나가 북성을 돌아 꺾으니 몇 리 못가서 골짜기가 입을 벌리듯 열려 있으니 이른바 '북저'라는 곳이다. 비로소 골짜기 안으로 들어서니 재단이 하나 있는데, 남쪽을 바라보고 사면에 계단을 두었으며 담장을 낮게 둘렀고 홍살문을 사면에 세웠다. 해마다 여기서 춘삼월에 선잠에게 제사를 지낸다고 한다. 백보쯤 더 가니 마을 사람들이 냇물 위로 다리를 놓고 있었다. (중략) 또 다리를 건너니 어영둔 성북둔이 막아섰다. 뜰과 건물이 제법 넉넉하였다. 둔의 밖에 있는 작은 연못은 돌담을 둘렀는데 지금애사 비록 엉성하고 번잡하였으나…(후략)[02]

위 기록을 보면 혜화문을 나가 지금의 성북동 방면으로 걸어가면 골짜기가 나온다. 바로 그곳에 선잠단이 있었다고 하니 골짜기의 위치를 알 수 있다. 더 위로 100보쯤 올라가면 마을 사람들이 다리를 놓고 있었다고 하는데, 대략 지금의 간송미술관 부근으로 추정된다. 그러니

02 채제공, 『유북저동기(遊北渚洞記)』, 1780.

성북둔 또한 그 주변에 있던 것이 된다. 즉 조선 후기의 성북동은 선잠단을 지나 형성된 성북둔을 중심으로, 현재의 간송미술관 주변에 형성된 마을이었다. 더욱이 현재 간송미술관과 성북초등학교의 앞 성북로가 마전터로 추정되는데, 성북동 포백훈조계의 성립 이후 성북동의 주요 산업 가운데 하나가 마전이었다는 것을 고려하면 마을 주변으로 마전터가 생긴 것은 당연한 결과였다.

성북동에 북둔이 설치된 것에는 여러 이유가 있다. 그 이유 중 하나가 군사훈련을 하기 적절한 평지인 삼선평이 인근에 위치하였기 때문이다. 삼선평의 정확한 위치는 현재로서는 알 수 없으나 혜화문을 넘어 바로 펼쳐지는 성북천까지의 장소였던 것으로 보인다. 성북천을 중심으로 좌우로 넓게 평야지대가 펼쳐졌다. 하지만 사질沙質의 토지는 농사에 적합하지 않아 물이 흐르는 평지임에도 논농사는 발전하지 않았다. 조선 초기~중기의 지도 및 사료에는 삼선평이 등장하지 않는다. 『조선왕조실록』에서 처음 등장하는 것은 고종 30년1893 5월 13일이다.

> 문묘文廟에 나아가 전배展拜하고 이어 북관왕묘北關王廟에 나아가 전배하였다. 왕세자가 따라 나아가 예를 행하였다. 이어 삼선평三仙坪에 나아가 왕세자가 시좌侍座한 가운데 서총대시사瑞蔥臺試射를 행하였다.[03]

실록보다 상세한 기록인 『승정원일기』에는 순종 16년1816 3월에 군사 관련 기사로 처음 삼선평이 등장한다.

> 한의운이 아뢰었다. "훈련도감 중군 서영보가 본국 군병의 중순의 일로 내일부터 시험시간이 끝날 때까지 삼선평으로 출거합니다."[04]

이후 등장하는 삼선평에 대한 기사 역시 모두 군사와 관련된 일이다. 그러니 삼선평은 영조대 성북둔 설치 이후 훈련장으로 사용되면서 이름이 붙었던 것으로 보이며, 그 이전에는 성북동의 다른 지역처럼 사람이 많이 거주하지는 않았던 것으로 생각된다. 위의 내용은 1921년 조선총독부에서 작성된 1/100,000 지도를 통해 확인할 수 있다. 이 지도를 살펴보면 동소문 넘어 현재의 동소문로 좌우로 삼선평이 있었음이 확인된다. 또한 오른쪽은 모두 황지荒地, 즉 황무지로 1921년까지도 농사가 이루어지지 않고 있음을 확인할 수 있다.

그림 06
「경성도」(부분), 『1:10,000 조선총독부지도』, 1921년 수정
국립중앙박물관

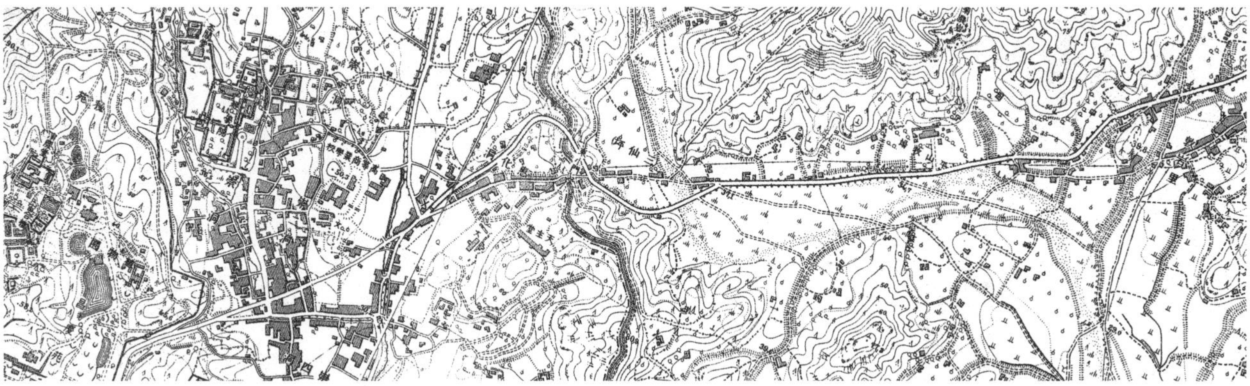

03 『고종실록』 30권, 고종 30년 5월 13일.

04 『승정원일기』 2068책(탈초본 107책), 순조 16년 3월 21일.

2.2 되너미고개와 '돈암리': 돈암동, 동선동

돈암지구는 1963년 돈암동이 돈암·삼선·동선·동소문 등 4개의 동으로 나누어지기 전의 돈암동을 중심으로 하기 때문에 돈암동과 동선동의 이야기는 1963년 이전 돈암동 일대를 기준으로 서술하려 한다.

조선시대 돈암동[05]은 한양도성 동쪽의 다른 지역과 같이 한성부 동부 숭신방에 속하였다. 당시 숭신방의 영역은 현재의 성북구 지역을 넘어 강북구와 동대문구 일부를 포함할 정도로 넓었다. 조선 초기 기록에는 돈암동이라는 기록은 보이지 않는다. 다만 돈암동의 경계를 이루는 미아리고개, 즉 적유현과 동활인서의 기록은 찾아볼 수 있다.

> 동활인원東活人院, 동소문 밖에 있다. 서활인원西活人院, 서소문 밖에 있다.[06]

『세종실록지리지世宗實錄地理志』의 기록에 따르면 세종대에 이미 동활인서는 동소문 밖에 위치하고 있었음을 확인할 수 있다. 처음 도읍을 한양으로 정할 때 옛 돈암동 지역은 거주와 통행을 금지하는 금한禁限 지역이었고, 따라서 사람이 살지 않는 이곳에 병자와 갈 곳 없는 사람을 구활하는 기관인 활인서를 두었을 것이다.

> 승지 박열과 권균과 이계맹, 공조판서 한사문, 병조판서 임사홍, 참판 윤구, 한성부 우윤 반우형, 참의 최관 및 내관이 동소문 밖에 가서 금한禁限을 살펴 정하여 표를 세우고서 돌아와 아뢰기를,

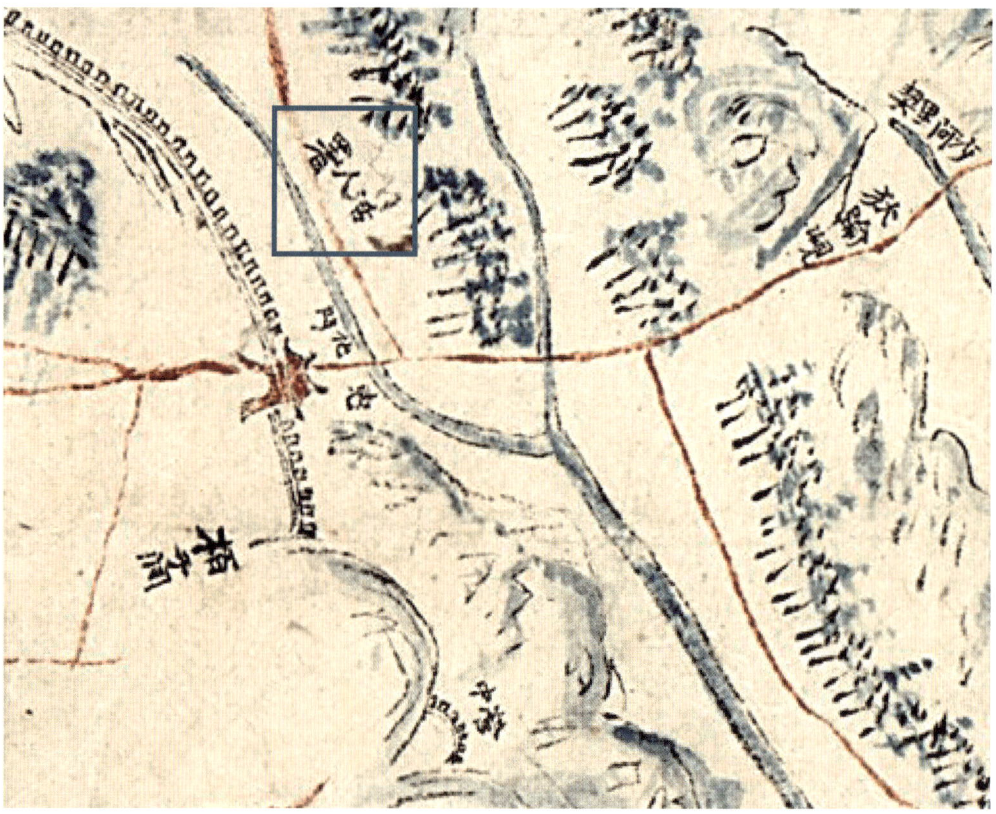

그림 07
조선시대 도성 밖에 위치한 활인서
「한양전도」(부분), 1780년대

05 이 장에서 등장하는 돈암동은 1963년 4개의 동으로 분리되기 이전의 돈암동의 범위를 의미한다.

06 『세종실록』 148권, 지리지 경도 한성부.

"만약 모조리 큰길을 한계로 하면 그 사이에 인가와 토전土田이 많으므로 다만 보등사寶燈寺로부터 남으로 이회양의 무덤 뒤 산허리를 넘어 다야원多野院·적유령狄逾嶺을 거쳐 동소문 밖 길 위 북쪽 가까지 표를 세웠습니다." 하니, 전교하기를, "그곳에 사는 사람을 이제 내치지 않으면 자손이 번성하게 되어 뒤에는 반드시 금하기 어려울 것이며, 더구나 이제 철거할 때에 반드시 널리 헐어야 하리니, 큰길을 따라 표를 세우고 살하리沙乙河里 동리 어귀에 경수표警守鋪를 만들어 사람의 왕래를 금하되, 거기 사는 사람이 표 밖에 나가 살면서 모두 나누어 맡아 지키게 하고, 활인서活人署는 곧 철거하라."[07]

조선 초기 이후 금한 지역을 담당 관리가 제대로 관리하지 못하면서 산을 파고 집을 지은 자가 많아졌고, 개중에는 성 밖의 높은 곳에 올라가 성안을 살펴보는 자도 있었다. 이에 연산군은 연산군 10년1504 서쪽의 홍제원弘濟院에서부터 동쪽의 다야원多野院에 이르는 곳에 모두 금한禁限을 설정하고 목책木柵을 설치하여 사람들이 올라가 바라보지 못하게 할 것을 지시하였다.

『연산군일기』에서는 몇 가지 사실을 찾아볼 수 있다. 첫째, 적유령미아리고개을 거쳐 동소문 밖 길 위쪽까지는 인가와 토전土田이 상대적으로 적었다. 동소문 밖을 나가서 상황을 살펴본 관리들이 "다른 곳은 인가와 토전이 많아 금한의 표를 세우기 어렵지만, 그 사이는 그렇지 않아 표식을 세웠다."라고 하였기 때문이다. 둘째, 연산군 10년1504 이후 활인서가 철거되었다. 활인서는 세조 12년1466에 동·서 활인원을 통합하여 만들었는데 연산군이 이곳에 금한을 두며 활인서까지 철거해 버린 것이다. 그 이후에도 사람이 살았겠지만, 다시 지역에 본격적으로 사람이 거주하기 시작한 것은 영조 41년1765, 혜화문 밖에 북둔을 설치하면서부터이다.

돈암동 지역은 고종 32년1895에 행정구역 개편에 따라 한성부 동서東署 숭신방 동문외계 돈암리로 바뀌었다. 1911년 4월 1일에는 경기도령 제3호에 의해 경성부의 하부 행정조직을 5부 면제로 개편하였다. 경성부는 동부·서부·남부·북부·중부의 5부가 있는 도성 내와 편입되지 않는 도성 외의 지역은 8면으로 분할하여 관할하였다. 이때 돈암리는 도성 밖 8면 가운데 하나인 숭신면으로 편입되었다.

1914년 경기도는 경성부 8면 중 일부를 경성부로 편입하고 나머지는 경기도 고양군에 편입시킴으로써 1911년의 경성부 5부 8면제를 시행 3년 만에 폐지하였다. 동시에 부部·방坊, 계契·동洞 제도가 폐지되고 새로 186개 동洞·정町·통通·정목町目이 설치되었다. 돈암리는 삼선평과 통합하여 경기도 고양군 숭인면 돈암리가 되었다.

1930년 경성부 전체를 대상으로 한 최초의 도시계획이 입안되었다. 1936년 2월 14일 조선총독부는 부령 제8호로 경성부의 행정구역 확장을 발표하고 4월 1일부터 시행하였는데, 이때 고양군·시흥군·김포군의 일부가 경성부에 편입되었다. 이로써 경성부는 186개의 동·정·통·정목에서 259개의 정으로 통일되었으며, 경성부의 면적은 4배가 되었다. 돈암리는 이 법령에 따라 경성부에 재편입되었고, 돈암정敦岩町이라는 동명이 붙었다.

그 후 1943년 6월 10일 조선총독부령 제163호로 구區 제도를 시행하면서 도성에 설치한 종로구와 중구 외에 용산구·동대문구·성동구·서대문구·영등포구가 신설되었는데, 돈암정은 동대문구에 소속되었다.

광복 후 1946년 10월 1일 서울시헌장과 미군정법령 제106호에 의해 돈암정에서 돈암동敦岩洞으로 동명이 변경되었다. 당시 돈암동이란 법정동명은 동소문 밖에서 미아리고개까지 그 일대를 일컫던 대표적 지명이었다. 그러다가 1949년 8월 15일 정부가 대통령령 제159호로

07 『연산군일기』 54권, 연산 10년 7월 18일.

그림 08

1940년대 돈암정

「지번입대경성정밀도(地番入大京城精密圖)」(부분), 1940

성북구를 신설함으로써 돈암동은 성북구에 속하게 되었다. 1949년부터 1961년까지 존재하였던 동소문동, 삼선 제1·2·3동, 동선동, 서선동, 북선동, 정화동사무소 관할구역 행정동명이 모두 돈암동 지역이었다.

1955년 4월 18일 서울특별시조례 제66호에 의해 행정동제가 실시되면서 북선동이 신설되었다. 북선동은 동소문동·삼선제1동·삼선제2동·삼선제3동·동선동·남선동·서선동·정화동 등과 함께 돈암동 일원을 관할하였다. 이때 북선동은 현재 돈암동 중 돈암현 이동의 지역을 관할하였다. 1963년 1월 1일 서울특별시조례 제274호에 의해 돈암동 지역 중 일부가 동소문동1가~동소문동8가와 삼선동1가~삼선동5가, 동선동1가~동선동5가로 법정동 명칭을 변경·제정함에 따라 돈암동은 크게 축소되었다.

돈암동의 유래는 '되너미고개'에서 왔다는 설이 가장 널리 통용된다. 조선 초기 지금의 함경도 지역에 살던 여진인들이 미아리고개를 넘어 혜화문을 통해 한양으로 들어왔기 때문이다. 그래서 한자로는 '오랑캐 고개'라는 뜻의 적유현狄踰峴, 우리말로는 '되놈예전에 만주 지방에 살던 여진족을 낮잡는 뜻으로 이르던 말'들이 넘어오던 고개라고 해서 되너미고개로 불리던 것이 돈암이 되었다는 것이다. 그러나 미아리고개가 있는 개운산을 둘러싼 마을에 돈암敦岩·종암鐘岩·안암安岩 등 모두 바위와 관련된 이름이 들어가 있는 점으로 미뤄, 두꺼운 바위가 있었다는 의미에서, 되너미고개나 적유현과는 별개로 돈암으로 불렸을 가능성도 존재한다. 다만 조선시대에는 '돈암'이라는 독립된 지명이 기록에 나타나지 않는다.

이 돈암동에서 시작되는 두 고개가 미아리고개와 아리랑고개이다. 성북구 돈암동에서 길음동을 지나 미아동으로 지나가는 교통로에 있는 미아리고개는 서울에서 혜화문을 나와 북동쪽으로 향하기 위해서는 반드시 넘어야 하는 고개였기에 조선시대부터 중요한 교통로로 여겨졌다. 조선시대에는 되너미고개로 불렸는데, 한자로는 적유현狄踰峴 또는 호유현胡踰峴으로도 썼다. 실제로 조선 초기에는 동북 방향에 있던 야인, 특히 여진인들이 미아리고개를 넘어 동소문을 통해 한양으로 들어오기도 하였다. 병자호란 때 청나라 군대가 넘어와서 붙은 이름이라고도 하지만, 당시의 기록을 보면 청나라 군대는 지금의 통일로를 따라 내려왔다. 청나라를 세운 것이 여진인들이기 때문에 혼란이 있었던 것으로 보인다.[08]

미아리고개라는 이름은 미아7동 불당골에 미아사라는 사찰이 있어서 미아동이라는 동명이 생겼고, 이 고개를 넘어 미아동으로 갔기 때문에 붙은 이름이다. 미아리고개가 널리 쓰인 것은 일제강점기 미아리공동묘지가 생긴 이후의 일로 추정된다.

아리랑고개는 돈암지구에서 현재의 정릉동 방향으로 가기 위해 넘어야 하는 고개로, 이

08 박수진 외, 『미아리고개』, 성북문화원, 2014, 16~21쪽.

곳 역시 중요 교통로 가운데 하나였다. 아리랑고개는 북악산과 북한산 자락을 넘기 위한 고개였는데, 이 고개 중간에 홍천사가 있다. 또 고개를 넘으면 경국사·봉국사 등 북한산 자락에 위치한 사찰들이 자리 잡고 있다. 본래는 정릉으로 가는 고개라서 정릉고개로 불리다가 1926년 나운규가 이 고개에서 영화 <아리랑>을 촬영하여 아리랑고개로 불리게 되었다고 전하여지는데, 확실하지는 않다. 1935년 청수장이 들어서며 '아리랑고개'라는 푯말을 세운 이후로 아리랑고개라는 이름이 널리 알려졌다. 김교신은 1937년의 수필에서 이미 아리랑고개라는 이름이 널리 사용되고 있음을 이야기하고 있다.[09] 아리랑고개를 지나는 길은 지선도로로 서울시내 전체 가로명 가운데 대로나 길이 아닌 자기 이름 그대로 불리는 유일한 도로이다.[10]

현재의 돈암동은 옛 돈암지구와 대부분 무관한 지역이지만, 현재 돈암지구의 중심이 되는 동소문동·삼선동·동선동이 모두 1963년 돈암동에서 분동되었던 것을 감안하면 왜 이곳이 '돈암지구'로 불렸는지 알 수 있다.

그림 09

조선시대 적유현(狄踰峴)의 위치

「동여도」(부분), 철종 연간

09 김교신, 「상현(想峴)」, 『성서조선』 제98호, 1937.

10 서울지명사전, '아리랑고개'.

3. 동교東郊의 관문: 안암동과 보문동

3.1 안암과 안암동(보문동)

안암동과 보문동에서 돈암지구에 속하는 곳은 현재의 고려대학교 안암병원을 넘기 전, 즉 개운산 서쪽 지역이다. 법정동으로는 안암동1가~4가와 보문동 전역에 해당한다. 조선시대에는 이 지역 일대를 모두 안암동으로 불렀던 것으로 보인다. 안암동의 동명 유래는 20명 정도가 앉아 쉴 수 있는 '앉일바위'에서 유래하였다고 하는데, 그 위치는 현재 안암동3가에 있는 대광아파트라고도 하고, 동대문구 신설동에 있는 대광고등학교 주변이라고 보기도 한다.

안암동은 조선시대 초기부터 등장하지만 행정구역 변천이 처음 나오는 것은 정조대의 일이다.

> 각부各部의 방坊과 계契의 명칭을 정하였다. 한성부가 아뢰기를,
> "동부東部 흥인문 밖 역일계驛一契·역이계驛二契·사계私契·마장리계馬場里契·답십리계踏十里契·전농리계典農里契·청량리계淸凉里契·제기리계祭基里契·중랑포계中浪浦契·장위리계長位里契는 인창방仁昌坊에 소속시키고, 신설계新設契·안암리계安巖里契·어창계御倉契·종암리계鍾巖里契·가오리계加五里契·수유촌계水踰村契·능동계陵洞契·사아리계沙阿里契·번리계樊里契·우이리계牛耳里契는 숭신방계崇信坊契에 소속시켰습니다.[11]

당시 대대적인 행정구역 개편이 있었는데, 안암동은 이때 신설계·어창계·종암리계·가오리계·수유촌계·능동계·사아리계·번리계·우이리계와 함께 숭신방에 속하였다. 주로 도성 밖 동북쪽에 해당하는 곳이었다. 이런 행정구역의 흔적은 일제강점기까지 이어지는데, 안암동은 1911년에 경기도 경성부 숭신면에 그리고 1914년에는 경기도 고양군 숭인면에 속하게 되는데, 이때 숭인면은 안암이 속하였던 숭신방과 인창방이 합쳐진 명칭이었다.

안암동은 조선 태조 때부터 지명이 등장하기 때문에 현재 성북구에서 가장 오래된 지명이며, 고려시대부터 마을이 존재하였을 가능성이 높다.

> 임금이 백의白衣·백관白冠으로 안암동에 나가서 능터陵地를 물색하였다.[12]

11 『정조실록』 26권, 정조 12년 10월 16일.
12 『태조실록』 10권, 태조 5년 8월 15일.

태조 이성계가 왕비 강씨의 능을 만들 자리를 찾는 기록이다. 태조는 6일 후 직접 안암동까지 와서 땅을 파 보는데, 이때 물이 솟아 이곳에 능을 쓰는 것을 중지시킨다. 고려시대 자료에는 안암이라는 지명이 등장하지 않으나, 태조 즉위 초반부터 안암이 등장하기 때문에 안암이 고려시대에도 존재하였을 가능성이 높다.

3.2 왕실과 양반의 생활

옛 안암동 지역은 조선시대부터 왕실과 관련이 깊었던 것으로 보인다. 이는 몇 가지 기록을 통해서 확인할 수 있다. 먼저 그곳에 이어소移御所, 즉 일종의 행궁이 있었다는 기록이다.

> 안암동 김식金軾의 집으로 이어移御하였다. 처음에 경기도 관찰사 전백영全伯英이 안암동의 이어소移御所에다 초가 31간을 지었는데, 임금이 지신사知申事 황희黃喜에게 힐문하기를,
> "지금 이어소를 수즙修葺하라 한 것은 내가 경기의 백성들을 괴롭히지 않으려고 함이었다. 오늘날 집을 영조하면서도 어찌하여 나에게 고하지 않는가?"
> 하니, 황희가 대답하기를, "신이 어제 명령을 받들고 수리제조관修理提調官 최유경崔有慶 등에게 가 보았는데, 최유경이 말하기를, '집이 협소하여 조금 더 지어야 되겠다.'고 하기에, 신이 '그리하라.'고 하였습니다. 하지만 그때에 즉시 아뢰지 못한 것은 실로 신이 잘 잊어버리는 죄입니다."
> 하였다. 임금이 말하기를, "지금 새로 지은 집은 모두 다 헐어버리라. 내일 가서 보고, 만약에 한 간이라도 남아 있으면, 내 이어하지 않겠다."하니, 최유경이 왕명을 듣고 두려워하여 모두 헐어버렸다. 육조六曹와 대간臺諫에서 각 1명씩이 의막依幕에서 시위侍衛하고, 나머지 각사各司는 한 달에 여섯 번씩만 조참朝參하고, 삼군 갑사三軍甲士·별시위別侍衛·외패外牌의 시위侍衛는 평상시와 같이 근무하게 하였다.[13]

태종 6년1406 9월 3일의 실록을 보면 안암동 이어소에 초가 31칸을 지었다는 이야기가 나온다. 기록을 보면 태종의 이어소를 안암동에 두기로 하였는데, 경기도 관찰사 전백영이 이어소 주변에 초가 31칸을 지은 것이다. 이는 황희에게도 보고되었는데, 황희는 이어소 주변이 협소하고 왕을 지킬 사람들이 머물 곳이 좁을 것을 염려하여 짓는 것을 허락한 것으로 보인다. 하지만 태종은 이로 인해 백성이 번거롭게 된다며 다시 초가를 철거하라고 명하였고 초가는 철거된다.

> 거가車駕가 안암동의 행전行殿으로 돌아왔다. 임금이 태상왕이 장차 평주平州 온정溫井에 행차한다는 말을 듣고, 동소문東小門으로 들어가 말을 달려 덕수궁德壽宮에 나아가서 기거起居를 묻고 지송祗送하였다. 행전에 돌아와서 지신사 황희를 시켜 유의襦衣와 초립草笠을 태상왕의 행재소行在所에 바치게 하였다.[14]

계속 안암동 행궁에 머물던 태종은 태조가 평주 온정으로 행차한다고 하자 동소문으로 들어가 덕수궁[15]에서 먼 길 떠나는 아버지의 안부를 묻고 다시 안암동 행궁으로 돌아갔다는 이야기이다.

13 『태종실록』 12권, 태종 6년 9월 3일.
14 『태종실록』 12권, 태종 6년 9월 20일.
15 현재의 덕수궁이 아니다. 상왕이나 태상왕이 사는 궁의 명칭을 흔히 덕수궁이라 칭하였다.

동교에 거둥하여 작황을 보고, 보제원普濟院 북쪽 광평대군廣平大君의 새집에 어가御駕를 멈추었다.[16]

광평대군 이여李璵의 집으로 이어移御하였다.[17]

왕비가 광평대군 이여 집으로 이어하였다.[18]

광평대군 여璵는 세종대의 대군으로 무안대군 방번芳蕃의 제사를 모셨습니다. 영순군 부溥는 광평대군의 아들로 문장에 능하여 여러 차례 과거에 급제하였고, 또한 훈공을 얻어 세상에 이름을 날렸습니다. 그 가승家乘을 들어보니 무안대군 부인이 향년 약 80세로, 예종대까지 여전히 생존해 있었으며, 집이 안암동에 있었다고 합니다. 정릉에 이르기까지 언덕이 가로막고 있으나 멀지 않기 때문에 매번 절일節日 때마다 몸소 작은 가마에 타고 노비를 거느리고, 능소에 제사를 지내러 갔다고 합니다.
廣平大君璵, 卽世宗朝大君, 而爲撫安大君芳蕃奉祀, 永順君溥, 廣平之子, 而能文屢中科甲, 且策勳, 有名於世矣。聞其家乘, 以爲撫安夫人, 享年幾八十, 至睿宗朝, 尙爲生存, 家在安巖洞, 距貞陵隔岡不遠, 故每逢節日, 親乘小轎, 率婢子往祭于陵所.[19]

광평대군과 관련된 사료들이다. 첫 번째 사료에서 확인할 수 있는 것은 광평대군의 집이 보제원 북쪽에 있었다는 사실이다. 보제원은 조선시대에 공무 여행자에게 숙식을 제공하기 위한 시설로 지금의 동대문구 제기동에 위치하였다고 전해진다. 현재 제기동의 북쪽으로는 종암동과 안암동5가 지역이 위치한다. 다음의 사료를 보면 세종과 왕비가 광평대군의 집에 여러 차례 행차한 것을 확인할 수 있다. 특히 세종 23년 왕비가 행차한 이후 세종은 12월 1일까지 무려 6번이나 광평대군의 집에 들른다.

그림 10
1910년대 지도에 표기된 돈암동, 안암동 등 지명
「경성도」(부분), 『1/50,000 조선총독부지도』, 1910년 측도, 1912년 제판

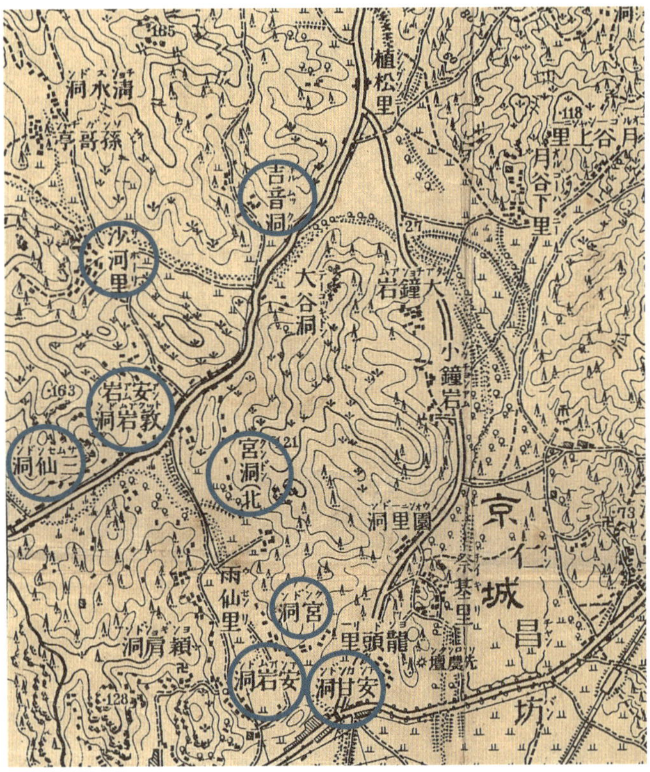

사료를 보면 광평대군의 집이 안암동에 있었음이 분명해진다. 광평대군은 무안대군의 봉사손奉祀孫이 되었다. 무안대군 부인은 80세까지 안암동에 살았다고 전하는데, 봉사손이었던 광평대군의 집 역시 보제원 북쪽이었다고 하는 사료와 종합하여 보면 그의 집 역시 안암동에 위치하였을 가능성이 높다. 『성북구지』에 따르면 광평대군의 집과 사당이 있었던 곳은 안암동3가 지역이며 사당말·궁말·궁리·궁동으로 불렸다.[20] 궁리와 궁동으로 부른 흔적은 근대까지 남아 있는데, 총독부에서 1910년 측량하여 1912년에 제판한 1/50,000 지도에 궁동宮洞이라는 지명이 그대로 남아 있다.

처음에 혜빈惠嬪이 수춘군壽春君 이현李玹의 장지葬地를 양주楊州 대방동大方洞에 잡으니, 그 마을 사람 고故 지상원군사知祥原郡事 김여회金如晦의 처 이씨와 전 행지자산군사行知慈山郡事 김약회金若晦 등 7인이 상언上言하기를, "신 등의 부조父祖가 상전相傳하던

16 『세종실록』 78권, 세종 19년 7월 6일.
17 『세종실록』 85권, 세종 21년 6월 24일.
18 『세종실록』 94권, 세종 23년 윤11월 16일.
19 『승정원일기』 962책(탈초본 52책), 영조 19년 8월 7일(직접 번역, 원문 병기함).
20 서울특별시 성북구 편, 『성북구지』, 서울특별시 성북구, 1993, 98쪽.

안암동의 전토田土가 지난 신축년과 임인년에 분전농分典農·침장고沈藏庫의 각사各司에 소속된 뒤로 이곳으로 이거移居하여, 부친 김사청金士淸 부처夫妻와 김여회金如晦를 모두 이 산에 장사지냈습니다. 지금 만약 수춘군을 〈이곳에〉 장사지내면, 신 등의 일족 11가가 모두 살 곳을 잃게 되고, 또 일시에 세 무덤을 옮기게 되니, 통민痛憫함을 이길 수 없습니다."

하니, 의정부에 명하여 의논하게 하였다. 정부에서 아뢰기를, "11가와 세 무덤을 헐어내는 것은 옳지 않으니, 마땅히 장사를 허락하지 마소서." 하니, 그대로 따랐다.[21]

안암동은 임금의 임시 거처로 이용되거나 광평대군의 사당 등 왕실의 땅만 있었던 것이 아니라 관청 소속의 땅도 있었다. 단종 3년1455 김여회의 부인 이씨가 국왕에게 상언한 내용에 따르면 김여회의 집은 본래 안암동에 있었지만 세종 3년1421과 세종 4년1422 각각 분전농과 침장고 등 관청의 땅이 되었다. 이 때문에 김여회 등은 양주 대방동으로 그곳에 있던 집과 무덤 등을 옮겼는데, 왕실에서 대방동에 무덤을 쓰려고 하자 그 부당함에 대해 상소한 것이다. 침장고는 궁중의 제사와 각 전에서 소요되는 채소의 재배와 공급을 관장하던 부서였으며, 분전농은 분전농시를 이르는 것으로 보이는데, 고려 말에서 조선 초까지 국가 제사에 사용할 곡식과 술 등을 담당하는 기관이었다. 이는 안암동이 당시 한양 동쪽 부근에서 상대적으로 농사에 적합한 토양을 갖고 있었음을 의미한다. 그렇지 않았다면 궁중의 채소 재배와 공급, 제사에 쓰일 곡식을 담당하는 기관의 토지를 이곳에 두지 않았을 것이기 때문이다. 이는 안암동에 고려시대부터 사람이 살았던 이유를 보여주기도 한다.

안암동에는 왕실 토지뿐 아니라 양반들의 별서도 있었다. 별서에 대한 기록은 『조선왕조실록』과 각종 문집 등을 통해 찾아볼 수 있다.

전 사구아경司寇亞卿 형조 참판 오공吳公이 동쪽 교외에 새로 별장을 짓고서 귀래당歸來堂이라 하였다. 당 남쪽에 작은 헌軒을 기오헌寄傲軒이라 하고, 당 북쪽 섬돌 위에 작은 사립문을 일섭비日涉扉라 하였다. 작은 사립문을 나와 산기슭에 오르면 네 그루의 소나무가 있고, 소나무 아래 작은 대臺를 반환대盤桓臺라 하였다. 뜰 동쪽에 낮은 울타리를 만들고 그 아래 국화를 심어 9월이면 떨어진 꽃잎을 주워 먹을 수 있다. 문간에는 버드나무 다섯 그루를 심었고 또 동계東溪라 자호自號하였다. (중략) 별장은 동쪽 성문 밖 적전籍田 서쪽 안암安巖에 있는데, 산자락이 울퉁불퉁 고르지 않고 솔숲이 울창하다. 앞으로는 잔잔히 흐르는 시내와 백사장이 있고, 그 너머 큰길에는 관왕사關王祠의 뾰족한 용마루와 흰 담이 보이고, 또 그 너머에는 동지東池에 연꽃이 깔려 있고 넓은 농토가 펼쳐져 있다. 동쪽 언덕東岡에는 사찰이 있고 북쪽의 산北山에는 석부도石浮圖가 있으며, 남쪽으로는 종남終南·관악冠嶽·청계淸溪 등이 죽 늘어서 있다. 산성山城의 성가퀴는 구름에 닿아 있는데, 도시와의 거리가 멀지 않다. 언제나 청량한 밤에 인적은 없고 종소리만 은은히 저 멀리서 들려온다. 이 모두는 별장의 그윽한 정취와 뛰어난 경관이므로 아울러 기록한다[22]

우부승지 이종적李宗迪이 서계書啓하기를 "신이 삼가 성상의 비지批旨를 받들어 안암동 의정부 영의정 김재로金在魯가 사는 곳으로 달려가 전유하였는데, '뜻하지 않게 새벽종이 막 울렸다'고 하니 승선이 또 가서 성유聖諭를 전하였습니다."

右副承旨李宗迪書啓。臣敬奉聖批, 馳往傳諭于安巖洞議政府領議政金在魯所住處, 則以爲不意曉鍾纔動, 承宣又臨傳聖諭[23]

21 『단종실록』 14권, 단종 3년 윤6월 6일.

22 허목, 「오사구동교별업기(吳司寇東郊別業記)」, 『기언(記言)』, 1689.

23 『승정원일기』 1018책(탈초본 55책), 영조 23년 7월 25일(직접 번역, 원문 병기함).

형조가 아뢰기를, "동부의 정조이鄭召史가 상언하기를, '저의 남편 김인택金仁澤이 안암동 별장의 빈 곳을 빌려 들어가서 문용갑文龍甲과 김가金哥 두 사람과 함께 살았는데, 금년 1월에 문가가 김가의 처 옥조이玉召史와 다투다가 옥 씨가 죽게 되자 문가는 도망하였고, 옥 씨의 남편은 저의 남편의 소행이라고 형조에 고소하였습니다. 문가가 나타나더라도 장차 형틀 아래에서 억울하게 죽게 되었습니다.' 하였습니다. 이처럼 호소하니 문용갑이 정범正犯임은 더 이상 의심할 것이 없습니다. 다만 정범이 잡히지 않아 아직 완결되지 않았는데, 김인택은 긴요한 증인으로서 끝까지 해결되기를 기다리지 못하고 벗어나기에만 급급해서 처를 시켜 호소하였으니, 극히 무엄합니다. 그만두게 하소서." 하여 하교하기를, "회계한 대로 시행하라."[24]

가장 위는 17세기에 활동하였던 허목이 쓴『기언』에 있는「오사구동교별업기吳司寇東郊別業記」의 일부이다. 여기의 오공吳公이 누구인지는 정확히 알 수 없지만, 그의 별장이 안암에 있었다는 것은 확실해 보인다. 별장 앞으로 흐르는 시내는 성북천안암천으로 보이고, 그 너머 큰길에 있는 관왕사關王祠는 현재의 동묘이다. 나머지 동서남북에 있던 것들은 지금 확인하기 어렵지만 성가퀴가 보인다는 산성은 한양도성의 일부인 듯하다. 동묘가 보이는 것으로 보아 그의 별장은 현재의 안암동3가 혹은 안암동4가에 위치하였던 것으로 추정할 수 있다.

『승정원일기』에 나오는 영의정 김재로의 집 역시 안암동에 있었던 것으로 보인다. 원문에는 사는 곳所住處으로만 나와 이곳이 그의 본가인지 별장인지는 정확히 확인할 수 없으나, 영의정 등 관리들이 평소 급히 궁에 들어갈 일이 많았으며 한양도성의 문들이 열고 닫히는 시간이 정해져 있다는 점 등으로 미뤄 볼 때, 대신이 궁 밖에 오래 머물렀다고 보기 어려운 만큼 별장이었을 가능성이 높다고 생각된다.『일성록』의 기록 역시 누구의 별장인지는 알 수 없으나 안암동에 별장이 있었던 사실을 확인해 준다.

안암동 별장과 관련해 주목되는 인물은 돈암 박종경1765~1817이다. 18세기 후반에서 19세기 초반을 살았던 그는『돈암집』이라는 기록을 남겼는데, 체재공 등이 동문 밖으로 나갔다가 돌아오는 길에 혼혼정混混亭에서 쉬어갔다고 기록되어 있다. 혼혼정은 박종경의 별장이다. 이 밖에『번암집樊巖集』'십사환성十四還城 소감혼혼정少憩混混亭'에도 혼혼정에 대한 기록이 많이 남아 있다. 특히 그가 주목되는 것은 호인 돈암敦巖 때문이다. 돈암은『조선왕조실록』,『승정원일기』,『일성록』이나 다른 문집에서도 찾을 수 없다. 조선시대 자료에서는 그의 호에서 처음 등장한다. 그가 안암 지역의 다른 이름인 돈암을 호로 사용하였을 가능성이 있는데, 그것이 나중에 유명해져서 그의 호가 다시 지명이 되었을 가능성도 있다.[25] 앞서 언급한 조선총독부 1/50,000 지도에는 안암과 돈암이 혼재되어 등장하기도 하는데, 이는 돈암이라는 지명이 당시까지도 안암과 혼재되어 사용되었을 가능성을 보여준다.

3.3 사냥터와 군사시설

서울 근교이기 때문에 조선시대 돈암지구 지역에서는 사냥이나 군사軍事와 관련된 행위들이 자주 벌어졌다.

24 『일성록』, 정조 10년 4월 2일.

25 호가 지명이 된 대표적인 사례로 서울시 강동구의 둔촌동이 있다. 둔촌동은 고려시대 말기의 문인 이집이 신돈의 숙청을 피해 현재의 둔촌동 지역으로 와 숨어 살며 호를 둔촌으로 한 것에서 유래한다고 전한다.

귀성군龜城君 이준李浚에게 명하여 승정원에 전지傳旨하기를, "금일 첩종령疊鍾令을 행하였으니, 그것을 속히 통지通知하라." 하고, 정오에 근정전 앞 처마 아래에 나아가니, 내종친內宗親과 영의정 신숙주申叔舟, 좌의정 구치관具致寬, 인산군仁山君 홍윤성洪允成과 승지 등이 융복戎服 차림으로 계단에 모시었다. 임금이 명하여 나각螺角을 부니, 궐내의 입직入直한 군사가 전정殿庭에 모여서 각각 그 방위方位에 자리하였다. 또 명하여 대종大鐘을 잇달아 치니, 백관과 시신侍臣과 여러 위衛의 군사들이 하나같이 《병정兵政》에 의하여 모였다. 명하여 1상廂 5위衛를 만들고, 보성경寶城卿 이합李㝓을 대장으로 삼고, 이조판서 양성지梁誠之를 잡류장雜類將로 삼았다. 명령하기를, "당상堂上 이상은 갑옷을 풀고, 그 나머지는 모두 갑주甲冑를 입고 동대문 밖 안암동에서 몰이하라." 하였다. 한참 있다가 동가動駕하니, 왕세자가 따르고, 임금이 내종친과 신숙주·구치관·홍윤성 등이 어가를 따르고 그 나머지는 모두 진陣을 따랐다.[26]

안암동에서 사냥하는 것을 구경하였다.[27]

첫 번째 기록은 세조가 영의정 신숙주와 좌의정 구치관 등의 대신들은 물론 백관과 함께 사냥을 갔던 일을 보여준다. 사냥은 안암동에서 이루어졌는데, 당시의 교통로로 보아서는 동대문을 나와 현재의 종로를 따라 안암동에 이르렀던 것으로 짐작된다. 이는 당시까지 안암동이 사냥에 적합한 곳으로, 사람이 많이 살거나 큰 마을이 형성되지 않았음을 보여주기도 한다. 두 번째 기록은 성종대의 기록이다. 성종은 세조처럼 직접 사냥을 하진 않았지만 안암동에서 사냥이 이뤄졌던 것은 확인할 수 있다.

다음은 군사軍事와 관련된 기록이다. 군사에 관련된 기록은 안암동과 삼선평에서 모두 나타난다.

문묘文廟에 나아가 전배展拜하고 이어 북관왕묘北關王廟에 나아가 전배하였다. 왕세자가 따라 나아가 예를 행하였다. 이어 삼선평에 나아가 왕세자가 시좌侍座한 가운데 서총대시사瑞蔥臺試射를 행하였다.[28]

한의운이 아뢰었다. "훈련도감 중군 서영보가 본국 군병의 중순의 일로 내일부터 시험시간이 끝날 때까지 삼선평으로 출거합니다."[29]

"기군騎軍의 세마洗馬는 어느 곳에서 하는가?" 하니, 승지 이형원李亨元이 아뢰기를, "흥인지문 밖 안암천이라고 합니다." 하였다.[30]

첫 번째 기록은 왕세자가 삼선평에 나아가 활쏘기 시합試射을 행하였던 기록이며, 두 번째 기록은 중군의 일로 각각 고종대와 순조대의 일이다. 이를 통해 동소문 밖의 삼선평이 활쏘기 등 군사軍事의 일과 밀접한 관련이 있음을 확인할 수 있다. 세 번째는 삼선평보다는 앞서 사냥이 이루어진 안암동과 관련이 있던 것으로 보인다. 당시 양 지역이 지리적으로 분리되어 있었지만, 모두 사냥과 군사와 관련된 지역임을 확인해 주는 기록이다.

26 『세조실록』 34권, 세조 10년 9월 19일.
27 『성종실록』 123권, 성종 11년 11월.
28 『고종실록』 30권, 고종 30년 5월 13일.
29 『승정원일기』 2068책(탈초본 107책), 순조 16년 3월 21일.
30 『일성록』, 정조 7년 8월 19일.

3.4 백성들의 생활

앞서 살펴본 군사와 사냥의 사례를 감안할 때 전근대 시기 돈암지구는 백성들이 많이 살았던 지역은 아니었다. 하지만 한양도성과 가깝다는 지리적 이점 때문에 이곳에 살고자 하는 사람은 꾸준히 나왔다. 돈암지구와 백성의 삶이 처음 연결되는 것은 무덤이었다.

> 도성 밖 10리 안은 입장入葬할 수 없다는 법의法意가 매우 엄중한데 근래 인심이 옛날 같지 않아 법령과 기강이 점차 해이해져 수문守門하는 군졸과 결탁하여 성문에서 지척인 도처에 입장入葬하였습니다. 신이 목격한 것으로 말하면 혜화문 밖 안암동 이북의 소나무가 울창하던 곳에 거의 대부분 입장하여, 산의 허리 부분이 다 벗겨진 것은 오로지 이 때문입니다. 이같이 하기를 계속한다면 몇 년 내로 반드시 빈 터가 없어질 것이니 각 해당 영문에 엄히 신칙하여 전과 같이 남장濫葬하는 폐단이 없게 하소서."[31]

건국 초부터 한양도성 내부는 물론 성 밖 십리城底十里에는 무덤을 쓸 수 없었다. 왕릉 역시 도성 10리 밖부터 100리 안에 두었을 정도이다. 유일한 예외가 태조가 조성한 신덕왕후의 정릉貞陵인데, 처음에는 도성 안현 덕수궁 자리에 조성하였다가 태종대에는 현재의 위치로 옮겼다. 하지만 이런 특수한 사례를 제외하고는 한양도성과 성저십리 안에 무덤을 조성하는 것은 엄격히 금지되었으나, 위의 사료에 보이는 것처럼 사람들은 성저십리라는 가까운 지역에 계속해서 무덤을 조성하였다.

무덤만 조성된 것이 아니었다. 사람들이 많이 살지 않았을 뿐 마을은 조성되어 있었고, 사람들에게는 믿음의 대상이 필요하였다. 거기에다 현재의 돈암지구 지역에는 홍천사와 개운사보타사 등의 사찰이 이미 존재하고 있었다. 다음의 사료들은 돈암지구 밖 사찰들의 상황을 보여준다

> 서울 안의 승방僧房은 전에 이미 철거하였는데, 정업원淨業院만을 남기고 모두 동대문 밖으로 몰아내었다. 그래서 안암동 등 처에 3~4채가 있고, 남대문 밖 종약산種藥山 남쪽에 예전에는 한 집이 있었는데 그 후에 10여 집이 생겼으며, 여승들이 과부를 속여 유인하여 시주로 삼고 각각 큰 집을 지었다. 4월 8일 연등 때나 7월 15일의 우란분于蘭盆, 12월 8일의 욕불절浴佛節 같은 때에는 경쟁하여 차·과일·떡 등을 가져다 부처에 공양하고 복을 빈다. 중들은 범패梵唄를 부르고, 붉은 단장을 하고 수놓은 치마를 입은 여자들이 산골짜기에 모여드니, 자못 추잡한 소문이 나고 나이 젊은 여승 중에 애를 낳고 도망하는 자도 많다[32]

> 병조에서 승도僧徒들의 초막草幕을 헐어 버리자고 청하였다. 병조에서 아뢰기를, "게으른 승도들이 유명한 사사寺社에서 살지 아니하고, 역사役事를 면하기 위하여 남산·안암·사을한 등지에 초막을 얽고 재齋를 베풀어, 남녀를 모아다가 소나무와 잡목들을 베고 그 뿌리까지 캐내는 데 이르고 있사오니, 청컨대 초막들을 모두 철거해 버리시고, 정업원淨業院 이외에는 산속의 여승방尼僧房을 금지하여, 이것 또한 모두 철거해 버리소서."[33]

앞의 사료는 안암동에 3~4개의 사찰이 있었음을 보여주며, 사찰 행사가 열리면 사람들이 많이 몰려와 사회 문제가 되고 있음을 지적하고 있다. 다음의 사료 역시 마찬가지로 승려들이

31 『일성록』, 정조 14년 4월 10일.

32 「정교전고(政敎典故)」중 「불교」, 『연려실기술』 별집 제13권.

33 『태종실록』 21권, 태종 11년 6월 9일.

도성 밖에 초막을 세우고 재齋를 여는데, 이때 소나무와 잡목의 뿌리까지 캐내서 사회적 문제가 되고 있다고 기록하고 있다. 이 두 사료는 모두 유학자들의 입장에서 쓰여 불교에 대한 좋지 않은 인식을 보여주고 있지만, 이를 통해 당시 동소문 밖을 비롯한 도성 밖에서 불교가 유행하였음을 확인할 수 있다.

마지막으로 살펴볼 것은 백성의 생업이다. 사실 전근대 시기는 농업 중심 사회였기 때문에 논농사와 밭농사 등 농업이 주요 산업이었음을 전제로 두어야 한다. 다만 앞서 살펴본 것처럼 성북동에서는 마전과 메주 쑤기 등 별도의 생업이 존재하였다.

> 상왕이 지병조사知兵曹事 곽존중郭存中을 보내어 임금에게 유시諭示하기를,
> "산릉의 석실石室 덮개가 넓고 두터워서 운반하기가 어려우니, 두 쪽으로 쪼개어 운반하기 쉽게 하고, 또 그렇게 하도록 법을 세워서 뒷날의 규례가 되도록 하라. 또 들으니, 신도비神道碑를 세운다 하는데, 지석誌石은 가하거니와 비碑는 나의 백 세百歲 뒤를 기다려서 세우게 하라."
> 하였다. 임금이 대답하기를,
> "전석全石을 쓰지 않는 것은 심히 경편輕便하기는 하나, 깨뜨려 쓰는 것이 전석으로 쓰는 것 같이 견고하지 못하고, 또는 우리나라의 구례舊例도 아니니 지극히 민망할 일이옵니다."
> 하고, 원숙을 명하여 상왕에게 달려가서 계啓하게 하였더니, 숙이 도착하기 전에 상왕은 이미 안암동 돌일하는 현장에 거둥하여 말을 멈추고, 석공을 시켜 철퇴鐵椎로 덮개 돌을 쪼개어 둘로 만들었다.[34]

위의 기록은 안암동의 '돌일'이 하나의 업이었음을 확인해 준다. 정릉과 낙산, 성북동 지역에도 채석장이 존재하였고, 개운산을 둘러싼 마을의 이름이 돈암敦岩·안암安岩·종암鐘岩 등 바위岩를 뜻하는 글자가 들어 있는 것을 보아 개운산 일대에서 채석이 행해졌음을 짐작할 수 있다.

전근대의 돈암지구는 사람들이 많이 모여 사는 지역은 아니었다. 고려시대 평양에서 남경으로 들어오는 길목인 안암동을 따라 사찰과 마을이 형성되었으나 왕실에서 사냥을 나갈 수 있을 정도로 사람이 붐비는 지역은 아니었다. 동소문 밖으로는 한때 동활인서가 있었지만 영조 이후 성북둔의 둔전이 설치되기 전까지는 큰 마을이 조성된 것은 아니었다. 이러한 환경 때문에 조선 초기에는 이어소를 만들어 왕들이 쉬어가기도 하였으며, 왕실의 능묘가 조성되거나 양반들의 별서가 들어서기도 하였다.

34 『세종실록』 9권, 세종 2년 8월 17일.

3 / 7

경성시가지계획과 '돈암지구'

돈암

1. 조선시가지계획령과 경성시가지계획

1.1 조선시가지계획령

1920년대 경성은 인구가 급증하였고, 주택난이 심각한 상태였다. 도성 내로는 북촌을 비롯한 지역에 주거지 개발이 이루어졌고, 도성 밖으로도 토막촌 등 도시빈민 주거지가 형성되었다. 따라서 경성의 대규모 주거지 개발과 도시 확장 필요성이 대두되었다. 경성의 인구는 1910년 행정구역을 기준으로 하였을 때 약 24만 명이었고, 1914년 행정구역 개편으로 면적을 축소하였음에도 불구하고 1925년에는 인구가 30만 명까지 증가하였으며 1935년에는 인구 40만의 도시가 되었다. 1930년 신문기사에서는 현재의 증가추세로 25년 후 인구는 100만의 도시가 될 것이며, 이에 따른 도시기반시설 부족에 대해서 우려하고 있다.

『중외일보』 1930년 6월 25일 자, 「이십오 년 후이면 대경성 인구는 백만」.

> 경성부 내의 인구 증가률은 최근 십 년간 현저하게 증률增率되여 삼십육파센트에 달하게 된바 다섯 해 전 통계와 비교해 볼 것 가트면 십오파센트나 증가된 모양이라 한다. 이대로 계속해 나갈 것 가트면 이십오 년 후에는 시내 인구가 륙십구만 삼천륙백삼십오인에 달할 터이고 이와 동시에 경성부에 인접한 각리各里 열아홉 곳의 인구 증가률은 실로히 경성시내의 세 배로서 최근 십 년간은 평균 일할 삼리의 증가를 보이고 잇슴으로, 이것도 이십오 년 후에는 이십이만 삼천칠백오십구인이 되게 되여 시내와 교외를 합할 것 가트면 실로히 구십일만 칠천삼백구십사인이 될 것이다. 그리하야 인구밀도는 시외가 현재 경성시내와 가티 일인 평균 스물두 평이 되고 시내가 십이 평으로 줄어들게 되야 인구밀집의 폐해가 위생 교통상에 현저히 나타나리라는 바 일본 각 도시의 례를 볼 것 가트면 대개 이십 평 전후에서 포화되는 것을 미루어보아 경성부도 멀지 안어 그만한 밀집은 무난하리라고 관측된다더라.

조선총독부는 1936년 2월 총독부령 제8호를 공포하고 주변 지역을 대대적으로 경성부로 편입시켜 이를 해결하고자 하였다. 경성부 주변 경기도 고양군이었던 지역을 편입하여 경

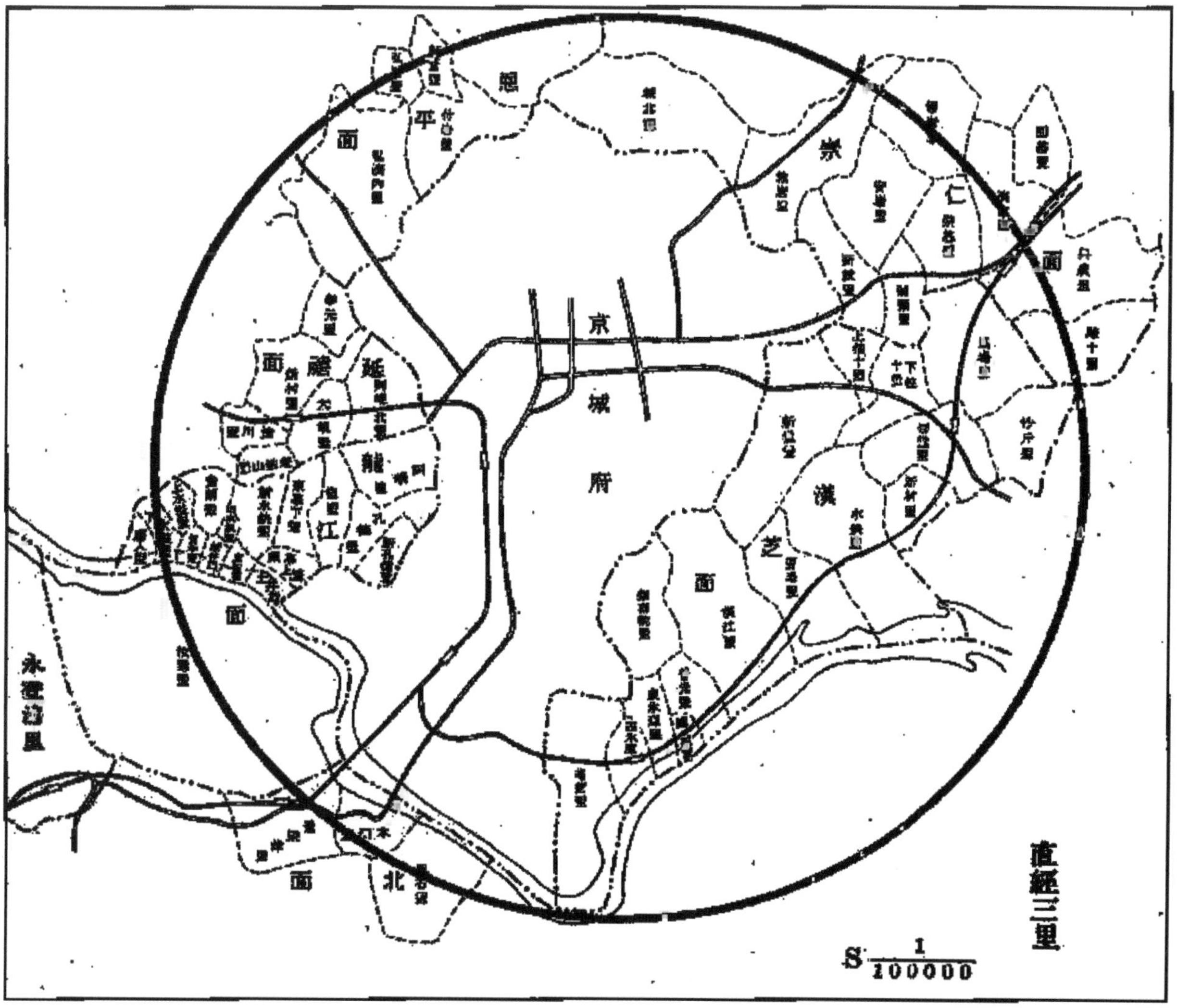

그림 01
경성도시계획구역 예정도
경성부, 『국역 경성도시계획조사서』, 서울역사편찬위원회 편저, 1928, 20쪽

성부의 면적은 36.18㎢에서 136㎢로 확장되었다. 경성도시계획구역 예정도에서 확장된 경성부의 모습을 살펴보면 경성부를 직경 3리의 범위로 넓히려고 하였음을 알 수 있다. 그 안에는 숭인면을 포함하여 용강면·은평면·한지면의 일부가 포함되어 있었다. 이런 도시의 확장을 뒷받침하기 위하여 총독부는 1934년 「조선시가지계획령」을 공포하였다. 「조선시가지계획령」은 6월 20일 자 총독부제령 제18호로 발포되고, 동년 7월 27일 자 총독부령 제78호로 시행규칙도 발포되었다. 당시 총독부의 내무부장은 "「조선시가지계획령」은 기존 도시의 정비가 아니라 신도시의 건설에 중점을 두고 있다"라고 설명하였고, 법령의 내용에서도 이러한 목적이 드러난다.[01]

> 본령은 조선시가지계획령이라 하였다. 교통, 위생, 보안, 경제에 관한 각반 시설을 통제하야 영구 복리증진을 목적하는 것으로 일본 내지의 소위 도시계획에 해당하는 본령은 일본 내지의 도시계획법과 근본으로는 그 정신이 상이할 배 아니나 도시계획법이 기성 도시의 개량을 목표로 입법된 데 비하야 본령은 기성 시가의 개량은 물론 그 개량보다도 기성 시가의 확장과 신시가의 제작에 위주하는 점으로 다소 취지가 다른 것이다. 따라서 그 명칭도 시가지계획령이라고 달리한 것이다.

『동아일보』 1934년 6월 20일 자, 「시가지계획령과 우도 내무국장 담」.

01 손정목, 「식민도시계획과 그 유산」, 『서울20세기공간 변천사』, 서울시정개발연구원, 2001, 478쪽.

조선시가지계획령 제3장 토지구획정리[02]

제42조

이 장에서 토지구획정리라 함은 토지를 집터로써의 이용증진을 목적으로 이 장의 규정에 의하여 교환·분합·지목변환 기타 구획형질의 변경 또는 도로·광장·하천·공원 등을 설치·변경 또는 폐지하는 것을 말한다.

제43조

① 시가지계획구역 안의 토지는 토지구획정리를 시행할 수 있다.

② 전항의 토지구획정리에 관하여는 이 장에 별도의 정함이 있는 경우를 제외하고 조선토지개량령을 준용한다.

제44조

① 시가지계획으로서 결정한 토지구획정리에 대하여는 시행구역 안의 토지소유자는 조선총독이 지정하는 기한 내에 시행의 인가를 신청하여야 한다.

② 토지소유자가 전항의 규정에 의하여 토지구획정리의 시행인가를 신청하지 아니하거나 신청하더라도 내용이 부적당하다고 인정되는 때에는 조선총독은 행정청으로 하여금 토지구획정리를 시행하게 할 수 있다.

제45조

① 전조 제1항의 규정에 의하여 토지구획정리시행의 인가를 받은 자가 예정기간 내에 토지구획정리를 완료할 수 없다고 인정되는 때 또는 그 행위가 사업계획·규약 또는 법령에 위반하고 기타 공익을 해할 우려가 있다고 인정되는 경우 조선총독은 인가를 취소하거나 사업의 정지를 명할 수 있다.

② 전항의 규정에 의하여 인가를 취소한 경우에는 조선총독은 행정청으로 하여금 토지구획정리를 시행하게 할 수 있다.

제46조

천재사변 기타 특히 시급한 시행이 필요한 경우에 제44조 제1항의 규정에 의한 토지소유자의 인가신청을 기다릴 여유가 없다고 인정되는 때에는 조선총독은 행정청으로 하여금 토지구획정리를 시행하게 할 수 있다.

제47조

① 행정청은 시행하는 토지구획정리를 위하여 필요하다고 인정되는 때에는 환지예정지를 지정하여 정리시행지구 안의 건물 및 기타 공작물의 소유자에게 이전을 명하거나 점유자에게 퇴거를 명할 수 있다.

② 제13조 제2항 내지 제4항의 규정은 전항의 경우에 준용한다.

③ 행정집행령 제5조 및 제6조의 규정과 이에 의한 명령은 행정청이 제1항의 규정에 의한 명령을 강제하는 경우에 준용한다.

제48조

제4조의 규정에 의하여 행정청이 시행하는 토지구획정리에 필요한 비용을 부담하는 공공단체는 조선총독이 정하는 바에 의하여 정리시행지구 안의 토지소유자 또는 토지관계인에게 비용의 전부 또는 일부를 부담하게 할 수 있다.

제49조

이 장에 규정한 사항을 제외하고 행정청이 시행하는 토지구획정리에 대하여 조선토지개량령을 준용하기 어려운 사항에 관하여 필요한 규정은 조선총독이 정한다.

제50조

이 장에 규정한 토지의 소유자 및 관계인의 의의에 관하여는 조선토지개량령이 정하는 바에 의한다.

02 국가법령정보센터, '조선시가지계획 제3장 토지구획정리'.

법령 중에서 제3장은 토지구획정리사업에 관한 내용으로 총독부가 토지구획정리사업을 시행하기 위한 내용들로 이루어져 있다. 제42조에서는 토지를 집터로 이용하는 것을 증진을 하기 위해 필지를 교환·분합·지목변환이나 구획형질을 변경하는 것과 도로·광장·하천·공원 등 근대적인 도시를 건설하기 위해 시설을 건설 또는 폐지하는 것을 토지구획정리사업이라고 정의하고 있다. 제44조와 제47조에서는 총독부가 토지구획정리사업을 시행할 수 있는 근거를 규정하였다. 44조의 내용은 토지의 소유주가 전원 합의하여 공동으로 신청하지 않을 경우에는 행정청이 강제로 집행할 수 있도록 하였다.[03] 이로써 총독부는 지주조합에 의한 토지구획정리를 사실상 인정하지 않고 관청에서 토지를 수용하여 토지구획정리를 집행할 근거를 마련하였다. 그리고 47조에서는 토지소유주와의 합의가 아닌 행정명령으로 퇴거할 수 있다는 조항을 두어 총독부의 계획에 맞춰 빠르게 사업을 시행할 수 있도록 하였다.

1.2 경성시가지계획과 토지구획정리사업

1936년 3월 조선총독부는 경성부의 시가지계획구역을 고시한다. 경성시가지계획은 조선시가지계획령에서 제정한 토지구획정리사업을 비롯한 도시계획에 관한 법령을 바탕으로 하여 경성의 확장된 지역을 개발하고자 하는 계획이었다. 경성시가지계획 평면도는 경성의 확장된 지역 전체를 토지구획정리사업을 통해서 개발하고자 하였음을 보여준다. 하지만 경성부 전체를 개발하는 것은 많은 돈이 들기 때문에 여러 연차로 나누어 사업을 진행하고자 하였다. 1936년 12월 26일 총독부 고시 제722호로 가로망계획과 더불어 5,266만 6,900㎢에 달하는 넓은 면적을 토지구획정리지구로 확정하여 발표하였다. 총 10차 30개 지구 가운데 1차연도에는 영등포지구 157만 7,900평, 돈암지구 71만 3,900평, 대현지구 49만 8,500평 등 3개 지구 279만 300평을 대상으로 하였다.[04]

토지구획정리사업은 사업 시행 전의 권리 관계에 변동을 가하지 않고, 토지의 교환과 분합·지목변경·형질변경 등의 방식으로 공공시설을 확보하고 시가지를 개발하는 방식이다. 사업비 충당을 위해 체비지 및 공공용지에 해당하는 일정 면적을 토지소유자가 일정 비율대로 부담하는 환지 방식의 보상을 통해 공공재원의 투자 없이 공공용지의 확보가 가능한 방식으로, 재정이 부족한 상황에서도 계획적으로 도시를 개발할 수 있다.[05] 단순하게 주거지를 조성하는 것이 아니라 가로망·공원·학교·청사 등 공공용지와 인프라시설을 마련하여 근대적인 계획도시 개발을 목적으로 시행되었던 사업이다. 1936년 총독부에 의해 처음 시행되고 해방 이후에도 1966년 서울도시기본계획이 세워지며 지속적으로 시행되어 왔다. 토지구획정리사업의 시행은 경성의 확장과 함께 이루어졌다. 기존 경성부에서 벗어난 지역에 총독부는 10개의 토지구획정리사업지구를 정하고 이를 시행하였다.

당시 총독부는 도시를 개발할 여력이 없었기 때문에 경성시가지계획의 토지개발은 전적으로 토지구획정리사업에 의존하고 있었다. 경성시가지계획이 적용되어 실시된 것은 1936년 3월 26일 자 총독부 고시 제180호였다. 그리고 총독부는 1936년 12월 26일 총독부 고시 제722호로 가로망계획과 5,226만 6,900㎡ 면적의 토지를 토지구획정리지구로 발표하였다. 주로 기존 경성에서 확장된 변두리 지역을 30개 지역구로 나누어 연차사업으로 실시하는 계획

03 국가기록원, 『일제문서해제 토목편』, 2010, 170쪽.

04 손정목, 「식민도시계획과 그 유산」, 『서울 20세기 공간 변천사』, 서울시정개발연구원, 2001, 480쪽 참고.

05 서울정책아카이브, '토지구획정리사업'.

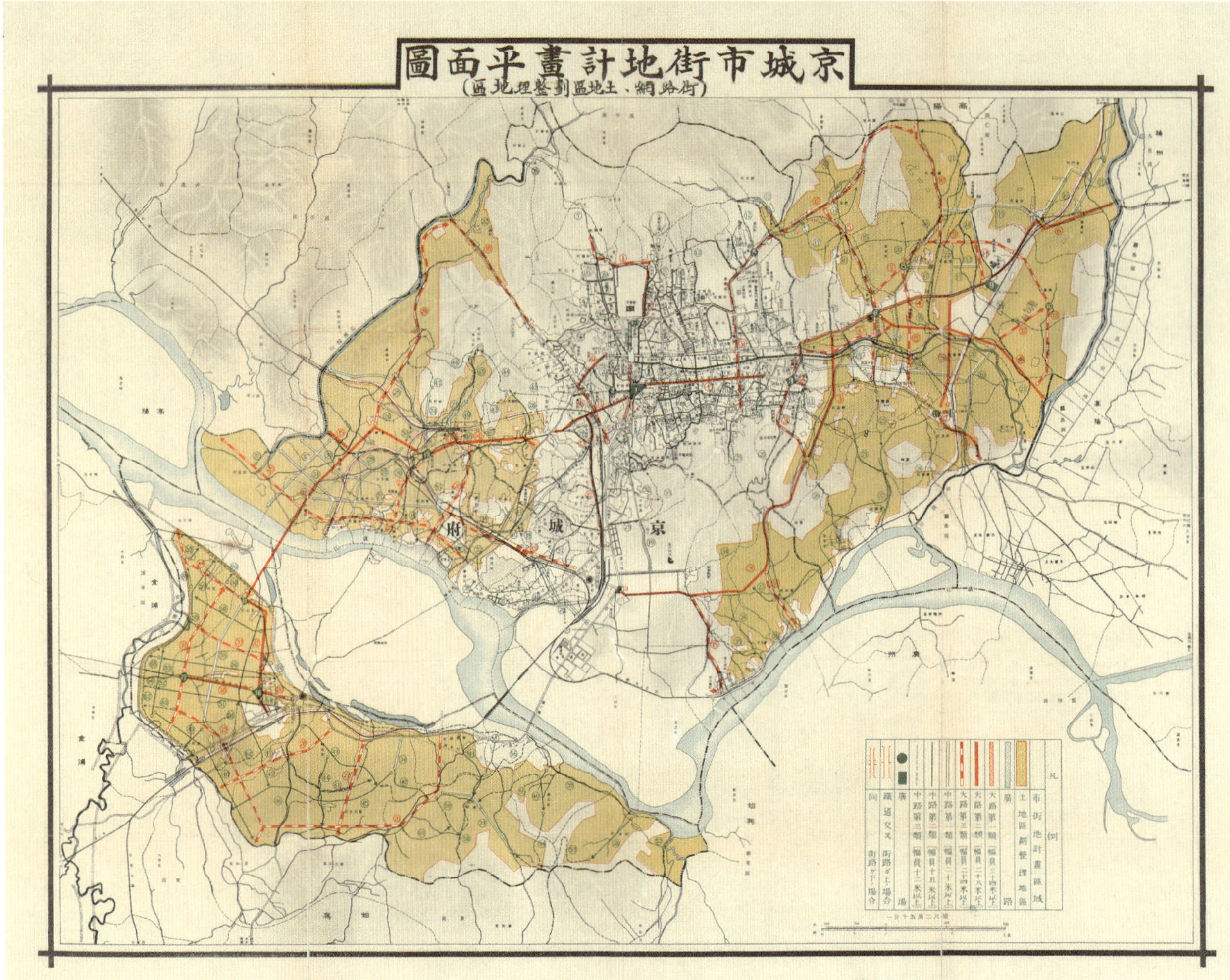

그림 02
1936년 경성시가지계획평면도

을 세웠고, 그중에서 10개 지구를 먼저 시행하고자 하였다. 1937년 2월 2일 돈암·영등포·대현에 대한 지구지정에 이어 한남·용두·사근·번대·청량리·신당·공덕지구에 대한 지구를 지정하였고, 사업 시행은 1937년 2월 10일 대현지구를 시작으로 같은 해 3월 24일에는 영등포와 돈암지구의 구획정리를 시행하였다. 그리고 이후에 용두·사근·번대지구는 1939년에, 청량리·신당·공덕지구는 1940년에 시행명령을 내렸다. 하지만 10개 지구 중 다른 지구는 완공하지 못하였고, 돈암과 영등포 지구만 서둘러 사업을 실행하여 1940년 12월 완공하였다.[06]

『조선일보』 1937년 3월 25일 자, 「영등포 돈산암정 구획정리명령」.

> 지난번에 조선총독으로부터 조선시가지계획령 제 사십사 조의 규정에 따라 토지소유자에 대하여 토지구획정리시행인가 신청기한을 지정한 구역 중 영등포 및 돈암정 부근의 토지구획정리는 지주로부터 지정기한까지 신청하지 않았음으로 이중 일부로 경성부에서 시가지계획사업으로서 시행하야 소화 25년 3월 30일까지 완성하라는 명령이 나렷다 한다.

토지구획정리사업은 관청에서 재정이 없는 상태에서 새로운 도시를 건설하기 위한 수단이었다. 조선시가지계획령에 따라서 우선적으로 지주조합을 이루어 토지소유주들이 신청하면 이를 수용하여 시행하는 것이지만 법령상 '100%의 찬성'이라는 현실적으로 불가능한 조건이 있었다. 결국 총독부에서 계획의 주도권을 가지고 실행하고자 한 것이다. 그리고 총독부는 신청자가 없음을 이야기하며 총독부의 주도하에 토지구획정리사업을 시행하였다.

06 서울특별시, 『서울토지구획정리백서』, 2017, 150쪽 참고.

그림 03

1936년 서울의 확장과 토지구획정리사업 10개 지구

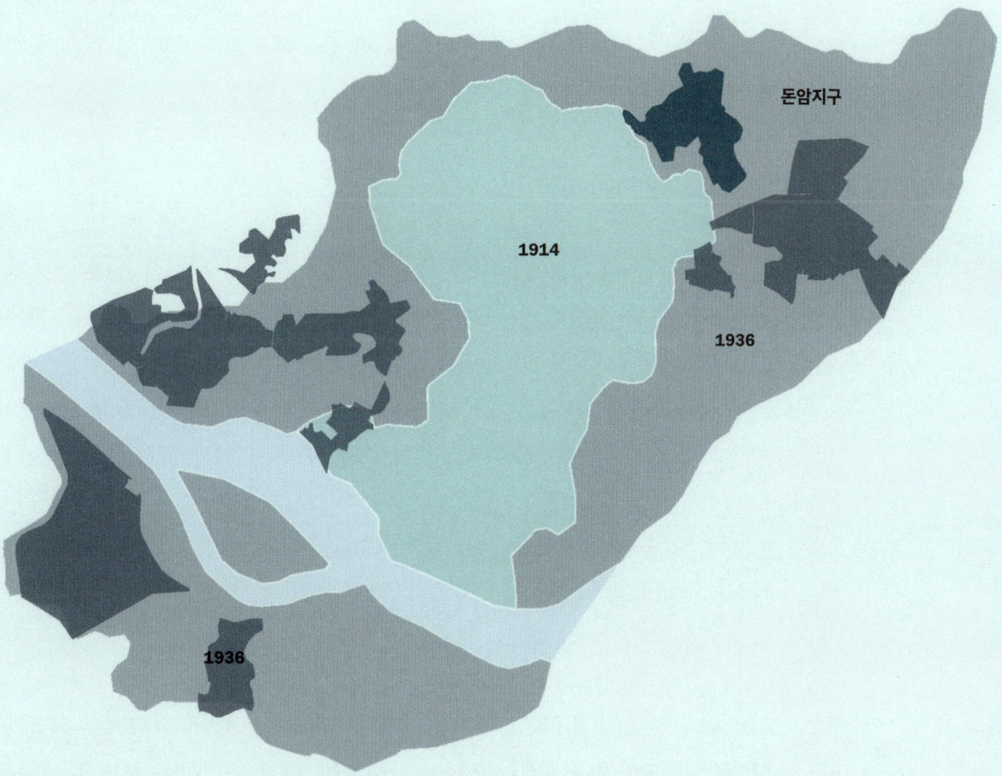

표 01

경성부시가지계획 토지구획정리 시행예정 연차표

연차	지구 수	시행면적(평)	지구별면적(평)
1차 연도	3	2,790,300	영등포 1,577,900, 돈암 713,900, 대현 498,500
2차 연도	3	1,909,500	신당 426,300, 한남 829,500, 용두 308,400, 청량리 345,300
3차 연도	3	1,566,200	마장 588,800, 공덕 198,800, 영등포역 뒤 778,600
4차 연도	5	2,059,500	제기 722,900, 답십리 775,000, 왕십리역 뒤 231,700, 신설 166,300, 대흥 163,600
5차 연도	3	1,950,000	휘경 515,100, 동교 507,600, 번대방 927,300
6차 연도	3	977,300	신촌역 뒤 237,800, 상수 248,300, 번대방 491,200
7차 연도	3	1,147,800	홍제 409,200, 흑석 342,500, 상도 396,100
8차 연도	4	2,076,300	이문 537,200, 금호 455,800, 연희 687,200, 상도 396,100
9차 연도	2	1,068,700	망원 798,500, 동작 270,200
10차 연도	1	180,000	동작 180,000
합계	30	15,817,000	

출처: 손정목, 「식민도시계획과 그 유산」, 『서울 20세기 공간변천사』, 서울시정개발연구원, 2001, 480쪽

1.3 돈암지구의 토지구획정리사업

조선시가지계획령과 경성시가지계획은 확장된 경성의 지역들을 기존의 도시와 다른 근대적인 도시로서 개발하고자 하였다. 돈암지구는 이런 확장된 경성 지역 중 가장 먼저 토지구획정리사업으로 개발되었다.

『매일신보』 1937년 2월 24일 자, 「토지구획정리 삼구 총독부 고시로 발표」.

9,500만 원으로 25개년 계속 사업인 경성부 시가지계획정리공사는 5개년 간을 1긔로 25개년을 5기에 나누어 가지고 공사에 착수한다 함은 임이 보도한 바와 갓거니와 제1긔의 첫 해인 12년도에 제1착수로 구획정리 실시 지역에 대하야는 총독부로부터 고시가 잇서야 모든 수속을 밟기로 되야섯는데, 20일 총독부 고시 제96호로써 발표한 데 의하야보면 금년부터 실지공사에 착수할 지역은 본보에 임이 보도한 바와 가티 영등포 돈암정 아현정 등 세 방면으로 면적은 약 900만 평방미돌(약 300만 미돌)[07] 이라 한다. 그런데 총독부 고시로써 이 지역 내의 지주는 조선시가지계획령에 의한 구획정리사업 시행의무가 20일부터 생기엇는바 지주가 공동사업으로서 시행하지 안는 경우에는 직시 부윤이 지주에 대신하야 시행토록 할 명령이 총독부로부터 발포되는 터이라는데 금번 명령나린 지구는 아래와 갓다.(영등포지구, 면적 5,223,000평방미돌 / 돈암지구, 면적 2,363,000평방미돌 / 대현지구, 면적 1,650,000평방미돌)

돈암지구의 토지구획정리사업의 진행된 과정을 살펴보면 가장 먼저 1937년 2월 2일 조선총독부 고시 제96호로 토지구획정리사업지구 지정을 공고한다. 여기에는 돈암지구뿐 아니라 영등포·대현지구 또한 포함되어 있다. 1937년 2월 24일의 기사를 보면 토지구획정리사업 3개 지구인 영등포·돈암·대현지구 900만㎡를 지정하였음을 알 수 있다.

『매일신보』 1937년 3월 25일 자, 「양구토지구획정리 부에 대행을 통첩」.

경성부 내의 금년도 시가지계획 실시사업의 하나인 토지구획정리구역인 영등포구 영등포정 도림정 당산정 양평정 양화정 522만 3천 평방메돌과 돈암구 돈암정 신설정 안암정 성북정 236만 3천 평방메돌에 대한 정리공사는 그동안 지주 측에서 공사실행의 구체적 신청이 업슴으로 22일 총독부로부터 경성부윤으로 하야곰 전긔 지대의 구획정리공사를 대행하라는 통첩이 잇서서 경성부에서는 전긔 명기로 되얏다는데 구획정리구역 내에 잇는 지주들이 결합하야 자치적으로 공사를 진행하겟다는 신청이 잇스면 총독부에서는 사실 공사 진행의 능력을 인정만 하게 되면 지주들의 요구대로 시행을 지주한태로 명령하는 법인데 우에 말한 바와 가티 지주 측에서 이때까지 그러한 신청이 업는 탓이라고 한다.

같은 해 3월 24일 총독부 고시 제195호로 사업 시행명령을 내린다. 이때의 사업 시행명령의 내용은 3월 25일 기사에서 볼 수 있다. 경성부 내 시가지계획사업 중 영등포와 돈암지구의 사업에 관해서 지주들의 신청이 없어 사업을 총독부에서 대행한다는 내용을 통첩한다. 이후 토지구획정리사업의 실행이 총독부에서 전체 사업을 주도하였음을 알 수 있다.

『매일신보』 1937년 11월 10일 자, 「돈암정과 대현지구 구획정리 실시 인가」.

경성부에서 인가신청 중이든 돈암정 토지구획정리 실시계획은 9일에 총독부로부터 인가 되야서 부 당국에서는 근 환지예정지換地豫定地를 발표하고 본격적 공시에 착수하기로 되얏다는데 이 지구는 동소문으로부터 신설정에 이르는 일대로 면적이 약 70만 평에 달하는 터로 공사가 완성되는 날이면 경성부의 동부 주택지대로서 현저한 발전을 볼 것이라 한다.

07 미돌(米突)은 미터(meter)의 한자 음역으로 300만 미터 표기는 300만 평의 오기로 보인다.

경성부 당국에서는 21일 오후 1시부터 동부출장소에서 돈암구 구획정리 실시에 관하야 지주와 여러 가지 협의를 하리라 한다

『매일신보』 1937년 11월 18일 자, 「돈암지구 지주와의 간담회」.

10월 28일에는 총독부 고시 756호로 돈암지구와 더불어 대현지구의 구획정리 시행에 대한 인가가 이루어진다. 이 시점부터 본격적인 사업의 실행이 이루어졌다. 지주들과의 협의와 자세한 공사계획의 발표가 이루어지고 공사를 실행하였다. 이후에는 지주들과 간담회를 열고 환수해야 할 토지들을 결정하고 공사를 시작하였다. 그리고 정지공사의 70%가 이루어진 1939년 3월 분양조합을 만들고 주택 분양에 들어갔다. 1939년 9월에는 토지를 실수요자에게 매각하였다.

한편으로 전쟁을 하여 나가면서 여유작작하게도 공비 약 6백 만 원으로 완성시킨 주택지대 돈암지구와 공장지대 영등포지구의 화려한 준공을 신전에 봉고하는 봉고제는 12일 오전 9시 반 경성부 주최로 경성신사에서 엄숙히 거행하엿다. 봉고제는 후루이씨古市 부윤을 비롯하여 반 공영부장伴 工營部長, 호시무라 재무부장星村 財務部長, 이도 도시계획과장伊駼 都市計劃課長 등 관계자 약 40명이 참열한 가운데에 일동 배례한 후 후루이씨 부윤 외 옥관봉전玉串奉奠의 뒤를 이어 부회를 대표하여 쓰스기鈴木文助 씨, 영등포지구 대표 가나이金井泰準 씨, 돈암지구 대표 구니모도國友尙儀 씨가 차례로 옥관을 봉전하고 일동 다시 배례한 후 동 10시 식을 마치엇다

『매일신보』 1943년 10월 13일 자, 「자라가는 대경성 신전에 비약을 봉고」.

분양은 기존 사업이 예정되어 있었던 1940년 12월보다 빠르게 이루어졌지만 공사는 이후까지 지속되었다. 1940년 3월에는 총독부 고시 제73호로 공사기간을 연장하였고, 1943년 공사를 준공하며 일본식 봉고제奉告祭, 신에게 고하는 행사를 거행하였다는 기사를 보면, 돈암지구의 공사를 예정대로 1940년에 완료하지 못하고 1943년까지 공사를 계속하였음을 알 수 있다.

그림 04

돈암·영등포지구 공사 준공 봉고제(奉告祭) 광경

『매일신보』 1943년 10월 13일 자, 「자라가는 대경성 신전에 비약을 봉고」

2. 고양군 '돈암리'에서 동대문구 '돈암정'으로

2.1 돈암지구의 토지분양과정

돈암지구는 경성의 확장이 이루어지고 경성시가지계획으로 시행된 토지구획정리사업으로 조성되었다. 토지구획정리사업은 단순하게 택지를 조성하여 인구를 수용하기 위한 방법을 넘어 새로운 도시를 만들기 위한 도시계획이었다. 그리고 새로운 도시로 조성되는 과정에서 행정구역, 토지 개발방식, 도시계획 측면에서 변화가 있었다.

『매일신보』 1937년 5월 5일자, 「이상시설의 면모」.

> 경성부에서 금년부터 돈암지구와 영등포지구에 대하야 구획정리공사를 실시한다 함은 임이 보도한 바와 갓거니와 이제 동 지구 내에 공원은 몃 곳이나 되며 시장·학교 쏘는 도로 등은 얼마나한 면적을 차지하게 되는가를 조사하야 보면 아래와 갓다.
> ◇돈암구 이 구역의 총 면적은 68만 3천 평인데 도로 면적은 15만 8천 평으로 계상되얏고 공원은 대소 합하야 13개소로 그 면적은 2만 3천 평으로 계상되얏고, 시장은 2개소로 면적은 2천 평이여서 시장 1개소에 약 1천 평식이고 학교는 2개소 예정으로 1만 7천5백 평을 게상하얏고 (후략)

토지구획정리사업을 통해 개발된 돈암지구는 기존 경성의 도시계획이 이전 도시질서를 유지한 상태에서 도시문제 해결과 일제의 통치를 위하여 정비하는 정도였던 것과 다르게 비어 있던 대지에 신도시로 건설하는 것이었다. 총독부는 돈암지구의 개발에 있어 단순히 주거용지를 확보하는 것을 넘어서 도시기반시설을 조성하여 근대도시로서 개발하고자 하였다. 1937년 5월 5일 매일신보의 기사에서는 공원·학교·청사 등 도시기반시설을 계획하고 있었으며, 이런 도시기반시설을 갖춘 도시가 '이상도시'라고 이야기한다.

이런 공공시설과 더불어 동소문에서 돈암동까지 이어지는 6번 도로현재 동소문로 그리고 돈암교에서 신설동으로 이어지는 5번 도로현재 보문로 등 간선도로를 폭 25m의 대로로 조성하였고, 이를 중심으로 가로망을 계획하였다. 이런 도시기반시설들은 돈암지구가 그 이전의 도시와는 다른 질서를 갖는 근대도시로서 계획되었음을 보여주고 있다.

이를 적은 자본으로 만들기 위하여 도로·하천·도시계획은 총독부 주관으로 공사가 이루어졌고, 블록을 만든 후에는 민간개발의 방식으로 개발이 진행되었다. 1947년 항공사진을 살펴보면, 계획도에서 보이는 공원·학교·관청 등의 공공 기반시설의 조성과 주거지에도 빈틈이 많음을 알 수 있다. 공원은 산지를 깎는 토목공사가 들어가 비용이 많이 든다는 이유로, 주거지 조성에 우선순위가 밀려 늦게 개발되었다. 그리고 민간개발에 의존한 주택 건설은 기존 주거지의 철거 등의 문제로 이루어지지 않은 곳이 있었다. 일본은 1937년부터 중일전쟁을 벌이고 1941년부터 1945년까지는 태평양전쟁을 치르는 통에 식민지 조선의 신도시를 건설하는

그림 05
돈암지구의 공공시설용지
국가기록원

그림 06

1947년 돈암지역 항공사진
국토지리정보원

그림 07

돈암지구 구획정리사업의 개발 계획과 실행 범위 비교
돈암토지구획정리사업계획도, 1968년 지적도, 1947년 항공사진

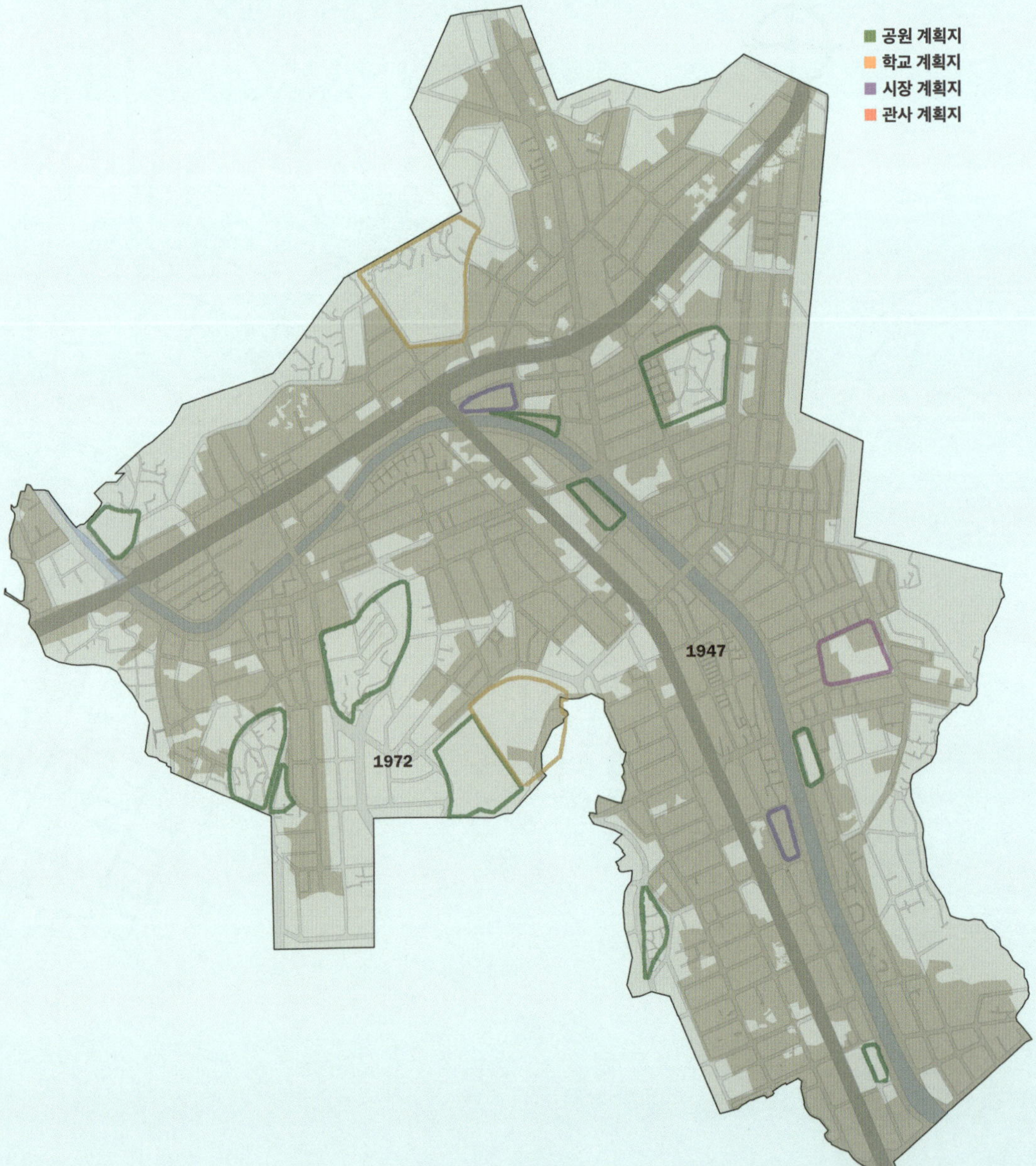

일이 쉽지 않았다. 이 때문에 돈암지구의 관청과 학교는 해방 이후에 관 주도로 조성되었다.

돈암지구의 토지구획정리사업 계획은 기존의 도시와는 다른 근대적인 방식으로 도시를 건설하였다. 이전과는 다르게 대규모의 토지를 일시에 개발하는 방식이었고, 지주는 물론 기존 거주자와 관 등의 다양한 주체들이 얽히며 복잡한 과정을 거쳐야 하였고, 법령을 제정하는 등 체계를 갖추어 이루어졌다. 이런 과정은 단순히 돈암지구만을 개발하기 위한 노력이 아니라 이후에 경성을 확장하고, 나아가서 원산 등 다른 도시를 빠르게 개발하기 위함이었다. 돈암지구는 이런 토지구획정리사업의 1차 사업으로서 근대기의 도시개발 과정을 보여준다.

2.2 돈암지구의 부동산 문제

계획 당시 돈암지구 전체 사업기간은 1937~1940년으로 4년이었다. 하지만 4년이라는 시간은 이전에 해보지 않았던 새로운 개발방식으로 도시를 만들기에는 부족한 시간이었고, 특히 예산이 부족한 상황에서 대단위 개발을 위해 방식에 변화가 있었다.

앞장에서 언급하였듯이 토지구획정리사업은 사업 시행 전의 권리 관계에 변동을 가하지 않고, 토지의 교환과 분합·지목변경·형질변경 등의 방식으로 공공시설을 확보하고 시가지를 개발하는 방식이다. 돈암지구의 개발은 총독부가 경성부에 명령을 내려 관에서 주도하였다. 하지만 토지는 지주들의 소유였기에 개발 비용은 토지 소유주인 지주들이 부담하게 하였다.

> 경성부 도시계획계에서 명춘 3월의 해빙긔를 기다려서 돈암정구와 영등포구에 대한 구획정리공사를 본격적으로 실시한다 함은 이미 보도한 바와 갓거니와 동 구역 내에 잇는 토지는 금후 전매 이동을 하랴면 부 당국의 허가를 어더야 하고 또 허가하더라도 환지換地가 완전이 긋난 뒤라야 인허할 모양인데 전긔 양 구역 내에 잇는 토지는 정리 공사비를 소화 15년도부터 20년 간에 년부 상환으로 하기로 되엿다. 그런데 「돈암구」 내 토지의 총 면적은 68만 3천 평이다. 이 가운데서 관공유지를 제하면 보통지는 공사시행 후에 43만 7천 평 밧게 안 되는데 사업비 2,142,361원은 전부 보통지의 부담으로 되야서 평당 약 5원의 공사비 부담이 될 것임으로 20평 긔지基地를 가진 사람은 백 원이라는 공사비 부담을 20년 동안 물게 될 것이고 1천 평 소유자는 5천 원이라는 빗을 걸머지게 되얏다.

『매일신보』 1937년 12월 3일 자, 「구역정리의 공사비를 지주가 부담케 된다」.

1937년 12월 3일 매일신보의 기사를 보면 돈암지구는 면적 43만 7천 평에 사업비 214만 2,361원으로 평당 5원의 공사비가 들 것이고, 이 부담은 4년 후 공사가 완료되면 토지가격이 상승하여 손실이 없을 것이라 이야기한다. 또 1938년 7월 28일의 기사를 보면 이 비용을 지구 내 가환지假換地를 매각하여 지불하도록 하고 있다. 가환지는 토지구획정리사업에서 환지 처분을 하기 전 임시로 정한 토지로, 토지구획정리사업이 시작되면 임시로 토지를 매각하거나 분양할 수 없지만 가환지는 종전의 토지와 같이 사용하거나 수익을 볼 수 있도록 예외를 둔 토지이다. 이를 매각하여 '청산교부금'이라고 이름 지은 공사 부담비용을 납부하도록 하였다. 지주들은 별도의 지출 없이 토지의 일부를 가환지로 넘겨 부담하는 것이었는데, 이때 가환지는 지주들이 결정하는 것이 아니라 경성부에서 시행 인가 직후에 지주들에게 지정하여 통보하였다. 이를 보았을 때 이 가환지들은 도시기반시설 조성이나 정지공사 등 전체 공사에 필요한 토지로 경성부에서 수용하거나 공사로 이전해야 할 기존 거주자들에게 주어졌다.

『매일신보』 1938년 7월 28일 자, 「묘안 청산교부금」.

경성부 시가지계획과에서는 방금 공사 중의 영등포 돈암정 아현정의 구획정리에 계속하야 신당정 청량리 영등포역 뒤 왕십리역 부근 마포 등 약 250만 평의 구획정리를 할 계획을 하고 잇섯는데 시국 하 총독부의 기채억압起債抑壓 방침에 의하야 실현 난에 싸지엿슴으로 이에 대책을 강구한 결과 전기 구획정리 시공 지구 내의 가환지假換地 일부를 매각하야 이를 청산교부금淸算交付金이라 하야 일단 각 지주에게 교부한 후 각 지주로부터 공사부담금을 증수하야 이로써 공사를 시작하기로 되엿는데 이는 치주 자신이 즉 접으로 돈을 내지 아니하고 간접부담으로써 구획정리를 시공할 수 잇는 명안으로 부 당국은 근근관게 지주를 초치하고 본 문제에 대하야 협의를 하게 되엿다.

1938년 7월 28일 자 기사에서는 공사 시행을 위해서 4,000여 호가 있던 돈암지구의 주거지 중에서 약 1,300호를 이전하여야 하였고, 경성부에서 이에 대한 이전보상비용을 지급하였다고 한다. 그리고 이전하는 1,300호의 가옥은 가환지로 지정된 토지로 이전하여 거주하도록 하였다. 가환지의 발표가 1937년 12월이고 철거가 진행되고 공사를 시행하는 것은 그다음 해 8월로, 그 기간 안에 새롭게 집을 지어서 이전하여야 하는 상황이었다. 하지만 1938년 7월에 주민들이 자진해서 이전해야 공사수행에 문제가 없다는 기사가 있는 것으로 보았을 때 이전이 수월치 않았던 것으로 보인다. 이후 토지구획정리사업이 시행되었음에도 불구하고 빈민구제와 토막민에 관한 이야기들이 여전히 지속적으로 언급된다. 기존 거주민들의 이전 정리가 완전히 이루어지지 않았던 것이다. 기존 거주민들의 이전 문제는 돈암지구의 토지정리가 순탄치 않았음을 보여준다. 돈암지구에서는 이 외에 토지에 관한 문제들도 있었다.

돈암지구 개발과정에서 토지의 문제는 필지의 형태에서도 드러난다. 토지구획정리사업이 시행되기 직전인 1935년의 돈암지구의 지적과 1924년 지적원도의 지적을 살펴보면, 1924년도 지적도에서는 분할 없이 대형 필지로 조성되어 있는 필지들이 개발 직전인 1935년의 지적에서는 극세장형 필지로 분할되어 있음을 알 수 있다. 돈암동 1924년 지적도에서 돈암동 258번지의 지적은 분할 이전인 1924년의 지적에서는 약 2만 4,000㎡의 부정형의 필지였다. 이 필지들이 1935년도 지적에서는 258-1~258-47번으로 분필되어 있었다. 분할된 필지들을 살펴보면 1,000~2,000㎡ 내외의 대형필지가 6필지가 있고 그 외의 필지들은 300~400㎡의 일정한 면적으로 분할되었다. 300~400㎡로 분할된 작은 필지들은 폭 4~7m, 길이 60~144m로 폭이 좁고 길이가 긴 극세장형 형태의 필지들이었다.

이런 필지의 분할 방식은 토지의 사용이 아닌 토지의 부동산 가치를 위해 투기목적으로 구매하는 과정에서 여러 사람이 지분을 갖기 위하여 토지를 지분으로 쪼개놓은 형태와 유사하다. 이런 필지들은 돈암동 258번지 외에도 일부 주거지를 제외하고는 돈암지구 전체 토지에서 확인되어 토지 투기가 돈암지구 전체에 만연해 있었던 것으로 보인다. 개발주체인 관도 '개발을 진행하면서 지주들이 부담을 갖겠지만 토지가의 상승으로 오히려 이득을 볼 것'이라고 홍보하였는데, 경성부를 비롯한 관에서도 사업의 성공을 위해서 투기를 종용하였던 것으로 짐작된다.

돈암지구가 개발되던 1930년대에는 이미 토지에 대한 투기가 만연하였던 것으로 보인다.

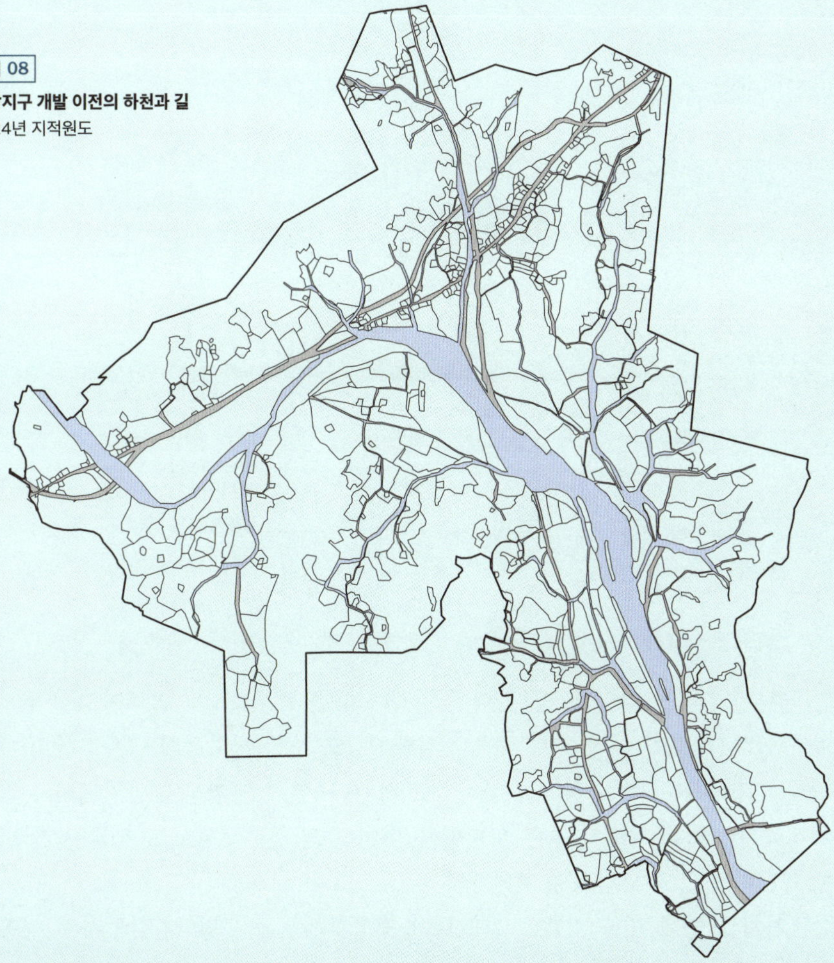

그림 08

돈암지구 개발 이전의 하천과 길

1924년 지적원도

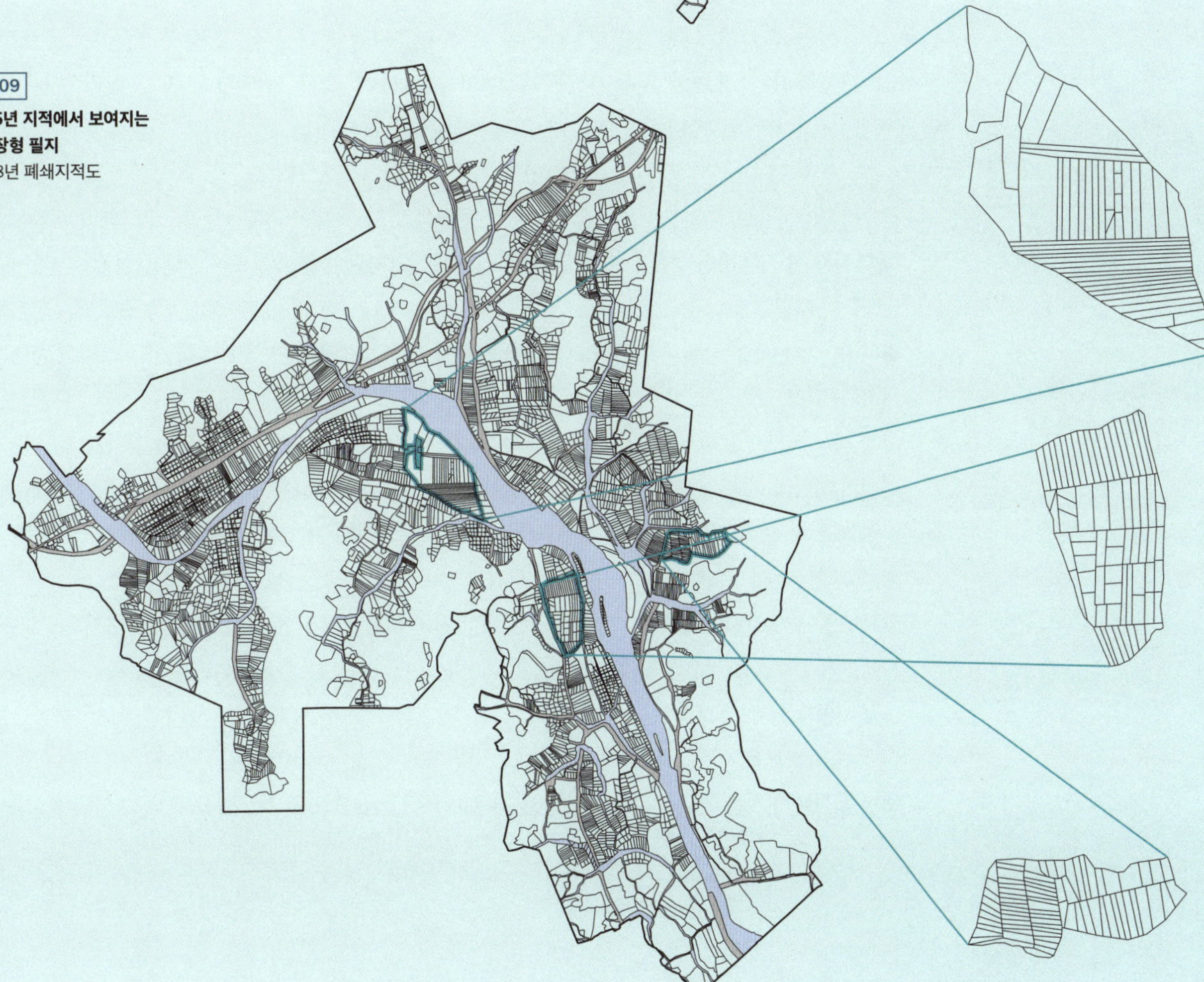

그림 09

1935년 지적에서 보여지는 극세장형 필지

1968년 폐쇄지적도

그림 10 ◂
『부산일보』 1935년 7월 3일 자, 「조선이 만주의 토지를 매입한다」

그림 11 ▸
『매일신보』 1937년 10월 1일 자, 「금조서기 양명이 공모 공금횡령 십사만원」

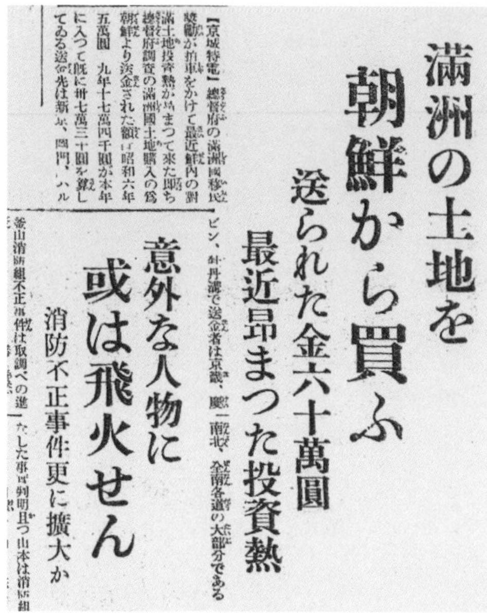
満洲の土地を朝鮮から買ふ
送られた金六十萬圓
最近昂まつた投資熱

意外な人物に或は飛火せん
消防不正事件更に擴大か

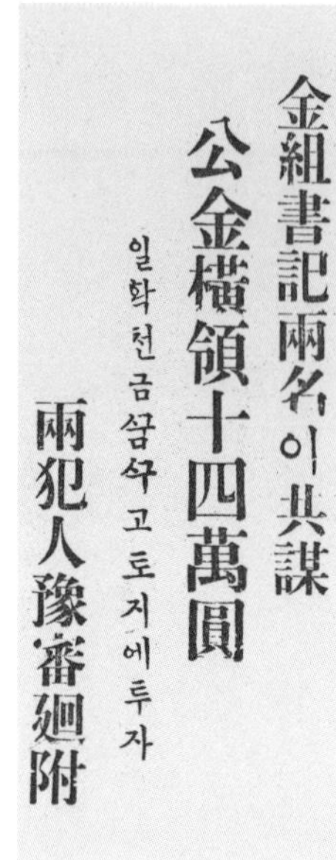
金組書記兩名이共謀
公金橫領十四萬圓
일확천금삼아고토지에투자
兩犯人豫審廻附

이는 경성에만 국한된 일이 아니었다. 청진, 나진 등 발전하는 항구도시나 만주까지도 투자의 범위에 들어가 있었다. 이로 인해서 토지 투자로 일확천금을 노린 사람들이 금융조합의 돈을 횡령하여 토지에 투자하는 등의 사건이 벌어지기도 하였다. 이런 시대적인 상황에서 돈암지구의 토지구획정리사업은 투기하기 좋은 토지였을 것이고, 경성부에서도 토지 투자가 필요하였기 때문에 억제하지 않고 오히려 홍보하였다.

경성부의 주거지 분양에 대한 기록을 살펴보면 경성부에서는 분양 시점에 사업 성공을 위해 대대적인 홍보를 기획하였다. 입간판, 포스터, 팸플릿, 신문광고 등을 활용한 홍보는 물론이고 구획정리 전람회와 전문가 강연회까지 개최하여 택지 판매에 열을 올렸다. 다음은 돈암지구를 선전하는 1939년 1월 7일 자 『동아일보』의 기사이다.

『동아일보』 1939년 1월 7일 자, 「대경성의 건설보 2, 각부의 새해 설계」.

금년에 영등포 토지구획정리가 완성되면 또한 돈암정 토지구획정리가 완성된다. 그리하야 대경성 건설의 이상은 한 거름씩의 실현을 보게 되는 것으로 이 돈암지구는 경성의 도심 지대를 상거하기 동북 4키로메돌의 지점에 잇어 동소문 밖에 흐르는 성북천 양안 일대인데 경성, 원산 간 일등 도로가 돈암정을 통과하며 남부는 신설정에서 춘천가도에 연하야 동쪽, 서쪽, 북쪽은 산으로써 경계선을 그리며 병풍이 둘린 것과 같다. 그런데 소화 11년 4월 1일 경성부 행정구역확장에 따라 돈암리가 경성부에 편입되는 동시에 경성 시가지 계획구역에 편입된 것이다. 이 지역은 성북천 유역분지로 상당한 경사가 저서 물이 잘 빠질뿐 아니라 사방에 물려 잇는 산악에 수목이 울창한지라 비성비촌이라드시 경성의 주택지다로는 '넘버원'이라 할 것이다. 따라서 현재 주택건축이 축일 발증가하야 그 발전상은 놀날만하다. 그리하야 총독부당국에서 소화 11년 12월 26일 조선 시가지계획령에 의하여 경성시가지계획 가로망급 토지구획정리지구를 결리 고시하야 동 12년 2월 20일 돈암지구 토지 소유자는 소화 12년 3월 20일까지에 정리 시행인가 신청을 하라고 지정햇으나 동 신청이 없는 까닭에 동 12년 3월 22일 경성부윤에게 돈암지구 정리 시행을 명한 것이다.

이 정리 사업은 토지 상항에 의하야 2공구로 나누어 하는데 아무러케나 생긴 땅을 다스레서 이상적 주택지를 만들려 하는 것으로 지구의 중앙을 관통한 동서급 남북의 두 개 간선도로 양칙 지대는 상점가를 예상하는 바이며, 이미 시가지화한 부분이 잇음으로 이것도 정리하야 주택급 상업지로 유감이 없도록 하기 위야 다음과 같이 공사를 시행하는 것이다.

1. 질서정연한 도로를 축조하야 가곽街廓을 결정함. 2. 주택지를 조성함. 3. 배수설비를 신설, 도로부지 내에 측구급하수거를 설하야 지구 내의 배수를 편리케 할 수 잇는 공사를 시施함. 4. 도로면에 사리砂利(자갈)를 산포散布함. 5. 소공원, 시장 기지를 설치함 등으로 이 천연적 풍경 가려한 지대에 인공을 가하야 가곽, 성북천 개수, 주택지 조정, 배수 등의 시설을 하고 그 다음에 공원까지 만들어 노케되면 이 지구는 금상첨화의 이상적 주택지가 금년 내에 완성될 것이다. 그런데 공사기간(소화 12~14년도)이라든지 공사비 부담 방법 등은 영등포지구계획에서 말한 바와 마찬가지이다.

금년 중에 양개 확장공사가 완성됨을 따라서 경성은 북으로 돈암정, 남으로 영등포의 근대적 신흥 시가의 확대를 보게 되며 일가월 증하는 인구의 주택난도 다소간 완화 될 것만도 사실일 것이나 사람들이 도시에 집중되는 경향을 볼 것이면 그 세력이 괴장하야 금년도의 영등포, 돈암정 토지구획정리 완성으로 경성부민 주택난에 동족방뇨의 감이 없지 아니한 바이다. 그리하야 작년 12월 5일 경성부 임시 부회에서 주택난 완화책으로 주택조합령을 속히 실시하여 달라고 만장일치 가결로 총독에게 요망한바까지 잇거니와 부당국에서는 그 실시 여하를 불구하고 조코 갑산 부유지府有地를 개방하야 주택난을 원화하고저 금년도 예산에 정지整地비로 35만 원을 계상하엿는데 이태원에서 한남정 일대에 빠친 남산 뒤 부유지 40만 평을 정지하야 50평 내지 100평의 구획이 정연한 주택 지대를 만드러 주택건축을 원하는 부민에게 분양하는 것으로 예산 통과를 기다려서 급속이 공사에 착수하야 금년 여름에 개방 할 예정이라 한다. 이 부영주택지에는 1, 2부 소학교축용지 2개소와 공설시장 건축예정지 1개소도 만들어 수도부설 '뻐스' 운전을 실시하고 장내에는 전차까지 연장하기로 되엇다는데 주택지 분양에 잇어 이권의 대상이 되는 일이 없도록 자격 심사를 엄격히 하게 될 것으로 자격은 부내에 거주하는 중류이하 사람으로 현재 집이 없고 건축할 자력이 확실한 사람이여야 된다. 부당국이 이를 착수하게 된 목적은 주택난 원화인 동시에 축일등귀 일로를 밟는 토지가 억제의 의미도 포함되엇으므로 수도끼여서 평당 16원 정도일 것이라 하며, 제1기 분양만도 50평 평균으로 하면 1805호에 9천 명의 인구를 수용하게 될 것이며, 계속하야 경성부 내와 부외에 산재한 100만 평 이상에 달하는 부유지를 전부 이런 방식으로 개방할 계획임으로 금년 중에 이의 실현되면 주택난에 우는 부민에게 적지 아니한 편의를 제공하는 바일 것이다.

그리고 경성부의 시가지계획은 방대한 계획으로 재작년도부터 착수한 시가지구획정리사업은 금춘부터 번대방, 한남, 사근, 용두 등 4지구에 150만 평을 150만 원 공비로 착수하며 금년 가을부터는 청량리, 신당정, 마포 등 3지구에 120만 평을 340만 원 공비로 착수하기로 되엿다한다. 방재, 영등포, 돈암정 지구는 공사의 약 7할이 진행되엿고, 대현정 지구는 약 5할이나 진행되엿다 하며, 금년도에 착수하는 전기 7개 지구 중 4개 지구는 4월부터 착수하고, 나머지 3지구는 9월부터 착수하야 3개년 계속사업이라 한다.

이런 홍보는 경성부뿐만이 아니라 토지경영 회사들 또한 열을 올렸다. 돈암지구의 분양과정에서는 조선공영주식회사나 동경건물주식회사 같은 개발업자와 토지·건축물 경영회사들의 이름이 등장한다. 이 중에서 도쿄에 본점이 있고 한성에 지점을 둔 동경건물주식회사는 토지건축물 분양·홍보·매매를 진행하던 회사로, 돈암지구뿐 아니라 경성의 많은 지역에서 주택을 지어 분양하였다. 동경건물주식회사는 돈암지구 안에서 자신들이 분양하고자 하는 지역을 돈암지구와 구분하여 별도의 이름을 현상 공모하였다. 명칭공모에서 동산장東山莊이 당선되었고, 분양과정에서 계속해서 동산장東山莊으로 분양 광고를 하였다.

그림 12

돈암지구 분양 시기 동경건물주식회사의 지명 공모 결과 발표
『조선일보』 1939년 8월 29일 자, 「당사 돈암정 분양지 명명 현상 모집 당선자 발표」

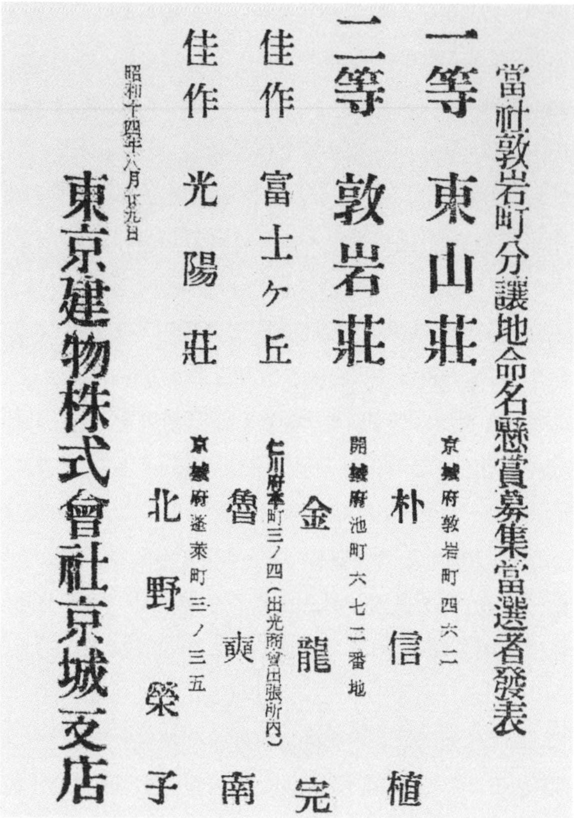
當社敦岩町分譲地命名懸賞募集當選者發表

一等 東山莊 京城府敦岩町四六二 朴 信 植

二等 敦岩莊 開城府池町六七二番地 金 龍 完

佳作 富士ヶ丘 仁川府本町三ノ四（出光商會出張所內） 魯 奭 南

佳作 光陽莊 京城府蓬萊町三ノ三五 北 野 榮 子

昭和十四年八月廿九日

東京建物株式會社京城支店

그 결과 돈암지구의 토지는 비교적 빨리 판매되었다. 1940년 12월 말 정지작업도 90% 이상 완료되었으며 토지구획과 동시에 연일 대량의 주택이 건설되었고, 1943년 10월에는 전체 토지공사가 완료되었다. 이렇게 신속하게 사업이 진행된 만큼 문제점도 발생하였다. 실제 건물이 설계도와는 다르게 지어진 위반가옥이 발생한 것도 그중 하나이다. 이런 사태에 대해 1942년 6월 27일 『매일신보』는 다음과 같이 전하고 있다.

『매일신보』 1942년 6월 27일 자, 「설계와 다른 건축 도시계획령 위반으로 엄중취체」.

뻐더나는 경성은 동으로 서로 인구의 팽창과 아울러 무엇보다도 먼저 주택난을 비저내이고 잇다. 더욱이 안암정, 신설정, 돈암정 등 신설 주택지 지구를 관할하는 등 대문서 건축계 창구에는 연일 7, 8통 내지 15, 16통의 건축허가 신청서의 접수를 하고 잇다. 그런데 이 신청서를 보면 도면에 잇서서나 서식은 어느 정도로 갖추어섯스나 결국 건축된 것을 보면 처음 서식과는 달른 것뿐이어 다된 집을 시가지계획령에 덜리어 부득이 부스거나 뜨더내지 않흐면 안 되는 집을 지어놋는다. 그리고 집이 다 완성되어 경찰의 사용 허가가 나리기도 전에 매매를 하고 또는 세를 노아 다른 사람이 들어 잇서 책임자를 밝히기가 곤난하게 된다. 이러한 위반가옥이 생기게 되는 큰 이유는 건축허가 신청인과 공사청부인 가옥 사용인이 모다 다른 사람이엿기 때문에 공사 중이라도 이 책임자를 차저내지 못하고 인부만 잇게 되어 미리 취제하기에도 곤난하게 된다. 이러한 점으로 보아 법적인 처벌만으로는 도저히 막어내일 수 업는 일이다. 따라서 동 건축계에서는 허가신청서를 처음에 접수할 때에 미리 건축신청인과 공사청부인을 정하여 책임자를 완전하게 한 연후에 허가를 하고 또한 준공계를 내어 관게서원의 검사를 마튼 연후에야 사용하도록 일반의 각별한 주의를 요망하고 잇다. 이에 대하야 동서 고 보안주임은 다음과 가치 말한다. 의레히 집을 지면은 규측에 어긋나지 안케 하여야 할 터일데 소위 건축 「뿌러~커」가 잇서 허가신청만 하여 가지고 권리만을 파는 일도 잇고 또는 완성되지 안흔 집을 팔거나 세주는 일이 잇는데 이런 것은 모다 잘못된 일이다. 따라서 이런 일을 방지하지 위하야 금후는 건축신청인과 청부인을 밝히어 반다시 항상 책임을 지지는 사람이 잇지 안 흐면 허가를 하지 안흘뿐더러 건축위반한 자에게 대하야서 엄중히 단속하려 한다.

구획정리사업에 브로커가 끼어 대량의 주택을 공급하는 과정에서 문제가 발생하였던 것이다. 공급과정에서의 문제로 예상하지 못하였던 기현상이 발생하기도 하였다.

『매일신보』 1941년 5월 15일 자, 「주택난중 공가천호 동부신주택지대의 기현상」

세운다 세운다 하고 좀처럼 세워지지 안는 경성의 주택문제는 날을 거듭할스록 심각하여 가고 잇는데 이와 가티 절박한 주택난과는 엉뚱하게도 경성부 내에 비인 채로 잠을쇠를 채워둔 집이 무려 일-천여 호나 하품을 하고 잇다는 사실을 드를 때 좀 의아한 생각을 금치 못하게 한다. 우선 동대문서의 조사에 의하면 관내인 돈암정敦岩町 명륜정明倫町 신설정新設町 신당정新堂町 가튼 방면의 주택촌에 건물 회사 혹은 건축업자들이 세워노키만 하고 텅 뷔인 채 하품을 하고 잇다는 집이 9백 호가 넘는다는 것인데 이외에도 각 서 관내에 그러한 새 집이 적지 안타. 이런 것은 집장사들이 장사를 목적으로 지어 노흔 것이나 그간 주택지 가격이며 집세 통제로 집갑도 써러지려니와 금융도 전갓지 안음으로 자연매매도 적고 또 물자를 빗싼 갑으로 대서 지엇든 집이라고 싼 갑으로는 팔려고도 안음으로 자연 집이 팔리지 안코 그대로 비어 잇다는 것이다. 그런데 작금 부내의 건물 매매는 거의 정지 상태에 싸젓는데 역집 장사로는 이왕 지어 노은 집은 하로 쌜리 팔어서 리자만 더해가는 빗을 청산하자고 하나, 살 사람도 금융이 어렵고 해서 좀처럼 손을 못대고 잇다. 더구나 작년 10월에 실시를 본 택지건물통제령宅地建物統制令의 영향을 보건대 9, 18 현재의 가격에 근거를 두고 시세를 엿보기 째문에 집주인의 요구와는 가격에 너머도 차이가 커서 선듯 손을 내밀지 못한다는 것이다. 이 통제령에서는 신축가옥에 잇서서 실비에다가 9부의 이익 즉 등기료와 세금만을 더 부처서 팔게 되는 것이므로 집장사가 부르고 시픈 갑과 잘 맛지 안는 모양이다. 그리고 방 한칸이라도 전세나 사글세는 더욱 귀해젓는데도 불구하고 복덕방을 찾는 사람은 집을 사겟다는 사람보다 세집을 찾는 사람이 더 느럿다는 것이다. 이 주택난에 귀한 물자를 들려 지어노코 그와 가치 뷔인 채로 집을 놀리고 잇다는 것은 기이한 현상으로 일반의 이야기꺼리가 되어잇다.

1940년대 경성의 인구는 계속해서 늘어나고, 주택난은 점점 심각해지고 있었다. 앞에서 보았듯이 경성부는 이를 해결하기 위해서 돈암지구에 주거용지를 조성하였고 집을 구하지 못한 사람들에게 돈암지구에 대규모로 조성된 주거용지는 집을 구할 수 있는 기회였다. 하지만 1941년 5월 15일 자 기사를 보면 돈암지구를 비롯한 동부지역의 팔리지 않은 빈집이 900여 호에 달하고 있었다. 앞서 이야기한 브로커와 건축업자들이 생각하는 집값과 구매자들이 구입하고자 하는 가격이 맞지 않아 발생한 문제였다.

하지만 이는 수요와 공급의 불균형에 의한 문제가 아니라 일제가 전쟁을 수행하기 위해서 저물가 정책을 유지하였기 때문이다. 일제는 전쟁물자를 조달하기 위해서 물가를 통제하였다. 시장경제에 따라서 자유롭게 물가가 조정되는 것이 아니라 관에서 물품의 가격과 지대 임대료, 토지가격, 소작료 등을 통제하였다. 택지건물통제령[08]으로 돈암지구뿐만 아니라 전체적인 부동산 경기가 침체되어 사람들은 집을 사기보다는 셋집을 얻으려고 노력하였고, 건축업자들은 적은 이윤을 내고서는 팔려고 하지 않았다. 이런 사회적 상황으로 인하여 주택난이 있는 한편으로 빈집이 발생하는 기현상이 발생하였다.

08 하원호, 「일제말 통제경제정책과 물가통제」, 『대동연구』 54, 성균관대학교 대동문화연구원, 2006, 121~152쪽.

2.3 돈암의 행정구역 변화

조선시대의 돈암리 일대 성 밖 지역은 1395년 성곽으로부터 10리 이내 지역인 '성저십리'에 속하여 한성부 관할로 편입되었으며 '숭신방'으로 불렸다. 일제강점기 돈암리 일대는 1910년 한일 강제병합과 함께 종래의 한성부가 경성부로 개칭되어 경기도로 속하게 된다. 1911년 4월에는 도성 안은 5부, 도성 밖은 8개로 나누는 5부 8면제가 시행되며 1910년 이전에는 한성부 숭신방에 속하던 성곽지역은 경기도 경성부 숭신면이 되었다.

1914년 경기도 도내 각 면의 명칭과 구역을 새로 재정하며 5부 8면제가 폐지되고 8면 중 일부는 경성부에서 관할하고, 일부는 경기도 고양군에 편입될 때 돈암리 일대는 경성부 숭신면에서 고양군 숭인면이 되었다.[09] 아래의 그림은 돈암지구가 계획되기 전 숭인면의 리里 경계이다. 경성이 확장되기 이전으로 돈암지구는 돈암리와 안암리, 신설리로 구성되어 있었다. 1936년 경성의 확장으로 숭인면의 돈암리, 성북리, 안암리, 신설리를 비롯한 14개 리가 경성으로 편입되었다. 편입된 돈암리, 신설리, 안암리는 경성부의 정목丁目제도에 맞춰 돈암정, 신설정, 안암정으로 이름이 바뀌었다. 그리고 행정경계는 안암정과 신설정의 경우 변경이 없지만 돈암정은 돈암지구의 북쪽 정릉리 일부까지 편입하여 지금의 돈암동의 경계와 유사하게 확장되었다.

돈암지구가 경성부에 편입되고 리里에서 정町으로 변경되었지만 행정기관에 변경이 있지는 않았다. 1915년 숭인면이던 시기에 만들어진 주재소와 경찰서, 숭인면사무소, 동부출장소가 있어 이후 성북구청이 만들어지는 1950년까지 숭인면, 동대문구 등 넓은 범위를 관할하는 행정기관만 있었다. 돈암지구 개발 이후 인구는 증가하였지만 별도의 행정기관이 없어 돈암지구의 수해복구 등의 업무를 동대문경찰서에서 시행하는 등의 문제가 있었다.

그림 13 ◂
1936년 이전 돈암지구의 행정구역
1924년 지적원도

그림 14 ▸
1936년 이후 돈암지구의 행정구역
1936년 지적도

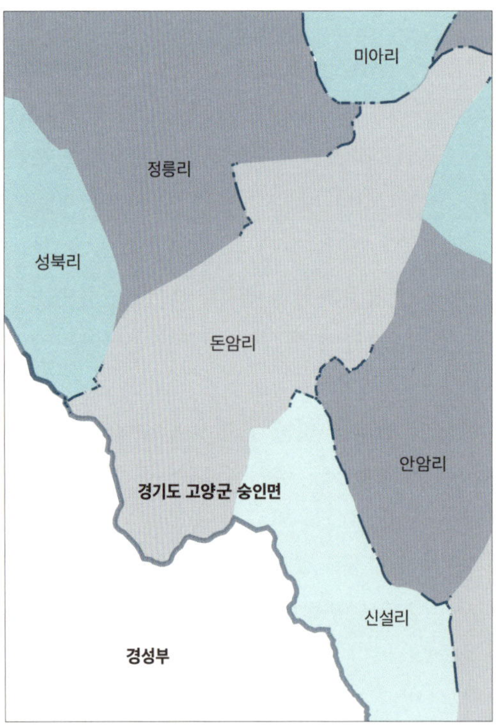

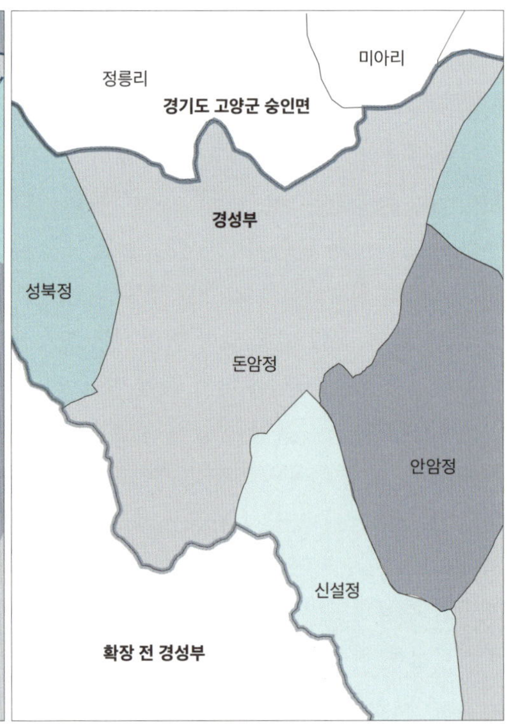

09 『길음동(서울생활문화자료조사)』, 2010, 19쪽.

표 02

돈암동 기준 행정구역 명칭의 변화(조선시대~현재)

<table>
<tr><th>연도</th><th colspan="2">수도</th><th colspan="4">하위 행정조직</th><th>비고</th></tr>
<tr><td>1394.11.21.</td><td colspan="2">한양부</td><td></td><td colspan="3"></td><td>개성 ⇒ 한양천도</td></tr>
<tr><td>1395.6.6.</td><td colspan="2" rowspan="6">한성부
5서署제(동서)</td><td rowspan="4">5부部제(동부)</td><td rowspan="5">성저십리</td><td rowspan="5">숭신방
동문외계</td><td rowspan="4">행정구역 설정
한성부에서 직할
인근부(동부)에서 관할
되너미고개
(적유현, 돈암현)</td><td>한양부 ⇒ 한성부</td></tr>
<tr><td>1396</td><td></td></tr>
<tr><td>1461세조 7</td><td></td></tr>
<tr><td>1788정조 12</td><td></td></tr>
<tr><td>1894.7.
(갑오개혁)</td><td></td><td>돈암리</td><td></td></tr>
<tr><td>1911.4.1.</td><td rowspan="4">경기도
(수도 폐지)</td><td>경성부</td><td></td><td colspan="2">숭신면</td><td>(돈암리)</td><td>경기도령 제3호
(5부 8면제)</td></tr>
<tr><td>1914.4.1.</td><td></td><td>고양군</td><td colspan="2">숭인면</td><td>(돈암리)</td><td>삼선평이 돈암리로 편입</td></tr>
<tr><td>1936.4.1.</td><td>경성부</td><td></td><td colspan="2">돈암정</td><td></td><td>〃
경성부로 편입</td></tr>
<tr><td>1943.4.1.</td><td>경성부</td><td>동대문구</td><td colspan="2">돈암정</td><td></td><td>구(역소)제 실시</td></tr>
<tr><td>1946.8.15.</td><td colspan="2" rowspan="3">서울특별
자유시
(서울시)
동대문구</td><td>〃</td><td colspan="3">〃</td><td>군정법령 제106호
(1946.9.18. 공포)</td></tr>
<tr><td rowspan="2">1946.10.1.~
1955.4.17.</td><td colspan="2">법정동</td><td>동회제도</td><td rowspan="2">정회 ⇒ 동회
(임의단체)</td><td></td></tr>
<tr><td colspan="2">돈암동
(행정구역)</td><td>동소문동회
동선남부동회
동선북부동회
정화동회
욱구동부동회
욱구서부동회</td><td></td></tr>
<tr><td>1949.8.15.</td><td colspan="2">서울특별시</td><td>성북구(신설)</td><td colspan="3">상동</td><td>대통령령 제159호</td></tr>
<tr><td rowspan="2">1955.4.18.</td><td colspan="2" rowspan="2">〃</td><td>〃</td><td colspan="2">법정동</td><td>행정동</td><td rowspan="2">1955.4.18. 동 설치조례 실시하면서 돈암동이 9개의 행정동으로 분리

서울특별시 조례 제66호</td></tr>
<tr><td colspan="2">돈암동</td><td>동소문동
삼선제1동
삼선제2동
삼선제3동
동선동, 남선동,
서선동,
북선동,
정화동</td><td></td></tr>
<tr><td rowspan="2">1963.1.1.</td><td colspan="2" rowspan="2">〃</td><td>〃</td><td colspan="3">법정동과 행정동 일치</td><td rowspan="2">서울특별시조례
제274호 공포
조례 제275호로 시행</td></tr>
<tr><td colspan="3">동소문동, 삼선제1동,
삼선제2동, 삼선제3동,
동선제1동, 동선제2동,
돈암제1동, 돈암제2동</td><td></td></tr>
</table>

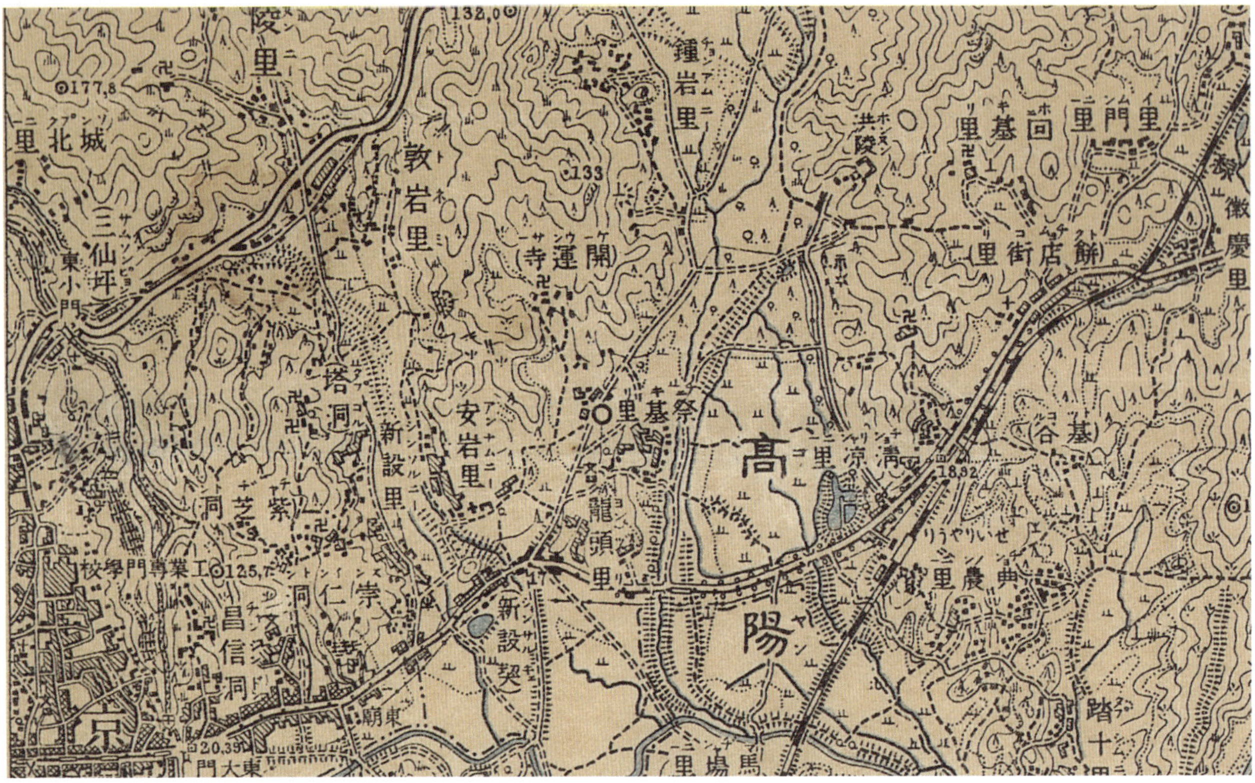

그림 15

돈암지구 개발이전의 관청

「경성도」(부분), 『1/50,000 조선총독부지도』, 1912년 재판

돈암리주재소: 숭인면 돈암리에 위치(1915년)

동대문경찰서: 종로구 인의동에 위치(1915년)[10]

성북경찰서: 성북구 돈암동에 위치(현 성북경찰서 자리)[11]

숭인면사무소: 안암리 원리(1915년)[12] → 신설리 87번지[13]

동부출장소: 신설정 87번지(옛 숭인면사무소) → 동대문구청

1943년 6월 10일 조선총독부령 제163호로 구區 제도를 시행하면서 도성에 설치한 종로구와 중구 외에 용산구·동대문구·성동구·서대문구·영등포구가 신설되었는데, 돈암정은 신설된 동대문구에 소속되었다. 해방 후 1946년 10월 1일 서울시헌장과 미군정법령 제106호에 의해 일본식 동명을 우리 동명으로 바꿀 때 돈암동으로 변경되었다. 당시 돈암동이란 법정동명은 동소문 밖에서 미아리고개까지 일대를 일컫던 대표적 지명으로 그 구역이 매우 넓었다. 1949년 8월 15일 정부는 대통령령 제159호로 성북구를 신설함으로써 돈암동은 성북구에 속하게 되었다.

해방 이후에 성북구의 관할구역과 인구가 늘어나면서 이전에 동부출장소, 동대문경찰서, 동대문구청 등을 전전하며 이루어지던 행정으로 감당할 수 없게 되었다. 성북구에 새로운 행정관청의 필요성이 생겼고 1950년 신청사로 이전하였다. 이전한 건물은 석조로 지어진 3층 건물로 돈암동 458-19번지에 위치하였고 1976년 지금의 자리에 청사를 이전하기 전까지 사용하였다. 현재까지 남아 있는 옛 청사건물은 전면에서 보았을 때는 1950년대에 지어진 오래된 건물이라고 생각하기 어려운 모습이다. 하지만 후면 골목길에서 다른 건물들 사이로 보이는 모습은 이전의 석조외장이 그대로 남아 있어 옛 성북구청의 모습을 보여준다.

10 서울특별시 성북구 편, 『성북구지』, 서울특별시 성북구, 1993, 269쪽.

11 서울특별시 성북구 편, 『성북구지』, 서울특별시 성북구, 1993, 269쪽.

그림 16

1943년 구제(區制) 실시 이후 돈암지구의 행정경계

1936년 지적도

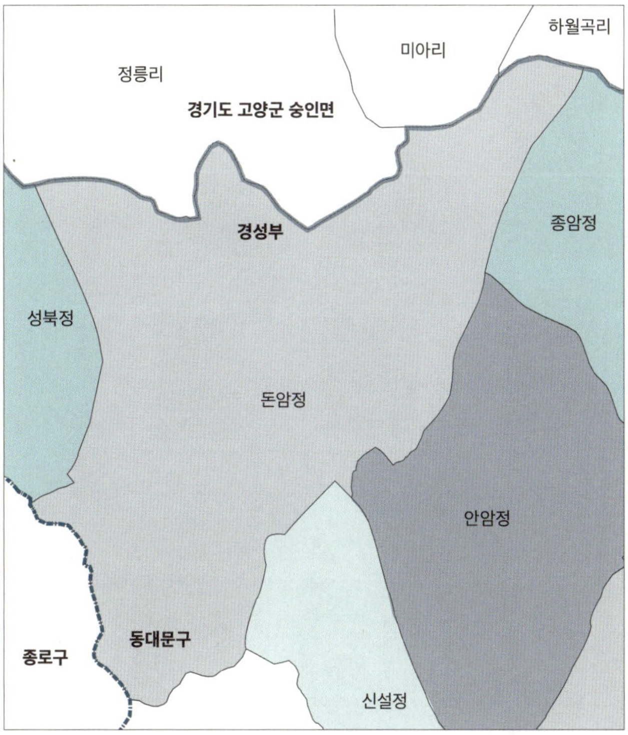

그림 17

1949년 8월 성북구 신설 이후 행정구역 변경

1936년 지적도

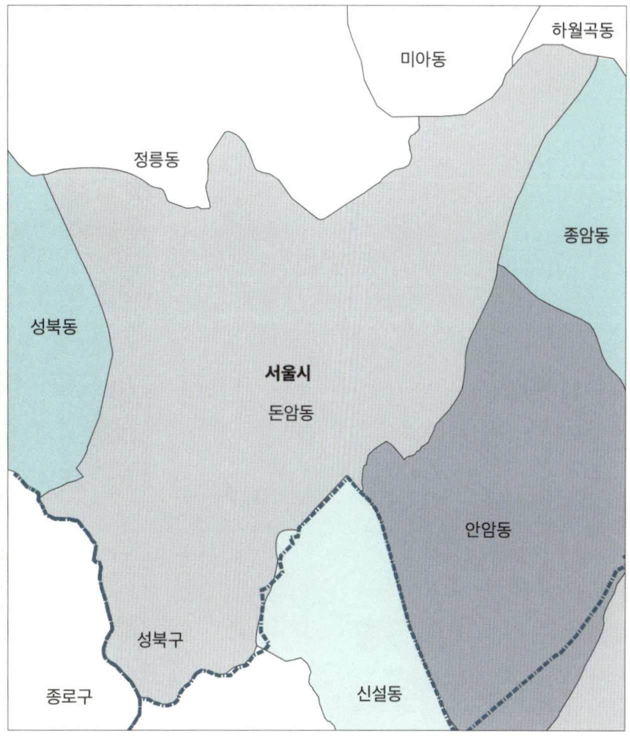

그림 18

1962년 12월 행정구역 변화

1968년 지적도

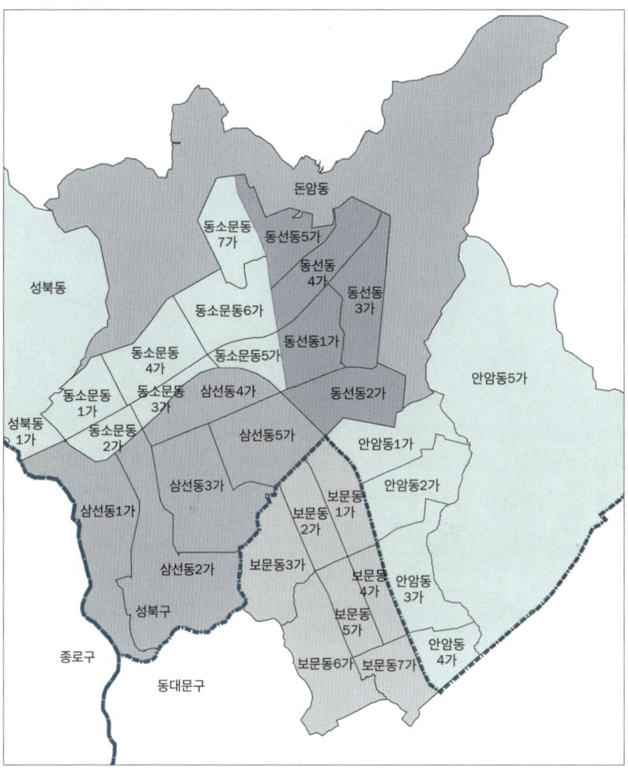

그림 19

1973년 9월 서울특별시 구(區) 경계 조정

1968년 지적도

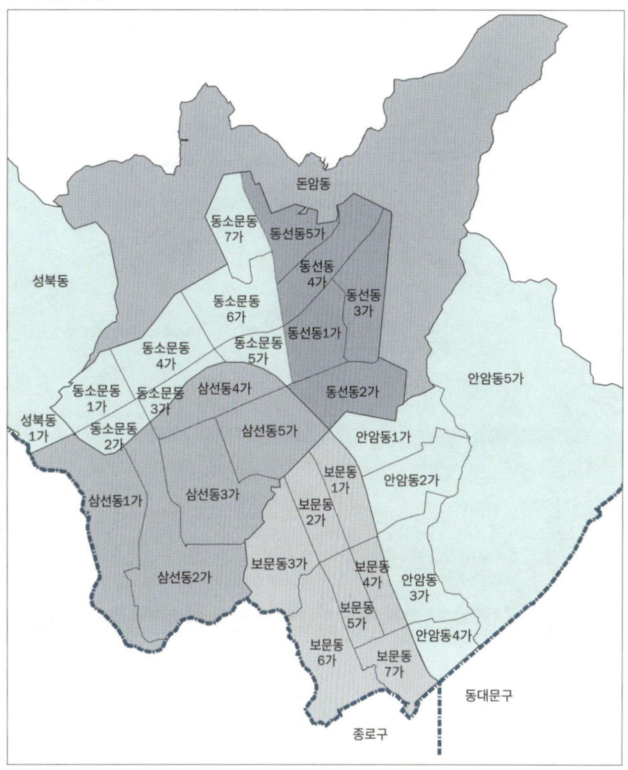

12 성북마을아카이브 '숭인면사무소'. 조선총독부 관보에 따르면 숭인면사무소는 1915년 1월 창신동에서 제기리로 이전되었고, 같은 해 10월 제기리에서 원리(현 안암동)로 이전하였다. 1936년 경성부의 구역이 확장되면서 성북리·돈암리·신설리 등은 경성부에 편입되고, 정릉리·미아리·장위리·석관리 등은 숭인면으로 남게 되었다. 이때 신설리 87번지에 있던 숭인면사무소 자리에 동부출장소가 설치되었다. 1949년 8월 성북구가 신설된 당시 미아리에 숭인출장소가 설치된 것으로 보아 1936년 이후 숭인면사무소는 미아리로 이전한 것으로 추측된다.

13 서울특별시 성북구 편, 『성북구지』, 서울특별시 성북구, 1993, 119쪽.

그림 20

1950~1976년 사용된 최초 성북구청사

성북구청 2019 옛사진 공모전

그림 21

1950년대 건축된 성북구청 후면

후면에만 석조 외장이 일부 남아 있어 옛 모습을 추정할 수 있게 한다.

그림 22

1950년대 건축된 성북구청 전면부

현재 전면부에서는 이전의 석조 외장의 형태가 남아 있지 않다.

성북구청은 삼십일 신청사로 이전하기로 되었다는데 신청사는 성북구 돈암동 458-19호 동도극장 부근이라 한다.

『조선일보』 1950년 3월 31일 자, 「성북구청 이전」.

1955년 4월 18일 서울특별시조례 제66호에 의해 행정동제가 실시되면서 북선동이 신설되었다. 북선동은 동소문동·삼선제1동·삼선제2동·삼선제3동·동선동·남선동·서선동·정화동 등과 함께 돈암동 일원을 관할하였다. 이때 북선동은 현재 돈암동 중 돈암현峴 이동東의 지역을 관할하였다. 1963년 1월 1일 서울특별시 조례 제274호에 의해 돈암동 일원 중 일부가 동소문동1가~동소문동8가와 삼선동1가~삼선동5가, 동선동1가~동선동5가로 법정동 명칭을 변경·제정함에 따라 돈암동은 크게 축소되었다. 1973년 9월 23일 자 대통령령 제7816호에 의거하여 안암동4~5가의 일부가 동대문구에 편입되었다. 반대로 동대문구 보문동1~7가와 신설동의 일부가 성북구에 편입되었다.

돈암지역의 행정구역 변화는 도시화의 과정을 보여준다. 돈암지역은 처음 숭인면에서 경성부로 편입되면서 인구가 점차 늘어갔고 기존의 행정구역으로는 행정업무를 감당할 수 없었다. 1943년에는 경성을 구제區制로 재편하였고 해방 이후에는 다시 구를 분리하여 성북구를 신설하였다. 그리고 정町에서 동洞으로 이름이 바뀌고 동은 인구에 맞춰 분할되며 점차 세분화되었다. 돈암지역은 주거지로서 자리매김하며 지속적으로 인구가 증가하였다. 인구증가에 따라서 대로와 하천을 중심으로 개발되지 않았던 대지는 주거지로 점차 매워졌고 이후에는 북한산, 개운산, 낙산 자락까지 점차 확장되어 개발되었다. 이러한 개발과 도시화에 맞춰 돈암지구의 행정구역도 변화하여 왔다.

3. 5번대로현 보문로와 6번대로현 동소문로

3.1 2층 도시한옥상가(삼선동5가 322번지 도시한옥)

3.2 대로 배후지로의 상업지역 확장(동소문동6가 75·76번지)

돈암지구의 개발에는 도로와 하천이 중심을 이뤘다. 돈암지구 개발 이전의 도로와 하천은 자연발생 상태로 있었다. 돈암지구를 관통하는 길은 한반도 동북부 방향으로 지나가는 주요한 이동로였다. 하지만 아직 혜화문이 훼철되기 이전이었고 차량 이동 통로가 아니었기에 동대문에서 청량리를 거쳐 원주·춘천 방향의 길이 더 중요하게 인식되었다. 하천의 경우 자연 상태의 하천이 있었고 그 주변은 농경지였다. 농경지 사이의 길과 하천을 중심으로 취락지역이 있었다. 대표적으로 현 태극당 앞, 혜화문 바깥 삼선평 그리고 보문시장 주변 하천지역에 있었던 것으로 보인다.

『조선일보』 1933년 10월 29일 자, 「동소문-안암리 교외 뻐쓰 운전」.

경성전긔회사에서는 이십팔 일부터 동소문, 안암리 간에 [뻐스]를 운전하기 시작하얏다. 구간은 동소문 안암리 간을 한구간을 삼고 료금은 오전을 밧되 승계객은 팔전으로 승계하도록 되엿다. 삼선평 지역의 종래 불편하든 교통도 이로서 불편이 업도록된 터이라 한다.

그림 23

동소문-안암리 간 교외 버스

『조선일보』 1933년 10월 29일 자, 「동소문-안암리 교외 뻐쓰 운전

동소문밧그로개통된『뻐쓰』

東小門‖安岩里 郊外뻐쓰運轉

乘繼는八錢、普通五錢

경성전긔회사에서는 이십팔일부터 동소문(東小門)안암리(安岩里)간에『뻐스』를 운전하기시작하얏다 구간(區間)은 동소문안암리간을 한구간을삼고 료금은오전을밧되승계객(乘繼客)은팔전으로 승계하도록 되엿다삼선평(三仙坪)지역의종래불편하든교통도 이로써 불편이업도록된터이라한다

대망중의 시내 동소문 박 돈암정 전차가 금 십이 일로써 개통되엿다. 삼십만 인구를 포옹할 것을 목표로 경성부에서 주택지구를 설치한 이래 급격한 발전을 보든 돈암정 일대 주민의 열망이 겨우 달성되여 오월 초순부터 착수되엿든 공사는 삼십만 원의 공비로 일 키로 팔백 미돌의 선로가 완성되었다. 먼저 이날 오전 열 시부터 경성 전기회사에서는 혜화정로타리에서 관계자를 초대하야 준공식을 행한 다음 두 대의 [보-기]차에다 참열자를 태우고 돈암정 종점까지 가서 간소한 축하식을 하엿다. 그러고 정오부터는 일반 승객을 태우기로하여 정식 개통을 보앗는데 정류장은 혜화정 삼선평 돈암교 돈암정으로 혜화정서 약 오 분 걸린다. 운전 계통은 종전대로 본정 4정목을 기점으로 하고 또 전차운전 대수는 종전에 혜화정까지 여덟 대이든 것을 네 대 느리여 열두 대를 운전케 되여 돈암정 일대의 교통난은 이로써 만히 완화된다. 그리고 료금은 종전대로 도심지대까지는 5전이고 미아리행 [뻐-스]는 돈암정 종점에서 연락하기로 되엇다.

『매일신보』 1941일 7월 13일 자, 「동경성 "발" 연장 돈암정 전차 금일 개통」.

경성의 인구증가로 경성에서 수용하지 못한 인구가 혜화문 바깥 지역으로 모여들었고 경성부 안에서부터 교통로를 연결할 필요성이 생겼다. 1933년 이후 버스노선이 개설되면서 혜화문 바깥으로 처음 교통편이 생겨났다. 하지만 혜화문의 육축부성문의 석축기단 부분가 아직 남아 있어 혜화동로타리에서 직선으로 관통하지 못하고 혜화문을 돌아서 언덕을 넘어가는 길을 이용하였다.

총독부는 1936년 돈암지구 개발을 시작하면서 경성시가지계획으로 지구 안에 새로운 도로를 계획하였다. 1938년 경성가로망계획도에는 돈암지구를 비롯해 확장된 경성의 가로망에 대한 계획이 있다. 그중에서 주요 간선도로는 5번 도로와 6번 도로로, 돈암지구를 가로지르는 폭 25m의 대로로 조성되었다. 이 도로는 각각 보문로와 동소문로라는 이름으로 현재까지 일대 교통의 주요 간선도로로서 기능하고 있다. 이 도로들은 단순히 교통의 역할을 하는 것뿐 아니라 도시의 상업 중심가로서 기능하였으며, 1939년 9월 18일 계획구역 내의 지역제 고시로 노선상업지역으로 지정되었다.[14] 노선상업지역은 주요 간선도로변이면서 상업지역이 아닌 곳으로, 그 간선도로에 연한 양측 대지의 한 필지에 한하여 상업기능을 갖도록 한 것으로 동소문로와 보문로의 양측은 노선상가였다.

그리고 교통에도 큰 변화가 생긴다. 1941년 전차노선이 연장되어 버스종점까지 전차가 개설되었다. 전차 통행을 위해 혜화문을 훼철하고 기존 혜화동로터리에서 돈암지구까지 직선도로가 뚫리게 된다. 전차는 이후 지하철이 조성되는 1968년까지 운행되면서 돈암지구 주

그림 24
돈암정 개통된 전차
『매일신보』 1941일 7월 13일 자, 「동경성발 연장」

14 「조선총독부고시」 제756호, 1939년 9월 18일.

그림 25

1930년대 이전 돈암지구의 길과 하천

「경성도」(부분), 『1/10,000 조선총독부지도』, 1921년 수정, 1924년 지적원도

그림 26

1933년 버스 개통 이후 교통변화

「경성도」(부분), 『1/10,000 조선총독부지도』, 1921년 수정, 1924년 지적원도

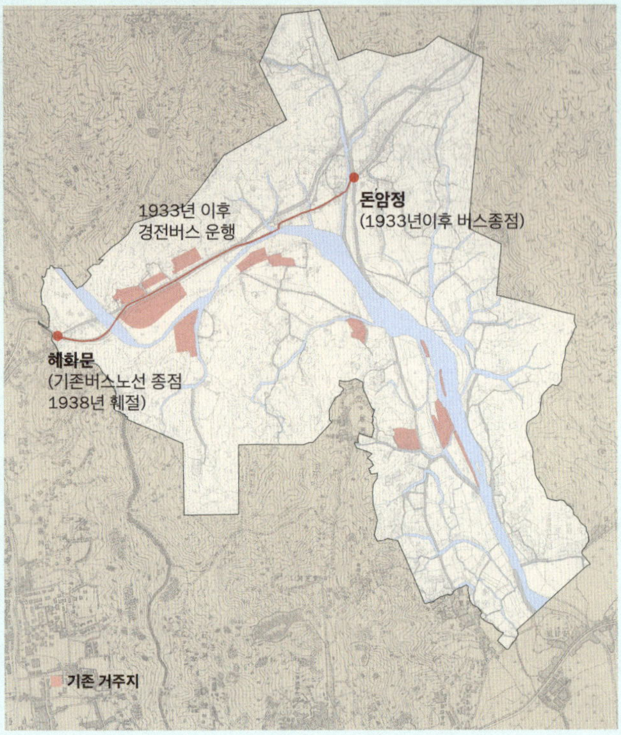

그림 27

1936년 돈암지구 개발 이후 하천과 교통 변화

1968년 지적도

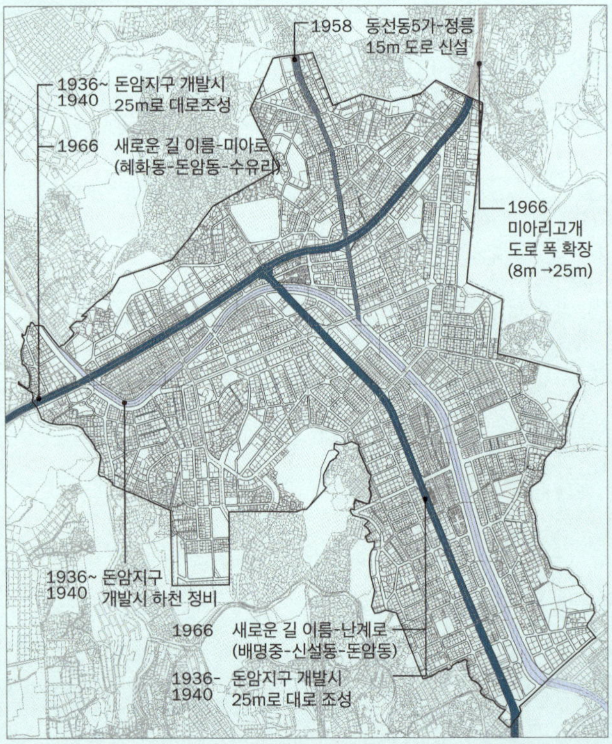

그림 28

1936년 돈암지구 개발 이후 교통 변화

1968년 지적도

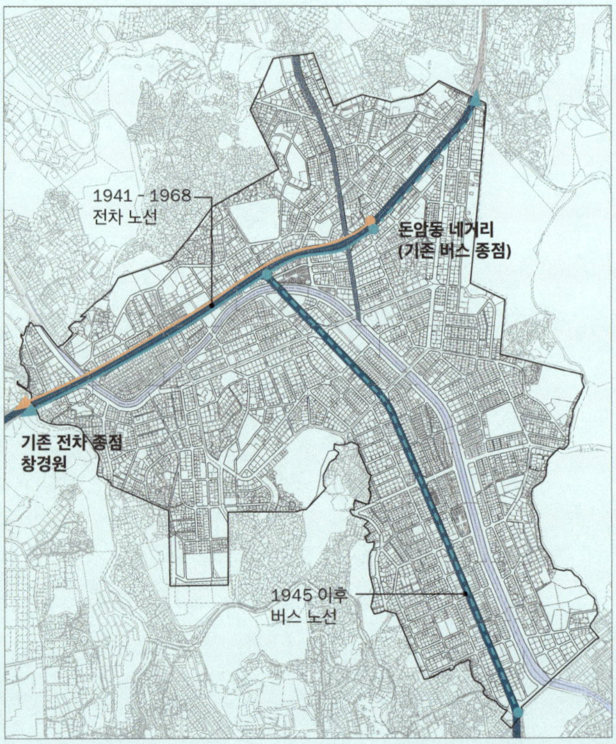

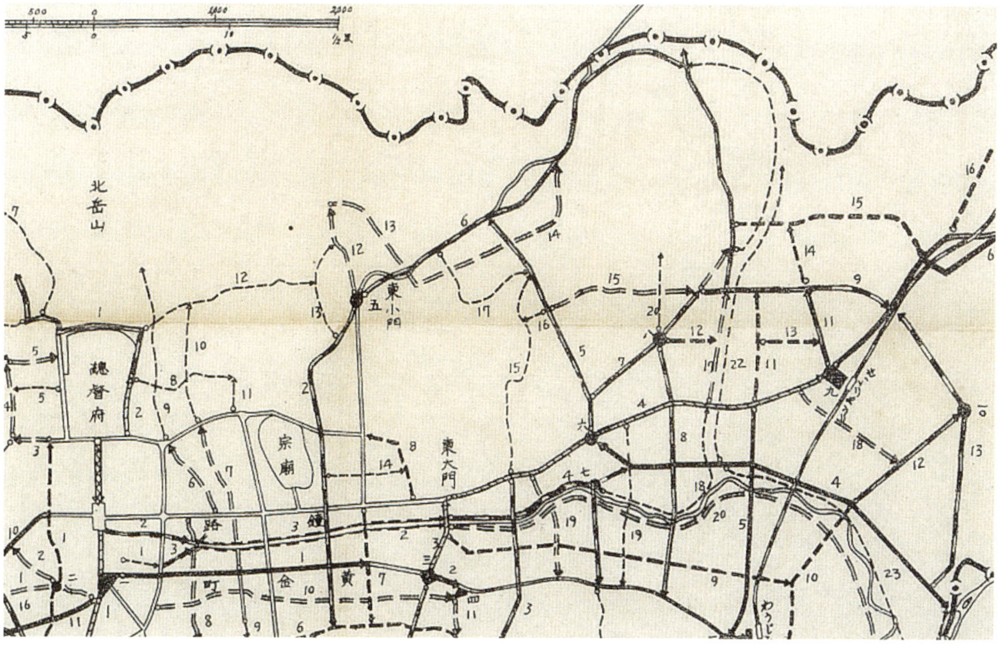

그림 29

돈암지구 일대 도로계획

「경성시가지계획 가로망계획도」(부분), 『도시계획개요』, 1938

그림 30

1950년대 동소문로 전경

성북구청

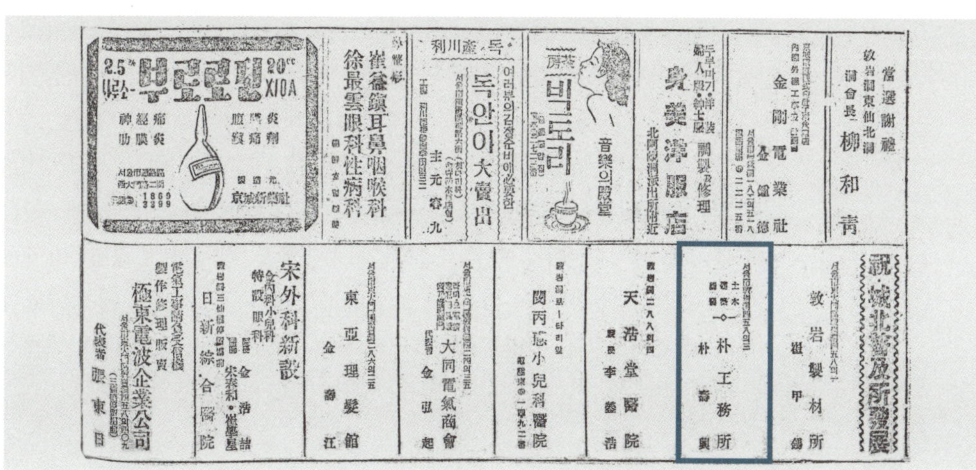

그림 31

1947년 신문광고 속의 박공무소

『민중일보』 1947년 10월 23일자, 「성북보급소발전」

표 03

1939년도 성북구 지역의 도로망

「경성부 토목사업개요」, 1938, 23~28쪽

등급	유별	번호	도로폭(m)	연장(m)	기점 중요 경유지 및 종점
대로	3	5	25	3,050	신설동~돈암동
		6	25	4,800	원남동~돈암동~종암동
중로	2	13	15	950	돈암동~성북동
		14	15	1,850	돈암동~돈암동
		15	15	1,220	신설동~안암동
소로	3	15	12	1,920	창신동~신설동~돈암동
		17	12	1,130	돈암동~돈암동

민들의 주요 교통편이 되었고 버스가 이를 보조하는 방식이었다. 또 1933년 경전버스가 돈암동네거리까지 운행을 시작한 이후 1947년 돈암동~의정부, 1948년 돈암동~서울역, 1954년 돈암동~우이동문 등으로 노선이 확장되었다. 돈암동까지만 운행되던 버스노선이 서울 외곽지역으로까지 확장된 것이다.

돈암지역의 시가지를 살펴보면 지하철 4호선이 개통되기 전까지는 돈암지구 조성 당시 5번 도로보문로와 6번 도로동소문로가 교차되는 사거리가 중심이었다. 이 2개의 대로는 계획 당시부터 상업가로로 형성되었다. 이 사거리는 현재 '성북구청입구 사거리'로 북동쪽으로 돈암초등학교와 남동쪽으로 돈암시장이 계획 당시부터 현재까지 위치하고 있다. 도로가 전차를 포함해 주요 교통수단의 기반이었기 때문에 사거리에는 돈암 주재소, 초기 성북구청 등 주요시설이 위치해 있기도 하였다.

1947년 민중일보가 성북보급소 개소를 축하하며 낸 광고에도 돈암지역의 상업시설이 잘 드러난다. 이 광고에는 '돈암제재소敦岩製材所, 돈암동458-1, 박공무소朴工務所, 돈암동58-3, 천활당 의원天活堂 醫院, 돈암동 288-4, 문병혜 소아과 의원閔丙惠 小兒科 醫院, 돈암동 로-타리 앞, 대동전기상회大同電氣商會, 돈암동424-35, 동아 이발관東亞理髮館, 돈암동 286-25, 일신종합의원日新綜合醫院, 돈암동 삼선교정류장 앞, 극동전파기업공사極東電波企業公司, 돈암동 458-409' 등 돈암동에 위치한 다양한 상업시설들이 실려 있고, '문병혜 소아과 의원'은 주소도 없이 '돈암 로-터리 앞'으로 위치를 설명하고 있다. 현재 '성북구청입구 사거리'는 해방 후에도 '로터리'로 교통의 요충지였음이 확인된다.

1960년대 서울은 다시 한번 확장되면서 돈암동과 서울 외곽을 잇는 미아로는 큰 변화를 맞는다. 1966년 11월로 혜화동에서 돈암동을 거쳐 수유리로 가는 5번 도로는 '미아로'로, 왕십리 로터리 앞 배명중학교에서 신설동을 거쳐 돈암동으로 가는 6번 도로는 '난계로'로 명명되었다. 1958년에는 정릉 및 길음지역과 연결하는 아리랑고개가 도로로 조성되고 1965년 4월에는 미아리고개가 기존 8m 폭의 도로가 25m로 확폭되면서 고가의 형태로 조성되었다. 그리고 지하철 4호선이 개통되면서 기존의 전차는 완전히 사라지게 된다. 돈암지구 개발과 함께 정리된 개천으로 조성되었던 성북천은 1967년에 복개되었다. 복개의 범위는 성북동에서부터 돈암시장을 지나 현 구청이 있는 위치까지로, 상가아파트가 지어지고 그 중간중간에 주차장을 조성하였다.

1985년에는 서울에 개발 열풍이 불면서 돈암지역도 곳곳에 다세대·다가구주택과 아파트들이 들어서고, 이로 인해서 도로와 교통에도 변화가 생겼다. 미아로와 난계로는 '동소문로'와 '보문로'로 이름이 바뀌고, 도로폭도 25m에서 35m로 확폭되었다. 아리랑고개 역시 돈암동~정릉버스종점 구간 도로를 15m 폭으로 넓히며 돈암지역의 도로는 전체적으로 변경된다.

2007년에는 삼선상가아파트가 철거되면서 성북천이 복원되었다. 성북천의 복원으로 삼선상가아파트 하부의 거리에 형성되어 있던 시장과 돈암시장이 축소된다. 4호선만 있던 지하철은 2000년에 6호선 보문역이 만들어지고 2017년에는 우이신설선이 보문역과 성신여대입구역을 지나게 된다. 버스는 기존에 다니지 않던 낙산, 북한산, 개운산 자락까지 범위를 넓혀서 다니게 되었다. 2000년대에는 도시의 밀도가 점점 상승하면서 교통노선이 점점 조밀해졌다. 이전까지 개발되지 않거나 달동네로 남아 있던 주거지에 아파트가 개발되면서 빈틈없이 개발되고 교통과 도로도 이에 맞춰 연결되었다. 그 와중에 하천의 복원은 빈틈없는 돈암지역에 숨 쉴 수 있는 틈이 되어 돈암지역의 전체 경관에 중요한 역할을 하였다. 1936년 개발 이후 2000년대까지 돈암지역의 전체적인 가로망은 큰 틀에서는 변화가 없었다. 하지만 도시의 밀도가 높아지고 상업지역이 형성되면서 도로의 확폭과 교통의 확장 등 변화가 계속되었다.

그림 32
1966년 미아리고가
성북공공데이터플랫폼
(https://sbdata.sb.go.kr/seongbuk/)

그림 33
1990년대 동소문로와 미아리고가도로
성북공공데이터플랫폼
(https://sbdata.sb.go.kr/seongbuk/)

그림 34

1966년 서울의 확장 이후 하천과 교통의 변화

1968년 지적도

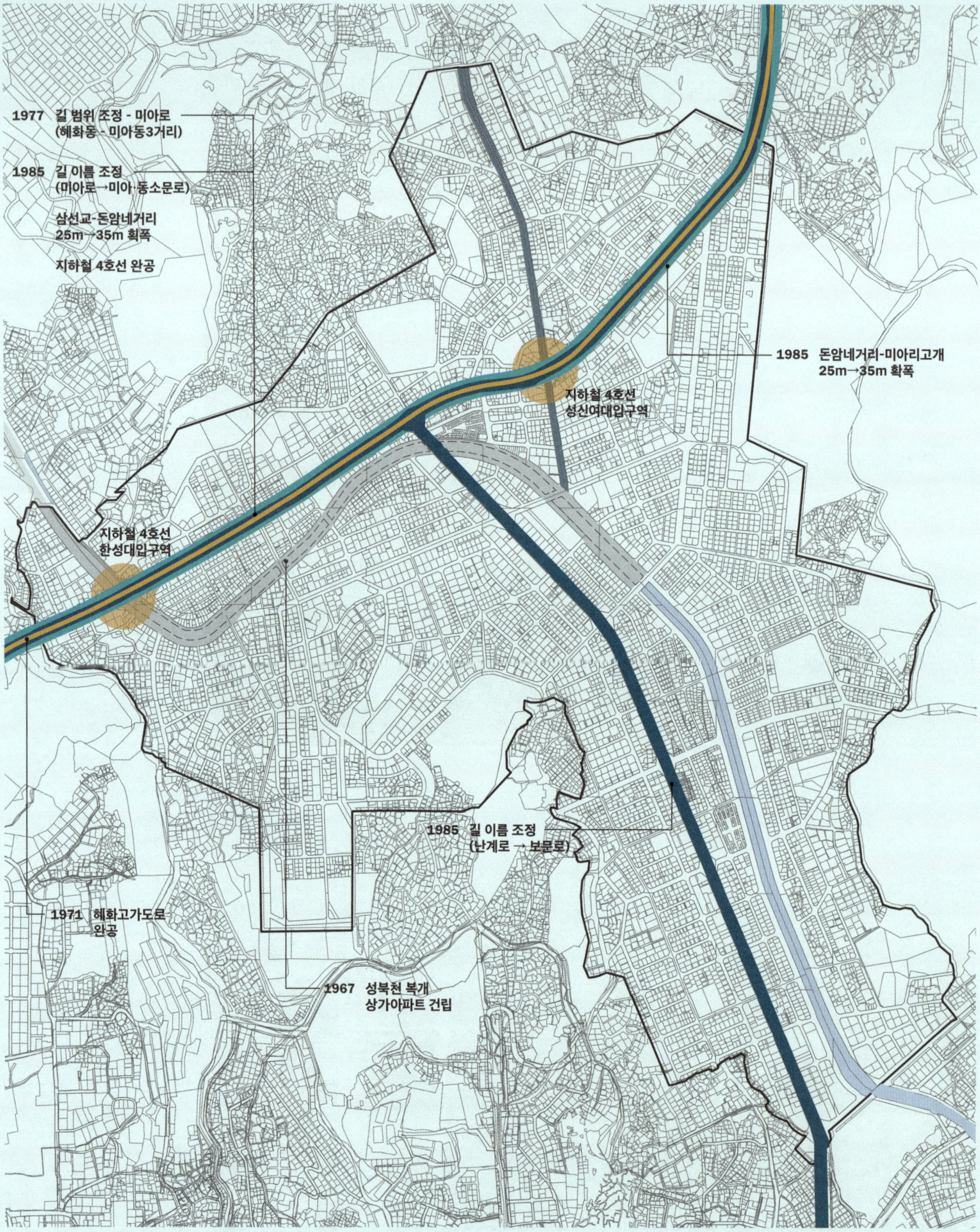

그림 35

2000년 이후 하천과 교통의 변화

2003년 지적도

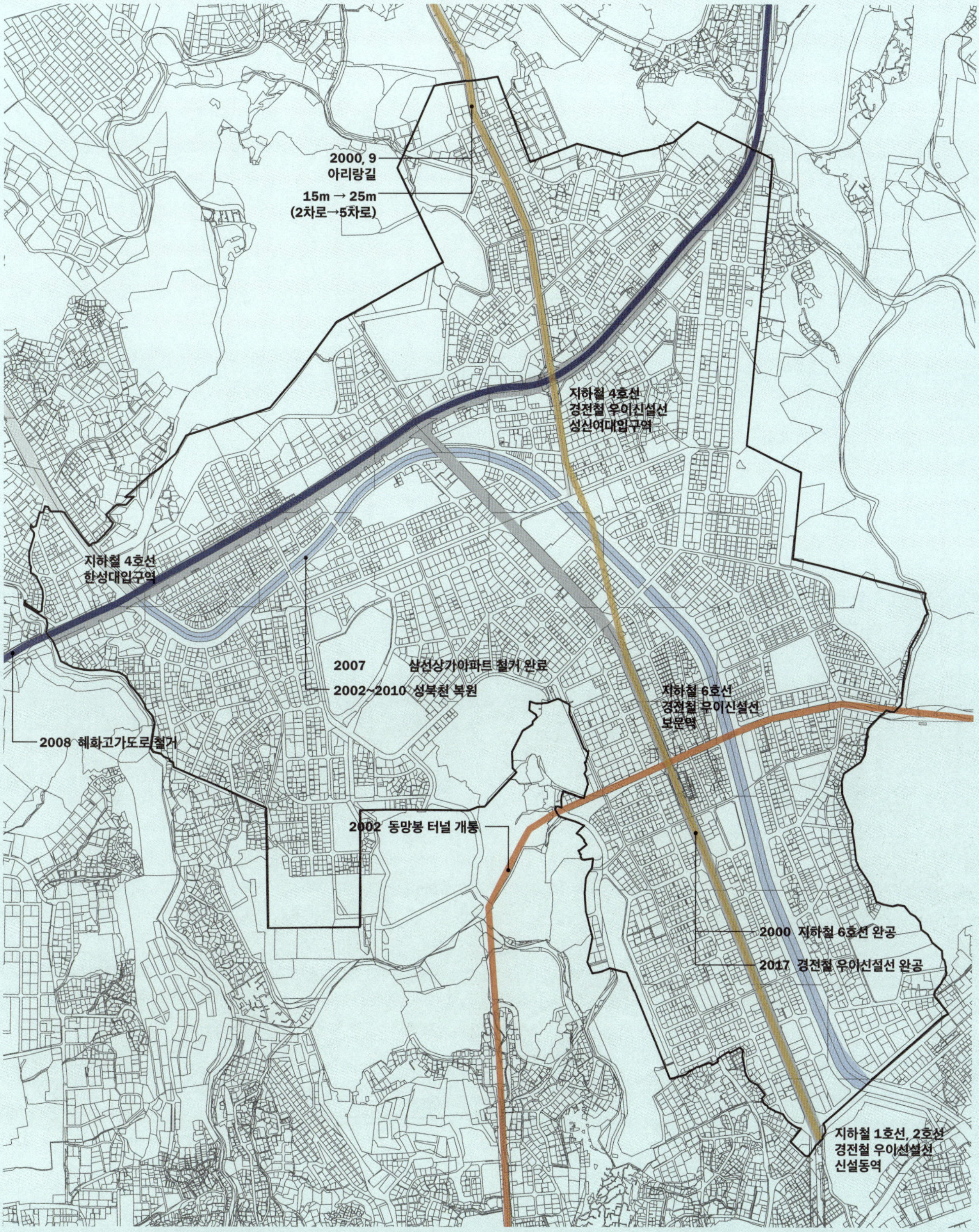

그림 36

돈암지역의 현재 모습

3.1 2층 도시한옥상가(삼선동5가 322번지 도시한옥)

2층 도시한옥상가는 돈암지구가 개발되면서 보문로와 동소문로가 노선상가로 들어서면서 만들어진 건축 유형이다. 돈암지구 외에도 남대문과 서촌 등 일제강점기에 주거지와 상가가 같이 만들어지던 지역에 지어진 주거와 상업이 복합된 점포주택이다. 돈암지역의 2층 도시한옥상가는 주로 대로변에 면해서 전면에 'ㅡ'자형 2층 한옥을 두고 안쪽에 'ㄱ'자형 단층 한옥을 두었다. 전면의 2층 한옥은 대로변의 상가로서 도시의 생활인프라 시설로서 기능하였고, 안쪽의 단층 한옥은 상인들이 거주하는 주거 기능을 하였다.

돈암지구 개발 시기에는 여러 채의 2층 도시한옥상가가 있었으나, 도로가 확폭되고 대로에 면한 필지의 개발이 블록 내부보다 우선시되면서 블록의 바깥 켜에 위치한 2층 도시한옥상가는 대부분 사라졌다. 현재에는 삼선동5가 322번지, 보문시장 안쪽 블록 2층 한옥, 동소문동2가 291번지 등 몇 채만이 남아 있다. 동소문로와 보문로의 대로변이나 시장주변에 주로 조성되었다. 성북구청 옆의 보문로 변에는 2층 한옥상가가 남아 있고, 현재까지 상가로 사용되고 있다. 대로에 면한 'ㅡ'자형의 바깥채는 2층의 상가로, 안쪽의 'ㄱ'자형의 안채는 식당과 점집으로 이용되고 있다.

그림 37
삼선동5가 322번지 2층 도시한옥상가 배치도
서울시립대학교 역사도시건축연구실

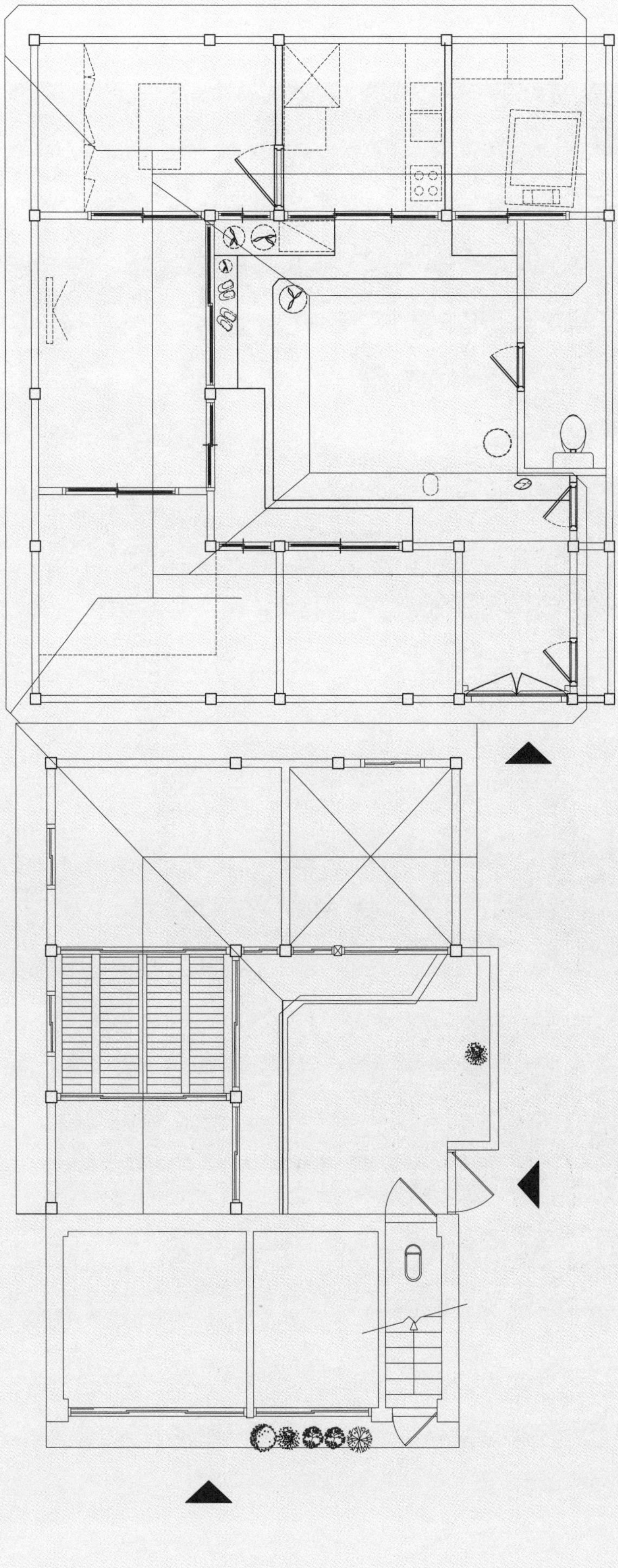

그림 38

삼선동5가 322번지 2층 도시한옥상가 평면도
서울시립대학교 역사도시건축연구실

그림 39

삼선동5가 322번지 2층 도시한옥 전면

그림 40

2013년 삼선동5가 322번지 2층 도시한옥 측면

그림 41

2013년 삼선동5가 322번지 뒤편으로 연결된 'ㄱ'자형 한옥

그림 42

2013년 삼선동5가 322번지 2층 도시한옥 지붕 경관

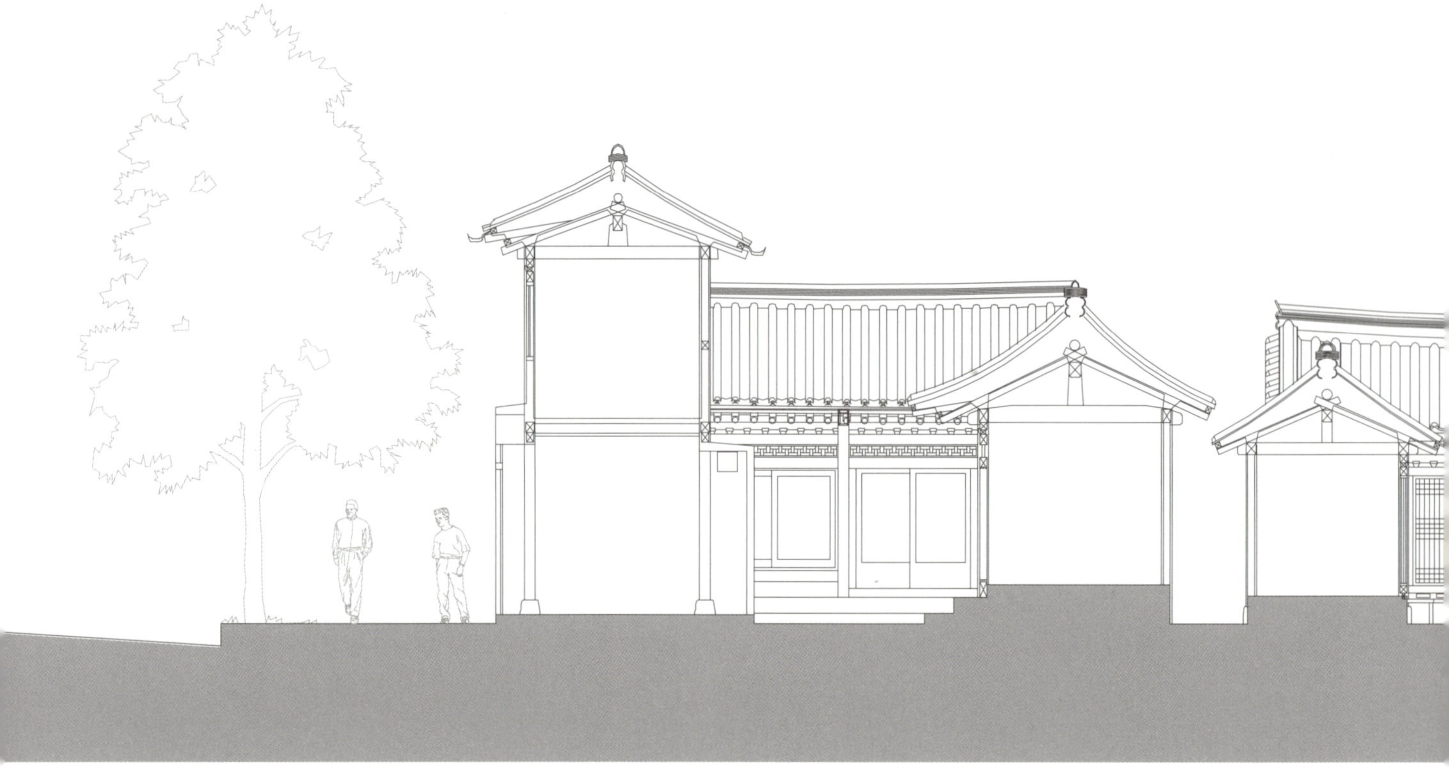

김수웅
지정등록대행제
성북부동산
925-3705
디지털 수정
여권 사진
5분 완성
우정 사진관
정사 박경
무소
금은 시계
COFFEE
플라잉
선치과

그림 43

삼선동5가 322번지 도시한옥 블록 단면도

그림 44

삼선동5가 322번지 도시한옥 블록 가로 경관

서울시립대학교 역사도시건축연구실

3.2 대로 배후지로의 상업지역 확장(동소문동6가 75·76번지)

1940년대 조성 때에는 주거용으로 지어진 한옥들이 가로가 상업가로로 변화하며 카페와 식당 등 상업 목적의 공간으로 변용되었다. 동소문동6가의 동소문로 17길은 돈암지구 이전부터 있던 자연발생적인 길로, 돈암지구 개발로 인해서 대로 배후에 주거지가 만들어졌다. 그 길에 면한 동소문동6가 75·76번지에는 동일한 형태로 지어진 도시한옥이 들어섰다. 돈암지구 개발 시에는 대로에 집중되어 있던 상업지역이 돈암지구의 인구가 증가하고 도시화되면서, 배후의 주거지였던 동소문동6가까지도 상업지역으로 변모하였다.

기존 75·76번지의 한옥은 폭 6m 깊이 10m의 작은 필지 안에 들어서 도로면에 2칸 반 폭의 바깥채가 면하고 있고, 2칸의 대청과 1칸 반의 안방 그리고 1칸의 부엌으로 구성되어 있었다. 76번지의 경우 현재까지 주거용 한옥으로 남아 있지만 75번지는 카페로 변용하여 사용하고 있다. 카페는 내부의 마당을 막아 내부공간으로 사용하고 있으며, 한옥의 벽체는 모두 철거하고 새롭게 유리창을 냈다. 내부의 천장 또한 모두 철거하여 기둥과 보뿐만 아니라 서까래와 부연까지 모두 노출하고 있어 한옥의 모습을 시각적으로 강하게 부각시키고 있다. 이런 변용은 한옥을 상업적인 이미지로 사용하려는 의도로, 돈암지구의 도시한옥들이 현재 시점에서 적응해 가는 모습을 보여준다.

그림 45
동소문도6가 75·76번지 배치도

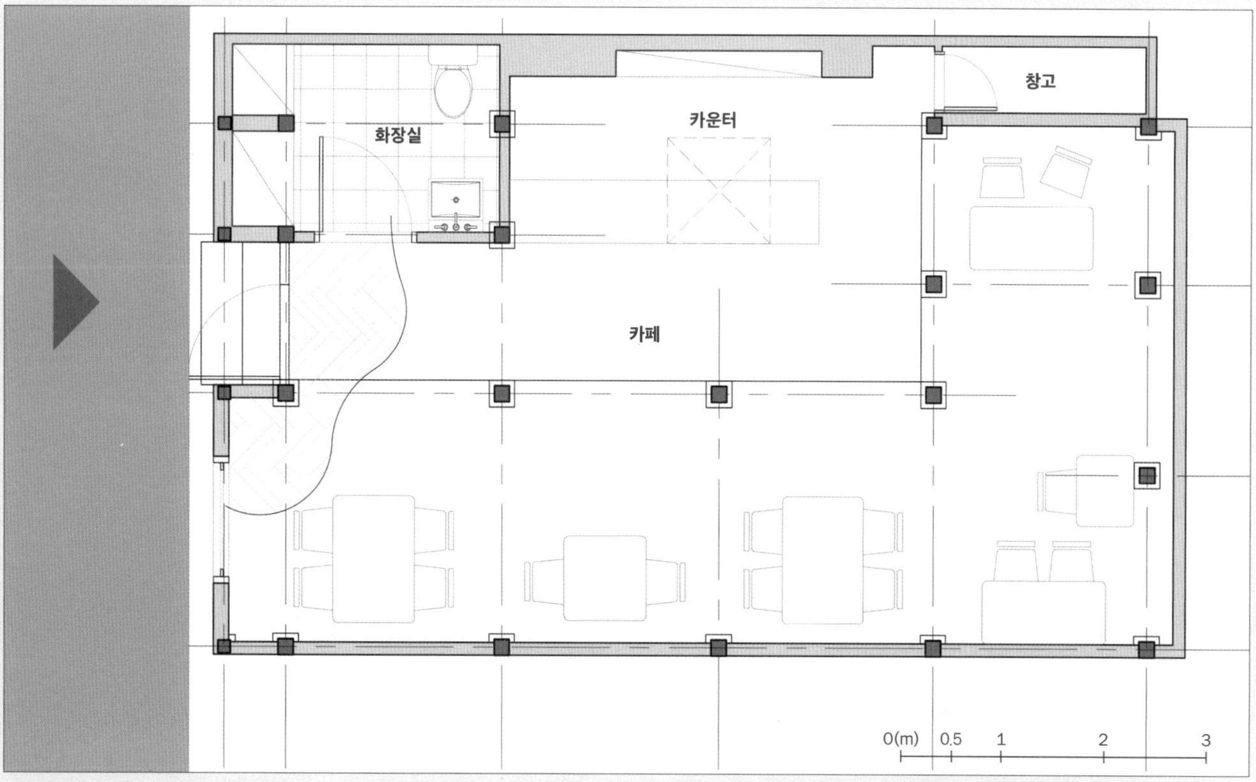

그림 46 ▲

동소문동6가 75번지 평면

그림 47 ▼

동소문동6가 76번지 평면

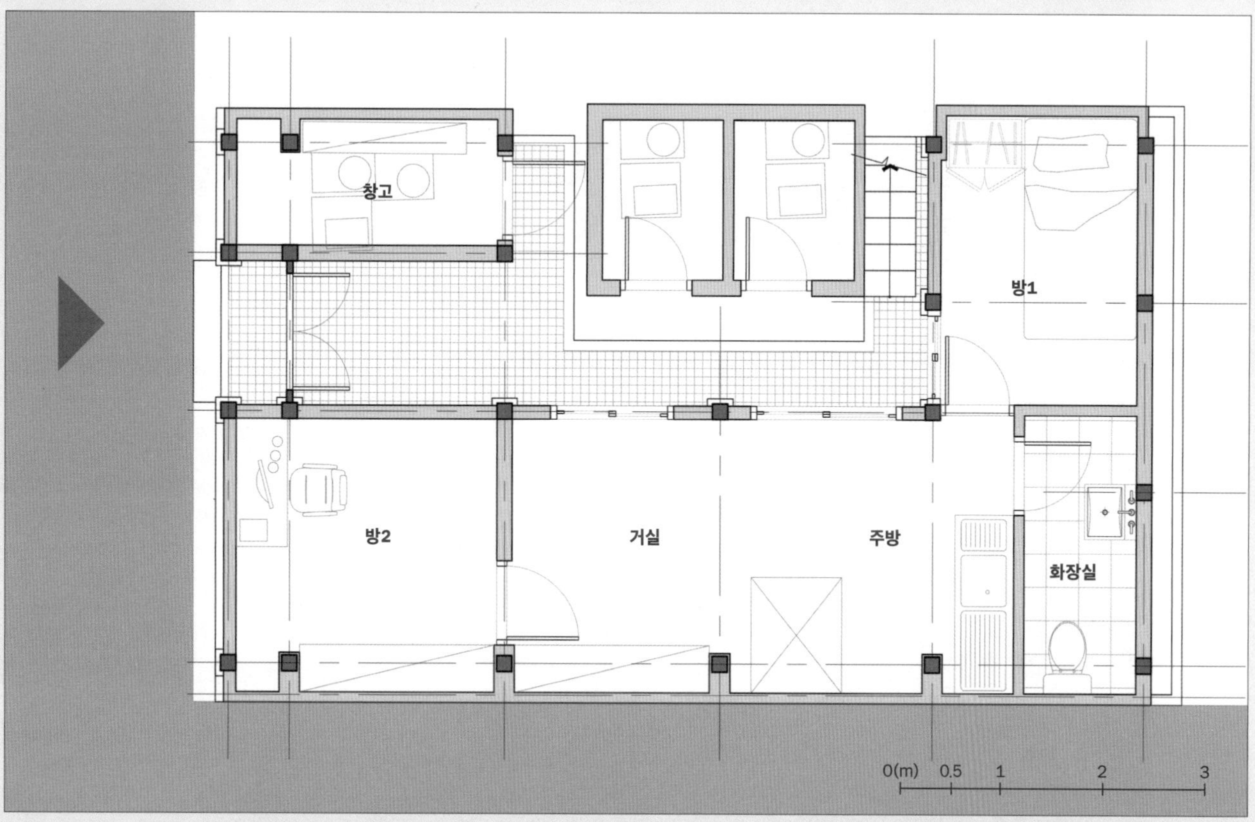

그림 48

동소문동6가 75·76번지의 목구조 노출

그림 49

동소문동6가 75·76번지의 외부 경관

4. 내선혼주內鮮混住 계획과 도시한옥 주거지 건설

경성시가지계획이 시행되는 1930년대 후반 일본은 내선일체內鮮一體의 정책기조를 가지고 있었다. 지역마다 차이는 있지만 도시에서 조선인과 일본인의 구분 없이 혼주混住를 하는 방향을 추구하였다. 혼주를 통해서 조선인과 일본인들의 생활양식을 일체화하도록 하였던 것이다. 하지만 당시 인구통계를 보았을 때 돈암지구처럼 새롭게 경성부에 편입된 지역들은 혼주가 이루어지지 않았다.[15] 1942년 7월 돈암지구의 전체 인구 6만 9,904명 중 일본인은 1,001명1.43%으로, 당시 경성지역 전체에서 30%에 달하였던 것에 비해서 적은 비율이었다. 이는 당시에 일본인들의 직업이 금융업이나 공무 쪽에 종사하며 관사에 거주하는 이들이 많았는데, 돈암지구에는 관공서나 은행 같은 일본인들이 일할 곳이 없었기 때문이다. 그렇기에 돈암지구에 지어지는 주택들은 일부 문화주택, 관사, 영단주택을 제외하고는 당시에 '조선주택'으로 불리던 '도시한옥'이 대부분이었다. 도시계획적인 측면에서는 일본인들의 혼주를 전제하였으나 그 안의 주택들은 실수요자에게 맞춰 조선주택으로 지었다는 배경은 돈암지구의 도시조직과 건축물에 그대로 드러난다.

표 04

지역별 민족별 인구와 증가율
서현주, 「경성지역의 민족별 거주지 분리의 추이 -1927~1942년-」, 『국사관논총』 94, 국사편찬위원회, 2000, 25쪽

연도	지역	일본인(J)	조선인(K)	외국인(F)	합계(S)	J/S	K/S	F/S	상이지수
1927년	동洞지역(91개)	8,302	148,731	1,311	158,344	5.24%	93.93%	0.83%	45.29
	정町지역(104개)	75,707	77,063	3,683	156,453	48.48%	49.35%	2.36%	55.99
1933년	동洞지역(91개)	13,088	182,314	1,179	196,581	6.66%	92.74%	0.60%	50.87
	정町지역(107개)	93,694	88,276	3,940	185,910	50.40%	47.48%	2.12%	51.30
	신편입新編入지역(72개)	5,910	172,426	520	178,856	3.30%	96.40%	0.29%	45.31
1942년	동洞지역(91개)	18,037	313,172	1,364	332,573	5.42%	94.17%	0.41%	53.99
	정町지역(104개)	122,429	118,804	3,156	244,389	50.10%	48.61%	1.29%	46.25
	신편입新編入지역(72개)	26,874	509,119	1,043	537,036	5.00%	94.8%	0.19%	46.56

15 서현주, 「경성지역의 민족별 거주지 분리의 추이 -1927~1942년-」 『국사관논총』 94권, 국사편찬위원회, 2000, 25쪽.

4.1 도시한옥의 개발업자들

도시한옥 주거지를 조성한 사람들은 거주자가 아닌 주택을 대량으로 지어 팔아 '집장수'라고 불리던 개발업자들이다. 토지구획정리사업은 민간지주들의 토지를 환지하여 도시의 기반시설을 마련하는 방식으로 이루어졌다. 도로나 도시기반시설이 아닌 대지는 지주들의 소유였고, 경성부에서 지주조합을 지원하여 토지를 분양한 후 이를 민간개발업자들이 건축하여 거주자들에게 판매하였다. 대부분 블록 단위로 건설하여 판매하였기 때문에 돈암지구의 주거지 구조는 거의 다 이들 개발업자에 의해서 만들어졌다. 이런 민간개발업자 중에는 동경건물주식회사東京建物株式會社, 조선공영주식회사朝鮮公營株式會社, 김종량의 경성재목점京城材木店, 박공무소朴公務所 등의 회사가 있었다.

그림 50
1937년 동경건물주식회사 한성지점
조선신문사, 『대경성도시대관』, 1937년

- **동경건물주식회사**

동경건물주식회사는 토지와 건물의 건설·매매·분양을 하던 업체로 일본에 본사가 있고 경성에도 지점을 두고 있었다. 동경건물주식회사는 앞장에서 언급하였듯이 돈암지구의 토지 일부를 분양받아 주택을 건설하여 매매하였다. 동경건물주식회사는 돈암지구 안에 자신들이 분양받은 지역을 동산장東山莊으로 홍보하고 분양하였는데, 동경건물주식회사가 일본회사임에도 불구하고 동산장에 건축한 건물들은 도시한옥이었다. 1939년 10월 2일 자 신문에는 순조선주택純朝鮮住宅을 동산장에 지어 분

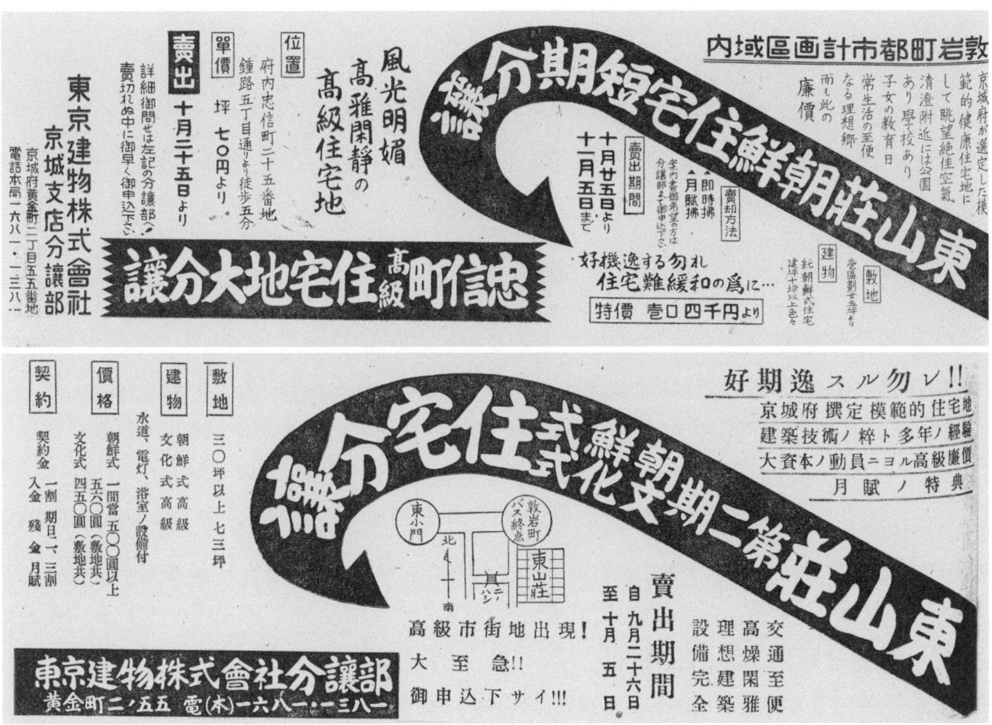

그림 51
동경건물주식회사의 돈암지구 한옥분양광고
『조선신문』 1939년 10월 2일 자, 「동산장 조선주택 단기 분양」(상),
『조선신문』 1940년 9월 26일 자, 「동산장 2기 분양」(하)

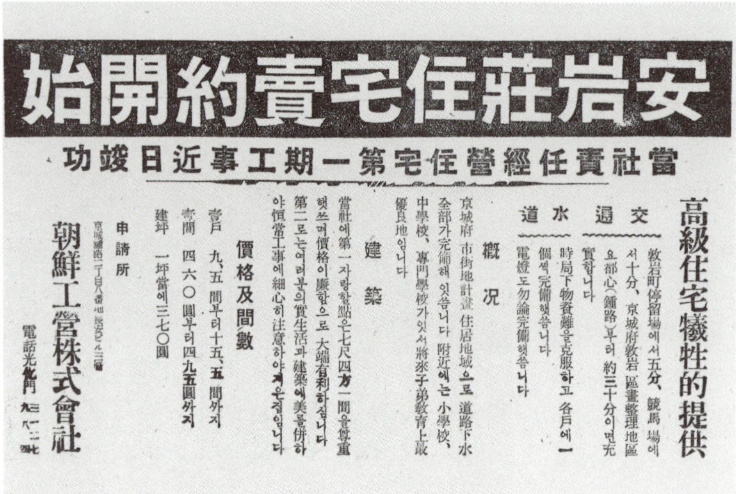

양하고 있다는 내용이, 1940년 2기 분양광고에는 문화식고급文化式高級 주택과 조선식고급朝鮮式高級 주택 두 종류의 주택을 분양하고 있다는 내용이 실려 있다. 그리고 2기 분양광고 속 약도에는 동산장의 위치가 돈암정 버스 종점의 남쪽에 4열 필지의 블록으로 그려져 있어 현재 성신여대입구역 남쪽에 있던 주거지로 추정된다.

- **조선공영주식회사**

조선공영주식회사朝鮮公營株式會社는 돈암지구를 비롯해 경성부에서 주로 건축물을 짓던 회사였다. 장기인張起仁 건축가가 1939~1945년까지 근무하며 한옥 건축물을 설계하였다. 장기인 선생의 증언에 따르면 조선공영주식회사는 관에서 만든 회사는 아니었지만 관과 밀접하게 연결되어 있던 것으로 보이며, 돈암정에서 다수의 도시한옥을 건설하였다. 1940년 5월 28일 자의 분양광고를 보면 돈암정 정류장과 신설정에 있던 경마장 사이에 있던 안암정에 도시한옥을 지은 것으로 짐작된다. 동산장과 마찬가지로 안암장安岩莊이라는, 자신들이 개발한 주거지를 별도의 이름으로 명명하여 홍보하였다. 건축물의 형태에 관해서는 7척尺 4방方을 1칸間으로 정하여 '저렴한 가격에 비해서 적절한 규모'의 건축을 하였음을 홍보하고 있다. 돈암지구의 도시한옥들은 대부분 다른 지역의 도시한옥에 비해서 상대적으로 작은 필지 안에 지어져 1칸間을 6척尺으로 사용하는 경우도 많다. 하지만 조선공영주식회사의 안암장 도시한옥들은 다른 소규모 도시한옥에 비해서 큰 중간 규모의 도시한옥이었던 것으로 보인다.

그림 52
『매일신보』 1940년 5월 28일 자, 「안암장주택」

- **박공무소**

박공무소는 1930년대부터 1950년대까지 돈암정 일대에서 활동하던 박수홍의 건축회사이다. 1947년 10월 23일 돈암정에 민중일보의 성북보급소를 설치한 것에 대한 축하 기사에 당시 돈암정에 있던 다른 회사나 상점들과 함께 박공무소의 이름이 들어 있어 박공무소가 돈암지역과 밀접하게 연관되어 있음을 보여준다. 판매나 분양에 관한 광고는 없지만 박홍수의 아들인 박영민의 사진자료와 구술증언으로 당시의 모습에 대해서 추정할 수 있다. 박영민 기증 사진은 당시에 촬영하였던 박공무소의 목공소와 사무실의 모습을 촬영한 사진이다. 목공장의 위치는 현재 성북구청 사거리에서 돈암초등학교로 올라가는 입구에 있었다. 박공무소 사무실은 성북구청 사거리에 있는 돈암동 458-3번지로 현재는 하이마트 건물이 있다.

박공무소는 앞에서 이야기한 건축회사들이 돈암정 외의 다른 지역에서도 활동하였던 것과는 다르게 돈암정에 자리를 잡고 그 일대에서 주로 건축 활동을 하였다. 당시에 관한 박영민의 증언에 따르면 박공무소는 성북천 주변을 따라서 있는 보문로와 삼선동 일대에 도시한옥을 건설하였다고 한다. 이후에는 돈암초등학교에서 아리랑고개로 이어지는 동소문동6가와 돈암동 일대까지 개발 범위를 확대하여 도시한옥을 지었다. 주로 정덕초등학교 앞길과 신흥사 주변의 아리랑고갯길을 중심으로 넓은 범위에서 건축하였다.

그림 53
박공무소 광고
『민중일보』 1947년 10월 23일 자, 「성북보급소 발전」

그림 54

1959년 박공무소 목공장 앞에서 직원 일동
박영민 소장

그림 55 ▾

1950년대 박공무소 경관
박영민 소장

그림 56 ▲
박공무소 사무실 추정 위치

그림 57 ▼
박공무소 목공소 추정 위치

그림 58 ▲

박공무소에서 한옥을 건축하였던 정덕초등학교 앞 가로

그림 59 ▼

돈암동 곰탕집

박공무소가 건축한 건축물

박영민 인터뷰
2021년 7월 16일

내가 이 집에서 태어났어. 이 사진이 박공무소야. 이 사진이 유리판을 거꾸로 대서 반대로 나왔어요. 여기 주소가 돈암동 458-3, 458번지. 내가 거기서 태어났어. 이 사진이 돈암동 아리랑고개 넘어가는 그 산이에요. 우리 정부 수립 기념으로 그 동네 어른들이 우리 아버님이 여기 계시고. 그러니까 아리랑고개 넘어가려면 왼쪽, 지금은 집이 가득 있는데 그때는 도랑이 아주 깨끗하고 좋았어요. 이건 돈암국민학교 올라가는 입구에 우리 집 목공소 박공무소 공장이 있었어요 (중략) 하여간 이 성북천에 한옥 있는 거는 거의 아버지가 다 지으셨는데, 삼선동에서 쭉 내려오면서 신설동 내려가는 길이 한옥이 많았어요. 거기가 아버지가 다 지신 거 (중략) 그것밖에 없으니까 차츰차츰 돈암학교 옆에서부터 지어서 아리랑고개까지 올라간 거예요. 짓고 팔고 또 집 짓고 팔고. 그래서 아리랑고개에서 6·25를 맞았어요. 아리랑고개까지 20~30%는 다 우리가 지은 거예요. 그때 다 언덕이고 허허벌판이라 집들이 없었거든. 근데 그 언덕이 지금같이 수도가 없으니까, 전부 다 집을 지으면 펌프부터 박았어요. 펌프를 박고 우물을 파서, 물이 나오면 집값을 받을 수 있고, 안 나오면 손해 나는 거지. 그러니까 이제 그냥 봐서 땅 사는 것도 물이 나올 만한 땅을 사요. 어머니가 하셨는데, 거의 다 맞았어요. 근데 안 맞을 때는 이제 손해 나는 거지요.

박공무소는 돈암지역에서 도시한옥뿐만 아니라 상가건물이나 시장건물까지도 짓는 등 다양한 건축 활동을 펼쳐나갔다. 동소문동6가 107번지에는 석재와 적벽돌로 마감된 오래된 상가건물이 있다. 이 건물은 현재에도 식당으로 운영되고 있다. 박영민의 증언에 의하면 이 건물은 박영민의 형님이 계획한 건축물이다. 그 외에도 돈암시장 등의 건축물을 지으며 돈암지구에서 활발하게 활동하였다.

- 김종량

김종량金宗亮은 일제강점기 경성부에서 활동하던 대표적인 건설업자 중 하나로, 돈암지구의 여타 건설업자와는 다른 성향을 보인다. 돈암지구 개발에 관여한 건설업자들이 도시한옥 건설만을 주로 하는 것에 반해서 김종량은 건축과 관련된 다방면에서 활동하였다. 김종량은 동경공업대학을 나와 건축을 공부하였고 졸업 이후에는 총독부 내무국 건축계에서 근무하며 조선건축학회朝鮮建築學會 등의 활동을 하였다. 총독부에서 나온 1932년 이후에는 건재상을 운영하며 배재학당 대강당 등 단일 건축물 위주의 작업을 하였다. 그러다가 1936년부터 경성재목점京城材木店을 운영하며 본격적으로 도시한옥 등 주택에 관한 작업을 하였다. 김종량은 주택의 개량문제에 관심이 많았다. 당시에 잡지에 기고하였던 글을 보면 조선주택의 문제점들에 대해서 이야기한다.[16]

김종량, 「조선사람과 녀름 - 주택으로 본 조선사람과 녀름」, 『별천지』, 1930년 7월.

자연미를 구하는 마음은 미식美食, 미의美依, 미가美家를 애호한다. 이것이 농촌에 집합하면 농촌미農村美가 되고 이것이 도시에 집중하면 도시미都市美가 된다. (중략) 도시미는 그 도시 거주자의 소유이므로 대중적 미가 되어야 할 것이다. 그러나 조선 도시미는 과연 여하如何한가. 그 도시의 지배자의 미가 되고만 것이다. 동절에는 주택이 부족한 관계상 동아凍餓로 생하는 비참, 하계에는 악역惡疫 밀주密住 취기臭氣 훤굉喧轟등의 중독으로 불건강 문제 이것이 현대 조선도시문화의 정화일가.

주택을 신축하는 것과 재래가옥을 우리 생활에 적응하도록 최소조건하에서 개축하는 것. 두 가지를 연구하여야 할 것이다.

16 백선영, 「1930년대 김종량의 주거실험과 H자형 주택」, 서울대학교 석사학위논문, 2005, 15쪽.

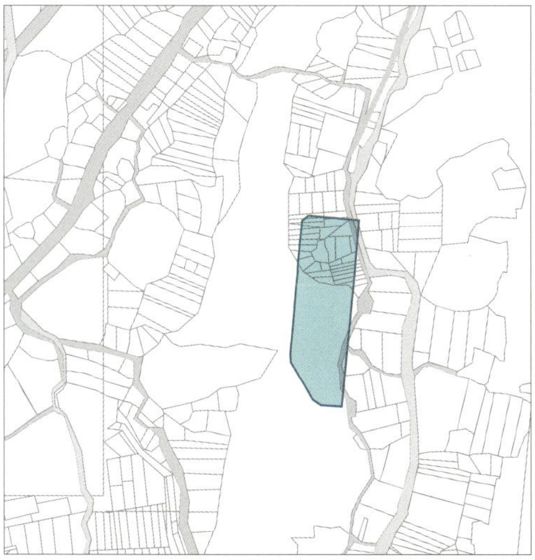

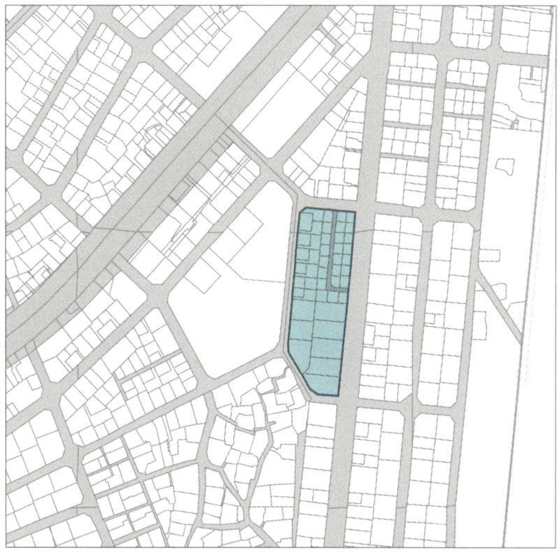

그림 60 ◂

개발 이전의 동선동3가 177번지 일대

1935년 지적도

그림 61 ▸

동선동3가 177번지 일대 개발 범위

1968년 지적도

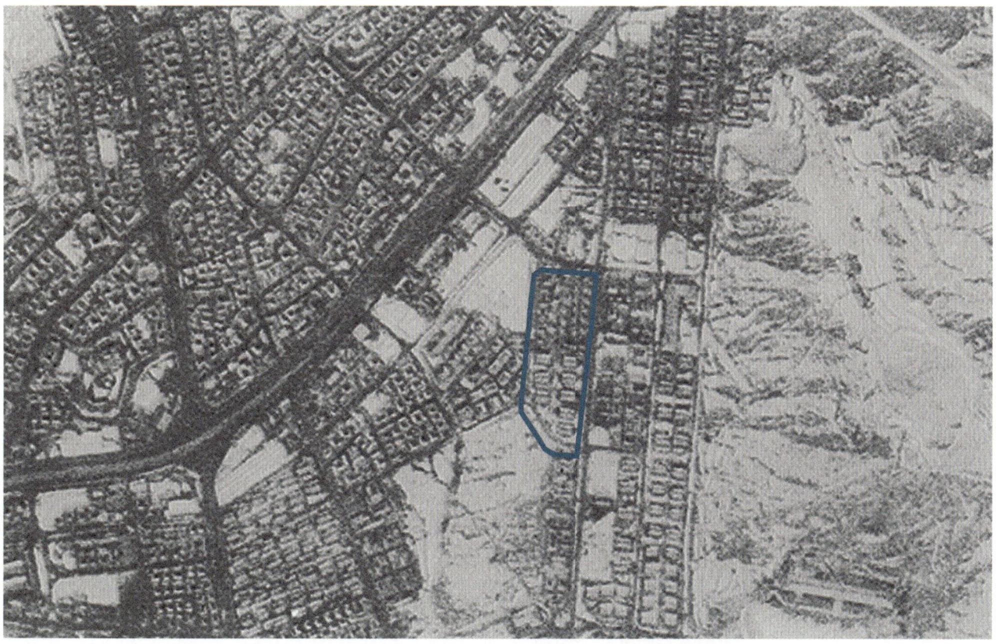

그림 62

김종량이 건축한 것으로 추정되는 동선동3가 177번지 일대

1947년 항공사진, 국토지리정보원

그림 63

동선동3가 177번지 일대 도시한옥 가로 경관

조선 가옥도 구조 양식 등은 그 양樣 두드라도 방 배치는 절대로 개선하야 채광 환기를 충분히 하야 일후에 유감이 업도록 하여야 할 것이다.

건설업자로서의 기록만큼이나 정치인 또는 신문사를 운영한 언론인으로서의 기록도 많다. 김종량은 1939년 경성부의원에 출마하였고, 해방 후인 1948년에는 한성일보의 부사장으로 취임하였다. 이후로도 지속적으로 정치와 언론 쪽의 활동을 이어갔다.

『한성일보』 1948년 4월 7일 자, 「부사장에 김종량 주필에 양재하 씨」.

본사 사장은 민세民世 안재홍 선생安在鴻先生을 추대推戴하고 있거니와 금번 전무이사 김종량 씨金宗亮氏가 부사장으로 흠석 중欠席中인 주필主筆에는 현 편집국장 양재경 씨梁在慶氏가 각각 승주昇住하였으며 양 주필梁主筆은 당분간 편집국장도 겸하기로 되었다.

그가 이런 독특한 이력을 가진 데에는 평소 품고 있던 주택에 대한 생각이 영향을 미친 듯하다. 1939년 5월 12일 자 조선일보 기사는 그의 선거 후보자로서의 강점을 '토목건설업에 종사한 전문인력으로 주택문제 해결에 의의가 있는 인물'로 보고 있다.

『조선일보』 1939년 5월 12일 자, 「부의선거를 앞두고」.

▷김종량 씨金宗亮氏는 총독부 관리로 다니다가 고만두고 집장사로 성공한 사람이다. 이번 입후보의 「슬로-간」에도 세민층 주택문제를 해결하는 데 중심을 두고 잇는 것도 토목건축업에 학식과 경험을 가지고 잇기 때문인가 보다. 이 박게도 역시 토목시설을 쇄신 확충할 것, 학교 건축을 빨리 하야 교육시설에 유감이 업도록 힘쓸 것을 주장하고 잇다. 아프로 건설도상에 잇는 대경성도시계획에 잇서서 토목과 건축에 관한 전문적 학식과 아올러 훌륭한 경험을 가젓스며 또한 일개의 월급생활자로 일약 수십만 원의 자산을 맨들되 중산 이하 사람에게 알마진 주택을 제공하는 공로자인 점으로만 보더라도 한번 내세워 볼 만한 인물이다. 더구나 주택난에 울고 살어야만 할 경성부민으로서는 그로 하여금 주택문제 해결에 참예하게만 하는 것도 의의잇는 일이다.

김종량은 자신의 주택 개량에 대한 생각을 실험하며 혜화동을 비롯한 경성의 곳곳에 조선의 미美를 가지고 있으면서도 개량된 평면의 주택을 지었다. 돈암지구처럼 대단위로 주택을 지을 수 있는 장소는 김종량에게는 좋은 주택 개량 실험의 무대였다. 대표적인 사례로 'H'자 한옥에서 볼 수 있듯이 김종량은 일반적인 'ㄷ'자형 도시한옥과는 다른 형태의 집을 지었다. 조계찬 여사김종량의 부인의 1989년 인터뷰에 따르면 대략적으로 김종량이 개발한 주택단지의 위치를 추정할 수 있다.

김란기, 「한국 근대화과정의 건축제도와 장인활동에 관한 연구: 개량전통주택을 중심으로」, 홍익대학교 박사학위논문, 1990_ 조계춘 여사의 구술자료.

돈암동에 야산을 샀거든요. 옛날에는 거기가 전차 종점인데, 미아리고개 못 넘어가서 가다가 바른쪽 편에, 그전에 거기 산에서 물이 흘렀는데, 그다음에 물 흐르는 것이 없어졌어요. 거기도 똑같은 집을 많이 지었어요.

전차 종점 우측에는 낮은 야산이 있었다. 현재는 모두 개발되면서 야산이 사라졌지만 1947년까지는 개발이 완료되지 않아 야산의 일부가 남아 있는 모습을 볼 수 있다. 이 시기에 개발된 주거지 중에서 다른 도시한옥과 이질적인 형태의 한옥이 남아 있는데, 김종량이 지은

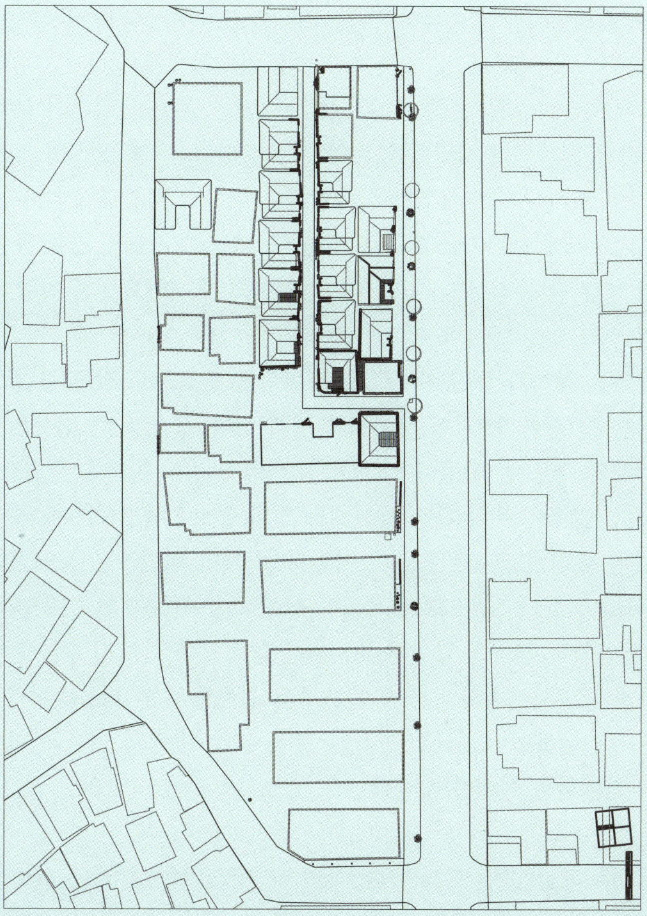

그림 64

동선동3가 177번지 일대
도시한옥 배치도

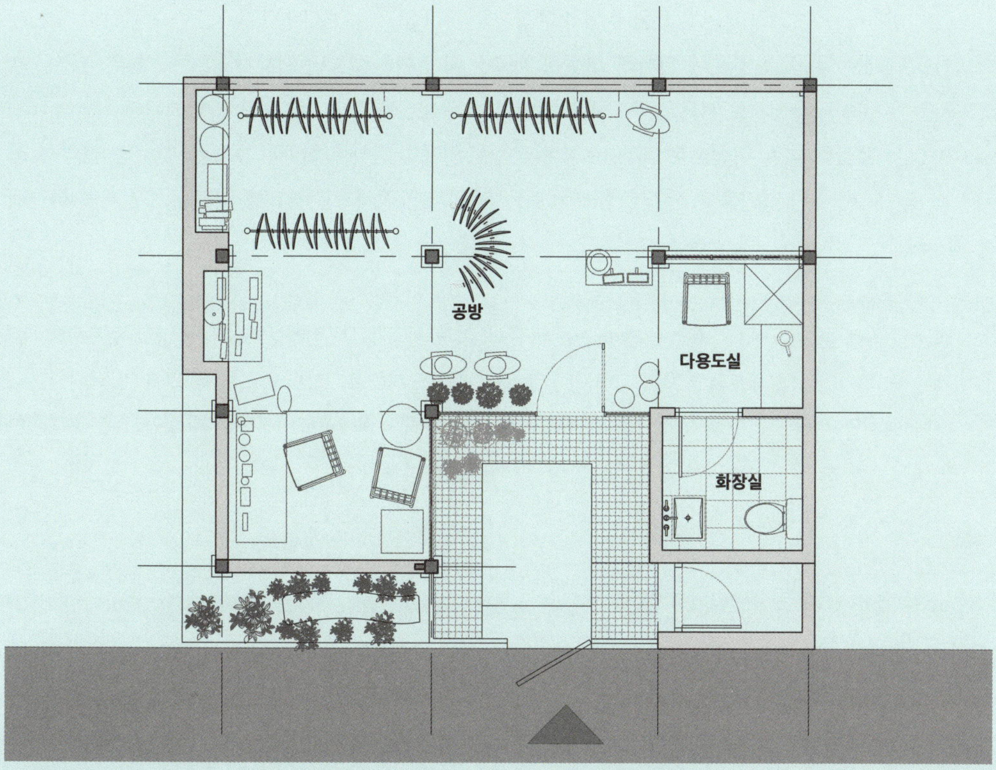

그림 65

동선동3가 177번지 연이재
공방 평면도

도시한옥으로 추정된다. 1942년 야산을 개발하여 조성된 주거지의 경사지형에 건설된 것으로, 블록 중앙에 옹벽이 설치되어 있다. 그리고 옹벽 아래쪽의 동선동3가 177번지 주거지가 3열 필지로 구성되어 있고, 각 필지에는 'ㄱ'자형 두 채가 마주보는 형태의 한옥이 있다.

이 한옥들은 작은 필지에 조성되어 있는데, 김종량의 'H'자형 한옥의 기본적인 형태를 가지고 있다. 일반적인 도시한옥은 가로변에 바깥채를 면하고 바깥채의 대문간을 통해서 진입하면 마당이 있고, 그 안에 안채가 배치가 되어 있다. 그리고 마당의 열린 방향을 주로 남쪽이나 동쪽으로 둔다. 하지만 동선동3가 177번지 주거지의 도시한옥들은 방향과 상관없이 가로를 보면서 마당이 열려 있고 마당에 대문이 설치되어 있다. 이는 김종량의 'H'자형 주택들이 중심채로 진입을 하는 형식과 동일하다. 그리고 마당을 중심으로 좌우 공간의 성격이 완전히 다른 특성을 보이는 것 또한 'H'자형 한옥의 특징과 같다. 동선동3가 177번지 일대의 도시한옥은 아래채가 위채와 다르게 1칸을 5척尺으로 구성하고 있어 마당을 중심으로 두 채가 다른 특징을 보이고 있다. 현재는 폭이 좁은 아래채는 철거되거나 마당 쪽으로 확장하여 사용하고 있어 이전의 모습이 어떠하였는지는 알기 어렵다. 하지만 일반적인 도시한옥의 웃방꺾음집[17]의 특징은 다 사라지고 기존의 도시한옥과는 다른 새로운 형태의 한옥임을 알 수 있다. 민간개발업자들은 돈암지구 전체에 걸쳐서 도시한옥 건축물과 주거지 구조를 만드는 주역으로 활동하였다. 돈암지구 도시한옥의 주거지 구조부터 건축물의 형태까지 이들 민간개발업자가 주도하여 정하였고 건설하였다. 이런 도시한옥들은 도성 안에서 기존에 지어진 도시한옥과는 유사하지만 더 정형화된 형태를 띠었다.

팔보(八甫), 「서울 잡기장」, 『조광』, 1943년 1월호, 130~131쪽.

내가 현재 살고 있는 이 안암정은 모조리 집장사들이 새 재목을 들여다 우직근 뚝딱 지어논 것으로 이르고 보다면 그야말로 전통이 없는 개척촌과 같이만 보일 수밖에 없다. 서울살림이 자꼬 불어만 가기로 작정이니까 하는 수 없이 혹은 당연한 추세로 예까지 살림이 분가한 것인데 그래서 그런지 여기서 사는 사람도 대개는 식구도 단출한 단가사리, 아들로 치면 둘째 셋째의 살림난 지차치들 (중략) 놀라운 것은 청사진 두서너 장의 설계로 지은 집단주택이 한 번지 안에 육십호 가까이나 된다. 사방에서 몰려와서 일제히 너는 사십호, 나는 이십호로 아파-트 방 차지하듯 일제히 이사온 집 (중략) 교원, 회사원, 음악가, 화가, 각기 그럴듯한 직업을 가진 젊은 아버지들은 혹 전차 안에서라도 만나면 정다웁게 인사를 하면서 (후략)

박영민 인터뷰 2021년 7월 16일

형님은 원래 건설업이고 건축업은 안 하셨는데 근데 이제 서당개 삼 년에 풍월을 읊는다고. 웬만한 집 설계는 어머님이 거의 하셨어요. 어머님이 아주 눈썰미가 좋으셔갖고. 그 저 학교도 뭐 얼마 안 다니셨는데 터만 보시면은 딱 그리고서 이렇게 하라고 하면은 그렇게 해서 지셨다고 내가 많이 들었어요. 어지간한 한옥은 간단하거든. 아버님은 건축업을 하셨지만 술도 좀 하시곤 해서. 인부 관리는 거의 어머님이 많이 하셨다고 얘기를 들었어.

당시 돈암지역에 거주하던 문학인들의 글이나 앞에서 이야기한 박영민의 구술에서 이런 특성이 강하게 드러난다. 한두 장의 청사진으로 건축하였고 일정한 규칙이 있어 전문가가 아닌 이들이 집에 맞춰 뚝딱 설계할 수 있었다고 이야기한다. 돈암지역의 도시한옥들은 단일 한옥으로서의 특징보다는 도시적인 측면에서 주거지 구조의 특징을 강하게 가지고 있다.

17 웃방꺾음집은 경기형 민가의 형태로 대청 옆의 안방이 꺾음부에 위치하여 웃방꺾음집이라고 한다.

4.2 도시한옥 주거지 구조[18]

돈암지구의 계획적인 개발방식은 도성 안쪽에서 이루어지던 점진적인 개발과는 다른 주거지 구조로 나타난다. 조신시대 주거지인 도성 안쪽 지역은 거주자가 집을 지으며 점진적으로 주거지가 확장되며 조성되어 자연발생적인 가지형 가로구조를 가지고 있다. 반면에 돈암지구의 도시한옥 주거지는 자연발생적인 주거지가 아닌 계획에 의해 만들어진 주거지로 격자형 가로체계로 이루어졌다. 격자형 가로체계로 구성된 도시한옥 주거지가 있는 지역은 돈암지구를 비롯하여 북촌·청량리·용두 등이다. 돈암지구의 도시한옥 주거지는 도성 안쪽과 비교할 때 도시한옥이 건축되었다는 점에서는 같은 공통분모를 가지고 있지만, 개발과정과 시기의 차이로 인해서 다른 특성이 나타난다.

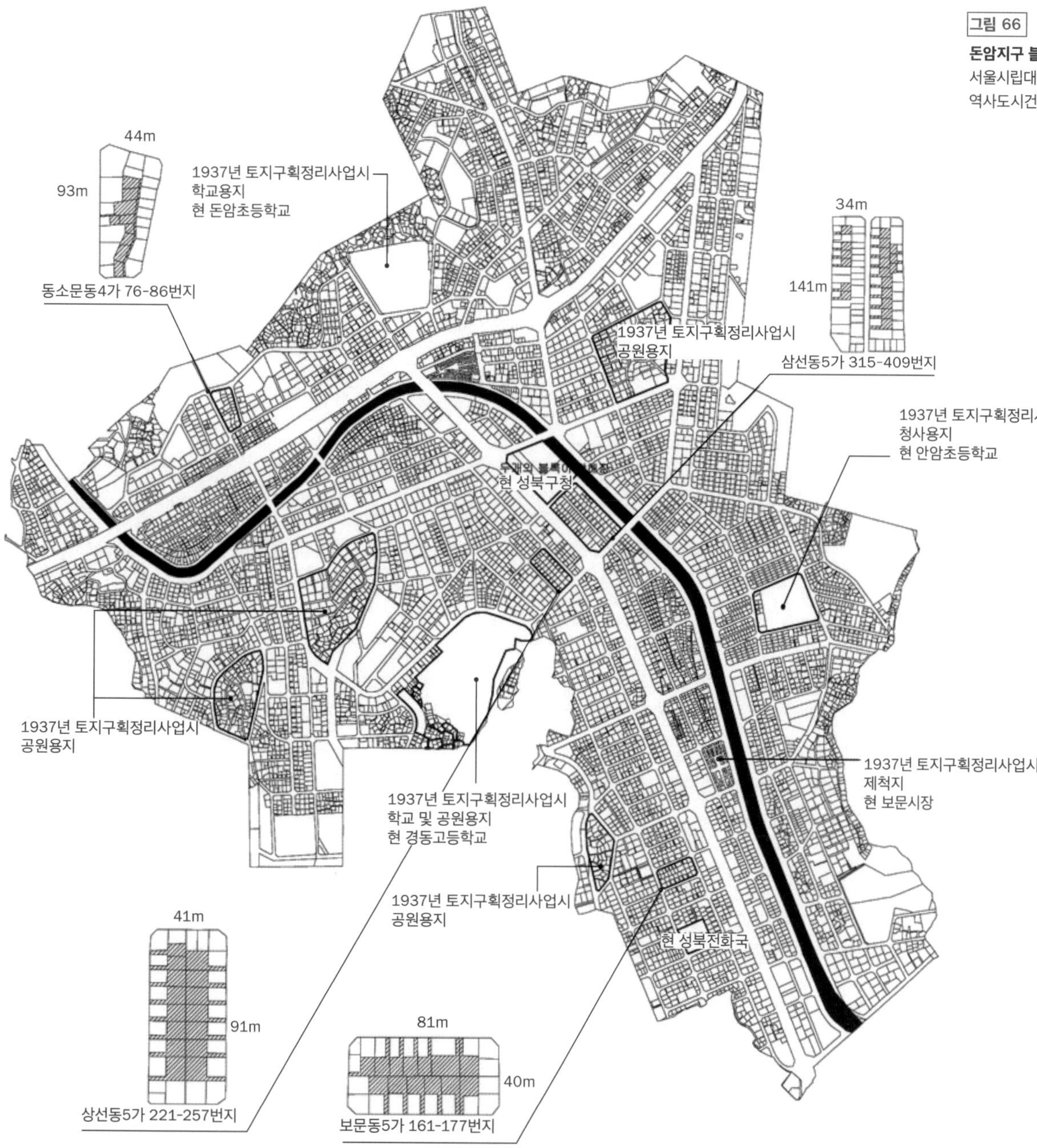

그림 66
돈암지구 블록 유형
서울시립대학교
역사도시건축연구실

18 김영수, 「돈암지구(1940-1960) 도시한옥 주거지의 도시조직」, 『서울학연구』 22, 서울시립대학교 서울학연구소, 2009, 177쪽 참고.

그림 67 ◂

삼청동 35번지 일대의 2열 필지와 남북 방향 블록
1945년 지적도

그림 68 ▸

안암동2가 44번지 일대의 4열 필지와 동서 방향 블록
1968년 지적도

돈암지구의 도시한옥 주거지는 근대적 도시로 계획되고 일시에 개발되어 다른 도시조직을 가지고 있다. 돈암지구의 개발은 관청의 주도하에 계획되고 공사가 시행되었다. 이 과정에서 주거지의 구조는 일본인들이 거주하는 일본식 주택에 적합하게 만들어졌고 돈암지구의 격자형 가로체계 안의 블록은 앞에서 이야기한 북촌과는 다르게 조성되었다. 한 블록의 크기는 폭 40m와 길이 80m 내외로 조성되었는데, 이런 블록의 규모는 일본의 도시주택인 장옥長屋형태의 집을 고려한 규모로, 조선인들이 거주하던 도시한옥 주거지로는 적합하지 않았다.

일본인들이 조성한 돈암지구의 블록은 일본식 장옥에 기준이 맞춰져 있어 40m×80m의 블록으로 조성된다. 하지만 민간개발로 인해 블록 안에 10m×10m의 도시한옥 필지가 조성되면서 4열의 필지로 구성되었다. 4열 필지 중에서 가로에 면한 바깥쪽 필지가 아닌 안쪽 필지는 별도의 골목길이 없다면 맹지가 된다. 안쪽 필지들을 맹지로 만들지 않기 위해서서는 블록 내부에 접근로가 필요하였다. 그리고 이 골목길의 형태에 따라서 길과 집의 관계가 달라진다.

일반적인 도시한옥 주거지는 남북 방향의 골목길을 두고 동서 방향으로 도시한옥을 배치하는 방식을 선호한다. 이는 도시한옥의 배치방식이 조선시대 한옥을 배치하는 방식인 민택삼요를 바탕으로 하기 때문이다. 민택삼요[19]는 문門주主조竈의 배치와 한옥의 마당이 열리는 방향을 중심으로 한옥의 배치를 설명한다. 도시한옥을 만들어 분양하는 건설업자들은 조선인들에게 집을 판매하기 위하여 조선인들의 생활방식과 집에 대한 관념에 맞게 민택삼요를 바탕으로 동일한 평면형의 한옥을 반복해서 지으며 일정한 주거환경을 조성하였다. 일정한 주거환경을 만들기 위해서 도시한옥은 남북 방향의 골목길에 면한 문을 동서 방향으로 배치하고 남향의 대청을 두는 일정한 배치방식을 고수하였다.

돈암지구의 도시한옥 주거지는 4열 필지로 블록이 구성되어 내부에 골목길이 필요하였고, 이 골목길들을 어떻게 하느냐에 따라서 주거지 구조가 달라졌다. 이런 골목길 조성방식에서 돈암지구는 일반적인 도시한옥 주거지의 방식과는 다른 방식을 취하였다. 골목길을 남북 방향이 아닌 동서 방향으로 배치하고, 막다른 골목을 두어 내부 필지에 접근하는 방식이다. 이런 주거지 구조는 토지이용의 효율성을 높여 개발의 이익을 최대화하기 위함이었던 것으로 추정된다.

19 송인호, 「도시형한옥의 유형연구」, 서울대학교 박사학위 논문, 1993, 135쪽.

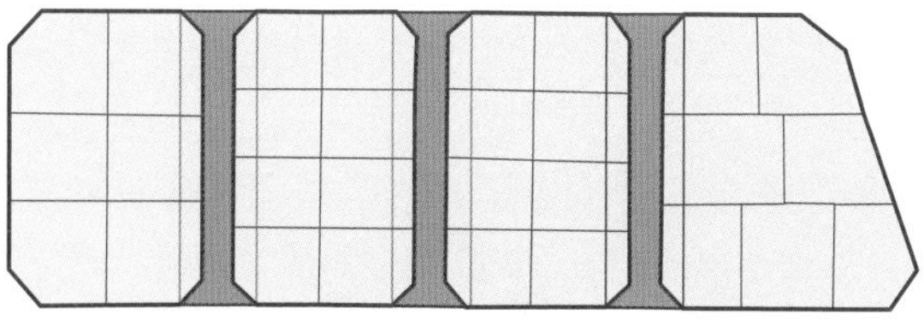

남북 방향 짧은 골목

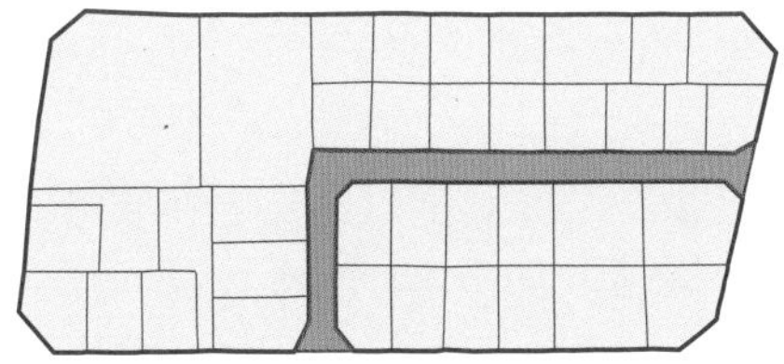

꺾인 골목

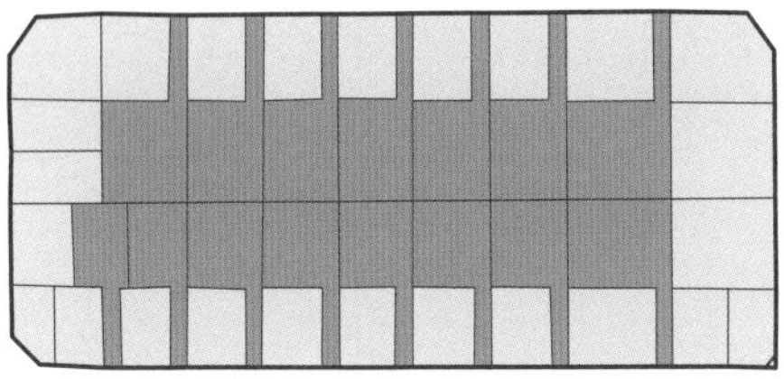

막다른 골목

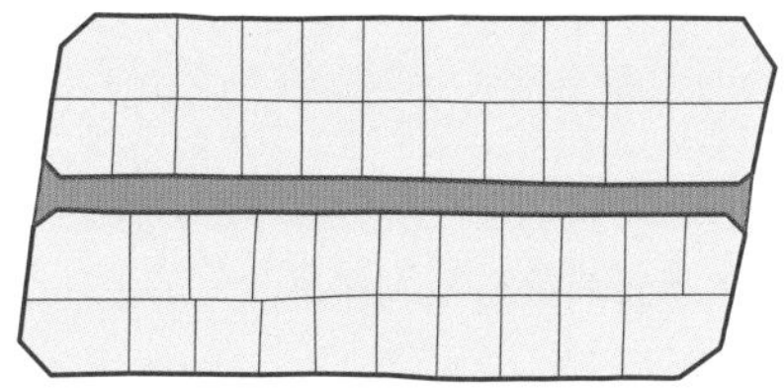

동서 방향 긴 골목

그림 69
돈암지구 가로구조 유형

40m×80m의 블록 안을 남북 방향의 짧은 골목길로 접근하려면 40m 길이의 골목길을 3~4개소 두어야 하고, 이는 80m의 골목길 1개소를 두는 것보다 1.5~2배가량 넓은 면적을 차지하여 건축 가능한 필지 면적이 줄어들게 된다. 막다른 골목들의 경우에는 집을 지을 수 있는 대지면적도 확보하기 용이하기 때문에 집의 규모를 조절한다면 가장 많은 수의 집을 지을 수 있는 방식이다. 이러한 개발방식을 취한 것은 돈암지구의 주 거주자가 당시에 중산층을 형성하던 조선인들이었고, 동촌의 학교에 다니던 학생들의 거주로 큰 집들이 필요하지 않았기 때문에 최대한 필지 이용효율을 높여 건축하기 위함이었을 것으로 보인다.

이러한 방식의 골목길은 동서 방향만을 고집한 것이 아니라 블록의 긴 방향의 변을 나누어 필지를 구성하는 방식이다. 장방형의 필지를 가지고 있는 일본식 주거인 장옥을 2열로 배치하기 위한 블록으로 개발한 돈암지구의 블록들은 남북 방향 블록보다 동서 방향의 블록이 많았다. 그리고 블록 안에 장옥보다 작고 정방형의 도시한옥을 지으며 필지를 분할하였고 토지이용의 효율을 높이기 위한 방식으로 동서 방향으로 길게 골목길을 두었던 것으로 보인다. 돈암지구의 블록은 4열 필지 배치를 기본으로 하여 가로로 길게 조성된 골목길이나 막다른 골목 등 토지이용의 효율성을 높이는 방식을 다양하게 사용하였던 것으로 보인다. 이러한 방식은 다른 시기나 다른 지역에서 개발된 도시한옥 주거지에서는 거의 나타나지 않는다.

1920~1930년대 조선인들이 개발한 대표적인 주거지인 북촌지역은 도시화되기 이전의 대형 필지를 작은 필지로 분할하고 가로를 조성하는 과정을 거쳤다. 이 과정에서 도로는 가지형 가로와 격자형 가로가 결합된 형태로 만들어졌고, 필지는 조선인들이 살기 위한 한옥을 짓기 적합한 크기로 만들어졌다. 북촌의 필지와 블록을 살펴보면 가로의 방향과 지형에 따라 다르지만 블록의 크기는 20~25m 내외의 폭과 40~50m 길이를 갖고 블록 안에 2열의 필지를 배치하였다.

청량리와 용두지구의 주거지는 돈암지구와 마찬가지로 토지구획정리사업에 의해서 계획되었다. 하지만 돈암지구와는 다르게 계획 직후 개발이 이루어지지 못하였고 해방 이후에 개발되었다. 그리고 용두지구와 청량리지구의 도시한옥은 대부분 1960년대에 지어졌다. 시기적인 차이로 인해서 두 지구의 블록은 돈암지구와는 다른 형태를 가지고 있다. 이 사업지구의 주거지들은 돈암지구와는 다르게 짧은 방향으로 블록을 가로지르는 주거지가 대다수이다. 이런 방식은 동서 방향으로 집들이 골목길에 면하게 한다. 이에 반해서 돈암지구의 블록을 긴 방향으로 가로지르는 골목의 형태는 토지이용의 효율을 우선하는 방식으로 조선인들의 주거 배치방식에 적합하지 않다. 이는 돈암지구의 주거지가 토지구획정리사업 중에서 주거지로 개발된 첫 사례로 새롭게 도입한 근대적인 도시계획방식과 조선인들의 주택건설 방식이 완전히 융화되지 못하였기 때문인 것으로 보인다. 이로 인해서 돈암지구의 주거지는 북촌, 서촌, 청량리 등의 도시한옥 주거지 중에서도 독특한 주거지 형태를 보인다.

4.3 돈암지구의 도시한옥

돈암지구는 주로 주택지로 개발되며 여러 유형의 주택이 지어졌다. 돈암지구의 개발은 1939년부터 1940년대에 걸쳐서 이루어졌다. 하지만 이때까지는 돈암지구 전체가 다 개발되지 않고 1960년대까지 지속적으로 주택이 지어졌다. 이렇게 지어진 주택은 크게 네 가지 유형으로 나뉜다. 민간개발업자들이 지은 도시한옥, 상류층이 살던 문화주택, 주택영단에서 짓던 영단

그림 70
1976년 안암동과 보문동 전경

그림 71
2013년 돈암지구 한옥분포지도
서울시립대학교
역사도시건축연구실

그림 72
경기형 민가에서 도시한옥으로 채의 변화

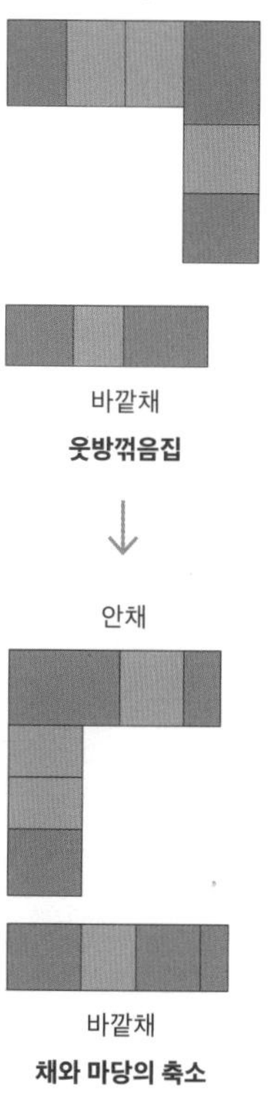

주택 그리고 빈민층이 거주하던 토막집이다. 이 중에서 가장 보편적인 주거 유형은 도시한옥이었다.[20]

도시한옥은 조선시대부터 지어지던 한옥이 근대기에 들어서 도시에 적응한 주거유형이다. 1920~1930년대 도성 안쪽에서 지어지던 도시한옥은 1940년대 돈암지구가 개발되면서 돈암지구에 맞춰 지어졌다. 도시한옥은 필지라는 개념이 생겨나면서 작은 필지 안에 한옥의 구성을 맞춰 넣으며 구성되었다. 조선시대의 한옥은 채와 마당이 하나의 공간을 구성하고 안채와 바깥채·사랑채 등의 채가 나누어지는 채나눔으로 각 공간을 구성한다. 조선시대에는 필지의 개념이 없어 넓은 대지에 집을 지었기 때문에 공간의 제약이 적었고, 여러 채로 구성된 넉넉한 한옥집으로 지어졌다. 하지만 작은 필지 안에 지어지는 도시한옥은 그 필지 안에 모든 공간을 넣어야 하였기에 채나눔이 적어지고 채의 규모를 줄여 최소한으로 구성하였다. 사

20 김영수, 「동대문 밖 돈암지구 주거지의 형성과 변천」, 『서울학연구』 37, 서울시립대학교 서울학연구소, 2009, 34쪽.

랑채, 행랑채, 별채, 안채 등 그 채에 거주하는 사람에 따라서 나누어지던 채는 바깥채와 안채 두 개로 줄고 마당도 이에 맞춰 줄어들었다. 안채와 바깥채도 서로 한 채처럼 결합된 형태로 지어졌다.

조선인들의 생활양식에 맞춰진 한옥이 도시에 적응한 형태인 도시한옥은 자연환경이나 도시적 상황 등 주변 환경에 따라서 그 모습이 달라졌다. 가장 일반적인 주거용도의 도시한옥부터 대로에 면한 2층 상가 도시한옥 등이 있다. 주거 한옥 중에서도 'ㄷ'자형 한옥이나 연립한옥 등 시기, 건축 주체, 개발과정 등의 차이에 따라서 다양한 유형의 한옥이 있었다. 하지만 1970년대부터 도시한옥의 건설이 사라지고 단층의 도시한옥보다 이용효율이 높은 상가, 다세대·다가구주택, 아파트 등의 주택이 지어지면서 빠르게 사라지고 있다.

2013년 성북구에서 시행한 한옥 전수조사 결과 성북구 전체에 한옥 약 1,600채가 남아 있고, 돈암지구에는 그중에서 1,280채가 남아 있다. 돈암지구 개발 시에 5만여 호를 수용할 대지를 조성하였고 그 대다수가 도시한옥으로 건설되었음을 생각하면 2% 정도의 도시한옥만 남아 있는 것이다. 이렇듯 도시한옥 대다수는 사라졌지만, 이전의 모습이 남아 있는 한옥들이나 다른 집들이 사라져가는 과정에서 적응하고 살아남은 도시한옥들의 모습을 현재에도 볼 수 있다.

- **동선동2가 273번지 도시한옥: 'ㄷ'자형 도시한옥**

동선동2가 273번지의 도시한옥은 보편적인 'ㄷ'자형으로 1940년대에 건축되었다. 동선동에서 안암동의 경계부 평지에 위치해 있어 블록과 필지의 형태가 일정한 격자형으로 구성되어 있다. 외부에서의 모습을 보면 겹처마에 원주와 굴도리가 전면에 드러나 있다. 내부 역시 겹처마로 구성되어 있으나 납도리와 각주를 사용하고 있어 내외부의 구성에 차이를 보인다. 평면을 보면 바깥채를 이루는 기둥 바깥쪽으로 기둥이 1열을 더 두고 있고, 가장 바깥열 기둥이 원주와 원도리를 사용하고 있다. 원주와 원도리는 이후에 증축하면서 의장으로 덧붙인 것으로 보이며, 내부의 각주로 이루어진 내부공간의 구성은 돈암지구에 지어지던 가장 일

그림 73 ◂
동선동2가 273번지 외부 전경

그림 74 ▸
동선동2가 273번지 성신경로당 내부

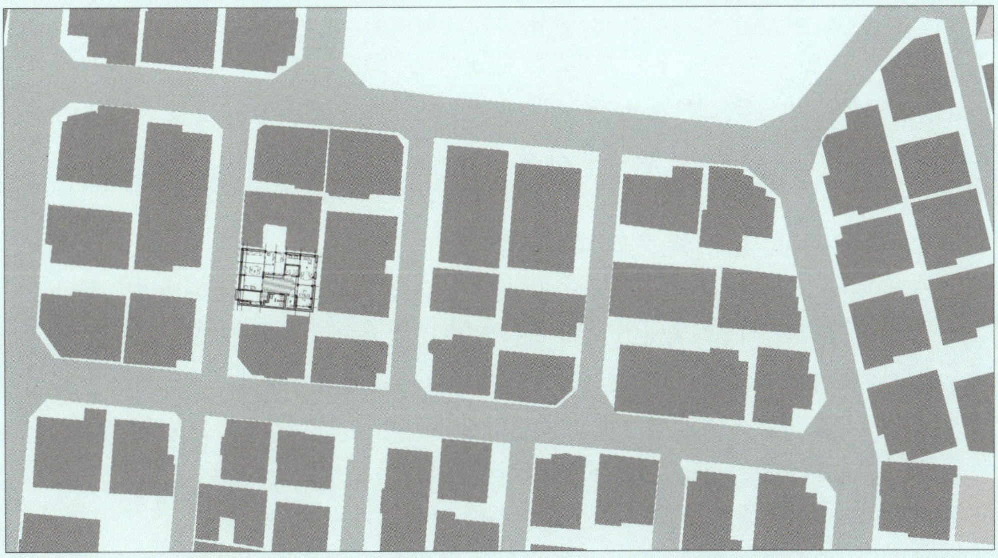

그림 75

동선동2가 273번지 도시한옥 주거지 일대

2021년 지적도

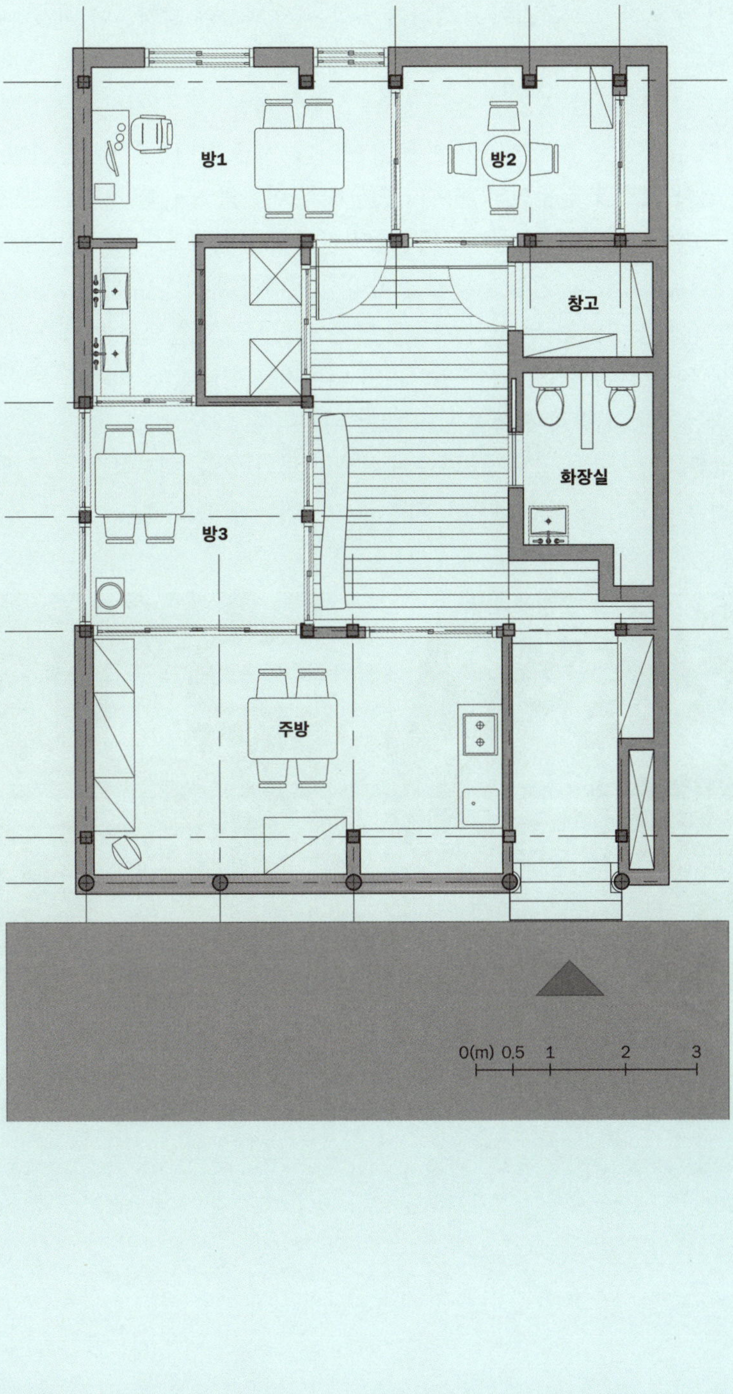

그림 76

동선동2가 273번지 평면도

반적인 'ㄷ'자형 도시한옥의 모습이다. 남북 방향의 골목길 동측에 대문이 면해 있고 남향으로 대청을 두고 있다. 대청의 우측 꺾음부에 안방이 있고 그 아래로 부엌을 두고 있다. 이런 구성은 양택론과 민택삼요를 기반으로 하는 웃방꺾음집의 기본적인 구성을 유지하고 있는 모습이다.

- **동소문동4가 96번지, 동소문동4가 108번지**

도시한옥은 바깥채와 안채가 결합되어 만들어진 형태이다. 하지만 초기의 도시한옥들에서는 채 간의 결합이 이루어지지만 채의 높이를 다르게 하거나 부재를 다르게 사용하는 등 채 분할의 흔적이 남아 있다. 이런 흔적들은 점차 사라지고 채의 구분보다는 내외부를 구분하여 부재를 사용하는 등 분리의 방식이 조금 달라진다. 일반적으로 초기의 도시한옥은 도성 안쪽 지역인 지금의 종로와 북촌 지역에 주로 남아 있다. 하지만 돈암지구에서도 동소문동1가와 동소문동4가 지역에는 이런 도시한옥의 모습이 남아 있다.

동소문동4가 96번지 일대의 주거지는 북악산 끝에 있는 경사지에 조성된 주거지로, 경사 방향에 따라서 남북 방향으로 길이 조성되어 있고 동서 방향에 필지들이 배열되어 있다. 많은 수의 도시한옥과 오래된 주택들이 있었지만 현재는 아파트 건설의 여파로 대부분 사라지고 일부의 도시한옥만 남아 있다. 그중에서 동소문동4가 96번지의 도시한옥은 경사지에 조성되어 채의 분할이 남아 있는 형태의 도시한옥 유형이다. 지금 현재는 '一'자형의 바깥채가 잘려 나가 안채만 남아 있으나 집주인의 이야기를 통해서 이전의 모습을 추정해 보면 맞배지붕으로 만들어진 'ㄱ'자형의 안채 앞에는 '一'자형의 바깥채가 있었고, 바깥채는 안채와는 지붕가구가 분리된 형태로 있었다. 경사진 대지를 따라서 안채와 바깥채는 자연스럽게 높낮이 차이가 있었고, 가까이 붙어 있는 두 채의 지붕은 같은 높이에서 결합되는 형태가 아닌 안채의 지붕이 바깥채의 지붕 위에 자연스럽게 얹어지며 이어지는 형태였다. 이런 구성방식은 채를 분할하여 구성하는 한옥의 방식이 아직 남아 있는 형태이다.

현재는 바깥채가 사라지면서 'ㄱ'자형의 안채만 남아 있다. 대문을 통해서 마당에 들어서면 'ㄱ'자형 한옥 전체가 눈에 들어온다. 바깥에서 보이는 입면의 경우 기존 한옥의 창호는 모

그림 77 ◂
동소문동4가 96번지 외부 전경

그림 78 ▸
동소문동4가 96번지 내부 창문 구성

그림 79

2003년 동소문동4가 96번지 도시한옥 주거지

서울시립대학교 역사도시건축연구실

그림 80

동소문동4가 96번지 평면도

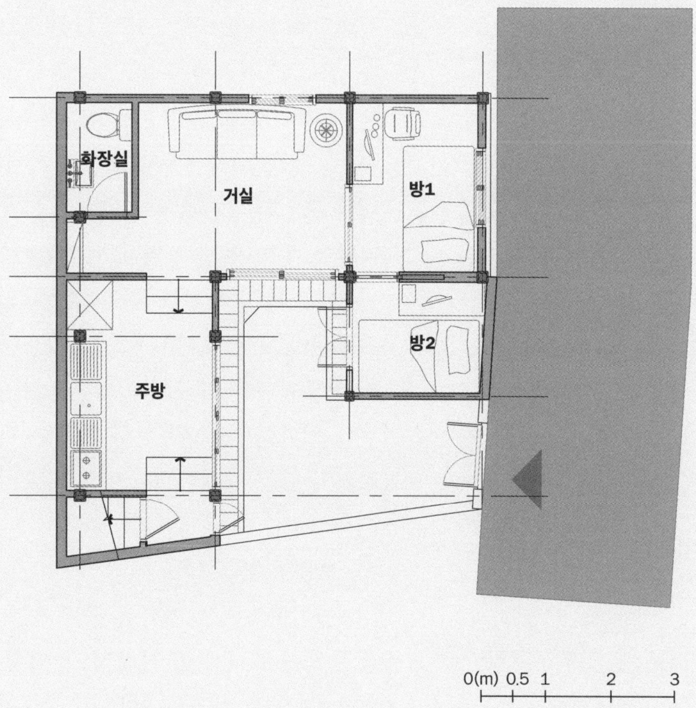

그림 81

동소문동4가 108번지 도시한옥 평면(좌), 입면(우)

서울시립대학교 역사도시건축연구실

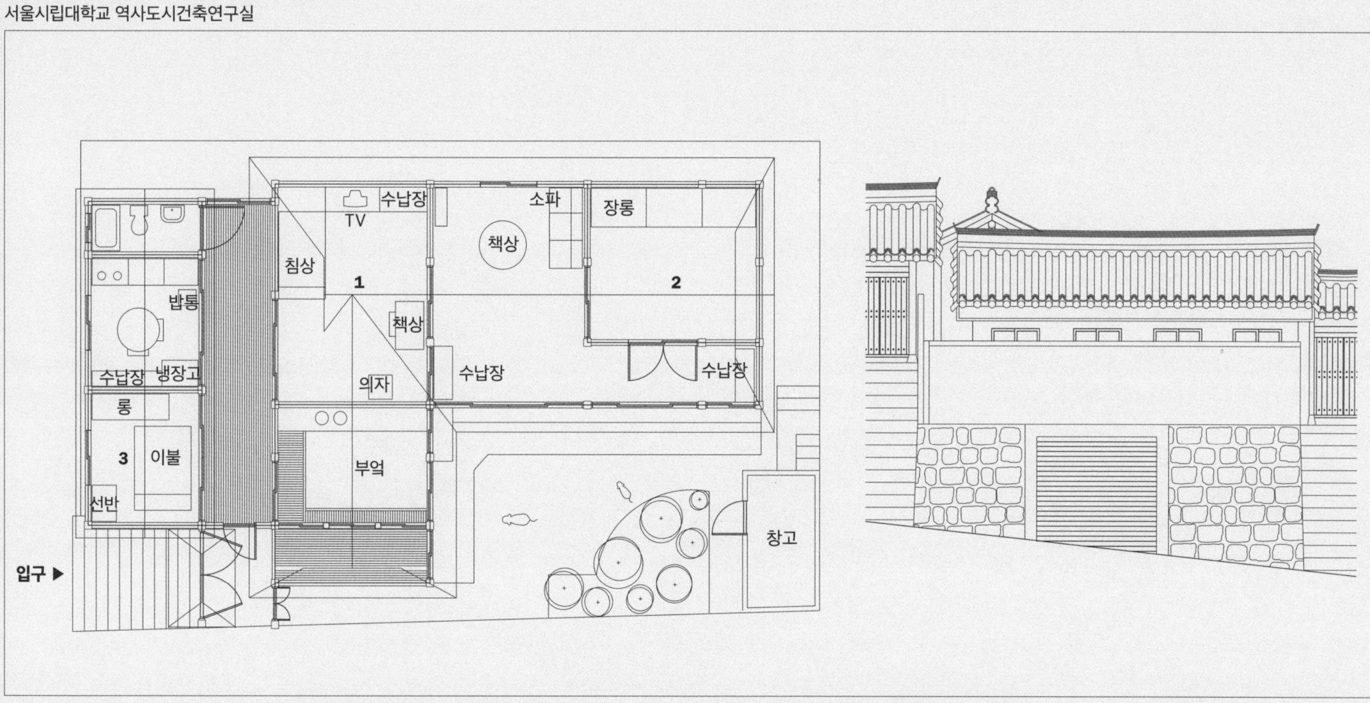

두 사라졌지만 전체적인 입면은 처음 지었을 때의 도시한옥 모습과 유사해 보인다. 대청과 안방으로 쓰이던 공간은 거실이 되어 있고 거실의 끝에는 화장실이 있다. 안방의 반대편 건넌방은 증축하여 아이들이 사용하고 있다. 부엌은 다른 집들처럼 높이를 거실에 맞춰 높이지 않고 기존처럼 기단보다 오히려 낮은 높이에 있고, 그 위의 다락에는 부부가 생활하는 침실을 두었다. 최대한 기존 한옥의 모습을 유지하려고 한 노력이 엿보이며, 최근 들어 조그만 단독주택을 고쳐서 살려고 하는 사람들의 생활 모습을 보여주기도 한다.

동소문동4가 108번지의 도시한옥은 'ㄷ'자형을 이루는 일반적인 도시한옥과는 다른 형태를 보인다. 'ㄱ'자형 안채와 'ㅡ'자형 바깥채의 구성은 동일하지만 안채가 바깥채를 등지고 마당을 두어 안채의 날개와 바깥채가 붙어 있는 배치 형식을 가지고 있다. 이런 배치는 돈암지구 도시한옥에서는 볼 수 없는 형태로, 바깥채와 안채가 구조적으로 조금도 연결되지 않은 독립된 채로 존재하고 마당을 공유하지 않는 방식이다. 이는 96번지와 마찬가지로 채의 결합이 이루어지지 않고 분리되어 있는 방식으로 보인다. 96번지의 도시한옥이 구조적으로 분리되어 있었다면 108번지의 한옥은 마당과 공간 자체가 분리되어 있어 조금 더 적극적으로 분리되어 있는 형태이다.

- 보문동 연립한옥

연립한옥은 도시한옥 중에서도 대지가 작은 경우 여러 채의 한옥을 일괄적으로 짓기 위한 방식으로 지어진 집이다. 돈암지구에도 이런 연립한옥이 지어졌고 최근까지 건축물이 있었다. 보문동1가 60-28번지로 보문역 북쪽 블록에 있던 연립한옥은 2019년도에 아파트로 재개발되며 사라졌다. 이전의 모습을 살펴보면 'ㄱ'자형의 도시한옥이 지붕이 연결되어 있었다. 기둥과 보 등 구조체가 연결되어 있어 후에 수리한 것이 아니라 건축 당시부터 한 번에 건축하였음을 알 수 있다. 이런 건축물은 대량으로 소형 주택을 건설하여 판매하고자 지어진 것으로, 주로 공업이나 상업 지역 등의 배후지에 노동자나 상인들의 주택으로 이용된 경우가 많았다. 보문동의 연립한옥은 보문시장의 배후 주거지로 건설되었던 것으로 보인다.

그림 82 ◀
2002년 보문동 연립한옥 블록 배치도
서울시립대학교 역사도시건축연구실

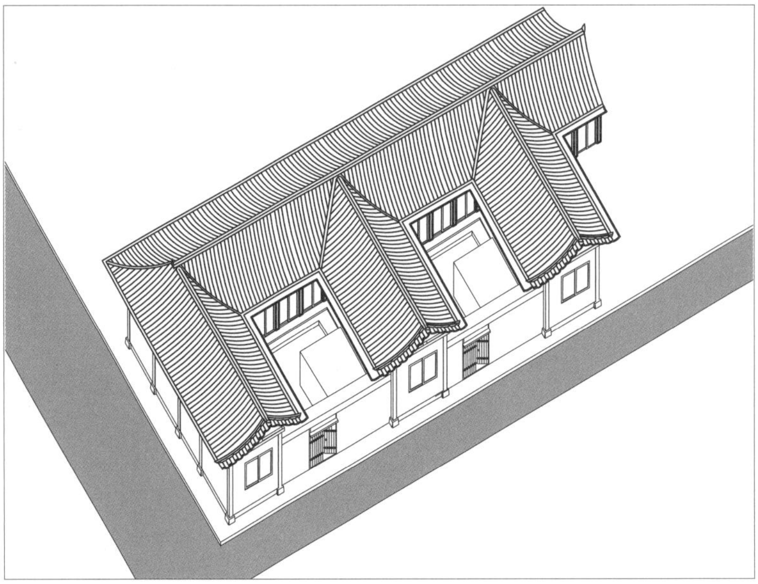

그림 83 ▶
2002년 보문동 연립한옥 엑소노메트릭
서울시립대학교 역사도시건축연구실

그림 84
1959년 보문동2가 64-2번지 일대 영단주택
임인식 사진

4.4 도시한옥 외의 건축유형

돈암지구의 주택 중에는 도시한옥 이외에 영단주택과 문화주택 등 한옥이 아닌 주거유형이 있었다. 지금은 그 모습을 살펴보기 어렵지만 1950년대 보문동 일대를 촬영한 사진에는 영단주택의 모습이 남아 있다. 영단주택은 일제강점기에 개발한 것이 아니라 1955년에 건설되었다. 토지대장을 살펴보면 보문동2가 64-2번지 일대 토지는 조선주택영단에서 1955년 3월에 분할하고, 이후 1956년·1959년·1961년 각각 다른 시기에 개인에게 소유주가 넘어갔다. 이는 주택영단의 분양방식에 따르는 것으로 조선주택영단의 주택은 분양 시에 월부금月賦金으로 매달 집값을 납부하고 집값을 모두 납부하고 나면 집을 소유하게 되어 있다. 그렇기에 토지 분할 직후가 아닌 1~5년 이후에 토지의 소유권이 이전되었던 것으로 보인다. 사진에서의 모습을 보면 3개 블록에 10여 채씩 주택이 배치되어 있다. 주택의 형태는 가로에 면해 담장을 두고 그 안쪽으로 마당을 두고 있다. 좁은 마당을 넘어서면 두꺼운 박공집이 보인다. 도시한옥이 'ㄷ'자형으로 채의 사이에 마당을 두고 있는 것과는 달리 영단주택은 주택의 기능성을 강조하며 외기에 면한 부분을 최소화하고 내부에 복도를 두는 방식의 배치를 하였다.

4.5 제척지의 주거지개발

토지구획정리 사업지역 중 제척지除斥地는 돈암지구 개발 과정에서 제외된 토지이다. 돈암지역은 돈암지구 개발 이전부터 취락지역이 있었고 일제강점기의 지도에서도 그 취락지역들을 볼 수 있다. 총독부는 경성부 주변 지역의 지형도를 1915년에 작성하고 이후 1921년과 1937년에 다시 측량하고 수정하여 기록으로 남겼다. 1921년 수정 측도한 경성 지형도를 보면 미아리고개와 아리랑고개 그리고 혜화문 주변으로 일부 지역에 적은 수의 집이 있었던 것으로

그림 85
돈암지구 개발계획상의 제척지
국가기록원

보인다. 하지만 1937년 재측도한 지형도에는 돈암토지구획정리사업 계획도에서 제척지로 표현된 부분들에 건축이 이루어져 있는 모습을 볼 수 있다. 돈암지구의 개발은 1937년 시행인가가 이루어지고 그다음 해인 1938년에 공사가 시행되었다. 공사가 시행되기 이전인 1937년의 지도에 있는 건축물의 모습은 돈암지구 토지구획정리사업 공사가 시작되기 전에도 제척지에 주거지가 있었다는 것을 알 수 있다.

제척지로 표기된 지역은 7개소로 동소문동1가 94번지 일대, 동소문동2가 63번지 일대, 동소문동4가 8번지 일대, 동소문동5가 50번지 일대, 동선동4가 35번지 일대, 삼선동2가 60번지 일대, 삼선동4가 73번지 일대 등이다. 이 지역들은 공통적으로 돈암지구 개발 이전부터 있던 길인 동소문로와 성북천에 면한 돈암리와 삼선평 지역으로 개발 이전에도 취락지역 빈민구제주택 등의 건설이 이야기되었던 지역이어서 그 가능성이 더욱 높게 보인다.

제척지들의 대규모 토지 분할시기는 각기 다르지만 동소문동2가 63번지 일대를 제외하고는 돈암지구 토지분양의 시기와는 일치하지 않는다. 동선동4가 35번지의 경우에는 개발 이전부터 지목地目상 대지였고 필지 분할이 이루어지며 돈암지구 개발 이후에도 더 작게 분필되고 또 합필하는 등의 변화가 계속되었다. 동소문동5가 50번지는 돈암지구 개발 이후인 1943년 이후에도 계속해서 필지 분할이 이루어진다. 삼선동4가 74번지와 동소문동4가 8번지의 경우에는 돈암지구 개발 이후인 1943년에 지목 변경과 필지의 분할이 이루어졌다. 삼선동2가 60번지 일대는 1935년부터 필지의 지목 변경과 분할이 이루어졌다. 이렇듯 지역마다 전후의 차이는 있지만 제척지는 돈암지구 토지구획정리사업이 진행되던 시기와 상관없이 필지의 분할과 지목변경이 이루어졌다.

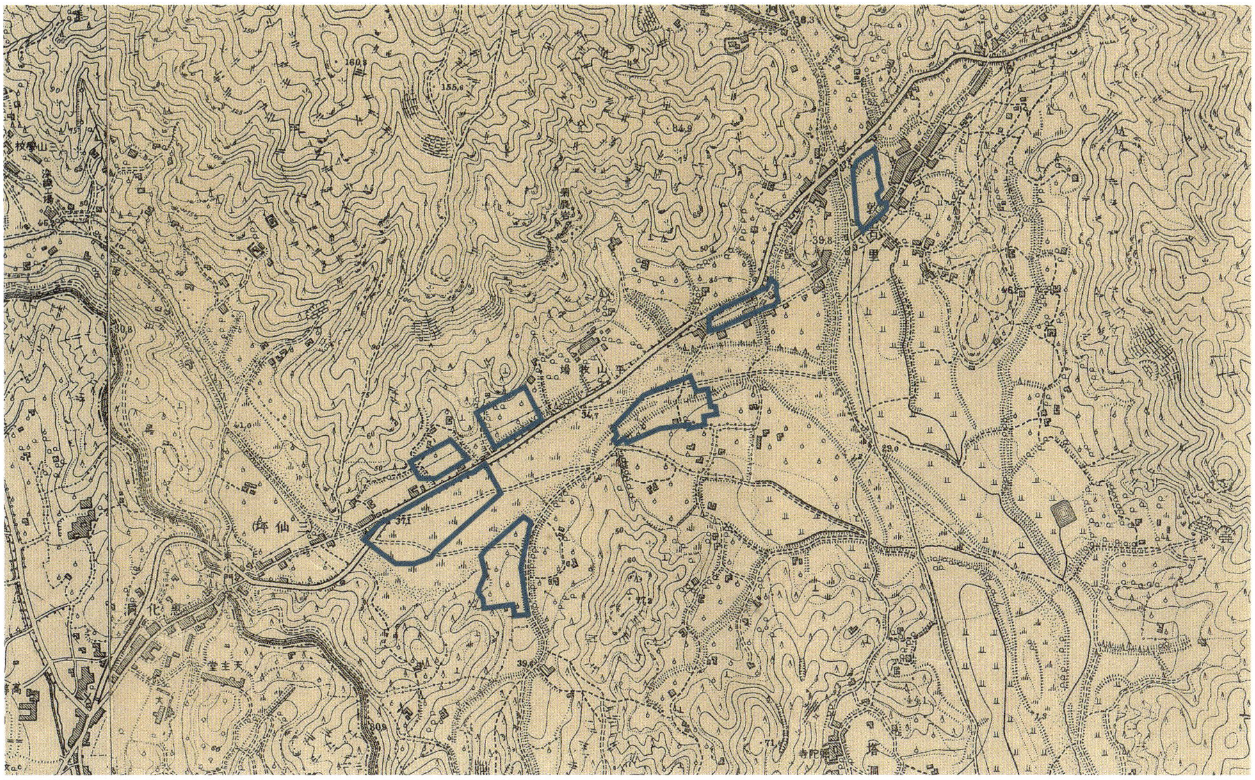

그림 86 ▲

돈암지구 개발 이전 1921년 제척지

「경성도」(부분), 『1/10,000 조선총독부 지도』, 1921년 수정

그림 87 ▼

돈암지구 개발 이전 1936년 제척지

「경성도」(부분),『1/10,000 조선총독부지도』, 1937년 수정, Stanford Digital Repository

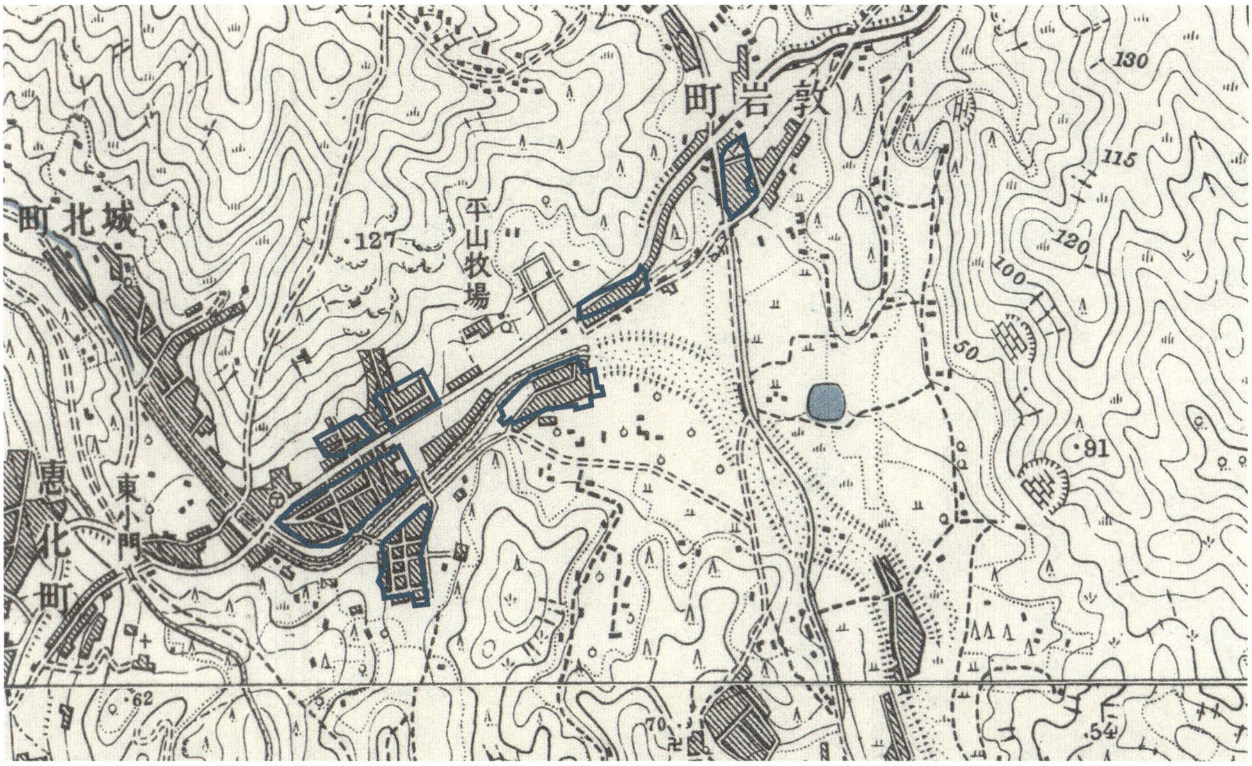

그림 88
동소문동1가 94번지와 동소문동4가 8번지 일대
1968년 지적도

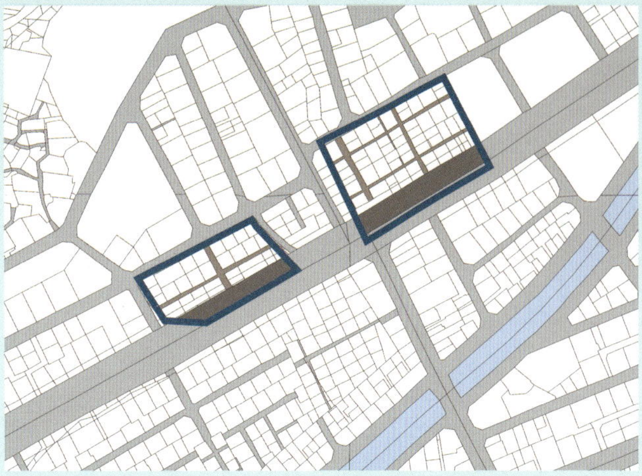

그림 89
삼선동2가 60번지 일대
1968년 지적도

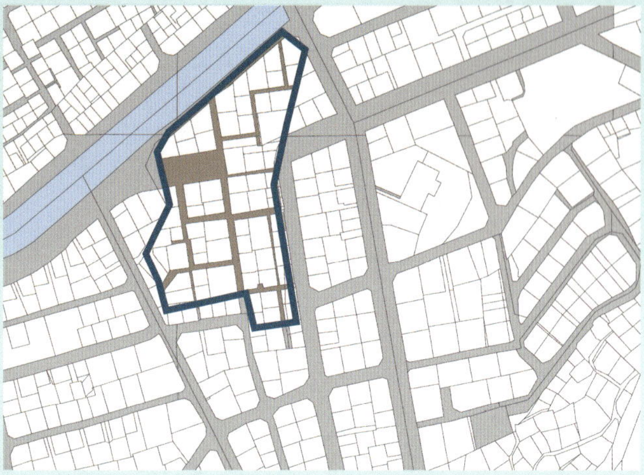

그림 90
동소문동2가 63번지 일대
1968년 지적도

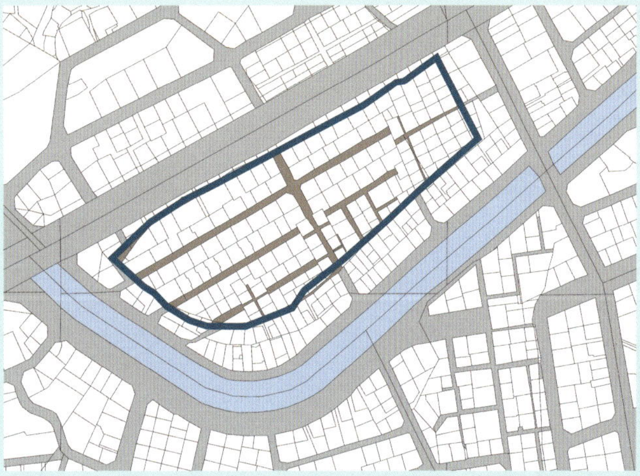

그림 91
동소문동5가 50번지 돈암시장 주변
1968년 지적도

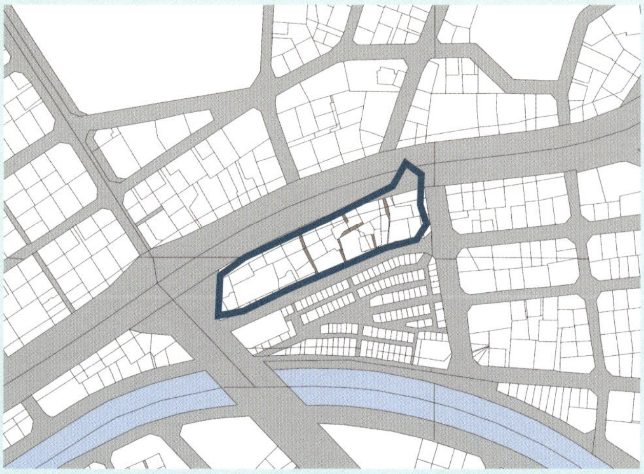

그림 92
동선동4가 35번지 일대
1968년 지적도

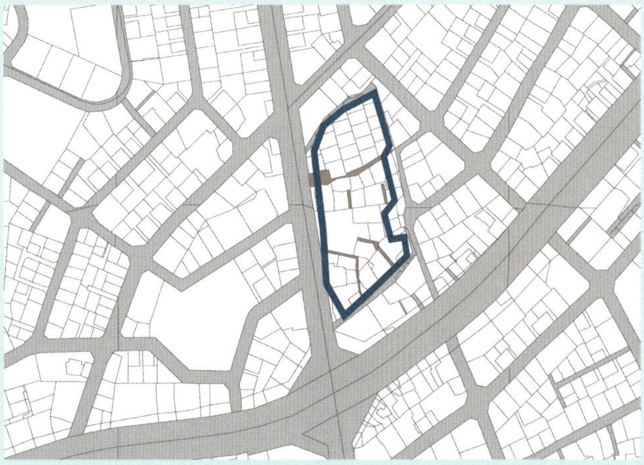

그림 93
삼선동4가 73번지 일대
1968년 지적도

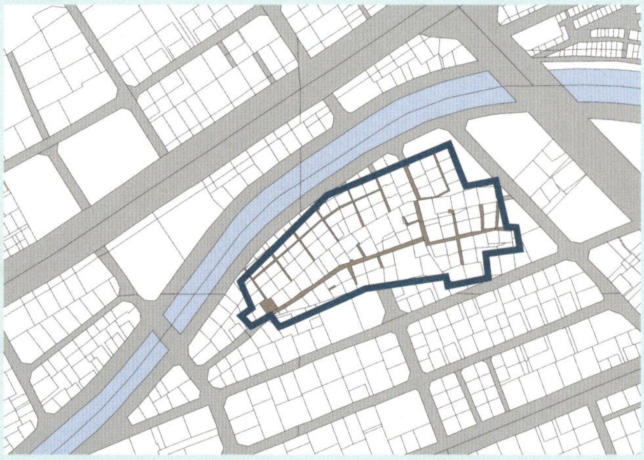

그림 94
동소문동4가 8번지 일대
「대경성정도」(부분), 1936년

제척지의 주거지 구조는 돈암지구의 다른 지역과는 차이점을 보인다. 앞장에서 보았던 것처럼 돈암지구의 주거지 구조는 40m×80m의 블록이 격자형 가로체계로 조성되어 있다. 그리고 그 안에 4열 필지를 배열하고 그 안에 블록을 가로지르는 골목길을 두거나 막다른 골목을 두고 있는 구조이다. 전체 블록을 시가지 계획으로 한 번에 계획하였기 때문에 전체 가로구조가 이질적이지 않게 연결되어 있다. 하지만 제척지의 가로체계는 주변 가로와 다른 체계로 구성되어 있다. 제척지의 주거지 구조는 4열 필지에 격자형 가로체계로 구성된 돈암지구와 다른, 즉 도성 안처럼 주거지가 점진적으로 확장되는 방식의 가지형 가로체계와 유사한 면모를 보인다. 격자형 가로체계를 가진 동소문동4가 8번지와 삼선동2가 60번지 일대의 주거지는 북촌처럼 2열의 필지가 5개소 이하로 연속되고 있는 형태로 북촌에서 보이던 주거지 구조와 유사하다.

동소문동4가 8번지 일대의 경우에는 1936년에 작성된 대경성전도에 주거지 개발이 이미 시작된 흔적이 나타나는 등 1937년 이전 이미 필지 분할이 이루어지고 토지의 소유권 이전 시기인 1943년에는 개발이 완료되었던 것으로 보인다.

- **동소문동2가 63번지 일대**

제척지 중에서 가장 넓은 대지에 개발이 이루어진 지역은 동소문동2가 63번지 일대로, 제척지의 필지 개발이 어떤 식으로 이루어져 있는지를 보여준다. 동소문동2가 63번지는 돈암지구 개발 이전에 삼선평으로 불리던 지역으로, 1920년대에는 천변의 넓은 벌판에 빈민구제 주택이 지어져 있었다.

『동아일보』 1921년 5월 18일 자, 「동소문 외 삼선평에 빈민부락을 건설코자」.

동대문 내 청계천과 훈련원 사히에 잇는 조산에는 녯날부터 집업는 빈밀들이 움을뭇고 긔어들고 긔어나며 비와 바람을 막고 지내이든 곳으로 작년까지도 그 움의 호수가 오십여 호나 되고 인구가 일백십여 명에 이르럿섯는대 불행히 작년 팔월경에 그 몹쓸 괴질의 음습을 밧아 마참내 다섯 명이 괴질로 눕게 되매 그나마지 백여 명은 전부 보균자라는 명목 아래에 음습하고 루추한 움에서 살지를 못하게 하고 따로히 텐막을 처서 긔거를 하게 하던 중 어느덧 찬바람이 나서 괴질은 침식되얏스나 당국에서는 다시 그들에게 움으로 도라가 살지 못하게 하매 그들은 마참내 넓은 텐디에 모래산 우에다 쓰러저가는 움막 사리조차 하지 못하게 되얏다. 그리하야 우선 급한 대로 광희문밧 셩벽 아래에 비게를 매어 간신히 하늘만 가리우고 지내엇스나 어나덧 무서운 치위가 겨울을 조차와서 그들은 도저히 그곳에서는 치위를 견대이기 어려움으로 그중의 오십 명은 왕십리 부근에다가 다시 움을 뭇고 겨을을 나게 되얏스며 남저지 사십여 명은 동소문 외 평산목장 주인 평산정십平山政十 씨의 후의로 자긔 목장의 부인 집에다가 수용을 하야왓는바 그 빈민들은 대개는 경성부의 위생인부와 혹은 지게버리를 하는 량민들이라 종일 버러야 겨우 생활비밧게는 도지 안으니 빗산 집에서 사글세 집 한간이나마도 구할 길이 아득할 것이라. 이에 평산정십 씨는 이와 가튼 비참한 운명에 신음하는 조선 빈민을 위하야 종일 로동을 하고 도라와 몸을 편이 수일 집을 세워 주기 위하야 위선 동소문 밧게 잇는 군용디 삼선평 이만륙펀 평을 당국에서 대가업시 비러가지고 빈민부락을 건설할 목뎍으로 이삼동지의 원조를 어더 위선 각방면으로 동정금을 모흘 터인대 첫째 방법으로 오는 이십일 일 하오 칠시반부터 경성 공회당을 비러서 성대한 음악무도회를 여러 그 수입되는 돈은 빈민부락을 건설하는 데 보태어 슬 터이라 하며 입장료는 학생권은 오십 전이요 그 외에는 일 원 이 원 삼 원이라더라.

1921년의 신문기사를 살펴보면 삼선평에 평산정십平山政十이 1921년에 국공유지에 빈민구제 주택을 지었다고 한다. 그리고 1939년 사진에는 대로변에 건물이 조성되어 있고 이후인 1947년의 항공사진에는 도시한옥으로 주거지 공사가 완료되어 있다. 이 중간과정을 살펴보면 1924년 돈암리 458번지는 이인·유해창 등이 공동 소유한 것으로 되어 있었다.

1935년에는 이인·유해창·관파장작官波長作·북원장칠北元長七 등의 소유로 변경되며 458-7, 458-17, 458-19번지로 분할되었다. 이후 분할된 458-19번지를 주식회사 제일사第一社에서 구매하여 소유하게 되었다. 주식회사 제일사가 개발한 토지는 1936년 2월 18일과 1937년 6월 16일로 대규모 토지분할 시기가 나뉘며 1936년 2월 개발한 필지 부분은 길과 면하며 막다른 골목을 형성하였다.

그 이후에 성북천 변에 면한 458-7번지와 소형 필지로 이루어진 458-19번지는 뒤늦게 개발되었다. 개발주체와 개발시기가 달라 동소문동2가 지역은 큰 도로가 없는 하나의 블록임에도 불구하고 골목길의 형태가 서로 다르다. 천변에 면한 토지의 경우 하천의 지형적인 요소에 의한 영향으로 보이고, 458-17과 458-19번지의 분필된 형태는 기존에 있던 토막촌의 철거 등에 의한 영향으로 보인다.

동소문동2가 63번지는 앞에서 본 필지들과는 다른 유형의 도시조직을 보여준다. 동소문동2가의 1962년 폐쇄지적도를 살펴보면 2개의 필지선이 중첩되어 있다. 분할된 필지들은 1961년 환지 처분된 필지이다. 붉은색 ×자 표시로 삭제되어 있는 변경 전의 필지선은 블록 전체를 개발하기 위해 격자형으로 필지를 구성하는 방식이다. 변경 후의 도시조직은 일반적인 블록구조보다 동서 방향으로 길게 구성되어 있고, 블록과 블록 사이 가로가 연결되어 있지

그림 95 ▲

동소문동2가 63번지 일대 토지의 1930년대 후반 소유주 현황

1968년 지적도

그림 96 ▼

동소문도2가 63번지 배치도

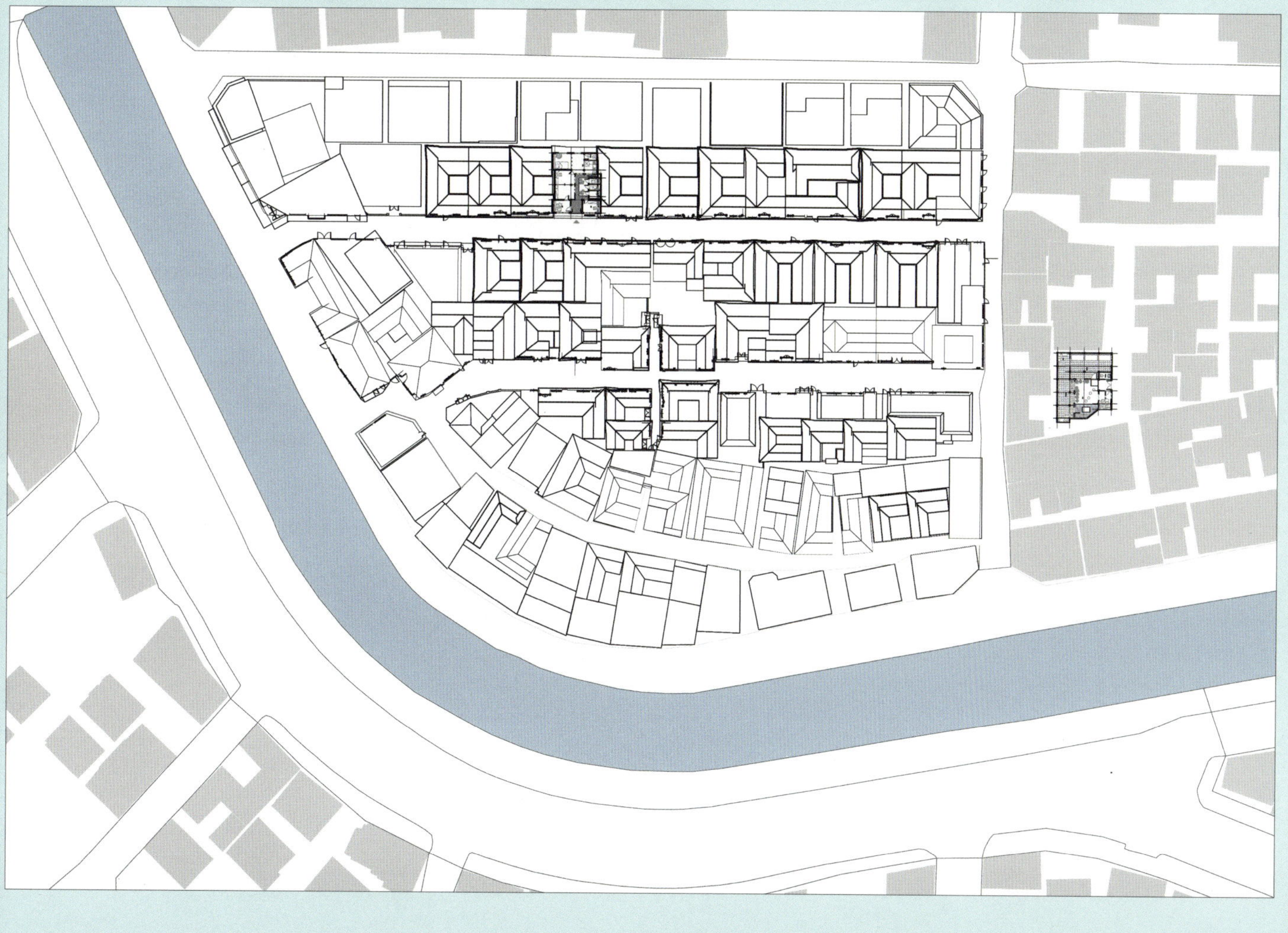

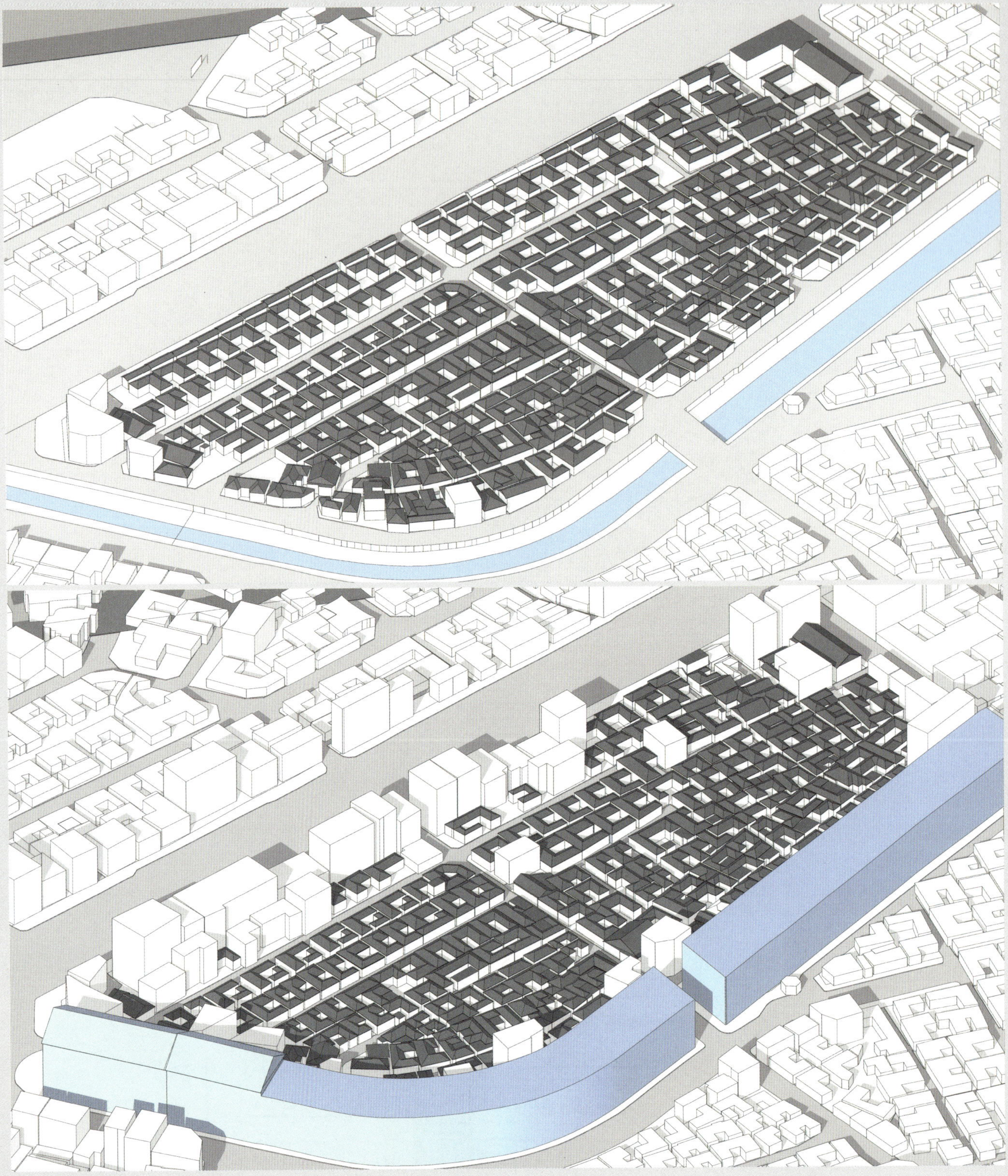

그림 97

동소문동2가 63번지 일대
도시조직 변화
1947년~1972년

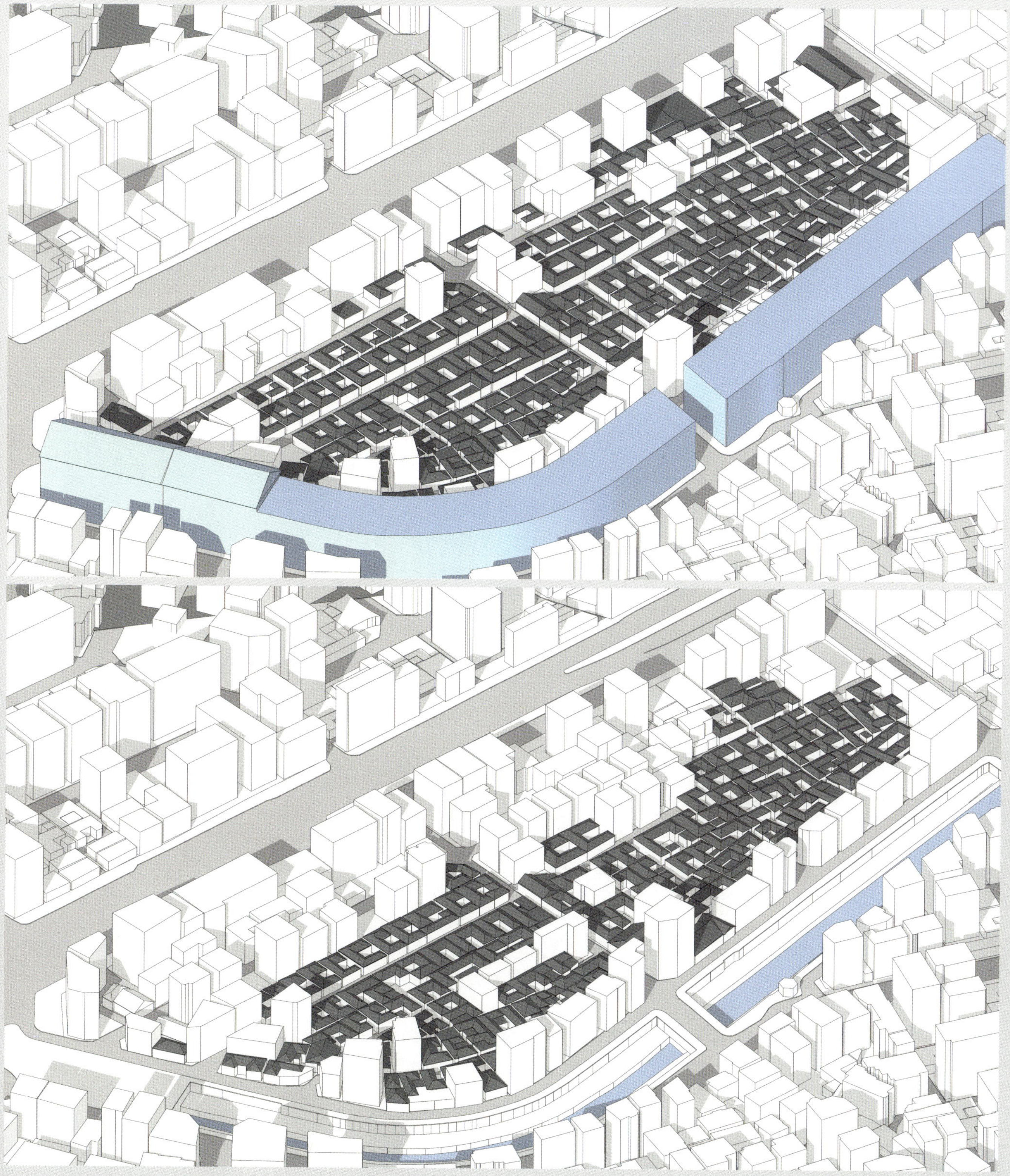

그림 98

동소문동2가 63번지 일대 도시조직 변화

1990년~2021년

그림 99 ◂
1939년의 동소문동2가

그림 100 ▸
1940년대 동소문동2가 63번지 일대
1947년 항공사진, 국가기록원

그림 101
돈암지구 개발 이후 동소문동2가 지적선 변화
1968년 지적도

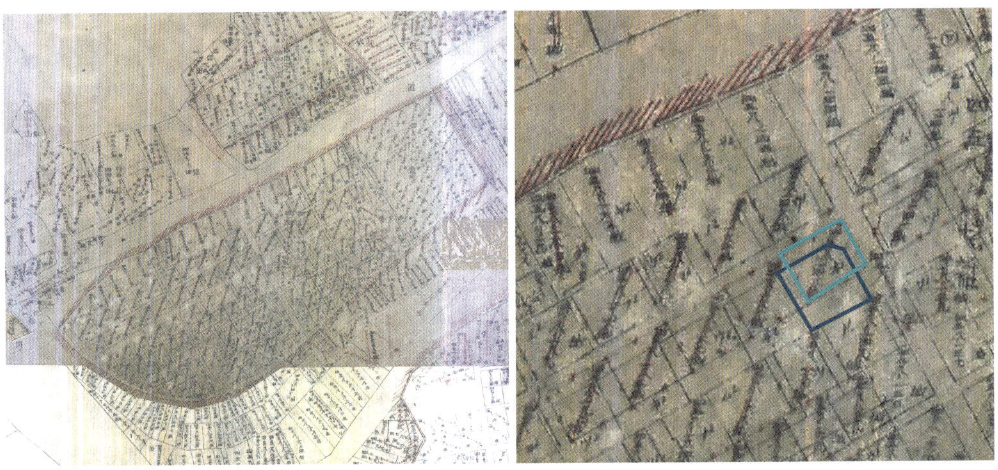

그림 102 ◂
지적정리 이전 동소문동2가 63번지 일대 가로구조
1936년 지적도

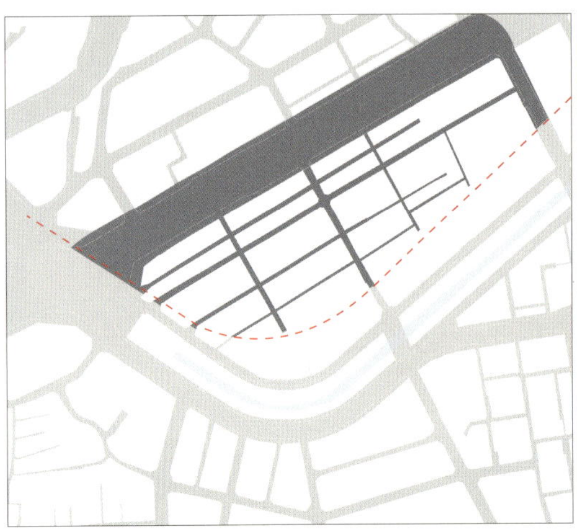

그림 103 ▸
지적정리 이후 동소문동2가 63번지 일대 가로구조
1968년 지적도

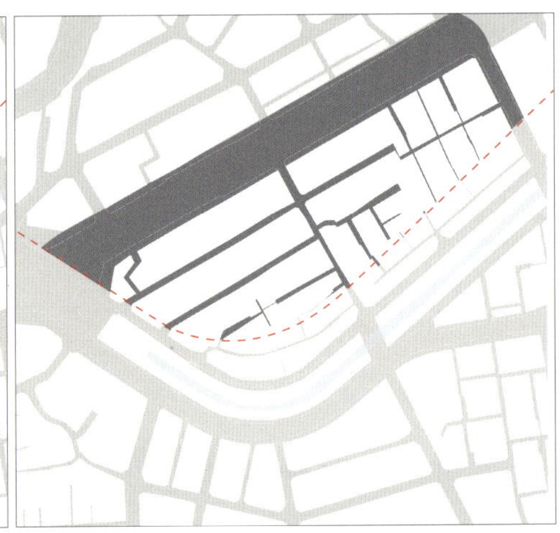

않다. 이는 제척지가 처음 필지를 계획하였던 대로 건축이 이루어지지 않은 흔적으로, 제척지의 개발이 관의 주도하에 체계적으로 이루어진 것이 아니라 민간 개발에 의해서 전체적인 계획 없이 이루어졌음을 보여준다.

동소문동2가 63번지 일대는 이런 계획적인 특징으로 다양한 크기와 형태의 도시한옥이 지어졌다. 그리고 도시한옥이 지어진 이후로도 이 일대는 돈암지구의 변화과정을 대표적으로 보여준다. 과정을 살펴보면 처음 도시한옥으로 가득하던 블록의 대로변이 가장 먼저 변화한다. 기존에 도시한옥이 있던 대지에는 철근콘크리트조, 조적조 2·3층의 상가들이 조성된다. 1950년도에 지어진 성북구청을 비롯해 대로에 상가건물을 가득 채워 도시의 가로 경관을 이루었다. 1967년 삼선상가아파트가 건설되면서 1970년대에는 성북천에 면한 천변길에 시장거리가 형성되었다. 1980년대에는 다세대·다가구주택들이 대로변 쪽에서 점차 안쪽으로 들어온다. 이후에 성북천이 복원되면서 천변에는 상가아파트와 함께 조성되었던 시장거리의 상가들이 하천을 바라보게 되었다. 동소문동2가 63번지 일대는 개발과정의 복잡함과 성북천과 동소문로 그리고 한성대입구역이라는 교통·도로·하천이 집중된 위치에 있어 돈암지역의 도시경관의 복잡성을 대표적으로 보여준다.

- **제척지의 도시한옥**

동소문동2가 63번지 일대 도시한옥 블록은 개발과정의 복잡성으로 동서 방향으로 길게 골목길이 나 있다는 점을 제외하고는 골목길과 주택이 면하는 방식, 골목길의 형태, 필지의 규모 등의 요소가 골목길마다 차이가 있고 이로 인해서 건축물의 형태에도 차이가 있다. 대체적으로 동서 방향의 골목길에 면하여 집들이 만들어졌지만 토지 소유주 차이로 천변 쪽에는 좁은 곡선형의 골목길이 생겨났고 부정형의 좁은 필지가 만들어졌다. 이 곡선의 골목길과 직선형의 골목길이 만나며 필지의 열이 두꺼워지고 막다른 골목이 조성되는 변화가 생겼다. 중앙에 있는 남북 방향의 골목길을 중심으로 동측 편의 블록은 동서 방향의 골목길에서 남북 방향의 막다른 골목으로 이어지는 가지형의 골목길이 있어 집들마다 한옥들이 골목길에 면하는 방식이 각기 다르다. 기본적인 형태는 돈암지구에서 주로 보이는 'ㄷ'자형 또는 'ㄱ'자형의 도시한옥이지만 집들이 놓이는 방식은 골목길마다 그리고 집집마다 다르게 나타난다.

동소문동2가 54번지는 보편적인 'ㄷ'자형 도시한옥의 모습이다. 증축과 개수를 거치면서 형태적인 면에서는 지붕을 제외하고는 이전의 모습을 찾아보기 쉽지 않다. 하지만 실의 배치와 마당 공간은 처음 지어진 시기의 배치를 그대로 가지고 있다. 골목길에서 진입하면 바깥채에 두 개의 방이 있다. 이 방들은 자녀들이 쓰거나 시골에서 올라온 일가친척들이 머물던 행랑방으로 사용되었을 것으로 추측된다. 마당에 들어오면 마당 방향으로 증축된 거실이 있다. 거실은 이전에는 대청으로 사용되었던 것으로 보인다. 이 거실에 면한 안방이 있고, 주방이 나란히 놓여 있다. 이는 전형적인 도시한옥의 웃방꺾음집의 배치 방식으로, 오랫동안 이 집에 살던 거주자들은 이 배치 형식을 그대로 유지하며 살고 있다. 마당에는 시멘트 블록으로 지은 창고건물이 있다. 도시한옥을 처음 지었을 때는 없었던 창고이지만 후대에 좁은 집의 수납공간과 화장실을 확보하기 위하여 마당에 증축한 건물이다. 이런 창고건물은 많은 도시한옥 건축물에서 공통적으로 보이는 증축 방식이다.

동소문동2가 175번지는 모서리에 위치한 도시한옥이다. 앞에서 보았던 전형적인 'ㄷ'자형 도시한옥과는 조금 다른 형태이다. 모서리에 놓여 있고 남북 방향의 골목길에 면해 있다. 그리고 일반적인 돈암지구의 도시한옥 필지보다 넓은 120㎡의 대지 면적을 가지고 있어 좁은 대지에 지어진 동소문동2가 54번지 집의 평면과는 다르다. 많은 칸수를 가지고 있고 대청을 남향으로 하기 위해서 대문과 부엌이 일직선상에 놓이게 되었다. 바깥채에도 방과 대문 사이에 반 칸의 공간이 생기는 등 여유공간이 많다. 현재에는 주거로서 기능이 완전히 사라지고

동소문로6길 동소문동2가 61번지 63번지 64번지

동소문동2가 67번지 68번지 69번지

동소문로6길 동소문동50번지 51번지 52번지 53번지

동소문동2가57번지 동소문동58번지 59번지

65번지 67번지

71번지

4번지 55번지 56번지 57번지

0번지 44번지

그림 104
2013년 동소문도2가 63번지 블록 내부 도시한옥 가로 경관
서울시립대학교 역사도시건축연구실

그림 105

동소문동2가 54번지
평면도

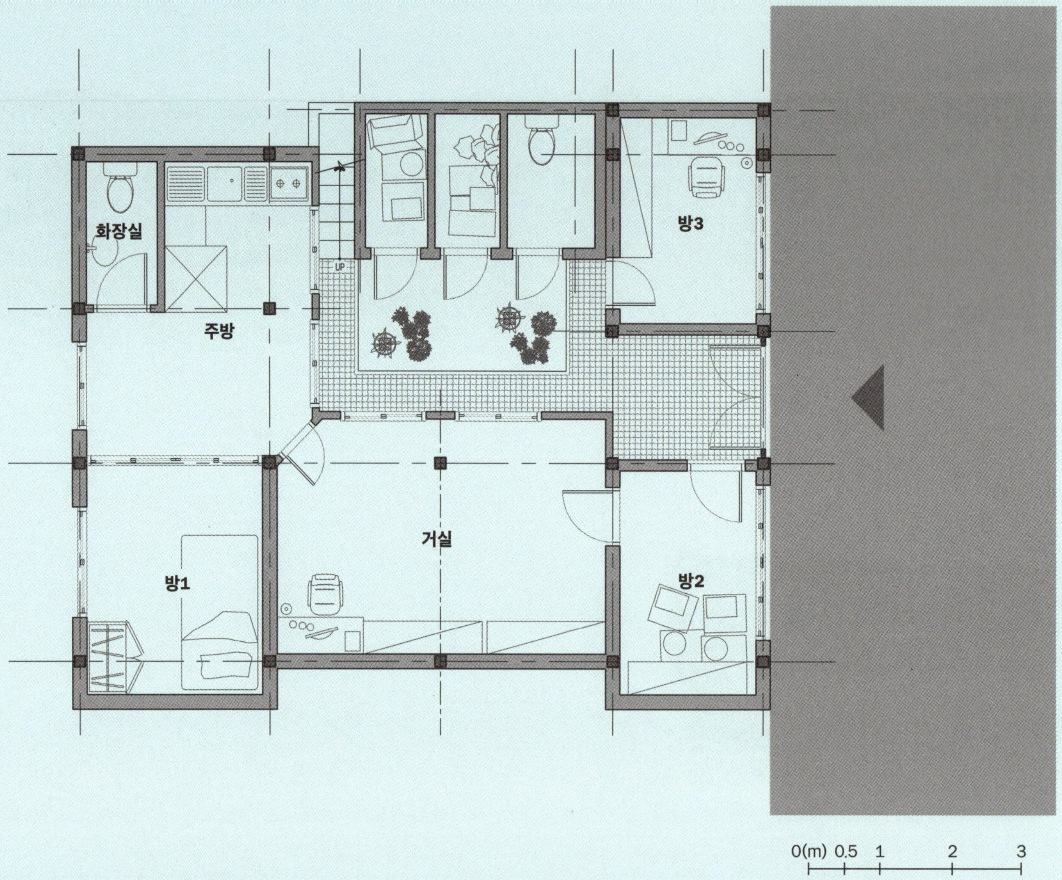

그림 106

동소문동2가
175번지 평면도

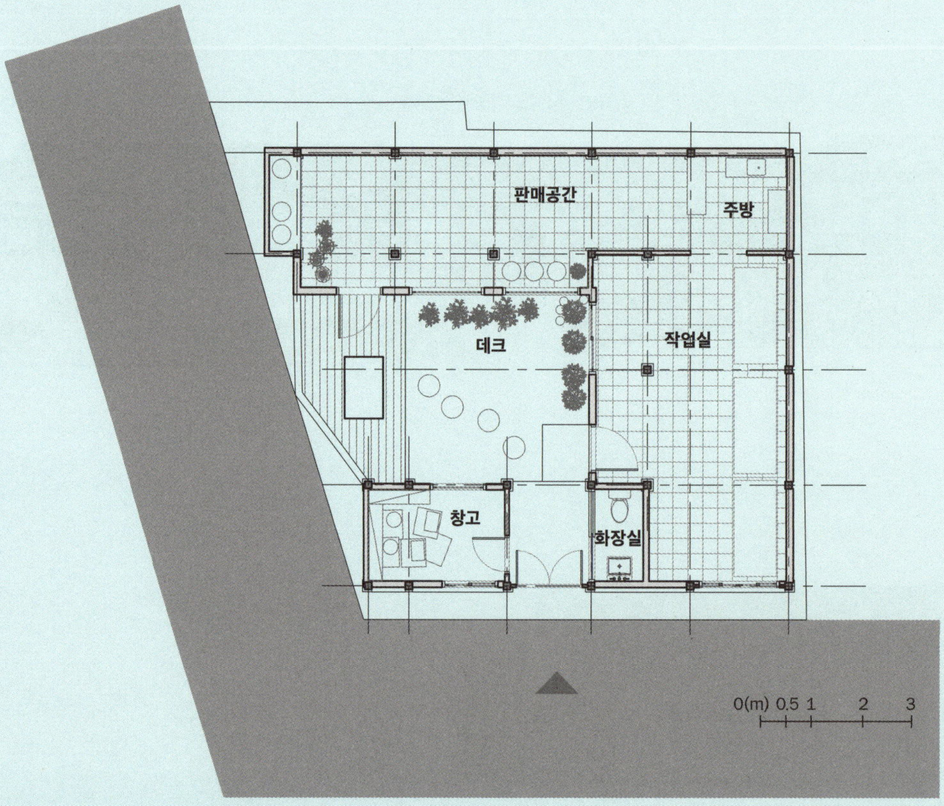

공방으로 사용하고 있어 배치 방식을 온전히 추정하기는 어렵지만, 동소문동2가의 블록 안 한옥들이 좁은 필지에 동일한 평면을 가지고 있지 않고 길과 필지 등의 요소에 따라서 다양한 형태를 가지고 있음을 보여준다.

4.6 보문시장과 돈암시장

보문시장과 돈암시장은 돈암지구 개발 당시에 경성부에서 공설시장으로 계획되었다. 1939년의 공설소매시장분포예정도를 보면 기존 주거지와 새롭게 조성될 도시의 상권 범위를 예상하여 분포를 정하였다. 보문시장과 돈암시장은 돈암지구 조성시기부터 상권의 중심지로 계획되었다.

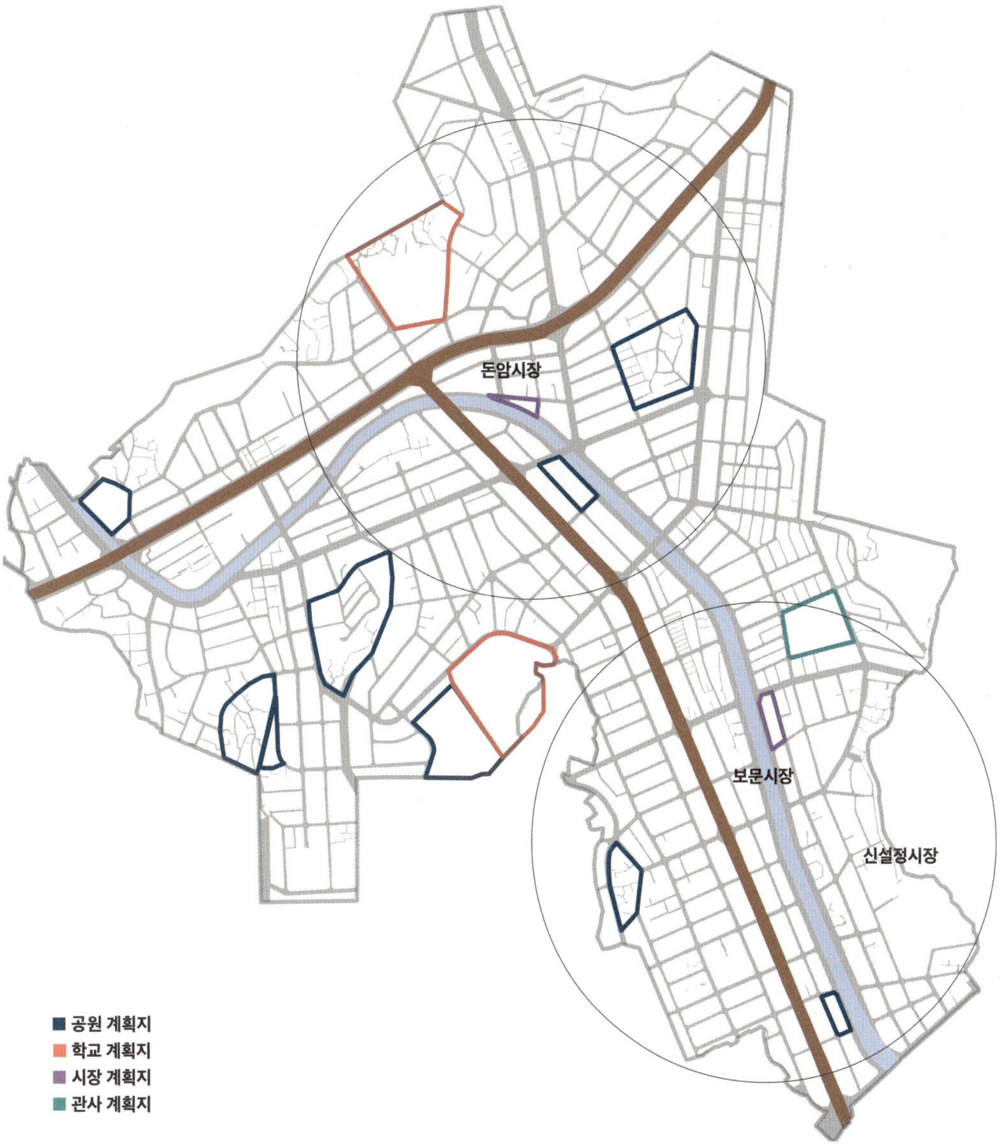

그림 107
1939년 돈암지구 공설시장 분포 예정지
1968년 지적도

그림 108

「경성부 공설소매시장분포예정도」 (부분)

『경성부 공설 일용품시장 신설 및 확장비 기채인가의 건』, 조선총독부, 1939

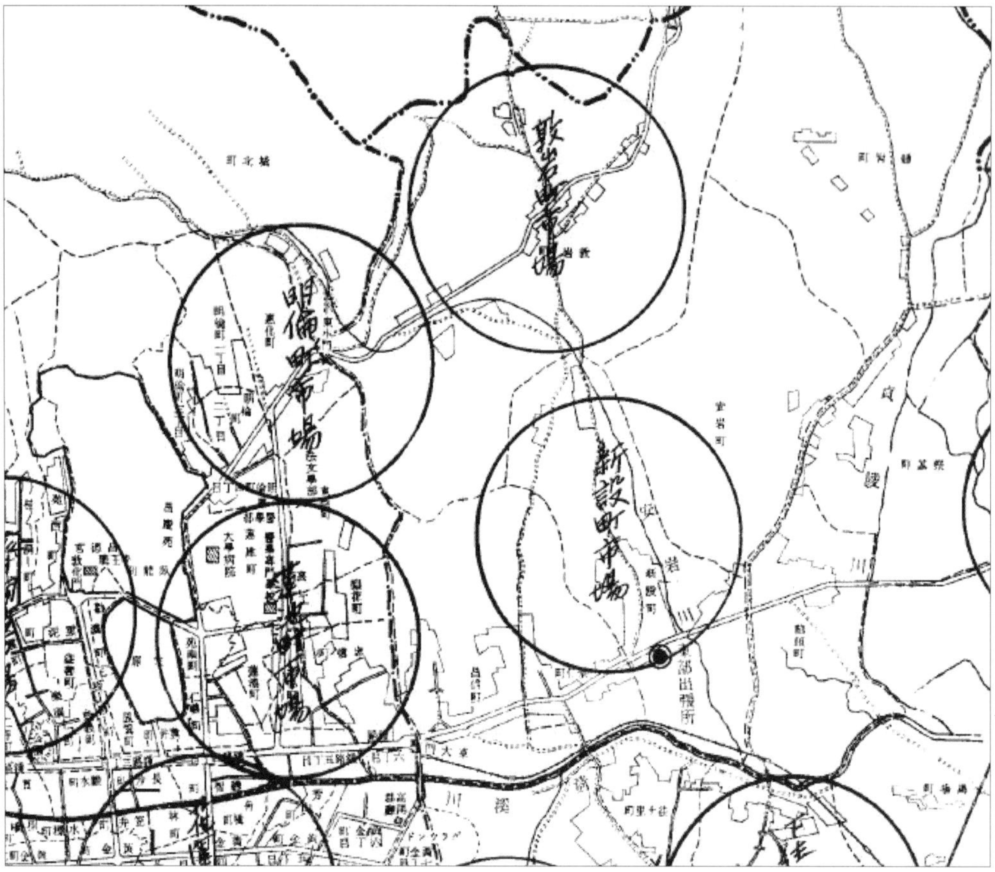

- **보문시장**

현재 보문동4가 116번지 일대는 1936년 돈암토지구획정리사업 계획평면도에서 돈암시장과 함께 시장으로 표현되어 있다. 또 일반적인 주거지와 다른, 점포와 공터를 조성하기 위한 형태의 필지로 만들어져 있다. 이를 통해 보문시장이 계획적으로 조성된 시장임을 알 수 있다. 그러나 현재 보문시장으로 남아 있는 보문동4가 116번지 일대의 블록 내부의 골목길과 필지선은 계획된 도시조직이 아닌 자연발생적인 형태의 골목길과 필지 형태를 가지고 있다.

보문시장은 제척지와는 다른 자연지형의 영향을 받은 주거지의 개발과정을 보여준다. 보문시장의 필지는 시구개수사업에 의해서 자연상태의 하천에서 정리된 개천으로 변화되었다. 가로구조 역시 하천을 정비하면서 직선형으로 정비되었으나 보문시장 블록 내부의 골목길은 기존 지형의 영향 때문에 부정형의 골목길로 조성되었다. 1968년 개조 지적도의 필지를 살펴보면 블록 내부에 부정형의 골목길이 있었음을 알 수 있다. 이 골목길은 시구개수사업 이전의 하천필지와 겹쳐지는 필지선을 가지고 있어 보문시장 내부의 필지와 성북천과의 관계를 짐작해 볼 수 있다. 그리고 1935년 지적도에서 하천 안의 섬처럼 표시된 지역에 골목길과 대지가 있었던 필지선이 보인다. 이 필지선은 이 지역이 개발 이전에도 주거지였음을 이야기한다. 실제로 1938년 4월 신문기사를 보면 하천변의 토막촌 주민들의 집을 철거하고 빈민구제주택을 짓는다는 내용이 실려 있다. 기존에 토막민 주거지가 있었다는 것이다. 이 주거지는 조선시대부터 있었던 주거지는 아니고, 경성의 인구가 늘어나면서 경성 바깥쪽에 만들어진 토막촌 중 하나였던 것으로 보인다.

그림 109

돈암지구 개발 이전의 하천과 보문시장 주변 지적 비교

1924년 지적원도, 1935년 지적도, 1969년 지적도

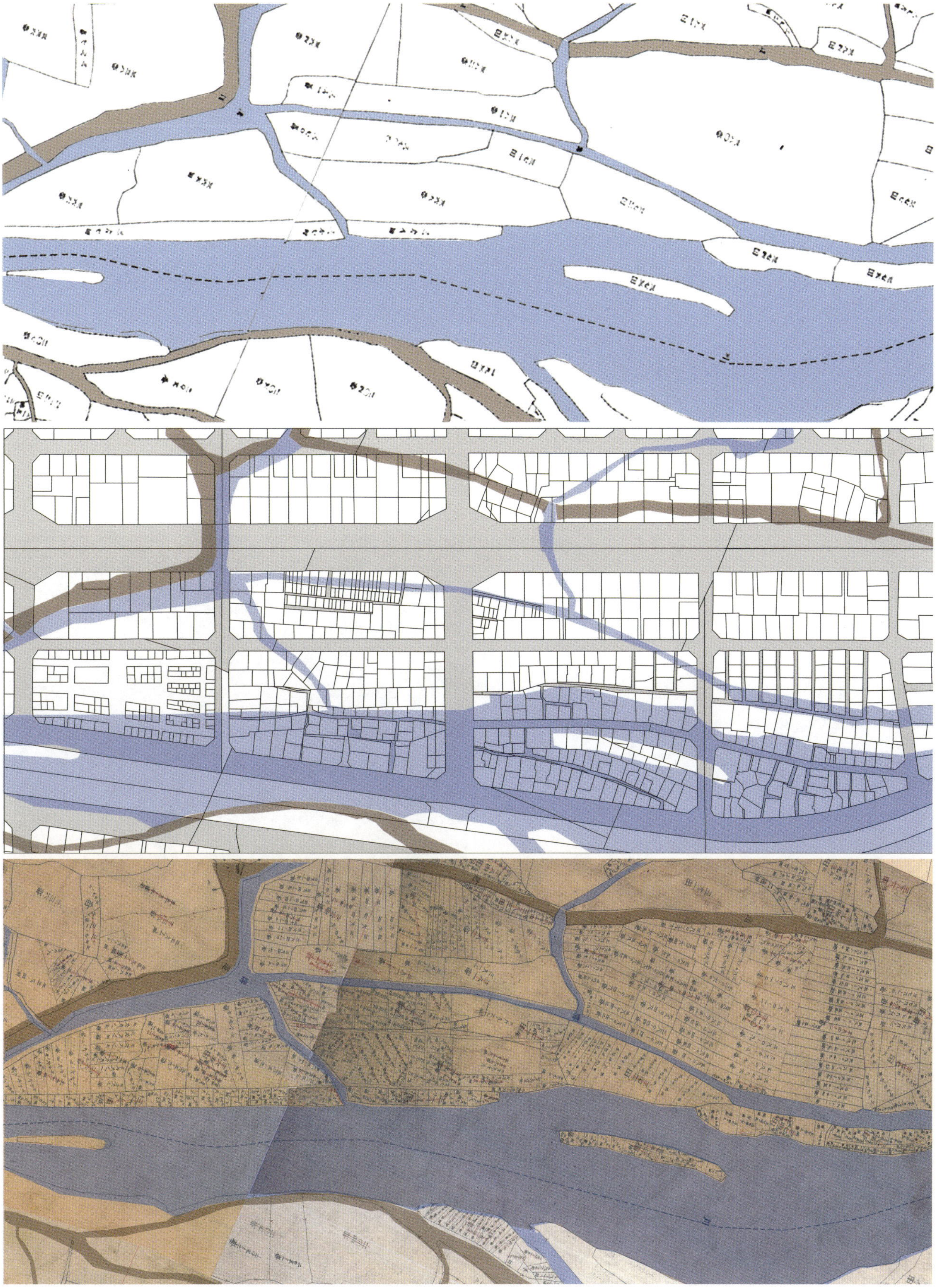

『동아일보』 1938년 4월 25일 자, 「퇴거령 받은 오백주민」.

경성부에서 신설정新設町 "모랫말" 국유시 오천五千여 평을 대가업자 함학신咸學震에게 대부하고 이에 반야 연고 주민 오백五百여 호에 퇴거명령을 나리게 되야 이로 인하야 전 주민은 총연서로 함학진에게 대부한 것을 취소하고 연고자인 자기들에게 대부를 하든지 그러치 못하면 상당한 보상금을 지불하여 달라는 진정서를 관게 당국에 제출하고 그 하회를 기다리든 중 돌연 지난 24일에는 함학진이 인부를 보내여 강제철훼를 하다가 주민들과의 사이에 충돌이 일어나 경찰의 힘으로 겨우 이것을 제지하고 이어 문제가 문제인 만치 부 당국에서는 이를 선처하랴고 익 21일에는 경성부 동부출장소에서 미산梶山 도시계획과장 이하 관게원이 주민대표들과 회합하야 간담회를 열고 장시간에 긍하야 협의를 거듭하엿으나 답안을 얻지 못하고 그대로 헤여젓다. 그후 일방 함학진으로부터 철훼 독촉이자 심하므로 작 24일에는 주민 남녀노소 오륙백五六百 명이 경성부로 쇄도하야 대표자를 선정하야 미산梶山 도시계획과장과 동과 고목高木 계획계장을 접견하고 자기들의 요구조건을 강조한 바 잇엇다는데 확대되여 가는 이 문제의 장래는 극히 주목된다고 한다.

보문시장은 개설 시장으로 처음에는 보문동4가 1-1의 한 블록에서 시작되었다. 초기의 시장은 관의 주도하에 개설되었는데, 점포의 형태는 장방형의 점포를 1959년 사진에서 볼 수 있다. 이 장방형 점포의 형태는 필지에도 그대로 나타나 점포의 형태대로 필지가 형성되었음을 알 수 있다. 보문시장은 돈암지구의 인구가 늘어나면서 1960년대에 전통시장으로 등록되어 정식으로 시장이 되고 점차 커져 보문동1가와 4가에 걸쳐 있는 큰 시장으로 발전하였다.

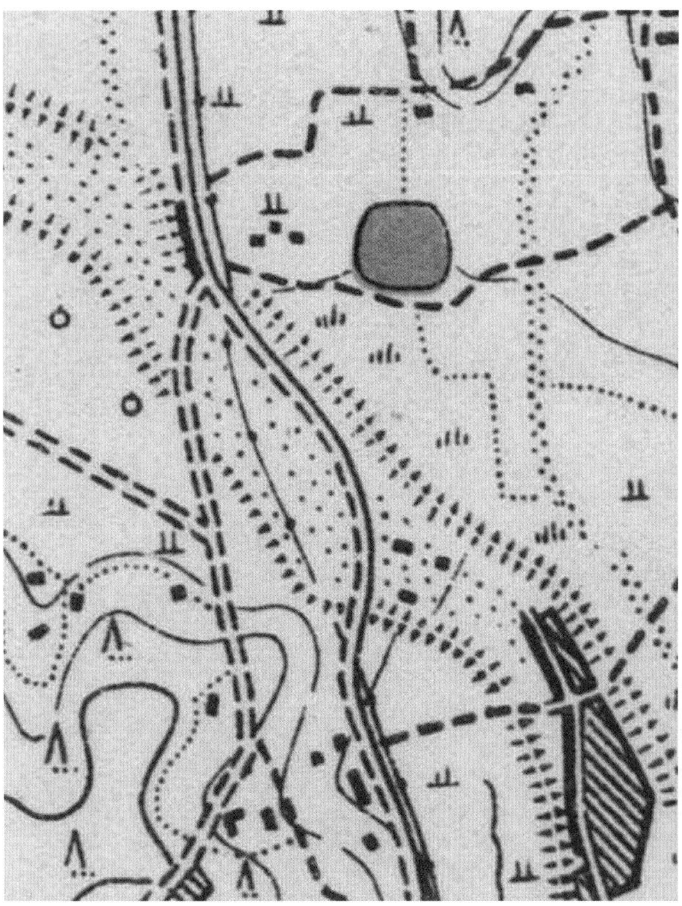

그림 110 ◂
1937년 보문시장 일대의 토막촌
「경성도」(부분), 『1/10,000 조선총독부지도』, 1937년 수정, Stanford Digital Repository

그림 111 ▸
보문동1가 147번지 빈민구제주택
1972년 항공사진, 국토지리정보원

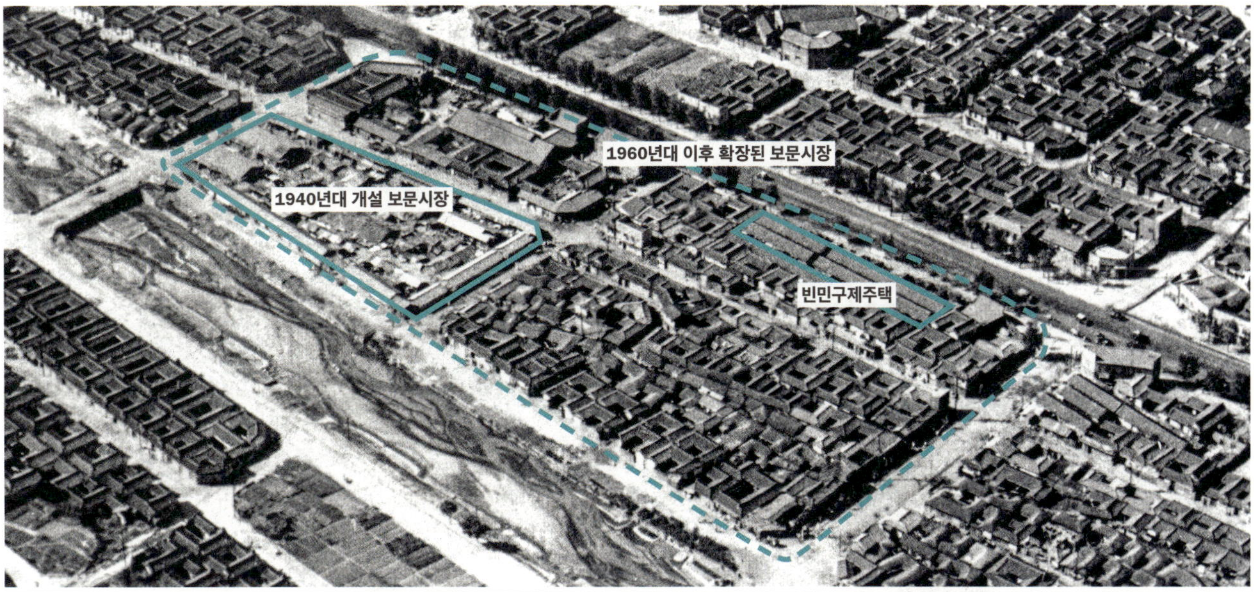

그림 112
보문시장과 빈민구제주택
1959년 임인식 사진(상),
1968년 지적도(하)

보문시장 옆의 보문동1가 147번지에는 앞서 이야기한 토막민들이 이전하여 살았던 건물이 있다. 1938년에 기존에 있던 토막촌을 철거하며 빈민구제주택을 지었다. 하지만 말로만 빈민구제주택이고, 총독부는 함학진이라는 개인에게 관리를 위탁하여 폭리를 취하는 방식으로 운영함으로써 원성을 사는 등 문제가 발생하였다. 이때 만들어진 건물은 1959년 찍은 항공사진에도 보인다. 이 건물은 대로에 나란히 있지 않고 사선으로 놓여 있다. 돈암지구가 공사 중이던 1938년에 지어져 개발시기의 도로와 상관없이 만들어진 형태로 보인다. 이 건물은 빈민구제주택으로 지어져 한 명의 소유가 아니라 거주하고 있던 거주자들의 소유로 필지가 조성되어 건물 내부가 3~4m의 좁은 폭으로 분할되어 있고, 그 필지가 현재까지도 남아 있다.

1959년 임인식의 사진은 돈암지구 개발이 이뤄진 후의 보문동과 안암동 일대 모습을 가장 정확하게 알려준다. 사진에서 보문시장, 공장, 교회, 시장, 영단주택의 위치를 확인할 수 있다. 보문동 140번지의 경우 필지 블록은 구획되었지만 건물이 들어서지 않은 모습인데, 이는 블록 단위로 건물이 지어졌음을 보여준다. 또 보문동 101번지 일대는 초가집들이 밀집하여 있는 모습이다. 보문동 147번지에서는 지붕이 길게 연속한 건물 형태를 볼 수 있다.

그림 113

보문시장 가로 경관

그림 114 ▲
보문시장 블록 내부 가로

그림 115 ▼
보문동4가 2-3번지 현재 모습

그림 116 ▲

내부 골목길의 2층 도시한옥 상가와 부정형의 골목길

그림 117 ▼

보문시장 내부 골목길

보문시장의 2층 한옥상가의 위치는 블록 내부 골목길에 있다. 이러한 이유로 지금 시점까지 큰 변형 없이 초기에 건축되었던 모습을 그대로 유지하고 있다. 외부에서 보았을 때의 형태가 2층 도시한옥의 모습 그대로 남아 있다. 한편 대로변에 있는 삼선동5가 322번지의 2층 도시한옥 상가는 현재 1·2층 모두 점포로 사용되고 있는 것과 달리 보문시장의 2층 도시한옥은 좌측 칸에 대문이 설치되어 있다. 이는 주거로 진입하기 위한 출입구로 이용되었을 가능성이 크다. 더욱이 가로면에 창문이 설치되어 있다. 따라서 이곳의 도시한옥은 상가용이 아니라 주거용으로 지어졌음을 추정해 볼 수 있다. 실제로 그 주변의 골목길은 폭이 2m가 되지 않아 상업가로로 활용하기에는 적합해 보이지 않는다.

- 돈암시장

돈암시장은 동소문동5가 120번지의 대지에 1944년 공설시장으로 설립되었다. 총독부 내무부에서 세운 계획에서는 블록 안에 단일 건물로 건축하고자 하였던 것으로 보인다. 이 계획은 1943년에 세워지고 1944년 박공무소에 의해 실행되었다. 이후에 인구가 늘어나며 상권이 커지게 되고 돈암시장은 건물 주변으로 무허가점포가 들어서 혼잡한 상황이었다. 1959년의 신문기사에서는 돈암시장을 '돈암노점시장'이라고 이야기하며 청계천·북아현시장 등과 함께 사회문제로 언급하고 있다.

『조선일보』 1959년 3월 22일 자, 「난립하는 무허가 시장」

> 서울시는 시내에 난립한 무허가시장을 「큰 골칫덩어리」라고 말하면서 『무허가시장은 없애야겠다』고 입버릇처럼 말하고 있으나 정작 무허가시장에 대한 취체는 소홀히 하고 있어서 근대적인 설비를 갖춘 공인시장의 발전에도 지장을 주고 있다. 이제 서울시내의 시장 형편을 보면 9개소의 공설시장과 32개소의 공인시장 외에 무허가시장으로서 종로시장 방산시장 평화시장 인현시장 금천시장 청계천변에 있는 청계상우회시장 홍은시장 돈암노점시장 해방촌시장 북아현노점시장 등 10개소가 있다. 이와 같은 무허가시장들은 대체의 경우 시장이 서기에는 못마땅할 장소에 시장으로서의 설비도 없이 서기 때문에 협소하고 더럽거니와 그중에도 불결한 것은 물론 공로公路의 절반을 점령하고 나선 노점시장이 있어서 교통상 막대한 지장을 주는가 하면 이와 같은 무허가시장이 교통사고의 원인이 되는 곳도 있다. 그 예로서 북아현노점시장을 들면 사진에서 보는 바와 같이 길 좌우측으로 노점들이 내밀고 나섰는데 이중간으로 서대문 신촌 간을 왕래하는 각종 차량들이 분주하게 오고 가고 있는데 왕래하는 자동차들이 노점시장 때문에 통행에 지장을 받고 있음은 물론 교통사고가 이 장소에서 제일 많이 발생하고 있다는 것이다. 왜 이와 같은 무허가시장을 단속 않는가라고 서울시에 물으면 우선 『경찰이 적극적으로 취체하여 주지 않는다』고 대답하였고 다음으로는 북아현시장의 중간을 흐르는 길복판이 서대문서와 마포서의 경계선으로 되어 있기 때문에 마포서에서 취체하면 노점들은 서대문서 관할 구역인 맞은편에 건너가고 서대문서에서 취체하면 마포 관할 구역인 그 맞은편으로 또 이동하고 있어서 취체에도 곤란이 있다고 말하고 있다. 이와 같은 상태의 무허가시장을 서울시는 종전부터 없애려 하였으나 이들을 수용할 시장이 없어서 못하였으나 지금은 이들을 수용할 근대적인 시장도 있으니 없애야 되겠으나 왜정시대에 마련된 벌금 2백 원 형 즉 지금 돈으로 벌금이=환형의 취체규칙으로서는 다스릴 수가 없어서 취체규칙도 준비하고 있다고 시당국에서는 말하고 있다. 한편 허 서울시장은 이 문제에 대하여 『그들이 어느 정도의 설비를 갖추고 허가하여 달라고 신청만 하면 다 허가해줄 작정인데 역시 무허가시장에 있으면 세금을 덜 낼 수 있다는 생각에서인지 그들은 허가신청을 내지 않고 있다』고 말하고 있다.

그림 118

공설시장 계획 조감도

박일향, 「일제강점기 경성부 공설시장의 입지와 건축계획에 관한 연구」, 서울대학교 석사학위논문, 2013, 79쪽에서 재인용

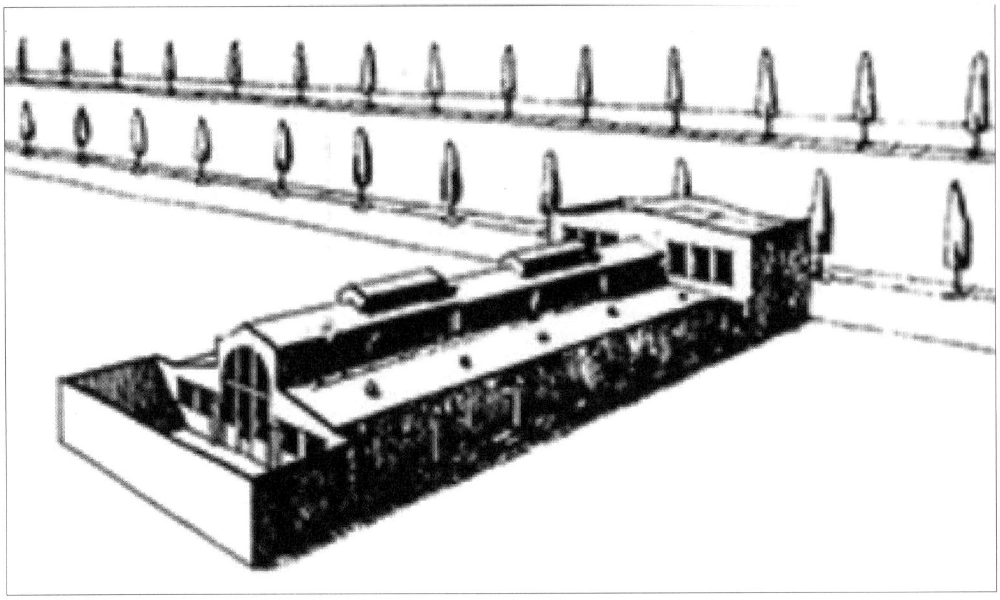

그림 119

공설시장 계획 조감도

박일향, 「일제강점기 경성부 공설시장의 입지와 건축계획에 관한 연구」, 서울대학교 석사학위논문, 2013, 80쪽에서 재인용

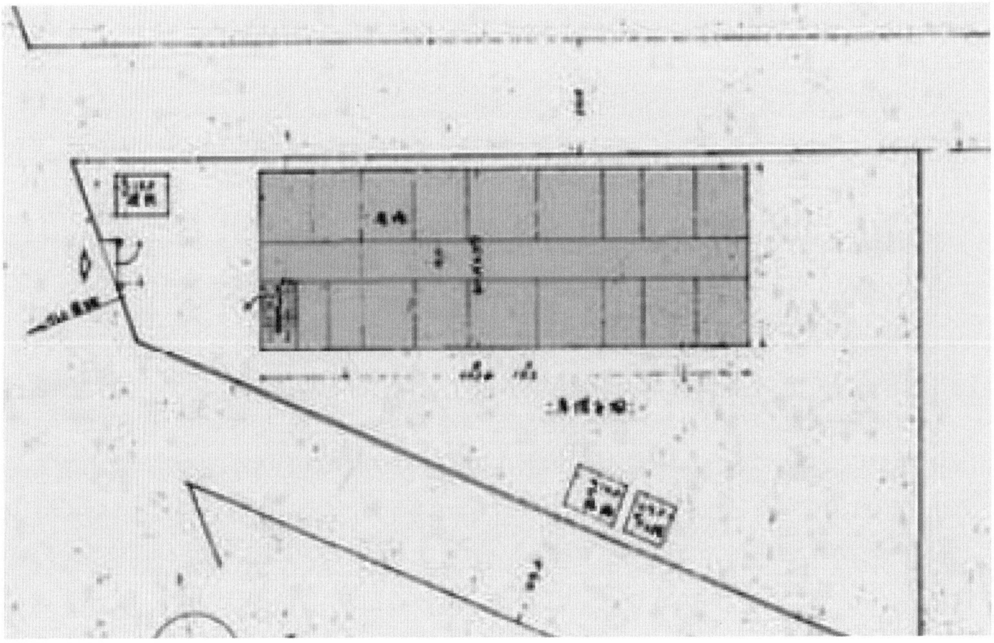

1962년에는 돈암시장의 무허가점포 257동을 철거하는 과정에서 구청과의 충돌이 있었다. 그리고 1968년 시장 현대화사업으로 신축을 시행하여 방화구조로 된 건축물을 지었는데 기존의 무허가점포에서 장사를 하던 상인들에게 구청은 점포를 지정해 주어 입주하게 하였지만 상인들은 입주할 돈이 없어 갈등을 빚었다. 이 당시까지 1944년에 지어진 돈암시장 건물은 돈암시장의 일부로서 유지되고 있었던 것으로 보인다. 처음 시장은 이 한 블록이었으나 돈암지구의 인구가 늘어나면서 상권이 확대되었고 안시장과 바깥시장이라는 이름으로 구분되어 불리며 현재의 돈암시장과 합쳐졌다. 2003년에는 재래시장을 활성화한다면서 주상복합 아파트 공사를 시행하였는데, 이로 인해 돈암시장의 안시장은 사라지게 되었다. 사라진 안시장 대신에 지금의 돈암시장으로 중심 상가가 옮겨졌다.

29일 아침 『이렇게 추운데 어디로 가라느냐』는 주민들의 아우성 속에 서울 돈암敦岩시장 무허가점포 257동이 성북구청 인부들의 손으로 헐렸다. 이날 철거대상자들은 대표자회의를 열고 자진철거에 대한 방법을 상의하고 이를 「마이크」를 통해 광고했었으나 구청에서 강제로 철거에 착수하여 재산상의 손해가 많았다고 불평했으며 구청 측은 지난 15일까지 만료된 계고기일을 연기해서 자진철거를 종용했는데도 말을 듣지 않아서 하는 수 없이 강제 진행하는 것이라고 말했다. 헐리는 무허가건물은 대개가 영세상인들로 구청에서 지정해 준 점포로 들어가고 싶어도 당장 돈이 없다고 울상들이었다.

『조선일보』 1962년 11월 30일 자, 「무허가점포 257동 철거 돈암시장」.

그림 120

돈암시장 확장 전 범위

1990년 항공사진(상), 1990년 지적도(하)

그림 121 ▲

돈암시장 입구

그림 122 ▼

돈암시장 내부가로

그림 123 ▲

2003년 돈암시장 건물을 철거하고 건설한 동일하이빌

그림 124 ▼

돈암시장 주변 상가건물

그림 125

돈암시장 점포 현황

2021년 수치지형도

이전 돈암시장이 사라지며 우측 편으로 옮겨진 현재 돈암시장 상가거리에는 반찬가게, 청과물 상회, 정육점, 식당 등 주변 주민들이 일상적으로 이용하는 점포들이 있다. 아케이드가 설치되어 있는 중앙의 거리와 대로변 쪽에 가까운 위쪽 골목길에는 모두 이런 점포들이 있고 그 점포들의 위층에는 주거로 이용하는 형태의 건물들이 주를 이룬다. 일부 이전에 지어진 도시한옥들이 남아 있지만 외부에서는 아케이드에 가려져 보이지 않는다. 천변 쪽의 골목길은 위쪽 두 골목의 상가들과 다른 모습이다. 세탁소 등 시장 상가 주민들이 이용하는 배후시설들과 주변 주민들이 모이는 식당들로 구성되어 있어 다른 경관을 이룬다. 공설시장이 지어진 이후 시장의 확장과 재개발을 겪으며 돈암시장은 큰 변화가 있었지만 주변 주민들이 이용하는 상가로서의 정체성을 현재까지 유지하고 있는 것으로 보인다.

재래시장은 돈암동뿐 아니라 많은 지역에서 지역사회의 상권이 집중된 곳으로, 2000년대 이전까지는 지역에서 가장 번화한 지역이었지만, 새로운 상가와 상권이 생겨나면서 점차 낙후된 지역으로 남아 버려진 장소가 되거나 재개발되어 사라진다. 돈암시장과 보문시장도 이런 흐름에서 벗어날 수 없었다. 돈암시장의 건물은 철거된 후 주변으로 자리를 옮겼고, 보문시장은 주변으로 이전한 시장 자리마저 재개발이 진행되고 있다. 이런 보문시장과 돈암시장은 개발 이전의 취락지역부터 현재의 재개발에 이르기까지 돈암지구가 겪고 있는 변화과정을 집약하여 보여주고 있다.

돈암시장 점포
돈암시장 주변 상가
주상복합 오피스텔
중앙프라자
오피스텔
DC 아울렛
닭도리탕
창신동 매운족발
야채왕 수산물
반찬
창고
옥수수
청과물
감자 옥수수
노점
청과물
편의점
정육점
수도 신발뱅크
백년감자탕
소생한의원
나래미용실
돈암축산
공주상회
아라맛짱네 족발보쌈
오백집 모자족발 별관
샘마을
수유 쌀상회
돈암상회
편의점
돼지 불백
대성 축산
돈암 손두부
두부마을
속초젓갈
평양오마니
BYC
수라헌
초밥회
인천 할머니생선
공주상회
사거리야채
돈암 선녀카페
광천 젓갈
신야초 건강원
호루 호루
식자재 재료상
한냉 상회
예산 농장
돈암 건어물
돈암 순대
돈암 김치
안상회
임마누엘 양품점
에덴의상실
전주상회
꼬맹이
중앙순대
돈암야채
꼬마김밥
쭈이네반찬
황해도 기름집
돈암정육점
재승 유통
돈암 기름
광진 쌀상회
삼시세끼 육고기 반찬
가마치 통닭
여수 건어물
서연 찬방
낙원 떡집
빵굼터
경흥 떡방앗간
황해도 떡집
황해 식품
서울떡집
우성그릇
1층 다채할인마트
쭈이네생선
금성포차
3층 점포주택 철물점
최가맛찬
고객편의 센터
4층상가 곱창
전수모텔
살뜰 식당
얼음창고
조개구이
이자카야
창고
돈암 떡집
GH 자연건강
모텔
남원 옛추어탕
농산물 직판장
서도칼국수
술요미식당
매직 크리닝세탁
오빠가 만든 치킨
딱조아 호프
백두 퓨전포차
블링 블링
같은생각 부동산
고추기름
꼬꼬묵 숯불구이
이자 카야
조은화
현포차
서든리 드링크
고급세탁 전문점
두꺼비식당
나성소주방
대파곱창
할머니 순대국
주차장
코다리
베르데9
궁전노래방
카페
초밥좋은날
영식이네

4 / 7

신도시 돈암에 형성된 문화

도성 밖 신도시

103
돈암동교회
별과 같이 빛나리라
9/6-12/4
성빈센트 청소년회
BLOCK & BLOCK BRUNCHCAFE
두바퀴 모터싸이클
전 차종 판매 수리

1. 근대학교와 학생

1.1 학생촌의 형성과 학교의 신설

일제강점기 돈암지역의 초등교육기관 설립은 인구의 증가에 따른 교육 수요를 충당하기에는 부족한 상태로 머물러 있었다. 더구나 조선총독부가 식민지 조선인들의 교육 기회를 차단하기 위해 '1면 1학교' 정책을 펴 고양군 숭인면에 1개의 공립학교만을 인정함에 따라 인구가 많지 않은 돈암지역에는 규모 있는 공립학교가 들어설 조건이 마련되지 못하였다. 그러나 주민들의 교육에 대한 열망은 대단해서 주민들의 성금과 노력으로 동문 밖 몇몇 동네에 크고 작은 사립 초등교육기관이 설립되어 교육 수요를 충당하였다.

1908년 성북동에서 내관 황윤명이 사재를 털어 무상 초등교육기관 삼산의숙三山義塾을 설립하였으며, 이 학교는 후일 삼산학교와 성북초등학교로 발전하였다. 1922년에는 종암동 유지와 주민들의 성금과 노력이 모여 숭인공립보통학교현 종암초등학교와 숭례초등학교의 전신가 개교하여 일부 돈암지역 아동들이 통학하였다. 그 밖에 1910년대 창신공립보통학교와 용두리·왕십리에 사립 여학교가 개교하였고, 숭인崇仁야학·삼암三岩야학·홍수紅樹학원 등이 문을 열었다.[01]

이 중 삼암야학은 돈암리 주민들의 친목모임인 동우친목회東友親睦會의 후원으로 1922년 돈암리에 설립된 야학으로, 1925년 당시 재학생 수가 남녀 합하여 200여 명에 달하였다. 하지만 재정이 궁핍하여 돈암리 유지와 여러 주민의 성금으로 근근이 유지해 나갔다.[02] 성북동의 삼산학교도 줄곧 재정 문제로 어려움을 겪었는데, 돈암지역의 이처럼 열악한 초등교육 여건은 일제강점기 내내 크게 개선되지 않았다. 이어 1937년 하월곡동에 숭인공립보통학교현 숭인초등학교가 개교하고, 1938년 혜화동의 사립숭정보통학교가 혜화공립심상소학교로 개편하여 학생을 받았으나 돈암지역 사람들의 교육 수요를 흡수하기에는 여전히 부족하였다. 이후 1941년 용산의 한-일인韓-日人 공학 욱구旭丘공립중학교가 지금의 경동고등학교 자리로 이전하였고, 돈암국민학교가 1944년 9월 30일 개교하였으나 충분한 수의 초등교육기관은 해방 후에야 설립될 수 있었다.

01 『조선일보』 1923년 5월 17일 자, 「오교연합운동 본사 고양지국 후원으로」.

02 『조선일보』 1925년 3월 19일 자, 「삼암야학의 진흥」.

한편 중등 이상의 교육 환경은 1920년대 중반 이후 많이 달라졌다. 조선인 대상 중등 이상 교육기관이 동문 밖으로 이전하거나 새로 설립되었기 때문이다. 1926년 청량리에 경성제국대학 예과豫科가 생겼고, 1934년에는 안암동에 보성전문학교현 고려대학교가 신축 교사를 짓고 이전해 왔다. 1939년에는 경성고등상업학교훗날 서울대학교 상과대학가 종암동으로 이전하여 개교하였다.

보성전문학교는 한국인에 의해 설립된 최초의 근대적 고등교육기관으로 1922년부터 송현동에 자리하고 있었으나, 1932년 인촌 김성수가 재단을 인수한 후 1934년 안암동 현 위치에 교사를 신축하여 이전하였다. 1937년에는 도서관을 건립하는 등 제반 시설을 갖추어 민족교육의 대표기관으로서 자리를 굳히는 동시에 본격적인 고등교육기관으로 발전하여 나가게 되었다. 경성고등상업학교는 종로구 명륜동에서 현재 종암동 19번지 자리에 새 교사를 건설하여 1939년에 이전하였다. 이 학교는 해방 이후 서울대학교 상과대학으로 바뀌었다가 1970년대 대학이 관악캠퍼스로 이전하면서 같은 자리에 서울사대부속중·고등학교가 대신하여 들어서게 되었다. 일제강점기에 지은 교사 중 도서관과 강당 건물이 아직 남아 있다.

돈암지역에 인접한 동소문 안 분위기는 더욱 달라졌다. 1926년 동숭동에 설립한 경성제국대학을 중심으로 경성의학전문학교1916, 연건동, 경성고등공업학교1916, 동숭동, 보성고등보통학교1929, 혜화동, 중앙불교전문학교1922, 명륜동, 동성상업학교1929, 혜화동와 같은 중·고등교육기관이 자리를 잡았다. 이들 학교는 모두 조선인 대상 학교였다. 1930년대 초반 동아일보 기자 이길용이 표현한 대로 동소문 안팎 일대는 '완연 학도의 마을'이라 부르기에 아무 손색이 없었다.

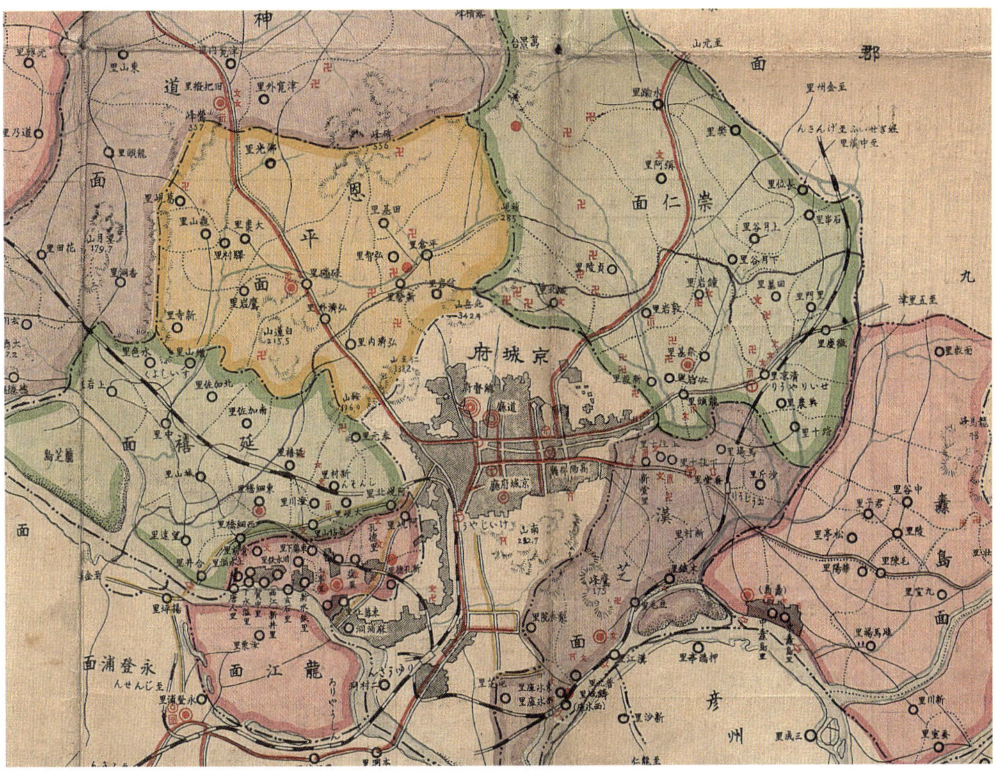

그림 01

1930년 경기도 고양군 일대

『1930년 경기도 고양군 군세 일반-고양군』, 서울특별시교육청 종로도서관

『동아일보』, 1933년 6월 10일 자, 이길용, 「신록의 대경성 부감기(4)」.

눈 인에 동소문, 반 넘어 헐리어 위로 구멍이 뚫어져 있고 문 안으로는 모진 궤짝을 큼직큼직하게 벌려 놓은 듯, 대학(경성제국대학)의 위관은 공중에서도 그럴듯하게 보이며 종로 오정목까지 쭉 곧은 이 거리의 좌우에는 경신儆信, 정신貞信으로부터 배움의 바다에로 향한 운하처럼 고공高工, 고상高商, 동성東星 등등……학교가 진을 치고 있다. 길 이쪽, 저쪽으로 널찍하게 판을 친 대학의 틈에 끼어 경의전京醫專은 그 기세를 잃은 듯, 그러나 병원을 딴 곳으로 돌리고 납작집에 의인 버티고 있다. 평지에서 보아 언덕인 듯, 만 듯한 저쪽으로 문화촌을 이루어 있는 곳이 성북동, 혜화공보惠化公普와 보성고보普成高普도 형제처럼 이웃하였는데 중앙불전中央佛專은 좀 더 높은 곳에 지었으면……할 만큼 이름에 알맞지 않아 보인다. 어쨌든 완연 학도의 마을이다.

표 01

일제강점기 성북구 및 인근 지역의 중등·고등교육기관

『서울통계자료: 일제강점기편』, 1993년 11월 발행.

학교명	일제강점기 주소(1933년 기준) [현재 기준 주소 표기]	학생 수	교사 수	비고
경성제국대학예과	경기도 고양군 숭인면 청량리 [서울시 동대문구 청량리동]	318		
경성법학전문학교	경기도 고양군 숭인면 청량리 [서울시 동대문구 청량리동]	193		
경성고등상업학교	경기도 경성부 숭신동 [서울시 종로구 숭인동]	276		
경성고등공업학교	경기도 경성부 동숭동 [서울시 종로구 동숭동]	189		
경성의학전문학교	경기도 경성부 연건동 [서울시 종로구 연건동]	347		
보성전문학교*	경기도 경성부 송현동 [서울시 종로구 견지동]	280		1934년 경기도 고양군 숭인면으로 이전(현재 성북구 종암동·안암동 고려대학교)
경성약학전문학교	경기도 경성부 [서울시 중구 광희동]	195		
경성치과의학전문학교	경기도 경성부 연건동 [서울시 종로구 연건동]	357		
경신학교	경기도 경성부 혜화동 [서울시 종로구 혜화동]	486		
중동학교*	경기도 경성부 수송동 [서울시 종로구 수송동]	896		1984년 3월 1일 강남구 일원동으로 이전
조선중앙기독교청년회학교	경기도 고양군 [서울시 중구 신당동]	1,129		
경성공립농업학교*	경기도 고양군 숭인면 청량리 [서울시 동대문구 청량리동]	379		1937년 전농동으로 이전 (현재 서울시립대 자리)
경성공립상업학교	경기도 고양군 한지면 신당리 [서울시 중구 인현동]	492	22	
경성공립여자실업학교	경기도 경성부 [?]	310	14	
경기상업고등학교	경기도 경성부 청운동 [서울시 종로구 청운동]			
경성여자상업학교*	경기도 경성부 견지동 [서울시 종로구 견지동]			1936년 4월 종로구 홍제동으로 이전

이렇게 동소문 안에 많은 학교가 들어서자 도보로 10~20분 거리에 있는 인근 성북동과 돈암지역은 학생들의 하숙처로 각광을 받아 많은 학생 인구의 유입이 뒤따랐다. 1930년대 성북동과 돈암동에 한용운·이태준·정지용과 같은 문인들이 이주해 옴으로써 소위 '문화촌'이 형성된 것은 1920년대 후반부터 이루어진 동소문 안팎의 교육 환경 변화와 무관하지 않았다. 그리고 돈암지역과 그 주변 학교의 졸업생과 재학생들은 학생운동을 전개하고 다양한 민족운동에 참가하였다.

표 02

돈암지역 학교 설립 현황

구분	교명	설립 구분	주소	개교연도	비고
초등학교	서울돈암초등학교	공립	성북구 동소문로13길 38(동소문동6가 27-1)	1944년	
	서울정덕초등학교	공립	성북구 아리랑로 63(동소문동 7가 118)	1946년	
	서울삼선초등학교	공립	성북구 보문로29길 106(삼선동 3가 30-4)	1949년	
	서울동신초등학교	공립	성북구 보문사길 50(보문동3가 228)	1948년	
	서울안암초등학교	공립	성북구 고려대로7가길 39(안암동2가 93)	1960년	
	매원초등학교	사립	성북구 북악산로 870(돈암동 45-88)	1964년	
	우촌초등학교	사립	성북구 성북로4길 52-1(돈암2동 609)	1965년	
	성신초등학교	사립	성북구 북악산길 918(돈암동 산11-269)	1965년	
중·고등학교	고명중학교	사립	성북구 북악산로 870(돈암동 45-88)	1955년	
	삼선중학교	공립	성북구 동소문로3길 69 (동소문동1가 140-1)	1960년	
	개운중학교	공립	성북구 북악산로 935(돈암동 83-145)	2006년	
	성신여자 중·고등학교	사립	성북구 동소문로26가길 80 (돈암동 산 11-269)	1936년	1944년 이전
	한성여자 중·고등학교	사립	성북구 삼선교로16길 117 (삼선동2가 391-4)	1945년	
	서라벌 중·고등학교	사립	정릉로 388(돈암동 633)	1956년	1958년 이전 1998년 중계동으로 이전
	용문중·고등학교	사립	성북구 고려대로17가길 46(안암동2가 96-1)	1952년	1964년 이전
	경동고등학교	공립	성북구 보문로29길 49(삼선동 3가 50)	1941년	1942년 이전
	고명외식고등학교	사립	성북구 북악산로 870(돈암동 45-88)	1956년	(구) 고명상업고등학교
대학교	성신여자대학교	사립	성북구 보문로34다길 2	1936년	1944년 이전
	서라벌예술대학	사립	정릉로 388(돈암동 633)	1953년	1956년 돈암동으로 이전 1972년 중앙대학교에 합병되어 흑석동으로 이전
	한성대학교	사립	성북구 삼선교로16길 116(삼선동2가 389)	1972년	

해방 이후에야 돈암지역에는 초등·중등·고등 가릴 것 없이 늘어나는 인구만큼 많은 학교가 신설되거나 이전하였다. 서울 시가지가 돈암지역까지 본격적으로 확대되고 피란민과 지방민들이 대거 유입되면서 조밀하게 형성된 주택가 한편의 언덕들에 번듯한 신축 교사가 올라갔다.

2021년 현재 돈암지역에는 초등학교 8개교, 중학교 6개교, 고등학교 5개교, 종합대학 2개교가 있다. 1960~1970년대 이 지역 인구가 급증함에 따라 많은 학교가 세워져 지금까지 운영되고 있다. 미아리고개 너머 길음동을 마주하고 들어선 서라벌예술대학은 전국에서 모여든 뛰어난 재능의 예술가 지망생들이 다니던 학교였다. 1972년 중앙대학교에 합병되며 이전하였다. 해방 후 처음으로 설립된 예술전문학교로 1960년대 이후 활약한 예술인들 중에는 이 학교 출신들이 많았다. 지금은 학교가 이전하고 옛 학교 부지에 대단위 아파트단지가 들어서서 당시 모습을 짐작할 수는 없으나 졸업생들의 회고담을 참고하여 1960년대 돈암동 서라벌예술대학과 그 주변 동네의 풍경과 분위기를 짐작할 수 있다.

1.2 돈암동 서라벌예술대학 이야기

- **서라벌예술대학의 돈암동 이전**

1950년대 초 6·25전쟁이 끝나가면서 전국 각지의 사람들이 서울로 몰려들면서 인구가 급증하였다. 피란에서 돌아온 토박이 서울 사람, 일자리를 찾아 고향을 떠나온 지방 사람, 학업을 위해 상경한 학생 등 다양한 이유로 사람들이 모여 도시를 형성하였다. 이 당시 미아리고개 구릉지에 주택이 지어지고, 도로가 건설되면서 주거지가 형성되었다. 미아리고개가 걸쳐 있는 개운산 등성이에도, 정릉천 가에도, 심지어 길음동 공동묘지 앞에도 주택들이 들어

그림 02

1957년 정릉동 쪽에서 개운산 쪽을 바라본 풍경

멀리 개운산 아래에 보이는 석조건물이 서라벌예술대학 본관이다.

e영상역사관, 정부기록사진집

섰다. 정부와 서울시도 미아리 일대의 넓은 토지를 사들여 '영단주택'이라고 이름 붙인 주택단지를 건설하였다. 그럼에도 미아리 고개 인근 지역은 반은 도시, 반은 시골의 모습을 하고 있었다. 그 속에서 전쟁의 상처가 채 아물지 않은 가난한 사람들은 새로운 삶의 터전을 개척해 가고 있었다.

그림 03
서라벌예술대학 전경
1966년도 서라벌예술대학 입학 안내 소책자

서라벌예술대학은 한국 최초의 예술대학으로 현재 중앙대학교 예술대학의 전신이다. 1953년 문예창작과 100명, 연극영화과 100명, 음악과 100명 등 모두 300명의 학생을 모집해 첫 수업을 시작한 서라벌예술대학은 전후 황폐한 문화 풍토 속에서 젊고 참신한 예술인들을 길러내는 요람 역할을 하였다. 특히 서정주·박목월·김구용이 시를, 안수길·김동리·계용묵이 소설을 지도하는 문예창작학과는 전국의 문학청년들이 동경하는 문학의 전당이었다. 6·25전쟁이 끝나고 내로라하는 예술가들이 모여 예술대학을 만든 것은 획기적인 일이었다. 6·25전쟁은 모든 한국인에게 큰 고통과 상처를 주었고, 이는 이 땅의 예술가들에게도 예외가 아니었다. 수많은 예술가가 이데올로기의 이유로 죽임을 당하거나 북으로 끌려갔다. 운 좋게 다시 서울로 돌아온 예술가들도 고통스러운 것은 마찬가지였다. 이런 절망의 시대에 예술가들과 지망생들에게 서라벌예대의 탄생은 새로운 희망과 용기를 주는 '사건'이었다. 미아리고개는 변두리 지역이었음에도 소문으로만 듣던 시인·작가·영화감독·음악가들의 지도를 받고자 전국의 예술가지망생들이 입학원서를 냈다. 1966년에 입학한 소설가 오정희와 1968년에 입학한 소설가 송기원은 서라벌예술대학을 다음과 같이 회고한다.

> 바람 세고 황량한 돌산 아래, 젊은이들이 저마다 대예술가로의 꿈을 품고 모여든 예술대학 교정은 마치 영화 세트장같이 현실감이 없었다. 그 이상하게 비현실적인 풍경은 바로 우리들의 젊음의 시간, 오직 예술이 아니면 채워지고 치유될 수 없는 열정과 절망과 상처가 빚어내는 것이었으리라.[03]

그림 04
서라벌예술대학 교정과 학교 앞 마을의 풍경
1966년도 서라벌예술대학 입학 안내 소책자

> 서라벌예술대학은 시내에서 미아리고개를 넘어가면 바로 오른쪽의 산등성이에 덩그렇게 위치해 있었다. 원래 바윗덩어리로 이루어진 돌산의 중턱을 다듬어 거기에 올려놓듯 세운 대학 건물은 예술 어쩌고 하면 흔히 떠올리기 마련인 무슨 화려하거나 고상한 분위기와는 전혀 딴판이었다.
> 당시만 해도 미아리는 서울의 변두리에 속하였다. 그런 미아리 일대에서도 예술대학은 무허가 판잣집들이 게딱지처럼 다닥다닥 붙어 있는 산동네의 한가운데 자리 잡고 있었는데, 게다가 반듯하게 자란 나무 한 그루 없이 본관을 위시해서 교사들만 무질서하게 들어서 있는 삭막하기 이를 데 없는 분위기였다. 어쨌든 장돌뱅이 어머니의 무거운 한을 어깨에 짊어지고 서울로 올라와 벌써부터 서울이라는 곳 자체에 주눅이 들어 헉헉대는 나에게는 기이하게도 미아리고개를 넘어서서 예술대학의 건물이 보이기만 하여도 금방 주눅에서 풀려나 생기가 도는 것이었다.[04]

03 오정희, 「1인칭의 시간, 1인칭의 세계」, 『문학이라 쓰고 인생이라 읽다』, 작가세계, 2013, 16쪽.
04 송기원, 「이 돈이 뭔 돈인지 잘 알제?」, 『문학이라 쓰고 인생이라 읽다』, 작가세계, 2013, 19쪽.

그림 05

서라벌예술대학 입학 안내 책자 앞표지와 뒤표지

1966년도 서라벌예술대학 입학 안내 소책자

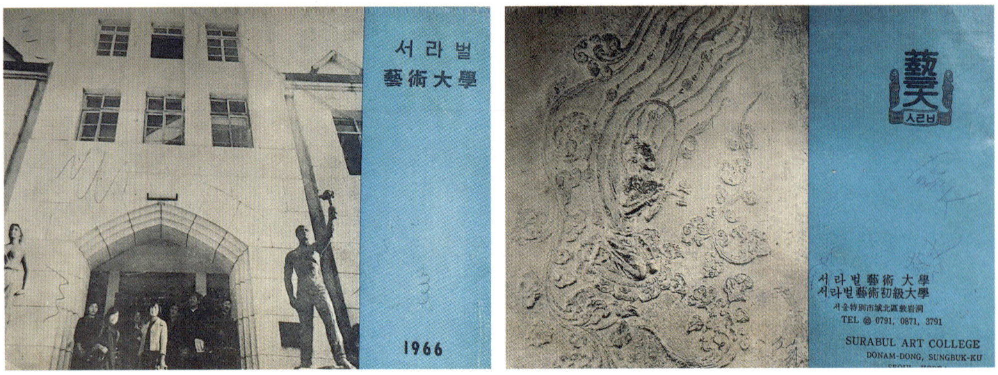

• 서라벌예술대학의 운영

서라벌예술대학은 교수진도 명성이 높았지만, 학생들 또한 일찍부터 예술계의 중심적인 인물로 성장하였다. 문인으로는 김주영·김원일·김형영·박상륭·송기원·송수권·오정희·윤정모·이경자·이근배·이동하·이문구·이시영·조세희·천승세·한승원 등이 있다. 또한 이름만 들어도 알 수 있는 배우로는 김인태·김흥기·남성훈·민욱·문희·이대근·이정길·전유성·조춘·최불암 등이 젊은 시절 미아리고개를 넘나들며 이 대학에서 연기의 기초를 닦았다.

하지만 당시 서울 시내에서 미아리고개 넘어 서라벌예술대학까지 가는 길은 도로 사정이 좋지 않았다. 학생들은 전차나 버스를 타고 혜화동로터리와 삼선교를 거쳐 돈암동 종점에서 내려 미아리고개 비포장 길을 올라 다시 10분 정도 내려가야만 하였다. 마포에 살았던 오정희는 등교하는 데만 족히 두 시간이 걸렸다고 한다. 당시 학교에 다녔던 졸업생들은 '미아리 시절'이라 부른다. 흔히 '한 많은 미아리고개'라고들 하는데, 그 '한'에는 배고픈 시절 젊은 예술가들의 힘겨운 기억들도 스며 있다고 할 수 있다.

예술대학인 만큼 수업은 실습 위주로 이루어졌다. 문예창작학과의 경우 학생들은 매주 작품을 한 편씩 써내야 하였다. 그러면 수업시간에 교수와 동료 학생들은 새로 쓴 작품들을 읽으며 합평회를 하였다. 합평회는 때로 날 선 비판과 대결의 장이 되었다. 중요한 것을 지적해 주는 경험 많은 교수들의 역할도 컸지만, 무엇보다 학생들끼리 작품에 대한 진지하고 열띤 토론의 자리가 펼쳐져 서라벌예술대학은 자기만의 독자적인 작품세계를 가진 문인·배우들을 어느 곳보다도 많이 배출하였다.

어느 대학이든지 교문 앞에는 학생들의 허기를 채워 주는 식당과 술집들이 즐비하듯이 미아리고개 아래 길음시장은 서라벌예대 학생들의 아지트였다. 학생들은 수업이 끝나면 학

그림 06

서라벌예술대학 연극영화학과와 문예창작과 교육과정표

1966년도 서라벌예술대학 입학 안내 소책자

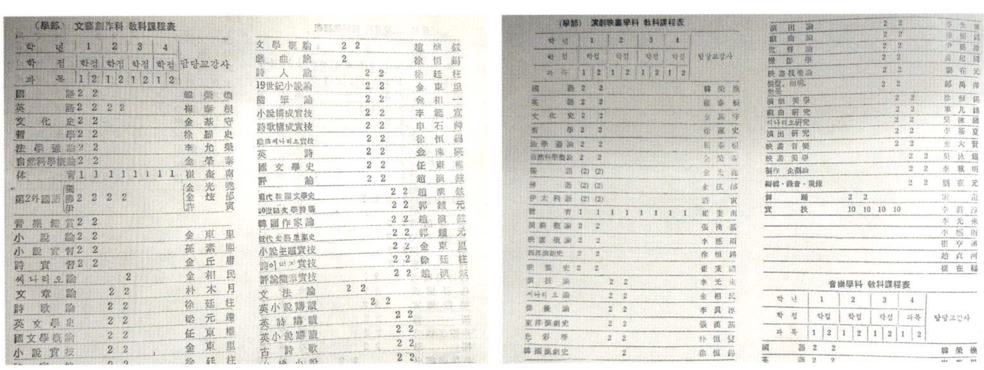

교 앞 정릉천을 가로질러 놓인 좁다란 '뽕뽕다리'를 건너서 길음시장으로 달려가곤 하였다. 1960년에 서라벌예술대학에 입학한 소설가 한승원은 그 시절을 다음과 같이 기억한다.

> 1960년 3월, 미아리고개의 2년제 서라벌예술초급대학 문예창작과 1학년 강의실에는 별들이 번쩍거렸다. 학과 정원이 60여 명이었는데, 그들 가운데 삼분의 일가량이 이런저런 대학의 문학 콩쿠르에서 장원, 차상, 차하, 최우수상 따위에 입선한 학생들이었다. 그들은 등록금 전액 면제의 장학생이거나 반액 면제 혜택의 장학생들이었다. 그 가운데는 고등학생 시절에 이미 문단에 등단한 시인도 있었다. 지금 미국에서 대단한 사진작가로 활동하고 있는 이세방 시인이 그였다. 나머지는 등록금을 온전히 내고 들어온 일반 학생들이었는데, 나와 이문구와 하현식은 거기에 속하였다. 그 속에서 시골뜨기인 나는 만학이었으므로 늘 가슴 두근거림을 안은 채 하루하루를 살았다.
>
> 학생들은 모두 교수진이 좋아서 미아리고개의 서라벌예대 문창과로 모여든 오기와 패기 넘치는 분들이었다. 시인으로는 서정주·박목월·김구용 선생이, 소설가로는 김동리 선생, 평론가로는 조연현 선생이 강의를 하였다. '시창작론'과 '시 실기' 강의는 서정주 선생과 김구용 선생이 하였고, '문장론'은 박목월 선생이 하였고, '소설 실기'와 '소설 창작론'은 김동리 선생이 하였고, '희곡론' 강의와 '시나리오론' 강의는 지금 나의 기억에 남아 있지 않은 어떤 분들이 맡았다. 40대 중반이거나 후반이던 그 선생님들은 모두 열강을 하였다. 강의를 받는 학생들의 눈은 초롱초롱 빛났다. 실기 시간은 늘 치열하였다.
>
> 이마에 별 한둘씩을 담고 있는 학생들은 실기 시간에 누군가 제출한 작품에 대하여 사정없이 찍고 까고 헐뜯었다. 오만과 치기가 넘쳐났다. 작품을 제출한 학생은 뭇매를 맞고 얼굴이 창백해졌다. 그 강의실에는 나중에 경희대로 전학간 조세희 소설가(후에 '난장이' 연작소설로 서울의 종잇값을 올려놓았다.) 이세방 시인, 이문구 소설가(『관촌수필』의 작가), 나중에 캐나다로 이민 간 박상륭 소설가, 졸업 후 한양대로 편입한 이건청, 하현석·장효문 시인, 강호무·한상윤 소설가, 이재금·조정자·곽현숙 시인 그리고 내가 있었다. 나는 교수들의 강의 한마디 한마디, 학생들의 소감 발표 한마디 한마디를 가슴에 새겨들었다. 나에게는 모든 것이 새로운 세계에 대한 발견이었고, 하루하루의 삶은 피와 살이 되고 있었다.[05]

그림 07

서라벌예술대학 연극영화과 수업 장면

1966년도 서라벌예술대학 입학 안내 소책자

그림 08

서라벌예술대학 문예창작과 수업 장면

1966년도 서라벌예술대학 입학 안내 소책자

1972년 자금난으로 학교 운영이 어려워진 서라벌예술대학은 중앙대학교에 합병·인수되었다. 서라벌예술대학은 중앙대가 있는 동작구 흑석동으로 옮겨가고 중앙대학교 예술대학이란 이름으로 새 출발을 하게 되었다. 이로써 서라벌예술대학의 '미아리 시대'는 막을 내렸다. 1998년에는 서라벌예술대학 옆에 있던 서라벌고등학교도 이전하고 그 위에 아파트단지가 건설되면서 현재는 서라벌예술대학의 아무런 흔적도 찾아볼 수 없게 되었다.

그림 09

서라벌예술대학 무용과 수업 장면

1966년도 서라벌예술대학 입학 안내 소책자

05 한승원, 「별들이 번쩍이던, 미아리고개 강의실」, 『문학이라 쓰고 인생이라 읽다』, 작가세계, 2013, 67~68쪽.

1.3 서라벌예술대학 사람들

- **북디자이너 정병규가 회고하는 서라벌예대와 한국 문학**

북디자이너 정병규는 서라벌예술대학에서 청춘을 보낸 사람 가운데 한 명이다. 1946년 대구에서 태어나 중·고등학교 시절 하근찬·손창섭·장용학의 소설을 읽으며 문사의 꿈을 키웠고, 1967년 서라벌예술대학 문예창작학과에 입학하였다. 이시영 시인, 감태준 시인, 소설가 송기원이 그와 함께 수학하였다. 정병규에게 서라벌예술대학은 문학을 자신의 운명으로 받아들인 가난한 청년들이 예술이라는 이름으로 세상의 기성 질서를 마음껏 비웃고 조롱하였던, 낭만적 기백이 살아 숨 쉬는 곳이었다. 6·25와 4·19를 겪으며 자라난 그들은 이전 세대와는 다른 관점과 시야로 세계를 관찰하며 혁신적인 작품을 내놓았다. 그런 점에서 서라벌예술대학이라는 이름은 그저 과거에 존재하였던 물리적 장소를 가리키는 말이 아니라, 현대 한국 문학사의 중요한 국면을 보여주는 키워드이기도 하다.

다음은 정병규와의 인터뷰를 정리한 내용이다. 마치 강의를 방불케 하였던 그의 이야기는 서라벌예술대학이 하나의 예술사적 이정표로서 오늘날 우리의 문화 현실에 어떠한 영향력을 미치고 있는지, 1960년대 한국 문학과 대학생 사회를 다시 어떻게 바라봐야 하는지에 관해 생각할 거리들을 담고 있다.

'소년 문사'들의 집합소

중·고등학교 때 보면 늘 삐딱한 애들이 한 반에 한 명씩 있잖아요. 약간 웃자란, 겉자란 잡초 끼가 있는. 제가 그런 축에 속했습니다. 학교 공부라는 게 뭐 시시했지요. 그런 친구들이 갈 수 있는 데가 문학 세계 밖에 더 있겠어요. 물론 특이한 경우 음악이나 미술을 할 수 있겠지만, 그런 건 좀 경제적 여유가 있어야 가능했죠. 그 당시 저는 손창섭, 선우휘, 오상원 이런 사람들의 작품들을 많이 읽었어요. 제가 1967년도인가 1968년도에 예대를 들어갔는데, 전국의 소년 문사들이 다 와 있더라고요. 거의 다 예대 입학하기 전에 자기들끼리 알고 있었어요. 개천예술제니 백일장이니 해서 고등학교 때 서로 접촉을 많이 한 것이죠. 저는 그런 대회에는 참가해 보지 않아서 처음에는 좀 낯설었죠. 예대에 입학하게 된 데에는 그런 개인적인 사정도 있었지만 시대적 상황도 한몫 작용했다고 봅니다. 4·19와 5·16 이후 한국 젊은이들의 생각이 문학 편향적으로 펼쳐질 수밖에 없었던 시대적 배경 말이지요.

그림 10
김수영 시인
김수영문학관

미당, 동리, 김수영

미당(서정주 시인) 선생님 수업이 제일 기억에 남습니다. 미당 선생님은 날씨가 좋으면 "오 날씨가 좋구먼!" 하시면서 건너편 길음시장 쪽에 있었던 '밀리언 다방'으로 저희를 데리고 가셨어요. 그 다방이 주 강의실이었던 셈이죠. 거기 가면 차 한잔 마시고 이런저런 이야기를 하시면서 "자네 뭐 쓴 게 있는가?" 물어보시곤 했어요. 또 흐린 날에는 "이런 날 어떻게 강의를 하나" 하시면서 나가셨죠. 하여튼 소위 오늘날 우리가 생각하는 강의라는 것은 안 하셨습니다. 반면에 소설가이신 김동리 선생님은 제법 자주 강의를 하셨어요. 주로 글 쓸 주제 하나 던져주시고는 다음 수업 때까지 글을 써 오라고 하셨습니다. 이를테면 '손'에 대해서 몇 매를 써 와라 하는 식으로요. 산문을 가르치셨으니까 그렇게 하신 것이죠. 김수영(시인) 선생은 거의 격년으로 강의를 하셨는데, 나는 김수영 선생 강의를 못 들었어요. 잠깐 뵙기만 했었는데 주로 낡은 국방색 바바리코트를 입고 다니셨

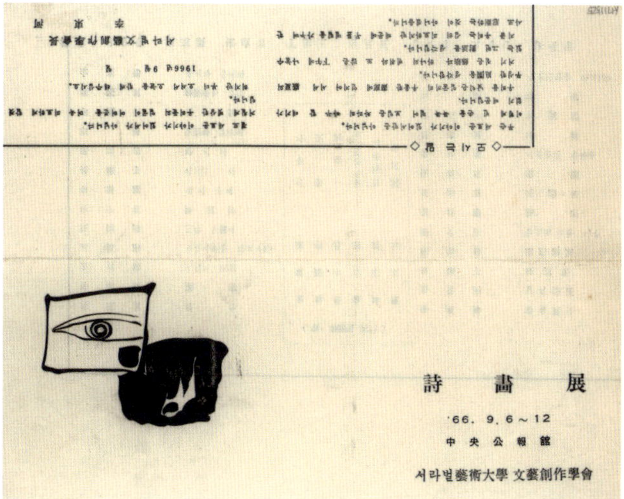

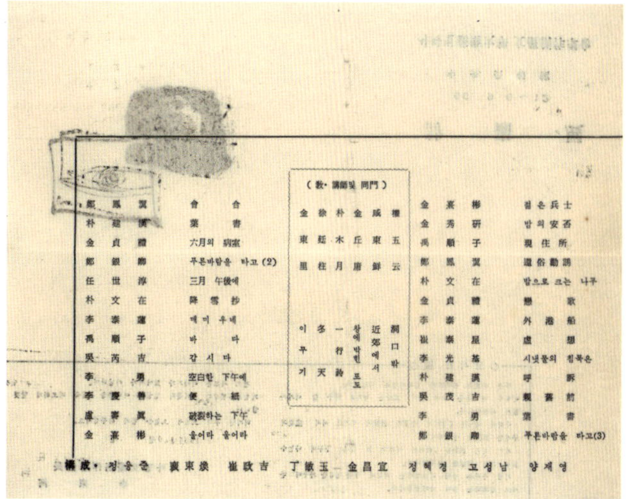

그림 11

1966년 서라벌예술대학 문예창작학과 시화전 팜플렛

김동리, 서정주의 이름이 나타난다.

어요. 소매가 반질반질했어요. 눈이 아주 컸고요. 김수영 선생이 복도나 교정에서 학생들을 잡고 이야기를 많이 하셨던 기억이 납니다. 학생들도 김수영 선생에 대해서 굉장히 관심이 많았어요. 웬만한 소설가, 시인, 평론가들은 거의 다 서라벌예대에 출강하셨습니다. 당시에는 그분들이 갈 데가 없었어요. 일반 대학 국문과에서는 안 받아 주었으니까. 당시 문교부 규정에 의하면 학위가 없으면 교수 임용을 못 하게 돼 있었어요. 서라벌예대나 나중에 서울예대 같은 학교만이 우리나라 최일류 문인들에게 강의 공간을 제공해 주었습니다.

문학은 현실 저 너머의 세상을 꿈꾸는 것

어떤 핑계를 만들어서든지 술을 먹었죠. 친구들 중에 누가 언제 고향에서 하숙비가 올라온다는 것을 서로 다 알고 있었어요. 그날 하숙비 받은 친구를 앞세우고 술집으로 갔던 것이죠. 어떤 날은 친구들 몇 명이랑 가까운 정릉 산속에 들어가서 술을 먹기도 했지요. 그때 우리는 문학을 학습한다는 것은 말이 안 된다고 생각했어요. 문학은 운명이라고 생각했지 배우는 것이라고는 생각하지 않았어요, 다들. 우리는 등교한다고 하지 않고 학교에 출근한다고 그랬어요. 강의도 안 들어가는 날이 많았습니다. 문학 하는 사람들이 어떻게 학교 강의시간에 나가느냐는 그런 생각이었지요. 지금은 참 말도 안 되는 얘기지만 저나 친구들이나 세상을 우습게 아는 버릇이 있었어요. 그렇다고 어떻게 살아가야겠다는 특별한 대책을 세운 것도 아니고, 그저 나는 문학을 하니까 니네보다는 다른 세계에 산다는 우월감이 있었죠. 예술을 한다는 핑계만치 삶을 양극으로 넓혀주는 게 어디 있겠습니까. 그게 또 좋은 맛이지요. 예술대학에서 제가 배운 것이라고 한다면 세상이 이래서는 안 된다, 더 다른 세계가 있다, 이 현실 너머의 세계가 있다는 것. 다소 낭만적일 수 있지만 확실하게 배운 것은 그것입니다. 이 때문에 지금도 사는 데 굉장히 불편해요. 그리고 거기서 생긴 하나의 신념이라고 한다면 '아, 문학이라는 것은 대단히 중요하고 모든 정신의 성감대를 이루고 있는 그런 영역이다'라는 것이죠.

미아리고개, 내 삶의 분수령

저에게 미아리고개는 삶의 분수령 같았어요. 그 고개와 근대사에 얽힌 그런 문제를 떠나서요. 그 고개를 넘기만 하면 황량하면서도 대책 없으면서도 자유라는 게 있었어요. 자유라기보단 방종이었죠. 사실 저는 미아리라는 이름보다도 길음동이라는 말을 들으면 더 친근해요. 미아리는 굉장히 사회적이고 거창한 이름 같지만, 길음동이라는 말을 들으면 서울에서 찾은 정신적인 고향이랄까 그런 느낌이 나죠. 같이 예대에 다녔던 친구들이 다 그럴 걸요. 그런데 지금 지나다니다 길음동에 아파트가 들어선 걸 보면 길음동이 아닌 것 같아요.

1960년대 후반의 학생사회

예술대학에 있으면서 정치에 대해서는 별로 실감을 못 했습니다. 예술은 또 문학은 그런 현실적인 것에 대해 관여하는 게 아니라고 하는 묘한 분위기가 있었죠. 특히 예대나 미대 또 디자인 전공하는 학생들은 전통적으로 현실참여를 안 한다는 풍조가 있었습니다. 지금 우리가 그 당시 학생사회를 다시 조명해 볼 필요가 있습니다. 1980년대 학생운동을 바라보는 관점으로 1960년대 학생사회를 바라보는 것은 좀 문제가 있다고 생각합니다. 그렇게 보면 당시 학생사회나 정신사의 반쪽만 보는 게 됩니다. 지금 1960년대를 연구하는 사람들이 학생 '운동' 중심으로 이야기를 하니까 그 당시 '운동' 바깥에 있던 사람들의 이야기나 생각에 대해서는 무관심해지고 말았습니다. 소위 현실참여를 하지 않은 학생이나 지식인들은 왜 그랬던가를 한번 살펴봐야 해요. 이 부분이 한국 정신사의 성감대라고 저는 생각합니다.

1950~1960년대 한국 문학의 더 깊은 맥락

당시 우리는 문학은 현실참여를 위한 그런 게 아니다, 문학의 본령은 더 넓고 깊은 어떤 것이라고 생각했습니다. 문학에 대해 지금보다 더 성숙한 이해가 본능적으로 있었던 시대예요. 그것을 '4·19세대'라는 세대의식으로 집약시켜서 문학사적으로 자리매김해 버리는 일방통행식 관점에 저는 별로 동의하지 않습니다. 그러니까 참여다 순수다 하는 이런 문제 이전에 한국 문학에는 더 깊은 맥락이 있어요. 6·25동란 이후 한국 문학의 맥락은 내거티브한 쪽이든 어떤 쪽이든 삶과 세계를 전체적으로 볼 수밖에 없던 시대였어요. 그 후 4·19와 5·16이 일어나면서 우리 문학은 더 넓은 세계로 편입되게 됐습니다. 그 맥락을 우리는 존중해야 합니다. 사실 1950년대 전후 문학은 일제강점기와 오늘을 잇는 가장 중요한 한강철교인데, 그걸 너무 등한시하고 있어요. 저는 그때 소설에 굉장히 영향을 많이 받았습니다. 예를 들면 하근찬, 손창섭, 장용학 이런 작가들. 그들과 그들의 문학에 대해서도 다시 연구해 봐야 합니다.

인문학의 중심, 문학

요새 인문학이 굉장히 유행하다가 점점 인생론으로 빠지고 있습니다. 인문학의 좌표설정이 잘못된 것이죠. 저는 인문학의 어떤 분야든 문학에 비춰보지 않고서는 아무것도 되지 않는다고 생각합니다. 문학이 중요한 이유는 문학만이 유일하게 진지한 비평 행위가 있기 때문입니다. 다른 분야에서는 문학의 수준만 한 비평 행위가 없지요. 거의 유일하게 비평적인 이념으로 공동체가 형성됐다고 그럴까. 그런 점에서 문학 고유의 비평 행위가 오늘날 인문학의 중심이 돼야 한다고 봅니다. 그래야만 인문학이 가벼운 인생론이나 행복론으로 흐르지 않고, 현실을 반성하고 비판함으로써 인류가 나아갈 길을 제시하는 인문학 본연의 역할을 되찾을 수 있을 것입니다.

- **소설가 이경자와 서라벌예대**

소설가 이경자는 1948년 강원도 양양에서 태어나 양양여자고등학교를 졸업하고 1966년 서라벌예술대학 문예창작학과에 입학하였다. 1973년 『서울신문』 신춘문예에 단편소설 「확인」이 당선되어 등단하였다. 1988년 소설집 『절반의 실패』 출간 후 여성 문제를 본격적으로

그림 12
소설가 이경자

다루는 소설을 연이어 발표하였다. 한무숙문학상, 아름다운작가상, 민중문학상, 서라벌문학상, 현대불교문학상, 한국가톨릭문학상, 유심작품상을 받았다. 2018년에는 한국작가회의 이사장과 서울문화재단 이사장에 취임하였다. 지금은 물러나 옛 서라벌예술대학과 가까운 동네인 성북구 길음동에 살며 새 작품을 쓰고 있다.

이경자 소설가를 2021년 10월 15일에 만나 대학 시절 이야기를 들었다. 다음은 이경자와의 인터뷰를 정리한 내용이다. 서라벌예술대학이 있었던 미아리고개 일대는 해방과 6·25전쟁 이후 자연발생적으로 형성된 산동네로 기록이나 자료가 거의 없다. 또한 서라벌예술대학 인근에서 거주하거나 활동한 기록이나 자료도 거의 없다. 현재도 인근에 거주하고 있는 소설가 이경자의 증언은 대학 시절 인근 지역과 인근에서 활동한 예술가들의 이야기로 소중한 자료이다.

서라벌예대 입학과 미아리고개에 대한 첫인상

미아리고개를 찾아 나섰던 그 날은 1965년이 끝나던 무렵이었습니다. 전차를 타고 종점인 돈암동에서 내리면 곧장 미아리고개가 나온다고 했으니, 아무리 촌뜨기라도 그런 것쯤은 눈 감고도 찾을 수 있다고 자신했어요. 근데 돈암동 전차 종점에서 내렸는데도 미아리고개는 보이지 않았어요. 제가 생각하는 미아리고개는 부모님들이 부르던 '단장의 미아리고개' 에 나오는 참혹한 비극이 서린 고개였어요. 그리고 저는 강원도 사람이기 때문에 고개라는 거는 엄청 높고 양쪽에 그냥 숲이 우거져서 막 험악하고 호랑이가 나올 법한 그런 거예요. 그런데 그런 미아리고개가 안 보이는 거예요. 그래서 사람들한테 미아리고개가 어디냐? 그러면 '이게 미아리고개다' 해요. 믿을 수 없었어요. 사람들이 나를 속이는 줄로만 생각했어요. 그 미아리고개를 올라가서 지금 버스 정류장이 있는 그쯤에서 오른쪽에 그냥 루핑으로 된, 루핑을 얹었거나 뭐 그런 집들이 다닥다닥 있었어요. 지금은 그 모습을 상상할 수가 없어요. 지금 내 모습이 이십대의 나를 상상할 수 없듯이 지금의 그 미아리고개 인근의 옛날은 상상할 수가 없는 거예요.

서라벌예대 입학 후 미아리고개 부근에서 자취 생활

저는 문예창작학과였고 제주도에서 올라온 시 쓰는 우복열이라는 여학생하고 , 울산에서 온 무용과 학생 이렇게 3명이 자취를 했어요. 미아리고개 가까운 산동네 무허가집이었어요. 정말 좁고 허름하고 추운 집이었어요. 그때는 다 가난하고 배고팠으니까 주인 할머니가 버려지는 무청 같은 거를 가져다가 소금에만 절여 항아리에다가 넣어서 뒤란(집 뒤 울타리 안)에다 두었어요. 그럼 그걸 우리가 몰래 꺼내 먹었어요. 또 무용과 학생 아이가 방에서 발을 탁 뻗으면 문을 바른 창호지가 찢어져요. 그 당시의 가난함이나 빈곤함을 요즘은 상상을 못 해요. 온 가족이 나가서 일을 해도 먹고살 수가 없는 거예요. 그런 때에 소설가 지망생인 저는 학교에서도 쓰고 집에서도 쓰고 하여간 썼죠. 왜냐하면 서라벌 문예창작학과에서는 소설을 안 쓰면 학교를 다닐 수가 없으니까. 그리고 다 소설가가 목표였으니까요.

길음동에서 하숙 생활

자취를 하다가 언젠가부터 길음동에서 하숙을 했어요. 그 집은 하숙만 해서 먹고사는 집이에요. 'ㅁ' 자 모양의 집이었는데 방마다 다 하숙생이 들어 있는 집이었어요. 하숙집에서 무슨 젓갈이라든가 반찬이 나오면 그런 걸 다 비닐봉지에 싸서 꼭대기에 자취하는 우리 선배들한테 갖다 주곤 했어요. 그리고 길음시장이 있었는데, 거기는 땅이 아주 푹 꺼져 있는데도 집이 들어서 있었어요. 근데 그 집이라는 게 다닥다닥 붙어 있고 골목도 좁아서 우산 쓰고는 못 지나가는 골목이었어요. 근데 여기에 술집이 아주 많았어요. 저는 술을 못 마시니까 거의 안 가다가 한두 번 따라가 봤는데, 그냥 천막 치고 비 안 들어차게 하고는 좌판에 장사를 하는 그런 곳이었어요. 거기에서 학생들과 선생님들이 어울려서 술도 마시고 그랬죠.

신경림 시인의 길음동 생활

1956년인가 1957년이나 1958년인가 이야기예요. 신경림(시인) 선생님한테 들었는데 선생님이 20대 시절에 길음동의 어느 집에서 그 집 아이를 가르쳐 주면서 잠만 자는 하숙을 했대요. 근데 그 집 사람들이 돌을 가는 일을 했다나 봐요. 그러니까 종암동 개운산 쪽에 채석장이 있어서 그 채석된 돌을 가져다가 맷돌질을 해서 윤이 나게 유리처럼 가는 거예요. 그럼 막 뽀얗게 마치 밀가루처럼 돌가루가 피어올랐대요. 그런 이야기를 들었는데 사실 그 가루가 다 석면이잖아요. 신경림 선생님은 다른 곳에서도 사셨지만 대부분 정릉 일대에서 생활하셨고 지금도 살고 계십니다. 그래서 선생님의 주옥 같은 시편에는 이곳을 무대로 한 작품이 많습니다. 어린 학생들도 잘 아는 시 <가난한 사랑 노래>와, 같은 맥락에서 쓰인 <너희 사랑>도 길음 시장의 허름한 술집과의 인연에서 태어났습니다.

박완서와의 만남

저는 1973년에 등단해서 소설가가 됐어요. 그런데 박완서 선생님이 1970년에 여성동아에 장편 소설로 등단하셨어요. 근데 이때 선생님이 마흔 살이에요. 그 당시에 여성은 마흔 살이면 다 일을 그만둬야 되는 거예요. 일하는 건 수치예요. 그 시절에 딸이 나가서 일을 한다, 마누라가 나가서 일을 한다, 며느리가 나가서 일을 한다고 하면 그건 남성들에게 수치였어요. 얼마나 남자가 남자 노릇을 못 하면 여자를 저렇게 내돌리냐, 내돌린다고 생각하는 거예요. 그런 시절에 박완서 선생님이 소설을 써서 등단하셨죠. 그래서 다 '아줌마 소설가'라고 했어요. 저는 박완서 선생님의 총명함을 능가하는 여성 작가를 이때까지 못 봤어요. 거의 수재였어요. 특히 시대를 읽어내는 능력이 탁월하셨죠. 제가 박완서 선생님의 소설을 읽는 키워드는 '평민'이에요. 6·25 때 이승만 대통령이 자기는 이미 대전으로 피란을 간 상태에서 서울 시민들에게 서울이 안전하니 남아 있으라고 방송을 하고 한강 다리를 폭파했습니다. 서울 시민들에게는 방송으로 안전하니 남아 있으라고 했어요. 그때 박완서 선생님의 식구들은 남아 있었던 거예요, 대통령이 국민을 속일 거라고는 상상을 못했으니까. 바로 이렇게 대통령이 말하는 걸 믿는 사람이 '평민'인 거죠. 박완서 선생님께는 이때의 충격이 평생 가시지 않았어요. 그게 선생님의 의식을 지배한 거예요. 거짓말하는 권력, 거짓말하는 정치가, 정의며 성실성이며 진실을 다 배반하는 이런 것에 대한 저항, 분노, 분개 이런 것들이 박완서 선생님으로 하여금 소설을 통해 시대를 증언하게 했어요. 이게 다 평생 이분의 소설 저변에 깔려 있다고 저는 생각해요. 1973년 5월쯤에 김동리 선생님이 한국소설가협회라는 것을 만들어 회장이 되시면서 소설가들을 데리고 야유회를 갔어요. 저도 따라갔는데 아마 송추였을 거예요. 행사가 끝나고 버스를 기다리면서 여자 작가들끼리만 원탁에 앉아 있었어요. 근데 저는 그때 자존감이 없어서 누구한테 얼굴을 내미는 게 너무 부끄러웠어요. 그래서 색안경을 끼고 앉아 있는데 박완서 선생님이 누구냐고 물으셨어요. 옆에 있던 선배 소설가가 이번에 서울신문 신춘문예로 등단한 이경자라고 소개해 주었어요. 그랬더니 박완서 선생님이 그때 마침《현대문학》에 발표된 저의 소설을 읽었다고 하셨어요. 너무 재미 있어서 당신 딸들한테 다 읽으라고 하셨대요. 저는 이 한마디 때문에 박완서 선생님한테 평생 들러붙었어요. 너무 재미있어서 당신이 딸들한테 다 읽히고 이 작가를 주목해야 한다고 말씀하셨대요. 박완서 선생님이 사셨던 보문동 'ㅁ'자 한옥에는 자주 드나들었어요. 그리고 돌아가시기 보름 전까지도 만났어요. 박완서 선생님은 지금도 그리운 어른이시죠.

고향의 독립운동가, 조화벽 돈암동 거주 이야기

제 고향이 양양인데 고향 사람 중에 조화벽[06] 이란 분이 계세요. 유관순의 오빠 유우석[07] 선생님과 결혼하셨는데, 그러니까 유관순의 올케가 되셨죠. 두 분 다 독립운동가였어요. 그런데 광복 후에 양양이 38선 이북이었으니까 두 분은 월남하셨죠. 근데 정부에서는 어찌 됐든 북에서 온 사람들이니 철저히 조사해서 소위 성분 분류 같은 것을 했나 봐요. 그렇게 분류를 해서 어떤 사람들은 이 지역, 어떤 사람들은 저 지역, 이렇게 보냈대요. 그래서 유우석과 조화벽 두 분 선생님은 정릉에서, 아리랑고개 너머 정릉에서 살게 된 거예요. 조화벽 선생이 살던 집은 양양에서 저랑 주소가 비슷해요. 제가 강원도 양양군 양양읍 성내리 11번지에 살았는데, 이분은 아마 10번지인가? 하여간 저하고 같은 동네에 살았던 분이시죠.

06 조화벽(趙和璧, 1895~1975)은 강원도 양양 출신으로 개성의 호수돈 여자고등보통학교에 입학 후에 3·1운동이 일어나자 '호수돈 비밀결사대'를 조직하여 독립만세운동을 주도하였다. 휴교령이 내려지자 조화벽은 버선 솜에 독립선언서를 감추고 고향 양양으로 귀향하여 지역 만세운동의 불씨 역할을 하였다. 1925년 교직생활을 하던 중 유관순 열사의 오빠인 유우석과 결혼하였다. 이후 유우석의 가족을 모두 양양에 은신시켰으며, 유관순의 동생인 관복과 관석을 양육하였다. 1932년에는 양양에 정명학원을 설립하여 가난한 아이들을 가르쳤다. 광복 이후 정릉동 604-16번지(현 아리랑로5길 128)에서 거주하였고, 1975년 타계하였다. 정부에서는 1982년 대통령표창을, 1990년에 건국훈장 애족장을 추서하였다.

07 유우석(柳愚錫, 1899~1968)은 충남 천안 출신으로 3·1운동 때 공주의 영명학교에 재학 중이었는데 1919년 4월 1일 공주의 장날을 이용하여 독립만세운동을 주도하였다. 그는 다른 학생대표들과 함께 태극기와 독립선언서를 가지고 장터에 나가 시위 군중에게 나누어주고 그 선두에 서서 만세운동을 전개하였다. 일제에 체포되어 같은 해 8월 공주지방법원에서 보안법 및 출판법 위반혐의로 징역 6월형을 선고받고 옥고를 치렀다. 출옥 후 1927년에는 원산청년회를 조직, 활동하다가 일본 경찰에 체포되어 4년형을 구형받았다. 성북구 정릉동에 거주하였고, 1968년 5월 28일 숙환으로 별세하였다. 유우석의 장례식은 사회장으로 치러졌다. 1990년에 건국훈장 애국장(1982년 건국포장)이 추서되었다.

2. 해방공간과 정치공간

2.1 도산 안창호의 '삼선평 연설'

· 삼선평과 운동회

삼선평은 이미 조선 후기에는 군사훈련장으로 사용되었고, 1896년에는 최초의 근대식 운동회가 열렸으며,[08] 이후에도 인근 학교의 소풍 및 체육대회 장소로 사용되었다. 구한말 시기 1895~1910년 열린 총 406회 운동회 중 삼선평에서 34회 그리고 동소문 밖에서 4회가 개최되어, 41회 열린 훈련원 다음으로 가장 많은 운동회가 열렸다.

1895년 5월 30일 자 독립신문은 "이둘 삼십 일 각쳐 관립 쇼학교 학원들이 동쇼문 밧 삼션평에셔 크게 운동회를 훈다더라"[09] 는 내용으로 삼선평 운동회를 소개하였다. 독립신문은 이미 같은 달 5일 자 신문에서도 "동소문 밖" 운동회 풍경과 의미를 소개한 바 있다. '화류회'라는 이름으로도 불린 근대식 운동회는 전국적으로 빠르게 확산되었다. 이런 흐름은 단지 신체적인 건강과 협동심 고취만이 아니라, 민족정신과 애국의식을 고취하는 대중 참여 행사로 발전하게 되었다. 그 사례로, 운동회장에서는 대한제국 태극기가 걸렸고, 애국가 제창과 만세 삼창이 이루어지기도 하였다. 특히 운동경기 전후로 명사들의 연설이 진행되기도 하였는데, 명사들은 이 자리에서 자신들의 여러 국내외 경험을 전하면서 당시 조선이 처한 상황, 새로운 문화사조, 조선인의 과제 등을 제시하였다.

그림 13

1909년 삼선평 경기장에서 황성기독교청년회와 대창체육부 선수들이 경기에 앞서 정렬해 있는 모습
대한축구협회, 『한국축구 100년사(증보판)』, 2003, 138쪽

이에 당시 운동회장 명사 연설은 사람들 사이에서 인기가 높았고, 연설 이후에도 그 내용들이 신문 지면이나 구두를 통해 전국적으로 전해지기도 하였다.[10] 따라서 운동회가 열리는 공간은 체육대회뿐만 아니라 당시 열강의 침탈 속에서 독립과 민족의식을 높이고, 때

08 기록상 최초의 운동회를 1896년 5월 2일 삼선평에서 진행된 영어학교의 '화류회'라고 보기도 하나, 5월 2일인지 20일인지 그 날짜의 근거가 정확하지가 않다. 다만 이와 같이 주장하는 문헌에는 공통적으로 그 장소가 삼선평으로 나와 있다. 또한 1986년 5월 5일 자 독립신문에도 '동소문 밖'으로 '화류'를 가서 맑은 공기를 마시고 운동을 하고 왔다는 정도의 기록만 있다. 다른 기록에서는 1895년 5월 12일 을미의숙에서 개최된 운동회가 최초라고 한다. 중요한 것은 삼선평이 현재 동대문역사문화공원인 당시 훈련원과 함께 근대식 운동회가 자주

로는 반일감정이 높아지면서 일본인과 직접적인 마찰이 일어나는 정치적인 공간이었다고 볼 수 있다. 그렇기 때문에 일제는 조선인의 운동회를 규제하기도 하였다. 이처럼 삼선평은 정치적 격변기였던 20세기 초, 경성 지역 군중이 운동회는 물론 민족정신과 정치의식을 높일 수 있는 대표적인 공간이었다고 볼 수 있다.

그림 14
혜화문 밖 삼선평 일대의 현재 모습

- ## 도산 안창호의 '삼선평 연설'

'삼선평'을 대표하는 연설은 바로 1907년 도산 안창호의 유명한 '삼선평 연설'이다. 5월 12일 안창호가 연설하던 삼선평에서는 서북지역 출신 학생들의 친목회이자 운동회가 열렸다. 안창호의 삼선평 연설은 삼선평과 돈암지역을 '운동회'와 소풍을 위한 공간에서 근대 민주주의 정신에 기반을 둔 반일 독립운동의 정치적 공간으로 새롭게 의미를 불어넣은 사건이기도 하다. 이 연설 기록은 1907년광무11 6월 1일 자로 발행된 서우학회의 학회보 『서우西友』제7호에 자세히 수록되어 있다. 이 연설은 1907년 5월 12일 당시 미국에서 귀국한 지 얼마 안 되었던 안창호가 삼선평에서 열린 서북학생 친목회이자 운동회에 모인 많은 청년 학생들 앞에서 행한 것이다.

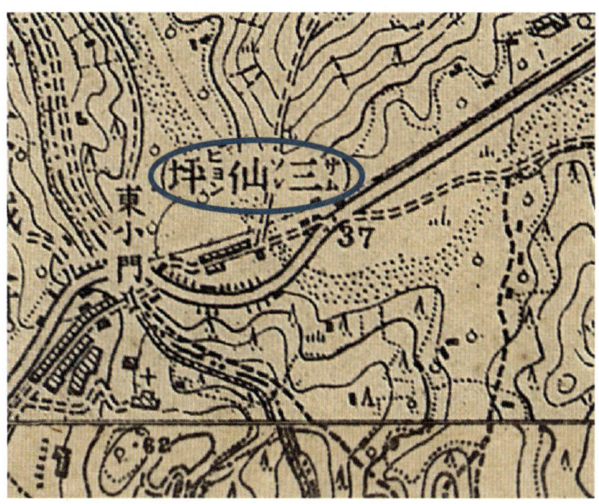

그림 15
삼선평 위치
「경성도」(부분), 『1/10,000 조선총독부지도』, 1921년 수정

개최된 곳이라는 것이다. 손환·박상석, 「한국 최초의 운동회에 관한 연구」, 『한국체육학회지』 48-6, 한국체육학회, 2009, 15~23쪽 참조.

09 『독립신문』 1896년 5월 30일 자, 「잡담」.

10 위영, 「익숙하고 낯선 이야기, 운동회」, 『기록인』 가을 28호, 2014, 72~81쪽.

표 03

구한말 운동회의 개최장소와 횟수

손환·박상석, 「구한말 운동회의 개최실태에 관한 연구」, 『한국체육학회』 52-3, 한국체육학회, 2013, 1~13쪽 중 6쪽

지역		장소	회	장소	회	계
강원도		낙산사 일대	2	철원구 북문 밖 열병관	1	7회 (-1.70%)
		원주군 월송정송림	1	미확인	2	
		원산보통학교	1			
경기도	한성	개운사	1	서문 밖	1	250회 (-61.6%)
		경복궁	3	새절	1	
		경복궁 내 경무대	2	서진관	1	
		경화궁 내	4	성균관 비천당	1	
		공덕리	2	성북동	1	
		교동보통학교	1	소외학교 부근 언덕	1	
		남산록	1	승도사	1	
		남산 밑	1	신흥사	9	
		대보단	1	아현	3	
		대한의원 부근 낙산	1	영도사	13	
		독립관	1	용산	2	
		독립문	1	음벽정	3	
		동문 밖	1	이화학당	1	
		동소문 밖	4	장충단	22	
		러시아 공사관	1	창덕궁 내 비원	5	
		묘연암	2	청년회관	1	
		배재학당 부근 강가	1	청량사	1	
		백련사	1	탑동	3	
		봉국사	1	태국사	1	
		북서농상송	1	한강	1	
		북일영	1	한강 한남대교	1	
		사직동 뒷산	1	홍릉	2	
		삼선평	34	홍제원	6	
		삼천동 감은정	1	훈련원	41	
		서관 내	2	홍천사	5	
		서궐 내	5	홍화문	2	
		서대문 밖 서평야	1	미확인	9	
	인천	보홍학교 부근 청룡정	1	인천항	3	
		오류동	1	제물포	1	
		영종도 보명학교	1	미확인	3	
	경기	강화 사립 보창학교	1	오리정로방	1	
		광주군 광명학교	1	통진군 장임등지	1	
		교동군 화개산	1	통진군 분양학교	1	
		교하군 명산	2	파주군 이천리 평야	1	
		대원왕 묘소 앞	2	포천군 청성제1학교	2	
		사단평	1	풍덕군 공립학교	1	
		식영군 영성학교	1	현천 등지	1	
		수원 연무대	1	미확인	8	

지역	장소	회	장소	회	계
경상남도	구지봉 밑	1	웅천군 가덕리	1	10회(-2.50%)
	김해군 무한리	1	함양군 남산 강변	1	
	용남보통학교	1	미확인	4	
	울산 공립보통학교	1			
경상북도	금천	1	미확인	2	4회(-1.00%)
	영해사 부근	1			
충청남도	보령군 평촌리 평야	1	태안군 화양의숙	1	9회(-2.20%)
	은진군 강경	1	황산 창홍학교	1	
	보통학교				
	전의군 대동학교	1	미확인	4	
충청북도	목천 병천학교	1	위원면 탑야	1	9회(-2.20%)
	비봉산	1	음성군 여산지	1	
	연평군 남쪽 평야	1	청주군 문암전평	2	
	용산지	1	청주군 평야	1	
전라남도	강진부 성자강 기슭	1	용덕사	1	8회(-2.00%)
	광주군 연무관 앞	1	지명학교운동장	1	
	여산군 창흥학교	1	미확인	3	
전라북도	군산 보통학교	1	익산군 황등리	1	5회(-1.20%)
	익산군 유명 유계장	1	진북정	2	
평안남도	개천군	1	창신학교	1	23회(-5.70%)
	관동 앞 평야	1	평안신관 무덤 내	1	
	기자릉 부근	1	평양	1	
	영유군 이화학교	1	평양성 내 경산지	1	
	진 대학교	1	평양 증산	1	
	진위앞 교련장	1	미확인	12	
평안북도	광화면	1	의주군 마을	1	14회(-3.40%)
	심원사	1	정주군	1	
	의주군 동일학교	1	미확인	9	
함경남도	갑산군 대사평	1	북청군 신포 의성학교	1	8회(-2.00%)
	용강 남쪽 기슭	1	미확인	4	
	북청군 동성 내	1			
함경북도	길주군 보성학교	1	미확인	1	3회(-0.70%)
	원산항 춘성학교	1			
황해도	동부 이리학교	1	용수산	3	25회(-6.20%)
	만월대	4	황주군 보통학교 및 양성학교	1	
	문화군 문성학교	1	홍련장	1	
	서흥군	1	미확인	12	
	안악군 봉삼학교	1			
미확인	31회(7.6%)				
계	406회(100%)				

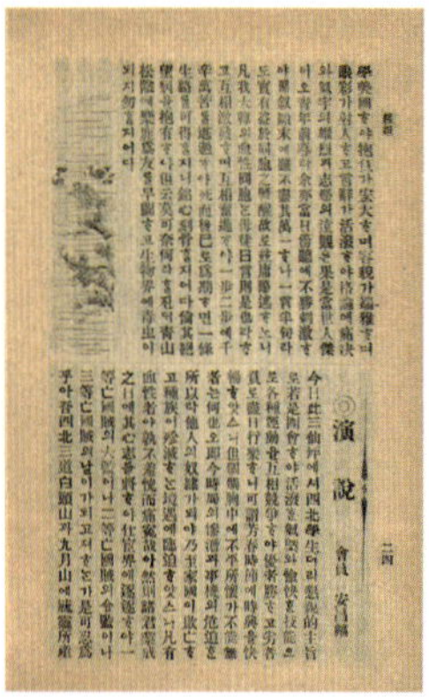
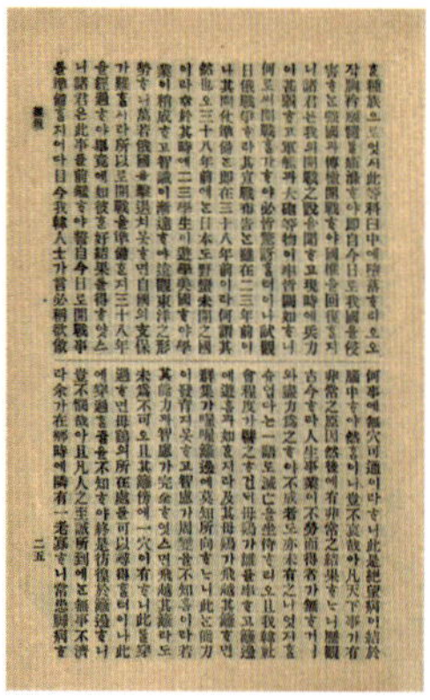
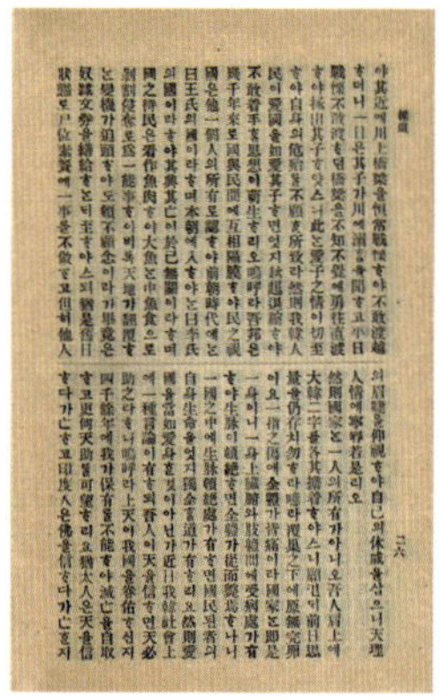
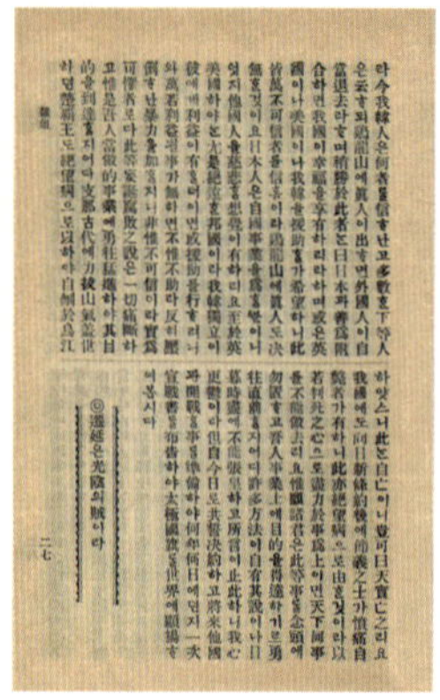

그림 16

1907년 안창호의 삼선평 연설

『서우(西友)』 제7호, 1907년 6월 1일, 서우학회

금일今日 차此 삼선평三仙坪에셔 서북학생들이 간친적懇親的 주지主旨로 약시단회若是團會하야 활발한 기개와 유쾌한 기능技能으로 각종 운동을 호상경쟁互相競爭하야 우자승優者勝하고 열자부劣者負로 진일행락盡日行樂하니 가위可謂 방춘시절芳春時節에 시흥詩興을 쾌창快暢하얏스니 단但 개개흉個個胸중에 불평소회不平所懷가 불능무자不能無者는 하야何也오. 즉卽 금今 시국時局의 참담과 사기事機의 위박危迫한 소이라. 타인의 노예가 되야 내지가국乃至家國이 패망하고 종족種族이 진멸殄滅하는 경우에 임박하얏스니 범유혈성자凡有血性者야 숙불수괴이통원재孰不羞愧而痛寃哉아.

연즉然則 제군업성지일諸君業成之日에 기其 심지心志를 장將하야 사환계仕宦界에 축축逐逐하야 일등망국적一等亡國賊의 대감大監이나 이등망국적二等亡國賊의 영감令監이나 삼등망국적三等亡國賊의 날이가 되고져 하는가 시가인위호是可忍爲乎아. 오서북삼도吾西北三道 백두산과 구월산에 육령소산毓靈所産한 종족種族으로 엇지 차등此等 과구科臼중에 타락하리오.

오작 흉금뇌수胸衿腦髓를 통척痛滌하야 즉卽 자自 금일今日로 아국을 침해하는 강국과 전격개전傳檄開戰하야 국권을 회복할지니 제군諸君은 아我의 개전지설開戰之說을 문聞하고 현시에 병력이 심약하고 군함과 대포 등 물物이 솔개궐여率皆闕如하니 하何로써 개전開戰할가 하야 필개 경아驚訝할 터이나 시관일아전쟁試觀日俄戰爭하라 기其 선전포고는 수재雖在 이삼 년 전이나 기其 개장준비開仗準備는 즉재卽在 삼십팔 년 전이라. 하위기연야何謂其然也오 삼십팔 년 전에는 일본도 야만미개지국野蠻未開之國이라.

행어幸於 기시其時에 이삼학생이 유학미국遊學美國하야 학업이 초성稍成하고 지식이 점달漸達하야 원관遠觀 동양지형세東洋之形勢하니 만약 아국俄國을 격퇴擊退치 못하면 자국의 지보支保가 난難할시라. 소이所以로 개전開戰을 준비한 지 삼십팔 년을 경과하야 필경畢竟에 여피如彼한 호결과好結果를 득得 하얏스니 제군諸君은 차사此事를 전감前鑑하야 서자誓自 금일今日로 개전사開戰事를 준비할지어다.

목금目今 아한인사我韓人士가 언필칭욕주하사言必稱欲做何事에 무혈가통無穴可通이라 하니 차시此時 절망병絶望病이 결어뇌중結於腦中하야 연然함이니 기불애재豈不哀哉아 범천하사凡天下事가 유비상지원인연후有非常之原因然後에 유비상지결과有非常之結果하느니 역관고금歷觀古今하라. 인생사업이 불로不勞 이而 득자得者가 무無하거니와 진력위지盡力爲之하야 불성자不成者도 역미유지亦未有之니 엇지할 슈 업다는 일어一語로 멸망을 좌대坐待하리오.

차且 아한사회정도我韓社會程度가 비지譬之하건대 모계母鷄가 추雛를 솔率하고 이변籬邊에 유遊함과 여한지라. 급기모계及其母鷄가 비월기리飛越其籬하면 군집群集가 악악 리변籬邊에 막지소향莫知所向하느니 차此는 능력이 발육發育지 못하고 지려智慮가 주변周變을 부지不知함이라 약若 기其 능력能力과 지려智慮가 완전하엿스면 비월기리飛越其籬라도 미위불가未爲不可오.

차且 기其 리방籬傍에 일혈一穴이 유有하니 차此를 천과穿過하면 무계毋鷄의 소재처를 가이 심득尋得할 터이나 차此에 천과穿過할 줄을 불지不知하야 종시방황어리변終是彷徨於籬邊하니 기불민재豈不憫哉아 차且 범인지지성소도凡人之至誠所到에는 무사불제無事不濟라. 여余가 재향시在鄕時에 인유일로과隣有一老寡하니 상환각병常患脚病하야 기근에 천상교량川上橋梁을 항상 전율戰慄하야 불감도월不敢渡越하더니 일일一日은 기其 자者가 천川에 익溺함을 문聞하고 평일전률불감도平日戰慄不敢渡하던 교량橋梁을 불지불각不知不覺에 용왕직도勇往直渡하야 증출기자拯出其子하얏스니 차且는 애자지정愛子之情이 절지切至하야 자신의 위태를 불고不顧한 소치所致라.

연즉然則 아한인민我韓人民이 애국을 여애기자如愛其子하면 엇지 자저퇴축趑趄退縮하야 불감착수不敢着手할 사상思想이 맹생萌生하리오.

오호嗚呼라 오방吾邦은 기천년래幾千年來로 국여민간國與民間에 호상격막互相隔膜하야 민지시국民之視國은 타일他一 개인個人의 소유로 인하야 전조前朝시대에는 왈曰 왕씨王氏의 국國이라 하며 본조本朝에 입入하야는 왈曰 이씨李氏의 국이라 하야 기흥기망其興其亡 이 어기무관於己無關이라 하며 국지대민國之待民은 간작어육看作魚肉하야 대어大魚는 중어식中魚食으로 박할침탈剝割侵奪로 위일능사爲一能事하야 비록 천지가 번복翻覆하는 변기變機가 박두迫頭하야도 돈불고념頓不顧念이라가 필경畢竟은 노례문권奴隸文券을 선급繕給하는데 지至하야스되 유시구일猶是舊日상태狀態로 시위소찬尸位素餐에 일사一事를 불주不做하고 단但히 타인의 미첩眉睫을 앙시仰視하야 자기의 휴척休戚을 삼으니 천리인정天理人情에 영용약시寧容若是리오.

연즉然則 국가는 일인의 소유가 아니오 오인견상吾人肩上에 대한이자大韓二字를 각기담착各其擔着하야스니 원컨대 전일사량前日思量을 잉존仍存치 물勿하라. 희噫라 복소지하覆巢之下에 원무완란原無完卵이요 일지지상一指之傷에 전체가 개통皆痛이라.국가는 즉시일신卽是一身이니 일신상장부一身上臟腑와 지체肢體간에 수병처受病處가 유有 하야 생맥生脉이 돈절頓絶하면 전체가 종이폐언從而斃焉하나니 일국지중一國之中에 생맥돈절처生脉頓絶處가 유有하면 국민된 자의 자신생명을 엇지 독전獨全할 도道가 유有하리요.

연즉然則 애국을 당여當如 애신愛身한 것이 아닌가. 근일近日 아한사회상我韓社會上에 일종 언론이 유有하되 오인吾人이 천天을 신信하면 천필조지天必助之라 하니 오호嗚呼라 상천上天이 아국을 권우眷佑하신지 사천여년에 아我가 보유保有를 불능하야 멸망을 자취自取하고 경하천조更何天助를 가망可望하리요. 유태인은 천天을 신信하다가 망하고 인도인은 불佛을 신信하다가 망한지라. 금今 아한인我韓人은 하자何者를 신信하난고 다수多數한 하등인下等人은 운云하되 계룡산에 진인眞人이 출出하면 외국인이 자당퇴거自當退去라 하며 초승어차자稍勝於此者는 왈曰 일본과 선위부합善爲附合하면 아국이 행복을 향유享有하리라 하며 혹은 영국이나 미국이나 아한我韓을 원조援助할가 희망希望하니 차개此皆 만불가신자萬不可信者를 신信함이라. 계룡산에 진인眞人도 결무決無한 것이요 일본인은 자국사업을 위할 뿐이니 엇지 타국인을 자비慈悲할 상각想覺이 유有하리요. 지어至於 영미국英美國하야는 우시尤是 절원絶遠한 방국이라. 아한我韓 독립이 피彼에게 이익이 유有할 터이면 혹 원조援助를 행하려니와 만약 이익될 사事가 무無하면 불유불조不惟不助라.

반反히 압도하난 폭력을 가할지니 비유불가신非惟不可信이라. 실위가구자實爲可懼者로다. 차등此等 망탄부패지설妄誕腐敗之設은 일절 통단痛斷하고 유시오인당주적사업惟是吾人當做的事業에 용왕맹진勇往猛進하야 기其 목적을 도달할지어다. 지나고대支那古代에 역발산기개세力拔山氣盖世하던 초패왕楚覇王도 절망병絶望病으로 이以하야 자문어오강自刎於烏江하얏스니 차此는 자망自亡이니 기가豈可 왈曰 천실망지天實亡之리요. 아국我國에도 향일신조약向日新條約 후에 절의지사節義之士가 분통자폐자憤痛自斃者가 유有하니 차역此亦 절망병絶望病으로 유由한 것이라. 이약판사지심以若判死之心으로 진력어사위상盡力於事爲上이면 천하경사天下同事를 불능주거不能做去리요. 유원제군惟願諸君은 차등此等 사事를 염두에 물치勿置하고 오인吾人 사업상에 목적을 득달하기로 용왕직전勇往直前할지 어디 허다방법許多方法이 자유기설自有其說이나 일모시진日暮時盡에 불능장황하고 소언所言이 지차止此하니 아심경울我心更鬱이라. 단但 자금일自今日로 공서결약共誓決約하고 장래 타국과 개전開戰할 사事를 준비하야 하년何年하일何日에던지 일차一次 선전서를 포고하야 태극국기太極國旗를 세계에 현양顯揚하여 봅시다. 11

안창호의 이 연설은 우리 스스로 열강의 침탈 속에서 독립을 지킬 수 있는 군사적 힘을 기를 것을 주장하면서, "국가는 한 사람의 소유가 아니라, 우리 모두가 대한이라는 두 글자를 각자의 어깨에 짊어지고 가야 한다(연즉 국가는 일인의 소유가 아니오 오인견상吾人肩上에 대한이자大韓二字를 각기담착各其擔着하야스니 원컨대 전일사량前日思量을 잉존仍存치 물勿하라)"며 사실상 새로운 민주적 공화정을 주장하였기에 당시 열강, 특히 일제에 맞서 국권 수호와 독립을 위한 중요한 방향을 제시한 것이었다. 당시 이 연설을 듣던 여운형과 이승훈은 이에 큰 영향을 받아 향후 독립운동의 중요한 지도자 역할을 맡았으며, 함석헌 또한 어린 시절 당시의 경험을 중요한 자산으로 받아들였다고 말하기도 하였다.

2.2 동촌의 정치공간적 확장

- **동촌 속 돈암지역**

성북동이나 돈암동이 행정구역상 이름으로 일반적으로 사용되기 전까지, 돈암지역은 '동촌'의 생활권으로 인식되었다. '동촌'은 주로 도성 내 창덕궁과 종묘의 동쪽 편을 일컫는 지명이다. 돈암지역은 한국 근대기 의미 있는 정치적 사건들이 양반, 상인, 공인, 백정 등 여러 계층에 의해 발생하였던 연지동, 연건동, 동숭동, 명륜동 및 성북동 등과 함께 '동촌'이라는 지역적 틀 속에 있었다. 동성상업학교, 동성(가톨릭)신학교, 경성제국대학과 공간적으로 연결된 삼선평을 중심으로 돈암지역은 동촌의 정치문화적 흐름과 이어져 있었다. 특히 당시 이 지역 사람들의 민족정신과 독립의식을 높인 운동회와 연설회가 연이어 개최되고, 신흥 주거지 개발과 여러 학교 설립으로 인해 돈암지역은 점차 독특한 정치문화적 특징을 띠게 되었다. 안창호의 '삼선평 연설'은 돈암지역이 '동촌' 생활권과 연결되면서, 동시에 독자적으로 정치적 의미를 갖고 호명되도록 한 사건이기도 하며, 돈암지역 '3·1 만세운동'이나 '조선형평사'와 '성북 구락부' 활동은 동촌의 정치공간이 돈암지역까지 확장되고 있다는 것을 보여준다.

- **3·1 만세운동과 돈암**

이미 삼선평을 중심으로 군중들의 정치적 참여가 활발하였던 돈암지역에서는 3·1운동 시기에도 연이은 만세운동이 일어났다. 3·1운동이 전국적으로 퍼지는 가운데 3월 23일 현 성북구 돈암동, 동선동, 삼선동 일대당시 고양군 숭인면 돈암리 성북천 주변에서 약 100명의 일반 군중이 독립만세 시위를 벌인 것으로 기록되어 있다. 같은 날 돈암지역 옆 안암동안감천 주변에서도 독립만세 시위가 일어났다. 이후 3월 27일까지 성북천과 안암천 주변에서 적게는 50여 명, 많게는 500여 명의 군중이 만세 시위를 펼친 기록을 찾을 수 있다. 3월 24일에는 성북리성북동에서 60명이 시위를 펼쳤고, 이틀 후 26일에는 안감천에서 200명의 군중이, 다음 날 27일에는 안감천 주변에서 500여 명의 군중이 독립만세 운동을 전개하였다.

11 『서우(西友)』 제7호, 1907년 6월 1일, 서우학회.

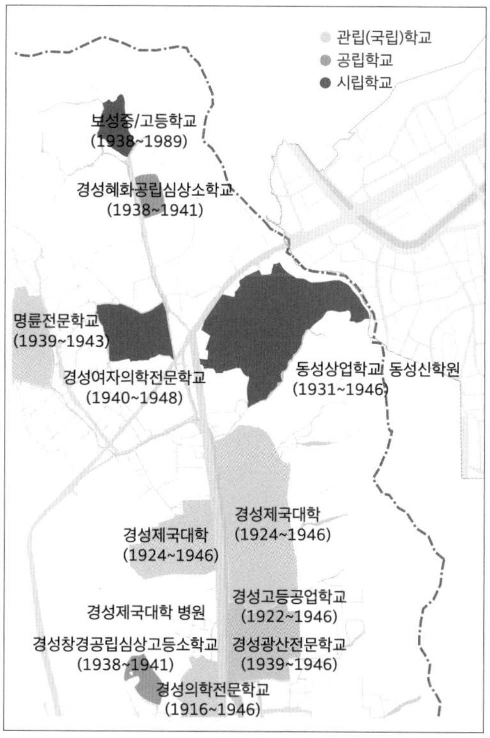

그림 17 ◂

해방 전 동촌 지역의 학교와 돈암지구

「3차 조선교육령 이후 1938-1945년 학교 현황(1938년 폐쇄지적도)」, 『연지·효제 새문화의 언덕』, 213쪽

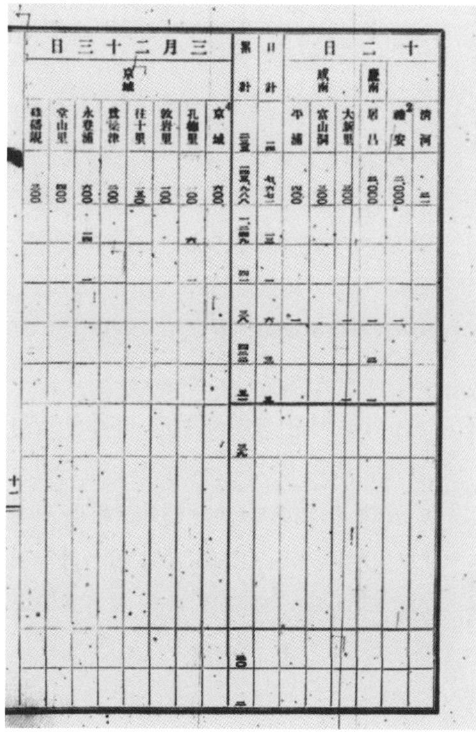

그림 18 ▸

1919년 3월 23일 돈암리 시위 참가자 수 기록

「소요사건 경과 개람표」, 『조선소요사건관계서류』, 1919년 3월 1일~1919년 4월 30일, 1919년 5월 10일

• 성북 구락부와 서광훈 그리고 '형평운동'

'성북 구락부' 활동은 일제강점기 돈암지역 독립운동의 한 단면적 특징을 보여준다. '성북 구락부'는 1923년 사회주의 계열 운동에 영향을 받은 성북동 거주 청년들이 스스로 지역 공공사업에 참여하고, 마을 자치를 실천하기 위해 만든 청년회 조직의 명칭이다. 성북 구락부는 마을 자체적으로 자금을 마련하여 마을에 필요한 소방도구와 상여를 구입하고, 주민들을 위한 운동기구를 마을 공터에 설치하기도 하였다. 이들은 늦은 밤 자율방범을 실행하기도 하고, 주민계몽을 위한 교육사업도 진행하였다. 특히 이들은 아동교육의 중요성을 강조하면서 삼산학교현 성북초등학교 운영에 적극적으로 참여하고, 성북소년회와 성북야학원 등을 설립·운영하였다. 성북 구락부가 설립되고 자리 잡는 데 크게 기여한 사람으로는 대표적으로 서광훈 1901~?이 있다. 1922년 강원도 평강군에서 성북리로 이주하여 삼산학교 교사로 근무하던 서광훈은 1923년 성북 구락부 설립에 참여한 후 총무 역할을 담당하였다. 교육운동 및 마을 자치 운동을 적극적으로 추진하였던 서광훈은 이후 1924년 진주에서 한성부 도렴동으로 본부를 옮긴 '조선형평사朝鮮衡平社'에서 서기와 집행위원으로 활동하게 되었다.

조선형평사가 펼친 '형평운동'은 백정을 중심으로 진주에서 시작된 신분 해방과 차별철폐 운동이다. 1923년 4월 24일 진주에서 출범한 조선형평사는 이미 갑오개혁과 함께 신분제가 법적으로 철폐되었음에도 여전히 사회적으로 만연한 백정에 대한 지나친 사회경제적 차별이 백정들을 매우 힘들게 하자, 이에 저항하고 백정에 대한 차별을 철폐하기 위해 만들어졌다. 처음에 진주에서 시작한 형평사는 1년 후 본부를 서울 도렴동으로 옮겨 형평운동을 전국적으로 활발히 전개하였다. 형평운동이 진주에서 시작하기 전부터 백정에 대한 차별을 줄이고, 다른 사람과 같이 동등하게 대하자는 운동은 이미 동촌 지역을 중심으로 1890년대부터 인사동에 위치한 승동교회와 같은 교회를 중심으로 펼쳐지고 있었다.

1893년 미국 북장로회 선교사 사무엘 포맨 무어Samuel Foreman Moore와 모삼율1860~1906 목사가 현 롯데호텔 부근 곤당골에 세운 '곤당골 교회'승동교회 전신는 주로 백정을 대상으로 선교활동을 해서 '백정교회'라고 불리기도 하였다. 1년 후 무어 목사는 종묘 옆 동촌 지역 중 천민들이 모여 사는 연못골이라 불리던 연지동 136-17번지에 예배처를 만들고, 백정과 비슷하게 사회경제적으로 차별받던 갖바치들을 중심으로 예배를 드리기 시작하였다. 이 예배처는 1900년 이후 제임스 스카스 게일James Scarth Gale 목사가 담임목사로 사역하면서 연동교회의 역사를 본격적으로 시작하게 되었다. 게일 목사는 천민 출신인 고찬익·이명혁 등을 장로로 세웠으며, 이에 불만을 품은 일부 신도들은 연동교회를 나와 묘동교회를 세우기도 하였다.

그림 19

1930년 제8회 조선형평사 정기대회 포스터

일본 호세이대학 오하라 사회문제연구소 자료실

이런 배경 속에서 동촌 지역은 백정을 필두로 한 천민의 차별철폐 운동이 교회를 중심으로 이미 전개된 지역이기 때문에, 조선형평사의 형평운동이 어렵지 않게 펼쳐질 수 있었다. 1922년부터 삼산학교에서 교사로 재직 중이던 서광훈은 성북 구락부와 조선형평사에서 주요 요직을 맡아 활동하면서, 돈암지역의 독립운동 활성화에 기여하였다. 사회주의 운동에 영향을 받은 서광훈의 활동은 조선형평사의 활동이 일본에서 시작된 '수평운동'과 사회주의 운동으로부터 적지 않은 영향을 받았다는 것을 보여준다. 하지만 이후 조선형평사는 내부의 정치적 분열을 거치면서 '백정 차별철폐 운동'을 '항일 독립운동'으로 확장시키지 못한 채 1935년 '대동사大同社'로 개정하면서 친일단체로 변하게 되었다.

- **1926년 6·10만세운동과 삼선평**

1926년 4월 25일 순종 사망 후 독립운동가들은 3·1운동의 뒤를 이어 순종 장례일인 6월 10일을 기점으로 대대적인 독립운동 시위를 치밀하게 준비하였다. 시위는 '사직동계' '통동계' '공청-천도교계' 세 방향에서 계획되었다. 이미 운동회와 군중 집회 장소로 사용되었던 삼선평에서는 순종 장례식에 필요한 의례의 예행연습이 진행되고 있었다. 6·10만세운동을 준비하던 독립운동가들은 학교 대항 축구시합을 삼선평에서 개최할 것으로 위장 고지한 후 이곳에서 시위를 비밀리에 준비하였다. 1926년 5월 23일, 통인동에 거주하던 이들이 주도해서 만든 '통동계'의 김재문·황정환·이동환 등은 운동복 차림으로 삼선평에 모인 50여 명과 함께 만세 시위 방법을 논의하였고, 이후 격문 약 3만 장을 인쇄하여 서울과 각 지방 학교에 발송하면서 6·10만세운동을 준비하였다.[12]

2.3 1930년대 도시공간적 변화와 정치

- **'경성시가지계획령'과 돈암지역의 정치적 재구성**

1936년 돈암지구가 포함된 경성시가지계획이 발표된 후 돈암지역은 논밭이 펼쳐진 평야가 아니라 경성 중심부와 연결된 신도시 지역으로 획기적으로 전환되었다. 돈암지역은 경성부의 정치·사회·경제·문화에 직접 영향을 받거나, 그 중심부의 영향권에 편재되었다. 이런 흐름 속에서 경성 중심부를 생활권으로 하는 신흥 중산층이 모여 살기 시작한 돈암지역은 신도시 문화를 만들었으며, 동시에 돈암지역의 독자적인 정치문화를 형성하였다. 조선시대까지

12 『경향신문』 1963년 6월 10일 자, 「통동동지(通洞同志)들의 모의경과(謀議經過)」.

평야지대였던 돈암지역은 역사적으로 정치적 의미가 크게 담겨 있던 지역은 아니었다. 삼선평이나 성북천과 같은 공간적 특성에서만 운동회나 군중집회, 만세운동 등의 정치적 사건이 발생하는 정도였다.

돈암지역은 1934년 6월 일제가 최초로 「조선시가지계획령朝鮮市街地計劃令」이라는 근대적 도시계획법을 제정한 이후 1936년 「경성시가지계획령」과 「토지구획정리사업」을 시작하면서 빠르게 도시화가 진행되었다. 「조선시가지계획령」은 대부분이 논밭으로 일궈진 평야인 돈암지역처럼 아직 도시화가 이루어지지 않은 경성 중심부 주변 농촌 지역을 도시로 개발하는 것을 목적으로 하였다. 총독 1인이 장악하고 있는 계획령의 집행권이 의미하는 바처럼 이 도시계획은 지역 거주민의 이해를 반영하였다기보다 사실상 일제에 필요한 군사·정치·경제적 이해관계를 우선으로 한다는 것을 의미하였다고 볼 수 있다. 특히 주목할 것은 이 계획령은 공업, 상업, 주거지역 및 공장건설 규제가 어느 정도 완화된 미지정지역 등 4개의 지역을 구분하고 있다는 것이다. 이는 궁극적으로 이 계획령에 기초한 도시개발이 철저히 일제의 경제적 이해관계와 산업화를 위한 것이며, 이 흐름 속에서 돈암지구가 인위적으로 설계되었다고 볼 수 있다.

그림 20

삼선평에서 진행된 순종 국장 관련 오운 예행연습

『순종국장록(純宗國葬錄)』, 조선박문사, 1926

위 두 계획도를 비교해 보면, 공업지역이 주를 이루고 이를 위한 주거환경이 부수적으로 갖춰지는 영등포·서대문·은평 그리고 청량리역과 왕십리역 지역과 달리 돈암지구는 주로 주거지역으로 개발 예정임을 알 수 있다. 영등포지구는 이미 계획령 수립 전부터 공업지역으로 발달하였으며, 군사기지가 있던 용산기지와 일본인 대상 고급 주거단지로 계획된 한남지구를 제외하고는 대부분 '산업화=도시화'의 경로를 따르도록 계획되었다. 이와 달리 돈암지구는 신흥 개량한옥 지대를 중심으로 주거지역으로 계획되었으며, 이곳은 주로 종로·혜화동·원남동·가회동 등 경성 중심부에 위치한 공공기관·정치기관·학교·백화점·언론사와 일반 사무직 회사 등 도시적 일자리 장소와 연결된 일종의 '베드타운'으로서의 위상을 가질 수 있었다. 특히 1941년 7월 12일 돈암동까지 전차가 연결되면서 1940년대에 돈암지구는 경성 중심부에서 활동하는 사람들에게는 가장 인기가 많은 주거지역으로 부상하기도 하였다.

경성 중심부와 동촌, 돈암지구와 청량리를 잇는 전차의 개통은 돈암지구가 경성 중심부와 청량리 양측을

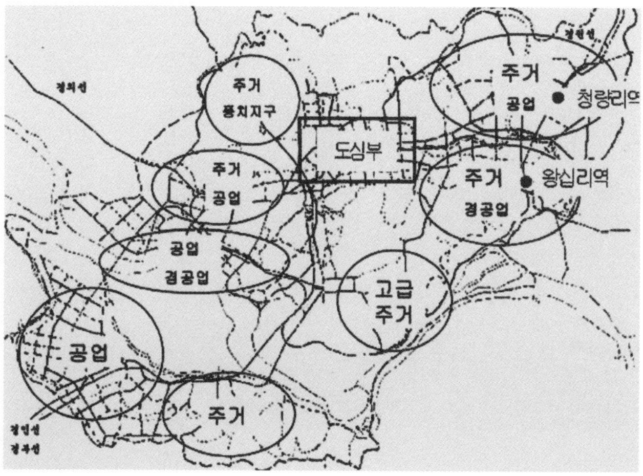

그림 21

경성 시가지 계획의 지역개발 구상

염복규, 「복제와 확장-경성시가지계획의 기본구상」, 『서울은 어떻게 계획되었는가』, 살림, 2005, 32쪽

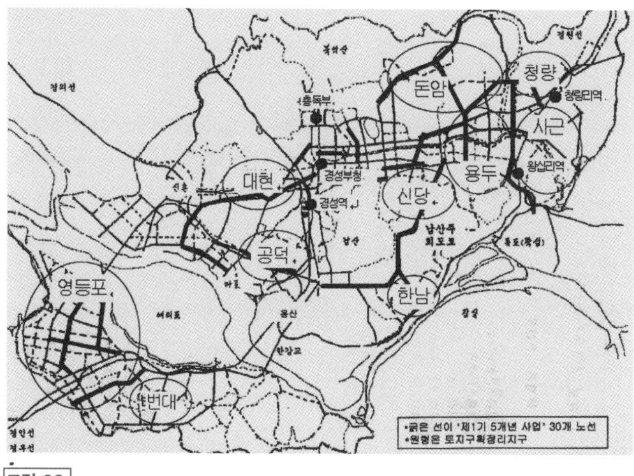

그림 22

경성 시가지 계획 '제1기 5개년 사업' 가로망 및 토지구획정리지구

염복규, 「복제와 확장-경성시가지계획의 기본구상」, 『서울은 어떻게 계획되었는가』, 살림, 2005, 40쪽

그림 23

1959년 보문동 도시한옥 주거지
임인식 사진

그림 24

1950년대 가회동 도시한옥 주거지
임인식 사진

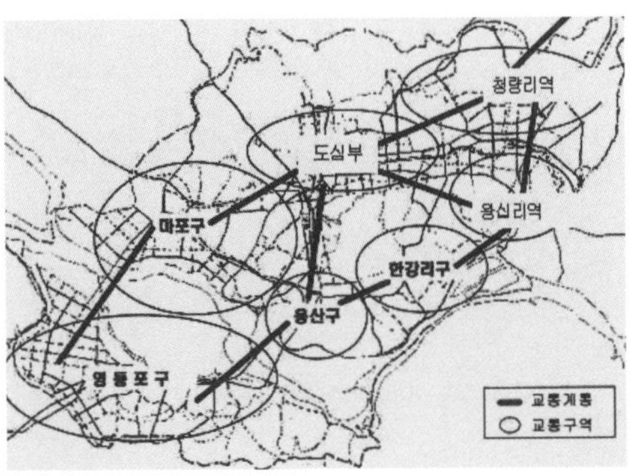

그림 25

경성 시가지 계획의 교통계통 구상
염복규, 「복제와 확장-경성시가지계획의 기본구상」, 『서울은 어떻게 계획되었는가』, 살림, 2005, 34쪽

포함하는 거주지역으로 빠르게 도시화하는 기반으로서 기능하였다. 더 이상 낙산이나 성벽은 경성 중심부와 돈암지역을 나누는 장벽이 되지 못하면서, 돈암지역은 일상 생활문화는 물론 정치적으로도 경성 중심부의 영향권으로 빠르게 편입되어 갔다. 이와 함께 돈암지구와 청량리역·왕십리역의 연결을 통해 교육과 일을 찾아 경성에 올라온 사람들에게 돈암지구는 선호도가 높은 주거지역이 될 수 있었다. 아울러 계획령 시행 후 급속히 증가한 중·고등 교육기관이 성북지역으로 이전한 현상은 돈암지구를 더욱 인기 있는 신흥 주거지역으로 부상시켰다고 볼 수 있다. 이 흐름 이후 돈암지구에 많은 주요 정치인, 문인, 예술인, 학자 등이 거주하게 된 사실이 이를 증명한다. 다음은 1943년 돈암지역에 대한 사회적 인식의 한 단면을 보여주는 글이다.

> 내가 현재 살고 있는 이 안암정은 모조리 집장수들이 새 재목을 들여다 우직근 뚝딱 지어논 것으로 이르고 보다면 그야말로 전통이 없는 개척촌과 같이만 보일 수밖에 없다. 서울살림이 자꼬 불어만 가기로 작정이니까 하는 수 없이 혹은 당연한 추세로 예까지 살림이 분가한 것인데, 그래서 그런지 여기서 사는 사람도 대개는 식구도 단출한 단가사리, 아들로 치면 둘째 셋째의 살림난 지차치들 (중략) 놀라운 것은 청사진 두서너 장의 설계로 지은 집단주택이 한 번지 안에 육십 호 가까이나 된다. 사방에서 몰려와서 일제히 너는 사십 호, 나는 이십 호로 아파-트 방 차지하듯 일제히 이사 온 집 (중략) 교원, 회사원, 음악가, 화가, 각기 그럴듯한 직업을 가진 젊은 아버지들은 혹 전차 안에서라도 만나면 정다웁게 인사를 하면서 (후략)[13]

이 글에서 잘 드러나듯이, 당시 돈암지구는 경성 밖에서 출생하였거나 혹은 경성 중심부 출생이라 하더라도 경제적인 이유로 이 중심부에 거주하기는 어려운 사람들이었다. 즉 돈암지구는 도시 중심부에서 생활하려는 사람들이 선호하는 거주지역이라는 것을 알 수 있다.

• 학교 확산과 1930년대 이후 돈암에서의 정치

1927년 민족주의 세력과 사회주의 세력의 광범위한 좌우 연합 독립운동 단체인 '신간회'가 만들어지면서, 당시 국내 항일독립운동은 새로운 전기를 맞이하였다. 신간회는 광주학생운동1923년을 계기로 간부의 대규모 검거와 내부 정치노선을 둘러싼 갈등 심화로 인해 1931년에 해소되기 전까지 국내 항일독립운동에 적지 않은 영향을 끼쳤다. 특히 신간회는 동촌 지역에 본부종로구 종로2가 46번지를 두었기 때문에 돈암지역 정치와도 밀접한 영향을 가지고 있었다.

13 팔보(八甫), 「서울 잡기장」, 『조광』, 1943년 1월호, 130~131쪽(염복규, 「식민지 근대의 공간 형성」, 『거울과 미로』, 동국대한국문화연구소, 2006, 253쪽 재인용)

학교명	설립	위치
경신학교	1885(1941 정릉리 이전)	정동 → 연지동(1901) → 정릉리(1941)
경성여자의학강습소 (경성여자의학 전문학교)	1900? 1938	혜화정
보성전문학교	1905(1934 안암정 이전)	수송동 → 안암리
중동학교	1906	수송정
사립 삼산학교	1907	숭인면 성북리
동원여자의숙	1908	관훈동(1915) → 창신동(1933) → 하월곡동(1967)
사립 경성여자기예학교	1910	경성부 돈암리
보성고등보통학교	1914	혜화정
경성의학전문학교	1916	연건정
경성공업전문학교 경성고등공업학교	1916	동숭정
경성공립농업학교	1918	숭인면 청량리
중앙고등보통학교	1921	계동정
숭인공립보통학교 1	1922	숭인면 종암리
사립 인창학교	1922	숭인면 미아리
경성법학전문학교	1922	숭인면 청량리
경성고등상업학교	1922(1939 종암동 이전)	숭인동→종암정
고학당	1923	숭인정
경성제국대학 예과	1924	숭인면 청량리
경성제국대학 법문학부	1926	동숭정
경성제국대학 의학부	1926	연건정
조선중앙기독교청년회학교	1929	종로
중앙불교전문학교	1930	혜화정
경성약학전문학교	1930	경성부 황금정 6정목
동성상업학교	1931	혜화정
경성외국어학원	1931(1939 성북구 이전)	성북정
사립 조선무선강습소	1934	숭인면 장위리
성신여학교	1936(1944 돈암동 이전)	돈암정
숭인공립보통학교 2	1937	숭인면 하월곡리
경성제국대학 이공학부	1938	양주군 노해면 공덕리
경성광산전문학교	1939	양주군 노해면 공덕리
우구공립중학교	1940(1941 돈암정 이전)	돈암정
동구가정실수여학교	1942	종로6가
돈암초등학교	1944	동대문구 돈암정
숭덕초등학교	1945	숭인면 정릉리

표 04
돈암·성북 및 인근 주요 학교
변은진, 「1930-40년대 성북지역의 학생운동」, 『한국민족운동사연구』 93, 한국민족운동사학회, 2017, 191~194쪽 표 연도순 재구성

돈암과 성북 및 동촌에는 이미 많은 학교가 있었으며, 이후에도 돈암지역의 빠른 도시화와 함께 여러 중·고등학교가 이 지역으로 이전하였다. 1930년대 돈암지역은 성북과 함께 이 지역 학교 학생들의 하숙지로 인기가 높아지면서 '학도촌'을 형성하게 되었다.[14] 1931년 신간회가 해소되자, 이미 성북 구락부와 조선형평사 등의 활동이 펼쳐졌던 돈암에서는 학도촌

14 변은진, 「1930-40년대 성북지역의 학생운동」, 『한국민족운동사연구』 93, 한국민족운동사학회, 2017, 194쪽.

을 중심으로 항일독립운동이 이어져 나갔다. 재학생과 졸업생을 중심으로 독립운동이 꾸준히 전개되었으며, 특히 이들은 일제 말 전시체제기 항일비밀결사 운동에 활발히 참여하기도 하였다. 대표적으로 손용우·김완기·박래수 등은 '조선문화학원 독서회', 김종윤와 박찬오는 '조선인해방투쟁동맹', 신형균과 김재황은 각각 '고성동지회'와 '조선학생동지회', 노국환·조성훈·이기을은 '5인 독서회', 송인헌·심정섭·박노태는 '조성회', 김영규와 신주는 '조선독립단', 김봉호는 '경성제대 예과 운동회' 활동을 하면서 항일독립운동을 준비해 나갔다. 이들은 대부분 돈암과 성북지역 뒷산이나 하숙집, 자취방, 자택 등에 모여서 활동해 나갔다고 한다.[15] 이러한 독립운동의 배경 속에서 이승만, 조소앙, 안재홍, 조병옥 등 국내외 여러 주요 독립운동가이자 정치인들이 해방 후에도 돈암지역에 상대적으로 많이 남아 거주하게 되었다고 볼 수 있다.

2.4 해방 후 주요 정치인들의 거점

- **해방정국 주도 정치인과 돈암**

1930년대 이전까지는 삼선평이나 성북천 주변을 중심으로 운동회, 군중집회, 시위 등 주로 단발적 사건이 일어났다. 해방 전까지 지역에 기반을 둔 독립운동이 펼쳐졌던 돈암지역은 해방 이후 한국 정치의 중심부 중 한 곳으로 자리 잡았다. 1945년 12월 2일 환국 후 해방정국을 주도하였던 이승만과 김구·김규식의 회담은 이승만이 거주하던 돈암장현재 성북구 동소문동4가 103-1번지에서 열렸다. 돈암지역이 정치적으로 어떤 의미가 있는 공간이었는지를 보여주는 단적인 사례 중 하나이다. 해방 직후 돈암과 인근 성북 및 동촌은 주요 정치인들이 거주하는 지역이었다. 특히 이승만, 조소앙, 조병옥, 안재홍 등 당시 건국을 둘러싼 정치적 격변기를 주도하였던 주요 정치인들이 동소문동에서 돈암동에 이르는 돈암지역에 거주하고 있었다. 이들의 거주와 함께 돈암지역은 해방 정국에서 가장 역동적이고 중요한 전국적 정치공간 중 하나가 되었다.

돈암지역에 거주하였던 조소앙과 안재홍은 6·25전쟁 때 납북된 정치인으로, 납북인사들의 행적과 소식을 알리는 1970년 동아일보의 기사에서 그들이 거주하였던 곳의 주소를 알 수 있다. 조소앙 자택의 주소는 돈암동 445-1번지, 안재홍 자택의 주소는 돈암동 산 11-152번지, 안재홍의 동생인 안재학 자택의 주소는 돈암동 230-7번지이다.

표 05
정치인 거주 지번 및 소유주
구(舊) 토지대장

거주인	내용	소유주	지번
이승만	1945년 소유주 이전	장진섭張震燮	돈암동 산 41번지, 42번지 ※현재 동소문동4가 103-1번지
조병옥	1946년 소유주 이전	조병옥趙炳玉	돈암동89-2, 89-6, 89-14, 89-7번지 ※현재 동선동3가 189번지
조소앙	1940년 소유권이전 1947년 씨명변경	송원석홍松原石弘 이선호李善鎬	돈암동 445-1번지 ※현재 동소문동1가 50번지

『동아일보』 1970년 6월 25일 자, 「6·25 20돌 특집(4) 돌아오지 않는 사람들」.

6·25의 비극은 이 땅에 헤아릴 수 없는 불행한 사태를 빚어냈다. 해마다 이날을 맞을 때마다 특히 우리의 가슴을 에이는 것은 돌아오지 않는 납북인사들 문제다. 파괴된 공장은 복구하면 되고 사망자에 대해

15 변은진, 「1930-40년대 성북지역의 학생운동」 『한국민족운동사연구』 93, 한국민족운동사학회, 2017, 211쪽.

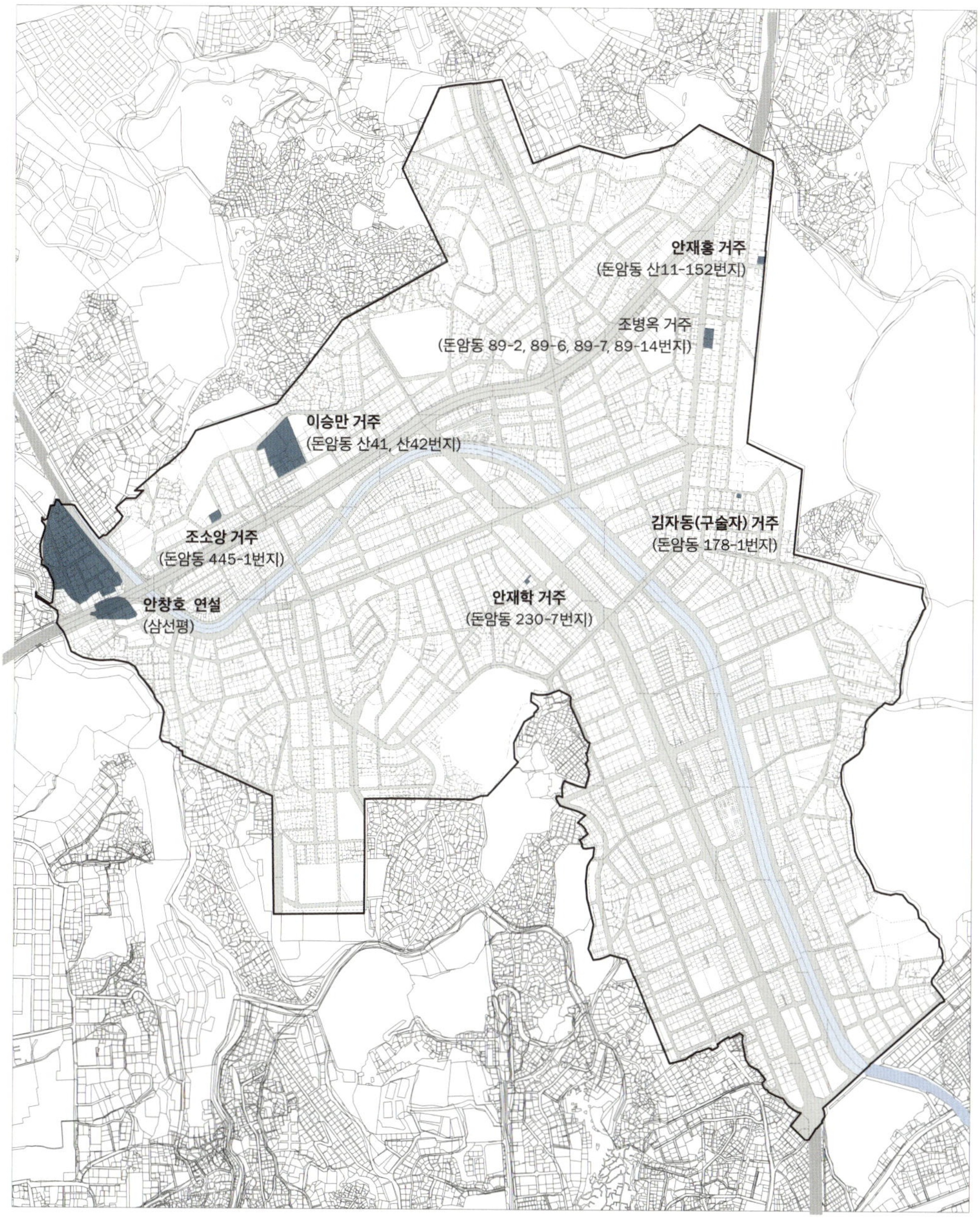

그림 26

해방 전후 정치인 거주지

1968년 지적도

서는 가슴에 한을 안은 채 단념할 수도 있겠지만 생사조차 알 수 없는 7000여 명의 피랍자들에 대해서는 언제까지나 기다리는 마음이다. 그중에서도 우리가 아끼던 많은 산 경륜과 지혜와 예술이 납치되어 갖은 학대와 우롱을 당한 끝에 혹은 처형되고 혹은 사망하거나 행방을 알 수 없는 형편임은 통탄할 일이다. 대한적십자사는 1956년 6월 15일부터 두 달 동안 납북자 일제신고를 받아 등록된 7034명을 스위스의 적십자국제위원회를 통해 북괴에 생사를 조회했었다. 북괴는 1957년 당시 겨우 337명이 생존해 있다고 통보해 왔었다. 그동안 납북인사송환을 위한 백만인 서명운동 등 언론계를 비롯한 관계기관의 송환촉구의 노력이 없었던 것은 아니지만 북괴의 비인도성을 규탄만 하고 있기에는 너무나 안타깝다. 이제 비극의 6·25 스무해를 맞으면서 관계기관과 협력하여 30명의 저명한 납북인사의 행적과 그 후의 소식을 알아보았다.

조소앙: 50년 북괴가 남침하자 성북구 돈암동 445-1 자택에 강제연금시켜 놓고 북괴 무장정치보위부원 수명이 외부와의 연락을 금지시켰다. 국군의 서울수복 직전인 구월십팔일 오후 삼시 정치보위부원들이 몰려와 트럭에 납치해 갔다. 북괴는 정치적 도구로 이용하기 위해 극진히 대우했다. 56년 7월 소위 재북평화통일촉진협의회를 결성하는 데 산파 역할을 강제로 시키고 이틀간의 총회에서 경과보고를 맡겼다. 안재홍, 오하영과 함께 최공원을 시켰다. 50년대 말경 북괴는 중앙당 관할의 학교에 보냈다. 58년 11월 북괴안전부에서 소환, 반당 음모계획혐의로 심문을 받았다. 중경임정요원들을 국제간첩으로 몰아 일제히 체포할 때 조소앙 씨도 구속했다. 체포 직전에 자살했다는 설도 있으나 엄항섭 씨와 함께 처형되었다고 한다.

안재홍: 50년 북괴가 남침하자 돈암동 230-7 동생인 안재학 댁에 피신하고 있었다. 북괴 정치보위부원 수명이 성북구 돈암동 산11-152 자택에 몰려와 가택수색 감시하고 있다가 그들의 정치위부 사무실로 사용했다. 9월 20일 2시경 북괴 정치보위부원 2명이 은신하고 있는 안재학 댁에 침입, 납치해 갔다. 미군정의 민정장관을 지냈다는 이유로 다른 납북객들보다 혹독한 심문을 받았다. 북괴는 민세를 그들의 앞잡이로 만들어 납북자들의 대표로 내세우는 데 전력을 다했다. 56년 7월 소위 재북평화통일협의회 이틀간의 총회에서 사회를 맡게 했고, 조소앙·오하영과 함께 최고위원을 시켰으며 상무위원 겸 집행위원으로 강제 동원했다. 50년대 말경에 북괴는 차츰 평화통일을 내세우지 않았는데, 이로 인해 협의회가 약체가 되었다. 북괴는 협의회 간부들을 중앙당 관할의 각종 학교에 보내기도 하고 숙청시키기도 했는데, 민세는 끝까지 대우받은 것으로 알려졌다. 북괴는 65년 3월 1일 병사했다고 발표했다.

이승만, 조소앙, 안재홍, 조병옥은 모두 서울이 고향이 아니었다. 이승만은 아주 어릴 적부터 서울 남대문 밖에서 자라고 교육받았지만, 1875년 그가 태어난 곳은 황해도였다. 조소앙도 1887년 경기도 파주에서 태어났으며, 안재홍은 경기도 수원군 그리고 조병옥은 충청도 목천군에서 각각 1891년과 1894년에 태어났다. 안재홍과 조병옥은 일본과 미국으로 유학을 다녀온 뒤 1910년대부터 경성을 거점으로 활동한 반면 이승만과 조소앙은 오랫동안 미국과 중국을 중심으로 해외 독립운동을 이끌었고, 해방 직후 환국하여 돈암지역에 거주하였다. 해방 후 이들은 서로 협력하거나 대립하면서 당시 건국을 위한 정치를 주도해 나갔다. 미군정청이 조선총독부 건물을 사용하고 있었기 때문에 이들 또한 정치활동의 주 무대는 경성 중심부였다.

그림 27

대한민국 초대 대통령 취임식에서 선서하고 있는 이승만

『조선일보』 1948년 7월 25일 자, 「정부대통령취임식 전」

이승만(1875~1965년)

이승만은 황해도 출신이지만 어릴 적부터 서울에서 교육받았으며, 독립협회 활동과 함께 고종 폐위 음모로 약 6년 동안 옥고를 치렀다. 1912년 미국으로 망명한 후 미국에서 박사학위를 받았다. 1919년 상해임시정부 대통령이 되었으나, 1925년 탄핵 면직되었다. 1945년 10월 16일 환국 직후 조선호텔에 잠시 머물다 이후 마포장으로 옮기기 전까지 약 2년간 돈암장에 거주하였다. 해방 후 이승만은 반탁반공 노선을 중심으로 남한 단독정부 수립을 주장하였으며, 지나친 반탁반공 운동으로 미군정과 마찰을 빚기도 하였다. 이를 계기로 이승만은 돈암장을 떠나 1948년 초대 대통령이 되어 경무대에서 거주하기 전까지 마포장에 머물게 되었다. 이후 부산정치파동발췌개헌, 사사오입개헌장기집권, 3·15부정선거 등의 회오리 속에서 대통령에 네 번 선출되나, 4·19혁명으로 대통령직을 사임하였다.

開票結果
李大統領四選確定
副統領엔李起鵬氏
16日下午六時現在 全國開票結果거의判明
勝利者의 國政刷新注力
自由黨 國民協調에 感謝
不正選

그림 28
3·15부정선거 개표 결과 발표 후의 대통령과 부통령 당선 보도기사
『동아일보』 1960년 3월 17일 자, 「이대통령 4선 확정」

조소앙(1887~1958년)

조소앙은 경기도 파주 출신이며, 1904년 일본으로 건너가 메이지대학에서 공부한 후 돌아와 경신학교에서 교사생활을 잠시 하였다. 이후 1913년 중국으로 망명하여 상하이를 거점으로 항일단체인 '대동당'을 조직하였다. 1945년 환국하기 전까지 조소앙은 1918년 무오독립선언서의 기초를 작성하고, 이후 상해임시정부 수립에 참여하여 임시정부 국무위원이자 외무장관을 역임하고, '삼균주의'를 창시하였다. 환국 후 반탁운동에 참여하였으나 이승만의 남한 단독정부 수립에 반대한 후 사회당을 창당하여 독립적인 정치노선을 걸었다. 1950년 5월 30일 제2대 국회의원 선거에서 성북구에 출마하여 전국 최다득표로 조병옥을 꺾고 당선되었다. 그러나 한 달 후 6·25전쟁이 발발하자 돈암동 자택에서 납북되어 1958년 사망한 것으로 전해진다.

그림 29
제2대 국회의원 선거 조소앙 홍보 전단
성북마을아카이브

안재홍(1891~1965년)

안재홍은 경기도 수원군현 평택시 출신 독립운동가, 정치인, 사학자, 언론인이다. 1909년 일본으로 유학하여 와세다대학을 졸업하고, 1914년 귀국하였다. 일본 유학 시절 조선인 유학생 학우회를 조직하기도 하였다. 귀국 후 중앙고보 학감으로 재직하였으며, YMCA에서 학생들을 지도하기도 하였다. 1917년 낙향한 후 1919년 3·1운동 당시 평택에서 만세운동을 주도하기도 하였다. 이후 비밀결사인 대한민국 청년외교단에서 활동하였으며, 1923년부터는 시대일보와 조선일보에서 언론활동을 하였고, 신간회 창립을 주도하기도 하였다. 1941년 결혼을 계기로 동선동 한옥에 거주하기 시작하였으며, 해방 후에는 돈암동 산 11-152번지로 거주지를 옮겨 살았다. 해방 후 좌우합작 운동을 이끌었으며, 미군정기 민정장관을 지냈고, 1950년 제2대 국회의원 선거에서 평택군에 출마해서 당선되었다. 그러나 한 달 후 6·25전쟁 발발과 함께 돈암동 자택에서 납북되어 1965년 평양에서 사망하였다.

그림 30
안재홍
1947, 국립문서기록관리청(NARA)

조병옥(1894~1960년)

조병옥은 충청도 목천군 천안시에서 태어났다. 1912년 서울 배재학당에서 수학한 후 1914년 미국으로 건너가 컬럼비아대학교에서 박사학위를 받았다. 귀국 후 일제강점기 신간회 활동에 참여하였으며, 수양동우회 사건 등 항일운동으로 체포되어 수감생활을 하기도 하였다. 미국 유학파로서 초기 이승만의 영향을 받았고, 해방 직후 반탁운

그림 31 ◂

홍사단 발기위원이었던 1913년 당시 조병옥

그림 32 ▸

1948년 12월 파리 UN총회 파견 대한민국 대표단
앞줄 왼쪽이 조병옥
재속프란치스코회 한국 국가형제회

동에 참여하였으나 한국민주당 창당 이후 이승만과 정치적으로 대립하였다. 미군정 시기 미군정청 경무부장을 지냈다. 조병옥은 1950년 제2대 국회의원 선거에서 성북구에 출마하였으나 조소앙에게 패하였다. 당시 주소는 돈암동 89-7번지현 동소문로 120번지이었으며, 동선동 태극당제과가 있던 자리 인근으로 추정된다. 6·25전쟁 발발 당시 내무장관을 맡았으며, 이후 1954년 제3대 국회의원 선거에서 대구에 출마하여 당선되었다. 1960년 정부통령 선거에서 민주당 대통령 후보로 출마하였으나 선거 한 달 전 미국에서 심장병 수술 중 사망하였다.

- **'김자동의 구술'을 통해 본 돈암동 정치인들의 공간정치적 연결**

  김자동 그리고 정정화와 김의한

김자동金滋東은 독립운동가 정정화와 김의한 부부 사이에서 1929년 상하이 프랑스 조계지에서 태어나 어린 시절 상해임시정부 주요 인물이었던 이시영·이동녕·김구·윤봉길 등을 만난 적이 있다. 해방 후 부모와 함께 혜화동을 거쳐 돈암동에 머물렀으며, 20대였던 이 시절 당시 돈암동에 함께 거주하던 조병옥·안재홍·조소앙 등에 대한 공간적 기억을 고스란히 기록

그림 33 ◂

김자동의 가족사진
왼쪽부터 김의한, 정정화, 김자동. 성북문화원, 『이야기하다 보면 생각이 나: 3·1운동 100주년 기념 성북구 독립운동가 후손 구술자료집』, 학연문화사, 2019. 193쪽

그림 34 ▸

1951년 6·25전쟁 당시 서울 돈암동에서 정정화 선생
성북문화원, 『이야기하다 보면 생각이 나: 3·1운동 100주년 기념 성북구 독립운동가 후손 구술자료집』, 학연문화사, 2019, 202쪽

하고 있다. 2021년 현재 『대한민국 임시정부 기념사업회』 회장직을 맡고 있다. 김자동의 모친인 정정화鄭靖和, 1900~1991는 김의한과 결혼한 후 1919년 남편을 따라 상하이로 망명하였다. 이후 1930년까지 중국과 조선을 오가며 독립운동자금 모금을 하면서 이동녕·이시영·김구 등 임시정부 요인들과 그 가족들을 돌보았다. 이후 한국독립당 광복군 창립, 한국혁명여성동지회 조직, 대한애국부인회 재건 등 여러 활동을 펼쳤다. 해방 후 돈암동·화곡동·신정동·문래동을 옮겨 다니며 거주하였으며, 1982년 건국훈장 애족장을 받았다. 김자동의 부친인 김의한金毅漢, 1900~1964은 대동단 활동 중 1919년에 상하이로 망명하였으며, 중국본부 한인청년동맹 및 임시정부 활동을 펼쳤다. 1940년부터는 한국독립당, 1943년부터는 광복군 활동에 참여하였다. 1948년에는 김구와 함께 한국독립당 대표로 남북협상에 참여하였으며, 6·25전쟁 당시 납북되어 1964년 평양에서 별세한 것으로 알려져 있다. 1990년 건국훈장 독립장을 받았다.[16]

김자동의 기억 속 돈암동 정치 공간

김자동의 구술에 따르면[17], 김자동이 정정화·김의한과 함께 거주한 돈암동 집은 현재 동선동에 위치한 성신여고 근처로, 당시 주소는 돈암동 178-1번지이었다. 이들의 집은 성신여고 근처에 같이 위치하였던 조병옥의 집 뒤쪽에 있었고, 그 근처에 안재홍의 집도 함께 있었다고 한다.

"우리가 귀국해서 맨 처음에 산 건 종로구 혜화동이었어요. 거기서 한 1~2년 살았나. 사변(6·25전쟁) 전에 돈암동으로 이사를 갔어요. 지금의 동선동 성신여고 근처로, 산꼭대기 이렇게 있으면 돈암동 종점 가까이 있는 데 말고 반대쪽, 그러니깐 동선동 쪽에 그 밑에 한옥에서 우리가 살았는데, 얼마 전까지도 그 집이 그대로 있었어요. 지금은 전부 개축되지 않았을까 생각해요."

"그니깐 미아리로 올라가려면 전차 종점 바른쪽(=오른쪽, 북쪽을 향하였을 때의 동쪽과 같은 쪽), 그 조병옥 씨 집 알아요?"

(예, 성신여고 앞쪽에)

"그 집 뒤쪽이에요."

(그러면 혹시 정확한 주소지, 번지가 기억나십니까?)

"돈암동 178-1. 지금도 있는지 모르겠어요."

(그러면은, 그 앞쪽이 조병옥 선생님 집이고요.)

"그니깐 우리 집에서 전차 종점으로 가면, 조병옥 집이 있고 그 뒤에 안재홍 씨 집이 있었어요. 안재홍 씨 부인이 우리 어머니하고 가까이 지내 가지고 1·4후퇴 후에 서울이 텅텅 비었는데 안재홍 씨 부인은 남편 소식을 들을까 해서 피난 안 가고 집에 있었어요."[18]

(혹시 돈암동 집 구조를 기억하세요?)

16 성북문화원, 『이야기하다 보면 생각이 나: 3·1운동 100주년 기념 성북구 독립운동가 후손 구술자료집』, 학연문화사, 2019, 188~190쪽.
17 위의 책, 191~214쪽 참조.
18 위의 책, 191~194쪽 일부 인용.

"간단해요. 그때 돈암동이 우리가 살 적에는, 똑같은 한옥들이 몇십 채가 있어요. 우리 집이 이렇게 있으면 여기에 네 채씩 있고 인제 이쪽에도, 이렇게 있고, 뭐 이렇게 있고…. 우리 어머니가 아마 이 집에 있었을 거야. 178-1에."

(이쪽이 전차 종점이죠? 전차역 가는 길에 조병옥 집이 있었습니까?)

"여기가 평지예요. 집들이 많아요."

(이 집이 무척 컸다고 들었는데 맞나요?)

"조병옥 집이 이쯤 있어, 그래. 조병옥이 그때 그 근처에서 최고의 집인데 군정청 경무부장으로 있을 때 불하받은 거지."

(안재홍 집은 어디에 있었나요?)

"안재홍 씨 집은 이쪽에 있어, 이쪽에."

(전차 가는 길 이쪽 말이죠?)

"멀지 않아요. 한 200미터. 안재홍 씨 부인하고 우리 어머니하고, 안재홍 씨랑 우리 아버지랑은 다 같은 한독당 위원으로 있으니까 친했고, 부인도 잘 알게 돼서 부인이 우리 집에 놀러 왔어요."

"우리가 돈암동 살 때인데, 안재홍 씨가 민정장관 할 적에 좀 좋은 집을 불하받았어요. 안에 한옥이 있고 옆은 2층 양옥인데, 한옥에 가서 살고 2층 양옥은 좀 높아서 돈암동에서 말하자면 일류주택이야. 조병옥 집 바로 뒤쪽이에요. 그 2층집이 좀 좋으니깐 민청(대한민주청년동맹)에서 그걸 썼는데, 그 민청 간부가 아는 사람이 이북에서 내려왔어. 그 사람이 조소앙 선생 비서를 하던 김홍곤이에요."[19]

당시 돈암동에는 똑같은 한옥들이 수십 채가 이어져 있었고, 조병옥의 집은 조병옥이 군정청 경무부장으로 있을 때 불하받은 집으로, 그 지역에서 가장 고급스러운 집이었다고 한다. 안재홍의 집은 돈암 전차역 종점에서 가까운 곳에 있었으며, 안재홍 집 또한 민정장관 시절 불하받은 고급 주택이었다고 한다. 특히 안재홍 집은 단층 한옥과 2층 양옥 건물로 구성된 주택인데, 안재홍의 양옥 2층은 대한민주청년동맹이 사무실로 사용하였다고 기억한다.

(그러면은 돈암동에 계실 때 아버님을 주로 찾아오시던 손님이 계신가요? 손님들은 어떤 분이셨어요?)

"우리가 사변 전에 돈암동 종점에 살았어. 지금 생각이 나. 이사를 간 다음에 많이 찾아왔어요. 특히 한독당(한국독립당) 계통 사람들."[20]

김자동의 모친 정정화와 안재홍은 가까이 지냈으며, 부친 김의한과 안재홍·조소앙 등이 6·25전쟁 당시 납북된 이후에도 정정화와 안재홍의 아내는 자주 왕래하였다고 한다. 또한 김자동의 집에는 한국독립당 계통 사람들이 자주 찾아왔으며, 김구와 조소앙 그리고 그들의 인

19 위의 책, 198~203쪽 일부 인용.
20 위의 책, 194쪽.

사들도 집 근처를 오갔다고 한다. 임시정부 활동에 이어 한국독립당 활동을 한 김구·조소앙·김의한, 좌우합작을 추진한 안재홍, 남한 단독정부 수립 노선 속에서 기존 임시정부 세력과 갈등 관계에 있던 이승만과 대한민주청년동맹이 얽혀 있었다. 이는 김자동의 기억 속 돈암동 정치공간에서 잘 드러나 있다.

- **'돈암장'과 이승만**

해방 직후 건국 과정 속 돈암장

이승만이 입주하면서 돈암장은 해방 정국의 중심지가 되었다. 김구, 조소앙, 안재홍, 신익희, 존 하지, 제럴드 굿펠로우 등의 인물이 돈암장을 방문하여 이승만과 회담을 나눴다. 1945년 12월 2일 임시정부 활동을 주도하였던 이승만, 김구, 김규식도 돈암장에 모여 정국에 대한 논의를 하였다.

> 임시정부 각 요인이 귀국 후 각계대표와 요담은 연일 계속하고 있는데 5일 오전에는 조소앙 외교부장, 신익희 내무부장이 돈암장의 이승만 박사를 방문하야 중요한 요담을 하였는데, 6일 개최 예정인 국무원 회의를 앞두고 극히 주목을 끌고 있다. 4일에는 각종 교단체 대표와 학생단체 대표 등 각 방면으로부터 절대신봉의 맹서를 받고 있는 임시정부로서는 금후 어떠한 태도를 명할는지 3000만 민중의 관심이 모두 이 점에 집중되고 있는데, 임시정부 각 요인의 담화를 보더라도 오직 한 가지 상정할 수 있는 것은 국내 혁명투사들의 협력을 얻어 건국대업에 매진하자는 것이다. 즉 임시정부를 토대로 하여 정치력을 집결함으로써 완전히 자주독립의 길을 밟으며 따라서 우리는 총력을 집중할 수 있다. 민의에 의하여 탄생한 임시정부이니 민의에 의하여 육성하지 않으면 안 된다는 것은 재언을 불요하는 바이다.

『동아일보』 1945년 12월 6일 자, 「요인의 왕래빈번」.

돈암장은 이후 이승만과 김구가 이끄는 폭발적인 반탁운동과 함께 당시 격동의 건국 과정에서 중요한 정치 공간이 되었다. 1945년 12월 16일부터 12월 26일 모스크바에서 열린 미

그림 35

돈암장에서 이승만과 윤치영

『尹致暎의 20世期:東山回顧錄』, 삼성출판사, 1991

왼쪽 맨 끝이 윤치영, 가운데 검은 한복 입은 앉은 이가 이승만, 1945년 11월

그림 36

1945년 12월 31일 모스크바 삼상회의의 결과 발표 직후 경성운동장에 모인 반탁 시위자들
Protesting a Trusteeship Plan, 1945-12-31, 국립문서기록관리청(NARA)

그림 37

1947년 6월 3일 제2차 미소공위 개최 당시 덕수궁 대한문 앞 반탁 시위 모습
Demonstrating Against Trusteeship(1), 1947-06-23, 국립문서기록관리청(NARA)

국·영국·러시아 3국 외무장관의 삼상회의에서는 조선의 민주적 독립국가 수립을 위해 미국·영국·소련·중국 등 4개국 간에 조선에 대한 최대 5년 동안의 신탁통치를 합의하였다.

『동아일보』 1945년 12월 27일 자, 「소련은 신탁통치 주장」.

막사과莫斯科에서 개최된 삼국외상회의三國外相會議를 계기로 조선독립 문제가 표면화하지 않는가 하는 관측이 농후하여 가고 있다. 즉『반즈』미 국무장관은 출발 당시에 소련의 신탁통치안에 반대하야 즉시 독립을 주장하도록 훈령을 바닷다고 하는데 삼국 간에 어떠한 협정이 잇섯는지 업섯는지는 불명不明하나, 미국의 태도는『카이로』선언에 의하야 조선은 국민투표로써 그 정부의 형태를 결정할 것을 약속한 점이 잇는데 소련은 남북 양 지역을 일괄한 일국신탁통치를 주장하야 삼십팔도선에 의한 분할이 계속되는 한국민투표는 불가능하다고 하고 잇다.『카이로』회의에서 장개석 씨와 서구연합국은 당연한 조선독립을 선언하엿다. 그러나 삼십팔도선의 분할점령은『테해란』『일타』『포쓰담』 각 회담에 있어서 아무도 승인한 것은 않이다. 조선의 각 정당은 누가 삼십팔도선을 결정決定하엿는가를 알고저 하며 또한 조선의 급속한 독립을 요구하고 있는데 이것은 당연한 요구이다. 조선의 독립은 미국과 중국이 약속한 것이다.

그러나 다음날 12월 27일 동아일보의 '소련은 신탁통치 주장, 미국은 즉시 독립 주장, 소련의 구실은 38선 분할점령' 보도는 국내 좌우세력 모두의 신탁통치 반대를 불러일으켰다. 1946년 1월 24일 소련 타스통신에 의해 동아일보 보도는 오보이며, 신탁통치에 대한 처음 제안자는 미국이었음이 알려졌다. 이에 국내 좌익세력은 반탁운동을 철회하였으나, 이승만을 중심으로 한 우익세력은 반탁·반소·반공운동을 더욱 격렬히 전개하였다. 이승만의 반탁운동은 이후 남한 단독정부 수립 주장으로 이어졌으며, 이승만이 초대 대통령으로 취임하는 데 중요한 정치적 계기를 마련하였다.

우익세력의 반탁운동이 이승만의 정치적 기반을 강화해 주면서 돈암장은 더욱더 중요한 정치 공간이 되었다. 당시 윤치영·이기붕·윤석오·송필만 등이 이승만을 보필하였는데, 3·15 부정선거를 만든 이승만과 이기붕의 인연도 돈암장에서 시작된 것이었다. 해방 당시 사업가였던 이기붕은 돈암장에서 이승만을 만난 후 비서실장으로서 정치계에 발을 들여놓았다. 1946년 2월 미군정청의 자문기관으로 설립된 남조선 대한국민대표민주의원의 의장으로 이승만이 취임하자 돈암장은 그야말로 당시 정국의 핵심 공간이 되었다.

십사 일 군정청에서 과도정권의 모체가 될 역사적 회의를 열고 대한국민대표민주의원을 성립한 그 후 돈암장은 정계 내외 요인들의 출입이 빈번하다. 십사 일 저녁에는 국민당수 안재홍 씨가 방문하야 이승만 의장과 요담한 후 이어서 하지 중장과 정치고문 굿 펠로우 씨가 내방하야 요담하엿다. 다시 십오 일 아츰에도 굿 펠로우 씨와 안재홍 씨가 각 내방하야 약 1시간식의 요담을 하엿다. 그리고 이날 중에는 김구 부의장의 내방도 잇서 돈암장을 중심으로 작금 정계는 매우 활발하게 움직이고 잇다.

『조선일보』1946년 2월 16일 자, 「돈암장 중심으로 내외요인들의 내왕 빈번」.

이처럼 해방 직후 대한민국 정부수립 과정에서 중요한 정치 현장이라는 역사적 의미가 있는 건축적 가치로 인해 돈암장의 목조 팔작지붕의 한옥 본채 한 동은 2004년 등록문화재 제91호로 지정되었다.

돈암장의 구조와 위치

이승만이 1945년 10월 환국 이후 약 2년간 거주하였던 돈암장의 구조는 크게 세 부분으로 나뉘어 있었다. 아래채는 이승만, 위채는 비서와 살림 맡은 사람들, 바깥채는 경비원들이 사용하였다.

돈암장은 성북구 동소문로3길 98동소문동 4가 103-1에 자리 잡고 있으며, 현재는 개인 소유이다. 돈암장 이전에 이곳에는 조선시대 의료기관인 동활인서가 있었으며, 내시였던 송성진이 일제강점기에 대목장大木匠 배희한에게 의뢰하여 돈암장이 지어졌다. 쇠못을 전혀 쓰지 않고 나무를 짜서 지었으며, 3채의 건물과 약 700평 규모의 정원으로 구성되어 있는 주택이다. 해방 후에는 조선타이어주식회사 사장 장진영이 거주하였으며, 1945년 10월 환국한 이승만에

그림 38 ◂
돈암장 정면
문화재청, '서울 돈암장'

그림 39 ▸
2015년 돈암장 지붕 모습
문화재청, '서울 돈암장'

게 3채 중 2채를 빌려주어 거주하게 하였다. 이후 이승만은 2년간 거주하였으나 이승만과 미군정의 갈등이 심해지자 이에 부담을 느낀 장진영의 요구로 이승만이 마포장으로 옮겼다고 한다. 돈암장은 100여 년 동안 여러 차례 소유주가 바뀌고 개축되면서 원래의 모습과는 많이 달라졌다.

표 06
돈암장 역대 소유주 기록
구 토지대장

기록물	소유연도	이름	소속 및 직책
공유지 연명부	1927년(소화 2)	좌등강장佐藤剛藏	경성의학전문학교 교장
		도본구오랑稻本龜五郞	경성의학전문학교 교수
		구보희대이久保喜代二	경성제국대학 교수
		상전상길上田常吉	경성의학전문학교 교수
		삼원덕행杉原德行	경성의학전문학교 교수
		길전오우위문吉田彌五右衛門	조선총독부의원 사무관
		조야용삼早野龍三	의사
		면인조광綿引朝光	경성제국대학의학부 교수
		암정장사랑岩井誠四郞	총독부의원의관 겸 경성의학전문학교 교수
		덕광미복德光美福	경성의학전문학교 교수
		지하결志賀潔	총독부의원장/경성의학전문학교교장
		평산정십平山政十	
토지대장	1933년(소화 8)	신전의민新田義民	
	1939년(소화 14)	송성진宋星鎭(평산정부平山正夫)	
	1945년(소화 20)	장진섭張震燮	
	1958년(단기 4291)	장덕영張德英	
	1959년(단기 4292)	정해수郑海秀	성창기업
	2007년	정연준	선창산업

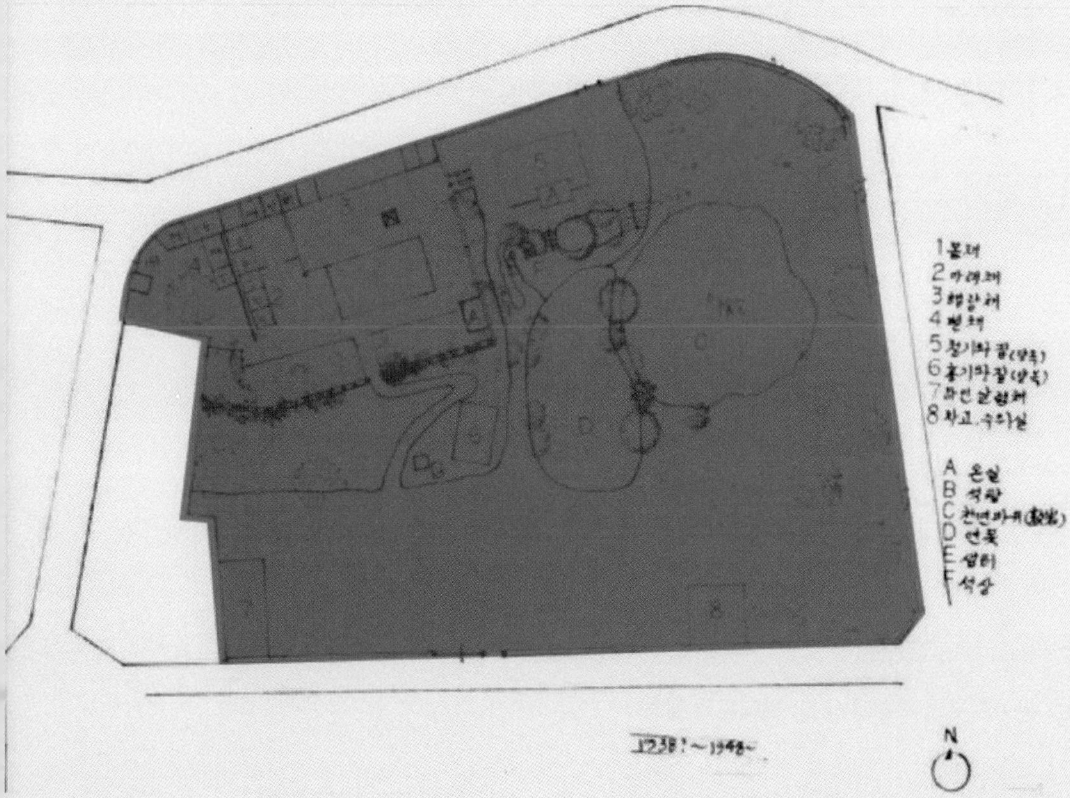

그림 40

1938~1948년 돈암장 추정배치도

정성희, 「1930년대 한국 주택정원의 변화양상 분석」, 서울대학교 석사학위논문 2016, 69쪽

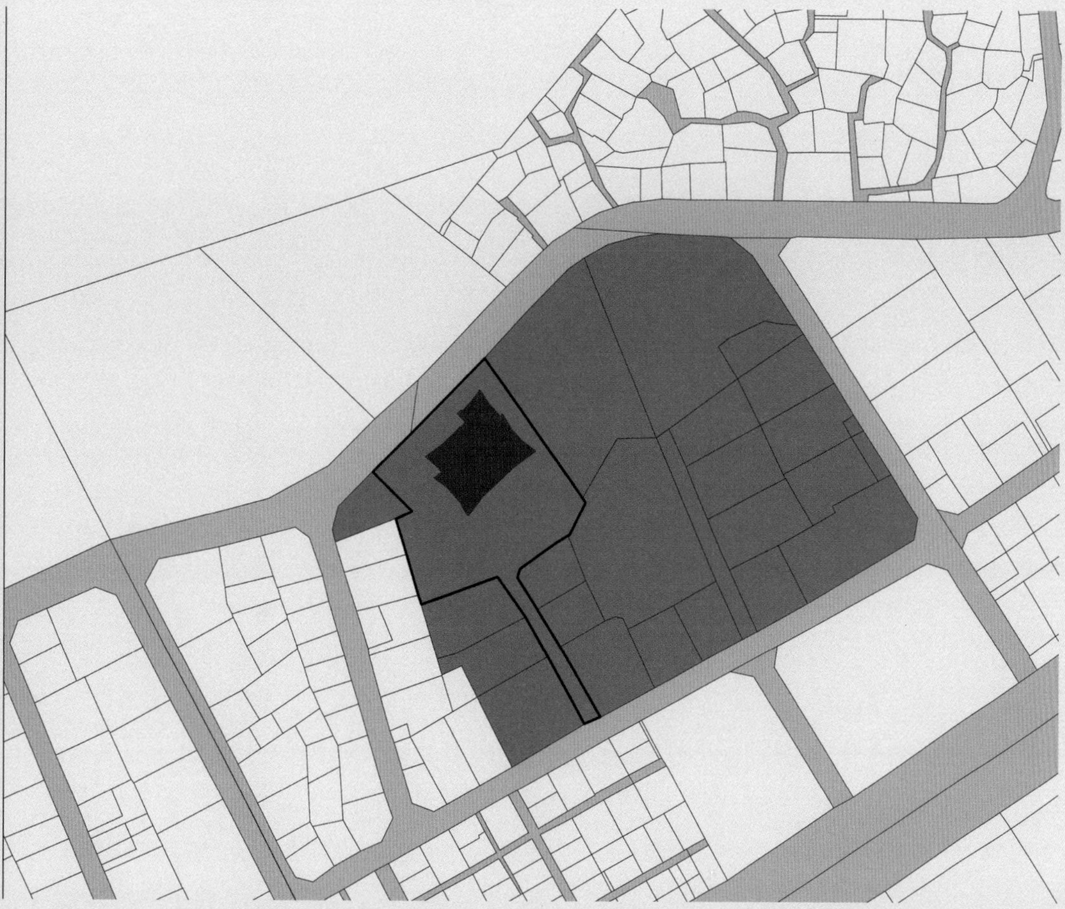

그림 41

돈암장 현황 배치도

2021년 지적도

3. 신도시 돈암과 문학공간

3.1 돈암지구의 개발과 생활: 이태준과 팔보

일제강점기 이후 도시화가 본격적으로 시작되면서 경성의 인구는 급증하였다. 1930년대 초반까지 성북동·돈암동·안암동을 비롯한 돈암지역은 여전히 시골에 가까운 한적한 곳이었다. 1933년 집을 짓고 성북동으로 이사를 온 이태준은 그의 소설 「달밤」에서 집 앞 풍경을 다음과 같이 묘사한다.

> "여기도 정말 시골이로군!"[21]

하지만 1930년대 중반을 지나며 돈암지역에 정착하는 사람들은 점차 늘어났다. 이미 경성의 인구 증가는 1920년대부터 시작됐다. 1920년에 25만 명이었던 경성부의 인구는 1926년에는 33만 6,000명으로 34.43%라는 엄청난 증가율을 보였다.[22] 인구는 급격히 늘었지만, 경성에는 몰려드는 사람들을 수용할 주택이 없었고 그들을 위한 제도도 마련되어 있지 않았다. 결국 사람들은 개천 옆 등 국유지에 '토막'으로 불린 불법 건물을 짓고 살기 시작하였다. 1930년대 성북동도 이러한 바람을 피하지 못하였다. 그러니 '시골'이라는 표현은 상대적이었으며, 몰려드는 사람들은 무단으로 집을 짓고 살았다. 이는 그의 소설 「손거부」에 자세히 묘사되어 있다.

> (1) 나는 이런 문패를 처음 써볼 뿐만 아니라 호구조사 나오는 순사한테 방패막이로 한다는 그의 말이 우습기도 하고 또 그의 어리숙함에 일종의 취미도 느끼었다. 우선 첫머리엔 '고양군 숭인면 성북리'라고 쓰고, "거기가 몇 번지요?" 물었다. "번지 그까짓 안 쓰면 어떻습니까?", "왜 안 쓴단 말이오? 아, 장자, 차자 이름을 다 쓴다면서 정작 번지를 안 쓰면 되우?", "우린 아직 번지가 없답니다.", "번지가 없다뇨?", "그게 개천둑에다 진 집입죠. 이를테면 국유지입죠. 알아들으시겠습니까? 그래 이제 면에서 나와 번질 메겨 주기 전엔 아직 모릅니다."[23]

21 이태준, 「달밤」, 『중앙』, 1933년 11월호.
22 경성제국대학 위생조사부, 박현숙 옮김, 『1940년, 경성의 풍경, 토막민의 생활과 위생』, 민속원, 2010, 79~81쪽.
23 이태준, 「손거부」, 『신동아』, 1935년 11월호.

그림 42
수연산방

소설 속 주인공과 손거부와의 대화를 보면, 손거부의 집은 개천둑 국유지에 있었으며, 거주구역이 아니어서 번지도 없었음을 확인할 수 있다. 2010년대까지도 이태준의 집인 수연산방 앞에는 국유지에 지어진 집들이 있었는데, 이 집들은 1930년대부터 무단으로 점거한 국유지에 지었던 집들을 이은 것이었다. 「손거부」의 발표 시점은 1935년이다. 그러니 1930년 중반에는 이태준이 '시골'이라고 부르던 성북동 골짜기까지 토막들이 들어서 있었음을 확인할 수 있다.

총독부도 마냥 손을 놓고 있던 아니었다. 1920년에 이미 경성부의 행정구역 확대가 논의되었으며, 행정구역 확대를 위한 조사가 실행되어 1924년에 종료되기도 한다. 이 조사가 바탕이 되어 1930년 최초의 도시계획이 입안되었으며, 이때 수립된 도시계획은 1934년 공포된 조선시가지계획령과 총독부령 제78호에 시행되었다. 1936년 4월 1일 '대경성계획'이라고 불린 총독부의 경성부 확대안에 따라 돈암지구는 경성에 속하게 된다. 그리고 '토지구획정리사업'이 발표되는데, 돈암지구는 주거지구로서 처음으로 사업이 시작된다. 이때 지어진 집들이 집장수들이 만든 이른바 '도시한옥'이다. 이 도시한옥과 돈암지구 모습은 팔보가 1943년 『조광』에 발표한 「서울 잡기장」이라는 글에 잘 나타난다. 필자 '팔보'는 필명으로, 누구인지 확인할 수는 없다. 다음은 「서울 잡기장」의 일부를 발췌한 것이다.

그림 43
1955년 성북천 변에 들어선 초가집
문화재청 국가문화유산포털

(2-1) 내가 현재 살고 있는 이 안암정安岩町은 어쩐지 시내라기보다 교외라는 느낌이다. (중략) 모조리 작년에 새로 지어놓은 집은 그야말로 전통 없는 개척촌과 같이 보일 수밖에 없다. 사실 이 부근은 도시의 개척촌임에 틀림없다.

(2-2) 내가 들어 있는 집과 우리 애국반, 우리 구區는 모두 한 건물회사에서 지은 집이다.

(2-3) 놀라운 것은 이렇게 청사진 두서너 장의 설계로 지은 집단주택이 한 번지 안에 60호 가까이 된다. 다시 말해 길이로 골목이 네 줄기나 되는데, 골목을 마주보고 나란히 선 집들은 동향과 서향에 따라 설계가 다를 뿐, 위아래 쪽으로는 한 치 닷 푼이 틀리지 않고 똑같다.

(2-4) 이렇게 사정이 엇비슷하니, 여기가 서울바닥 같지 않고 무슨 교외의 피서지나 기숙사 같다는 생각이 든다.

(2-5) 우리 집에서는 돈암정 종점이 가깝다. (중략) 돈암정 선을 이용하는 사람 즉 미아리, 정릉리에서부터 안암정, 돈암정, 성북정, 혜화정, 명륜정에 이르기까지 매일 약 5만 명에 달한다고 하니, 전차가 아무리 번개같이 실어낸다 해도 이 많은 인원을 시원스럽게 날라낼 리가 없다.[24]

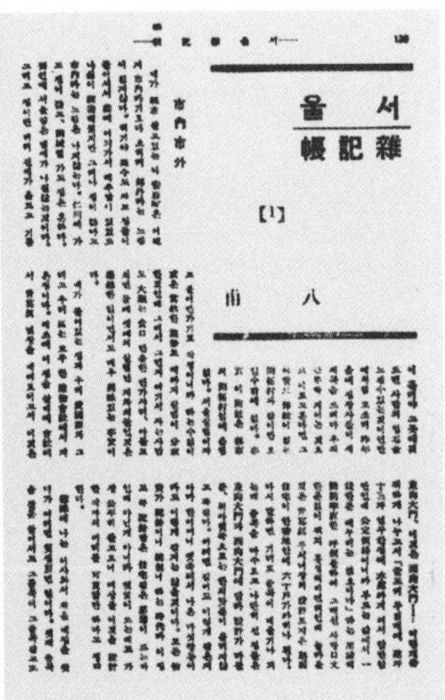

그림 44

팔보(八甫), 「서울 잡기장(雜記帳)」, 『조광』, 1943

팔보의 「서울 잡기장」을 보면, 당시 돈암지구는 집들을 한 회사에서 지었고, 모두 비슷하게 생겼고, 신도시처럼 새로 만들어졌지만 여전히 교외의 이미지가 더 강하였다는 것을 확인할 수 있다. 이 글에서처럼 돈암지구는 교외 지역의 이미지였지만, 인구는 매우 많았다. 그 많은 인구는 모두 사대문 안으로 출퇴근을 하였다. 1941년에 혜화로터리에서 돈암정현 지하철 4호선 성신여대입구역까지 노선이 연장된 전차가 쉼 없이 사람들을 실어 날랐음에도 5만 명의 인구를 감당하기에는 역부족이었다.

교통수단은 전차만이 아니었다. 버스는 1933년부터 운행되고 있었다. 1937년 발표된 이태준의 소설 「장마」에서 묘사된 '총독부행 버스'는 '꽤 고물이 된 자동차'였다. 돈암지구를 지나는 시내버스가 개통되고, 1936년까지 안암동을 거쳐 종암동까지 노선이 확대되었다. 이태준이 탄 버스는 바로 이 시내버스일 것이다. 돈암지구의 새집에는 주로 중산층들이 살았고, 이들의 삶의 모습은 「서울 잡기장」에 잘 드러난다.

(3-1) 우리 애국반은 골목 안 마주보는 두 줄로 조직되었는데, 이는 매우 자미스러운 일이라 생각된다. (중략) 이는 매우 편리한 조직이다. 우리는 한 골목 안에 살기에 반원끼리 친화하기도, 회람판을 돌리기에도, 금속을 회수하기에도 참 편리하다. 더욱이 방공훈련 같은 때는 전령이 집집이 다니지 않고 골목 맨 끝에서 "흰 기를 꽂으시오, 붉은 기를 꽂으시오" 하면 골목 양편 집집에서 그야말로 훈련식으로 일제히 흰 기, 붉은 기가 나오는 것이다.

(3-2) 우리 반은 대개 그만그만한 형편의 단가사리에 주인부처가 고르게 나이가 젊은데, 이 일 년 동안 갓난 어린아이가 꼭 열 명이 되고 머지않아 세상에 나올 아이도 서넛 있는 것이 국책적 사실이다. 이사 온 후부터 산아경쟁(?)이 한 달 걸러 한 번씩 일어났는데, 참 걷잡을 수 없는 경사로서, 애국반장은 쌀 배급식구 늘리는 도장 찍기에 바쁘시다.

(3-3) 우리 반 자랑이지만, 우리반 은 상회常會 때 순전히 국어만 사용한다. 내지인 반원이 있는 관계도 있겠지만, 반원 전부가 국어를 해득하기 때문이기도 한데, 상회 때마다 방송되는 연맹의 훈시에서 통역하는 것을 듣지 않는 것도 여간 경제적이 아니다.[25]

24 팔보(八甫), 「서울 잡기장(雜記帳)」, 『조광』, 1943.

25 팔보(八甫), 「서울 잡기장(雜記帳)」, 『조광』, 1943.

(3-1) 문장을 보면 당시 생활상을 엿볼 수 있다. 1943년 일제는 태평양전쟁 중이었다. 애국반은 1938년 만들어졌다. 처음에는 황민화를 위하여 신사참배와 반상회에의 참가를 요구하였으나, 전쟁의 확대와 함께 갖가지 동원을 위한 기초 단위로 되어 갔는데, 이 글에서도 금속회수와 방공훈련 등이 애국반 단위로 이루어지고 있음을 확인할 수 있다.

(3-2)와 (3-3) 문장에서는 돈암지구에 살던 사람들의 수준을 짐작할 수 있다. 아이를 많이 낳는 것을 보면, 주로 젊은 사람들이 많이 살았던 것을 짐작할 수 있다. 또한 순전히 '국어일본어'를 사용하는 것으로 볼 때, 초등교육 이상을 받은 것을 알 수 있다. 저자 스스로도 '반원 전부가 국어를 해독하는 것'을 자랑스럽게 여기고 있었다. 이처럼 문학작품 속의 일제강점기 돈암지구는 새로 개발된, 젊은 사람들이 많이 사는 교외의 이미지였다. 전쟁의 와중에도 아이를 낳고 평범한 삶을 유지하려는 사람들이 살고 있었다는 사실 또한 확인된다. 그리고 전쟁 속에서 많은 사람이 위안부·정신대·강제징용 등으로 많은 상처를 입었지만, 도시 자체는 큰 피해 없이 해방을 맞이하게 된다.

3.2 해방공간: 김동리의 『혈거부족』

해방은 일제강점기의 모든 모순을 해결하지 못하였다. 해방된 한반도는 여전히 가난하였다. 김동리의 『혈거부족』은 삼선동에 있던 토막집이나 토굴에 살던 주민들에 대해서 묘사하고 있다. 일본이 제2차 세계대전에 돌입함에 따라 조선에서도 1944년 무렵부터 조선총독부와 경성부는 성북동·돈암동 등 일대의 산지에 규모가 큰 방공호를 다수 구축하였다. 미군의 본토 상륙작전에 앞서 대규모의 공습이 있을 것에 대비해 공공기관의 업무를 수행하려는 목적에서였다. 경동고등학교삼선동3가 50번지 북쪽 담 건너편 산허리에도 몇 개의 방공호가 있었다. 이들 방공호는 해방 후 만주나 일본 등 해외에서 귀국한 동포들의 거주지가 되었다. 새로운 형태의 토막민이 된 것이다. 1948년 발표된 김동리의 단편 「혈거부족」은 다음과 같이 시작한다.

그림 45
1955년 경동중고등학교 천막 교실
성북구청 2019 옛사진 공모전

(4-1) 산이래도 층암절벽은 아니었다. 삼선교와 돈암교 사이에 놓인 그다지 높지 않은 구릉, 그러나 언덕이라기보다는 분명히 산줄기의 끝이었다. 이 산줄기를 타고, 허연 신작로가 널따랗게 커브를 그리며 돌아간 산지 일대의 구멍들 속에 그들은 살고 있었다. 굴 앞은 훤하게 닦아 올라간 신작로 바닥이라, 앞가릴 장송 노백이라거나 우뚝 솟은 바위 같은 것도 없이, 해와 바람과 하늘이 노 드리붓듯이 사철 충만해 있어, 혈거지대하고는 자못 명랑하고 화창한 편이기도 하였다.

(4-2) "신탁통치가 된다는 사람도 있두만서도…." 여덟째 구멍의 여인이 혼잣말로 같이 이렇게 중얼거리니 황생원 모친은 또 깜짝 놀란 듯이 "아, 신탁통치가 독립인가?" 하였다. "독립은 아닌 모양인 게지" 하는 것이 여덟째 구멍의 노인.

그림 46
1955년 삼선초등학교 본관과 산기슭의 천막 시설
성북구청 2019 옛사진 공모전

(4-3) "도적이야!" 순녀는 힘껏 소리를 질렀다.

(4-4) "굴이 무너졌다." 누가 이렇게 소리를 질렀다. … 마흔한 살 먹은 남자와 일곱 살 난 계집아이가 흙 속에 묻혀 버렸다는 것이었다.[26]

해방 이후에도 사람들은 구릉에 구멍, 즉 토굴 같은 것을 만들고 살고 있었다. 토굴의 생활은 비참하였다. 토굴은 장마에 취약하였고, 때론 무너져 비극을 낳기도 하였다. 그 가난한 와중에도 신탁통치에 대한 이야기는 토굴 사람들 사이에 오고 갔다. 가난한 사람들 사이에서도 좌우로 갈라진 정치 이야기는 중요한 대화 주제였다.

1936년 돈암지구 개발이 시작되었을 때 계획도를 보면, 돈암지구의 그 지형이 산지인지 평지인지 구분 없이 격자형의 블록으로 계획되어 있는 것으로 보인다. 하지만 공공용지들의 위치를 살펴보면, 시장과 공공청사 자리 등 사람들이 많이 이용하는 곳은 성북천과 대로변에 면해 있고, 공원이나 학교 등은 공공용지로 되어 있다. 산지의 개발에는 토목공사 비용이 과도하게 발생하기 때문에 토목공사 비용을 최소화하기 위해서 전체를 평탄화할 필요가 없는 공공용지들을 구릉지에 배치하였던 것으로 보인다.

하지만 돈암지구의 개발과정에서 전쟁으로 예산은 부족하였고, 공공에서 책임져야 하는 공원·학교의 건설은 미비하였으며, 학교·공원이 계획된 구릉지의 낮은 사면에도 주택을 건설하지 못하였다. 그리고 이런 구릉지에는 방공호가 주로 만들어졌고 『혈거부족』의 혈거민穴居民들은 이런 방공호에 거주하였던 것이다. 혈거와 함께 구릉지에는 혈거보다는 조금 나은 형태인 토막집들이 지어졌던 것으로 보인다. 토막집은 주변에 널려 있는 나무로 틀을 만들고 그 위에 거적을 얹고 안에 사람들이 거주하는 형태로, 당시에 집을 구할 수 없는 사람들이 산비탈에서 최소한의 비를 막기 위한 형태였다. 당시 경성은 인구가 급증하는 시기였고, 인구를

그림 47
일제강점기 토막(土幕)집
국가기록원

26 김동리, 『혈거부족』, 1948.

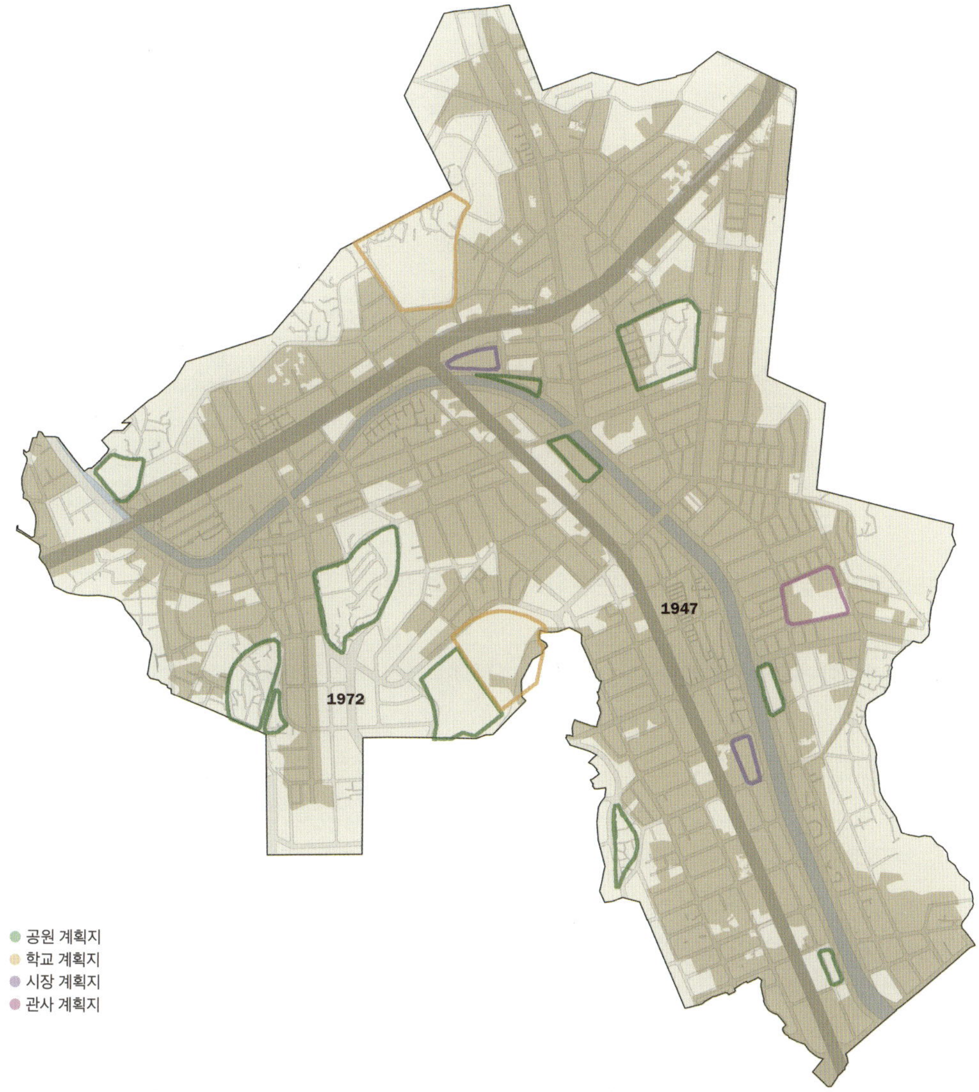

그림 48

돈암지구 구획정리사업의 개발 계획과 실행 범위 비교

돈암토지구획정리사업계획도, 1968년 지적도

수용할 수 없는 상태였다. 그렇기에 집을 구할 수 없던 가난한 사람들은 토막집이나 혈거 등 최소한의 주거를 만들고 거주하며 경성에서 일을 구해 생계를 이어갔다.

이런 토막민촌은 경동고등학교가 설립된 시기 이후로도 존속하여 1950년대 경동고등학교와 삼선초등학교 사이사이에 있었다. 하지만 이후에 주거지 개발과 학교 부지의 확대가 이루어지면서 점차 사라졌다. 김동리의 『혈거부족』은 이처럼 집이 없는 사람들이 당시에 살아가던 모습을 보여준다. 삼선동이 아닌 돈암지역 전체로 보면, 토막민촌은 완전히 사라지지 않고 재료만 바뀌어 무허가 판자촌으로 변화되었다. 판자촌은 1960~1970년대 서울이 확장되어 가는 과정에서도 계속해서 만들어졌고, 서울의 도시 개발과정에서 산등성이의 판자촌을 철거하고, 이주시키는 과정이 계속되면서 사라졌다. 돈암지역에서 대표적으로 현재 한신·한진 아파트가 있는 돈암동 606번지가 이런 무허가 불량주택지였다. 돈암동 606번지의 판잣집들도 그리 오래되지 않은 1970년대부터 개발되면서 사라졌다.

해방 후 한반도의 정치 상황 역시 불안정했다. 해방된 조선은 미국과 소련, 두 강대국에 의해 통치되었고 국내 세력들도 민족주의 계열과 사회주의 계열로 나뉜다. 그리고 미국과 소련이라는 두 강대국은 제2차 세계대전의 동맹국임을 뒤로하고, 바로 냉전을 맞이하게 된다.

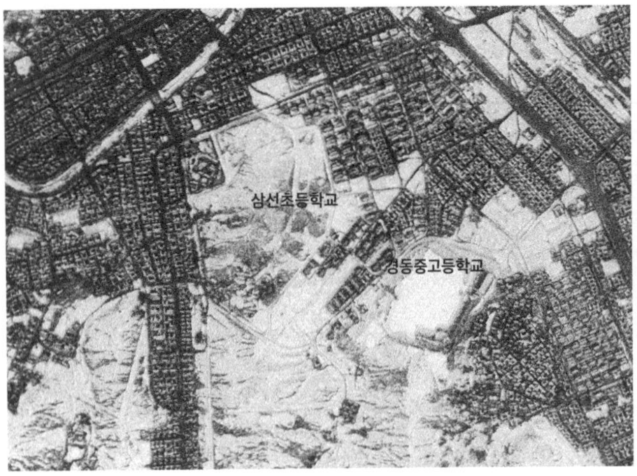

그림 49 ◂
개발 전후의 삼선초등학교와 경동중고등학교
1947년 항공사진, 국토지리정보원

그림 50 ▸
개발 전후의 삼선초등학교와 경동중고등학교
1972년 항공사진, 국토지리정보원

3.3 1950년대: 김성칠과 박완서가 겪은 돈암지역과 6·25전쟁

1950년대 냉전의 최전선에 한반도가 있었다. 남북이 각각 정부를 따로 세운 이후 38선을 사이에 두고 크고 작은 교전이 일어났다. 그러던 1950년 6월 25일, 북한은 선전포고 없이 전면전을 시작하였다. 북한의 도발에 대한 징후는 여러 곳에서 나타났지만 남한 정부는 제대로 된 탱크 한 대 없는 실정이다. 그래도 북이 쳐들어온다면 북진통일을 할 수 있을 것이라는 자신감만은 가득하였다. 북한 역시 전쟁이 일어나면 얼마 되지 않아 남한 전역을 점령할 수 있을 것이라 믿었다. 이러한 잘못된 양쪽 정부의 판단이 비극을 가져왔다. 남북 그리고 참전한 여러 나라의 군인과 민간인을 포함하여 300만 명이 넘는 사람들이 죽거나 다치거나 실종되었다. 이 비극은 전장에서만 일어난 것이 아니었다. 일상 속에서도 사람들은 전쟁의 영향을 크게 받았다. 김교신은 6·25전쟁의 직접적인 포화를 돈암동에서 맞았다. 김성칠은 그의 글 『역사 앞에서』에서 자신이 몸으로 겪은 남침을 기록하였다. 1950년 6월 27일 그의 일기에는 다음과 같이 적혀 있다.

(5-1) 한 시간 전까지도 골목길에 어슬렁거리던 사람들이 낮때가 가까워질 무렵엔 이미 피란 모퉁이를 들쳐메고 마을 앞 행길을 빠져나가고 있었다. 미처 진지를 구축할 겨를도 없이 앞산에선 대포를 걸어서 불을 뿜고 있고, 전선에서 물러나온 병정들인 듯 모자에 풀을 담뿍 꽂은 군인들이 한두 사람씩 산골을 타고 내려오는 것이 보인다. 그들의 맥 빠진 몰골로 하여 모든 것이 짐작이 가지만 북에서 수없이 밀려 내려오는 탱크는 이쪽 대포알이 아무리 명중하여도 꿈쩍도 안 한다는 그들이 보고 온 이야기가 모든 사람의 가슴에 불안의 납덩이를 던져주고 가는 것이다.

(5-2) 이때는 이미 산등성이마다 병정들이 진지를 다지고 지향을 잡을 수 없는 포화가 불을 뿜기 시작하였다. 나는 안어른에게 아이들에게 가보아야겠다 하고 미처 붙잡을 사이도 없이 미끄러지듯 그곳을 빠져나와서 성북동임직한 방향으로 걸음을 재촉하였다. 산비알은 걷고 등성이에선 기고 하여 일정한 간격을 두고 일렬로 늘어선 총부리 사이를 더듬어서 겨우 성북동 골짜기로 접어들었다.

(5-3) 그러나 문득 치어다보니 맞은 편 낙산 성벽을 의지하여 아군의 대포가 자리 잡았고 산 위엔 병정들이 즐비하게 깔리어 있다. 저편의 대포알이 필시 이 포진지를 겨냥하여 날아올 것을 생각

하니 그 바로 앞자락인 정용의 집으로 온 것은 그야말로 대포알을 마중 나온 것이나 진배없다. 아내와 이 일을 의논하고 경동중학 앞 이극원 씨 댁으로라도 옮아갈까 하는 참에 어디서인지 대포알이 휭하니 날아와서 흙먼지를 말아 올리고 그러고는 거리에 사람의 그림자가 끊어졌다. 우리는 마침내 이 위험한 지대에서 난리의 첫날밤을 새우게 되었다.[27]

(5-1)과 (5-2)의 문장을 보면, 전황이 얼마나 급격히 변화하였는지를 확인할 수 있다. 한 시간 전까지 골목을 어슬렁거리던 사람들은 낮이 되자 보따리를 싸서 피란을 준비하고 있었고, 군인들이 후퇴하는 모습도 볼 수 있었다. 탱크에 대한 소문 역시 빠른 속도로 퍼져 나갔다. 정릉에 살던 김성칠 역시 불안을 떨치지 못하고 사람들을 따라서 성북동 골짜기로 피해 갔다. 그가 찾아간 곳은 낙산 앞자락에 자리 잡은 '정용의 집'이었는데, 국군은 낙산 성곽에 의지하여 진지를 구축하였다. 그의 표현대로 대포알을 마중 나온 것이다. 그는 그곳에서 전쟁의 첫날밤을 보냈고, 결국 김성칠은 피란을 가지 못하였다. 피란 가지 못한 사람들의 생활은 크게 바뀌었다. 가장 무서운 것은 불확실성으로 인한 공포였다.

(5-4) 밤이면 미아리고개를 넘어서 자동차와 화물자동차가 쉴 새 없이 북으로 향하여 움직이고 있다는 소문이다. 그도 벌써 여러 날 밤째인데 이미 얼마나 많은 사람과 화물이 흘러나갔는지 모른다는 것이다. 그중에서도 가슴 아픈 이야기는 밤마다 수없이 많은 죄수들을 걸려서 끌고 가는데, 보아하매 상당한 신분과 지위를 가진 사람이 대부분인 것 같으나 꼬지 꿰듯 줄에 엮어서 강행군을 시키고 몸이 불편하거나 마음이 내키지 않아서 지체하는 일이 있으면 욕설을 퍼붓고 채찍으로 갈기며, 무넘이고개를 넘어서는 저엉 말을 듣지 아니하면 그 자리에서 총살해 버리고 간다는 것이다.[28]

위의 이야기는 비록 전해 들은 내용이지만 매우 생생하다. 이즈음을 기해서 조소앙과 안재홍 등 유명 인사를 포함하여 수많은 사람이 북으로 끌려갔기 때문이다. 유명한 '단장의 미아리고개'라는 노래는 당시의 일을 담고 있다. 포성은 점차 가까워지고 총성이 들리기 시작하였다1950년 9월 27일. 그리고 서울이 수복된 9월 28일에는 사람들이 인민군이 놓고 간 군수물자를 서로 차지하기 위해 경쟁하였다. 인민군이 후퇴하고 UN군이 들어오기 직전의 상황이었다. 서울은 수복되었다. 하지만 공포는 여전하였다. 6·25 이전부터 남과 북은 서로를 증오하였다. 여순 사태 때도 이념이 다르다는 혐의만 있으면 서로를 학살하였고, 이는 비극적인 전쟁에서도 이어졌다. 서로를 죽이는 일은 일상이 되었고, 사람들은 그 공포를 감내해야 하였다. 전쟁이 끝나고 돌아왔어도 상처는 아물지 않았다. 조지훈은 「서울에 돌아와서」에서 다음과 같이 썼다.

버리고 떠나갔던 성북동 옛집에 피난 갔던 가족 돌아와 풀을 뽑는다.
돈암리 길가에서 주어 업은 전쟁고아는 이름을 물어도 나이를 물어도 대답이 없다.[29]

버리고 갔던 집에는 잡초가 무성히 자랐다. 가족들이 하는 일은 그 잡초를 제거하는 일이었다. 그리고 전쟁고아가 있었다. 수많은 사람이 전쟁으로 이산離散하였고, 아이들은 고아가 되었다. 그런 고아들은 돈암리에서도 흔히 보일 만큼 많았다. 전쟁은 비극이었고, 그 비극은

27 김성칠, 『역사 앞에서』, 창작과 비평사, 1993, 107~112쪽.
28 김성칠, 『역사 앞에서』, 창작과 비평사, 1993. 321쪽.
29 조지훈, 「서울에 돌아와서」, 『조지훈 전집1 詩』, 나남, 1996, 180쪽.

돈암지역도 비켜 가지 않았다. 박완서의 소설『그 남자의 집』에는 당시의 그러한 분위기가 고스란히 담겨 있다.

(6-1) 여름에 인민군이 들어오고도 어떻게 된 게 그의 형은 숙청 대상이 안 되고 계속해서 안정된 신분은 유지했다. 그러나 사람에게는 양다리밖에 없으니까 양다리 이상 걸칠 수가 없다는 것은 자명한 이치, 석 달 만에 인민군이 후퇴할 때 그도 따라서 북으로 가버렸다. 처음 월북은 처자식과 노부모를 남겨놓은 단신 월북이었다. 그러나 세상은 또 한 번 뒤집혀 겨울에 인민군이 다시 서울을 점령했을 때 형이 자식을 데려가려고 나타났다. 처자식은 두말없이 따라나섰겠지만 부모는 달랐다. 왜냐하면 인민군이 후퇴하고 서울이 수복된 동안에 막내가 국군으로 징집됐기 때문이다. 막내가 국군이 되었기 때문에 그동안 그 집 식구들이 월북자 가족으로 받아야 할 핍박을 많이 줄여준 것은 사실이지만 노부모에게는 이럴 수도 저럴 수도 없는 딜레마였다. 결국 노부부는 헤어지는 쪽을 택했다.[30]

(6-2) 엄마는 남편과 아들을 잡아가서 다시는 돌려보내지 않은 성북경찰서와 그 옆의 청년단 건물과 즉결처분을 해서 한 구덩이에 처넣었다는 소문을 듣고 미친 듯이 시체를 찾아 헤매던 성신여고 뒷산 사이에 사는 것을 더는 못 참아 하였다. 정말 참을 수 없는 것은 한 골목 사람들이 돌아오는 것을 맞이해야 하는 일이었다.[31]

위의 두 사건은 전쟁이 만들어 놓은 비극을 그대로 전한다. (6-1)에서 확인할 수 있듯이 형과 동생은 서로 인민군과 국군으로 나뉘었다. 이 둘을 나눈 것은 개인의 선택 그리고 당시의 상황이었다. 정황으로 보아 형은 양다리를 걸쳤고, 더 이상 걸칠 다리가 없어지자 북을 택하였다. 그렇지 않았으면 그는 죽었을 것이다. 양다리를 걸친 것까지는 본인의 선택이었지만, 그 이후는 상황이 그의 선택을 강요하였다. 막내는 선택의 여지 없이 징집을 당하였다. 그리고 이 둘의 부모는 자식을 따라 헤어졌다. 한 명은 형을 따라 북으로 가고, 다른 한 명은 막내를 기다리며 남기로 한 것이다. (6-2)는 당시의 공포를 보여준다. 사람들은 재판 없이 즉결처분을 받았으며, 시체마저 가족들에게 돌려주지 않았던 것이다. 그 중심에는 어엿한 행정기관인 경찰서와 민간단체인 청년단이 있었다. 행정기관의 즉결처분도, 민간단체의 사법권 행사도 모두 잘못된 일이었다. 이처럼 전쟁은 비상식적인 일이 일상적으로 일어나게 하였으며, 그 사이에서 사람들은 죽음에 대한 공포 속에서 살아야만 하였다. 성신여고 뒷산에 즉결처분한 구덩이가 있었다는 것 역시 당시의 삶과 죽음이 얼마나 가까이 있었는지를 보여주는 일화이다.

또한 박완서의 소설에는 박완서가 살던 돈암동 기와집에 관한 이야기가 자주 나온다.『그 남자네 집』에도 자신이 1950년대에 살던 집에 대한 이야기가 나온다. 박완서가 결혼하기 전 처녀 적에 살던 집으로, 소설의 초반에 후배가 이사 간 동네가 성신여대 앞이라는 것을 알고 옛 기억을 떠올리며 묘사한다.

30 박완서,『그 남자네 집』, 세계사, 2012, 39쪽.

31 박완서,『그 남자네 집』, 세계사, 2012, 57쪽.

그림 51
1960년대 성북천 변의 수양버들과 한옥 주거지

> 안감내만 찾으면 그 집을 쉽게 찾을 줄 알았다. 성북동 골짜기에서 발원하여 삼선교, 돈암교를 거쳐 우리 동네 앞을 흐르던 개천을 우리는 안감내라고 불렀다. 안감내는 수량이 풍부하고 맑아서 동네 사람들은 큰 빨래만 생기면 그리로 들고 나갔다. 개천과 나란히 난 천변길은 인도와 차도가 따로 있을 정도로 너른 한 길이고 개천 쪽으로는 수양버들이 늘어져 있어 차가 많지 않은 당시에는 타 동네 사람들까지 일부러 산책을 올 정도로 한적하고 낭만적인 길이었다.[32]

박완서는 돈암동 자신이 살던 동네에 대해서 기억하며 안감내를 먼저 언급한다. 안감내는 1950년대에 성북천을 부르던 이름으로 소설 속에 등장하는 그 남자의 집과 박완서의 집 등이 이 안감내 주변에 있었다. 그렇기에 안감내는 소설 속 가장 중요한 장소로, 소설 주인공의 감정과 이야기를 이해하는 데 중요한 역할을 하고 있다. 안감내에 대한 묘사에서 1950년대의 성북천 변이 수양버들이 늘어져 있는 낭만적인 길이었음을 알 수 있다. 당시의 성북천 주변의 사진을 보면 박완서가 묘사한 것처럼 천변에는 수양버들이 가로수로 심어져 있고 산책로를 사이에 두고 건너편에 한옥 주거지가 있다. 당시 돈암지역에는 동촌과 주변의 학교에 다니는 학생들이 많이 살았다. 이들 외에도 성북천 변의 경관을 즐기기 위해 주변 지역에서 많은 사람이 찾아와 수양버들 아래를 거니는 모습을 상상해 보면 박완서의 묘사처럼 당시 이곳은 꽤 낭만적인 거리였던 것으로 보인다. 그리고 장소들의 지리적 위치에 대한 묘사가 있어 성북천 주변의 장소와 박완서가 살던 집과 마을에 대해서도 유추해 볼 수 있다.

> 그제야 내가 천주교회와 신선탕 중간지점에 서 있는 걸 알았다. 나의 옛집은 바로 신선탕 뒷골목에 있었고, 그 남자네 집은 천주교당 뒤쪽에 있었다. 천주교당도 신선탕도 천변(안감내)길에 있었다. 교회는 증축을 했는지 개축을 했는지 그 자리에 있으되 외양은 많이 바뀌고 커져 있었지만 목욕탕은 그때 그 모습 그대로이고 이름까지 그대로였다.[33]

32 박완서, 『그 남자네 집』, 세계사, 2012, 19~20쪽.
33 박완서, 『그 남자네 집』, 세계사, 2012, 20~21쪽.

그림 52
1955년 돈암성당과 양회다리
돈암동 성당 50년사 편찬위원, 「사진으로 보는 50년 - 1부, 『돈암성당 50년사』, 천주교 돈암동 성당, 2005, 272쪽

『그 남자네 집』에서 박완서는 자신의 결혼 전 집과 그 남자의 집 위치에 대해서 이야기하고 있다. 여기에서 중요한 장소는 천주교회와 신선탕이다. 천주교회는 1950년대에 지어진 천주교 돈암동 성당으로 현재까지 그 자리를 지키고 있다. 돈암동성당은 혜화동 본당에서 1955년 분리되어 만들어졌다. 그 이전까지 돈암지역의 천주교인들은 혜화동 본당으로 예배를 갔으나 돈암동성당이 조성된 후에는 돈암동성당에서 예배를 하였다. 당시에는 이렇게 큰 석조건물이 많지 않았기에 이 일대에서 일종의 랜드마크로 인식되었을 것으로 보인다.

신선탕은 정확한 건축 시기는 알 수 없지만 1950년대부터 있었던 목욕탕인 듯하다. 그러나 정확한 이름은 신선탕이 아닌 신안탕으로 보인다. 박완서의 다른 소설인 『그 산이 정말 거기 있었을까』에서는 자신의 집을 신선탕이 아닌 신안탕 근처로 언급하고 있으며, 성북천 주변에서 신선탕의 흔적은 찾을 수 없기 때문이다. 신안탕은 조적조로 지어진 목욕탕으로, 성북천 변에 있었으나 2011년 전후에 사라지고 이후에 아리랑교통의 차고지가 그 자리에 위치하고 있다.

그림 53
돈암동성당의 현재 모습

> 집에서 성북경찰서까지는 골목을 나가서 신안탕 앞에서 꺾여서 천변을 끼고 2백 미터쯤 가다가 널찍한 양회다리만 건너면 곧이었다.[34]

『그 산이 정말 거기 있었을까』에서는 신안탕과 더불어 양회다리와 성북경찰서가 주요 장소로 등장한다. 앞서 이야기한 돈암동 성당, 신안탕과 함께 양회다리·성북경찰서는 소설 속에서 그 남자와 주인공이 거주하는 마을을 대표하는 장소이다. 성북천 위의 양회다리를 사이에 두고 성북경찰서와 돈암동 성당이 마주보고 있는 그 거리와 마을이 소설 속의 배경이 되어 우리가 그 소설 속의 장소들을 상상할 수 있도록 한다. 이 장소들은 신안탕을 제외하고는 사라지지 않고 위치의 변화 없이 그 자리에 있어 소설 속에서 거닐던 거리가 어디였는지 그리고 그 남자와 주인공의 집이 있던 동네가 어디일지 추정해 볼 수 있다. 1955년 돈암동 성당 사진에서처럼 양회다리는 돈암동 성당 앞에 위치해 있다. 현재는 성북천 복개 이후에 동일한 자리에 '하늘다리'라는 이름으로 새로운 다리가 놓였다.

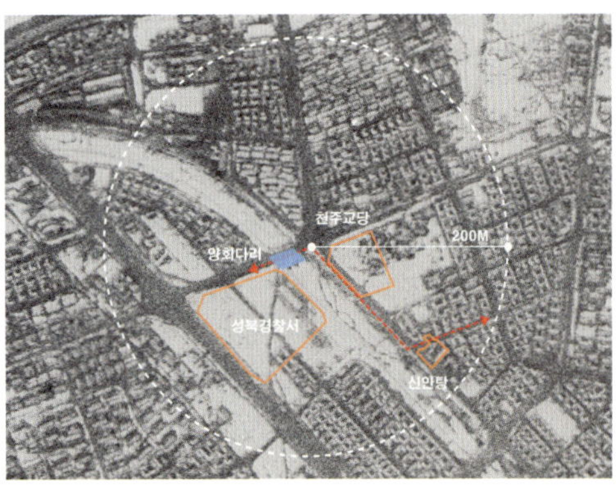

그림 54
박완서 동선동 집 주변 장소들
1947년 항공사진

『그 남자네 집』에서 그 남자인 박수근의 집은 돈암동 성당 뒤편 그리고 박완서의 집은 신안탕 뒷골목으로 묘사되고 있다. 이를 토대로 추정해 보면 돈암동 성당 뒤편은 박완서가 거주하던 신안탕에서 돈암동 성당을 보았을 때 그 건너편으로 판단된다. 일대의 토지대장을 살펴보면 박수근의 집은 구 지번으로 돈암동 262-34번지이다. 돈암동이 지금처럼 동선동·삼선동·동소문동으로 분리되기 이전으로 현재 동선동1가 73번지 일대로 추정된다. 그리고 신안탕 뒷골목으로 언급되는 박완서의 집은 현재로서는 정확한 위치는 특정할 수 없다. 하지만 현재 그 일대에 남아 있는 도시한옥 주거지를 통해 당시 모습을 추정해 볼 수는 있다. 양회다리를 건너 200m

34 박완서, 『그 산이 정말 거기 있었을까』, 세계사, 2012, 136쪽.

정도 안쪽이라는 기록이 있어 대략적인 위치는 신안탕이 있는 블록 안쪽의 골목길 또는 그 주변의 동선동2가 주거지로 판단된다. 하지만 박완서가 젊었을 적 살던 집으로 정확한 위치는 특정하기 어렵다. 박완서가 거주하였던 것으로 추정되는 주거지는 현재 대부분 다세대·다가구주택으로 재개발되어 한옥은 거의 사라졌다. 하지만 블록 안쪽의 골목길에는 그 모습이 남아 있어 박완서가 거닐던 신안탕 뒤편 골목길의 경관을 확인할 수 있다.

그림 55
돈암동 180-15 신선탕(신안탕) 자리

박완서는 1953년 결혼한 후 동선동 집에서 보문동으로 이사하였다. 1970년 박완서가 『나목』으로 당선되어 등단하는 시기를 거쳐 1970년대 왕성한 창작 활동을 하는 시기에 거주하던 집이 보문동 집이다. 박완서의 소설 속 배경으로 1960~1970년대 그리고 보문동 한옥이 자주 나오는 이유는 박완서가 이처럼 보문동에서 오래 거주한 기억 때문일 듯하다. 이 시기에 대해 박완서는 『박완서의 말』을 통해 겨울철 안방의 아랫목에서 가족들과 대화를 하던 따뜻한 추억을 들려 주었다.

> 북적거리는 세월이 잠깐이더라고요. 불평 많이 했는데 지금은 후회가 돼요. 원래는 보문동의 한옥집에 살았어요. 그게 열 식구 산 집이죠. 겨울이면 안방에 모여 아랫목에 발만 집어넣었어요. 교육적 설교 없이도 학교에서 어쩌고저쩌고하면 그게 다 가족 간의 대화고 아이들이 무슨 생각을 하는지도 알고 그랬어요. 할머니까지. 그게 좋았어요, 지나고 보니.[35]

그림 56
신안탕 자리에 있는 아리랑교통

박완서의 맏딸인 호원숙도 박완서와 함께 거주하던 보문동 집을 기억하고 있다. 재래식 한옥과 연탄아궁이 등 우리의 한옥에서 거주자들이 어떻게 살았는지 묘사하며, 수고로운 동선이었지만 박완서와 마찬가지로 따뜻하였던 추억으로 기억하고 있다.

> 1960년대 초부터 1980년대 초까지 가장 오래 살았던 보문동 집은 재래식 한옥에 부뚜막이 있었고 장작을 때는 아궁이와 연탄아궁이가 둘씩 있었다. 부엌과 안방 사이에 작은 미닫이문이 있어 그 문으로 음식을 들이곤 했다. 부엌을 나갔다가 마루에 올라 안방까지 가는 동안 오르락내리락해야 하는 수고로운 동선도 줄이고 음식이 식어 버릴까 봐 내놓은 문이었다.
>
> 김이 모락모락 올랐던 음식들의 온기는 여전히 내 가슴속에서 따뜻하다. 심지어 구운 김까지도 자글자글 식탁에 오를 때까지 식지 않았지. 거기서 어머니 박완서는 다섯 아이의 도시락을 싸고 식구들을 먹였다. 살림을 도와주는 아이가 있긴 했지만 부엌에는 늘 엄마의 손길과 입김이 서려 있었다. 그리고 안방에서 글을 쓰셨다.[36]

그림 57
박완서의 소설 속 박수근의 집이 있었을 것으로 추정되는 동선동 골목길

박완서의 보문동 자택은 다행히 자녀분들의 기억으로 위치를 특정할 수 있다. 보문동6가 427번지로 당시에는 재래식 한옥 주택들이 빼곡히 있던 한옥 주거지였지만, 지금은 다세대·

35 박완서,『박완서의 말』, 마음산책, 2018, 146쪽.
36 호원숙, 『정확하고 완전한 사랑의 기억』, 세미콜론, 2021, 16~17쪽.

그림 58

박완서의 집이 있었을 것으로 추정되는 동선동 골목길

한옥과 다세대·다가구주택들이 마주보고 있다.

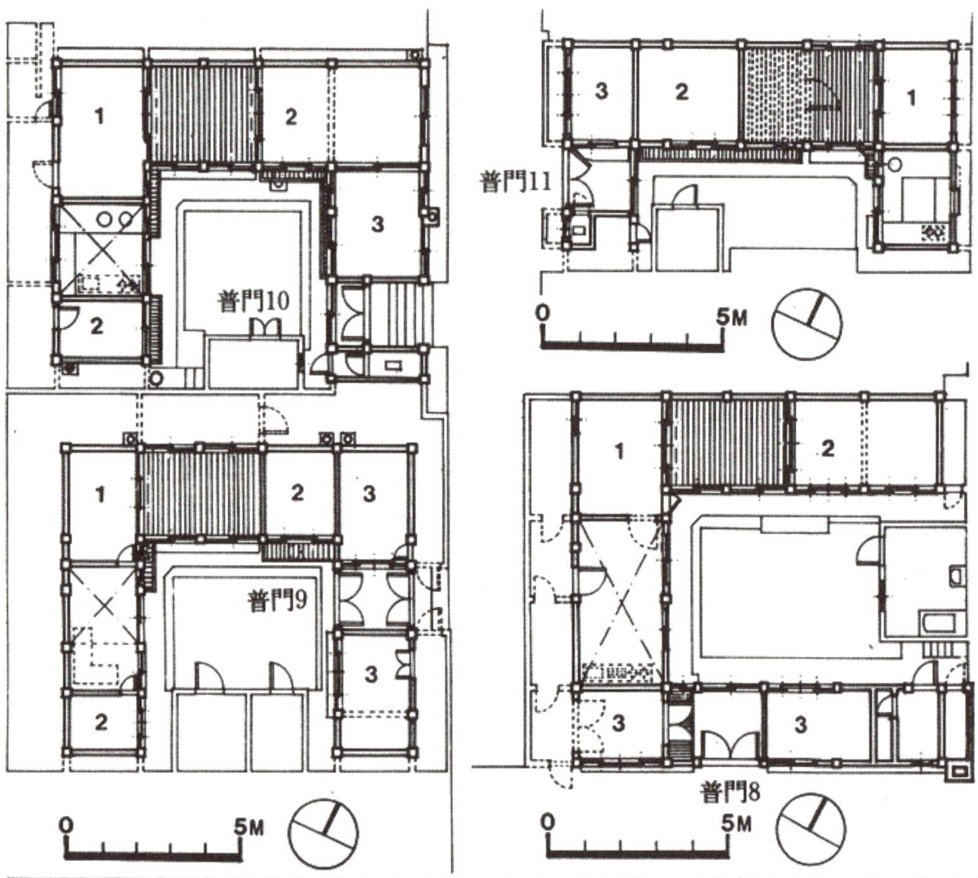

그림 59

보문동 6-60번지 주거지 배치도

송인호, 「도시형한옥의 유형연구」, 서울대학교 박사학위논문, 1993, 200쪽

그림 60
박완서, 『그 남자네 집』, 현대문학사, 2004
박완서, 『그 산이 정말 거기 있었을까』 웅진출판사, 1995
개인소장

다가구주택으로 개발된 골목길이 되었다. 인근에 남은 도시한옥으로 당시 모습을 추정해 볼 수 있을 뿐이다. 보문동 한옥은 앞의 박완서와 호원숙의 묘사에서 보이는 것처럼 그리 큰 집들이 아니었다. 이후에 조사된 보문동 집들의 모습을 보면 폭 5~10m, 깊이 10m 내외로 면적 50~80㎡ 내외의 작은 주택들이다. 돈암지구를 개발하면서 대량으로 지어진 전형적인 'ㄷ'자형의 집들이 이어지며 경관을 이루고 있었을 것이다.

박완서의 『그 많던 싱아는 누가 다 먹었을까』에서는 6·25전쟁 당시의 미아리고개를 묘사하고 있다. 미아리고개는 성북구 돈암동과 길음동을 잇는 고갯길로 당시에 북쪽에서 서울로 진입하는 유일한 외곽도로였다. 그렇기에 주요 교통로로 북한군이 서울로 진입하기 위해서는 반드시 미아리고개를 지나야만 하였다. 이러한 이유로 미아리 저지선에서 북한군과 국군은 치열한 전투를 벌였다. 당시 국군은 길음교를 폭파하여 북한군의 진입을 막으려 하였으나 실패하였고, 전차가 미아리고개를 넘어 돈암동으로 진입하였다.[37] 그리고 전투와 더불어 피란민들과 납북자들이 내려오거나 올라갈 때의 관문 같은 장소로서 반야월의 「단장의 미아리고개」로 남아 기억되고 있다.

단장의 미아리고개

미아리 눈물 고개 님이 넘던 이별 고개
화약연기 앞을 가려 눈 못 뜨고 헤매일 때
당신은 철사줄로 두 손 꼭꼭 묶인 채로
뒤돌아보고 또 돌아보고 맨발로 절며 절며
끌려가신 이 고개여 한 많은 미아리고개

아빠를 그리다가 어린 것은 잠이 들고
동지섣달 기나긴 밤 북풍한설 몰아칠 때
당신은 감옥살이 그 얼마나 고생하고
십 년이 가도 백 년이 가도 살아만 돌아오소
울고 넘던 이 고개여 한 많은 미아리고개

37 서울특별시 성북구 편, 『성북구지』, 서울특별시 성북구, 1993, 159쪽.

그림 61◂

미아리 태릉지구 전황

서울특별시 성북구 편, 『성북구지』, 서울특별시 성북구, 1993, 159쪽

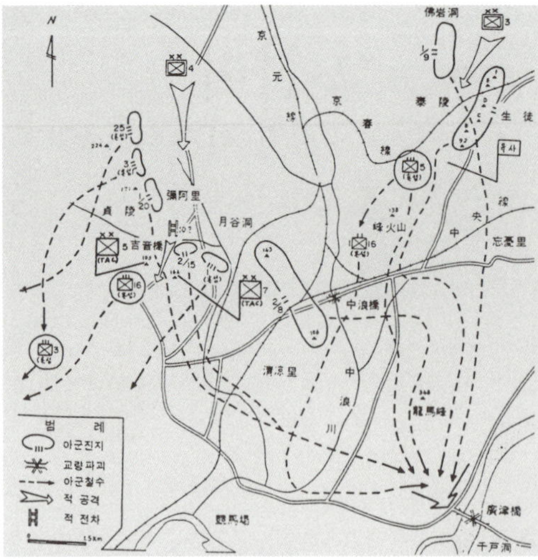

그림 62▸

1947년 미아리고가 주변 한옥 주거지들

1947년 항공사진, 국토지리정보원

그림 63

미아리고가 주변 아파트와 한옥

당시의 미아리고개 주변은 한옥 주거지들이 한창 지어지고 있던 시기이다. 1947년 항공사진에서 미아리고가 주변을 살펴보면, 낮은 구릉지 개운산 자락은 개발이 이루어지지 않고 남아 있지만, 대부분 한옥으로 가득 차 있음을 확인할 수 있다. 박완서가 보았던 당시의 미아리고개는 15m의 대로 주변으로 한옥 주거지가 형성되어 있는 모습이었다. 현재 미아리고개에서 당시의 모습을 떠올리기란 쉽지 않다. 고갯길은 1966년에 고가도로가 조성되어 서울 외곽으로 빠져나가기 위한 중요한 교통로가 되었다. 항상 교통량이 많아 차가 가득한 도로가 되었고, 도로변의 경관은 당시 한옥들은 대부분 사라지고 고층의 오피스텔과 아파트가 주요 경관을 이루고 있다. 하지만 그 당시부터 거주하던 주민들 그리고 전쟁 전후에 지어진 한옥들이 대로변 뒤쪽으로는 남아 있어 박완서가 보았던 미아리고개를 생각할 수 있게 해준다.

그림 64
미아리고가와 돈암지역의 현재 모습

3.4 1960~1970년대: 개발시대의 표상

1960년대는 4·19혁명과 5·16군사정변으로 시작되었다. 특히 4·19는 전국의 학생, 교수는 물론 당시 경제불황 등으로 인해 사회에 불만을 가진 사람들이 한꺼번에 전국적으로 들고 일어난 사건이었다. 돈암지역도 예외는 아니었다. 돈암지역 인근에는 학교가 많았다. 돈암지구에 속하진 않지만, 바로 인근에 동성중·고등학교, 경신고등학교, 보성중·고등학교가 있었으며 대학으로는 서울대학교와 고려대학교 등이 있었다. 3·15부정선거에 대한 반발로 중·고등학생이 시작한 4·19의 바람은 돈암지역에도 불어왔다. 더욱이 4·19의 직접적인 방아쇠 역할을 하였던 4·18고려대학생피습사건이 이곳에서 일어난 일이었다. 당시 성북동에 거주하며, 고려대학교 교수로 재직하던 조지훈은 4·19를 경험한 후 참담한 심정을 글로 남겼다.

> 사랑하는 학생들아 늬들은 너희 스승을 얼마나 원망하였느냐
> 현실에 눈감은 학문으로 보따리장수나 한다고
> 너희들이 우리를 민망히 여겼을 것을 생각하면
> 정말 우린 얼굴이 뜨거워진다 등골에 식은땀이 흐른다.
>
> 그러나 이럴 줄 알았더면 정말
> 우리는 너희에게 그렇게 말하진 않았을 것이다.
> 가르칠 게 없는 훈장이니
> 선비의 정신이나마 깨우쳐 주겠다던 것이
> 이제 생각하면 정말 쑥스러운 일이었구나[38]

조지훈의 이 시는 그의 다른 시와 다르게 직설적이다. 4·19혁명 과정에서 피 흘린 제자들을 보며 강한 충격을 받았던 것으로 보인다. 이 시는 4·19를 목도하면서 아무것도 하지 못한 스스로에 대한 통렬한 반성이며, 학생들에 대한 미안함이었다. 시의 제목도 '늬들 마음 우리가 안다-어느 스승의 뉘우침에서'이다. 조지훈 다른 시에서도 "마침내 여기 이르지 않곤 끝나지 않을 줄 이미 알았다"라고 당시의 분노를 표현하고 있다. 조지훈이 4·19의 분노를 직접적으로 시에 담아냈다면, 신동엽은 4월의 정신을 생각하고 기리고자 하였다. 그의 부인인 인병선에 따르면, 4·19 당시 돈암동에 살던 신동엽은 하루 종일 밖에 나가 들어오지 않았다. 인병선은 그날을 이렇게 기억한다.

> "그날 아침에 나간 사람이 하루 종일 들어오지 않았어요. 저녁에 들어왔는데 온몸과 구두에 먼지를 뒤집어쓰고 있는 걸로 봐선 하루 종일 돌아다닌 것 같았습니다. 얼굴은 상기되어 있었고 눈은 청명하게 빛나고 있었지요."

그렇게 하루 종일 돌아다니며 상기된 얼굴과 청명한 눈빛으로 본 4·19를 그는 잊지 않았다. 아니 더욱 또렷이 기억하고자 하였다. 그는 4월 혁명이 끝나고 7년이 지나서야 그의 대표작으로 기억되는, "껍데기는 가라 / 4월도 알맹이만 남고 / 껍데기는 가라"로 시작하는 시

38 조지훈, 「늬들 마음 우리가 안다」, 『고대신문』 1960년 5월 3일 자.

'껍데기는 가라'를 썼다. 1960년 4월 혁명이 1961년 5·16군사정변으로 막을 내렸기 때문이다. 5·16군사정변 이후 시작된 군부독재 시절은 개발의 시기이기도 하였다. 사람들은 급격히 도시로 모여들었다. 당시 서울로의 집중을 대표하는 소설은 1966년 발표된 이호철의 『서울은 만원이다』이다. 1963년 서울은 현재의 경계로 확장되었지만, 그럼에도 도심은 이미 '만원'이라고 표현될 정도로 사람들이 많이 모여들었다. 사대문 안을 제외하고는 상대적으로 개발이 빨랐던 돈암지역 역시 마찬가지였는데, 특히 현재의 미아리고개 너머 공동묘지가 있던 공간에는 수많은 판자촌이 들어섰다. 현재의 성북구 돈암동·길음동과 강북구 미아동법정동 중심 등이 이에 해당된다. 소설가 김소진은 당시 그곳의 생활을 잘 묘사하였다. 김소진이 살던 곳은 현재의 성북구 혹은 강북구냐는 논란이 있지만, 그가 묘사한 상황이 당시 미아리고개 너머의 삶을 묘사한 것은 틀림없다.

> 한 지붕 아래 아홉 개의 방이 한 일(一)자로 일어서 있어 동네 사람들이 기찻집이라고 부리기도 하는 장석조 씨네 집터는 옆의 행길보다 석 자 정도는 높게 다져져 있었다. 바로 옆으로는 아무렇게나 고랑을 파놓은 시커먼 시궁창물이 해자처럼 휘우듬하게 스쳐 갔다.[39]

> 이층 방은 흔히 루핑이라고 불리는 시커먼 기름종이를 지붕으로 삼고 있었다. 기찻집의 제일 안쪽 끄트머리에 붙은 방은 유일하게도 지붕이 슬래브였다. (중략) 그러나 바람이 조금이라도 세게 불라치면 잘 그을린 감자 껍질처럼 홀꺼덕 벗겨져 버릴 듯이 엉성한 날림집이었다.[40]

이처럼 이 지역은 한 지붕 아래 9개의 방이 일렬로 있어 기찻집이라고 불리는 집이 있었고, 그 옆으로는 시궁창 물이 흘렀다. 그중 상황이 나아 지붕이 슬래브인 방도 시커먼 기름종이를 지붕으로 삼았으며, 바람이 조금이라도 세게 불면 날아갈 듯한 날림 집이었다. 미아리고개 너머 사람들의 삶은 그렇게 어렵고 힘들었다. 하지만 돈암지구는 일제강점기부터 중산층의 주거지로 개발된 지역이다. 1930년대 중반 이후부터 1960년대까지 꾸준히 지어진 도시한옥에는 중산층이 많이 살았다.

박완서의 수필에 따르면 현재의 보문동 남자들은 "착실한 월급쟁이로 아침에 출근하였다가 저녁 일곱 시에서 여덟 시 사이에 들어왔"으며 여자들은 "아이를 둘만 낳고, 기다란 홈웨어를 입고, 전자밥통 계니, 밍크담요 계니로 살림장만 하기를 좋아하는 모범 주부들"이었다.[41] 전형적인 중산층의 모습을 보여준다. 그중 한 집은 벌써 화장실을 수세식으로 고치고 있었다. 1976년 5월에 발표된 「어떤 야만」이 이를 보여주는데, 1990년대 초반까지 서울에도 재래식 화장실이 많았던 것을 생각하면 당시 보문동, 나아가 돈암지역 사람들의 또 다른 삶의 모습을 엿볼 수 있다.

39 김소진, 『장석조네 사람들』, 문학동네, 2002, 9~10쪽.
40 김소진, 『장석조네 사람들』, 문학동네, 2002, 47~48쪽.
41 박완서, 「어떤 야만」, 『배반의 여름』, 문학동네, 2006, 46쪽.

3.5 1980~1990년대: 돈암지구의 재개발

1980~1990년대는 돈암지역에도 변화가 시작되었다. 도시의 개발은 늘 있는 일이었지만, 이 시기에는 도시한옥이 철거되고 다세대·다가구주택과 아파트가 들어서기 시작하였다. 이런 상황은 박완서의 수필 「노인」에서도 잘 드러난다.

> 그러나 우리 동네도 많이 변하였다. 골목 안에서 우리가 제일 고참이 되었고, 한옥 사이 드문드문 양옥이 들어서게 되었고, 이웃 간에 왕래가 끊긴 지 오래다. 이제 와서 문득 지난날의 인심에 그리움 같은 걸 느끼며 우리가 제일 고참인 점으로 미루어 우리 골목 안의 아름다운 전통이 우리로부터 끊긴 게 아닌가 하는 자책감조차 없지 않아 있다.
>
> 그렇지만 우리 골목의 변모야말로 근래 10여 년간의 우리 사회의 급속한 근대화가 가져 온 수많은 변모의 한 전형일 따름일 것이다.[42]

위는 박완서가 살던 보문동 한옥 밀집 지역의 1970년대 후반의 풍경이다. 처음 이사 왔을 때 시골 인심과 비슷해 당황하였던 박완서는 시간이 지남에 따라 그 골목에서 가장 '고참'이 되었다. 하지만 그러는 사이 한옥은 양옥으로 바뀌었고 담장이 높아졌으며, 그 높이만큼 이웃과의 왕래는 줄었다. 박완서는 이러한 변화를 자신의 탓이라 생각하다가도, 근대화라는 급속한 변화의 일환으로 받아들인다. 개발과 발전은 모두에게 좋은 것은 아니었다. 지금도 그렇지만 개발되는 지역의 사람들 가운데 돈 없는 사람들은 개발과 발전의 과정에서 삶의 공간으로부터 추방당하였다. 올림픽 준비에 여념이 없었을 1988년 8월 동소문동과 돈암동의 세입자들은 쫓겨나지 않기 위해 투쟁하고 있었다. 동소문동과 돈암동 산동네에는 그로부터 2년 전인 1986년 10월 아파트 건설을 위한 사업이 승인되었고, 그곳에 판자촌을 일구고 살던 사람들은, 특히 세입자들은 보금자리에서 쫓겨날 위기에 놓였다. 당시 국민운동 성북구지부 지도위원이었던 시인 신경림은 당시 세입자들의 편에서 함께 싸웠으며, 그들의 처지를 시 「따뜻한 남쪽 나라」로 남기기도 하였다. 시의 일부를 발췌하면 다음과 같다.

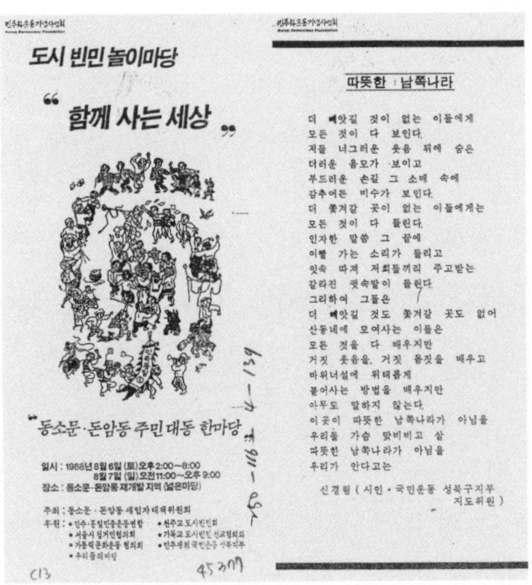

도시 빈민 놀이마당

"함께 사는 세상"

"동소문·돈암동 주민 대동 한마당

일시 : 1988년 8월 6일 (토) 오후 2:00~8:00
8월 7일 (일) 오전11:00~오후 9:00
장소 : 동소문·돈암동 재개발 지역 (넓은마당)

주최 : 동소문 · 돈암동 세입자 대책위원회
후원 : • 민주·통일민중운동연합 • 천주교 도시빈민회 • 서울시 철거민협의회 • 기독교 도시빈민 선교협의회 • 가톨릭문화운동 협의회 • 민주쟁취국민운동 성북지부 • 우리들의마당

따뜻한 남쪽나라

더 빼앗길 것이 없는 이들에게
모든 것이 다 보인다
저들 너그러운 웃음 뒤에 숨은
더러운 음모가 보이고
부드러운 손길 그 소매 속에
감추어진 비수가 보인다
더 쫓겨갈 곳이 없는 이들에게는
모든 것이 다 들린다
인자한 말씀 그 끝에
이빨 가는 소리가 들리고
잇속 따져 저희들끼리 주고받는
갈라진 귓속말이 들린다
그리하여 그들은
더 빼앗길 것도 쫓겨갈 곳도 없어
산동네에 모여사는 이들은
모든 것을 다 배우지만
거짓 웃음을, 거짓 몸짓을 배우고
바위너설에 위태롭게
붙어사는 방법을 배우지만
아무도 말하지 않는다
이곳이 따뜻한 남쪽나라가 아님을
우리들 가슴 맞비비고 살
따뜻한 남쪽나라가 아님을
우리가 안다고는

신경림 (시인 · 국민운동 성북구지부 지도위원)

그림 65

신경림의 시가 수록된 도시빈민놀이마당 리플릿, 1988년 8월 6일

오픈아카이브, 한국도시연구소 기증

더 빼앗길 것도 쫓겨갈 곳도 없이
산동네에 모여 사는 이들은
모든 것들을 다 배우지만
거짓 웃음을 거짓 몸짓을 배우고
바위너설에 위태롭게
붙어사는 방법을 배우지만
아무도 말하지 않는다
이곳이 따뜻한 남쪽 나라가 아님을
우리들 가슴 맞비비고 살
따뜻한 남쪽 나라가 아님을
우리가 안다고는[43]

42 박완서, 「노인」, 『쑥스러운 고백』, 문학동네, 2015, 265~266쪽.

43 신경림, 「따뜻한 남쪽나라」, 『동소문·돈암동 주민 대동 한마당 리플릿』, 1988.

그는 세입자들을 '더 빼앗길 것도 쫓겨갈 곳도 없'이 '산동네에 모여 사는 이들'로 묘사한다. 이들에게 세상은 거짓 웃음과 몸짓을 배우는 곳이며, 붙어 함께 사는 법을 알면서도 말하지 않는 곳이다. 하지만 이런 투쟁에도 결국 공사는 강행되었고, 1995년 4,000세대에 육박하는 사람들이 살 수 있는 아파트단지가 준공되었다. 현재의 한신·한진아파트이다. 이런 사건의 다른 한쪽에서는 미아리 점성촌이 성업 중이었다. 시각장애인 역학사들은 1960년대 이른바 '종삼개발'로 인해 도심에서 밀려와 하나둘씩 미아리고개에 자리를 잡았다. 그리고 차츰 유명해지기 시작하여 1980년대 중반에는 70여 호의 점집이 모여 있는 전국 최대의 점성촌이 형성되었다.[44] 이 전성기는 1997년 IMF 외환위기 사태가 일어날 때까지 계속되었는데, 윤대녕은 자신의 소설 「January 9, 1993, 미아리통신」에서 1990년대 초반의 미아리고개를 다음과 같이 묘사하였다.

> 우리는 '혹진주여자운명감정소'를 지나 '상록수여자철학관'을 지나 '홍일점여학사역학점술원'을 지나 '성심여자거북철학원'을 지나 '확실한 희망의 메아리'라는 문구가 붙어 있는 '목련화여자예언의집'을 지나 '천도화여자점성가'를 지나 '백암' '송학' '대산' 운명철학관을 지나 오른쪽 성신여자중학교와 성산포교원으로 빠지는 고가 굴다리 밑에까지 와서 다시 발을 멈췄다.[45]

당시 성업 중이던 미아리 점성촌의 모습을 생생히 묘사되고 있고, 이 중 몇몇 점집은 여전히 남아 있다. 이렇듯 1980~1990년대의 돈암지역은 또다시 개발이라는 시대 논리 속에 있었다. 한쪽에서는 그전까지 중산층의 상징이던 도시한옥 대신 다세대·다가구주택이 들어섰고, 판자촌은 아파트로 개발되어 갔다. 그사이 사람들의 인심이 변하기도 하였고, 심하게는 삶의 터전을 잃기도 하였다. 당시 돈암지역을 묘사하고 있는 문학 작품들은 개발 시기 혼란스러운 사회상을 보여준다.

44 성북문화원, 『미아리고개』, 학연문화사, 2014, 180쪽.
45 윤대녕, 『January 9, 1993, 미아리통신』, 1995.

4. 종교문화

4.1 개신교: 근대교육을 통한 선교와 지역공동체

천주교가 개신교보다 먼저 한국에 뿌리를 내렸지만, 돈암지역에는 개신교 교회가 먼저 세워졌다. 조선시대 동문 밖 불교 사찰의 신자들이 왕실과 양반 가문 사람들이 많았던 것에 비하여 선교사들이 세운 교회는 돈암지역에서 터전을 마련해 사는 서민들이 중심이 되었다. 1940년대 초까지 돈암지역은 도시화가 이루어지지 않아 인구가 적었기 때문에 개신교회는 돈암교회옛 미아리교회, 보문제일교회옛 신설정교회, 신암교회, 성북교회, 삼선그리스도의교회 등 5곳에 불과하였다. 교회별 교인 수도 50명을 넘지 않았다. 하지만 돈암지구가 완공되고, 해방 이후 유입된 월남민과 6·25전쟁 이후 지방에서 다수가 상경하면서 인구가 급증하였다. 이런 이유로 다수의 교회가 설립되었고, 교회별 교인 수도 급증하였다.

표 07
1900~1950년대 돈암지역에 설립된 개신교 교회당

설립연도	(교파)교회명	설립연도	(교파)교회명
1908	(감리)돈암감리교회	1954	(감리)하늘이음교회
1925	(감리)보문제일교회	1954	(장로)성암교회
1937	(장로)신암교회	1955	(감리)안암교회
1938	(그리스도)삼선그리스도의교회	1956	(장로)광성교회
1945	(장로)영암교회	1957	(장로)동암교회
1946	(성결)본교회	1957	(장로)동암교회
1946	(감리)경동교회	1958	(장로)성일교회
1948	(장로)미암교회	1959	(장로)삼선교회
1949	(장로)안암교회		

돈암지역의 개신교 교회는 예나 지금이나 대부분 밀집한 주택가나 산동네 한가운데 있다. 교회는 주민들의 생활공간과 가까운 곳에 있으면서 목사들의 헌신, 교인들의 봉사와 노력으로 제가끔 교세를 확장하였다. 아울러 지역 사람들을 위한 사회사업을 적극적으로 실시하

면서 교회를 중심으로 한 공동체를 형성하는 것에도 관심을 기울였다. 교회는 전쟁·이향·경제난으로 힘들어 하는 돈암지역 사람들 누구나 와서 마음의 위로를 얻을 수 있는 공간이었으며, 비슷한 처지인 사람들끼리 모여 만든 신앙 공동체는 교인들의 믿음과 인격의 성장을 도왔다. 이 중 1908년에 설립된 기독교대한감리회 돈암교회와 1948년에 설립된 대한예수교장로회 미암교회의 연혁을 중심으로 돈암지역 개신교 교회사의 일면을 살펴본다.

- **돈암교회**[46]

돈암지역 개신교 교회의 역사는 1908년 10월 미아리고개 근처에 세워진 미아리교회현 기독교대한감리회 돈암교회, 성북구 아리랑로4길 45로부터 시작한다. 미아리(돈암)교회가 세워질 무렵은 전국적으로 개신교계의 대부흥 운동이 한창이었다. 이 시기 선교사들과 한국인 목사들이 인도한 열렬한 분위기의 부흥집회는 을사늑약1905과 한일신협약1907으로 암울한 상황에 빠져 있던 한국인들에게 큰 신앙적 감화를 주며 전도 운동과 지역 교회의 설립을 촉발하였다. 이런 흐름 속에 장로교회와 감리교회는 지역 거점 도시를 중심으로 본격적인 조직을 갖추게 되었다. 감리교 서울 조직도 점점 늘어나는 교인들을 위하여 도성 안팎에 새로운 교회, 지교회, 기도처를 설립하였다. 1905년에는 왕십리교회, 1907년에는 용두동교회와 삼청교회를 설립하였고, 1908년 가을에는 번리樊里·손가정정릉·미아리돈암·소귀우이교회를 설립하였다. 당시 감리교 동대문구역 순회 전도를 담당하였던 벙커Bunker 선교사의 한글 보고문은 동대문 밖 동리들의 상황을 다음과 같이 보고하고 있다.

> 대개 동대문 안 예배당은 작년 이후 더욱 진척하여 신자는 많아지고 회당은 좁아져 매 주일에 예배를 3차에 나눠보며, 학교 형편도 학도는 흥왕하고 집은 좁아서 수용할 수 없아오며 작년에는 2동리만 있더니 지금은 116동리가 있는즉 김목사 1인으로만 감당키 어려운즉 전도인 1인을 더 두어 도와주게 하심을 바라오며 왕십리, 용머리, 손가정, 벌리, 소귀 각처 신자가 합 841인이오며 용머리는 본국 교형 핸드리 버커가 회당을 건축하게 한 고로 예배당 이름을 헨드리 버커 예배당이라 하였사오며 자비한 돈이 590환, 건축비로 500환을 작정하여 반수 이상이 마쳤습니다.[47]

미아리(돈암)교회 초대 담임 교역자는 신영식 전도사였으며, 교인으로는 원입인 10명, 학습인 5명, 장년 세례인 4명 등 모두 19명의 교인을 중심으로 모였다. 그러나 미아리(돈암)교회는 동대문교회의 지교회로 설립되었으므로 교인들은 1910년경까지 주일 대예배를 드리기 위해 동대문교회에 참석하였고, 주일 저녁과 수요일 저녁 그리고 기타 기도회를 열며 교회를 육성하였다. 처음부터 예배당이 갖추어진 것은 아니어서 각 교인들의 집을 순회하며 모이다가 1909년 교회당 설립 보조비를 지원받아 미아리에 초가 1동을 구입하여 예배 처소로 삼았다. 1911년 6월 신영식 전도사가 첫 담임 교역자로 임명되어 미아리(돈암)교회는 동대문구역 안에 있는 여러 지교회 중에서 첫 번째 독립된 교회가 되었다. 이때부터 미아리교회는 주일예배를 따로 드리며 점점 교세를 늘려나갔다. 초기 미아리교회 교인 중 대다수는 인근 지역의 농민과 그 가족들이었다.

1920년대 후반 경성의 인구가 늘어나면서 돈암지역 인구도 증가하였다. 따라서 미아리교회도 조금씩 교인 수가 늘었고, 교인들의 직업도 구두수선공과 업자 등처럼 도시에 생활의 근

46 돈암교회역사편찬위원회 편, 『돈암교회 80년사』, 베드로서원, 1988 참고.
47 돈암교회역사편찬위원회 편, 『돈암교회 80년사』, 베드로서원, 1988, 92쪽.

거를 둔 사람들이 늘어나기 시작하였다. 1920년 10월 미아리교회는 지교회로 승격된 지 8년 만에 지교회 3개 처에 장년 교인 130여 명으로 구성된 독립 구역인 미아리구역으로 승격되었다. 성북교회, 미아리교회가 여기에 포함되었다. 미아리교회의 교인 수는 1934년까지 30여 명을 헤아렸다. 1925년이나 1926년 사이에 교회 명칭을 돈암교회로 바꾸고 1927년에는 야학夜學을 세워 학생들을 모집하였다.

> 고양군 숭인면 돈암리 교회는 집이 가난해서 학교에 다니지 못한 아이들을 모아가지고 야학을 설치하야 현금 30여명 아동들이 재미있게 공부를 하다는데, 이를 위해 진력하는 선생들은 리동욱, 박창길, 리희성, 박창성 제씨이며 이에 드는 모든 경비는 스토버 양이 담당한다더라.[48]

1929년 6월에 부임한 이규갑李奎甲 목사는 공주영명학교 교감으로 1919년 3·1운동에 참여하고, 같은 해 중국 상하이로 건너가 임시정부 육성에 힘을 쓴 독립운동가이다. 그는 정민례鄭民禮 전도부인의 협조를 받으며 돈암교회를 26가정, 95명의 교인평균 장년 출석자 40명을 거느린 교회로 발전시켰다. 1937년 5월에는 김창준金昌俊 목사가 부임하였다. 그는 1919년 3·1운동 당시 민족대표 33인의 한 사람으로 1933년부터 감리교협성신학교 교수로 활동하였고, 1936년 봄부터 성북교회의 담임목사직을 겸하였다. 그때 성북교회는 삼선교에서 성북동 쪽으로 개천을 끼고 올라가다가 경신고등학교 뒤쪽으로 1,000평 정도의 묘지와 잔디밭이 있는 개천가에 서 있는 작은 교회였고, 교인 수는 수십 명에 불과하였다.

당시 교인 명단에는 소설가 이태준李泰俊과 그의 아내 이순옥李順玉, 소설가 방인근方仁根, 시인 노자영盧子泳의 이름이 올라 있다. 이태준이 성북교회의 교인이 된 것과 관련해서는 1914년생 나사행 목사의 회고가 신뢰할 만하다. 나 목사는 신학생 시절 김창준 목사를 따라 성북교회와 돈암교회에 파송되어 교역을 도왔다. 당시 성북교회의 중심인물은 훗날 우석대학교부속병원현 고려대학교부속병원의 전신에서 소아과 의사로 일한 김덕성金德性 교수였다. 이태준은 성북교회에서 200~300m 올라간 아담한 초가집수연산방에 살고 있었는데 언젠가 그가 장티푸스에 걸려 죽게 되었을 때 김덕성 교수가 헌신적으로 치료해 주어서 회생한 다음 교회에 나오게 되었고, 1936년 김창준 목사에게 세례를 받았다. 그 후 유아세례를 받은 아내 이순옥과 그 자녀들도 성북교회에 다녔다. 또한 언제부터였는지 모르지만 조선공산당의 거물이었던 이강국

그림 66 ◂
돈암야학 7회 졸업기념 사진
『돈암교회 80년사』, 기독교대한감리회돈암교회, 1988

그림 67 ▸
1953년에 신축한 돈암교회당
『돈암교회 80년사』

48 돈암교회역사편찬위원회 편, 『돈암교회 80년사』, 베드로서원, 1988, 107쪽.

그림 68
1984년에 준공한 돈암교회당

李康國도 한때 성북교회에 출석하였다는 이야기가 전해진다.

이 무렵 경성부의 행정구역 확장으로 경기도 고양군 숭인면 돈암리 일대가 경성부로 편입되었고 동시에 시구市區의 정리와 도로 확장으로 많은 주택과 함께 초가 형식의 돈암교회당도 헐리게 되었다. 마을 사람들과 교인들도 타지로 떠나는 경우가 많아 1920년대부터 운영하던 야학도 폐지되고 말았다. 이에 김창준 목사는 교인들과 힘을 합해 헐린 교회당의 재목으로 돈암정敦岩町 139-321호 25평 정도의 대지를 마련하여 16평 정도의 건물을 세운 후 지방 교역자회에서 100여 원, 지방회에서 150여 원의 보조를 얻어 안팎을 단장해 준공하였다. 1944년에는 일제의 강요로 성북교회가 돈암교회에 통합되었으나, 교인 수는 크게 늘지 않은 채로 있다가 8·15 해방을 맞았다.

해방 이후 돈암교회의 주목할 만한 교역자는 고명균高明均 목사이다. 그는 1948년 5월 10일부터 1954년 3월 22일까지 만 6년 동안 돈암교회에서 교역하였다. 부임 시 교인은 30명에 불과하였고 그것도 여성과 학생이 대부분이었으나, 6년 후 250명으로 불어났다. 고 목사가 교회를 부흥시켰던 방법은 심방審訪이었다. 그는 새벽기도가 끝나면 꼭 동네로 나가 몇 집씩 심방을 하고 돌아왔다. 집집이 다니면서 이불도 개어주고 방도 쓸고 아이들도 봐주면서 집주인과 교회 이야기를 하고 아침상을 대접받고 왔다. 그러면서 자연스레 그 집안 사정을 알게 되었고 그 길로 교회로 인도하는 경우가 많았다. 교인 집을 방문할 때는 성경이나 찬송가를 들고 가는 것이 아니라 작업복에 장도리를 차고 돌아다녔다. 기와가 깨져서 비가 새는 집이면 지붕에 올라가서 고쳐 주고 어떤 때에는 깨진 솥도 수선하여 걸어주었다. 이러한 고 목사의 부지런하고 소탈한 목회 심방 덕에 교회 문턱이 낮아져 교인 수가 크게 늘었다. 또한 교인들 간의 교제가 깊어지면서 여선교회·주일학교 등 교회 내 소조직이 강화되었고, 설립 이래 처음으로 장로를 세워 독립된 교회로서의 틀을 갖추었다. 또한 6·25전쟁 때 교회당이 폭격으로 파괴되자 내무부 장관을 지낸 백성욱白性郁의 개인 불당을 임시로 빌려 이른바 '절간예배'를 드리다가 1953년 현재 교회 터에 30평 규모의 석조 교회당을 세웠다. 지교회 개척에도 힘을 써서 기독교대한감리회 소속 삼선교회, 미아리교회, 정릉교회, 안암교회 설립에 중요한 역할을 하였다. 이후 고명균 목사가 떠난 후에도 돈암교회는 지역사회와 함께 계속 성장하였으며, 1980년 새 교회당을 신축하여 오늘에 이르고 있다.

6·25전쟁 이후 돈암교회 교인 명부에는 소설 『순애보殉愛譜』의 작가 박계주朴啓周와 그의 아내 김응신金應信, 시인 신동엽의 장모이자 경제학자 인정식의 아내인 노미석盧美石의 이름이 있다. 임의선林宜善은 1943년 돈암동 종점 부근 영단주택으로 이사 와서 입교한 소아과 의사로 1952년 장로가 되었다. 후일 세브란스병원장을 지내기도 한 그는 열과 성을 다하여 교회에 봉사하였고, 1988년에는 돈암교회 역사편찬위원장 일을 맡아 보았다.

• 미암교회

해방 이후 북에서 대거 사람들이 내려오면서 많은 인구가 유입되어 이들을 중심으로 교회가 설립되기도 하였다. 성북구 보문로34다길 48-29, 돈암동 성신여자대학교 북쪽 언덕에 위치한 미암교회는 그런 월남민들이 중심이 되어 세운 교회이다. 미암교회는 1948년 4월 4일 만주 용정중학교 교감을 지낸 일송一松 이태준李泰俊, 1893~1972[49] 목사가 북에서 남으로 내려온 교인들과 함께 돈암동 전차종점 부근 체신부 합숙소 건물에서 예배하며 시작되었다. 처음 정한 교회명은 빠른 시일 내에 통일이 될 것을 기대하며 38선으로 끊긴 한반도를 교회로 연결한다는 뜻에서 '남북교회'라고 하였다. 같은 해 8월 1일 교인들은 돈암동 84번지 17호에 1,300평의 대지를 확보하였고, 이듬해 9월 23일에는 2층 120평 규모의 석조건물을 착공하였다. 이와 함께 교회명을 미아리고개와 돈암동 사이에 있는 교회라는 뜻의 '미암美岩교회'로 고치고, 대한예수교장로회 경기노회에 가입하였다. 교회 건물은 그해 12월에 완공되어 성탄절을 기하여 입당 예배를 드렸다. 서양식 화강암 돌집으로 지은 미암교회는 건축 당시에 교인들이 산에서 직접 돌을 캐 와 교회를 건축할 만큼 많은 어려움을 겪었다. 교회 부지는 국가에서

그림 69

미암교회

왼쪽은 1948년에 지은 교회당으로, 지금은 일송기념관이 되었다.

49 이태준(李泰俊 1893. 12. 1.~1972. 1. 1.)은 장로교 목사이자 교육가이다. 호는 일송(一松)이다. 평남 평원에서 출생하였다. 숭실전문학교 졸업 후 간도 용정에 가서 순회전도를 하면서 용정청년회를 이끌었고, 3·1운동 당시 용정만세시위를 주도하였다. 은진중학교 설립에 참가해 민족교육에 매진하였으며, 3·1운동 1주년 만세운동을 준비하다가 옥고를 치렀다. 그 후 용정중앙교회 장로로 장립되었고 동산교회를 개척하였다. 1929년 칸사이학원 신학부에 입학해 2년 후 귀국하여 목사안수를 받았고, 용정중앙교회와 은진중학교에서 봉직하였다. 광복

불하받았고, 건축비는 미국 선교부가 통일될 때 북한에 교회를 건축하기 위해 모아둔 기금을 차용하는 방법으로 마련하였다. 이때 건축한 교회 건물은 1981년 바로 옆에 새 교회 건물을 지은 후에도 그대로 보존되었으며, 현재는 초대목사인 이태준 목사의 호를 따서 '일송기념관'이라고 부르고 있다. 입구에는 예전에 사용하던 철제 교회종을 전시하고, 이태준 목사와 6·25전쟁 때 납북된 정치호 부목사를 기리는 작은 동판을 설치해 놓았다.

1972년 이태준 목사가 별세한 뒤 김태규 목사, 채국린 목사, 황덕윤 목사에 이어 1992년 정우 목사가 부임하면서 미암교회는 그동안 닦아온 기반 위에 새로운 도약을 모색하였다. 미암교회는 동선동을 중심으로 한 지역사회에서의 역할을 늘려갔다. 대표적인 것이 도서관 건립 사업이었다. 미암교회 주변 개운산 아래 형성된 달동네는 어린이들이 유난히 많았지만 이들이 이용할 수 있는 문화공간은 거의 없었으므로 미암교회는 일송기념관 1층에 어린이 도서관을 설치하여 개관하였다. 돈암지역의 교회들과 함께 에큐메니컬 운동[50]을 펼쳐온 부분도 미암교회의 활동 가운데 빼놓을 수 없는 일 중 하나이다. 소위 '7암'교회 이름이 '암'자로 끝나는 주변의 교회들을 일컫는다. 돈암, 동암, 영암, 신암, 성암, 미암이라고 부르는 지역 교회들은 함께 청년회와 학생회가 중심이 되어 연합 음악회와 체육대회를 열어 서로 친교를 나누는 등 지역사회 선교를 위하여 협력하였다.

그림 70
미암교회 일송기념관 앞에 보존·전시하고 있는 옛 교회종

- **개신교 교회와 지역사회**

돈암지역 교회의 성장 과정에서 주목할 것은 지역사회와의 교류와 접촉이다. 돈암교회는 1920년대 돈암야학을 설립하여 지역의 아동들을 모아 가르쳤다. 일제는 식민지 조선인들에게 충분한 교육 기회를 제공하지 않았다. 1면에 1공립학교만을 인정하는 일제의 교육정책으로 인해 숭인면 지역에는 1930년대 초 숭인공립보통학교현재 하월곡동의 서울 숭인초등학교의 전신가 세워진 것이 전부였다. 이에 숭인면 지역의 사람들은 성금을 모아 자체적으로 학교를 설립하였고, 그렇게 세워진 민간 학교들은 지역 사람들의 교육 열망을 어느 정도 채워주었다. 1908년 성북동에 세워진 삼산의숙, 1922년 종암동에 세워진 숭인공립보통학교하월곡동의 숭인공립보통학교와는 전혀 다른 학교이다.가 세워졌으며, 그 외 야학 형태의 학교들이 민간의 노력으로 세워졌다. 성북리의 야학과 돈암리의 야학이 바로 그것이었다.

해방과 6·25전쟁 이후 돈암지역의 인구가 급증하면서 개신교 교회의 지역사회와의 접촉면도 늘어났다. 서울 그 어느 곳보다 산비탈의 달동네가 빼곡하게 형성된 돈암지역에는 아동인구가 넘쳐나지만 이들을 수용할 수 있는 문화적·사회적 공간은 크게 부족한 형편이었다. 그런 시대에 돈암지역 주택가 한가운데 자리한 개신교 교회들은 그런 아동 인구를 흡수하고 돌보는 사회적 기관으로서 역할을 하였다. 주일학교·여름성경학교·도서관·어린이집과 유치원 등을 운영하였는데, 이는 교회의 교세를 늘리는 목적도 있었겠지만 교회의 사회적 역할에 충실하고자 한 노력으로도 평가할 수 있다. 이런 교회를 통해 어린이들은 궁핍한 시절에도 돈보다 우선하는 초월적 가치가 있음을 어렴풋하게나마 깨닫고 건전한 성도의 교제 속에서 인격적 성장을 할 수 있었다.

후 월남하여 서울 상도동교회, 미암교회를 개척하여 별세하기까지 봉직하였다. 그는 1965년 7월 한경직·이해영·강신명·문재린·송두규·이태준 목사 등 기독교 각 교파 지도자들과 영락교회에 모여 초교파적인 한·일 국교 정상화 반대운동을 벌였다.

50 교파나 교단의 차이를 초월하여 모든 그리스도교 신도의 일치 결속을 도모하는 세계교회 일치 운동 (두산백과, '교회일치운동')

4.2 천주교: 가난한 사람들의 피난처

일제강점기 말까지 동문 밖 천주교 교인은 혜화동 성당의 관할 아래 있었다. 다만 미아리와 제기동에 공소가 있었는데 1943년 제기동 공소가 서울교구의 여섯 번째 본당현재 제기동 성당이 되고 1944년 미아리 공소현재 길음동 성당가 일곱 번째 본당으로 창설되었다. 1955년 돈암동 성당이 창설되기 전까지 돈암지역의 교인들은 혜화동 성당에서 미사를 드렸다. 돈암지역의 첫 천주교 교인은 김알비나세례명로 그녀는 1929년 11월 30일 혜화동 성당에서 영세하였다. 이후 돈암지역 사람들은 1930년대까지 매년 4~5명씩 혜화동 성당에서 영세하였다. 그때까지만 해도 돈암지역에 전차가 운행되지 않았고 성북천 주변의 벌판에는 크고 작은 개울이 많았으므로 교인들은 흙길을 걷고 징검다리를 건넌 다음 동소문고개를 넘어서 혜화동 성당의 미사에 참례하였다.

돈암지역에 들어선 첫 천주교 시설은 1952년 지금 동소문동6가 140번지에 지은 성 골롬반 외방선교회 서울지부 건물이다. 성 골롬반 외방선교회는 1918년 아일랜드의 갤빈E. Galvin 신부가 동아시아 지역 선교를 목적으로 창설한 재속 사제들의 선교단체이다. 이 선교회는 1933년 한국에 들어왔으며, 1952년 선교회의 서울지부가 주한 미군 군종신부단의 원조를 받아 지금의 위치에 현대식 성당과 사제관을 건축하였다. 이후 선교회는 6·25전쟁 휴전 후 다시 선교활동에 힘을 쏟았는데, 그 대표적인 활동이 돈암동 성당의 설립이었다.

- **돈암동 성당**[51]

성 골롬반 외방선교회는 성당 건립을 위해 먼저 지금의 성당 부지를 매입하였다. 성당이 들어선 성북천 가의 대지는 일본인 무림덕茂林德의 소유지였다가 해방 후 적산敵産으로 분류된

그림 71
돈암동 성당

51 돈암동 성당의 역사에 관한 내용은 『돈암동 성당 50년사』(천주교돈암동성당, 2005)를 참고하여 작성하였다.

국유지였다. 그 후 이 땅 바로 옆에는 영락교회에서 운영하는 모자원·양로원·선명회 등의 사회사업 시설이 자리 잡았고 성당 대지가 된 땅도 영락교회에서 불하받기로 내정되었던 것인데 성 골롬반 외방선교회가 영락교회 측에 권리금을 지불하고 1954년 10월에 불하받았다. 그리고 같은 해 12월에 성당 공사에 착수하여 1955년 10월 18일 축성식을 거행하였다. 외벽뿐 아니라 종탑과 종탑 위의 십자가도 모두 화강암으로 된 성당 건물은 해방 후 서울 시내에 건립된 성당들 중에서 가장 훌륭한 건축물이라는 평을 받았다. 이와 같은 석조 성당은 성 골롬반 외방선교회가 탄생한, 사철 강풍이 부는 아일랜드에서는 보편화된 건축양식이기도 하였다. 당시 돈암지역 일대는 건물이라고는 한옥들뿐이어서 성당은 일대에서 돋보였으며 종탑에서 울려 퍼지는 삼종 종소리는 안암동 산동네에까지 퍼져나갔다.

성당의 준공과 함께 본당 사목을 담당하는 사제들이 부임함으로써 돈암동 성당은 서울 시내 열여덟 번째 본당이 되었다. 서울교구와 성 골롬반 외방선교회는 1955년부터 1970년까지 15년간 선교회에서 본당을 관할하기로 협약을 맺었다. 이에 따라 선교회의 선교사들이 본당 설립 초부터 주임신부로 부임하였다. 초대 주임신부로 파견된 사제는 광주교구 소속으로 제주도에서 전교하던 손 파트리치오Patrik Dawson, 손 신부였다. 본당 창설 당시의 관할 구역은 서북쪽으로는 동소문고개에서 미아리고개에 이르고 동남쪽으로는 안암동 개운사에서부터 안서파출소와 보문동까지였다. 교인 수는 혜화동 본당과 제기동 본당에서 분할된 약 900명이었다.

1957년에는 본당 신부의 자문기구로 남성 교인들을 중심으로 한 유지회維持會가 발족하였다. 그리고 비슷한 시기에 전교수녀들이 부임하여 활동을 시작하였는데, 이들은 대구에 본원을 둔 포교 성 베네딕도 수녀회 소속의 수녀들이었다. 전교수녀들은 처음 4년 동안은 돈암시장 입구의 낡은 한옥 전셋집에서 지내며 성당으로 출퇴근하다가 1960년 동선동 분원 건물이 신축되자 그곳으로 이사하였다. 수녀들이 교리교육을 맡으면서 영세자가 급증하여 1957년 한 해 동안 300여 명이 영세 입교하였다. 1958년에는 평신도 사도직 단체가 출범할 수 있었고, 1960년에는 사제관을 신축하였다. 1964년에는 경기도 파주 광탄면의 임야를 매입해 교회 묘지를 조성하였다.

성당 창설 초기 관할 구역 내 빈민구제는 성당의 중요한 사업 중 하나였다. 1960년대까지만 해도 성당 앞 하천가에는 집 없는 난민들이 천막과 가마니를 치고 살면서 하루 벌어 하루 먹고사는 삶을 영위하고 있었다. 삼선동, 안암동, 동선동 성신여대 부근 산비탈에도 무허가 판잣집이 즐비하였다. 주민 태반이 가난하였으므로 성당에서는 구호물자로 받은 옷, 밀가루, 옥수숫가루, 우윳가루 등을 나누어 주었다. 성당 밖에 우유죽 급식소를 설치하기도 하였다.

1965년에는 가톨릭노동청년회JOC가 돈암동 성당에서 발족하였다. 회원은 당시 동도극장 맞은편에 있던 삼호공업[52]의 여공들이었다. 형편없는 저임금과 열악한 작업환경에서 허덕이던 젊은 노동자들의 삶을 밝은 그리스도인의 삶으로 이끄는 데 이바지하고자 가톨릭 여성 노동자들이 주축이 되어 가톨릭노동청년회 돈암동 섹션을 결성한 것이다. 발족 당시 회원은 11명으로 초대회장은 백옥자 오틸리아였다. 돈암동 섹션은 카르댕 추기경의 영문판 연설문집 『젊은 노동자들이 당면하고 있는 삶』을 번역 출판하여 본당의 노동청년회원과 전국 JOC 회원들에게 배포하였다. 교육사업에도 힘을 기울여 성당 지하실에 교실 하나를 마련하고 회원들에게 영어와 성경을 가르치는 야학을 설치하였다.

52 삼호공업(三護工業)은 옛 동도극장 앞, 지금의 동소문로 47 삼성디지털프라자 삼선교점 자리에 있었던 의류 공장이다. 대표는 삼호그룹 총수 정재호(鄭載護)였다. 1966년 3월 31일 박정희 대통령은 베트남 파병 한국군의 군복을 생산하는 이 공장을 시찰하고 외국 제품에 비해 손색없는 제품을 만들어 기한 내에 납품할 것을 당부하였다.(『경향신문』 1966년 4월 1일 자, 「박대통령 삼호공업 시찰」.)

단출하게 시작한 야학은 1968년 '옐로우선Yellow sun 중학교'로 발전하였다. 중학교에 진학하지 못한 근로 여성들에게 중학 3년 과정을 1년 동안 가르치는 야간학교의 체제를 갖추었다. 학교의 교훈은 '우리는 결코 울지 않으리. 우리는 결코 지지 않으리. 우리는 승리하리라' 였다. 이 학교는 노동청년회를 지도하였던 양노엘 주임신부가 떠난 후 폐지될 뻔하였으나 교사들과 학생들의 열의가 너무도 뜨거워 새로 부임한 김정수 주임신부를 교장으로 하여 1969년 6월, 37명의 학생을 모집하여 정식 개교하였다. 이때부터 학교의 체제도 어느 정도 갖추게 되었고 본당으로부터 매월 보조금도 받았다. 옐로우선 중학교의 학생들은 삼호공업을 비롯한 돈암지역 내 공장 여공들이 대부분이었다. 한때는 150여 명이 입학 지원하여 2 대 1의 입시경쟁률을 보이기까지 하였다. 졸업생들은 대다수가 상급학교로 진학하였고 진학을 포기한 학생들은 본당 회장들이 '성우전자'와 '동성제약' 같은 기업체에 사무직 취업을 알선해 주기도 하였다.

1970년 서울교구가 본당관할권을 넘겨받은 후 한국인 사제들이 부임하면서 돈암동 성당은 일대 전기를 맞아 더 적극적으로 교세를 확장하였다. 첫 번째 교구 사제로 부임한 김정수 레오 주임신부6대는 신심단체를 정비하고 반상회를 활성화하였다. 1971년에는 교육관을 건축하여 지역사회 내 문화센터로서의 역할을 담당케 하였다. 이와 함께 1970년대 중반부터 본당의 힘을 밖으로 펼치기 시작하여 군종후원사업을 태동시키고, 경기도 파주 금촌성당을 건립하여 봉헌하였다. 1982년에는 사제관을 신축하였으며 그 옆에 소강당을 짓고 성당 내부와 제단을 새로 정비하였고 2000년 10월 성당을 중창하여 축성식을 가졌다. 2005년 10월 16일에는 김수환 추기경이 본당 설립 50주년 기념 미사를 집전하였고, 곧이어 11월 성당 설립 50주년을 기념하여 『돈암동 성당 50년사』를 편찬하였다. 2009년 말에는 성당 등록 교인이 2,540여 세대 7,550여 명에 이르렀으므로 2010년 8월 보문동 성당을 분가하여 내보냈다. 2013년 돈암동 성당은 교회사적·건축사적 가치를 인정받아 서울미래유산으로 지정되었다. 돈암지역 사람들이 아끼고 사랑하는 공간에서 서울 사람 모두가 사랑하는 공간이 된 것이다. 성당 뜰에는 조각가 최종태가 조각한 성모상이 있어 방문자들을 반긴다. 1955년부터 매일 아침, 정오, 저녁마다 울리는 삼종 종소리는 주민과 행인의 신심을 일깨우고 있다.

- **상지 피정의 집(구 상지회관)**

아리랑고개 부근 높다란 언덕 부지에 위치한 상지 피정의 집은 1970~1980년대 우리나라 민주화운동의 역사에서 중요한 사건들이 있었던 공간이다. 현재 툿찡 포교 베네딕도 수녀회 서울 수녀원이 운영하고 있는 상지 피정의 집은 수녀회가 1964년 육영수 여사의 주선으로 불하받은 후 1972년 문을 연 피정 시설이다. 처음에는 '상지회관上智會館'이라는 이름으로 설립하였다. '상지上智'란 '가장 높은 지혜', 즉 '하느님의 지혜'란 뜻이다. 당시만 해도 서울교구 내 피정 시설이 전무하였기 때문에 상지회관은 천주교 단체의 다양한 교육·피정·회의 장소로 사용되었으며, 교회 밖 시민단체나 회사도 이곳을 빌려 다양한 세미나와 회의를 진행하였다. 1970~1980년대 신문기사를 보면 상지회관에서 천주교 주교단 회의를 비롯하여 민중신학자들과 시국을 염려하는 목회자들의 토론회와 각종 민주화운동 단체의 창립총회가 여러 차례 열렸음을 확인할 수 있다. 그 시기 상지회관에서 열린 시국 관련 주요 모임과 내용은 다음 표와 같다.

시기	모임명	참석자	내용
1977년 9월 20~23일	한국천주교 주교회의 추계총회	윤공희(의장) 등 전국의 주교	시국에 관한 천주교 내의 극단적인 대립에 대한 담화문을 발표하고 교회일치를 촉구
1980년 5월 6~9일	한국천주교주교단	김수환 추기경, 윤공희 대주교, 지학순 주교 등 전국의 주교 14명	시국담화문 발표 "비상계엄은 해제돼야 하며 정부가 공약한 민주헌정 확립과 정권이양이 반드시 실현되어야 한다"고 주장
1982년 1월 28~30일	한국신학연구소 창설 10돌 기념 신학토론회	안병무(소장), 서남동, 유동식, 주재용, 김득중, 민영진 등	1970년대 민중신학의 반성과 선교신학으로의 방향 설정
1982년 4월15일	한국교회사회선교협의회의	박형규, 조지송, 허병섭, 지학순, 박홍, 정인숙, 제정구 등 22명	「부산미국문화원 방화사건에 대한 우리의 견해」라는 성명서 발표
1983년 9월 30일	민주화운동청년연합(약칭 민청련) 창립대회	김근태, 장영달, 이을호 등 회원 150여 명	창립선언문 「민주, 민중, 민족통일을 우리 모두에게」 낭독 21개 조 규약 채택 및 임원진 선출
1984년 6월 29일	민중민주운동협의회(약칭 민민협) 창립총회	함세웅(의장), 김승훈, 김동완, 이부영 등	사회 각계에서 민주주의 회복과 인권 보장, 사회 정의 실현과 민중 생존권 확보 주장
1985년 1월 28~30일	한국교회여성연합회 '평화문제' 세미나	김영덕, 이삼열, 신영수 등	핵과 인류, 평화와 교회 여성, 한국 원폭 피해자의 실상을 주제로 한 세미나
1990년 10월 11~13일	전국노동조합협의회(약칭 전노협) 주관 「외자기업노동운동에 관한 국제회의」		외자기업의 횡포에 피해를 보고 있는 아시아 각국의 경험을 교류하여 보다 효과적인 대응책 마련

표 08
1977년부터 1990년 사이에 상지회관에서 열린 시국 관련 모임

1970~1980년대에는 군부독재에 대항하여 언론의 자유와 사회 각계의 민주화와 인권 보장을 촉구하는 수많은 단체가 결성되고 학술적 차원의 토론회를 열고 조직을 확장하며 운동의 방향을 논의하였다. 그러나 경찰과 정보기관의 촘촘한 감시 탓에 안전하게 모일 수 있는 장소가 많지 않았는데, 종교시설들이 그런 모임들의 피난처 역할을 해주었다. 명동성당을 비롯하여 연지동의 한국기독교연합회관, 수유동의 크리스찬아카데미하우스가 대표적인 장소로 알려져 있다. 돈암동 상지회관 또한 그런 피난처 가운데 하나였음을 위 표의 모임과 그 내

그림 72
돈암동 상지 피정의 집

용을 통해 알 수 있다. 특히 민주화운동청년연합은 1972년 유신 이후 민주화운동을 처음으로 공개적으로 표방하고 나선 청년단체로 초대의장 김근태를 중심으로 하여 군부정권의 탄압을 무릅쓰고 줄기차게 민주화운동을 이끌며 1987년 6·10민주항쟁에 크게 기여하였다. 그런 점에서 1983년 9월 30일 저녁 돈암동 상지회관에서 열린 민청련 창립총회는 한국현대사에서 작지 않은 의의를 가진다.

4.3 불교: 도성 밖 사찰에서 지역 사찰로

조선시대 한성부는 유교국가 조선의 상징적 공간이었다. 성리학을 숭상하는 신진사대부의 가치관에 기초하여 제도와 문물을 마련한 조선왕조는 도성 안에 불교 사찰의 건립과 승려의 도성 출입을 금하였다. 그러나 삼국시대 이래 한반도 사람들의 내면과 정치 세계를 지배한 불교 신앙의 전통과 관습이 한 시대의 제도와 법령으로 사라질 리는 만무하였다. 더구나 뚜렷한 내세관 없이 현세의 통치 질서와 도덕적 기준만을 제시하는 유교는 인간으로서 가지는 근원적 불안과 고통을 달래 주기에는 역부족이었다. 따라서 각종 금령에도 불구하고 조선시대 내내 위로는 왕실로부터 아래로는 평민과 천민에 이르기까지 불교적 내세관과 그에 따른 수행과 기원의 풍속은 꾸준히 유지되었다. 비록 도성 안에서 신앙 행위를 공공연하게 할 수 없었지만 일단 사대문 밖을 나가면 가까운 거리에 크고 작은 산에 의지한 여러 사찰이 있었기 때문에 한성부에 거주하는 백성들은 이곳을 드나들며 집안의 안녕을 기원하고 승려에게 각종 불교 의식의 주관을 의뢰하였다.

19세기 지도를 보면 한양도성의 동문 밖으로 여러 지명과 함께 불교 사찰의 이름들이 나와 있는 것을 확인할 수 있다. 동문 밖과 개운산 사이에 자리한 돈암지역에 국한하여 보면 동대문과 동소문 사이에 '니사尼寺'가 있었고, 동소문에서 정릉으로 가는 길목에 '신흥사新興寺'가 있었다. '니사'는 탑골승방, 즉 지금의 보문사와 미타사를 가리키는 것이며, '신흥사'는 돈암2동 흥천사를 가리키는 이름이다. 돈암지역에 포함되지는 않지만 더 멀리 안암동의 영도사, 정릉동의 내원암, 수유동의 화계사 등과 같은 절의 이름을 지도에서 확인할 수 있다.

이러한 불교 사찰은 조선시대 동문 밖 지역이 불교 신앙의 행위가 활발하게 이루어졌던 장소임을 설명해 준다. 실제로도 이들 사찰은 아직도 조선 후기에 조성한 화려한 불교 문화재와 그에 딸린 기록들을 다수 보유하고 있고, 관찬 사료나 개인 문집에도 관련 기사와 시문이 전한다. 그 기록들을 보면 동문 밖 사찰에 시주를 한 사람들의 성씨·이름·신분·직위 등을 확인할 수 있는데, 그들은 주로 도성 안에 거주하는 왕족·궁인·고위관료와 그들의 부인이나 자제들이다. 고지도 속 사찰들은 돈암지역에 살았던 농민이나 하층민들의 삶과는 어느 정도 거리가 있었다고 봐야 할 것이다. 종로에 남아 있는 피맛길의 흔적에서도 짐작할 수 있듯이 상하의 구분이 엄격하던 전통시대에 일반 평민이 '지체'가 높은 사람들을 만나는 것은 여간 까다로운 일이 아니었을 것이므로 자연스레 동문 밖 사찰 출입도 삼갔을 것이다. 오히려 돈암지역 인구의 대부분을 차지하였던 가난한 농민들은 길가의 친근한 마애불, 고갯마루의 당집, 동

53 혜화문(惠化門) 밖의 냇가 동쪽에 석벽이 있었다. 거기에 돌로 만든 처마가 덮여 있고 두 개의 기둥이 지탱하고 있는데 기둥 역시 모두 돌로 만든 것이다. 벽면에 불상 하나가 조각되어 있는데, 사람들이 그것을 '노비부처(奴佛)'라 부르고 그 시내를 '불천(佛川)'이라 이름 지었다. 도성 동쪽의 나무하는 노비들이 날마다 그 밑에 모여들어 올려다보며 욕하기를, "우리를 남의 종으로 만든 놈이 이 불상이다. 불상이 무슨 면목으로 우리를 쳐다본단 말인가." 하면서 낫을 추켜들어 눈을 파내니 불상의 두 눈이 모두 움푹 파였다. 혹사당한 원한이 마침내 불상에게까지 옮겨 갔으니 두려워하지 않을 수 있겠는가. 또 그들의 속담에 "이 불상이 없어지면 노비 역시 없어진다." 하였는데, 노비를 없애는 것은 그래도 가능하지만 석불은 누가 없애겠는가. 내가 젊었을 때는 그래도 불상이 높이 솟아 있고 그 발밑에 냇물이 흐르는 것을 보았다.

구의 서낭당 같은 곳을 나름의 성소로 삼아 안녕을 기원하였을 것이다.

영·정조 연간의 문신 성대중成大中, 1732~1809이 지은 야담집 『청성잡기青城雜記』에는 혜화문 밖 냇가의 암벽에 있었다는 노비부처奴佛의 이야기[53]가 소개되어 있는데, 이런 사례의 일화야말로 조선 후기 돈암지역을 터전으로 살아갔던 평민·천민들의 생활 감정과 그 속에서 발현된 신앙의 일면을 잘 보여준다. 하지만 조선왕조가 마침표를 찍고 일제강점기와 해방, 6·25 전쟁과 같은 사회적 변화를 겪음에 따라 서울의 동문 밖 사찰들도 점차 대중에게 문호를 넓게 열며 지역사회와 함께하는 사찰로서 그 성격과 역할을 새로이 하였다. 또한 조선시대부터 이어져 온 전통사찰 외에도 돈암지역의 골목 사이사이 크고 작은 절들이 새로 생기면서 도심 속 수행과 기원의 공간으로서 역할을 다하고 있다. 이 중 돈암지역의 대표적 두 전통사찰인 홍천사와 보문사의 연혁으로 돈암지역의 불교문화 변화 양상을 살펴본다.

• 홍천사

홍천사는 동소문을 나와 조선 태조의 계비 신덕왕후가 묻힌 정릉貞陵에 가는 길목에 자리한 절이다. 원래 절의 위치는 지금의 정동에 있는 영국 대사관 자리였다고 전한다. 1397년 태조 이성계가 신덕왕후 강씨의 명복을 빌기 위해 창건한 홍천사는 한때 170여 칸의 전각이 들어설 정도의 대가람이었지만, 연산군 때인 1504년 큰 화재로 전각 대부분이 소실됐다. 이후 1794년정조 18 승려 성민·경산·경신의 발원으로 정릉 부근의 현 위치로 이전됐고, 절 이름도 신흥사로 바꿨다. 그러다 1865년고종 2 흥선대원군이 왕실의 안녕을 기원하기 위해 각지에서 시주를 받아 현재의 대방을 건립하였고, 사찰의 이름도 홍천사로 복원하여 국초의 명성을 조금 회복하였다. 이후 개항이 이루어지며 근대 문물이 한성에 들어오고 갑오개혁으로 국가의 제도와 사회의 분위기가 크게 바뀌는 가운데 홍천사의 문턱은 낮아졌다. 지위 높은 사람들만이 아닌 한성의 청소년들과 젊은이들이 홍천사를 찾았다.

동소문을 나와 언덕을 조금만 오르면 나타나는 홍천사 앞 운동장은 대한제국기 신식학교들의 운동회 장소로 안성맞춤이었다. 황성기독교청년회皇城基督敎青年, YMCA는 1905년부터 1908년까지 매년 5월에 홍천사에서 운동회를 개최하였다. 이 당시의 운동회는 단순한 체육 행사만은 아니었다. 운동회 날이면 운동경기를 겸해 시국연설, 다과회, 애국가 부르기 등 다채로운 행사도 함께 열렸다. 1905년 5월 22일에 열린 기독청년회 운동회[54]의 식순을 보면 운동경기 시간이 단 2시간밖에 되지 않는다. 꽤 흥미로운 부분이다. 대신에 대중연설이 답사를 포함해 세 번이나 있었던 사실은 당시 운동회의 계몽적 성격을 잘 보여준다. 이날 연설회는 이튿날까지도 이어졌다. 1908년 5월 4일에 열린 운동회에는 황성기독교청년회 부회장 윤치호尹致昊, 교육부장 이상재李商在도 와서 젊은이들에게 강연하였다.

그 밖에 도성 안 신식학교에서도 봄 운동회 장소로 홍천사 앞 운동장을 택하였다. 보성전문학교가 1906년 4월 5일, 관립일어학교와 관립영어학교가 1906년 4월 28일, 관립법어학교가 1907년 5월 3일, 성균관에서 1909년 5월 18일에 운동회를 개최하였고, 사범학교는 1909년 6월 19일 녹음회綠陰會를 홍천사에서 가졌다. 이러한 운동회는 동소문 밖 홍천사뿐 아니라 동대문 밖 개운사에서도 자주 열렸다.

그런데 매년 장마가 져서 산이 깎이고 하천이 메워져 수십 년 사이에 모래가 그 처마까지 쌓이는 통에 불상의 몸체가 전부 파묻혀 제거할 수가 없게 되었으니, 속담대로 과연 이 불상이 없어진 것이다. 영조 7년(1731년, 신해)에 노비 가운데 양인 어미 소생은 어미의 신분을 따르도록 명하니 노비가 비로소 줄어들어 지금은 집안에 노비가 없는 자가 대부분이다. 금상 순조 1년(1801년, 신유)에 내시노비(內侍奴婢) 대장을 소각하도록 명하여 공노비가 모두 사라졌으니 사노비가 자신들의 천역에 종사하려 하겠는가. 결국에는 반드시 모든 노비가 사라지게 될 것이다.(성대중, 박재영 역, 「성언(醒言)」, 『청성잡기(青城雜記)』권5, 한국고전번역원, 2006)

54 『황성신문』 1905년 5월 22일 자.

표 09

홍천사에서 열린 황성기독청년회 운동회 식순(1906년 5월 22일)

▲ 개회식(오전 10시)
- 개회선언: J. S. Gale奇一, 회장
- 찬 미 가: 연동중학교 생도
- 연 설: 김정식金貞植, 부총무
- 답 사: 최병헌崔炳憲, 정동교회 담임목사
- 내빈연설: H. B. Hulbert訖法, 감리교 선교사

▲ 다과회(오후 1시)

▲ 유희운동(오후 3시)

▲ 폐막식(오후 5시)
- 애국가 제창
- 시상식

이처럼 신식학교의 운동회와 시국연설회가 열렸던 홍천사를 비롯하여 대한제국기 동문 밖 사찰들은 우리나라 근대 체육의 발상지였다. 아울러 이곳은 젊은이들 스스로 '나라의 힘을 길러 독립의 길을 찾아가야 함'을 깨닫고 근대적 의미의 민족주의가 싹튼 장소이기도 하였다. 그러나 1910년 한일강제병합을 기점으로 대한제국기 활발하게 열렸던 대중집회는 그 빈도가 급감하였다. 대다수 애국계몽단체들이 해산되고 그나마 남아 있는 단체들도 조직이 축소되거나 노선이 변질되었다. 많은 신식학교가 폐교 절차를 밟거나 일제의 식민지 교육정책에 흡수되고 말았다. 이와 동시에 조선총독부는 1912년 5월 31일에 학령 제716호를 내려 서울 시내는 물론 전국의 각 학교와 단체의 연합운동회를 폐지하였다. 한국인들의 비밀결사를 막기 위한 강압적인 조치였다. 이 때문에 홍천사 앞마당을 가득 채웠던 조선 청년들의 땀 냄새와 선각자들의 열변은 자취를 감추었다. 운동회가 중단되고 홍천사는 일제강점기 내내 그리고 해방 직후부터 1990년대까지 서울 사람들의 대표적인 연회 장소로 이용되었다. 『매일신보』 1933년 3월 8일 자에 실린 「음일淫逸의 소굴화巢窟化하는 경산취체京山取締는 지난至難」이라는 제하의 기사는 당시 동대문경찰서의 관할 구역 내 '사찰정화' 방침과 1930년대 근교 사찰들의 실상을 자세히 전하고 있다.

『매일신보』 1933년 3월 8일 자, 「음일의 소굴화하는 경산취체는 지난」.

신성한 사찰에서 주식酒食을 판매한다는 것은 교화 풍기상 자못 좋지 못한 일이라 하여 일반의 그 물의가 높아 왔으나 근교에 있는 청량사, 홍천사 등을 비롯하여 수십 개의 사찰은 본래 사원의 기본재산이 없으므로 사찰을 유지하기 위하여 부득이 음식점 영업을 하여 그 수입의 할인액으로 사찰을 유지하게 되는 것이다. 그 매상고 중 손님 한 사람에 대하여 5전 내지 7전씩을 떼어 사찰 유지비로 충당하므로 총독부 종교과宗敎課나 또는 그것을 취체取締하고 있는 경찰당국에서도 묵과하게 되었다. 연중에도 봄과 가을철 같은 때는 가장 출입하는 사람들이 많아 개중에는 탕자탕부蕩子蕩婦들의 밀회처로 화하게 되는 곳까지 있으므로 금년부터는 그 관할에 가장 사찰이 많은 동대문서東大門署에서는 풍기에 대한 취체를 더욱 엄중히 할 터이라는 바 작년 1년 중에 동대문서 관내에 있는 12개소에서 유흥을 한 사람은 2만 5천9백 26인으로 그 매상고는 2만 5천3백43원 80전이라고 한다. 그중 가장 유흥객이 많은 곳은 흥천사의 1

그림 73 ▲

흥천사 전경

그림 74 ▼

흥천사 명부전에서 봉행한 신덕왕후 다례재

만 1천1백인으로 그 매상고 1만 2천4백원이라고 하며 가장 적은 곳은 도선사의 50인으로 50원이라고 한다. 작년 중 각 사찰의 수입통계를 보면 다음과 같다.

표 10
1932년 동대문경찰서 관할 구역 내 12개 사찰의 수입 통계

사찰명	유흥인원수(명)	음식물매상고	사원寺院수득액	음식점영업자수(명)	승려 총수(명)
청련사靑蓮寺	2,858	1,714원 80전	285원 80전	11	22
개운사開運寺	5,200	5,200원	143원	21	65
보문사普門寺	800	500원	30원	5	23
미타사彌陀寺	150	120원	10원	2	15
흥천사興天寺	11,100	12,400원	2,200원	9	40
청룡사靑龍寺	580	550원	100원	1	3
화계사華溪寺	1,200	1,200원	60원	4	16
도선사道詵寺	50	50원	4원	1	10
경국사慶國寺	1,500	1,500원	100원	1	8
봉국사奉國寺	450	500원	15원	1	13
청량사淸凉寺	1,838	1,430원	373원	6	28
연화사蓮花寺	200	115원	21원	1	13
계	25,926	25,432원 80전	4,619원 80전	63	256

동대문경찰서 관할 구역 내 12개 사찰 가운데 광희문 밖 왕십리에 있었던 청련사구 안정사가 2010년 경기도 양주시 장흥으로 불우를 이전하였을 뿐 나머지 11개 사찰은 아직도 옛 자리를 지키고 있다. 이 중 흥천사가 당시 전체 유흥 인원 가운데 절반에 가까운 숫자인 1만여 명을 받았던 것으로 보아 그 시절 흥천사의 인기를 확인할 수 있다. 1940년대까지 흥천사가 '탕자탕부蕩子蕩婦'가 함께 모이는 유흥의 장소라고 한다면 1960년대 이후에는 조금 그 성격이 바뀐다. 서울 사람들의 대표적인 회갑잔치 장소로 흥천사 앞 연회장을 갖춘 음식점들이 알려지게 된 것이다. 신문기사에는 아무개가 회갑잔치를 돈암동 신흥사 앞 모 음식점에서 연다는 기사가 많다. 신흥각·풍년각·취선정·녹음정·송학정·반월각·여월각·삼호정·수암정 등 8~9곳의 음식점이 넓은 연회장과 주차장을 갖추고 손님을 맞았다. 1980년대 초 경제의 호황과 더불어 회갑연이 가장 빈번하게 치러졌던 시기에는 월 50~60건의 회갑연이 한 음식점에서 치러지기도 하였다. 그러면서 서울 사람들에게 돈암동 신흥사 하면 회갑잔치 동네로 알려졌다.[55]

일제강점기 이후 약 100년간 흥천사는 여전히 신흥사라는 이름으로 불리며 유흥과 연회의 장소로 사용되었다. 불도를 닦고 교법을 설하여 중생을 구제한다는 사찰 본래의 취지에서는 멀리 떨어져 있었던 셈이다. 그런 흥천사가 다시 불교 도량으로서의 제 모습을 찾게 된 것은 2011년 대한불교조계종에서 관리 권한을 가져오면서부터이다. 2011년 주지로 임명된 금곡金谷 스님은 절 경내의 결혼한 스님과 세입자들에게 보상금을 주어 이주하게 하고, 살림집들을 철거하는 것부터 사찰 정화사업을 시작하였다. 정릉의 원찰이라는 흥천사의 정체성을 정립하고자 흥천사와 정릉을 잇는 골목길 요소마다 이정표를 설치하였고, 매년 9월 23일 신덕왕후의 명복을 비는 다례재를 법당에서 봉행하였다.

또한 흥천사 경내를 거쳐 돈암동과 정릉동을 오갈 수 있도록 산책로를 조성하여 누구나 편하게 절을 찾도록 배려하였다. 지역사업에도 힘을 기울여 옛 살림집을 철거한 자리에 한옥

55 『조선일보』 1981년 4월 17일 자, 「잔치 마당을 빌려줍니다」.

어린이집을 지어 개원하였고, 매년 3회 지역의 어르신들을 초대하여 크게 경로잔치를 열기도 하였다. 사찰의 문화재 보존에도 힘을 기울여 고종 때 건축한 대방을 해체 수리하였으며 2019년부터는 매년 홍천사의 건축과 문화재를 주제로 한 학술회의를 개최하여 연구 성과를 축적 중이다. 이러한 노력을 통하여 홍천사는 지난 100년간의 묵은 때를 말끔히 씻고 지역사회 속에서 부처님의 지혜와 가르침을 나누면서 서울 동북부의 청정도량으로서 제 모습을 찾아가고 있다.

· 보문사

보문동이란 동명洞名은 보문사에서 유래되었다. '보普'는 몸체에 온갖 덕을 갖춘 것을 말하고, '문門'은 쓰임이 나타나는 곳을 말한다. 따라서 '보문普門'은 "온갖 덕이 널리 쓰이는 열린 곳"이라는 뜻이 된다. 보문사는 한 동네에 이런 넉넉한 이름을 붙여준 주인공이다. 서울의 전통사찰로 등록된 보문사는 1115년고려 예종 10에 담진국사曇眞國師에 의하여 창건되었다. 현재 보문사는 비구니 절인데 언제부터 그와 같이 되었는지는 확실하지 않다. 다만 조선시대 정업원淨業院과 관련지어 그 연혁을 살펴볼 수 있는 여지가 충분하다. 정업원은 도성 안에 설립한 비구니 절이었다. 주지는 주로 명망 있는 후궁이 맡았으며, 궁궐에서 생활하던 여성들이 늘그막에 궁에서 나와 비구니로 마지막 여생을 보내도록 만든 도성 안의 사찰이었다. 이런 까닭으로 정업원은 왕실과 밀접한 관련을 맺고 있었으며 조선 전기 도성 안에 사찰을 둘 수 없다는 사대부 관료의 혁파 요구 속에서 두 번의 철폐를 겪었지만 매번 복구되면서 명맥을 유지하다가 인조반정 이후 최종 혁파되었다.

그런 과정을 거치면서 정업원에 소속된 비구니들은 도성 밖으로 흩어졌고, 동대문 밖 몇 군데 장소를 중심으로 모여 승방僧房을 이루어 수도하였다. 그리하여 옥수동의 두뭇개승방, 숭인동의 새절승방청룡사, 석관동의 돌곶이승방, 보문동의 탑골승방 등 모두 4곳의 승방이 형성되었는데 이 중 보문사는 낙산 동쪽 자락 탑골승방의 중심 사찰이었다. 이곳은 19세기 중반 제작된 고지도에 동대문과 동소문 사이 성곽 바깥에 '승방僧房' 또는 '니사尼舍'로 기록되어 전해지고 있다.

그동안 보문사가 언제부터 비구니 절이 되었는지는 직접적인 기록이 없었으나 2017년 10월 보문사 대웅전 해체 수리 공사 중에 지붕에서 상량문이 발견되어 그 의문이 다소 풀렸다. 상량문은 1747년건륭 12, 1824년도광 4, 1865년동치 4에 지은 3종이 나왔는데 이를 통해 보문사 대웅전은 1747년에 지어져 서울 시내 현존하는 법당 가운데 가장 오래된 건물임이 밝혀졌고, 이때 시주자로 이름을 올린 인물은 모두 여성으로 이들은 궁인일 가능성이 큰 것으로 조사됐다. 또 1824년 상량문에는 화주化主, 즉 소임자가 모두 비구니로 기록돼 있어 이때 이미 보문사가 비구니 사찰이었음이 밝혀졌다.[56] 1864년 중창 불사에 참여한 시주자는 영의정相國 김좌근金佐根, 1797~1869으로 별도의 종이에는 주상主上과 대왕대비大王大妃, 왕대비王大妃, 비妃의 축원을 적어 놓았다.[57] 이를 통하여 보문사는 19세기 국왕과 왕실, 세도가였던 안동김씨 가문과도 밀접한 관련을 맺고 있었음을 짐작할 수 있다.

보문사, 정확히는 '탑동승방塔洞僧房'이라는 이름은 1885년 김옥균이 일본 망명 시에 갑신정변의 전말을 기록한 『갑신일록甲申日錄』에도 등장한다. 여기에는 갑신정변 거사 전인 1884년음력 11월 26일 김옥균이 박영효·서광범과 함께 동문 밖 탑동승방에 가서 거사를 논의하였

56 『연합뉴스』 2017년 10월 16일 자, 「보문사 대웅전은 1747년 축조..서울에서 제일 오래된 법당」.
57 『법보신문』 2017년 10월 17일 자, 「서울서 가장 오래된 불교건축은 보문사 대웅전」.

그림 75 ▲

보문사 대웅전

그림 76 ▼

보문사 전경

앞에 보이는 큰 건물은 선불장(選佛場)으로 1958년에 완공하였다. 아래층에는 '보문강원(普門講院)'을 두고, 위층은 수선안거를 위한 '선방(禪房)'으로 사용하였다.

다는 기록이 있다.[58] 이로 보아 보문사는 조선 후기 왕실의 궁인들은 물론 북촌의 양반 자제들도 자주 드나들었던 장소였음을 알 수 있다.

일제강점기 초에는 절이 황폐할 지경에 이르렀는데 1912년 긍탄亘坦 스님이 주지를 맡으면서 가람 재건의 기틀을 닦았다. 긍탄 스님의 부임 초 오래전부터 절에서 잡일을 해오던 '청운'이라는 자가 자기 절의 땅문서를 훔쳐 그걸 판 돈까지 다 써 버린 일이 발생한 직후였던지라, 가람을 다시 일으키기란 말처럼 쉬운 일이 아니었다. 스님은 그 길로 탁발에 나섰다. 그렇게 3년 동안 탁발한 결실로 겨우 절논 아홉 마지기를 마련할 수 있었다. 보문사 중창의 시작이었다. 그리하여 1917년에 『화엄경』을 인간印刊하여 대웅전에 봉안하였으며, 만세루지금은 소실됨 수축과 관음전 신축뿐 아니라 대웅전 보수와 대종주조 등 호구책을 마련함으로써 지금의 보문사 기초를 닦았다. 스승 긍탄의 뒤를 이어 주지로 임명된 은영恩榮 스님은 1971년에 오갈 데 없는 여신도들을 위하여 시자원施慈院이라는 양로원을 만들고 1972년 '대한불교 보문종'이라는 독립된 종단을 설립하는 등 비구니 절 고유의 청정한 수행 풍토를 유지하고자 노력하였다. 아쉽게도 시자원은 서울시 도시계획으로 건물이 철거되고 말았는데, 보문사는 시자원을 재건하기 위해 다방면으로 노력을 기울이고 있다.

보문종은 활발한 사회사업으로 현대 한국불교 역할을 재정립하는 데 큰 역할을 해오고 있는 종단이기도 하다. 6·25전쟁으로 고아가 된 어린이들을 돌보기 시작하면서 어린이 보육사업의 선구자적인 역할을 하였다. 이런 노력의 일환으로 1987년 은영유치원을 열었고, 곧이어 은영어린이집도 개원하였다. 2021년에는 보문종 창립 50주년을 기념하기 위해 문화체험관 건립 기공식을 갖고 지역사회와 접촉면을 넓혀 가려는 노력을 계속하고 있다. 보문사 경내의 넓은 숲은 성북구의 사찰림 가운데 가장 넓은 부지와 풍부한 식생을 자랑하고 있어 보문동 사람들에게 아늑한 휴식과 산책 공간을 제공하고 있다.

4.4 원불교: 일제강점기 원불교 서울교당 터

그림 77

원불교 서울교당 옛터 (서울특별시 성북구 삼선교로4길 148)와 기념 표석

돈암지역은 일제강점기 원불교 교단의 중심지였다. 현재 삼선동 삼군부 총무당 앞에 세워져 있는 원불교 서울교당의 옛터 표석을 통해 이를 확인할 수 있다. 원불교 대종사 소태산少太山 박중빈朴重彬, 1891~1943이 1916년 깨달음을 얻은 후 전라남도 영광에서 원불교 교문을 열고 1924년원기 9 처음 상경하자 제자들이 귀의하였다. 1926년원기 11 낙산 밖 창신동에 원불교 서울 최초의 교당을 설립하고 교화를 전개하다가 동소문 밖 삼선평 앵두나무골에 600여 평의 대지를 마련하여 일식과 양식을 절충한 12칸 기와집을 신축하고 기존 초옥 3채를 수리하여 1933년원기 18 이전하였다. 소태산 대종사가 수차례 상경하여 제자들을 지도하였던 이곳 교당은 1946년원기 31 용산 용광사를 인수하여 이전하였다. 서울교당으로 이전 후 이곳은 서울시에서 고아원 등으로 사용하다가 1978년 공원으로 조성하여 오늘에 이르렀다. 현재 원불교 서울교구 돈암교당은 동선동 주민센터 옆 동소문로26길 32에 있다.

58 "박영효·서광범과 동문(東門) 밖 탑동(塔洞) 승방에 가서 이인종 등 여러 사람에게 근일 간 거사한다는 뜻을 대략 지시하고, 세목(細目)을 많이 논의하였다."(김옥균, 조일문 역, 『갑신일록(甲申日錄)』, 건국대학교출판부, 1993.)

5 / 7

동대문구에서 성북구로

한신
120
한신
123
123
한신
118
118

1949년 8월 15일 서울에서 9번째 구로 성북구가 신설되었다. 성북구 이전 8개 구는 일제강점기인 1943년에 구가 된 종로구, 중구, 동대문구, 성동구, 서대문구, 용산구, 영등포구와 1944년 경성부에 편입되면서 구가 된 마포구 등이다. 이는 1936년 경성시가지계획으로 경성이 확장한 결과라고 할 수 있다. 경성시가지계획의 일환으로 조성된 돈암지구는 1936년 경성부에 편입되었고, 1943년 동대문구에 속하게 되었다. 일제강점기 구로 개칭된 지역이 도성 내이거나 이미 도시화가 이루어진 지역인 반면에 돈암지구는 구릉지와 농경지 등의 나대지에 1941년 신도시로 완공된 지역이었다. 돈암지구의 인구가 증가한 것은 해방과 6·25전쟁 이후라고 할 수 있다. 돈암지역은 돈암지구가 완공된 지 8년, 해방된 지 4년, 정부를 수립한 지 1년 만에 성북구로 분리되었다.

해방과 6·25전쟁 이후 서울은 서울로 유입된 월남민과 서울로 돌아온 피난민들이 구릉지나 나대지에 무허가로 전재민촌을 형성하였다. 이는 전쟁으로 많은 주택들이 파괴되었고, 급증하는 인구에 비해 주택은 턱없이 부족하였기 때문이다. 또한 1960~1970년대 산업화가 진행되면서 지방에서 서울로 이주한 많은 사람이 토지를 무단으로 점유하고 무허가 주택을 지었다. '산업역군'이라는 이름으로 도시로 물밀듯이 유입된 사람들에 대한 정부의 주거 대책이 없었고, 가난한 이주민들은 기존의 주택시장에 진입할 경제적 기반이 없었다. 이들이 스스로 주택문제를 해결한 방법은 판자촌뿐이었다.

1960년 4만 여 동에서 1970년 약 20만 동으로 늘어난 무허가 주택은 도심 주변의 구릉이나 청계천·중랑천 같은 하천변과 철도변에서부터 미아리와 답십리·수유리 등 도심 외곽에 이르기까지 만연하였다. 돈암지구는 도심과 인접하면서 낮은 산으로 둘러싸인 지역으로 이들이 판자촌을 형성하기에 적절한 입지조건을 가지고 있었다. 돈암지구 완공 당시 구릉지였던 낙산 자락의 삼선동, 북악산 자락의 돈암동과 동소문동, 개운산 자락의 동선동은 이렇게 해서 대규모 판자촌이 형성되었다.

당시 무허가 불량주거지에 대해 정부는 이들의 노동력을 필요로 하였기에 일정 정도 묵인하면서, 지나치게 확장되지 않도록 단속하였다. 단속 과정은 무대책으로 철거하는 방식이었으며, 주민들은 철거된 가옥을 야밤에 다시 짓고 살다가 다시 철거되는 과정의 반복이었다. 한편 대책 없는 강제철거는 저항과 절망을 낳기도 하였다. 특히 돈암지역의 성신여자중학교와 고등학교 주변의 무허가 건물은 1950년대 수차례에 걸쳐서 강제철거를 당하면서 주민이

자살을 시도하는 일까지 발생하였다. 다섯 차례 철거를 당하고도 겨우 다시 짓고 살았지만 또 다시 철거가 계고되자 극단적 선택을 하였다. 당시 사건을 기록한 1956년 6월 15일 자 『동아일보』 기사는 현장의 상황을 생생하게 묘사하고 있다.

> 지난 13일 상오 11시경 서울 시내 성북구 동선동 11번지 박태영(36) 씨의 처 연만순(26) 씨는 자택 문턱에 목을 매고 자살을 기도하였는데 약 30분 후 이웃 사람들에게 발견되어 즉시 응급치료 끝에 겨우 소생하였다. 연 씨는 시내 모 기름공장에서 노동을 하여 월 9천환을 받는 남편의 박봉으로 세 식구가 간신히 생계를 유지해 오던 차 세를 들었던 집마저 내쫓기게 되어 하는 수 없이 약 15일 전 동선동 산 11번지 대지에 두 칸짜리 '판자집'을 세웠는데 그것이 '무허가 건축물'이라는 이유로 건축 도중 경찰관들에게 5회나 파괴를 당하면서도 결사적으로 겨우 이를 세워 놓았으나 그 두 칸짜리 집마저 또다시 자진철거를 강요당하고 성북경찰서에 호출되었다가 귀가한 직후 비관한 끝에 채 완공되지도 않은 판자집 방문턱에 목을 매어 자살을 기도한 것이라고 한다.
> 한편 같은 주소의 이규호 씨의 처 김관순(30) 씨도 연 씨와 같은 처지로 20일 하오 6시경 10명의 경찰관이 겨우 세워 놓은 집을 완전 파괴함을 보고 놀라서 발병, 방금 신음 중에 있다 한다.

『동아일보』 1956년 6월 15일 자, 「자살 기도한 여인 판자집 철거가 빚은 비극」.

이는 돈암지역의 일만은 아니었다. 1950~1960년대 무허가 불량주거지에 대한 정부 대응이 묵인과 단속·철거의 반복이었고, 1960년대 정부는 산과 하천이나 시장 등의 국공유지를 개발해 아파트를 짓기 시작하였다. 1970년대는 경제성장으로 효용가치가 높아진 도심의 판자촌을 대대적으로 철거하고, 이들을 도시 외곽으로 집단 이주시키고, 대규모 아파트단지 등을 개발하였다. 1980~1990년대부터 기존 주거지를 다세대·다가구나 아파트단지로 개발하였다. 특히 86아시안게임과 88서울올림픽이라는 대규모 국제스포츠 행사를 앞두고, 정부는 외국 손님을 맞이하기 위한 서울의 도시미화라는 명분과 주택공급 문제를 해결하는 수단으로, 본격적으로 민간자원을 동원하는 합동재개발 방식을 추진하였다. 합동재개발의 도입으로 강제철거를 둘러싼 정부와 주민들 간 갈등 양상은 재개발로 이익을 얻으려는 소유주들과 대책을 요구하는 세입자들의 갈등으로 치환되었다.

이렇듯 돈암지역은 1936년 경성의 확장에 따라 신시가지로 조성된 것을 시작으로 서울의 개발역사를 고스란히 담고 있는 지역이다.

1. 성북천 위에 지어진 삼선상가아파트

성북천 일대에는 돈암지구 개발 이전에도 주거지가 분포되어 있었다. 개발 이전의 토막민들은 바로 사용할 수 있는 물이 있는 성북천을 중심으로 주거지를 형성하였고, 개발 이후에도 도로와 주거지는 하천 주변으로 발달하였다. 성북천은 주거지를 형성하기 위한 중요한 조건이었다. 돈암지구가 완공된 후에는 당시 조성된 공설시장인 돈암시장과 보문시장은 삼선동·성북동 지역에서 이용하기에 거리가 멀었기 때문에 그 중간지점인 동소문동2가 지역에는 천변을 따라서 무허가 건물 128동으로 삼선시장이 형성되어 있었다.[01] 삼선시장은 비공식적인 시장이었지만, 건물이 있었던 것으로 보아 상설시장이었던 것으로 보인다. 이 시기까지 성북천은 강바닥이 낮은 하천으로 매해 수해의 문제가 있었다. 1961년 5월 12일의 기사를 보면, 매해 장마가 오고 나면 서울 곳곳의 하천이 범람하고 수해水害로 인해 호안湖岸을 복구해야 한다는 내용을 담고 있다. 하수도 수선공사로 안암천과 성북천을 공사한다는 내용도 실려 있다.

『조선일보』 1961년 5월 12일 자, 「장마철엔 물바다」.

장마철이 오기 전 5월까지는 늦어도 착공했어야 할 서울시의 하수도시설공사와 수선공사는 1할도 못되는 9퍼센트만이 집행되었을 뿐 나머지 공사계획은 착공 예정 일자를 한 달 또는 두 달이 넘도록 손도 안 대고 있는 형편이다. 토목건설사업에 중점을 두고 있는 서울시는 물이 흐르지 않는 하수도를 뚫고 모래로 덮인 하천을 준설浚渫하기 위해서 모두 27건의 공사계획에 칠억천구백십만 환의 예산을 책정하고 3월부터 5월까지 사이에 착공하여 4월에 2건, 5월에 3건, 6월에 12건, 7월에 3건, 8월에 5건, 그리고 9월까지의 2건을 모두 준공키로 계획을 세웠던 것이다. 그러나 5월 10일 현재 하수도시설공사는 52퍼센트만이 착수 중인 지지부진한 상태이어서 금년 장마철에도 거리가 물바다를 이룰 것은 틀림없게 됐다.

8·15 해방 이래 거의 손질이 안 간 서울시의 하수도는 거의 절반이 막혀 버려 비만 오면 차량도 통행할 수 없을 정도로 물바다를 이루고 있는 것이다. 이런 까닭은 10여 년 동안 한 번도 크게 손질을 하지 않았다는 것과 선진국처럼 빗물을 받는 하수도와 오수를 받는 하수도가 따로 있지 않으며, 높은 지대에 지은

01 『동아일보』 1967년 10월 23일 자, 「성북천 복개 자리에 현대식 상가아파트」.

판잣집 등에서 하수도를 마련하지 않은 탓으로 시내 한복판은 막혀 버리게 마련이라는 것이다. 당국은 이번 하수도공사가 예정보다 지연된 이유로 추가경정예산이 너무 늦게 통과되었고 수도국의 신발족으로 사무인계가 늦어졌던 때문이라고 변명하고 있다. 최근까지의 공사계획에 따른 진행 상황은 다음과 같다.

◎하수도수선공사=10건=일억사천십만 환
▷준공된 것=2건(안암천 복거천安岩川伏車川 준설공사, 성북천城北川 준설공사)=이천백만 환

해방 이후 하천과 하수도 등의 수리시설에 대한 정비가 제대로 이루어지지 않아 매해 장마철에는 하수도가 역류하고 제방이 떠내려가는 등의 문제가 계속되었다. 1966년 7월 29일의 신문기사에 따르면 서울 곳곳의 수해로 서울시에서 3억 원의 복구비를 들여 47개소의 하천을 복구하였다. 이렇게 해마다 반복되는 수해 피해를 막기 위해서 서울의 하천과 하수도를 대대적으로 정비할 필요가 있었다. 이 사업으로 동선동·삼선동·보문동 등 돈암지역 성북천 인근 공사가 이루어졌음을 확인할 수 있다.

29일 서울시는 4억4천만 원의 수해복구비 중 47개 지역에 대한 1차 공사비 2억9천6백96만 원을 각 구에 배정, 일제히 착공했다. 이 공사는 거의 하수도공사로 곧 착공될 제2차 공사와 함께 연내에 모두 끝낼 예정인데 1차 공사지역과 공사비는 다음과 같다. ▲동선東仙동(1천6백만 원) ▲종암鍾岩동(2천4백만 원) ▲정화貞和동(1천6백만 원) ▲삼선三仙동, 성북천城北川(5백만 원) ▲남산南山동(2백만 원) ▲양陽동(20만 원) ▲중中구 뒷골목 블록공사(1백50만 원) ▲후암厚岩동(4백70만 원) ▲청파靑坡동(7백30만 원) ▲보광普光동(3백50만 원) ▲보광普光동 포장(1백58만 원) ▲원효로元曉路1가(3백50만 원) ▲여군女軍앞 하천석축(8백50만 원) ▲욱천旭川 호안(1천만 원) ▲이태원梨泰院(2백만 원) ▲효창孝昌공원(6백만 원) ▲흑석黑石동 펌프장(7백만 원) ▲신길新吉동(5백44만 원) ▲오류梧柳동(4백59만 원) ▲숭실대崇實大앞(3백92만 원) ▲본本동(1백만 원) ▲성로원(1백만 원) ▲김포金浦가도 비탈(1백만 원) ▲영등포永登浦 뒷골목 포장(1천6백만 원) ▲신흥新興동(50만 원) ▲명륜明倫2·3·4가(7백만 원) ▲충신忠信동(1천2백만 원) ▲인사천仁寺川 준설(1백30만 원) ▲도화桃花1동(3백50만 원) ▲용강龍江, 염리鹽里동(3백만 원) ▲아현阿峴동 도서관 석축(50만 원) ▲창전倉前동 9(1백만 원) ▲서교西橋동 도로 보수(1백50만 원) ▲답십리踏十里2동(1천1백50만 원) ▲답십리踏十里 제방(5백만 원) ▲보문普門동(6백15만 원) ▲창신昌信동1·2가(4백20만 원) ▲청량리淸凉里(7백70만 원) ▲뚝도유원지(1천만 원) ▲구중교 보수(8백50만 원) ▲사근沙斤동(7백30만 원) ▲금호金湖동(5백70만 원) ▲옥수玉水동(8백70만 원) ▲약수藥水동(1천2백만 원)

『동아일보』 1966년 7월 29일 자, 「복구비 3억 원 배정」.

수해와 무허가시장 등의 문제가 쌓여가는 와중에 서울시는 성북천을 복개覆蓋하기로 결정하고, 그 위에 현대식 아파트를 짓는 계획을 발표한다. 당시에 서울은 계속해서 인구가 증가하고 있어 주택은 부족하였고 서울시는 예산부족에 시달리고 있었다. 그 상황에서 국공유지인 하천은 별도의 토지수용 절차나 수용비가 필요하지 않았고, 공사는 시행업체가 분양을 통하여 충당하도록 하면 별다른 수고를 들이지 않고 진행할 수 있었기에 천변이나 도로 위에 아파트를 짓는 방식의 개발을 추진하였다. 이는 당시 김현옥 서울시장이 세운상가·낙원상가·대학천상가 등의 상가아파트를 지을 때도 이용한 방식으로, 공공용지를 불법 점유하여 이후에 점용허가를 다시 받아 점용료를 지불하는 방식으로 진행하였다.[02] 1967년 10월 23일의

02 강난형, 「서울 메가스트럭처, 세운상가의 도시단면연구」, 서울시립대학교 석사학위논문, 2011, 40쪽.

그림 01

삼선상가아파트 사무소
『경향신문』
1968년 1월 18일 자,
「착공 전 입주민 모집」

『동아일보』 기사를 살펴보면 삼선상가아파트는 기존 하천 1,014m에 아파트 2동을 건설하고자 하는 계획이었다. 그 안에는 사무실 2동, 백화점 2동 그리고 주거용 아파트 A형 187동과 B형 144동을 건축하고자 하였다.

『동아일보』 1967년 10월 23일 자, 「성북천 복개 자리에 현대식 상가아파트」.

> 서울시는 23일 삼선교~돈암교 성북경찰서 뒤를 흐르는 1,014m의 성북천을 복개한 후 현대식 아파트와 백화점을 세운다고 했다. 오는 30일 복개공사가 착공될 이 지역에는 무허가 건물 128동으로 이룩된 삼선시장이 들어서 있다. 민간자본 2억2백80만 원을 유치, 새로 짓게 될 상가아파트는 3층 내지 5층 건물로 사무실 2동, 백화점 2동, 점포 152개, 아파트 A형 187동과 B형 144동이 들어서게 된다. 1차 공사구간인 삼선교~양회다리 간 366m 지역은 오는 30일에 착공해 68년에 완공하며, 2차 공사 구간인 양회다리~돈암교 구간 408m는 69년 1월 착공해 연내에 완공하고, 마지막 공사구간인 돈암교~성북경찰서 뒤 240m는 70년 1월에 착공된다.

총공사비는 8억 5,000만 원으로 예상하고 있었으며, 서울시에서는 삼선상가주식회사·성북상가주식회사·삼익건설에 시행권을 주어 공사하도록 하였다. 하지만 용역비를 지급하는 사업이 아닌 자체적으로 자금을 조달하여야 하였고, 오히려 사업비로 공사비의 일부를 서울시에 예치해야 하였던 상황은 적합한 공사업체를 선정하여 제대로 절차에 맞춰 진행하기에는 무리가 있었다. 서울시는 또한 빠르게 공사를 진행하기를 바랐기 때문에 자신들의 입맛에 맞는 사람들을 골라 공사를 진행하려고 하였다. 1968년 1월 18일의 기사를 보면 민간자본유치사업인 성북천의 상가아파트 건설을 담당하던 삼선상가주식회사의 사장은 공화당 전 성북구당 위원장으로 자금 없이 사업권을 따내어 미리 입주금을 상인들로부터 받아 자금을 예치하였다.

당시의 사진을 보면 공사 시작 전부터 입주금을 받기 위한 사무실을 성북천이 시작되는 지점에 지어 두었다. 이런 상황은 삼익건설과 성북상가주식회사도 별반 다를 것이 없었다. 삼익건설은 삼익맨션을 3층까지 인허가받고서는 7층까지 무단으로 증축하여 건설하였다. 이런 문제들이 발생한 와중에도 상가아파트들은 지어졌다. 삼선상가아파트는 1969년, 삼익맨션아파트는 1971년, 성북상가아파트는 1970년 준공되었다.

서울시가 민간자본 유치사업의 하나로 시공 중인 성북천城北川 상가아파트 공사는 자금도 없는 자가 맡아 부작용을 일으키고 있다. 공사비 칠억이천만七億二千萬 원의 이 상가아파트는 삼선교三仙橋에서 양회다리까지 폭 십十m, 길이 삼백구십사三百九十四m의 규모인데 공사를 맡은 삼선三仙상가주식회사는 십팔十八일 공사자금이 없어 입주자 신청광고를 내고 오는 이십오二十五일까지 입주자를 모집하고 있다. 삼선三仙상가주식회사는 공화당共和黨 전 성북갑구당城北甲區黨 위원장 정병태鄭昞泰 씨가 사장인데 회사 측은 자금이 없어 공사금을 미리 입주금 조로 상인들로부터 신청을 받아 마감 후 계약금으로 우선 입주금(일一층 육십六十여만萬원 예정)의 20% 중도금 60% 입주 후 나머지 20%를 내게 돼 있다.

『동아일보』 1968년 1월 18일 자, 「자금없이 공사맡아 성북천상가아파트 입주민 먼저 모집」.

한강변에 호화판 아파트인 골든맨션아파트가 무허가로 건축되고 있는데도 서울시는 이를 외면하고 있다가 23일 뒤늦게 건축중지명령을 내리는 한편 경찰에 고발했다. 이 아파트는 아파트 전문건축회사로 자처하는 삼익三益건설(대표 이종록李鍾祿)이 서울 용산구 동부이촌동 302의 53 한강맨션아파트 옆에 2개월 전부터 짓기 시작한 것으로 23일 현재 2층까지 골조공사를 끝내고 입주예정자 모집까지 대대적으로 냈다. 57~32평의 아파트 48가구가 들어설 이 7층 건물은 오는 10월 말까지 입주를 끝낼 예정으로 가구당 아파트값은 융자금 25%를 제외하고도 3백98만~7백17만 원에 이르는 호화판이다. 말썽난 삼익三益건설은 서울 성북구 삼선동에 있는 삼익三益상가아파트도 3층까지만 건축허가를 받고 7층까지 불법으로 올렸는데 서울시는 아무런 조치도 취하지 않았었다.

『경향신문』 1971년 6월 23일 자, 「한강변에 무허가 맨션아파트」.

무허가 시장이었던 삼선시장은 1층 시장과 상층부 주택으로 가로형 시장이 있는 상가아파트로 건설되었다. 삼선상가아파트는 1990년대까지 돈암지역의 시장으로 기능하였다. 이 당시의 모습을 보면 하천을 따라서 곡선형의 건축물이 지어져 있고 그 사이에 건물이 지어지지 않은 땅에는 주차장이 조성되어 있었다. 각 건물의 위치는 삼선상가아파트는 성북구 동소문로2가 21번지 일대, 성북상가아파트는 성북구 동소문동5가 118번지, 삼익맨션아파트는 성북구 동소문동2가와 3가로 기록되어 있어 양회다리현 한성대입구역에서부터 삼선상가아파트-삼익맨션아파트-성북상가아파트 순으로 돈암시장이 있는 성북경찰서 뒤편까지 이어졌다.

그림 02 ◂
성북상가아파트 입주광고
『매일경제』 1970년 1월 12일 자, 「성북상가아파트 입주 안내」

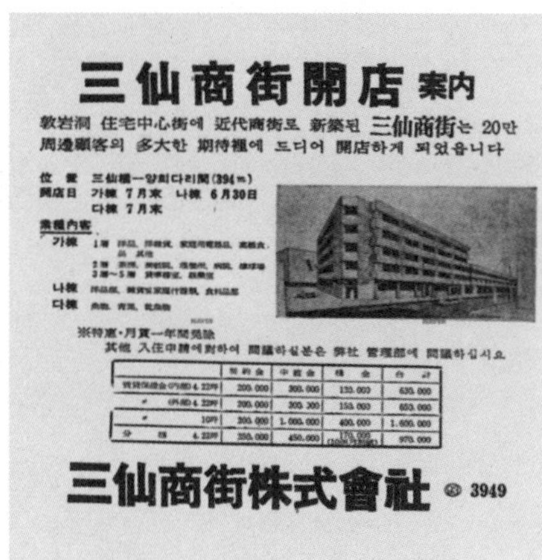

그림 03 ▸
삼선 상가아파트 입주광고
『경향신문』 1970년 1월 12일 자, 「삼선상가아파트 개점 안내」

그림 04 ▲

1972년 완공 직후의 성북·삼익·삼선상가아파트

1972년 항공사진, 국토지리정보원

그림 05 ▼

1991년 상가아파트와 상가 사이에 조성된 주차장

1991년 항공사진, 국토지리정보원

1990년대까지는 큰 논의 없이 성북천에 상가건물을 지어 사용하다가 1999년 이전의 하천복개사업에 대해서 구시대적인 발상이라는 의견과 함께 성북천을 비롯한 하천 복원사업에 대한 언급이 시작되었고, 상가아파트들을 철거하게 된다.[03] 철거와 하천 복원사업은 10년 동안 순차적으로 이루어진다. 삼익맨션아파트성북상가아파트 OB동 철거가 2001년 이루어지고 복원공사가 시작된다. 이후 2004년에는 성북상가아파트 C·D·E동, 2007년에 삼선상가아파트가 철거되었고 성북천은 2010년에야 복원이 완료되었다. 삼선상가아파트는 사라졌지만 그 흔적들은 상가아파트와 마주보고 있던 천변의 상가들로 남아 있다. 특히 동소문동2가의 천변에 있는 상가들은 삼선상가아파트가 있던 시절의 상가들로 여전히 동네 주민들과 대학생들이 애용하는 식당·상회 등이 운영되고 있다. 성북상가아파트와 마주보고 있던 돈암시장 쪽은 돈암시장과 성신여대입구역 쪽으로 상권이 집중되어 있어 상가로서 활발하게 이용되고 있지는 않다. 돈암시장 건물은 성북천이 복원되는 시점에서 철거가 이루어지고 동일하이빌주상복합아파트가 건설되어 경관이 변화하였다. 하지만 돈암시장의 대부분이 남아 있고 천변에 면한 일부 건축물이 여전히 하천과 마주보고 있어서 상가아파트의 흔적을 살펴볼 수 있다.

그림 06 ◂
삼선상가아파트
성북마을아카이브

그림 07 ▸
삼익맨션아파트
성북마을아카이브

그림 08 ◂
성북상가아파트
성북마을아카이브

그림 09 ▸
삼선상가아파트가 있던 성북천변의 상가

그림 10 ◂
성북상가아파트와 면해 있던 상가 건물

그림 11 ▸
성북상가아파트가 있던 성북천

03 『동아일보』 1999년 4월 2일 자, 「하천복개부지 상가아파트 철거」

2. 산동네 606번지의 불량주택개발과 반대투쟁

2.1 돈암·동소문동 재개발 사업과 철거 반대 투쟁

- **돈암·동소문동 재개발 추진**

일제강점기부터 돈암동 606번지산 83번지 일대에 초가집과 흙벽집 등이 마을을 형성하였다. 1960년대 들어오면서 전라도 등지에서 이농민이 대거 진입하면서 이곳에 나무를 베어내고, 무단으로 땅을 점유하여 판잣집과 블록집 등을 짓고 살기 시작하면서 불량 무허가 산동네가 형성되었다. 돈암동 606번지와 동소문동1가 1번지 일대에 본격적인 산동네 재개발사업이 추진된 시기도 합동재개발이 도입되고 '86서울아시안게임'과 '88서울올림픽'을 앞둔 시점이었다.

그림 12
마을 주민들과 606번지 전경
지역활동가 석순자 사진

1984년 9월 6일에 지역에 위치한 광성교회에서 가옥주들이 대의원 회의를 개최하고, 10월 12일에 가옥주들로 구성된 재개발 추진위원회와 시공사 한신공영이 가계약을 맺었다. 사업계획이 구체적으로 확정된 시기는 1986년 1월로, 88서울올림픽을 2년 앞둔 시점이었다. 1986년 1월 14일 서울시는 이 지역에 대한 주택개량 재개발 사업계획 결정을 고시서울특별시 고시 제12호하였고, 그해 10월 조합설립 및 사업시행 인가를 얻었다. 1990년대 동소문지구 재개발 예정지구 사진 속 산꼭대기의 번듯한 건물은 86아시안게임과 88올림픽을 앞두고 정부가 건설한 구민회관으로 현재까지도 성북여성구민회관으로 사용되고 있다.

당시 서울시 고시에 따르면 삼선중학교부터 홍천사에 이르는 5만 5,614평약 18만 3,848㎡의 부지에 있는 산동네 불량주택 1,500여 채를 헐어내고 15층 고층아파트 32동6~15층 7동, 15층 25동 / 공급면적 18~55평, 총 3,801세대 공급 규모로 짓는다는 계획이었다. 이는 그 이전까지 서울시에서 추진해 온 불량주택 재개발사업 중 가장 규모가 큰 사업으로 1,830억 원의 사업비가 책정되었다.

- **지역 세대 현황 및 주거 실태**

재개발사업 추진계획 확정 당시 가옥주 1,628세대, 세입자 약 3,000세대가 거주하는 등 세입자가 이 일대 가구의 3분의 2를 차지하고 있었다. 당시 빈민지역 활동가들의 지역조사 기록에 따르면, 이 지역 가옥의 평균 평수는 8~15평 정도로 방은 대개 한두 개를 사용하였는데, 방 1개의 크기는 1평에서 2평이고, 부엌은 0.5평에서 1평이었다. 나머지 평수는 화장실·세면장·마당 등을 공동으로 사용하기 때문에 한 세대당 실제 점유 면적은 매우 비좁은 편이었다.

당시 방세는 재개발 고시 이후 급등하였다. 재개발 고시 전 월세방은 보증금 20만~30만 원에 월 3만~4만 원이었으나, 고시 후 보증금 50만~100만 원에 월세 5만~7만 원으로 올랐다.

그림 13
1990년 동소문지구 재개발 예정지구
서울역사편찬위원회, 「동소문동」 『성북동(洞)의 역사』, 228쪽

전세의 경우도 고시 전 방 1개 가옥이 전세 100만~150만 원이었으나 고시 후 250만~300만 원으로 올랐고, 방 2개인 경우 전세 250만~300만 원 하던 것이 500만~700만 원으로 올랐다. 당시 재개발사업이 고시되면 가옥주들이 집을 팔기 위해 세를 놓지 않는 경우가 많아 방값이 2배 이상 올랐다.

이는 재개발 추진으로 집값이 오를 때 가옥주들이 집을 팔려고 하였고, 당시 재개발지역의 집을 구매하는 사람은 대부분 세입자 문제를 기존 가옥주가 정리하는 것을 조건으로 하였기 때문이다. 산동네 무허가 불량주택의 매매 가격도 재개발과 함께 급등하였다. 재개발 고시 무렵 600만 원 하던 집은 여러 번 손바뀜을 겪은 뒤 2년 뒤에는 1억 2,000만 원까지 올랐다고 한다.

- **세입자들의 강제철거 반대투쟁**

주민들의 갈등과 세입자들의 반발

1986년 10월 사업시행인가 몇 개월 후부터 착공을 예정하고 있었으나, 실제로 착공이 이뤄진 시기는 1990년 4월이었다. 이는 조합원들 간의 갈등과 대책 없이 쫓겨날 수 없다는 세입자들의 조직적이고 집단적인 저항 때문이었다. 사업시행인가 후 조합원 지분 조정 문제와 조합 집행부의 부정과 비리 등으로 조합 내부의 마찰이 심해 조합 임원들이 수차례 바뀌었으며, 시공업체인 한신공영에 대한 조합원들의 불신까지 생겨 반발하였다.

재개발 사업 초기부터 해당 지역 세입자들 역시 크게 반발하였다. 재개발 고시 이후 통장들이 주축이 되어 가옥주들로 하여금 세입자들의 방세를 대폭 올리도록 하고 이사를 종용하는 사례가 빈번하였기 때문이다. 이에 세입자 1,000여 세대가 아무런 대책도 없이 쫓겨났었다. 결국 세입자들은 "재개발사업이 이루어지면 투기꾼들이 주축이 된 재개발조합과 건설업

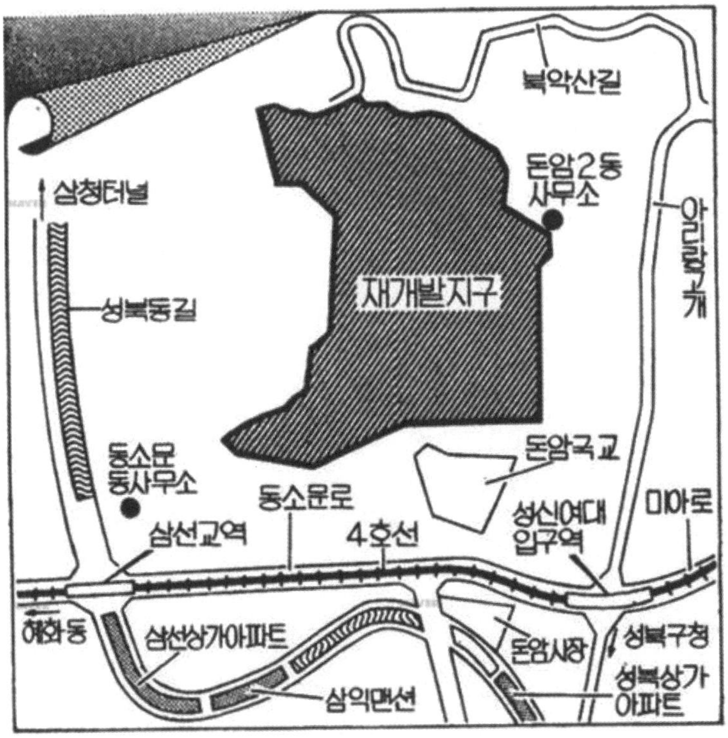

그림 14
돈암동 재개발지구 지도
『매일경제』 1985년 9월 23일자, 「동소문, 돈암동 일대 새단장 "한창"」

체만 이득을 볼 뿐 서민인 세입자들은 서울 외곽으로 쫓겨나야 할 형편"이라며 1988년부터 조직적인 반대운동을 펼쳐 나갔다.

돈암·동소문동 세입자 대책위원회 결성과 투쟁

돈암·동소문동 세입자들은 1988년 4월 7일 세입자 대책위원회 발족을 위한 준비위원회를 결성하고, 4월 16일에는 주민 900여 명이 모여 세입자에 대한 주거대책 수립을 요구하며 '돈암·동소문동 세입자 대책위원회'를 발족시켰다. 발족 직후 4월 21일에는 서울시청에 주민 822명의 명의로 진정서를 제출하였는데, 4월 25일 서울시로부터 진정서에 대한 회신을 받았다. 서울시의 회신 내용은 1987년 6월부터 도입된 서울시 재개발 세입자 대책에 따라 '사업계획결정고시일1986.1.14. 현재 이 지역에서 1개월 이상 거주하고 2인 이상의 직계존비속으로 구성된 세대에 한하여, 구역 내 소형 아파트 방 1칸 특별 분양권이나 2개월분의 주거 대책비 중 하나를 택하라'는 것이었다. 방 3칸짜리 아파트의 방 1칸만 분양권을 주는 것도 터무니없었지만, 당시 방 1칸 입주금도 1,000만 원이나 해서 투기꾼들에게 일명 '딱지'로 파는 수밖에 없었는데, 그것으로는 다른 곳에서 방을 구할 정도가 못 되었다.

이러한 서울시 대책은 재개발로 쫓겨나는 산동네 세입자들의 주거 대책이 될 수 없었다. 이에 6월 5일에는 주민 1,400여 명이 모여 '도시빈민 생존권 및 서민주택 쟁취대회'를 개최하였는데, 주민들의 평화행진에 대해 삼선교에서 경찰의 강제 진압으로 24명이 부상당하는 일이 발생하였다. 주민들은 경찰의 폭력진압에 강하게 항의하였고, 며칠 후 주민총회에서 돈암파출소 소장의 사과를 받아내기도 하였다. 11월 3일에는 주민 1,061명의 연서 명의로 청와대·민정당·건설부·서울시 등에 진정서를 제출하였는데, 이들의 진정서에는 영구임대주택 건설 요구가 담겨 있었다. 이후에도 재개발조합의 폭력 철거에 대한 저항과 항의 농성 등의 투

세입자 주민총회에 모두 참여합시다!

매주 토요일 오후 9시 주민광장

넓은마당

창간호

발행일 : 1988년 6월 25일
발행처 : 동소문·돈암동 세입자 대책위원회
전 화 : 922-2654

보다 힘찬 단결로 서민주택 쟁취하자!

도시빈민 생존권 및 서민주택쟁취 대회 열려

창간사 "삶과 죽음을 함께하는 형제로"

세대위회장 이태교

616과 606번지는 우리 삶의 터전이다.

●주장●

세대위는 왜 필요한가

동소문·돈암빈민 단결하여 서민주택 쟁취하자!

그림 15
돈암·동소문동 세입자 대책위원회 신문
『넓은마당』 창간호, 1988년 6월 25일 자

그림 16

일부 가옥이 철거된 돈암동 606번지 일대

쟁이 있었고, 크고 작은 충돌 과정에서 수차례 부상자가 발생하기도 하였다.

1989년 2월 2일부터는 철거반원 300~400명과 전경 및 백골단 7개 중대 1,000여 명이 동원되는 강제철거가 본격적으로 강행되었다. 폭력적인 강제철거가 극심하던 2월 가옥주들과 세입자들의 갈등이 극심해졌고, 결국 2월 18일 오후 세입자대책위원회 부회장이던 정상률 당시 49세 씨가 술에 취한 가옥주의 난동에 피살당하는 충격적인 사건이 발생하였다. 이후로도 조직폭력배에 의한 주민 폭행과 납치, 세대위 사무실 습격 사건 등의 폭력이 반복되었고, 이때마다 세입자들은 조합·구청·경찰서 앞 농성투쟁 등을 전개하였다. 당시 철거폭력은 『한겨레』의 기사로도 보도되었는데, "일본도·생선회칼·쇠몽둥이 등을 닥치는 대로 휘둘렀다"는 내용은, 폭력이 얼마나 극심하고 무차별적이었는지를 보여준다.

『한겨레』 1989년 10월 10일 자, 「괴청년들 세입자 뭇매」.

재개발지역의 보상문제와 관련, 세입자들이 10여 명의 괴한으로부터 일본도·쇠몽둥이 등으로 폭행을 당해 경찰이 수사에 나섰다. 경찰에 따르면 9일 밤 10시께 서울 성북구 돈암동 616 '돈암동 재개발지역 세입자대책위' 사무실 앞마당에서 200여 명의 세입자가 모여 주민총회를 마치고 대문을 나서는 순간, 주변에서 서성거리고 있던 10여 명의 청년들이 일본도·생선회칼·쇠몽둥이 등을 닥치는 대로 휘둘러 이 지역 세입자 황평연(39·돈암2동 75-45) 씨의 허벅다리를 칼로 찔러 전치 3주의 중상을 입히는 등 모두 6명의 주민들을 폭행한 뒤 달아났다는 것이다. 경찰은 세입자 쪽과 재개발조합 쪽과의 이해관계에 얽힌 청부폭력으로 보고 폭력을 휘두른 채 아무개(29) 씨 등 6명의 신원을 파악, 검거에 나섰다. 지난 85년 10월 계획고시돼 이달 말 착공에 들어가는 돈암2동 재개발지역 사업을 둘러싸고, 임대아파트 건설 등 입주보장책을 요구하는 세입자 쪽과 철거보상비(6백만 원)의 지급을 조건으로 이들의 이주를 주장하는 재개발조합 쪽이 맞서왔다. 세입자대책위는 폭력을 휘두른 채 씨 등이 평소 세입자들에게 "조합 쪽 요구를 받아들이라"면서 자주 시비를 걸어왔었다고 주장했다.

협상 타결: 영구임대주택 건립 쟁취와 가이주단지 입주

서울시는 1989년 5월 이후 사업시행 인가를 받은 지역 세입자들을 위한 영구임대주택을 건립하도록 하는 방침을 세웠다. 하지만 그 이전에 사업시행 인가된 돈암·동소문동은 영구임대주택 건립 대책에서 제외되어 세입자들의 투쟁이 계속되었다. 돈암동·동소문동 세입자들의 강제철거 반대투쟁은 1990년까지 조직적으로 전개되면서 당시 상계동 철거민들의 투쟁 이후 사당2동과 함께 철거반대 투쟁의 중심적인 지역으로 자리 잡고 있었다. 이들은 1987년 출범한 서울시철거민협의회서철협의 각 지역들과 도시빈민 연대투쟁을 전개하였고, 대학생들도 강제철거에 맞선 돈암·동소문 주민들의 저항에 연대하는 등 다양한 강제철거 반대운동이 전개되었다.

몇 년간의 조직적인 투쟁으로 세입자들은 1990년 3월 26일 성북구청장으로부터 "세입자들의 요구를 받아들여 영구임대주택을 건립하겠다"는 약속을 받아냈다. 그리고 4월 7일 서울시장은 주민대표 면담에서 영구임대아파트로의 재정착을 원하는 세입자는 임대아파트 건립부지의 3,000여 평에 세입자들이 스스로 가수용시설을 설치하는 것과 타 지역으로 이주를 원하는 세입자에게는 월세 보증금 무이자 장기 융자 알선을 방안으로 제시하였다. 구청과 시청의 약속을 받아낸 세입자 대책위원회는 1990년 4월 10일 마침내 재개발조합과의 협상 타결로 영구임대주택 건립에 대한 공증서를 작성하였다. 지난 수년의 투쟁으로 16명이 구속되고, 300여 명의 부상자가 속출하였으며, 안타까운 한 생명의 죽음까지 겪으며 얻어낸 값진 결과였다. 당시 돈암동·동소문동 세입자들의 협상 타결 소식과 합의 내용은 언론에도 보도될 정도로 세입자 운동의 중요한 성과였다.

> 양측은 ▲세입자용 영구임대아파트 2개 동 570가구 건설 ▲1989년 12월 31일 이전 입주 세입자에게 영구임대아파트 입주권 부여 ▲아파트 건립기간 중 부지 내 가건물 임시거주 허용 등 8개 항의 합의서를 변호사 공증을 거쳐 교환하였다. 양측은 또 이주를 희망하는 입주대상자에게는 서울시가 무이자로 200만 원을 장기 융자한다는 중재안도 받아들였다.

『중앙일보』 1990년 4월 12일 자, 「동소문동 재개발 분규 8개 항 합의 최종타결」.

그림 17 ◂
1990년 동소문지구 재개발사업 기공식
성북구청

그림 18 ▸
1990년 동소문지구 재개발사업 기공식
서울역사편찬원, 『세계로 뻗어가는 서울(1981-1990)』, 2010, 164쪽

그림 19▲

돈암동 606번지
성북구청, 2019 옛 사진 공모전

그림 20▼

낙산에서 바라본 한신·한진아파트
박동명 촬영

협상 타결 직후부터 세입자 대책위원회는 영구임대주택 건설부지 내에 가이주단지 건설 공사를 개시하였고, 1990년 4월 27일 '돈암·동소문동 영구임대주택 입주 추진위원회'을 발족시켜 재정착을 준비하였다. 그리고 가이주단지 공사 1개월 만인 5월 23일 80여 세대가 가이주단지에 입주하며 '영구임대주택 쟁취 보고대회'를 진행하였다. 다음은 가이주단지 입주 1년 후에 열린 '돈암·동소문동 영구 임대 쟁취 1주년 기념식'에서 낭독한 글로, 이 지역 세입자들이 어떻게 싸워왔는지를 알 수 있다.

> 영구임대주택 쟁취 1주년을 준비하면서[04]
>
> 안녕하십니까?
>
> 저희 돈암·동소문동 재개발지역은 1986년 10월 2일 재개발 사업승인이 난 뒤 대책 없는 강제철거를 반대하면서 1988년 4월 16일 세입자 대책위원회를 결성하였습니다.
>
> 우리에게 강제철거를 위한 공권력 투입, 재개발 측의 세대위 이간 책동, 철거깡패들의 난동, 세입자들을 분열시키기 위한 유언비어의 날조 등 동 지역에서 우리를 몰아내고 철거를 강행하기 위해 갖은 악랄한 수단을 동원한 적들과 우리는 싸웠습니다. 이러한 철거반대투쟁을 통하여 우리는 더욱 설움을 느껴야 했으며 가진 자들의 추악한 욕심 앞에 우리는 단결 투쟁해야만이 우리의 생존권을 지킬 수 있다는 것을 알게 되어 세대위를 중심으로 4년간에 걸쳐 철거반대투쟁을 해 왔습니다.
>
> 그 과정에서 당연한 우리의 권리를 주장하던 형제들이 16명이나 구속되고 300여 명의 부상자가 발생하였으며, 10여 명의 주민들이 수배되어 정상적인 생활에서 제약을 받고 있었습니다.
>
> 1989년 2월 18일 당시 세대위 부위원장님이시던 고 정상률 열사가 가옥주의 칼에 피살됨은 우리 전 주민의 참을 수 없는 분노와 슬픔이었습니다.
>
> 가진 자들의 더 갖겠다는 그 아귀 같은 행패 속에 대책 없는 강제철거와 철거깡패들이 휘두르는 해머와 포클레인에 대항하여 힘없는 우리들은 대중조직인 전국빈민연합, 서울시철거민협의회(서철협) 형제들과 학생연대를 통하여 가열찬 투쟁 끝에 1990년 4월 10일 우리의 소망인 세입자용 영구임대주택을 전국 재개발 사상 최초로 쟁취하였습니다.
>
> 영구임대주택 입주자 일부는 서울시가 제공하는 200만 원 융자로 타 지역으로 이주하였고 나머지 갈 곳 없는 80여 세대는 서울시가 허용한 영구임대주택 부지 내 가수용 건물을 설치하여 거주하고 있습니다.
>
> 그러나 우리의 투쟁은 결코 끝난 것이 아닙니다.
>
> 앞으로 빈민해방 및 민주화, 민중해방이 되는 그날까지 쉬지 않고 단결 투쟁할 것입니다.

돈암·동소문동 지구 재개발사업은 착공 4년여 만에 완공되어 1995년 6월 한신·한진아파트 입주를 시작하였다. 그러나 사업시행 내용대로 공사

04 1991년 5월 23일 자, 돈암·동소문동 영구임대주택 입주자 추진위원회.

송 산

그림 21
낙산에서 바라본 동소문동
박동명 촬영

를 하지 않아 성북구로부터 사용검사를 받지 않은 채 입주시켜 불법 입주로 조합이 고발되기도 하였다. 또한 세입자들이 가이주단지로 사용하던 위치의 공원 미조성, 한신휴아파트와의 연결도로 분쟁 등 우여곡절을 겪은 끝에 10년 만인 2006년에야 준공을 득하였다.

성북구 돈암동과 동소문동 606번지로 불리는 불량주택지역은 개발사업으로 현재 거대한 아파트숲이 되었다. 하지만 돈암지역에서 오랫동안 살아온 주민들의 기억 속에는 이 산동네와 철거반대운동 등이 고스란히 남아 있는데, 지역 주민들로 구성된 뽕짝뽕짝중창단의 노래 '씩씩하게 또박또박'에도 돈암지역의 30년 전 모습이 담겨 있다. 산동네 606번지를 평화로운 마을로 회상하는 이 노래의 악보를 제공해 준 지역활동가 최점순은 현재 지하철 4호선 성신여대입구역 인근에서 안경점을 운영하는 이곳 토박이이다. 최점순은 산동네 전체를 606번지로 지칭하였고, 606번지 사람들이 안경점에 많이 왔으며, 안경점 앞 도로에서 철거반대운동을 하였다고 이 지역을 기억하였다. 다음은 이 노래의 가사이다.

그림 22
606번지의 추억을 담은 노래
지역활동가 최점순 자료

씩씩하게 또박또박

간송미술관, 대동여지도, 신윤복 미인도, 최순우 옛집/임오기사, 해소실기 북정마을, 길상사, 장수마을 여기가 좋다/북한산 따라 흐르는 맑고 편안한 성북천/성북천 따라 뛰노는 우리의 아이들(웃는 사람들)/산동네였던 가로수길 육백육번지 아담한 한옥집/평상에 옥수수 쪄먹고 감나무 영글던 그곳(그곳)/하하하하하하 들통에 물올려 머리감고/홍매화에 라일락 향기 그득하네 아하/ 삼십년 전 예뻤어

여기가 좋다

3. 도시한옥에서 다세대·다가구로의 변화

3.1 돈암지구 도시한옥의 다세대·다가구 개발양상

건축법의 다가구 건축기준은 1980년대 사회경제적인 배경 속에서 만들어졌다. 1980년대 전반 극심한 불경기로 주택의 공급 물량 부족 현상이 벌어졌고, 부동산 투기와 맞물려서 주택가격이 폭등하였다. 정부는 대량의 주택을 공급하여 주택가격을 안정시킬 필요가 있었고 1981년 정부에서는 주택 500만 호를 건설하겠다는 계획을 발표하였다. 이런 방침 아래에서 단독주택에 다세대가 거주하는 방식의 거주 유형을 주목하였다. 정책적으로 단독주택 필지에 다가구가 살 수 있도록 허용하고 권장한다면 정부의 재정부담 없이 주택공급을 할 수 있었다.

정부는 다세대·다가구 주택을 허용하기 위해 1984년 건축법의 개정을 통해서 연면적 330㎡ 이하로서 2세대 이상이 거주할 수 있는 주택을 '다세대 주택'으로 규정하였다. 1985년에는 건축법 시행령에 다세대 주택 건축기준을 정하였다. 이를 통해서 다세대 주택을 기존 아파트와 같은 공동주택과는 분리하여 인동간격, 통로 폭, 높이제한 등의 규정을 최대한 완화하였다. 그리고 지하층의 노출 기준을 2/3에서 1/2로 낮춰 반지하층을 만들어내었다. 건축물의 외부 공간을 확보하는 주차장 규정과 공지 규정도 완화하였다. 이로 인해서 주거지의 골목길에 면하여 차가 주차되어 있는 경관이 만들어지게 되었다.

그림 23
도시한옥에서 다세대·다가구 주택으로 변화

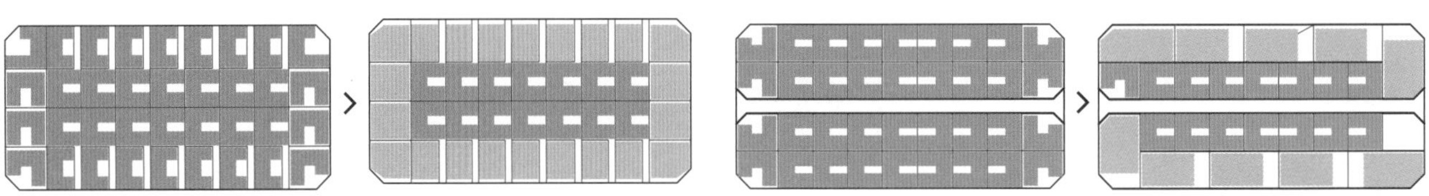

1990년에는 다가구 주택의 건축기준을 마련하였다. 이 지침은 연면적 660㎡ 이하의 주택을 3가구로 나눠 임대하는 것을 허용하는 것으로, 기존에 공동주택에 포함되어 있던 다세대주택을 단독주택에 포함시키도록 하였다. 1999년에는 이 기준을 다시 고쳐 19가구가 거주 가능하도록 하였다.[05] 이렇게 한 필지 안에 지을 수 있는 밀도를 정책적으로 높게 만들면서 도시한옥은 상대적으로 적은 금전적인 가치를 가지는 낡고 오래된 주택이 되었다.

다세대·다가구 주택이 등장하면서 돈암지구의 도시한옥 주거지는 큰 변화를 맞이하였다. 돈암지구의 주거지는 넓은 대지에 지어진 고급주택이 아닌 좁은 대지에 최소한의 주택으로서 지어졌다. 격자형 가로 체계 안에 4열의 필지로 주거지가 구성되어 있었고, 주택난 해소를 위해 개정된 1985년 건축법 시행령의 다세대주택 건축기준은 4열 필지의 주거지구조를 변화시켰다. 도로에 면한 4열 필지의 바깥 켜에 위치한 필지는 더 많은 수익을 낼 수 있도록 다세대·다가구 주택으로 바뀌었고, 그 안에는 도시한옥이 그대로 남아 있게 되었다. 4열의 중앙에 도시한옥을 두고 다세대·다가구 주택이 고립 되는 구조가 되었다. 그리고 좁은 필지 위에 다세대·다가구 주택을 짓기 위해 합필을 하면서 중앙에 남아 있던 도시한옥마저 점차 사라졌다. 그 자리는 새로운 주거유형인 다세대·다가구 주택이 자리하며 돈암지구의 도시경관이 변화하였다.[06] 이런 도시한옥주거지의 변화는 돈암지구 전체에 걸쳐 이루어지는데, 특히 평지에 조성되었고 하천이나 대로와 가까운 보문동·안암동에서 그 변화가 두드러지게 나타났다.

그림 24
보문동 1970~2020년까지의 건축유형 변화
1970년, 1980년, 1990년, 2021년 항공사진, 국토지리정보원

05 박철수, 『한국주택의 유전자』 2, 마티, 2021, 640쪽.
06 정기황, 「서울 도시한옥의 적응태」, 서울시립대학교 박사학위논문, 2015, 96쪽.

3.2 도시한옥주거지의 변화양상: 안암동2가 44번지 일대

안암동 천변에 위치한 안암동2가의 도시한옥 주거지는 가장 최근에 다가구 주택 주거지로 변해가고 있다. 안암동2가 44번지 일대의 주거지는 동서 방향으로 긴 40m×80m의 블록을 긴 방향으로 골목길이 가로지르고 있는 형태이다. 블록을 감싸고 있는 가로와 골목길로 이루어진 동서 방향의 길을 중심으로 한옥이 배치되어 있어 'ㄷ'자형 평면의 도시한옥이 배치되어 있었다. 내부 골목의 폭은 4m로 차량이 접근하기 어렵고, 그 안의 한옥은 7m×8m의 작은 필지에 39㎡ 내외의 작은 집들이다. 작은 집들이 좁은 골목길에 면해 있어 내부 필지는 실제적으로 개발이 어려웠고, 블록 안쪽 필지를 개발하기 위해서는 블록 바깥 필지와 함께 개발하여야 하였다. 그렇기에 안암동2가 44번지 일대의 주거지는 블록 바깥의 필지는 다세대·다가구 주택으로 바뀌지만 블록 내부는 지금 현재까지도 개발되지 않고 남아 있다.

항공사진을 살펴보면 1972년에 전체가 한옥으로 되어 있던 블록에서 1990년 블록 남측 가로 모서리에 2동의 다세대 주택이 만들어진다. 2000년 항공사진에서는 북측 가로에 면한 도시한옥들이 모두 사라지고 다세대·다가구 주택이 건축되어 있다. 2020년에는 안쪽의 12필지와 골목길 모서리의 2채의 한옥만 제외하고는 모두 다세대·다가구 주택으로 바뀌어 도시한옥이 블록 중앙에 고립되어 있는 형태로 남아 있다.

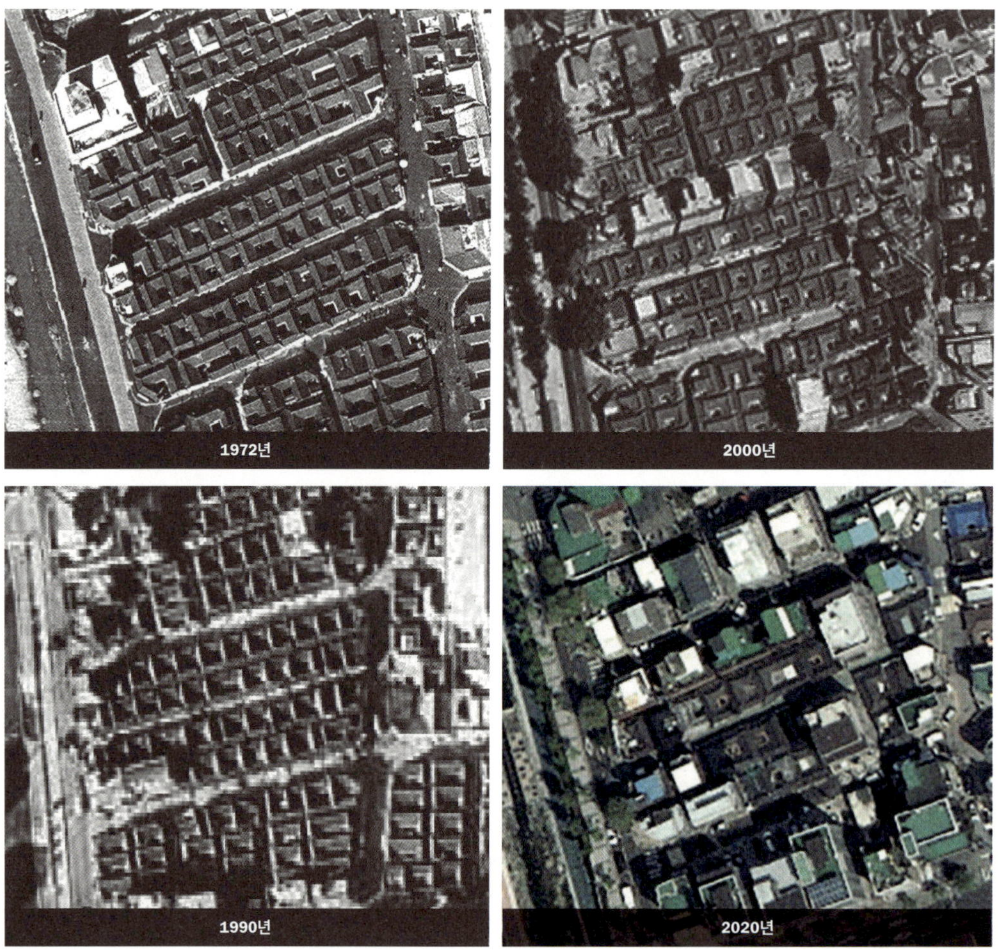

그림 25

안암동2가 44번지 일대 주거지 변화

1972년, 1990년, 2000년, 2020년 항공사진, 국토지리정보원

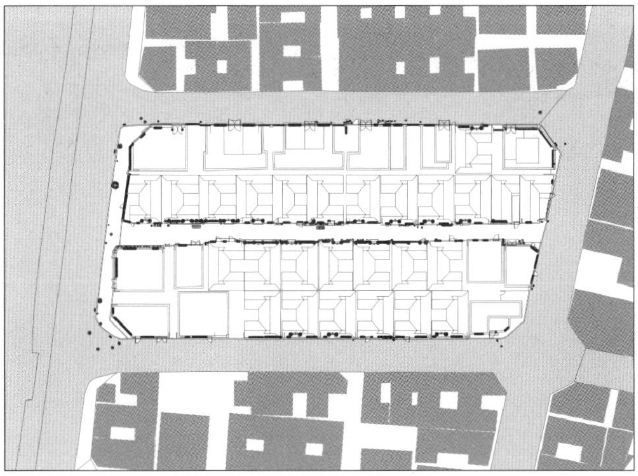

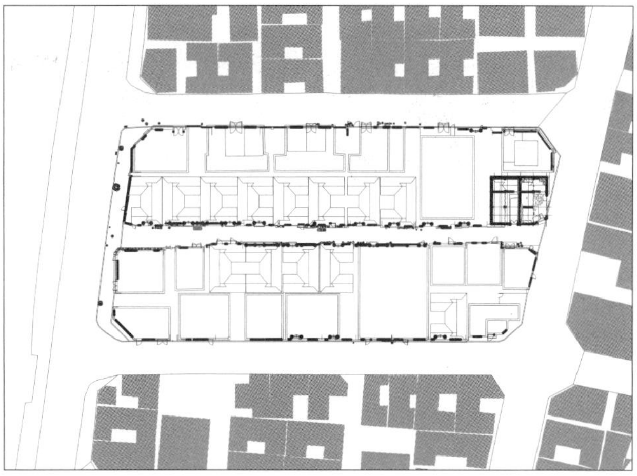

그림 26◂
안암동2가 44번지 일대 2013년도 배치도
서울시립대학교 역사도시건축연구실

그림 27▸
안암동2가 44번지 일대 2021년도 배치도

가로경관을 살펴보면, 그 변화가 더 두드러진다. 2013년 촬영하였던 블록 남측 가로경관은 도시한옥이 대다수이고 3채의 다세대·다가구 주택만 있었다. 하지만 2021년 현재 도시한옥의 대부분이 사라지고 다세대·다가구 주택이 그 자리를 차지하고 있다. 그리고 최근에는 골목 안쪽까지도 바깥쪽 필지와 합필되면서 다세대 주택이 눈에 띈다.

안암동2가 44번지와 45번지의 모습을 보면 그나마 남아 있는 도시한옥은 소형 필지 안에 도시한옥의 대청·부엌·안방·건넌방이 오밀조밀하게 구성되어 있는 모습이다. 동서 방향의 골목길에 면한 한옥은 길 방향으로 마당이 열리지 않기 위해서 동향과 서향을 하면서 서로 대칭으로 배치되어 있다. 연립한옥처럼 하나의 집으로 연결되어 있지는 않지만 하나의 건축물처럼 동일한 평면이 반복되고 있다.

안암동2가 49번지는 모서리에 남아 있는 도시한옥이 재개발되지 않은 채 그대로 있다. 블록 바깥쪽에 면한 한옥들은 대부분 사라지고 없어졌다. 하지만 안암동2가 49번지의 한옥은

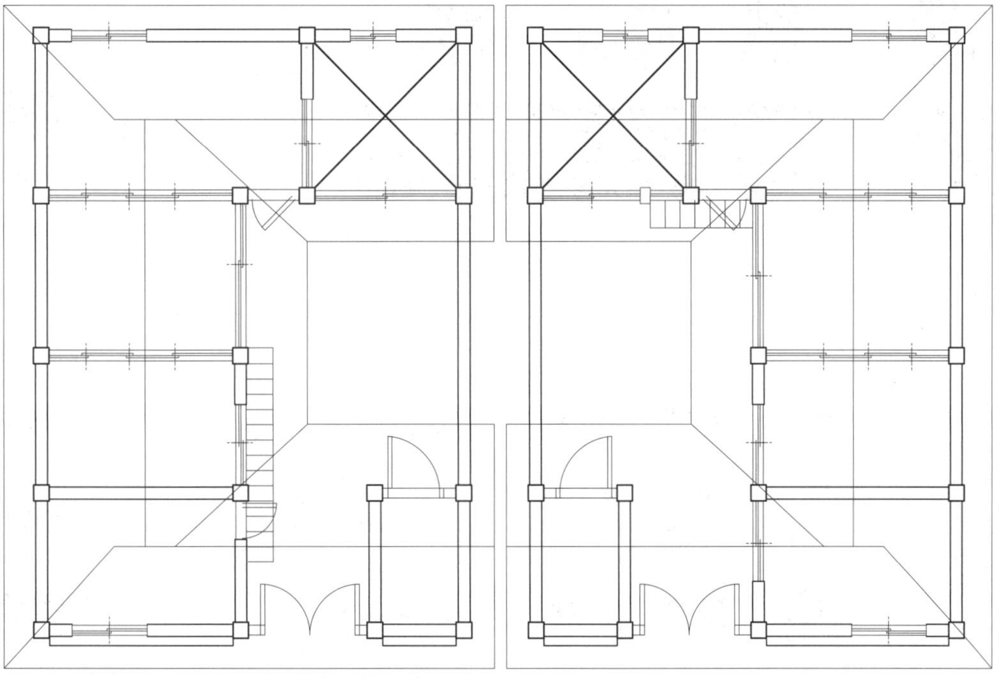

그림 28
2003년 안암동2가 44·45번지

그림 29

2013년과 2021년의 안암동2가 44번지 가로경관

2013년

2021년

2013년

2021년

크게 변형되지 않고 남아 있다. 안암동2가 49번지 한옥은 'ㄱ'자형의 한옥 두 채가 나란히 배치되어 있는데, 원래는 한 동의 주택으로 거주하던 한옥이었다. 지금 현재는 안쪽의 채는 주택으로 사용되고 있고, 바깥쪽 채는 철물점으로 사용되고 있다. 이런 변용은 도시한옥이 형태의 변형 없이 현재까지 적응하는 방식 중 하나로 볼 수 있다.

안암동의 도시한옥 주거지처럼 도시한옥이 합필된 필지는 돈암지구 전체에 걸쳐 분포되어 있다. 1968년 이후 1990년까지 합필 필지가 대다수이고 1990년 이후 2020년까지 합필된 소형 필지도 세기 어려울 정도로 많다. 합필된 필지들의 분포를 보면 대로에 집중되어 있음을 알 수 있다. 이런 합필의 과정을 거치면서 돈암지구는 도시한옥 주거지에서 다세대·다가구가 주를 이루는 주거지로 변모해 왔다. 이는 현재에도 계속 진행 중이다.

그림 30
안암동2가 49번지 평면도

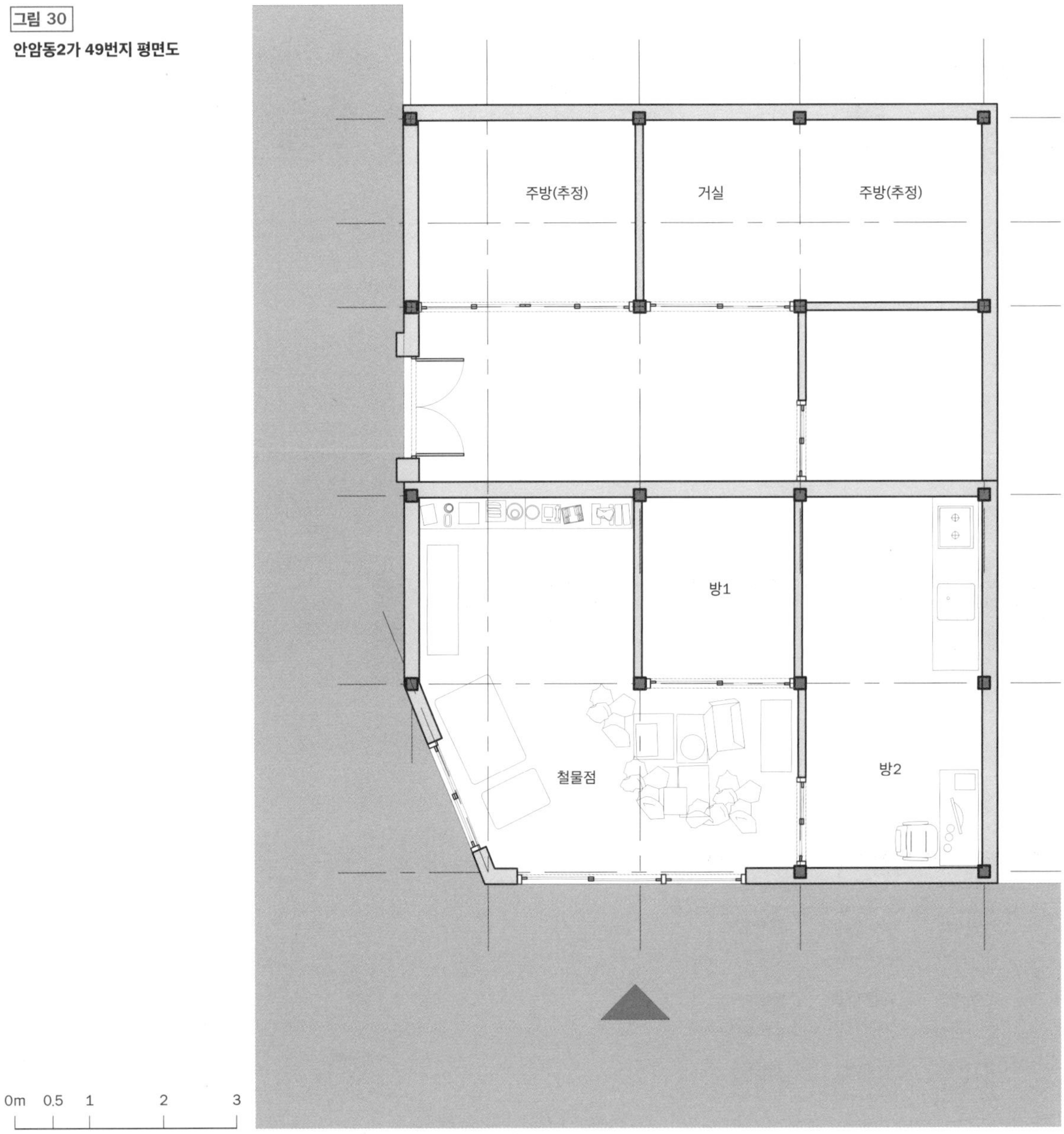

그림 31

안암동2가 49번지 철물점

그림 32

2013년 안암동2가 44번지 도시한옥 주거지 전경

그림 33

1968~1990년 합필 필지

1968년 지적도, 1990년 지적도

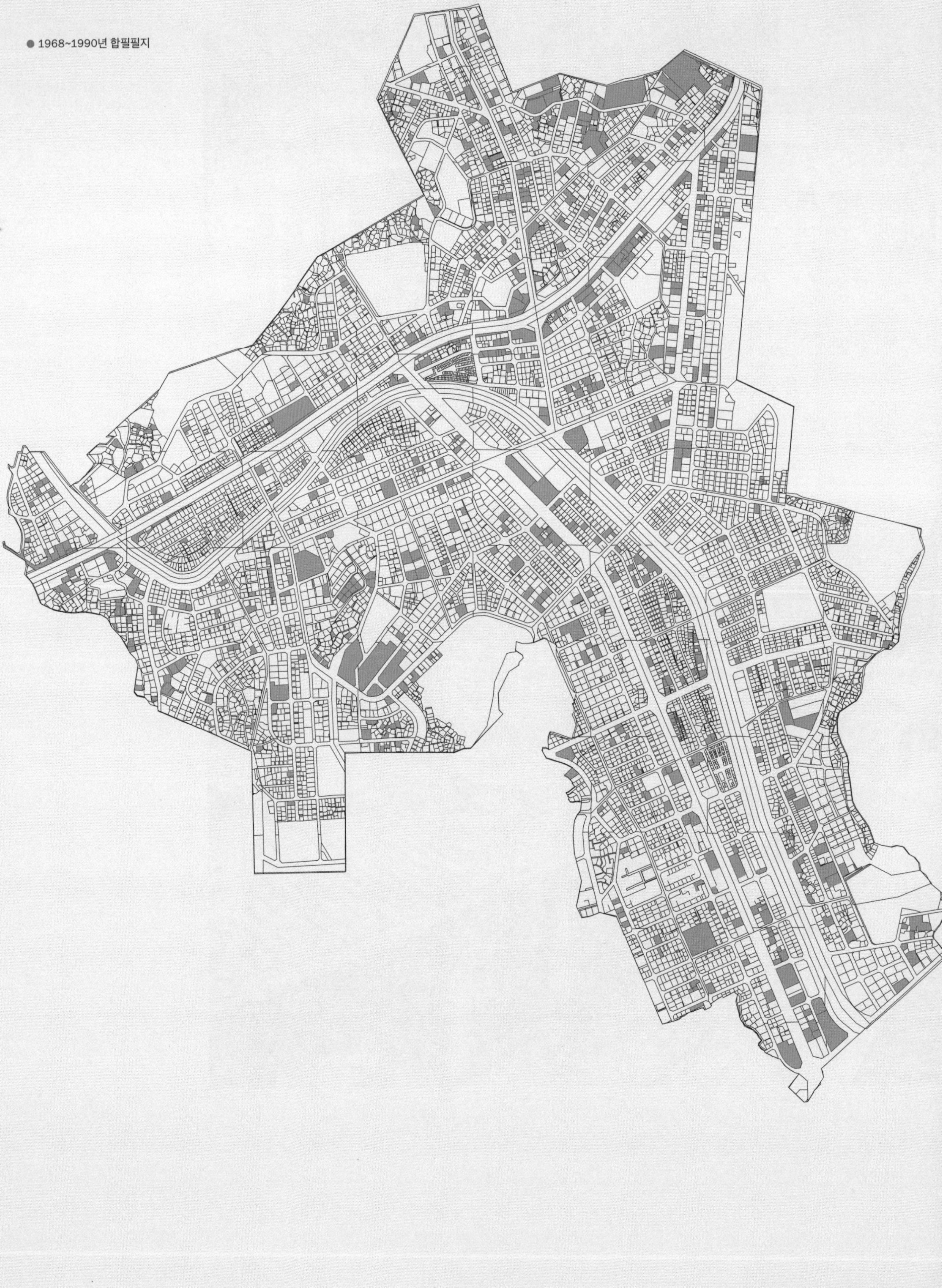

그림 34

1990~2020년 소규모 합필 필지

1990년 지적도, 2021년 지적도

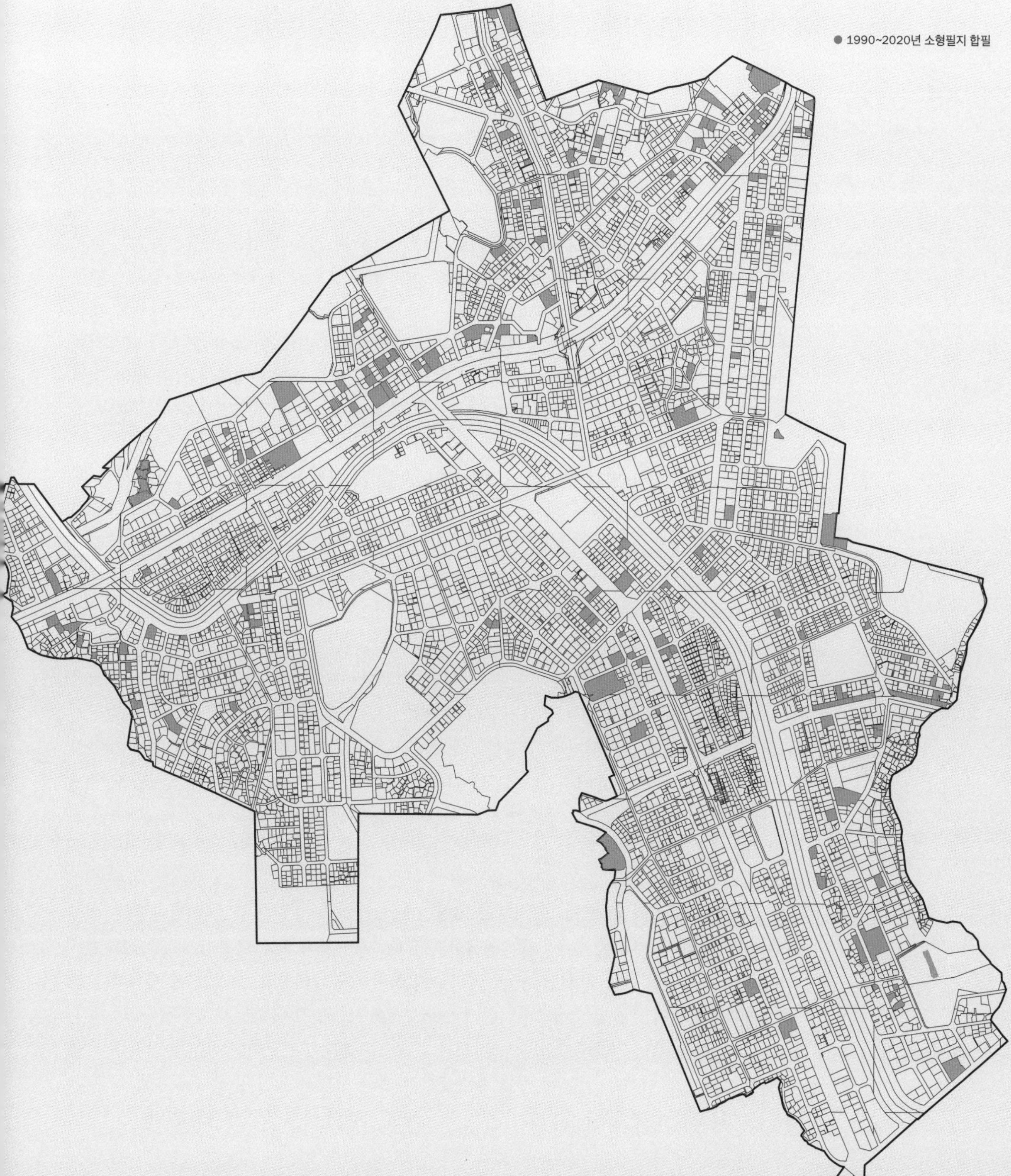

● 1990~2020년 소형필지 합필

4. 재개발을 통한 아파트 단지 건설

앞장에서 이야기하였던 도시한옥 블록, 시장, 산과 하천에 관한 이야기들 대부분이 아파트와 연결된다. 아파트의 개발은 강남이 개발되는 1970년대부터 서울 전역에서 꾸준히 이루어져 왔다. 하지만 돈암지역 일대는 오래된 주거지로 이미 대단위로 주택이 조성되어 있었기 때문에 1970년대 강남이 개발되고, 1980년대부터 신도시들이 건설되는 동안에도 아파트로 대표되는 대단위 개발의 움직임은 전혀 없었다. 상업적 가치가 크지 않은 주거지였기에 고층건물이 세워지는 '내실 있는 발전'에 포함되지도 않았다. 그렇기에 1980년대까지는 큰 변화 없이 도로와 하천 주변으로는 도시한옥과 다세대·다가구 주택이 뒤섞여 있고, 산지에는 '불량 주택'이 넓게 분포되어 있었다.

불량주택주거지가 있던 산지에는 1986년 606번지의 한신아파트를 시작으로 아파트 개발이 이루어진다. 1990년대까지는 606번지와 같이 개발이 이루어지지 않은 임야나 불량주택 주거지가 있던 산동네를 재개발하였다. 이 시기에 북한산 자락에 한신아파트, 개운산 자락에 돈암현대아파트와 풍림아파트, 낙산 자락에 삼선푸르지오아파트가 건설되어 돈암지구 주거지 변두리의 경관을 아파트가 차지하였다.

2000년대에는 1990년대보다 좀 더 본격적으로 아파트 개발이 이루어졌다. 2000년대 이전에는 돈암지구를 둘러싸고 있는 산들의 높은 지대에는 토목공사의 어려움 그리고 도시한옥, 다세대, 다가구주택이 있는 돈암지구의 주거지에는 주민들의 반발 등울 이유로 개발되지 않았다. 2000년대에 들어서며 인구밀집도가 높아지고 기존 주택들이 노후화되면서 개발이 필요해졌고 이전까지 개발되지 않았던 산지의 높은 지대와 성북천 주변의 주거지까지 아파트 개발이 이루어졌다. 성북천 주변의 기존 주거지에는 1999년 삼선코오롱아파트, 2008년 동일하이빌 주상복합아파트 등이 지어졌다. 하지만 대다수의 개발은 산지의 높은 지대에 집중되었다. 아울러 2010년 서울시에서 노후주택만 있으면 재개발 신청이 가능하도록 재개발 요건을 변경하면서 주택 재개발과 정비구역 지정이 많아지고, 아파트 건설 또한 많아졌다. 아리랑고개를 넘어가는 길목의 코오롱하늘채아파트와 브라운스톤아파트, 낙산의 보문아이파크아파트, 개운산 자락의 안암래미안아파트 등 다수의 아파트가 지어졌다. 그리고 이 시기에 돈암지구 안쪽까지 아파트 건설이 이루어지면서 보문시장이 사라지고 아파트가 들어섰다.

이렇듯 이미 건설된 아파트 외에도 지정된 재개발구역과 정비구역이 아직 돈암지구에 남아 있어 앞으로도 아파트 건설에 대한 주민들의 논의나 사회적 논란은 지속될 수밖에 없다. 현재는 보문시장 일대 등 다세대·다가구 지역 재개발 사업이 빠르게 진행되고 있다.

그림 35

보문시장자리에 건설된 보문하우스토리아파트

그림 36

2021년 현재 아파트의 개발

2021년 항공사진, 2021년 지적도

그림 37

삼선3구역 주택재개발사업지역 주변 마을

그림 38

재개발에 들어간 보문시장 일대 가로경관

그림 39

삼선3구역 주택재개발사업지역

그림 40
1959년 보문동·안암동 지역
임인식 사진

1959년 보문동·안암동 일대의 사진은 1936년 경성시가지계획으로 조성한 돈암지구의 모습을 잘 보여준다. 1959년까지 일제강점기 때 조성된 도시한옥 밀집지역이 유지되고 있음을 확인할 수 있다. 사진의 좌측 하단에 흐르는 하천이 안암천안감내, 성북천이다. 중앙부는 보문로 사거리로 현재 지하철 6호선 보문역이 있고, 보문시장이 있던 보문동과 안암동 일대의 중심 공간이다. 우측 상단은 보문사가 있는 보문동·삼선동 지역이다.

다음은 1959년 보문동·안암동 일대의 사진을 기초로 시기별 항공사진 등을 통해 이 지역의 도시적 변화를 기록한 입체적 그림이다. 이를 통해 돈암지역의 도시적 변화와 개발양상을 확인할 수 있다. 1959년까지는 일부 구릉지가 주거지로 개발된 상태로, 일제강점기 돈암지구와 유사하였다. 1972년에는 상업가로인 보문로와 보문시장 등을 중심으로 빌딩들이 개발되었고, 구릉지로는 아파트단지가 개발되었다. 2003년에는 1990년대 기존 도시한옥 주거지가 다세대·다가구로 빠르게 개발되었고, 구릉지는 대부분 아파트단지와 주거지로 개발되었다. 2021년에는 안암천 변으로 아파트 단지가 개발되었고, 구릉지 주거지 또한 아파트단지로 개발되었다. 보문동·안암동 일대의 이 시기별 변화는 도시한옥, 다세대·다가구, 아파트단지 개발 등으로 바뀌어 가는 돈암지역의 도시적 변화뿐만 아니라 서울의 대규모 도시개발 역사를 고스란히 담고 있다.

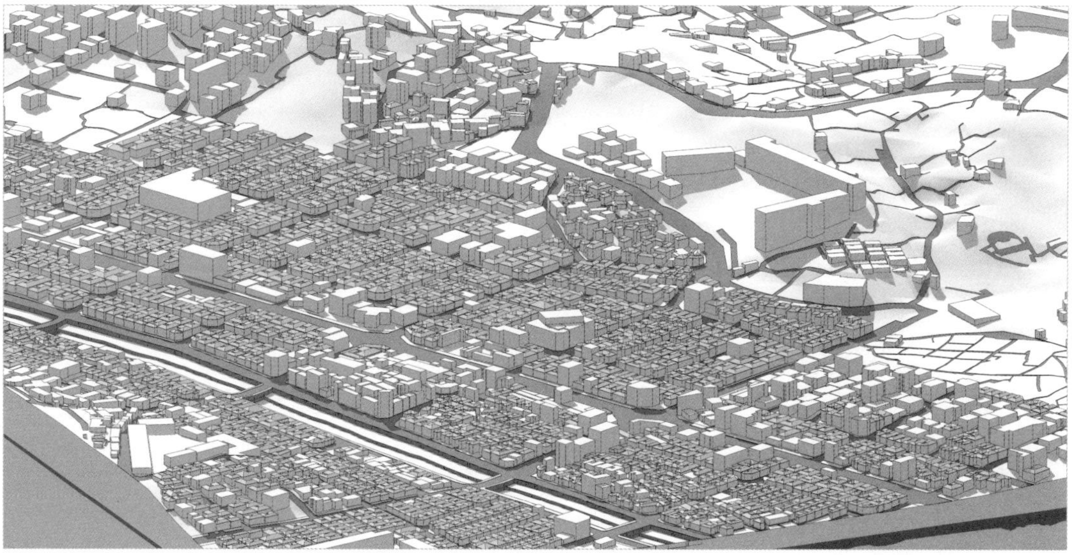

그림 41
1972년 보문동·안암동 지역 조감도

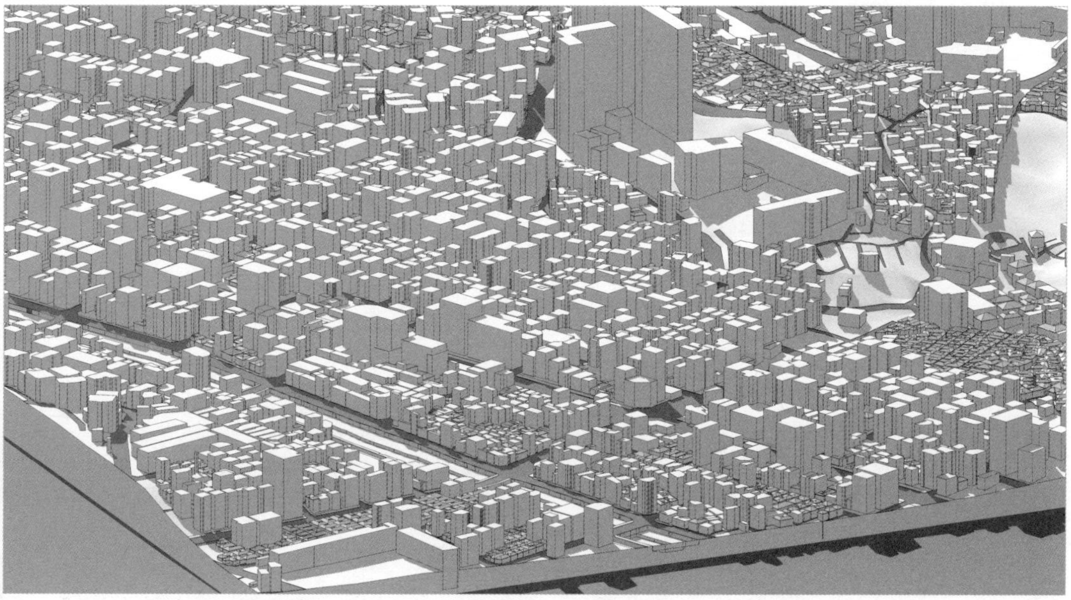

그림 42
2003년 보문동·안암동 지역 조감도

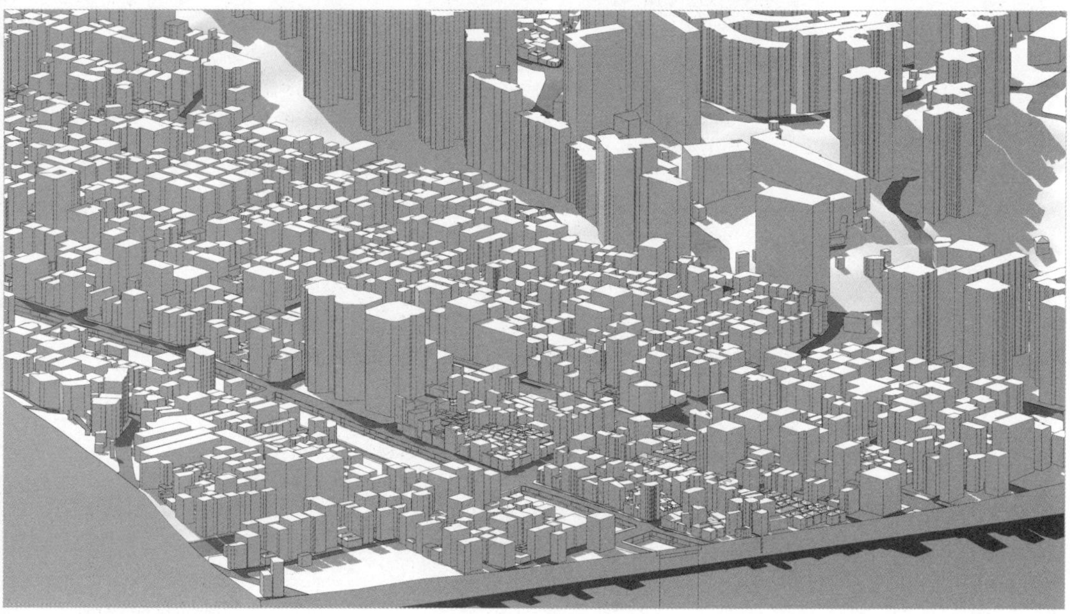

그림 43
2021년 보문동·안암동 지역 조감도

6 / 7

돈암지역의 현재

1. 지하철역과 대학에 의한 도시구조의 재편

1.1 돈암지역의 지하철역과 대학

1936년 경성시가지계획으로 조성된 '돈암지구'는 당시 돈암리와 안암리·성북리의 일부 지역에 만들어졌다. 돈암지구의 상당한 지역이 돈암리였다. 하지만 현재 돈암1·2동은 돈암지구 밖의 아파트단지로 이루어져 있다. 현재 행정구역으로 삼선동, 동선동, 보문동과 안암동, 성북동, 돈암1·2동의 일부 지역이다. 1936년 계획하고, 1941년 완공될 당시에는 북쪽으로 성북동에서 남쪽으로 신설동에 이르는 71만 3,900평의 대규모 토지에 신설동에서 돈암동을 잇는 5번대로폭 25m, 길이 3,050m, 현재 보문로, 원남동에서 돈암동종암동을 잇는 6번대로폭 25m, 길이 4,800m, 현재 동소문로를 건설하고, 대로변으로 상가와 시장돈암시장, 보문시장을 계획하고, 안쪽으로 주거지를 건설하였다.

돈암지역은 지하철이 건설되기 이전에는 '돈암지구' 계획 당시의 5·6번대로를 따라 상가를 건설하고 상권을 형성하였다. 특히 5·6번대로가 교차하는 삼거리 일대에 돈암시장 등 상권이 형성되었다. 이는 버스 정류소와 전차역이 형성되어 있었기 때문이기도 하다. 1985년 4호선이 개통되면서 유동인구가 많아졌고, 지하철역 중심으로 상권이 발달하게 되었다. 1985년은 돈암1·2동을 포함한 불량주택지구개발 사업이 시행되어 대규모 아파트단지가 건설되기 시작하였다. 또한 도시한옥 밀집 지역으로 구성되었던 주거지는 1986년 다가구·다세대법이 시행되면서 단층의 도시한옥이 다가구·다세대로 빠르게 개발되기 시작한 시기이기도 하다. 다가구·다세대법은 주택의 변화뿐만 아니라 주거지역 내 근린상업시설을 만들 수 있도록 하였기 때문에 주거지와 상업지의 큰 변화를 만들어 냈다.

『경향신문』 1992년 5월 16일 자, 「돈암4거리 4백 점포 밀집 "젊음 북적"」.

성신여대 입구인 돈암동 4거리 일대가 서울 동북지역의 중심상권으로 떠오르고 있다. 이 지역은 미아리 정릉·신설동·삼선교로 이어지는 교통의 요지로 해방 직후부터 소규모 일용식품상가가 형성됐던 곳으로 한때 윤락가란 불명예를 안기도 했었다. 그러다 80년대 들어 성신여대가 종합대로 승격하고 지하철이 개통되면서 지역 상권으로서 면모를 갖춰가고 있다. 특히 이곳의 하루 유동인구가 요즘 8만~12만 명 선으로 적지 않은 데다 최근 주변 곳곳에서 불량주택재개발, 재건축이 활발히 추진되고 있어 계속적인 성장이 기대되고 있다. 현재 길음·돈암·정릉·종암 등 주변 4개 동 15개 지구에서 추진되고 있는 재개발 및 재건축 사업이 모두 완료되면 2만3천6백여 가구의 아파트가 들어서게 된다.

독자적인 문화를 고수하던 대학가가 교통망의 발달로 상업문화로 획일화되고 있다. 이들의 「평등」을 증폭시킨 것이 80년 이후 개통된 지하철. (중략) 4호선 성신여대 입구는 지하철역이 아니라면 절대로 번화해지기 힘든 곳. 돈암동 일대는 원래 한옥이 많은 주택가였다. 시내와도 멀고 특별한 놀이문화도 없었다. 그러나 90년 이후 미장원, 카페, 화장품점, 보세옷가게가 골목골목을 채우기 시작했다. 새로운 명소인 성신여대 입구에는 요즘 여대생보다 중고생이 훨씬 더 많다.

『경향신문』 1996년 12월 28일 자, 「지하철이 지나간 자리 신음하는 '대학문화'」.

새로운 교통수단인 지하철역의 신설과 주변 지역의 대규모 개발, 주거지 내 상업 개발이 맞물려 돈암지역은 크게 변화하기 시작하였다. 또한 일제강점기 말 이전해 온 보성전문학교 현 고려대학교와 성신여학교 현 성신여자대학교가 종합대학으로 승격되어 규모가 커졌고, 지역과의 관계가 넓어졌다. 해방 후에도 서라벌예술대학과 한성대학교 등 대학이 설립되었는데, 이는 지하철역과 함께 대학문화와 지역 상권의 변화를 형성하는 주요한 조건이 되었다.

1941년 완공된 '돈암지구'는 주거지 및 상권 등 도시 구조가 1980년대까지 유지되었다고 봐도 과언이 아니다. 구릉지 등 미개발지의 개발이 이루어지고, 인구가 증가하였을 뿐 도시의 물리적 환경의 변화는 매우 적었다. 돈암지역의 현재 인구구조와 산업구조를 보면, 1985년 이후 도시적 변화가 잘 나타난다. 고려대학교가 위치한 안암동, 성신여자대학교가 위치한 동선동, 한성대학교가 위치한 삼선동은 20대 인구가 성북구 동 평균보다 월등히 높게 나타난다. 또한 세대당 인구가 2인 이하로 1인 가구 비율이 높음을 알 수 있다. 성신여자대학교가 위치한 동선동의 경우 남녀 인구 비율에서 여성의 비율이 매우 높게 나타난다. 대학가의 특성을 보여주는 인구구조라고 할 수 있다. 산업구조는 대학과 지하철역 주변 상권으로 볼 수 있는 '도매 및 소매업'과 '숙박 및 음식점업'이 동선동·안암동·삼선동에서 성북구 평균의 약 2배 이상으로 높게 나타난다. 또한 '전문, 과학 및 기술 서비스업'과 '교육서비스업'의 사업체·종사자 수도 대학과 지하철역 중심으로 높게 나타나는 것을 알 수 있다.

성북구는 미아동·동선동·석관동 일대를 집중 개발하고 고려대~성신여대 사이를 대학과 주민휴식공간이 공존하는 문화의 거리로 조성하는 내용을 골자로 한 2000년을 목표로 성북구 도시기본계획(안)을 마련, 시에 승인을 요청했다. 이 계획안을 따르면 앞으로 성북구의 중심지가 될 미아3거리~길음시장~월곡교차로 일대 도심재개발에 민간 자본을 끌어들여 고층 건물군이 들어설 수 있도록 유도키로 했다.

『경향신문』 1993년 12월 6일 자, 「미아3거리 ~ 길음시장 ~ 월곡교차로 삼각지대 성북구 중심지로 바뀐다」.

이곳은 「성북의 명동」 또는 「제2의 이대입구」로 불릴 만큼 옷가게·술집·경양식집 등이 다양하게 들어서 있다. 특히 대학생 등 젊은이들이 많이 모여들어 노래방·당구장·오락실 등도 성업 중이다. 그러나 이 일대가 대부분 주거지역이어서 좋은 입지 여건에도 불구하고 아직 백화점 등 대규모 유통센터는 들어서지 못하고 있다. 성북구의회 오심영(65) 의원은 '성신여대 입구는 이미 상권이 형성돼 있는 만큼 지역 여건에 걸맞게 도시계획도 조정돼야 한다'며 '구단위 도시계획이 수립돼 이 일대를 상업지역으로 바꾸는 방안이 검토되고 있다'고 밝혔다. 상가가 집중적으로 밀집돼 있는 곳은 지하철 4호선 성신여대입구역에서

『경향신문』 1992년 5월 16일 자, 「돈암4거리 4백 점포 밀집 "젊음 북적"」.

그림 01

돈암지구의 지하철 노선도

2021년 지적도

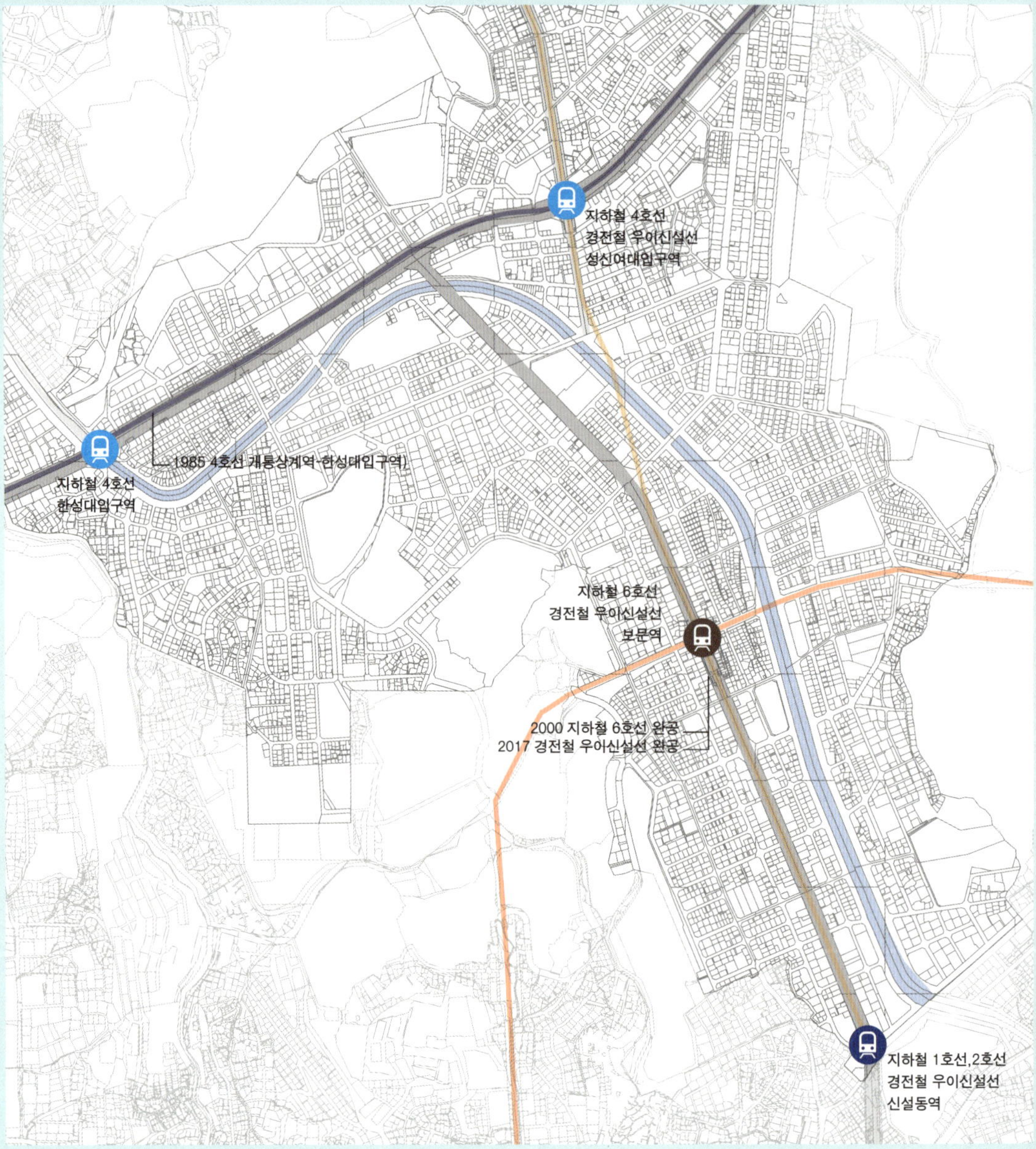

표 01

돈암지역의 인구현황

(단위: 명, 2021년 3월 기준)

행정동	세대 수	인구						세대당 인구	20대인구 (20~29세)	65세 이상 고령자
		인구수			구성비					
		계	남자	여자	지역	남자	여자			
동 평균	9,698	21,741	10,495	11,246	5.00	2.41	2.59	2.24	3,320	3,648
성북동	8,161	16,711	7,789	8,922	3.84	1.79	2.05	2.05	2,769	3,062
삼선동	11,536	23,153	11,030	12,123	5.32	2.54	2.79	2.01	4,220	3,861
동선동	9,353	15,507	6,523	8,984	3.57	1.50	2.07	1.66	4,453	2,233
돈암1동	6,140	14,983	7,012	7,971	3.45	1.61	1.83	2.44	2,013	2,845
돈암2동	8,650	24,322	11,539	12,783	5.59	2.65	2.94	2.81	2,969	3,439
안암동	9,269	14,944	7,535	7,409	3.44	1.73	1.70	1.61	5,071	2,109
보문동	7,722	15,556	7,512	8,044	3.58	1.73	1.85	2.01	2,644	2,389

출처: 서울열린데이터 광장(data.seoul.go.kr)

구성비와 세대당 인구는 소수점 3번째 자리에서 반올림한 수치이다.

표 02

돈암지역의 산업현황

산업	성북구		행정동						
	동 평균	전체	성북동	삼선동	동선동	돈암1동	돈암2동	안암동	보문동
산업 분류	사업체 수								
	종사자 수								
합계	1,181	23,617	1,174	1,834	2,037	386	421	1,421	1,294
	5,550	111,005	5,315	8.921	9,961	2,116	2,477	13,406	5,461
농업, 임업 및 어업									
광업									
제조업	107	2,144	39	84	45	10	4	78	226
	394	7,873	154	271	173	44	12	323	651
전기, 가스, 증기 및 공기조절 공급업	0.2	4	2						1
	0.4	8	2						1
수도, 하수 및 폐기물 처리, 원료 재생업	0.7	13		2					1
	9	171	-	13					18
건설업	29	575	29	42	43	12	8	33	34
	207	4,133	237	137	525	229	27	159	410
도매 및 소매업	235	4,697	248	408	417	61	54	293	258
	733	14,662	811	1,348	1,281	183	125	1,093	920
운수 및 창고업	178	3,557	78	148	73	107	103	93	272
	307	6,130	93	163	216	128	103	129	320
숙박 및 음식점업	223	4,461	228	446	637	39	42	436	169
	666	13,323	855	1,126	2,156	182	110	1,613	452
정보통신업	12	241	53	27	25		2	37	10
	95	1,900	520	109	351		30	263	29
금융 및 보험업	7	144	8	19	14	2	5	10	10
	79	1,576	122	142	96	6	29	76	151
부동산업	60	1,203	62	80	111	32	39	54	54
	191	3,827	116	163	225	116	176	100	102
전문, 과학 및 기술 서비스업	24	480	58	100	43	2	2	58	33
	269	5,384	353	351	170	7	7	1,040	139
사업시설 관리, 사업 지원 및 임대 서비스업	13	264	27	29	28	3	2	27	17
	281	5,624	95	335	741	161	920	140	841
공공행정, 국방 및 사회보장 행정	3	51	4	6	1	1	2	1	4
	165	3,308	66	1,782	23	22	68	21	82
교육 서비스업	68	1,368	98	113	148	37	62	61	35
	1097	21,947	867	1,792	2,402	664	446	4,764	332
보건업 및 사회복지 서비스업	52	1,045	58	86	88	21	27	45	37
	662	13,249	432	696	710	221	205	3,132	734
예술, 스포츠 및 여가 관련 서비스업	37	745	35	75	99	7	16	61	20
	116	2,323	133	169	302	35	62	168	39
협회 및 단체, 수리 및 기타 개인 서비스업	131	2,625	147	169	265	52	53	144	113
	278	5,567	459	324	590	118	157	385	240

출처: 「2019년 기준 성북구 사업체 보고서」, 성북구청, 284~297쪽 참고하여 재작성.

학교에 이르는 폭 5m, 길이 2백여m의 도로. 이곳에 4백여 개의 크고 작은 점포가 몰려 있다. 성신여대생은 물론 안암동의 고대생과 성북지역 젊은이들의 데이트 장소로 이용되는 카페·레스토랑이 1백여 개로 가장 많고, 옷가게도 70개를 헤아린다. 최근엔 노래방이 우후죽순 격으로 생겨나 현재 시설 중인 곳까지 합하면 50군데에 이른다. 이 밖에 술집·미용실·잡화점·오락실 등이 행인들의 발길을 끌고 있으며 10여 군데 미술학원과 화방도 밀집돼 있다.

돈암지역의 현재 모습은 1980년대 지하철역의 개통과 대학 중심으로 유동인구가 늘면서 형성된 상권과 이렇게 발단된 상권을 정책적으로 확장하면서 만들어졌다고 할 수 있다.

1.1 돈암지역의 지하철역과 대학

- **4호선 한성대입구역(삼선교역)과 한성대학교**

한성대학교는 1945년 경성여자기예학교를 인수해 1972년 한성여자대학을 삼선동에 설립하고, 1978년 한성대학으로 교명을 변경하였다. 1993년 종합대학교로 승격되어 현재에 이른다. 현재 한성대학교 학제는 7개 단과대학, 40개 학과, 8개 대학원으로 구성된다. 인적 구성은 2021년을 기준으로 학부 학생 6,560명, 대학원생 1,159명, 교직원 수 931명이다.[01] 한성대학교는 낙산 산자락 삼선동에 위치해 있다. 한성대입구역과는 비교적 거리가 먼데, 삼선동 주택가와 삼선시장을 지나 이동한다. 삼선동 주택가에는 한성대학교 학생들이 이용하는 상업가로가 만들어져 있고, 인근 지역에 자취방·원룸·기숙사 등이 분포되어 대학문화가 형성되어 있다.

한성대입구역은 1985년 4월 지하철 4호선 상계역에서 삼선교역현 한성대입구역 구간을 개통하면서 영업을 시작한 역이다. 같은 해 10월 삼선교역에서 사당 구간이 연장 개통되어 종착역에서 중간역이 되었다. 한성대입구역은 1983년 삼선교역三仙橋驛으로 결정되었으나, 1985년 4월 개통 이후 인근 한성대학교의 요청으로 역명을 같은 해 10월 한성대입구역으로 변경하고, 삼선교역은 부역명이 되었다.

표 03
한성대입구역(삼선교역) 일 평균 승하차 인원수
서울교통공사

노선	일 평균 인원수(명/일)									
	2012년	2013년	2014년	2015년	2016년	2017년	2018년	2019년	2020년	2021년
승차	17,535	17,520	17,282	17,382	17,122	16,759	16,683	16,541	11,191	11,375
하차	16,815	16,883	16,602	16,635	16,358	15,993	16,017	15,841	10,934	11,107
승하차	34,350	34,403	33,884	34,017	33,480	32,753	32,700	32,382	22,125	22,482

지하철 4호선 한성대입구역이 개통된 1985년 매일경제는 「지하철역 주변 문화공간으로 각광」기사를 통해 지하철을 단순 교통수단으로만 보는 것이 아니라 지하철역 인근 지역에서 문화적 향유 기회가 확대될 것으로 기대하였다. 한성대입구역은 대학로가 있는 혜화역과 가까우며 인근에 낙산 기슭의 간송미술관이 있다고 소개하고 있다.

01 학제, 학생·교직원 수는 대학알리미(academyinfo.go.kr) 2021년 4월 자료를 기준으로 한다.

그림 02
낙산공원에서 바라본 한성대학교

> 지하철 3·4호선 개통 한 달. 서울의 구석구석 땅속을 힘차게 달리는 전동차 못지않게 지상의 문화가도 고동이 높다. (중략)
> 혜화역에서 한 정거장 거리인 한성대입구역에서 낙산 기슭에 자리한 간송미술관을 볼 수 있다. (중략)
> 지하철 시대에 편승해 문화에 쉽게 접할 수 있는 여건은 마련되었다. 달리는 전동차를 따라 그냥 스쳐 갈지도 모르는 잠재적 문화수용자들을 보다 적극적으로 유치할 수 있는 알찬 기획과 홍보가 다음 과제로 남았다.

『매일경제』 1985년 11월 19일 자, 「지하철역 주변 문화공간으로 각광」.

한성대입구역은 실제로 유동인구가 많았던 곳이고, 인근 지역의 도시적 변화에도 큰 영향을 미쳤을 것으로 보인다. 지하철 4호선의 개통으로 강북구·노원구·도봉구 등 강북지역과 도심이 지하철로 이어졌고, 이는 도시를 변화시켰다. 한성대입구역이 개통되는 것에 맞춰 인근 도로의 확장, 하천의 복개, 상업가로의 개발로 이 지역은 새로운 중심지가 되었다.

> 서울지하철공사가 지난 9월 조사한 지하철 호선별 혼잡구간 현황에 따르면 오전 8~9시 사이 가장 붐비는 곳은 4호선 한성대입구~혜화역으로 정원의 277%가 승차 (중략)
> 지하철공사에 따르면 11월 중 지하철 승객은 하루 평균 3백만 명을 넘어 3백50만 명에 육박했다는 것이다. 지난 85년 지하철 3·4호선 개통 이후 연도별 1일 평균 승객은 86년 2백3만 명, 87년 2백22만 명, 88명 2백53만 명으로 완만한 증가 추세를 보였으나 올 들어 급증세를 보였다.

『동아일보』 1989년 12월 1일 자, 「러시아워 지하철 탈 수도 내릴 수도 없다」.

그림 03
한성대입구역 사거리

『경향신문』 1985년 10월 21일 자, 「동소문로 일대 주거·상업 새 중심지로」.

너비 25m의 동소문로를 35m로 확장하는 도시계획이 확정돼 86년 이후 사업에 들어가게 된다. 그러나 답답했던 삼선교로터리와 돈암4거리 등은 지하철 건설공사 때 확장돼 시원스러운 광장을 조성했다. 도로확장 계획선은 삼선교역~돈암역까지는 양쪽으로 5개씩, 돈암역~미아리고개까지는 남쪽으로만 10m로 넓히도록 돼 있다. 성북동 길에 접해 주택가 사이로 흐르는 너비 10~15m의 성북천 상류 5백70m는 지금 복개공사가 한창 벌어지고 있다. 올 연말까지 이 성북천이 복개되면 개천변의 주민위생환경이 좋아질 뿐 아니라 도로가 확보돼 2차선인 성북동 길의 교통소통이 더욱 원활해진다. 동소문로 양쪽으로 너비 12m씩이 가로변 상업지역으로 지정돼 있다. 지난 5월 전후로 이 도로변엔 일제 때 지어 낡았거나 도로 확장선에 저촉된 건물 200여 채가 3~5층 규모의 현대식 건물로 신축됐다.

『조선일보』 1996년 12월 18일 자, 「입지여건 좋아 경쟁률 높을 듯」.

동소문동 한신=성북구 동소문동 한신-한진아파트는 동소문동 재개발지구에 짓는 아파트이며 총 4천3백여 가구의 아파트가 들어서는 대단위 아파트. 단지가 북악산 밑에 위치해 공기도 좋고 서울 시내를 내려다보는 전망이 좋으며 지하철 4호선 성신여대입구역과 한성대입구역에서 도보로 7~8분 거리여서 교통도 편리하다.

지하철역과 관련한 신문기사는 다수가 부동산 관련 기사이고, 한성대입구역과 관련한 기사도 마찬가지이다. 불량주택지구 개발사업으로 건설된 한신·한진아파트 관련 기사에서도 잘 드러난다. 하지만 다른 역과 달리 한성대입구역은 대학의 이름을 딴 역명으로 지속적으로 논란이 된다. 대학 이름으로 역명을 변경하면서 대학으로부터 3,000만 원의 비용을 받아 국정감사를 받고, 검찰 조사를 받았다.

대학 부근 지하철역 이름을 홍대입구역, 건대입구역, 성신여대입구역, 한성대입구역, 숙대입구역, 총신대입구역 등으로 바꿔준 뒤 해당 대학으로부터 3천만 원씩을 받은 사건 등이 수사 대상이 될 것이라고 밝혔다.

『조선일보』 1988년 10월 20일 자, 「지하철 공사 곧 수사」.

- **4호선 성신여대입구역(돈암역)과 성신여자대학교**

성신여자대학교는 1936년 종로구 경운동에서 '성신여학교'로 개교하였고, 1942년 현재 위치에 돈암동 교사 신축공사를 시작하였다. 1979년 성신여자대학으로 교명을 변경하였고, 1982년 종합대학인 성신여자대학교로 승격되어 현재에 이른다. 현재 성신여자대학교 학제는 13개 단과대학에 49개 학과와 7개 대학원으로 구성되며, 인적 구성은 2021년을 기준으로 학부생 9,261명, 대학원생 1,125명, 교직원 수 1,650명이다.[02] 성신여자대학교는 동선동 주택가에 위치해 있고, 대학과 지하철역 사이에 상업지역이 형성되어 있다. 대학 앞으로 카페와 식당 등과 자취방, 원룸 등 대학문화가 형성되어 있다. 또한 성신여대입구역은 1950~1960년대 서라벌예술대학이 있던 곳이고, 안암동 고려대학교가 인근에 있으며, 정릉동 국민대학교의 통학로이기도 해 대학가로 발달한 지역이다.

성신여대입구역은 1985년 4월 지하철 4호선 상계역에서 삼선교역현 한성대입구역 구간을 개통하면서 영업을 시작한 역이다. 역명은 1983년 돈암역으로 결정되었으나, 1985년 4월 개통 이후 인근 성신여자대학교의 요청으로 역명을 같은 해 10월 성신여대입구역으로 변경하고, 돈암역은 부역명이 되었다. 2017년 신설역에서 우이역 구간의 우이신설선이 개통되면서 환승역이 되었다.

노선	일 평균 인원수(명/일)									
	2012년	2013년	2014년	2015년	2016년	2017년	2018년	2019년	2020년	2021년
승차	28,103	27,965	27,541	27,279	27,410	26,388	24,729	24,702	16,838	16,914
하차	25,403	25,476	25,171	24,981	25,286	24,736	23,807	23,481	16,127	16,226
승하차	53,507	53,441	52,712	52,260	52,696	51,124	48,536	48,183	32,965	33,140

표 04
성신여대입구역(돈암역) 일 평균 승하차 인원수
서울교통공사

2000년대 성신여대입구역의 지하철 일일 승하차 인원수를 보면, 한성대입구역에 비해 하루 평균 1만~2만 명이 많을 정도로 유동인구가 많다. 서울 전체 지하철역의 승하차 인원으로도 상위권이다. 지하철 4호선이 개통될 당시에는 한성대입구역 중심으로 상업가로가 조성되었지만, 이 상업가로는 돈암4거리와 돈암역까지 이어졌다. 현재 성신여대입구역은 성북구에서 가장 발달한 상업지역이 되어 있다.

돈암4거리 주변엔 대한투자신탁과 서울신탁은행 건물, 백양빌딩 등이 돈암역 입구에 들어섰고 삼선교역 부근은 지하철 건설공사와 함께 로터리가 확장되면서 10여 채의 건물이 정비돼 가로경관이 완전히 바뀌었다. 재개발 사업으로 동소문지구에 고층아파트단지가 들어서고 동소문로가 시원스럽게 확장되며 가로변 상업지역이 정비, 개발되면 이 일대는 도심과 이웃한 중심 생활권으로 떠오르게 된다.

『경향신문』 1985년 10월 21일 자, 「동소문로 일대 주거·상업 새 중심지로」.

02 대학알리미(academyinfo.go.kr), 2021년 4월.

그림 04
성신여자대학교 입구

그림 05
태극당 빌딩

성신여대입구역은 지하철역이 들어서고 인근 대학생들의 유동이 많아 '제2의 이대입구' 또는 '성북의 명동' 등으로 불릴 정도로 큰 상업지역이 되었다. 인근 동선동에 있는 성신여자대학교와 안암동 고려대학교, 정릉동 국민대학교 등의 주요 교통 통로이기 때문에 대학생의 거리로 발달하였다고 할 수 있다. 이 지역의 상업시설 업종도 대학생들에게 맞춰져 발달하였음을 알 수 있다.

『경향신문』 1992년 5월 16일 자, 「돈암4거리 4백 점포 밀집 "젊음 북적"」.

이곳은 성북의 명동 또는 제2의 이대입구로 불릴 만큼 옷가게·술집·경양식집 등이 다양하게 들어서 있다. 특히 대학생 등 젊은이들의 많이 모여들어 노래방·당구장·오락실 등도 성업 중이다. (중략) 상가가 집중적으로 밀집돼 있는 곳은 지하철 4호선 성신여대입구역에서 학교에 이르는 폭 5m, 길이 2백여m의 도로로 이곳에 4백여 개의 크고 작은 점포가 몰려 있다. 성신여대생은 물론 안암동의 고대생과 성북지역 젊은이들의 데이트 장소로 이용되는 카페·레스토랑이 1백여 개로 가장 많고, 옷가게도 70개를 헤아린다.

- **보문역(6호선, 우이신설선)과 고려대학교**

고려대학교는 1905년 설립된 보성전문학교를 1932년 동아일보 창업자 김성수가 인수해 이어져 온 대학이다. 1934년 종로구 송현동에서 현재 위치인 안암동으로 이전해 왔다. 1946년 고려대학교로 교명을 변경해 현재에 이른다. 현재 고려대학교서울캠퍼스 기준 학제는 17개 단과대학에 62개 학과와 18개 대학원으로 구성되며, 인적 구성은 2021년을 기준으로 학부 학생 1만 9,906명, 대학원생 1만 4,039명, 교직원 수 5,454명이다.[03] 고려대학교는 안암동과 종암동에 거쳐 위치해 있지만, 보문역은 고려대학교로 가는 주요한 통로 중 한 곳이고, 인근 안암동 지역으로 학생들의 자취방과 원룸 등이 많이 분포되어 있다. 또한 고려대학교와 관련한 많은 기업이 인근 안암동 지역에 위치해 있다.

보문역은 2000년 12월 지하철 6호선 응암에서 상월곡 구간을 개통하면서 영업을 시작하였다. 보문사거리에 위치해 있으며, 성북구 안암역과 종암역고려대역을 연결하는 역이다. 2017년 우이역과 신설동역을 연결하는 우이신설선이 개통되면서 환승역이 되었다.

표 05
보문역 일 평균 승하차 인원수
서울교통공사

노선	일 평균 인원수(명/일)									
	2012년	2013년	2014년	2015년	2016년	2017년	2018년	2019년	2020년	2021년
승차	7,986	8,199	8,501	8,558	8,665	8,316	7,751	7,763	6,031	5,999
하차	7,144	7,270	7,438	7,559	7,662	7,500	7,036	7,050	5,526	5,554
승하차	15,130	15,469	15,939	16,117	16,327	15,816	14,787	14,813	11,557	11,553

보문역은 일제강점기 개발된 돈암지구의 중앙에 위치한 곳이고, 신설동과 돈암4거리를 연결하는 5번대로보문로의 중앙에 있다. 이런 입지 조건에도 불구하고, 인근 지역은 도시한옥과 저층 주거지로 이루어진 주택가였다. 상업시설은 보문시장을 포함해 주택가를 지원하는 근린상업시설이 발달한 지역이었다. 보문역이 개통하기 전 용도지역이 완화되었음에도 개발이 이루어지지 않을 정도였다. 보문역이 개통한 이후 보문시장을 포함해 주변 지역은 재개발되면서 아파트단지로 변모하고 있다.

> 보문생활권 중심으로 일반주거지역에서 준주거지역으로 바뀐 성북구 보문동2가 127 일대 보문역(6호선) 주변도 마찬가지다.
> 서울지역의 지가 조사를 담당하는 한국토지공사 서울지사의 박소연 과장은 "용도지역이 변경되면 토지의 효용 가치가 높아져 땅값이 오르는 것이 정상적이나 서울지역은 대대적인 용도 변경에도 불구하고 땅값 상승은커녕 거래마저 실종되는 이상 현실을 보이고 있다"고 말했다. 그는 이 같은 현상이 부동산경기가 침체된 데다 상업용지 주 수요자인 기업들이 아직 투자에 확신을 갖고 있지 못하기 때문인 것 같다고 분석했다.

『매일경제』 1996년 7월 9일 자, 「서울 토지가치 상승불구 땅값 그대로」.

우이신설선은 2003년 민간사업자가 제안해 2017년 9월 개통하였다. 우이신설경전철주식회사가 운영하고 있으며, 돈암지역의 6호선 보문역과 4호선 성신여대입구역돈암역이 신설동역과 정릉역을 연결하고 있다. 우이신설선은 비교적 교통편이 불편한 주택가를 연결하는 경전철로 만들어졌다.

03 대학알리미(academyinfo.go.kr) 2021년 4월.

2. 시각장애인 공동체의 터전 '돈암'

◦ 시각장애인 역학의 유래 ◦

점복의 역사는 인류의 역사만큼이나 오래되었다. 다양한 문명에서 점복과 관련한 유물이 발굴되고 있으며, 전쟁과 같은 중요한 국가의 대사나 기근, 홍수와 같이 자연재해로 인한 국가적 위기가 발생할 때면 으레 점복을 통해 길흉을 예측하곤 했었다. 동서양의 설화나 민담 속에서 앞을 보지 못하는 시각장애인이 오히려 눈앞에 보이는 것에 현혹되지 않고 더 먼 미래를 예측하는 혜안을 갖고 있다는 메타포가 종종 등장하기는 하지만 이를 역사적 사실에 입각한 사회적 현상으로 해석하기엔 어려움이 있다. 하지만 한국의 역사 속에서는 시각장애인이 전문적으로 점복을 행하는 사회적 지위를 획득하고, 공동체를 이루어온 기록들을 어렵지 않게 찾아볼 수 있으며, 현재까지 그 명맥을 이어오고 있다.

시각장애인 역학사에 대한 최초의 기록은 고려시대에 등장한다. 고려 말 과거시험을 통해 선발되어 점복을 담당하던 관청인 서운관書雲觀에서 일한 점복사를 '맹승盲僧'이라 불렀다. 서운관은 조선에 와서는 관상감으로 계승됐고, 이 관상감의 직책 중 종8품 봉사의 경우 시각장애인 역학사를 임명했다. 그리고 이로 인해 '봉사'가 시각장애인을 가리키는 보통명사처럼 자리 잡게 됐다. 조선 말, 개화의 바람이 불어오기 시작하면서 무속, 점술, 독경과 같은 것들은 일종의 미신으로서 타파해야 할 구습으로 취급받게 된다. 이는 자연스레 시각장애인 역학사들에 대한 비판과 차별로 이어졌다. 이와 같은 사회적 배제는 일본의 식민지배가 시작되면서 더욱 강화된다. 일본은 한국의 토착 민간 신앙을 대대적으로 탄압했으며, 시각장애인 역학사의 점술과 독경에 대해서도 미신이란 이유로 단속했다. 이는 한국의 전통문화를 말살하고자 한 일본의 식민지배 정책의 연장선이기도 했다. 시각장애인 역학사들은 1925년 이러한 일본의 탄압에 맞서 조선맹인역리대성교朝鮮盲人易理大成敎를 결성하고 조선총독부에 시각장애인 역학사들의 활동을 인정해 줄 것을 탄원하여 허가를 받아내기에 이른다.

광복 이후 6·25전쟁이 터지고 시각장애인 역학사들도 피난 행렬을 따라 부산에 모여든다. 그리고 영도다리 밑에서 점을 치는 일을 계속 이어 갔으며 이전에는 없었던 '점바치 골목' 이란 이름의 점복촌을 형성했다. 6·25전쟁 이후 부산에 모여 있던 시각장애인 역학사들이 다시 서울로 돌아오면서 부산에서의 경험을 되살려 남산과 종로 등지에 점복촌을 형성하여 영업을 하기 시작한다. 하지만 1960년대 말부터 도심 재개발이 본격화되어 점복촌이 형성되어 있던 남산과 종로 지역에 대한 대규모 철거가 시행되었다.

◦ 미아리고개 시각장애인 역학촌의 형성 ◦

미아리고개 역학촌의 형성 과정을 살펴볼 때 항상 가장 먼저 이야기되는 인물은 이도병 역학사이다. 1966년 이도병 역학사가 미아리고개에 노점을 차리고 점을 보기 시작한 것을 미아리고개 역학촌의 출발이라고 보는 것이 일반적인 견해이다. 당시 미아리고개는 대대적인 도로정비를 시행하여 고개의 경사를 낮추고 도로를 확장했다. 그리고 고가도로 밑으로 사람들의 왕래가 가능한 굴다리가 생겼는데 이도병 역학사가 처음 노점을 편 곳이 이 굴다리 밑이라고 한다.

1966년 노점에서 출발했던 이도병 역학사는 1968년에는 미아리고개 고가도로 옆에 집을 얻어 '철원철학원'이란 이름으로 본격적인 영업을 시작했다. 이러한 이도병 역학사의 성공담은 남산 재개발 등으로 활동 터전을 잃어버린 시각장애인 역학사들 사이에서 빠르게 퍼져나갔고 1970년대에 들어서며 미아리고개 주변으로 하나둘 점집이 모여들면서 역학촌을 형성하기에 이른다.
미아리고개에 이렇게 새로운 역학촌이 형성될 수 있었던 이유는 무엇이었을까?

첫째는 미아리고개가 서울의 도심과 외곽을 연결하는 교통의 요지이며 왕래하는 사람들이 많았다는 점은 점집 입지를 결정하는 최적의 조건이었다.

둘째로 미아리고개 주변의 낮은 집값으로 인해 시각장애인 역학사들은 이곳에 자리를 잡기 수월했다. 미아리고개 고가도로 주변은 자동차의 매연과 소음 등으로 인해 방세가 저렴했기 때문이다.

셋째는 시각장애인 역학사들의 공동체 문화와 조합 조직도 미아리고개 역학촌의 형성에 영향을 주었다고 보인다. 조선시대부터 이어져 온 시각장애인 역학사들의 동업조직이 성북 지역을 중심으로 자리 잡게 된 것이다.

우여곡절 끝에 미아리고개에 자리 잡게 된 시각장애인 역학사들은 1980년대와 1990년대의 경제 호황기를 거치며 전성기를 누리게 된다. 일반 대중들에게 미아리고개 역학촌이 미아리고개 점집으로 본격적으로 알려졌다. 미아리고개 역학촌이 유명해지기 시작하면서 대중매체 등을 통해 미아리고개 점집들이 무당들이 점을 보는 곳처럼 비치는 사례도 있기는 했으나 이 때문에 오히려 사주나 운세를 주로 보는 '철학원'이라는 미아리고개 역학촌만의 고유한 색깔이 만들어지기도 했다.

미아리고개 역학촌은 1997년 IMF 외환위기로 인해 큰 위기를 맞게 된다. 이와 맞물려 1990년대부터 본격화된 컴퓨터의 보급과 스마트폰과 같은 모바일 기기의 등장은 굳이 점집을 찾지 않아도 간단한 사주나 운세를 개인이 찾아볼 수 있는 환경을 만들어 주었다. 또한 지가의 상승 등으로 인해 새롭게 점집을 창업하는 데 드는 비용이 늘어났다는 점도 새롭게 역학을 배워 진출하는 이들에게는 큰 장벽이 됐다.

◦ 시각장애인 공동체와 자립의 터전 미아리고개 ◦

미아리고개 역학촌은 조선시대부터 현재까지 서울의 곳곳을 전전하며 이어져 온 시각장애인 역학사들의 고단한 삶의 역사가 남아 있는 곳이다. 조선시대 이후 역학촌은 남산에서 종로로, 종로에서 미아리고개로 도심 재개발 과정에서 도시 변두리로 밀려나는 과정을 반복했다. 이러한 현실 앞에서 시각장애인들은 삶을 유지하기 위해 연대했다. 시각장애인들은 스스로와 서로를 돕기 위해 공동체를 유지했고, 공동체와 삶을 유지하기 위한 다양한 직업의 세계를 만들었다. 그 중심에는 오랜 시간 시각장애인들의 삶을 책임졌던 역학이 있었다. 현재는 시대가 바뀌고, 도시가 변화하면서 미아리고개의 시각장애인 역학촌도 빈 역학관이 늘어나고 있다. 특히 컴퓨터와 모바일 기기 등이 일반화되면서 역학촌을 찾는 발길이 급격하게 줄었다. 또한 1990년대부터 도시개발과 지가 상승 등으로 창업 및 유지 비용이 크게 늘어났기 때문이다. 그럼에도 불구하고, 미아리고개 역학촌이 현재까지 지속될 수 있는 이유는 역리학회가 중심이 되어 점자도서관, 성북시각장애인복지관 등을 만들어 시각장애인 복지지원과 직업자활 등 공동체의 자립 기반을 마련해 왔기 때문이다. 이런 미아리고개 역학촌의 기록은 단순히 과거의 기록이나 개인의 기록을 넘어 사회적 약자인 시각장애인들이 스스로 공동체를 구축하고, 상호부조를 통해 자립 기반을 만들어 온 지역 공동체의 가능성을 담고 있다.

요약본 QR코드

2.1 시각장애인 역학사의 역사와 사회적 의미

- **시각장애인 역학의 유래**

점복의 역사는 인류의 역사만큼이나 오래된 것으로 다양한 문명에서 점복과 관련한 유물이 발굴되고 있으며, 전쟁과 같은 중요한 국가의 대사나 기근이나 홍수와 같이 자연재해로 인한 국가적 위기가 발생할 때면 으레 점복을 통해 길흉을 예측하곤 하였다. 동서양의 설화나 민담 속에서 앞을 보지 못하는 시각장애인이 오히려 눈앞에 보이는 것에 현혹되지 않고 더 먼 미래를 예측하는 혜안을 갖고 있다는 메타포가 종종 등장하기는 하지만 이를 역사적 사실에 입각한 사회적 현상으로 해석하기엔 어려움이 있다. 하지만 한국의 역사 속에서는 시각장애인이 전문적으로 점복을 행하는 사회적 지위를 획득하고 공동체를 이뤄온 기록들을 어렵지 않게 찾아볼 수 있으며, 현재까지 그 명맥을 이어오고 있다. 한국에서 최초의 시각장애인 역학사에 대한 기록은 고려사에서 등장한다.

> 어사대에 아뢰기를 "사문四門 진사進士 이제로는 맹승盲僧 법종의 아들이니 과거에 응시하는 것이 합당치 못합니다."[04]

고려시대에는 점복과 관련한 국가기관으로 태사국太史局과 태복감太卜監을 두었다. 그중 태사국이 천문이나 기상관측과 관련한 일을 하던 곳이었고, 태복감은 점복에 관한 일을 주로 맡은 관청이었다. 두 관청은 여러 차례 이름이 바뀌었다가 고려 말에는 서운관書雲觀으로 통합되었다. 관청에서 일하는 사람들은 과거시험을 통해 선발하였는데, 이를 복업과卜業科라 하였다. 이 복업과를 통해 등용된 시각장애인 점복사를 '맹승盲僧'이라 불렀다.

위의 기록에서 볼 수 있듯이 맹승의 사회적 지위는 관직에 진출한 다른 이들보다 높지 않았으며, 일종의 사회적 차별이 존재하였다. 하지만 직업적 선택의 폭이 넓지 않았을 당시 시각장애인들이 관직에 등용될 수 있는 가능성이 있다는 것만으로도 점복을 익혀 맹승이 되는 것은 매력적인 선택지였을 것이다. 그리고 이는 조선시대로 이어지며 민간영역에서도 점복을 행하는 시각장애인 역학사의 확대에 영향을 주었을 것으로 보인다.

- **조선시대 시각장애인 역학사와 명통사, 통명청**

조선이 유교를 숭상하는 사회였음에도 불구하고 천문과 지리를 살피고, 기상을 예측하며, 미래에 닥칠 길흉을 대비하는 일은 여전히 중요한 국가의 과제라 할 수 있었다. 이 때문에 고려 말 서운관은 조선에 와서 관상감觀象監으로 계승되었다.

표 06
경국대전의 관상감 관직
박수진·백외준 외, 『미아리고개』, 성북문화원, 2014, 156쪽

정1품	영사 1명(영의정)	**종7품**	직장 2명
정3품	정 1명	**종8품**	봉사 2명
종3품	부정 1명	**정9품**	부봉사 3명 천문학, 풍수학 훈도 각 1명 명과학 훈도 2명
종4품	첨정 1명		
종5품	판관 2명		
종6품	주부 2명 천문학, 풍수학 교수 각 1명	**종9품**	참봉 3명

04 『고려사절요』 6권, 숙종 7년 3월, 한국고전종합데이터베이스.

이 관상감의 직책 중 종8품 봉사의 경우 명과맹命課盲이라는 시각장애인 역학사를 임명하였는데, 이로 인해 '봉사'가 시각장애인을 가리키는 보통명사처럼 자리 잡게 되었다. 관상감의 관직을 통해서도 알 수 있듯이 조선시대 초기에도 시각장애인 역학사들은 나라의 점복과 역학을 지탱하는 중요한 역할을 하였다. 이는 자연스럽게 역학사에 대한 교육과 양성 그리고 자조 조직의 형성으로 이어지게 되며, 명통사明通寺로 조직화된다.

> 선공감繕工監에 명하여 명통사明通를 다시 짓게 하고, 이어서 노비를 합하여 10구口를 주니, 오부五部의 맹인盲人이 모이는 곳이기 때문이었다.[05]

> 서울 안에 명통사明通寺가 있으니 맹인의 집회소다. 초하루 보름에 한 번씩 모여 독경하고 수壽도 비는데 지위가 높은 자는 방안에서 하고, 낮은 자는 문을 지키고 바깥대문과 안대문에 각각 창을 세우고 사람이 함부로 드나들지 못하게 한다.[06]

명통사는 한성의 명통방에 위치하고 있다고 해서 붙여진 이름인데, 불교 사찰이라기보다는 도교의 수행자들이 모인 사찰이란 성격이 더 강하였다. 명통사는 시각장애인에 대한 점복과 역학 교육을 실시하고, 시각장애인 역학사들의 활동을 지원하기도 하였으며, 국가의 명을 받아 기우제를 올리거나 나라와 왕실의 안녕을 빌기도 하였다. 국가에서는 명통사가 공식적인 관청은 아니었으나 곡식과 노비를 내려 지원하였다. 이와 같은 명통사와 국가의 관계는 현대적으로 해석하였을 때 시각장애인 당사자의 자립적 자활조직과 이에 대한 국가의 사회복지 지원이라는 개념으로도 해석이 가능하다. 특히 단순한 '구휼'의 개념에서가 아니라 사회적 약자인 시각장애인의 직업적 안정을 지원함으로써 자립적 삶을 가능하게 하였다는 점은 시사하는 바가 적지 않다. 시각장애인 역학사의 요람이라고 할 수 있었던 명통사는 세조대에 들어서며 사실상 폐지된다. 이는 조선 초기 이후 유교를 중심으로 한 국가이념이 강화되고 이를 바탕으로 한 사림 세력의 힘이 강해지면서 국가의 지원이 끊기고 자연스럽게 사람들이 흩어졌기 때문으로 보인다. 하지만 조선 후기에 들어서며 명통사를 계승하는 단체로 통명청通明廳이 만들어지면서 시각장애인 역학사의 자립적 움직임이 다시 등장하게 된다.

> 통명청通明廳 맹인청이라고도 한다. 영희전永禧殿 동쪽 담 밖에 있는데 김자점金自點의 집터라 한다. 국복國卜 한 명에게 지중추知中樞 직함을 주어 주관하게 했다.[07]

통명청은 맹청盲廳이라고도 불렸는데, 점복에 대한 국가정책의 연장선에서 만들어졌던 명통사와 달리 시각장애인 당사자들의 적극적인 노력을 통해 좀 더 자주적 조직으로 등장하게 된다. 통명청이 체계적인 조직을 갖추고 등장하게 된 것은 효종대에 이르러서이다. 본래 선조 때 임진왜란에서 공을 세웠던 시각장애인 신경달이 맹청의 설립을 청하여 허락을 받은 바 있으나 이어지는 호란 등으로 인하여 자리를 잡지 못하고 있다가 효종 때 시각장애인 역학사인 국종호가 공을 세우고 다시 맹청의 설립과 지원을 청하여 중구 저동에 자리를 잡으면서 본격적인 활동을 시작하게 된다.

05 『태종실록』 33권, 태종17년 6월 16일.

06 성현, 『용재총화』 5, 1525.

07 『동국여지비고』, 19세기, 서울대학교 규장각한국학연구소 소장.

통명청에 모인 시각장애인 역학사들은 자체적인 규율을 정하고 문생청門生廳이라 불리는 10개의 지부를 설립하는 등 체계적인 운영 체계를 마련하였는데, 이는 서양의 길드guild와 유사한 형태였다. 통명청에서의 점복과 역학 교육은 도제식 교육 형태로, 한 명의 스승이 다수의 제자에게 강의하는 형태가 아니라 스승과 제자가 1:1로 관계를 맺으며 제자에게 침식을 제공하고 수강료를 받지 않았다. 매일 스승이 가르치는 구절과 교육 내용을 외우고 익혀야 하였으며 이 과정에서 스승과 제자 간의 특별한 관계가 형성되었다. 이러한 교육은 육효·사주·경문 등의 분야별로 스승이 바뀌더라도 동일한 형태로 진행되었고, 이 과정에서 형성된 문하생 간의 관계 또한 이후 통명청의 결속을 다지는 중요한 요인이 되었다. 이 같은 독특한 교육 방식은 현재 시각장애인 역학사 교육과정 속에서도 이어지고 있는데, 미아리고개 역학촌의 형성과 상호부조의 전통에도 큰 영향을 미쳐온 것으로 보인다.

통명청의 등장과 함께 시각장애인 역학사의 활동은 영·정조 시대에 이르러 전성기를 맞이하게 된다. 도성에만도 900명가량의 시각장애인이 통명청의 소속으로 활동하였던 것으로 추산된다. 하지만 1884년의 갑오개혁 이후 대대적인 제도혁신과 근대화의 바람이 불어오기 시작하면서 통명청에 대한 국가의 지원이 끊기고 통명청은 결국 폐지된다.

- **일제강점기 조선맹인역리대성교**

조선에도 개화의 바람이 불어오기 시작하면서 무속·점술·독경과 같은 것들은 일종의 미신으로서 타파해야 할 구습으로 취급받게 된다. 특히 사대문 안에서도 시각장애인의 독경이나 점복이 성행하다 보니 병이 들어도 의원보다는 독경을 통해 병을 물리치려는 이들이 많았고 이런 모습이 개화주의자들의 눈에는 비과학적이고 비합리적인 행위로 보였을 것이다. 이는 자연스레 시각장애인 역학사들에 대한 비판과 차별로 이어졌다.

> 무릇 나라가 진보하지 못함은 풍속이 미혹한 데서 비롯되나니, 슬프다! (중략) 사람을 내어놓고 귀신을 위하여 무녀와 판수가 능히 재앙을 사라지게 하고 복을 맞아 오는 줄 여겨, 한 사람, 두 사람으로부터 온 세상이 본받아, 적게는 한 집만 멸망할 뿐 아니라, 크게는 나라까지 쇠약케 하나니, 이는 곧 억만 명 황인종이 금일 참혹한 형상을 당한 이유이다.[08]

이와 같은 사회적 배제는 일본의 식민지배가 시작되면서 더욱 강화된다. 일본은 신도·불교·기독교만을 정식종교로 인정하면서 한국의 토착 민간 신앙을 대대적으로 탄압하였으며, 이와 함께 점술과 독경에 대해서도 미신이란 이유로 단속하였다. 이는 한국의 전통문화를 말살하고자 한 일본의 식민지배 정책의 연장선이기도 하였다. 하지만 통명청의 폐지 이후에도 10개의 문생청의 조직구조가 이어져 오며 시각장애인 역학사들의 공동체와 활동이 조직적으로 이어져 왔고 도제식 교육구조는 여전히 시각장애인 역학사들을 끈끈하게 연결하고 있었다. 시각장애인 역학사들은 1925년 이러한 일본의 탄압에 맞서 조선맹인역리대성교朝鮮盲人易理大成教를 결성하고 조선총독부에 시각장애인 역학사들의 활동을 인정해 줄 것을 탄원하여 허가를 받아내기에 이른다.

이와 같은 일이 가능하였던 것은 첫째로는 시각장애인 역학사들이 이어온 동업조합 형태의 조직과 공동체가 끈끈하게 이어지면서 집단적인 힘을 갖고 있었기 때문이었고, 둘째로는

08 이해조, 『구마검』, 1908.

당시 시각장애인의 직업 구조상 역학사들의 비중이 컸기 때문이기도 하다. 1927년의 조선총독부 조사에 따르면 조선의 시각장애인 수는 1만 1,206명이었는데, 이 중 점복업에 종사하는 사람이 1,539명으로 무직자를 제외하면 가장 비율이 높았던 것으로 나타난다. 이처럼 시각장애인 역학사들은 서슬 퍼런 일본의 식민지배 시절의 온갖 탄압과 어려움에도 불구하고 스스로의 힘과 지혜로 사회적 배제를 뛰어넘어 명맥을 이어가게 된다.

그림 06
김준근, 「맹인송경」, 1800년대 후반

맹인독경

맹인독경은 말 그대로 맹인이 행하는 독경을 의미한다. 독경이란 무속의례 중의 하나로 독경을 행하는 이가 자리에 앉아 경문을 낭독하여 액을 물리치거나 평안을 축원하는 행위를 말한다. 일반적으로는 불가에서 행해지는 독경이 가장 많이 알려져 있으나 과거 조선시대에는 시각장애인 역학사들이 행하는 독경이 더 일반적이었다. 시각장애인 역학의 역사에서 독경이 갖는 의미는 남다르다. 최초의 시각장애인 역학사가 맹승이라고 불렸던 사실이나 조선 초기 시각장애인 역학사들이 모인 곳이 명통사였다는 점은 불가의 독경이 시각장애인 독경과 긴밀히 연결되어 있음을 보여준다. 고려시대나 조선시대 초기까지만 해도 나라의 안녕을 빌거나 기우제를 지낼 때면 시각장애인 역학사들이 나서 독경을 하였고 조선시대에는 병치레를 하는 환자들을 치료하기 위해서 시각장애인 역학사를 불러 독경을 부탁하는 것이 흔한 일이었다. 특히 조선시대에 시각장애인 역학사들이 행하는 독경이 널리 퍼지게 되었는데, 이는 사대문 안에 무당이 살지 못하고 무속의 굿도 도성 밖에서만 행하도록 하며 승려들의 도성 출입도 엄격히 제한하였기 때문이다. 반면 시각장애인 역학사들에 의해 행해지는 독경만이 도성 안에서 유일하게 허락되었고, 이는 시각장애인들의 독경이 독자적으로 발전하는 계기가 되었다.

> 경성京城 안에 무격巫覡으로 거주하는 자, 여염집에 승니僧尼로 유숙하는 자(동냥을 하거나, 부모·동생을 만나거나, 재물齋物을 운반하는 승니僧尼는 금하지 않는다)는 논죄한다.[09]

당시 주로 행해지던 독경은 그 경전과 목적에 따라 몇 가지로 나뉘는데 집안의 안녕을 축원하며 10월경에 주로 행해지던 '안택경', 각종 질병을 물리치는 '병경', 망자의 천도를 축원하는 '천도경', 마을 단위의 '대동경', 기우제 때 비를 기원하며 행하는 '용신경' 등이 있다.

서울에서 시각장애인 역학사들에 의해 행해지던 독경은 다른 지역의 그것과 다른 특징들을 보이는데, 연행적인 면에서는 다른 지역의 독경들이 주로 1명의 독경인에 의해 행해진 데 비해 서울의 맹인독경은 정식으로 진행할 경우 최소 3명이 함께 하는 합송의 형태였다. 이 때문에 독경인의 자유로운 덕담이나 유연함은 적었으나 독경을 철저하게 외우고 익혀 행해야 한다는 점에서 철저한 교육을 통해 독경이 전수되었다. 내용적인 면에서는 다른 지역의 독경들에 비해 맹인독경은 불교적 내용들이 많았는데, 이는 고려시대부터 시각장애인 역학사들이 불가와 관계되어 맹승으로 불리거나 명통사와 같은 사찰을 활동 기반으로 하였기 때문으

09 한국정신문화연구원, 『역주 경국대전』, 1990.

로 보인다. 명통사의 경우 도교적 성향이 강하긴 하였으나 사찰이란 측면에서 불교와의 관계가 적지 않았다.

맹인독경은 서울이라는 지역적 공간에서 시각장애인 역학사라는 특정인들을 중심으로 전수되었기 때문에 형식적인 면에서도 타 지역과는 구분되는 특징을 갖는다. 다른 지역 독경의 경우 4박 장단을 기반으로 행해지는 데 반해 서울지역에서 행해진 맹인독경은 12박·6박·4박의 다양한 장단과 초장·중장·종장의 빠르기에 따라 박자가 자유롭게 변화되는 등 음악적 측면에서도 독창적 형태를 지니고 있다. 도성 지역을 중심으로 행해진 서울의 맹인독경은 그 자체로 역사 문화적 가치가 풍부할 뿐만 아니라 연행자인 시각장애인 역학사들의 역사적 배경, 맹인독경에 담겨 있는 불교 의례의 특징 등을 살펴볼 수 있다는 점에서 중요한 가치를 갖는다. 이와 같은 가치를 인정받아 2017년 서울시 무형문화재로 지정되었으며 보유자로는 채수옥이 인정받았다.

2.2 시각장애인 역학촌의 형성

- **1970년대 도심재개발과 시각장애인 역학사의 이동**

시각장애인 역학사들에 대한 역사적인 기록이 등장한 이래 이들은 스스로 공동체를 이루고 함께 도우며 살아왔다. 명통사나 통명청, 조선맹인역리대성교와 같은 조직들은 단체이기도 하지만 시각장애인 역학사들을 교육하고 교류하는 거점 공간이기도 하였다. 이런 집단적인 문화에도 불구하고 해방 이전까지 시각장애인 역학사들이 모여서 점복촌을 형성하는 일은 찾아볼 수 없었다. 이는 시각장애인 역학사들이 주로 행한 점복이나 독경이 마을 공동체나 주민들의 일상적인 삶과 밀접하게 연결이 되어 있었던 만큼 각자의 활동 구역을 갖고 있었기 때문이기도 하고 어느 정도는 그 활동이 나라에 의해 보장되어 있기 때문이기도 하였다.

이러한 경향은 6·25전쟁을 거치며 변화하게 된다. 6·25전쟁 당시 부산은 전쟁을 피해 전국에서 모여든 피난민으로 인산인해를 이뤘으며 전쟁 통에 헤어진 가족을 찾는 이들이 적지 않았다. 당시 영도다리는 이러한 피난민들이 많이 왕래하던 길목이었고 시각장애인 역학사들도 하나둘 영도다리 밑에서 노점을 깔고 헤어진 가족을 찾는 이들을 대상으로 점을 치기 시작하였다. 이렇게 모여든 점집들이 그 수가 늘어나면서 영도다리 밑에 '점바치 골목'이라는 이름의 점복촌이 형성되었다. 이는 이전에는 볼 수 없었던 새로운 풍경이었다. 이 경험은 변화된 사회환경 속에서 시각장애인 역학사들에게 점복업을 이어가기 위한 새로운 가능성을 보여주었다.

6·25전쟁 이후 부산에 모여들었던 시각장애인 역학사들도 서울로 다시 돌아왔다. 서울로 돌아온 시각장애인 역학사들은 부산 영도다리 밑에서의 경험을 통해 한 구역에 모여 함께 영업을 하는 것이 유리함을 잘 알게 되었고, 피난민들이 대거 자리 잡기 시작하였던 남산 밑 양동과 도동 그리고 종로3가의 뒷골목 등에 자리를 잡기 시작하였다. 양동과 도동은 사람들의 인적 왕래가 잦은 서울역 근처인 데다 피난민들이 대거 판잣집을 짓고 살면서 상대적으로 저렴한 가격에 집을 구할 수 있다는 점에서 시각장애인 역학사들이 점집을 차리기에는 최적의 지역이었다. 종로3가 지역 역시 사람들의 왕래가 잦은 도심 지역이었고 조선시대 이래 역학

사들이 활동해 온 지역이라는 점에서 주로 이름이 알려지거나 부유한 역사들을 중심으로 점집이 늘어서기 시작하였다. 남산과 종로3가 일대에 형성되었던 점복촌은 1970년대 초반까지 성업을 이루었다. 전쟁 이후 가난으로부터 벗어나고자 하는 사람들의 바람과 불확실한 미래에 대한 불안은 자연스럽게 점복에 대한 관심으로 이어졌을 것으로 보인다. 특히 시각장애인 역학사들은 오랜 세월 동안 이어져 온 역학에 대한 전문적 지식과 경험을 바탕으로 빠르게 자리를 잡아가기 시작하였다.

> 우리 같은 점집은 시골 사람, 가난한 사람, 억울한 사람, 세상살이 힘겨운 사람들이 쉽게 지나치는 길목이어야 합니다. 과거 남산 언덕배기에 점집이 많았던 것은 그곳이 어렵고 힘없는 변두리 서울 사람들의 휴식처였기 때문이었다고 생각돼요. 그리고 무엇보다 그런 사람들한테 신통하단 소릴 들어야 잘사는 사람들이 찾아온다는 겁니다.

『한겨레』 1988년 9월 28일자, 「서울, 음지양지」.

1970년대에 들어서며 도시인구 증가, 도시 빈민 문제 등이 확대되면서 본격적인 도심 재개발 사업이 추진되게 된다. 1973년에 '주택개량에 관한 임시조치법'이 시행되면서 무허가주택에 대한 철거와 재개발이 본격화되었고, 판잣집이 늘어서 있던 남산 주변 지역에 대한 철거와 재개발이 추진되었다. 이 과정에서 많은 재개발 난민들이 발생하게 되었으며 이곳에 점복촌을 형성하고 있던 시각장애인 역학사들도 뿔뿔이 흩어지게 되었다. 이러한 도심 재개발과 함께 본격화된 새마을운동의 확산은 '조국근대화'를 위한 의식개혁의 일환으로 무속과 점복을 미신타파라는 이유에서 금기시하였고 사회적으로 점복에 부정적 인식이 형성되기 시작하였다. 박정희 정부가 전통문화의 계승과 진흥을 통해 민족문화 창달을 목표로 하였음에도 불구하고 시각장애인 역학이 갖는 역사적 맥락과 사회문화적 특징들을 살피지 못하였다는 점은 두고두고 아쉬운 점이 아닐 수 없다.

• 이도병의 철원철학관과 시각장애인 역학촌의 형성

미아리고개 역학촌의 형성 과정을 살펴볼 때 항상 가장 먼저 이야기되는 인물은 이도병 역학사이다. 1966년 이도병 역학사가 미아리고개에 노점을 차리고 점을 보기 시작한 것을 미아리고개 역학촌의 출발이라고 보는 것이 일반적인 견해이다. 당시 미아리고개는 대대적인 도로정비를 시행하여 고개의 경사를 낮추고 고가 형태로 도로를 확장하였다. 고가도로 밑으로 사람들의 왕래가 가능한 굴다리가 생겼는데, 이도병 역학사가 처음 노점을 편 곳이 이 굴다리 밑이라고 한다. 지금도 이 굴다리 길이 남아 있어 미아리고개 고가도로로 나뉜 동선동을 이어주는 길이 되고 있으며, 2015년에 고가다리 밑 하부공간에 조성된 '미인도'라는 문화공간이 자리 잡고 있다.

1966년 노점에서 출발하였던 이도병 역학사는 1968년에는 미아리고개 고가도로 옆에 집을 얻어 '철원철학원'이라는 이름으로 본격적인 영업을 시작하였다. 이러한 이도병 역학사의 성공담은 남산 재개발 등으로 활동 터전을 잃어버린 시각장애인 역학사들 사이에서 빠르게 퍼져나갔고 1970년대에 들어서며 미아리고개 주변으로 하나둘 점집이 모여들면서 역학촌을 형성하기에 이른다.

미아리고개에 이렇게 새로운 역학촌이 형성될 수 있었던 이유는 무엇이었을까? 첫째는

그림 07

1966년 확장공사를 마친 미아리고개

성북공공데이터플랫폼 (https://sbdata.sb.go.kr)

미아리고개를 중심으로 한 도시환경의 변화 때문이다. 미아리고개 너머 서울의 동북 지역은 1957년에 추진된 난민정착사업으로 무허가촌의 철거민들이 대거 유입되기 시작하였고, 1970년까지 이어진 도심 재개발로 밀려난 철거민들이 꾸준히 정착하기 시작하였다. 당시 서울의 주요한 교통수단이었던 전차는 마포에서 출발하여 미아리고개 앞까지 운행하였고 미아리고개는 서울의 도심과 외곽을 연결하는 환승지가 되었다. 아리랑 고개를 넘어 정릉지역으로 넘어가는 사람들과 미아리고개를 넘어 동북 지역으로 넘어가는 사람들이 버스로 갈아타기 위해 넘쳐났고, 이러한 유동인구의 증가는 점집을 운영하는 데 있어 최적의 조건을 제공하였다.

> 여기가 전차 종점이거든. 지하철 다니기 전에는 을지로부터 여기까지 오는 전차 노선이 있었어요. 청계천 건너 을지로4가에서 타면 여기까지 오는 거죠. 전차가 여기까지 오니까 정릉, 삼양동, 우이동 이런 데 사람들이 여기까지 버스 타고 와서 전차를 타고 시내로 들어가는 거야. 전차가 더 싸니까. 그때 전차 요금이 5원인가 10원인가 했거든. 그거 타고 을지로 가서 을지로에서 영등포나 서대문으로 갔었죠.[10]

둘째로 미아리고개 주변 지역의 낮은 집값도 시각장애인 역학사들이 이곳에 자리를 잡기에 좋은 조건이 되었다. 앞서 살펴본 바와 같이 도시 빈민들의 유입은 상대적으로 미아리고개 인근 지역에 저렴한 지가를 형성하게 되었고, 특히 미아리고개 고가도로 주변 지역은 교통량의 증가와 함께 매연과 소음 등으로 인해 적은 방세로도 집을 구할 수 있는 환경이 만들어져 있었다.

셋째는 시각장애인 역학사들의 공동체 문화와 조합 조직의 존재도 미아리고개 역학촌의 형성에 영향을 준 것으로 보인다. 일본의 식민지배 시절 '조선맹인역리대성교'라는 조직을 결성하고 명맥을 이어온 시각장애인 역학사들은 해방과 함께 대한맹인역리대성회라는 이름으로 조직을 정비한 후 1970년에는 대한맹인역리협회라는 이름으로 새 출발을 시작하고 1971년에는 사단법인 대한맹인역리학회로 법인설립 인가를 받게 된다. 이 시기는 남산과 종로의

10 이도병 역학사(철원철학관) 구술자료

그림 08
미아리고개를 넘어가는 버스 행렬
성북공공데이터플랫폼 (https://sbdata.sb.go.kr)

점집들이 철거되면서 시각장애인 역학사들의 활동이 전반적으로 위협받던 때이며, 이러한 조직의 정비는 위기를 이겨내기 위함이었을 것이 분명하다. 대한맹인역리학회는 설립과 함께 성북구 동선동 지역에 회관을 설립할 예정이었으나 여의치 않아 용두동에 중앙회를 설치하고 서울지회를 분리하여 정릉동 현재의 북악당 자리에 서울지회를 설치하였다. 이후 1989년에 중앙회는 현재의 성북시각장애인복지관이 자리 잡고 있는 시각장애인 역학촌 동선동4가 279-1로 이전하여 현재까지 이어지고 있다. 이처럼 조선시대부터 이어져 온 시각장애인 역학사들의 동업조직이 성북 지역을 중심으로 자리 잡게 된 것도 미아리고개 지역에 역학촌이 형성되는 데 적지 않은 영향을 미쳤을 것으로 보인다.

- **시각장애인 역학촌의 전성기**

우여곡절 끝에 미아리고개에 자리 잡게 된 시각장애인 역학사들은 1980년대와 1990년대의 경제 호황기를 거치며 전성기를 누리게 된다. 일반 대중들에게 미아리고개 점집으로 미아리고개 역학촌이 본격적으로 알려지게 된 시기도 이때이다. 남산과 종로 등의 점집들이 철거된 이후 점집이 모여 있는 곳을 찾아보기 어렵게 되기도 하였고, 교통 면에서도 접근하기가 용이하였던 미아리고개 지역의 역학촌은 말 그대로 한국의 역학을 상징하는 지역이 되었다. 이 지역이 유명해지기 시작하면서 신점과 주역점의 차이를 알지 못하는 대중매체 등을 통해 미아리고개 점집들이 무당들이 점을 보는 곳처럼 비치는 사례도 있기는 하였으나 이 때문에 오히려 사주나 운세를 주로 보는 '철학원'이라는 미아리고개 역학촌만의 고유한 색깔이 만들어지기도 하였다.

전성기의 미아리고개 역학촌에는 최대 80여 개의 점집이 운영되기도 하였다. 입시를 앞둔 학생들에서부터 이름만 들어도 알 만한 정치인들, 미래를 약속한 연인들에 이르기까지 각기 다른 희망과 고민을 안고 미아리고개를 찾았다. 미아리고개 역학촌에서 이루어지는 점은 사주점과 육효점이 대표적이다. 사주점은 생년월일시의 사주四柱와 간지를 조합하여 음양오

그림 09

전성기 미아리고개 점집들

박수진·백외준 외, 『미아리고개』, 성북문화원, 2014, 181쪽

행의 원리에 따라 그 사람의 운세를 예측하는데, 이를 명리학이라고도 한다. 사주점은 기본적으로는 육십 개의 조합에 따라 만세력에 기록된 내용과의 조합을 통해 운세를 예측한다는 점에서 고정되어 있는 것으로 보일 수 있으나 이를 통해 길흉화복을 살펴 흉을 피하고 길을 취하고자 한다는 점에서 정해진 운명에 순응하기보다 오히려 이를 적극적으로 대비한다는 의미를 갖는다. 육효점六爻占은 산통점算筒占이라고도 하는데, 그 기원은 삼국지에 등장하는 제갈량이 처음 행하였다고 전해진다. 육효점은 산통에 들어 있는 산가지를 뽑고 산가지에 표시되어 있는 효爻를 뽑아 괘를 만들어 이를 바탕으로 길흉화복을 판단하는 것이다. 사주점이 점치는 이의 전체 운세를 예측해 본다면, 육효점은 당면한 일이나 소원처럼 가까운 미래에 대한 예측에 초점이 맞춰진 점이다. 우리가 알고 있는 점을 친다는 의미는 이 육효점을 본다는 의미에 가깝다. 이 밖에도 작명, 택일, 궁합 등의 점도 미아리고개 역학촌에서 많이 보는 점으로 알려져 있다.

1980~1990년대 전성기를 맞이하였던 미아리고개 역학촌은 1997년 IMF 외환위기로 인해 큰 위기를 맞게 된다. 불황으로 인해 경제적인 사정이 좋지 않아지면서 사람들이 필수적인 지출 외에 점과 같은 불확실한 일에 대한 소비를 줄이게 되고, 자연스레 점집을 찾는 발길도 줄어들게 되었다. 이와 맞물려 1990년대부터 본격화된 컴퓨터의 보급과 스마트폰과 같은 모바일 기기의 등장은 굳이 점집을 찾지 않아도 간단한 사주나 운세 따위를 개인이 찾아볼 수 있는 환경을 만들어 주었다. 또한 지가의 상승 등으로 인해 새롭게 점집을 창업하는 데 드는 비용이 늘어났다는 점도 새롭게 역학을 배워 진출하는 이들에게는 큰 장벽이 되었고 기존의 미아리고개 역학촌에서 자리를 잡은 이들은 나이가 들어가지만 새로운 이들은 유입되지 않는 문제가 발생하기 시작하였다.

2.3 성북시각장애인복지관과 시각장애인역리학회

그림 10
시각장애인 역학사들이 사용하는 산통

- **시각장애인역리학회와 성북시각장애인복지관**

앞서 살펴본 바와 같이 시각장애인 역학사들은 자주적인 조직과 공동체 문화를 바탕으로 상호부조의 전통을 이어 왔다. 때로는 국가와의 협력을 통해 시각장애인 역학사들에 대한 지원과 일의 기회를 만들기도 하였고, 일제강점기의 탄압과 전쟁의 포화 속에서도 시각장애인 역학의 전통과 공동체를 지켜왔다. 오늘날 이러한 역사와 전통은 시각장애인역리학회와 성북시각장애인복지관을 통해 이어지고 있다.

시각장애인역리학회는 멀게는 조선시대 통명청으로부터 가깝게는 일제강점기의 조선맹인역리대성교로 이어지는 긴 역사를 갖고 있다. 해방 이후 대한맹인역리대성회로 명칭을 바꾸고 활동을 이어가던 중 임의단체였던 단체를 공인된 조직으로 만들어 보고자 하는 뜻이 모여 1971년에 비로소 대한맹인역리학회라는 이름으로 법인 설립 인가를 받게 된다. 해방 이후 몇 차례의 고비를 넘기며 명맥을 이어온 결실을 거두는 듯하였다. 하지만 법인 설립 과정에서 많은 지출이 발생하고 다양한 사람들의 의견을 조율하는 과정에서 갈등이 생겨나기도 하였다. 그 결과 1976년 서울지회를 분리하여 운영하게 되었고, 서울지회는 이후 성북구 정릉의 북악당에 거처를 마련하여 지금까지 이어지고 있다. 본회는 용두동에 있던 회관 등을 처분하여 동선동에 새로운 터전을 마련하였고, 이는 이후 동선동 지역이 시각장애인 역학의 메카가 되는 계기가 되었다.

법인 설립과 함께 조직을 정비하고 시각장애인 역학 교육의 틀을 새롭게 잡아가면서 한편으로는 시각장애인 역학사들의 복지와 지원의 필요성이 강하게 대두되었으나 역리학회의 구조만으로는 이러한 일들을 수행하기 어려웠다. 이에 장애인 복지를 다룰 수 있는 공익법인의 설립을 추진하게 되었고, 노력의 결실로 1992년에 성북구 동선동[11]에 구립 성북점자도서관이 세워졌다. 성북점자도서관은 구립 시설이긴 하였으나 역리학회를 중심으로 설립이 제안되고 사실상 시각장애인 역학사들의 힘으로 운영되는 시설이었다. 점자도서관의 설립을 통해 점자도서의 출판과 녹음도서 제작과 대출 등이 활발하게 이루어지면서 시각장애인 교육과 복지환경도 큰 변화를 맞이하게 되었다.

역리학회를 중심으로 한 시각장애인 역학사들은 이에 그치지 않고 보다 체계적인 시각장애인 복지 지원과 자립적인 활동 기반을 마련하기 위하여 사회복지법인으로 대한맹인복지회를 설립하고 장애인복지관 설립을 추진하였다. 시각장애인 역학사들은 낙찰계 등을 조직하여 스스로 자금을 마련하고 복지관 설립을 위한 지역사회의 협력과 지원을 모아내어 1998년 4월 성북시각장애인복지관을 설립하기에 이르렀다. 성북시각장애인복지관은 이처럼 장애인 당사자가 스스로의 힘으로 만든 복지시설이라는 점에서 매우 특별한 사례이며 시각장애인 역학사들의 공동체 문화의 힘을 단적으로 보여주는 사례이기도 하다.

성북시각장애인복지관은 설립 초기에는 역학인양성교육이나 시각장애인역학서 활동 지원 등 역리학회와 연계한 활동이나 사업을 중심으로 운영되었다. 현재는 다양한 형태의 시각장애인 자활교육과 활동 지원, 시각장애인 문화활동 지원, 점자도서관 운영, 비장애인과의 협력 등 여러 영역에서의 활동을 펼쳐나가며 시각장애인 복지에 있어서 핵심적인 시설로 자리매김하고 있다.

11 성북구 동선동4가 279-1

그림 11
성북시각장애인복지관 전경

- **시각장애인의 자립적 삶을 위한 노력: 직업교육과 상호부조**

남산에서 종로로, 종로에서 미아리고개로 도시개발의 흐름을 등지고 시각장애인 역학사들은 변두리로 밀려나는 과정을 반복하였다. 1966년, 집값이 싸고 사람이 많은 전차 종점, 미아리고개에 뿌리내렸다. 도시에서, 그리고 삶의 영역에서 밖으로 밀려났어야만 하였던 시각장애인들은 삶을 유지하기 위해 연대하였다. 서로를 돕고 스스로를 돕기 위해 공동체를 유지하였고, 공동체와 삶을 유지하기 위한 다양한 직업의 세계를 만들었다. 그 중심에는 오랜 시간 시각장애인들의 삶을 책임졌던 역학이 있다. 상호부조를 통한 직업자활의 관점에서 역학의 전수는 공동체의 중요한 자산이다.

오랫동안 역학은 도제식으로 교육되어 왔다. 입에서 입으로 전달하며 교육되던 역학은 대한시각장애인역리학회와 성북시각장애인복지관을 중심으로 직업자활로 재탄생하였다. 크게는 육효, 주역, 경문, 사주, 작명의 다섯 과목으로 교육되었다. 대한시각장애인역리학회는 직업능력개발원 등록을 통해 역학사 자격증을 발부한다. 성북시각장애인복지관은 탄생과 함께 1년 과정의 역학사 양성과정을 20회 넘게 시행 중이다.

일제강점기 이후로 안마업 또한 시각장애인의 자립적 삶을 책임지는 중요한 자산이 되었다. 1910년대부터 맹학교에서는 마사지, 침술, 해부 생리, 병리 등의 교육과정을 편성하여 안마를 가르쳤다. 현재 성북은 물론 전국의 시각장애인들이 안마업에 종사하고 있다. 1968년부터 1970년까지 안마사의 직업적 인정을 요구하는 각고의 노력 끝에 (사)대한안마사협회가 출범하였고, 시각장애인이 안마업을 이어갈 수 있도록 활동을 지속하고 있다.

이 외에도 시각장애인의 주변을 구성하는 다양한 직업들이 있다. 점자도서관에는 일반도서의 문자를 점자로 번역하는 점역사, 번역된 점자를 시각장애인이 실제로 읽을 수 있는지 판단하는 교정사 그리고 점자출판기사와 사서 등이 있다. 시각장애인들의 활동을 돕는 활동지원센터에는 사회복지사와 활동지원사가 시각장애인의 활동을 보조하고 있다. 학습지원센터에는 특수교사, 언어·물리·음악치료사 등이 있다.

코로나19라는 재난은 많은 직업군의 종사자들에게 아직 헤쳐나가야 할 과제이지만, 개인의 공간을 낯선 이에게 내어주어야 하는 역학사들에게 특히 경제적으로도 역학사 본인의 안전 차원에서도 위협 중의 위협이다. 직업적 인정이 되지 않아 소상공인 재난지원 대상에서 제외되는 등 역학사들에겐 더더욱 탈출구를 찾기 어려운 상황이다.

그러는 와중에도 재난이 가져다준 선물 또한 있다. 시각장애인은 보행지도사·활동지원사·복지콜 등을 통해 이동권을 해결하고 있긴 하지만, 비장애인에 비해서는 제약을 받을 수밖에 없다. 이로 인해 사회적 고립문제가 생기거나 소통의 기회가 사라지기도 한다. 하지만 코로나19가 가져다준 비대면이라는 선물은 시각장애인에게 또 다른 기회의 장이 될지도 모른다. 코로나로 인해 넓어진 툴과 상용화된 온라인 방식의 만남은 다양한 직업교육의 기획을 해볼 수 있는 계기가 될 수 있기 때문이다. 기존에 이동권 문제로 지역을 중심으로 진행되던 역학 교육이 확장성을 가질 수 있는 기회이고, 이는 전국의 시각장애인역학사를 양성하고 배출하는 계기가 될 수 있다. 코로나19로 인해 2020년부터 시행하지 못하였던 역학사 자격시험 또한 비대면으로의 진행을 고려해 볼 필요가 있다.

그림 12
수동식 점자 기록 도구

- **미아리고개 시각장애인 역학촌의 내일**

미아리고개가 시각장애인 역학사들의 본산이 된 건 크게 두 가지 작용에 의한 것으로 볼 수 있다. 우선 이도병 역학사가 1966년 굴다리 밑에서 노점을 시작한 이래 미아리고개는 서울 시내 최대의 시각장애인 역학사 집성촌이 되었다. 당시 해당 지역은 전차 종점과 가까웠고 도심 개발 전 판잣집이 운집하여 유동인구와 실거주자 수가 많았던 지역이었다. 1970~1980년대를 걸쳐 수많은 시각장애인이 이곳을 일터이자 거주지로 삼아 역학업으로 삶을 영위할 수 있는 기반을 닦았다.

더불어 시각장애인은 역학의 뿌리 깊은 역사를 기반으로 20세기 변화하는 도시의 상황에 따라 민간과 공공의 역할을 고려한 적절한 대응을 이어왔다. 1925년 조선맹인역리대성교가 설립된 이후 미신타파와 국가적 탄압에 위축되었던 활동은 시각장애인 단체 복원의 필요성이 떠오르면서 다시 조직화를 시도한다. 1970년 시각장애인 안마사협회의 사단법인화는 법적 테두리 안에서 공적 사업 영역으로의 확대를 염두에 둔 조직 형태에 대한 의지를 고무시켰고, 1971년 사단법인 대한맹인역리학회현 '대한시각장애인역리학회'가 설립되었다. 조직화의 기본인 교육제도 정비를 위해 1980년부터 역학 교육과정을 마련하고 이후 역학사 자격증 제도를 신설하였다.

성북시각장애인복지관 건립은 장애 당사자가 직접 자원을 모아 자신의 욕구 실현을 모색하는 과정의 산물로, 공공의 자원에만 의지하지 않고 민간의 주체성과 주도성 균형을 맞춘 보기 드문 사례라 할 수 있다. 그러나 점 시장의 다각화와 시장 흐름에 따라가기 어려운 장애 조건, 역학업에 대한 법·제도 미비, 현직 역학사 고령화 등으로 인해 시각장애인 역학사의 입지는 점차 줄어드는 감이 없지 않다. 역학업은 학제를 비롯하여 제도권 안으로 들어오는 양상이지만, 여전히 산업 분류가 명확하지 않고 각종 지원책에서 배제되었으며 코로나19 시국인 현재에도 소상공인 지원 대상에서 제외되었다.

시각장애인이 역학사라는 직업 비전을 확장하기 위해서는 손님을 기다리는 고전적인 방식 외에도 점 시장의 변화에 조응하는 방향을 모색하는 한편 시각장애인의 노동권과 비장애인의 복지를 결합한 새로운 일자리 창출을 고민해 볼 필요가 있다. 자영업 중심의 사고에서 벗어나 전화·인터넷으로 사업영역이 확대되는 만큼 노동자로 진출할 만한 점 시장의 정보를 확보할 필요가 있으며, 일반 기업에도 일반 노동자 복지에 기여하면서 장애인 노동자 고용책으로 작동할 수 있는 일자리 창출 방안이 연구되어야 한다.

동시에 지역에서는 공유 공간 내 시각장애인 역학사와의 교류 확대를 통해 지역 내 역학문화를 접할 수 있는 가능성을 타진해 보는 한편 축제·마을장터·전시 등 문화예술 활동과의 결합 또는 문화예술활동으로 연계될 수 있는 작업을 발굴하여 역학이 지역에서의 중요한 문화자산임을 끊임없이 상기시키는 움직임이 필요하다. 지역 내 각종 공공사업 영역에서도 시각장애인 역학 문화와 연계하는 사업 모색을 독려하거나 지역 장애인과의 교류 활성화를 위한 사업에 가산을 부여하는 등의 간접 사업 지원책도 고려해 볼 만하다. 비단 역학사뿐 아니라 시각장애인 조직이 현실사회에서 장애로 인해 고립되지 않고 교류를 지속하기 위해서는 기반이 되는 편의 기능의 향상도 염두에 두어야 한다.

최근 음성 지원되는 스마트기기를 비롯하여 도서 역시 점자와 음성을 넘어 전자도서로 확장되고 있으며 활동지원사 제도는 시각장애인 삶의 질 향상에 지대한 영향을 미치고 있다. 그러나 여전히 이동권 문제, 액정 기기의 등장으로 인한 사용성 저하, 강력한 교육·취업·창업으로의 유인 지원보다는 공적 부조에 안주하게 만드는 제도 정비 등 해소해야 할 이슈가 산적해 있다. 특히 스마트한 세상과의 교류를 확대하는 기기들은 대체로 고가에 지원책 역시 미비하고, 부족한 소프트웨어 자원으로 인해 시각장애인들의 필수 소비 목록으로까지 간주되지는 못하고 있다.

또한 문화 감수성 향상을 위한 향유 문화는 대체로 음성 지원에 제한되는데, 실제 시각장애인에게 절실한 촉각 감상 문화는 전무하다고 볼 수 있다. 따라서 시각장애인의 일상 향유를 위한 촉각 체험관 건립, 기존 미술관·박물관 등 문화시설의 촉각 감상을 위한 설비나 작품 제작 의무화 또는 지원제도 등을 고려해야 한다. 성북구에는 상대적으로 많은 대학이 위치해 있으며 3D 프린팅을 비롯한 창의융합교육에 관심을 두고 있다. 따라서 지역을 대상으로 시각장애에 특화된 산학 연계를 통해 유니버설한 기술과 디자인을 개발하고 실제 현장에 반영하려는 노력이 가능하다. 동시에 이 점은 꽤 강력한 지역 문화자산으로 이어질 수 있음을 인지하고 지역 단위의 방향성 진단과 공유를 확대할 필요가 있다.

시대가 변화하며 시각장애인 역학촌에도 빈 가게들이 늘어나고 있다. 도시공간과 그 속에서 살아가는 사람들의 삶이 시간의 흐름 속에서 변화하고 쇠락해 가는 것은 어쩌면 당연한 섭리일지도 모른다. 하지만 그 속에서 살아가는 사람들의 삶이 이어지고 있는 한 변화 속에서 희망의 불씨를 이어가려는 노력 또한 필요하다. 오랜 시간 동안 시각장애인 역학사들이 이어온 일은 미래를 바라보며 오늘을 살아가는 사람들에게 한 점 희망의 불씨를 선물하는 일이었다. 그 속에서 홀로 외로이 존재하기보다는 서로에게 기대고 의지하며 고난과 역경을 이겨내는 삶의 방식을 하나의 문화로 만들어 냈고 이는 감염병이란 재난과 고단한 생의 하루하루를 버텨내고 있는 우리 시대의 사람들에게 많은 것들을 생각하게 해준다.

2.4 시각장애인 역학사의 삶

- **송오순**

송오순은 미아리고개가 시작되는 지점에서 매화부인 예언가라는 철학관을 운영하고 있다.

여덟 살에 아편 과다복용으로 실명한 후 열세 살에 동네 역학사에게 역학을 배워 열여섯 살에 역학사가 되었다. 스무 살에 천호동에 철학관을 차린 후 2년 후 을지로에서 다방을 하고 이후 명륜동과 종로에서 결혼생활을 하다가 의정부를 거쳐 미아리고개까지 오게 되었다.

15년간은 안마와 역학을 병행하며 생활하였지만 육체적 노동의 한계로 인해 안마를 그만두고 역학으로만 생활을 하게 되었다.

역학사가 되기까지

여덟 살, 시각장애인의 삶이 시작되다

출생은 1941년도 8월 20일에 경기도 연천군 백학면 노봉리현 파주 적성면라는 데가 있어요. 거기서 태어나서 실명은 여덟 살에 했어요. 내가 여덟 살 때 잘 안 먹고 빼짝 말랐어요. 그런데 추석 때 먹은 게 체하였어요. 거기는 시골이라서 동네 병원도 없으니까 우리 할머니가 동네에 침놓는 할아버지한테 데려갔어요. 그런데 침을 놓고 약을 준다는 게 아편, 양귀비라고. 옛날에 시골에 약이 뭐가 있어요. 지금은 못 심지만 그때는 심었어요. 옛날에 시골에서는 그걸 놔두고 체하고 설사하고 그럴 때 먹이면 아주 직통으로 나았어요. 그런데 조금 먹여야 되는 걸 너무 과하게 먹인 거라. 그래서 그 길로부터 내가 세상모르고 자니까 우리 할머니가 업고 왔는데, 집에다 눕혀놔도 그냥 잤대요. 지금 같으면 병원 가서 해독시키면 되잖아요. 그때는 그럴 줄도 모르고 죽으면 죽고 살면 살고, 그냥 눕혀놨대요. 그대로 사흘을 자고 내가 깨어난 거라. 그러더니 눈이 뽀얗게 멀었다는 거야.

열세 살, 역학을 공부하다

열세 살 때 역학 공부를 시작하였어요. 하고 싶어서 한 것도 아니고 시각장애인이 됐으니까. 내가 열 살 때만 해도 70년 전이니까요. 그때 직업이랄 게 별로 없죠. 지금은 시각장애인이 가질 수 있는 직업이 교수도 있고 교사도 있고 복지관에 근무하는 사람도 있고 하다못해 교정사 하는 사람도 있지, 안마도 있지. 물론 70년 전에도 안마는 있었어요. 있었는데 안마가 지금같이 붐이 아니었고, 그때는 아주 드물었어요. 우리나라 사람들은 거의 받지 않고 일본 사람들이 호텔 같은 데에서 부르고. 우리나라 사람도 돈 좀 있는 남자들만 부르는 시기니까 안마는 여자로서 하기 힘들었어요. 그래서 우리 부모님이 역학을 배우게 했어요. 3년을 배웠어요. 지금은 1년 배워서도 하는데요. 성북시각장애인복지관에서 1년 강의를 해요. 1년 하면 수료증을 주거든요. 그렇게도 하는데요. 그리고 지금은 이런 책들도 점자책이 우리도 있지만, 교재가 많이 있으니까 배우기도 쉬워요. 점자가 있고, 녹음해서 들어도 되고, 배우기도 쉬우니까 1년 배워서도 하고요. 우리 배울 때까지만 해도 그런 거 전

그림 13
송오순 역학사

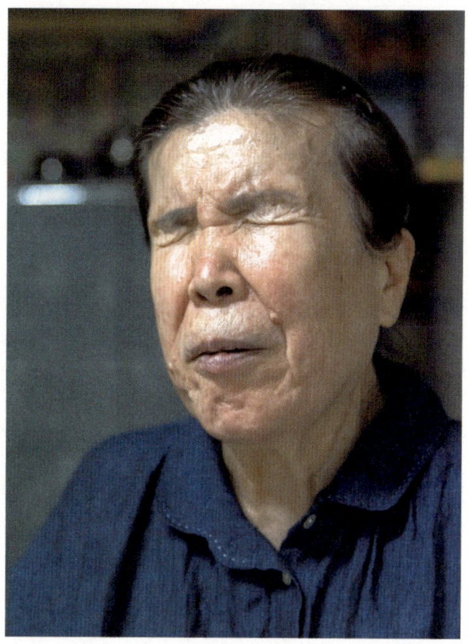

그림 14◂

송오순 역학사의 점집 간판

그림 15▸

시각장애인역리학회에서 발급한 역리사 자격증

혀 없었어요. 없으니까 입으로 그냥 받아서 따라 하면서 배웠어요. 그렇게 배우니까 오래 배웠죠. 그렇게 3년을 배운 거죠. 그 후에도 공부는 많이 했죠. 독학은 많이 해서 역학사 시험도 봐서 월등하게 수석 졸업도 해봤어요. 지금이나 그때나 역학 배우는 학교는 없지. 지금도 맹학교는 점자 배우는 학교지만. 나보다 한참 나이가 많은 눈 못 보는 영감님한테 엄마가 데려가서 공부를 시켜 달라고 해서 1대1로 배웠어요. 그렇게 배우고 그 후에 사회에 나와서 독학을 많이 했어요. 요새는 실력 없으면 못 해요. 대학생들, 대학교수님들 이런 분들도 많이 오거든요. 이분들은 학문적으로 많이 알아요. 학문을 모르면 못 해요. 그래서 내가 많이 공부를 했죠.

파주에서 미아리고개까지

열여섯 살, 역학사가 되다

열여섯 살 때부터 부모님과 함께 사는 집에서 간판도 안 달고 손님을 봤어요. 그러다가 내가 조금 깨어 가지고 서울 가서 뭐라도 해야지. 시골구석에서는 안 되겠다고 부모님을 졸라서 서울로 보내 달라고 했어요. 그렇게 스무 살 때 서울을 왔어요. 와서 천호동에서 전광판을 붙이고 영업을 했지. 천호동에 있다가 을지로에서 다방을 했어요. 역학을 집어치우고 와서 했지. 천호동 철학관을 빼고 을지로에서 다방을 했으니까 역학은 안 하고 살았죠. 그렇게 몇 년 살다가 거기 살 때 우리 아기 아버지 만나서 성균관대가 있는 명륜3가 와서 살았죠. 그때는 역학은 안 했죠. 그러다가 종로 살다가 이혼하고 나서 청량리, 의정부에서 살다가 여기로 왔어요.

미아리고개와 매화부인예언가

미아리고개는 내가 1984년도에 왔으니까 지금으로부터 37년 됐잖아요. 37년 됐으니까 그때 한 마흔네 살인가 왔어요. 천호동에서는 그냥 내 이름으로 간판 달고 하다가 미아리고개 와서는 너도나도 꽃 이름으로 하니까 저도 매화로 했죠. 내가 매화꽃을 좋아해요. 우리 친정에 살 때만 해도 매화나무를 뜰 안에 심어서 봄 되면 내가 맨날 가서 감상하고 그러던 사람이거든. 그런 데다가 매화는 설중매라고 눈 속에서도 피는 만큼 그렇게 굳고. 매난국죽이라는 사군자가 있잖아요. 거기에도 매가 끼고. 하여튼 내가 매화를 좋아하고 여기 와서 지을 때 나이가 마흔이 넘었으니까 그때는 마흔이 넘어도 여자들이 다 처녀복술가 이렇게 간판을 지었어요. 그런데 나는 나이 먹었으니까 혼자 생각에 부인이 좋겠다 해서 매화부인으로 했죠.

미아리고개에서의 생활

문을 열고 닫는 시간도 따로 없고 나는 손님 오면 그냥 해요. 어디서 나온 역사인지는 모르겠지만 옛날에는 점이라는 게 일찍 봐야 맞는다고 해서 손님들이 다 일찍 왔어요. 그런데 지금은 그렇지는 않아요. 그래서 이 동네는 보통 9시면 열어요. 코로나19 때문에 지금은 손님도 없어요. 거의 손님을 안 보다가, 백신을 2차까지 맞으니까 요새는 보기는 보는데 그전에는 손님도 안 봤어요. 코로나가 무서우니까 안 보고 살았어요. 휴일도 우리는 없어요. 옛날에는 비 오는 날에 손님이 많았어요. 왜냐하면 1960~1970년대만 해도, 비 오면 일을 못 하니까 비 오는 날 점 보러 왔고요. 그때는 여자들이 많이 왔어요. 일요일은 남편이 집에 있으니까 집 보라고 하고 오는 수가 있었어요. 그래서 많았는데 지금은 안 그래요. 일요일은 거의 놀러 가고 그래서 거의 손님이 없어요. 그러니까 우리도 그런 날 놀러 가고 그러죠. 지금은 코로나 때문에 안 가지만 우리도 여행을 많이 가요. 여름에 물놀이, 바닷가도 가고 겨울에는 온천도 가고, 가을에 단풍놀이도 가고 우리도 놀러 많이 다녔어요. 요새는 코로나 때문에 못 가는 거지. 우리도 놀러 가요. 사람은 똑같으니까요.

대한시각장애인역리학회 문화부장 시절

옛날에는 역리학회에 자격시험을 보고 그런 게 없었어요. 일반인이 을지로에서 민간 자격시험을 했었어요. 을지로 학원에서 시험을 쳤죠. 그다음에 역리학회도 이 복지관이 생기면서 여기서 공부를 가르쳐서 시험을 보죠. 그때 내가 문화부장을 9년을 했는데, 2003년도에 하고, 그게 3년 임기니까 3년 후에 그만두고 있다가 다시 2014년도인가 또 했어요. 그래서 6년을 또 하고요. 문화부는 그거예요. 여기서 공부하는 사람 1년에 한 번 공부 끝나면 시험 보는 거 시험관하고 시험문제 내주고 그런 거 하고, 또 우리 역리학회 문화부에서 산통이나 경쇠 팔고 그런 걸 하는데, 그거 만드는 걸 내가 주선해서 만들고 관리하는 거죠. 책 같은 것도 관리하고요. 옛날에는 유기라고 놋그릇 만드는 데에서 그걸 만들었어요. 그런데 지금 놋그릇을 만드는 데가 없어요. 그래서 그때 이걸 만들어놔야 앞으로 후손들이 구입해서 쓰겠다 생각해서 그걸 만들어 놨는데, 지금은 만드는 데가 없어서 품절되면 앞으로가 문제예요.

안마사로서의 삶

1970년대 말부터 1980년대 초, 1990년대까지도 안마가 붐이었어요. 안마가 잘 됐어요. 안마시술소라는 간판을 걸고 손님을 받는 데가 많이 생겼어요. 서울 시내에 많이 생겨서 일거리가 많으니까 그때는 나도 안마를 했죠. 한 15년 했어요. 그러고 철학은 집에 손님 찾아오면 집에 올 때 보고 그랬어요. 그런 식으로 하다가 나이 먹고 도로 철학을 하는 거죠. 그런데 이게 우리가 하고 싶어 한 건 아니지만, 그래도 여자로서는 이 직업이 괜찮아요. 안마는 힘도 들고요. 손님도 우리를 술집 여자 대하듯이 다루니까 좀 힘들더라고요. 내가 열여섯 살 때부터 철학을 할 때는 손님

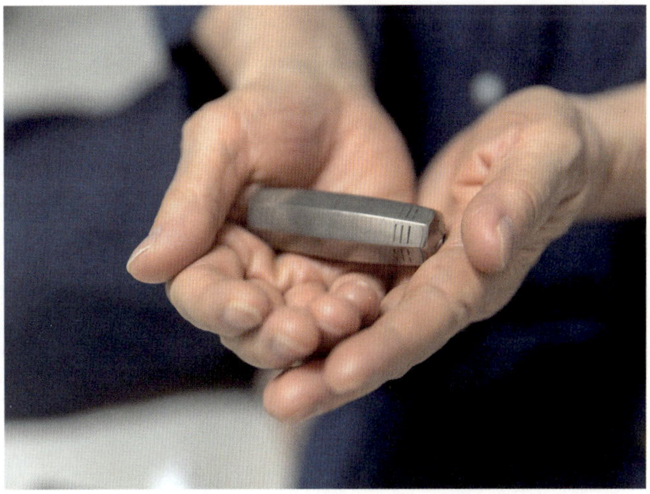

그림 16
송오순 역학사가 사용하는 시각장애인용 산통

그림 17
송오순 역학사의 점집 내부

이 선생님, 선생님 했는데, 안마를 하니까 야, 자 하고 그래서 아니꼽고 그렇더라고요. 그래도 내가 젊어서 한때라고 해본다고 경험해 보려고 한 거죠. 했다가 도로 역학사를 하는 거죠. 안마시술소라는 거를 차리는 거 어떻게 차리냐면 집에다가 목욕탕, 사우나 만들고 방을 여관처럼 쭉 여러 개 만들고 안마 허가를 내서 거기 손님 접대하는 아가씨를 두고 안마사 두고 이렇게 원장이 영업을 한 거예요. 그게 시술소라는 간판이 있어요. 그것도 허가를 내야 돼요. 그게 많이 있었어요. 요새는 많이 죽었어요.

시각장애인 역학의 현재와 미래

여성, 시각장애인 그리고 역학과 안마

차별은 없었어요. 지금도 여성 역학사라고 차별은 없고 되레 여자들이 인기였죠. 지금은 덜 하지만 그 당시만 해도 여자 손님들이 더 많이 왔어요. 손님들이 거의 여자니까 (역학사가) 남자면 선입관이 있다 보니 여자가 편하고 그런지 몰라도 여자가 인기가 많았어요. 안마사도 여성, 남성 대우가 똑같은데 말하자면 남자들이 주로 안마를 받으러 오니까 손님 심정이 있잖아요. 안마만 받아도 남자보다 여자를 좋아하잖아요. 그러니까 여자안마사는 10명 있으면 남자안마사는 한두 명밖에 없었죠. 일이 없으니까요. 그거 빼고는 시술소에서 대우는 똑같죠. 일이 없는 것뿐이지.

코로나19와 미아리고개 점복촌

영향이야 다른 거 아니죠. 경제죠. 나야 뭐 그렇게 힘든 것도 모르고 살았지만 치명적으로 영향을 받는 사람이 있죠. 나는 비대면이나 전화로도 점을 봐주니까. 돈 계좌로 이체하면 점 봐주니까 별 영향이 없는데 그렇지 않은 사람들은 영향이 있죠. 그것도 있고 우리가 지금 활동을 못 하니까 답답해요.

밀려나는 시각장애인 역학사

철학은 우선 집이 있어야 해요. 집 없으면 안 되죠. 그게 제일 문제예요. 우선 집이 있어야 간판을 걸고 앉아서 손님을 보지. 집이 없으면 못 보죠. 옛날에는 돈이 없어서 집을 못 얻으면 노점도 많이 봤어요. 여기 굴다리에서도 노점을 봤는데요. 그리고 남산도 노점 보는 사람 있었고. 청량리에서도 노점 봤고, 동대문운동장에서도 노점 보는 사람 있었고, 군데군데 많았어요. 물론 사는 집이야 있지만 사는 집은 골목 안이고, 영업하려면 골목 안도 안 되고 입지를 잘 고려해야 하잖아요. 그런 집 구하기가 어려우니까 돈 없는 사람은 그냥 자는 건 아무 데서나 자도 돈을 벌러 나가려면 노점에서 해야 했어요. 겨울에 영하 20도 이렇게 내려가도 나왔어요. 파고다공원탑골공원 거기서도 많이 봤죠. 지금은 거기서 안 보지만. 이제 시각장애인은 거기 없어요. 요즘엔 장소 얻으려면 돈이 많이 들어요. 복지관 역학사 양성과정을 하고 1년 만에 나와도 막상 영업을 못 해요. 우리는 젊어서부터 이 집에서 하면서, 집은 낡아도 여기서 오래 살아서 단골이 오니까 살지만, 지금 새로 가게를 내려면 그래도 버젓하게 얻어서 해야지, 허름한데 얻어서 해도 안 돼요. 그런데 그런 거 얻으려면 비싸잖아요. 그걸 못 얻으면 할 수 없는 거예요. 영업을 못 하고 그냥 놀든지 도로 안마하든지. 안마는 그냥 자기 몸만 가서 하는 거니까. 안마하던 사람들이 역학 하려다가 못하는 사람도 많아요. 나와서 영업하는 사람들이 하나도 없어요. 역리학회에서 해결을 해줘야 하는데 그걸 지금 역리학회 사람들이 아직 그걸 할 생각을 안 해서 우리도 걱정하고 있어요. 젊은 역학사를 양성해서 살려줘야 앞으로 시각장애인 역학이 이어지죠. 지금 비시각장애인 점 시장이 커요. 세계적으로 큰데 우리 시각장애인만 점점 줄어요. 늘지 않고요. 이게 문제예요. 그러니까 우리는 강습만 하면 뭐해요. 그 사람이 영업을 할 수 있는 발판을 마련해 줘야 하는데 그게 돈으로 해야 하니까 힘들죠.

- **강태봉**

강태봉은 현재 대한시각장애인역리학회 이사장이자 성북점자도서관 사무장으로 근무하고 있다. 열 살 때 망막 박리로 인해 실명한 후 열네 살 때부터 절의 스님에게 역학을 배우기 시작하였으며 대한시각장애인역리학회당시 대한맹인역리학회 역학 교육과정 1기 수료자이기도 하다. 스스로 밝히기를 궁금한 것을 참지 못하고 뭔가를 찾아내고 배우는 것을 즐기며, 좋은 결과물이라면 다른 시각장애인들과 나누기 위한 보급에도 역량을 발휘한다.

그림 18
강태봉 대한시각장애인역리학회 이사장

구술에서는 담지 못했으나 국제어 에스페란토어나 점자 한자 등의 교육에도 힘쓰고 있으며, 코로나19 이후 전국 단위의 화상 모임 등을 활발히 진행 중이다. 최근 팽창하는 역학 시장에도 불구하고 시각장애인 역학사의 본산이라 불릴 만한 미아리고개 일대에서조차 일어날 수 있는 침체 요인 파악과 변화하는 사회에서의 문제 돌파 방법을 모색하고 있다. 더불어 이러한 활동이 시각장애인 역학업의 역사성을 지키고 변화를 수용하는 문화 확장에 기여하리라는 점을 인지하고 있다. 또한 활동지원사 제도를 비롯하여 과거에 비해 나아지고 있는 시각장애인 전반에 대한 처우에도 불구하고, 삶의 질을 향상할 수 있는 놀이문화, 체험문화에 대한 비전 역시 구술을 통해 엿볼 수 있다.

시각장애인에서 역학사가 되기까지

시각장애인이 되다

그때 기억이 지금도 나요. 여름 방학 전 비가 많이 올 때였어요. 학교에 가다 보니까 저만치에 길이 끊겨있길래 '비가 와서 길이 끊겼구나'라고 생각했어요. 그런데 실제로 가보면 끊기지 않았는데 저쪽 앞이 또 끊겨있는 거죠. 망막 박리가 진행되면 착시현상이 나는 거죠. 그러다가 갑자기 (열 살 때 눈이) 망가졌어요. 학교고 뭐고 못 다니게 되었고, 부모님은 눈 고쳐주려고 좋은 약, 일반 사람이면 안 먹는 것도 먹였었어요. 박쥐부터 어디서 별똥별 떨어진 걸 구해 갈아 마시기도 하고, 소간을 한 근 두 근도 아니고 한 관씩 떼어다가 주는데 그때 완전히 물렸어요. 지금도 순대 같은 걸 먹다 보면 옛날 생각이 나면서 울컥해요. 한 3년 지나니 어떻게 알았는지 충주의 맹학교에서 편지가 왔더라고요. (부모님은) '고쳐서 학교를 보내야지 무슨 맹학교냐'며 난리가 났죠. 그렇게 시간은 가고, 아버님이 병으로 돌아가셨는데 그때가 열네 살 때였네요. 아버지가 돌아가시기 전에 하신 말씀이, '공부는 해야 한다'라고 하시더라고요. 그동안 눈만 고쳐주려고 했지 공부를 해야 한다는 거는 놓치셨던 거 같아요.

역학인이 되다

당시에 맹학교는 이상하게 가고 싶지 않았고 어머니도 도시로 보내는 건 슬퍼하셨어요. 예전부터 시각장애인들은 빨리 기술을 배워서 직업 전선으로 가는 게 낫다고 하고, 이웃 동네에 청주 맹학교를 나온 시각장애인 아저씨가 계셨는데 그냥 집에서 놀더란 말이죠. 예전에는 맹인분들이 역학을 해서 그걸 직업으로 삼고, 안정된 분들이 많이 있었대요. 또 우리 동네에도 외지에서 시각장애인이 가끔 와서 독경도 해주고 사주도 봐주고 그랬는데 차라리 이게 낫겠다 싶었죠. 그리고 저도 어린 나이지만 아버지가 돌아가시면서 사람이 죽고 사는 거에 대해 궁금하더라고요. 그래서 절에 들어갔어요. 거기서 먹고 자면서 스님하고 암기식으로 일대일 공부를 했어요. 몇 구절 불러주면 그 자리에서 외워야 했고 외우지 못하면 다음 진도가 안 나갔어요.

시각장애인 역학업의 현재

시각장애인 역학업의 전문화 - 법인 설립 및 정규 교육과정 마련

대한시각장애인역리학회는 현재 사단법인이죠. 사단법인 되기 이전에 1925년 대한맹인대성회라는 이름으로 만들어져서 쭉 내려오다가 문제가 생겼어요. 일반 무속인들이 경신연합회라는 단체를 만들어 활동하면서 시각장애인 역학사를 끌어들이다 보니 자꾸 그쪽에 가는 분들이 있는 거죠. 그래서, '이거 안 되겠다' '우리만의 문화가 퇴색된다' '우리만의 단체가 필요하다'는 생각들이 모였죠. 그러다가 1970년에 시각장애인안마사협회가 사단법인 인가를 받아요. 그래서 '우리도 사단법인을 받아야겠다' '국가로부터 인정받아야겠다'고 생각했고, 여러 노력 끝에 1971년도에 사단법인으로 인가를 받아요.

그러다 보니까 뭔가 더 목소리를 내야 하고 목적사업에 역학 교육이라는 게 들어가 있었죠. 그전에는 대부분 도제식 교육이어서 선생님 댁에서 먹고 자면서 배웠는데, 1980년에 우리 역리학회에서 학원을 만들어요. 시각장애인을 대상으로 역학을 공식적으로 가르치게 돼요.

그때부터 1년 단위로 가르치고 수료시키고 했거든요. 저도 절에서 4년 배우다가 또 다른 시각장애인 선생님 밑에서 또 1년간 가르침을 받다가 역리학회에서 역학 교육을 수료한 거예요. 1980년에 역리학회가 서울 용두동에 있었거든요. 이 동네 청산 철학관 하시는 선생님하고 같이 기생이었어요. 역학을 하다 보니까 책도 필요하잖아요. 그래서 역학 교육 외에도 도서관을 만들어야겠다는 생각을 하는 어른들이 있었고 당시에는 서울시에서 점자 도서관이 활성화되는 시기였어요. 자치구별로 많이 생겼었어요. 그래서 역리학회도 신청해서 성북점자도서관을 먼저 만든 거예요. 1990년대 초에 우리 시각장애인들을 위해 더 많은 일을 하자는 생각에 복지관을 만들기로 했죠. 사단법인으로는 복지관을 받기 어려우니 사회복지법인을 하나 설립했어요. 출자금도 필요하고 해서 역리학회 중앙회가 용두동에서 이 동네로 이사를 왔고, 그 부지를 사회복지법인 대한맹인복지회에 귀속을 시키고 대한맹인복지회 위탁으로 복지관을 신청했죠. 복지관을 운영하다 보니까 점자도서관까지 운영하기 벅차서 반납했었어요. 그런데 복지관 사업의 하나로 도서관을 하다 보니 또 너무 작아서 많은 사람의 욕구를 채울 수가 없는 거예요. 그래서 그 뒤로 다시 한번 성북점자도서관을 부활시켰어요. 성북시각장애인복지관 내에 부설로, 형태는 다르지만 옛날 그대로 현행법에 맞춰서 만든 거라 '부활'이라고 볼 수 있죠. 그래서 지금 대한맹인복지회에 복지관과 도서관이 있는 거죠.

시각장애인 역학업의 전문화 - 자격증 제도

역리학회의 염원이 담긴 복지관으로 역학 교육을 넘겨 주력사업인 직업재활 사업으로 해왔고요. 벌써 수료시킨 지 20회가 넘네요. 물론 역리학회도 지방 사람들 대상으로 온라인 초급교육 또는 역학 교육 수료자를 대상으로 한 특강같이 복지관에서 채우지 못하는 부분을 우리가 하고 있고요. 역리학회에서는 자격증을 발급하는데, 직업능력개발원에 등록이 되어 있고 응시자는 당연히 시험을 봐요. 국가에서 민간 자격증을 어느 정도 관리한다는 차원에서 민간자격 기본법이 생겼어요. 저희도 예전에는 그냥 내보낸 적도 있는데 이건 아니다 싶어 현행법 내에서 자격증을 직업능력개발원에 등록했어요. 역학 교육 수료자들은 1년 동안 배우니까 어느 정도 실력이 있단 말이죠. 또 지방에서 정규과정을 운영하는 곳이 몇 군데 있어요. 지방은 여기처럼 타이트하지는 않지만 또 우리가 응시할 수 있게 길도 열어주고 있고요. 그런데 지난해2020년는 걸렀어요. 우리뿐 아니라 모이질 못하니까 많이 걸려요. 올해도 아직까지 못 보고 있는 거예요.

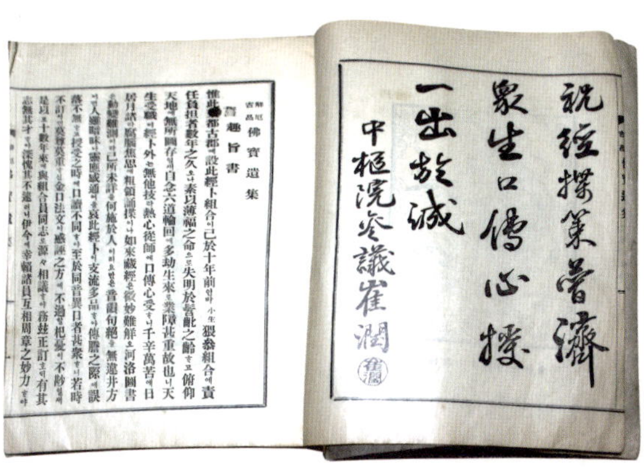

그림 19◂
1926년 발간된 조선맹인역리대성교 경북점복조합 발간물

그림 20▸
시각장애인의 역사를 집대성한 『한국시각장애실록』

직업으로의 역학업에 대한 현안

멀리 봐서는 시각장애인 역학사뿐만 아니라 일반 비장애인 역학사들까지 포함해 (역학업은) 유망직종임은 분명해요. 그리고 전국 대학 일반 학부, 대학원 과정에 근 10개의 석박사 과정이 있거든요. 예전에 음지에 있던 학문이 양지로 나와 실용화되고 있는 상태죠. 국가에서 인정해 주는 하나의 직업군으로 가고 있기는 해요. 그런데 제도권 안으로 들어가려면 몇 가지 문제를 해결해야 돼요. 안마 같은 경우에는 안마사 창업 교육을 수료한 사람들을 대상으로 중소기업청 같은 데서 지원을 해줘요. 국가에서 밀어주고 있고 학교 교육부터 바우처 안마사업까지, 국가에서 실제 자금을 대주고 혜택은 일반인이 받는 바우처 제도도 있고요. 그런데 역학은 그런 게 아니란 말이죠. 지원 대상으로 안 보는 거예요. 그리고 자금을 빌려주기 위한 신용보증보험도 발급할 수 없는 업종이 있는데 거기에 역학이 들어가 있네요. 자금이 부족하기 때문에 상가를 얻지 못하는 문제가 크거든요. 비장애인의 역술업은 굉장히 활성화돼 있어요. 왜냐하면 정안인이나 비장애인은 과감하게 투자도 하고 인터넷망으로도 사업하는데, 시각장애인 역학사는 그런 정보가 적고 연세 드신 분들이 옛날 방식을 고집하기도 해요. 그리고 역학을 옛날 같으면 몇 년 배워요. 그런데 1년 배워서는 어렵다, 설문해 보면 뭔가 후속교육을 해야 하는데 그런 것도 우리가 계속해야 하고요. 그리고 일반인도 시각장애인도 사업자등록을 잘 안 내요. 저는 국가의 인정을 받는 것이고 내야 한다고 보거든요. 예전에 어떤 대학에서 역학과가 있었어요. 그런데 결과물이 없어요. 취업, 창업을 안 하니까요. 그래서 없어진 적이 있어요. 국가에 취직했다는 뭔가를 보여줘야 하는데 그게 사업자등록, 4대 보험 이런 걸 안 하니까 결과적으로 폐쇄된 거죠. 생각부터 변화가 와야 해요.

시각장애인 역학사의 미래

변화에 발맞춘 역학업을 위한 방향성

시각장애인이 되면 바로 기초재활훈련을 받잖아요. 복지관에서 점자를 배운다든가 보행을 배우면서 '맹학교를 가야 한다' '안마사협회에서 운영하는 안마수련원으로 가서 안마를 배워야 한다'고 유도하니까 안마 쪽으로 가게 되거든요. 그러면 안마사 자격증은 대부분 갖고 있는데 역학사는 점점 줄 수밖에 없어요. 그래서 언제부터인가 역리학회에 안마사도 들어오게 됐고 안마와 역학은 같이 가야 한다는 생각이에요. 창업 지원, 바우처 제도, 신용보증보험, 그런 것부터 일단은 풀어야 하는데 큰 목소리를 내야겠다고 생각해요. 우리나라에 시각장애인들을 대표하는 기구가 많은데 함께 모인 단체가 한국시각장애인연합회거든요. 거기에는 대한시각장애인역리학회, 안마사협회, 여성연합회가 당연직으로 들어가 있어요. 그래서 거기서 논의를 해야 될 것 같고, 앞으로는 역리학회뿐 아니라 다른 단체들의 목소리를 모아 같이 내야 하지 않을까 그런 생각도 있고요. 그런 것부터 풀어지면 역학 교육도 더 활성화될 것 같아요. 제 입장에서 보면 역학은 취업보다 창업이거든요. 거의 자영업 형태인데 지금은 역학도 기업화하는 경향이 있고, 전화 상담이 활성화돼 있어요. 우리도 멀리 봐서는 자영업도 장점이 있지만 취업 쪽도 진출할 수도 있고 철학관뿐만 아니라 사주카페라든가 다양하게 할 수 있잖아요. 사주카페는 역리학회 이름으로 하나 개설하는 게 좋겠다 생각해요. 거기서 기존의 실력 있는 역학사들이 상담하고 역학 교육 수료자들은 실습도 하고요.

그림 21
점자입출력기기 <한소네>를 사용하고 있는 강태봉 역학사

시각장애인의 문화 저변 확대를 위한 노력

시각장애인이 시각장애인이라는 생각에서 벗어나면 그것이 가장 행복할 거라고 생각하거든요. 비장애인의 힘을 빌리지 않고 스스로 의지대로 모든 것을 한다면 그게 바로 시각장애인을 탈피하는 것이고 우리가 가장 행복한 길이라고 생각해요. 책을 마음대로 볼 수 있고 비장애인의 힘을 빌리지 않고 혼자 하면 반 이상은 시각장애인에서 탈피된 거라고 생각하는데 지금 반은 왔어요. 정보통신기술이 굉장히 좋아져서 내가 원하는 책을 볼 수도 있고, 공문서도 볼 수 있고, 일반 책을 사서 보는 시대예요. 이동권도 점점 나아지는 것 같고요. 그리고 문자나 이동권만 좋아진다고 해서 행복한 건 아니거든요. 놀이문화도 너무 단조로워요. 거의 없다고 봐야 해요. 인터넷에 우리에게 맞는 게임들도 좀 나와야 될 것 같고요. 내가 진짜 하고 싶은 것이 있는데 아직도 꿈꾸고 있거든요. 어렸을 때 시각장애인이 되면 물건의 형체를 입체적으로 상상하지 못해요. 비장애인은 큰 걸 보고, 시각장애인은 작은 걸 본다고 했거든요. 바닥에 먼지가 만져지지 않죠? 안 보일 거예요. 우리는 만질 수 있어요. 그래서 우리만의 볼 수 있는, 누릴 수 있는 것이 필요해요. 예를 들어서 나비 모양이 어떻게 생겼는지 만들어서 체험할 수 있는 체험관이 꼭 필요하다고 생각하거든요. 한번은 국립중앙박물관에서 시각장애인을 위해 10가지 정도의 모조품을 만들어 만져보고 한 가지 물건을 만들어 보는 프로그램을 했거든요. 그중 하나가 왕관이었어요. 나는 국민학교 2학년 다니다가 말았으니까 예전에 책에서 본 적이 없었던 것 같아요. 군인 모자는 봤으니까 군모 비슷한 건 줄 알았어요. 나만의 왕관이 머릿속에 있었는데 가서 보니까 이건 아닌 거예요. 완전 놀랐어요. 지방이나 외국에서 친구들이 왔을 때도 보여줄 만한 건 남산 산책로밖에 없었어요. 그 친구들이 뭘 못 봤든 체험해 주고 싶은 게 있는 데, 체험관이 꼭 필요하다고 생각해요. 그러려면 진짜 한두 사람의 생각으로는 되지 않고, 많은 사람의 공감대가 필요한 거고 더 크게 봐서는 국가사업으로 해야 하는 문제일 수도 있고요. 우리는 박물관에 가더라도 볼 수 없어요. 다 유리관 속에 있잖아요. 백문이 불여일견이거든요. 백 번 듣는 것보다 한번 만져보는 게 최고죠. 그래서 최소한 법률을 수정해서라도 일반 박물관에 최소 몇 점은 시각장애인에게 공개하거나 모조품을 만들어 전시할 수 있도록 해야 하지 않는가 싶어요.

3. 문화예술생태계

3.1 대학로 배후지역으로서의 돈암

• 변방으로 모여든 예술인

예로부터 성북은 도시에서 밀려난 사람들, 갈 곳을 찾지 못하고 방황하던 사람들이 머물러 안식의 삶을 꾸려가던 곳이다. 1960년대 도심 개발로 쫓겨난 철거민들은 길음에 임시로 만들어진 가수용 시설에 머무르기도 했으며, 갈 곳 없던 시각장애인 역학사들은 미아리고개에 자리 잡고 역학촌을 형성하기도 하였다. 서울에 적을 두지 못한 정치인들도 성북의 돈암을 배경으로 활동 기반을 만들었고, 사대문 안 선교가 여의치 않았던 종교인들도 돈암지역을 중심으로 성북에 자리 잡았다. 예술가들도 다르지 않았다. 일제강점기 이후 시대와 불화하며 예술혼을 불태우던 많은 예술가도 주류에서 너무 멀지 않지만 세속의 고단함으로부터는 거리를 둘 수 있었던 돈암지역에 자리 잡았고, 생애 마지막 순간을 이곳 돈암에서 보내기도 하였다.

이름이 알려진 예술가들이 성북에 자리 잡은 이후 1960년대 한국 최초의 예술대학인 서라벌예술대학이 돈암지역에 만들어지면서 성북, 특히 돈암지역은 예술의 낭만과 고단함이 공존하는 특별한 공간이 되어 갔다. 서라벌예술대학에서 시와 소설을 쓰고, 연기를 하고 그림을 그렸던 수많은 젊은 예술가들은 미아리고개를 넘어 학교와 술집을 오고 가며 예술과 시대를 논하였고, 학교에서 교편을 잡았던 이름 있는 예술가[12]들도 이들과 함께 어울리면서 예술이 살아 숨 쉬는 도시의 풍경을 만들어갔다.

1972년 재정난으로 서라벌예술대학이 중앙대학교로 합병되고 돈암동에서 흑석동으로 이전하게 되면서 이러한 도시의 풍경도 과거의 흔적이 되는 듯하였다. 하지만 1980년대 이후 대학로가 연극의 메카로 부상하기 시작하면서 대학로의 배후지역으로 성북, 그중에서도 돈암지역으로 연극인들이 모여들기 시작하였다. 특히 대학로의 상업화가 가속화되고 2004년 대학로가 문화지구로 지정되면서 용적률과 조세 혜택을 등에 업은 건물주들이 임대료를 마구 올리면서 젠트리피케이션이 본격화하였다. 임대료 상승을 감당하기 어려운 극단 사무실,

12 서정주, 김동리, 김수영, 염상섭, 유치진 등의 문인들이 문예창작과의 교수진을 구성했다.

연습실, 작은 소극장 등이 삼선·돈암지역으로 이전하고 이와 함께 연극인들도 거주지로 돈암지역을 선택하는 경우가 늘어나게 되었다.

현재 성북구는 전국의 기초지자체 중 두 번째로 예술인들이 많이 거주하고 있으며, 이 중 50%가량이 연극 분야의 예술인이다.[13]

- **새로운 예술실험의 공간, 미아리고개예술극장**

돈암지역 미아리고개 정상의 구름다리 하부공간에 위치한 미아리고개예술극장은 1998년 '활인소극장'으로 처음 문을 열었으나 경영난으로 문을 닫았다가 2009년 성북구가 인수하며 '아리랑아트홀'이라는 이름의 공공극장으로 다시 문을 열었다. 하지만 몇 년간 방치된 채 제대로 운영되지 못하다가 2015년 성북문화재단과 지역 예술인들이 새로운 극장 운영 방식을 모색하는 모임을 시작하며 전환점을 맞게 된다. 연극인이 많은 지역의 특징을 극장 운영에 녹아내려 한 이 시도는 이후 지역 연극인들이 참여하는 미아리고개예술극장 운영위원회로 이어졌으며, 2016년에는 지역 연극인들이 참여한 마을담은극장 협동조합을 설립하여 성북문화재단과 공동운영 협약을 맺고 협력 운영을 시작하였다.

예술인들이 직접 운영에 참여하면서 미아리고개예술극장은 변화하기 시작하였다. 기존의 공공극장들이 행정 입장에서 관리가 손쉬운 대관이나 주민 서비스형 공연 프로그램을 일방적으로 공급해 온 데 반해 미아리고개예술극장은 극장을 필요로 하는 지역 예술인과 젊은 예술인들의 실험적 도전에 문을 열었고, 공공극장에서 쉽게 다루기 어려운 소수자들의 이야기를 다룬 작품도 무대 위에 올려 극장의 공론장으로서의 가치에도 눈을 돌렸다. 또한 시민들이 연극에 직접 참여하고 경험할 수 있도록 전문 연극인들과 시민들이 함께하는 작품을 제작하기도 하였고, 지역 주민들이 직접 하우스 매니저[14]로 극장 운영에 참여할 수 있는 기회를 열기도 하였다. 극장이라는 공간 자체에도 눈을 돌려 운영자의 입장에서 관리가 편한 공간이

그림 22
2019년 미아리고개예술극장 내부

13 2021년 한국예술인복지재단 예술활동증명자 기준 3,002명.

14 매표, 입장, 공연 진행 및 관객의 안전 관리 등 공연장에서 공연 이외의 모든 상황을 지휘하는 사람이다.(『서울신문』 2007년 3월 6일 자, 「[이색&뜨는 新직업] (2) 하우스매니저」.)

그림 23
미아리고개예술극장 외부

아닌 극장을 찾는 관객과 연극인들이 자유롭게 예술을 만날 수 있도록 공공극장 중에서는 선도적으로 배리어 프리[15] 실험을 본격화하였다. 그 결과 구름다리 아래 위치한 공간적 제약에도 불구하고 장애인 진입로를 새롭게 설치하고, 장애인 관객 응대를 위한 극장 운영 지침을 마련하였으며, 극장 안내 환경 등을 대대적으로 개선하였다.

이러한 미아리고개예술극장의 변화는 대학로라는 연극의 주류에서 벗어나 있는 성북의 작은 공공극장에 전국의 연극인이 주목하는 변화를 만들어 냈다. 처음에는 100석 남짓의 작은 지역극장이 벌이는 실험에 대해 지역에서조차 의심의 눈길을 보내기도 하였으나 극장을 찾은 관객과 예술가들이 극장의 변화를 체험하면서 하나둘 찾는 이들이 늘어나게 되었다. 2020년에는 이러한 미아리고개예술극장의 변화를 위한 노력이 극단 '여기는 당연히 극장'과 만나 <우리는 농담이(아니)야>라는 작품을 함께 만들어 냈고, 이 작품이 동아연극상, 백상연극상, 백상 연극 남자연기상을 받으면서 결실을 보기에 이른다.

3.2 문화예술인공동체의 활동

- **예술인 도시를 바꾸다**

돈암지역과 서울의 동북지역을 잇는 미아리고개 고가도로 아래쪽에는 미아리고개 고가도로 때문에 이쪽과 저쪽으로 갈라진 동네를 이어주는 굴다리가 있다. 이 굴다리 옆에는 매우 낯선 공간 하나가 자리 잡고 있는데, 미인도彌人道라는 이름의 공간이다. 2015년에 조성된 미인도의 출발점은 앞서 이야기한 돈암지역으로 모여든 예술인들로부터 시작된다.

2012년 성북문화재단이 출범하면서 그동안 흩어져 각자의 활동을 이어오던 성북지역의 예술인들이 새로운 지역 협력의 구조를 만들기 위하여 모이기 시작하였다. 2014년 이렇게 모인 지역 예술인, 기획자, 청년 등이 사회적 우정과 호혜 정신, 공유의 가치를 나누는 '공유성북원탁회의'라는 이름의 네트워크를 결성하고자 뜻을 모았다. 이렇게 모인 예술인과 지역 시민들이 함께할 수 있는 공동의 작업, 도시를 바꾸는 구체적인 실험을 기획해 보고자 동네 곳곳을 조사하고 사람들을 만나기 시작하였다. 그리고 동네를 돌아다니며 이것저것 관찰하기를 즐겨 하던 동네 예술인의 제안으로 미아리고개 하부에 재활용 쓰레기를 수거하는 공간에 주목하게 되었다.

동선동을 가로지르는 미아리고개 고가도로 밑에는 동선동의 재활용 쓰레기를 한데 모으는 공터가 있었고, 당시엔 미아리고개 하부의 공간들을 이 청소를 위한 장비 보관이나 당일 다 치우지 못한 쓰레기를 임시로 모아두는 공간으로 활용하고 있었다. 이 공간 바로 옆으로 미아리고개 고가도로 때문에 좌우로 나눠진 동선동을 이어주는 유일한 길이 있었다. 미아리고개 고가도로가 시작되는 예전 태극당 자리부터 미아리고개 너머까지는 횡단보도 하나 없었고, 이 길이 유일하게 고가도로 밑으로 사람들이 왕래할 수 있는 길이었다. 그런데 하필 이 길의 바로 옆에 지저분하고 냄새나는 청소 창고가 있다 보니 주민들의 불편함은 이루 말할

15 고령자나 장애인 등 사회적 약자들이 살기 좋은 사회를 만들기 위해 물리적·제도적 장벽을 허물자는 운동이다.(두산백과, '배리어 프리(barrier free)')

수 없었다. 또한 가로등조차 제대로 설치되어 있지 않았고, 종종 퍽치기 같은 강력 사건이 발생하면서 많은 주민이 불안에 떨기도 하였다. 민원으론 해결될 수 없는, 우리 삶의 공간을 우리의 상상력으로 바꿔보는 이 도전이야말로 공유성북원탁회의가 가장 잘할 수 있는, 아니 해야만 하는 일이었다.

오랜 조사와 주민과의 만남을 거친 끝에 2015년 여름 무렵부터는 본격적인 공간 조성을 위한 공사에 들어가게 된다. 재활용 쓰레기에서 흘러나와 이곳저곳에 덕지덕지 붙어 있던 기름때를 벗겨내고, 창고를 만드느라 임시로 세워놨던 벽을 철거하고, 바닥을 지탱해 줄 철골 구조물을 짜서 넣고, 한 장 한 장 나무 바닥을 까는 작업들을 공유성북원탁회의 구성원들과 대학생 자원봉사자들이 직접 진행하였다. 작업에 함께 참여했던 이들의 이름은 지금도 미인도 야외 쉼터 바닥에 새겨져 있다. 가을이 찾아올 무렵 미인도는 어둡고 냄새나던 과거를 벗어내고 새로운 마을의 풍경으로 그 모습을 드러내었다.

현재 미인도는 성북문화재단과 미아리고개 일대에서 활동하는 예술인과 청년들이 만든 협동조합 고개엔마을이 공동운영을 하고 있으며, 지역 유휴공간을 활용하여 문화공간을 조성한 대표적인 지역 협치 사례로 주목받고 있다.

• 예술, 마을을 만나다

돈암지역을 중심으로 형성된 성북의 문화예술생태계가 마포의 홍대나 종로의 대학로와 같은 지역과 다른 특징은 그곳에 살고 있는 예술인, 즉 주민으로서의 예술인이라는 정체성에 기반한다는 점이다. 홍대나 대학로는 창작 혹은 예술 활동이 이루어지는 공간으로서의 성격

그림 24
2015년 미인도 조성 전 미아리고개 하부 전경
박동명 촬영

그림 25
2018년 미인도 앞에서 열리는 미아리고개 마을장터 <고개장> 전경
박동명 촬영

이 강하지만 성북의 돈암지역은 주거와 일상, 창작 활동이 함께 이루어지고 있다는 점에서 예술인의 삶 자체를 담아내고 있는 지역이라 할 수 있다. 이러한 특징을 바탕으로 지역을 생활·일·놀이의 공간으로 새롭게 해석하고 새로운 활동의 방식을 만들어 내기 위한 기획으로 2015년부터 '예술마을만들기'이라는 이름의 지역 프로젝트가 이어지고 있다.

성북의 '예술마을만들기'는 앞서 이야기한 공유성북원탁회의라는 네트워크에서부터 생겨난 기획이다. 느슨한 네트워크를 지향하는 '공유성북원탁회의'는 자체적으로 사업을 수행하지 않는 대신 지역 내에서 활동하고자 하는 참여자들이 워킹그룹을 만들어 프로젝트를 만들어 왔고, '예술마을만들기'는 생활권[16]을 기반으로 지역 활동을 할 수 있는 플랫폼을 만들기 위한 기획이라 할 수 있다. 2015년 정릉과 미아리고개 2개 지역 활동 그룹으로 시작한 예술마을만들기 워킹그룹은 2020년 현재 미아리고개, 성북, 월장석, 월곡, 장위, 석관, 종암 7개의 워킹그룹으로 활동하고 있다. 각각의 워킹그룹은 지역의 민간 주체와 성북문화재단의 담당자가 공동 코디네이터를 맡고 있으며, 이를 통한 협치 운영을 원칙으로 하고 있다. 단순한 공동 기획을 넘어서 예산과 활동을 함께 계획하고 실행하고 있으며, 민간 주체의 권한을 보장하고 지역 일에 대한 공동의 책임을 하나의 원칙으로 만들어가고 있다. 이와 같은 성북 예술마을만들기의 협치거버넌스 사례는 2018년 세계지방정부연합UCLG으로부터 가장 완벽한 지역문화 협치의 사례로 평가받아 '국제문화상'을 받기도 하였다.

예술마을만들기 그룹은 활동하고 있는 동네의 특징, 구성원의 활동 분야, 활동의 지향과 관심사 등에 따라 각각 다른 모습을 하고 있다. 미인도라는 도시재생 공간을 성북문화재단과 공동운영하고 있는 돈암지역의 미아리고개 예술마을만들기 워킹그룹은 공간운영과 공간을 기반으로 하는 콘텐츠 개발 등에 초점을 맞춰 활동해 오다 2017년에는 워킹그룹을 협동조합으로 전환하여 현재까지 이어지고 있다.

성북의 예술인들은 동네라는 작은 생태계에서 출발하여 스스로의 삶의 방식을 만들어 내고 그 삶의 방식을 옆에 있는 동료와 함께 공유하며 함께 서기 위한 방법과 방향을 찾아가고 있다. 코로나19로 예술 활동의 어려움이 가중되고 있는 상황에서도 지역을 중심으로 연결된 성북의 예술인들은 제법 슬기롭게 그 위기를 이겨내고 있으며, 그 과정에서 예술마을만들기와 같은 활동은 소중한 밑거름이 되어 주고 있다.

• 시민으로서 예술가, 예술가로서 시민

예술가는 때로는 시대와 불화하고, 때로는 대중들과 함께 웃고 웃으며 도시의 언저리를 배회하며 살아왔다. 도시 안의 유목민 같은 예술가들은 늘 이질적인 존재였고 경외의 대상이기도 하면서 배척의 대상이기도 하였다. 예술가 스스로도 자신이 어딘가 속한 존재이기보다는 자유롭고 독립적인 존재이길 원하였고 그 결과 예술가는 사회적으로는 지워진 존재처럼 살아왔다. 하지만 돈암에 모여든 예술인들은 예술이라는 직업적 외피를 살짝 걷어내는 것만으로 옆집에 사는 이웃이고 친구였다. 아니 그조차도 골목길에서 만나는 다양한 삶의 모습 중

16 여기서 말하는 생활권은 서울시의 생활권계획에서 말하는 권역을 말하는 것이 아니라 일상의 생활 단위라고 할 수 있는 좀 더 미시적인 지역 공간을 말한다.

하나였다. 돈암에서 시작된 문화예술공동체는 예술가와 시민을 나누고 대상화하는 것이 아니라 시민으로서 예술가의 정체성을 만들어가고 있다. 굳이 예술의 중심부가 아니어도 동네에서 이웃과 함께하는 것만으로 예술은 새로운 모습으로 꽃피고 있다. 다른 한편으로는 다양한 정체성의 시민을 예술의 소비자로서가 아니라 일상에서 예술을 함께 만들고 즐기는 주체로 호명하고 새로운 문화예술의 장을 만들어가고 있다. 예술을 통해 도시의 정체성과 새로운 관계들이 돈암이라는 마을 안에 차곡차곡 쌓여가고 있다.

그림 26
2018년 미아리고개에서 활동하는 협동조합 고개엔마을 조합원들
박동명 촬영

그림 27
2016년 시각장애인 역학사 이야기를 바탕으로 만든 연희극 「어화봉사 꽃주까」 공연 장면
박동명 촬영

7 / 7

돈암동 사람들

박영민

박수흥은 돈암동 발전 역사의 한 축을 담당했다고 해도 과언이 아니다. 그는 1935년 돈암초등학교의 전신이 되는 돈암야학을 주도했으며, 그가 운영한 박공무소는 돈암동 일대 한옥과 돈암시장 건설에 많은 영향을 끼쳤다.

박수흥의 아들 박영민은 돈암동에서 출생했고, 아리랑고개 일대에서 거주하면서 학창 시절을 보냈다. 그는 아버지 박수흥의 지역 활동과 자택 풍경, 돈암시장, 성북천, 돈암감리교회 등 지역 내 주요 장소와 당시 주민들의 생활 모습에 대해 상세하게 기억하고 있었다. 또한 당시의 사진과 문서 등 여러 자료를 현재까지 보존하고 기증해 박수흥의 돈암지역 내 교육·건축 활동과 박영민의 학창 생활, 당시 자택 풍경 등을 생생하게 재현할 수 있었다.

그의 기억 속에 남은 돈암동은 현재 재개발로 인해 자취를 감추었지만, 그의 구술과 자료를 통해 해방 직후부터 6·25전쟁 전후까지의 돈암동 모습은 물론 거주민들과 전후 돈암동 주민의 생활에 대해 상세하게 파악할 수 있었다.

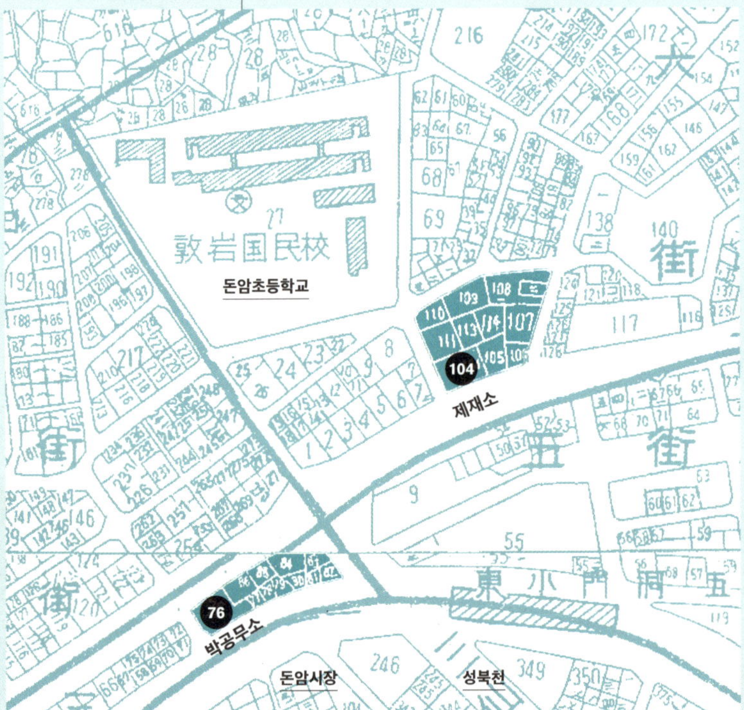

박공무소 및 제재소 위치
신편서울특별시전도, 중앙지도문화사, 1967에 표시

돈암동 458-3번지

주요 거주자

<table>
<tr><th>이름</th><th>생몰연도</th><th>가족관계</th><th>출생지</th><th>거주시기</th><th>직업</th></tr>
<tr><td>박수흥</td><td>1903~1965</td><td></td><td>입정동</td><td rowspan="5">1930년대
~
1960년대</td><td>건축업, 교육자</td></tr>
<tr><td>이점출</td><td>1908~1987</td><td>박수흥의 배우자</td><td>염창동</td><td>가정주부
(1926년 혼인)</td></tr>
<tr><td>박영진</td><td>1927~</td><td>박수흥의 장남</td><td rowspan="3">돈암동 458-3</td><td>건축업</td></tr>
<tr><td>박영민
(구술자)</td><td>1936~</td><td>박수흥의 차남</td><td>공무원</td></tr>
<tr><td>박후자</td><td>1945~</td><td>박수흥의 딸</td><td>시인</td></tr>
</table>

1. 거주 계기

박수홍의 조상은 서울 토박이로, 통정대부通政大夫와 가선대부嘉善大夫 등 다양한 벼슬을 지낸 인물들이었다. 박수홍의 아버지 박기준朴基俊, 1859~?은 본래 관사지였던 입정동에서 거주하다 한일병탄 이후 처가인 흑석동으로 이주했다. 박기준은 서울 곳곳에 땅을 소유하고 있었고, 당시 본동에 위치한 은로학교[1]현 은로초등학교의 전신에 많은 땅을 기부했다. 그는 돈암동에도 땅을 가지고 있어 자녀들이 출가할 때 자신이 소유한 토지를 분배해 분가시켰다고 한다. 박기준의 아들 박수홍은 1926년 이점출과 혼인 후 돈암동에 거주했고, 박수홍의 자녀들은 돈암동에서 태어나 어린 시절을 보냈다.

＊ 조부의 거주지

아버님 본적은 입정동이셨는데, 원래 입정동은 한성부의 관사예요. 조부님께서 관직에 계셔서 입정동에 사셨어요. 한일병탄 이후 벼슬을 그만두시고 처가인 흑석동에서 사셨는데, 은로학교에 땅을 기증하시는 등 흑석동에 도움을 많이 주셨지요.

[1] 은로학교는 현재 은로초등학교의 전신으로 1908년 11월 구한말 내무대신 유길준(兪吉濬)이 경성 본동(지금의 서울 동작구 본동) 용양봉저정(龍驤鳳翥亭) 자택에서 4년제 사립 보통학교로 설립한 학교이다. 설립 당시의 학교 명칭 및 자세한 사항은 미상이다. 1937년 공립으로 전환되었고, 1940년 7월 서울 동작구 흑석동 현재의 위치로 교사를 이전하였다.(한국민족문화대백과사전, '은로초등학교')

＊ 돈암동 거주 계기

성북구청하고 성북경찰서 자리가 원래 우리 집안 땅이었어요. 제가 추측하기로는 할아버님께서 돈암동 땅을 자식들에게 배분하시고 거주하게 한 것 같아요. 그래서 어린 시절에 사촌들과 자주 왕래한 기억이 많아요. 사촌 누님, 작은고모님, 큰고모님도 다 돈암동에 사셨었어요.

＊ 박수홍의 돈암동 정착

아버님은 1926년에 결혼하시고 돈암동에 정착하신 것 같아요. 저는 돈암동 458-3번지에서 태어났어요.

2. 박수홍의 지역 활동

2.1 돈암야학

박영민의 아버지인 박수홍朴壽興, 1903~1965은

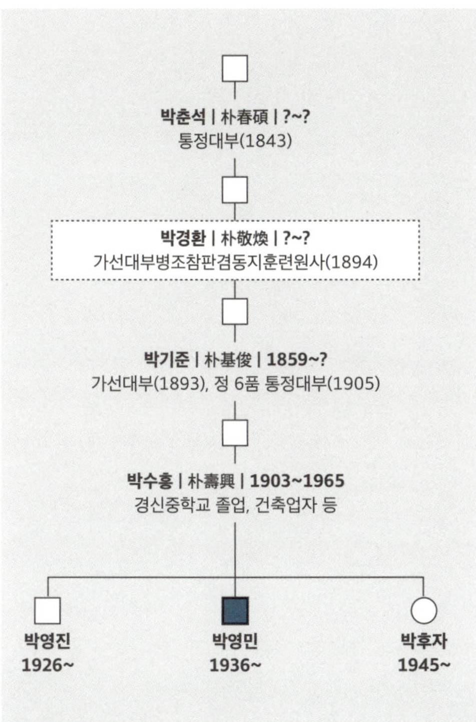

* 박경환은 관계가 명확하지 않음

[그림 1]
박영민 가계도

[그림 2]
1900년대 초 박영민의 조부 박기준의 초상

1920년대 돈암동에 정착한 이후 활발한 지역 활동을 전개했다. 그는 1934년 돈암초등학교의 전신이 된 돈암야학을 개설해 지역민들의 교육에 이바지했다. 박수홍 이전에도 돈암동에 야학은 존재했지만, 학생이 200명 가까이 되는 대규모는 박수홍의 돈암야학이 처음이었다.[2] 초창기 박수홍은 본인 집 마루에서 동네 아이들을 가르쳤는데, 이것이 점점 확대돼 나중에는 30명에 가까운 아이들이 모였다고 한다. 이에 따라 박수홍은 지역민의 기부금을 모아 돈암야학을 개교했고, 남녀 구분 없이 돈암동의 아동들에게 교육을 제공했다. 박수홍이 운영하던 돈암야학은 후일 돈암초등학교의 전신이 됐다고 한다.

* **박수홍과 돈암야학**

1934년 아버님께서 돈암초등학교 자리에 돈암야학을 세우셨어요. 지금의 돈암초등학교 전신이라 할 수 있죠.

「敦岩里民(돈암리민)의 興學熱(흥학열)
二百兒童(이백아동)을 教育(교육)」

시외 돈암리에 사는 박수홍 씨(31)가 동리의 무산아동들이 배우지 못함을 알고 자기 집 마루에서 야학을 개강한 것이 7월 28일인데, 당시에는 아동 7, 8명을 모아노흔 것이 2, 3개월이 지내니 5, 60명에 달하였다 한다.
그러는 동안 금년 4월경에는 글자 한 자라도 가르키어 달라고 아동을 다리고 오는 부형이 만흔데 한층 더 감격한 박수홍 씨는 동리 정동하(鄭東夏), 홍석영(洪錫英) 군 이외 5, 6명과 협의하야 손운창(孫云昌) 씨의 도움을 얻어 가지고 이래 7, 8개월간의 유지로부터 7, 8백 원의 거액의 기증을 얻어 삼산평(三山坪)에 교풍회관(矯風會館) 겸 학원으로 집을 지어 지난 11일에 낙성을 하였는데 당일은 2백 명 가까운 학생들의 교가 합창으로 야학 1주년 기념과 동회관 낙성식이 거행

[그림 3]
은로학교 제4회 졸업식

[2] 신문 기사에 따르면 1927년에 돈암감리교회와 이화여전의 스토버 교수(Myrta Stover)가 주최하는 돈암야학이 존재했다.(『조선일보』 1927년 1월 28일 자, 「敦岩夜學盛況(돈암야학 성황)」)

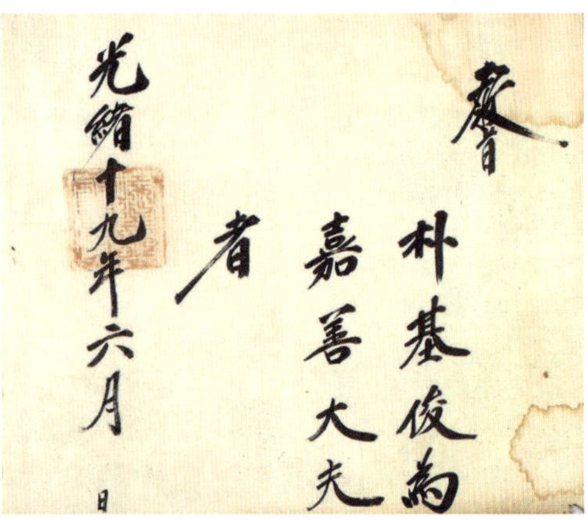

[그림 4]
박기준의 가선대부 교지

> 되었다고 한다. 식이 끝난 후 자미있는 □□도잇었다.

『동아일보』 1934년 9월 14일 자

2.2 박공무소 운영

주요 한옥들

박영민은 박공무소가 돈암시장 일대와 성북천·동소문동6가·7가 부근의 한옥을 많이 건축했다고 기억한다. 그중 동소문동6가 107번지의 돌집은 박공무소의 유일한 현존 건축물로, 1942~1943년경 박영민의 형 박영진이 설계해 지은 사무소였다. 일제강점기 박수홍은 일제에 협조하지 않아 영등포 공장의 건축 할당을 맡게 됐고, 그 일로 해방 이후 박공무소는 경제적으로 어려워졌다. 이에 박수홍은 공무소 건물을 팔고 돈암초등학교 일대 토지를 구입해 집을 짓고 거주·매매를 반복하며 생계를 유지했다. 이를 반복하다 보니 어느새 아리랑고개 일대에는 박수홍이 지은 한옥이 많아졌고, 박수홍의 가족들은 아리랑고개에서 6·25전쟁을 맞았다. 또한 토지를 구입하고 집을 건축해 파는 일이 잦다 보니 박수홍은 부동산 중개업도 하게 됐고, 돈암동 부동산의 조합장을 맡기도 했다.

*** 박공무소가 지은 한옥들**

성북천에 있던 한옥은 거의 아버지가 다 지으셨어요. 특히 현재 동소문동6가와 7가에는 아버님이 지으신 한옥이 많았어요. 돈암시장의 조합장을 하시면서 시장 내의 한옥도 건축하셨죠.

*** 동소문동6가 107번지의 돌집**

박공무소에서 건축한 돌집이 동소문동6가 107번지에 남아 있어요. 1942~1943년쯤에 지은 걸로 기억해요. 저희 형님이 지으신 돌집인데, 겨울이라 자재가 얼까 봐 소금을 범벅으로 뿌렸던 기억이 나요. 사무실로 지었는데 슬래브 지붕이었어요.

*** 박수홍의 경제적 위기와 아리랑고개 일대 한옥 건축**

아버지께서 일제강점기 때 일본 정부에 협조를 안 해서, 억지로 영등포 공장의 건축 할당을 맡았어요. 그때 경제적으로 어려워져서 박공무소 자리가 경매에 넘어갔었죠. 할 수 없이 돈암초등학교 옆에 땅을 사서 집을 짓고 파는 일을 반복해서 아리랑고개까지 올라갔어요. 아리랑고개 한옥의 20~30%는 저희 공무소에서 지은 거라고 할 수 있죠.

[그림 5]
1934년 10월 7일 돈암야학 운동회에서 교사들의 기념사진
박영민 제공

[그림 6]
1934년 10월 7일 돈암야학 운동회에서 교사와 학생들의 기념사진
박영민 제공

[그림 7]
박공무소와 제재소 관련 구술지도
1967년 지도 위 표시

*** 부동산 중개업 종사**

아버님께서는 건축업도 하시면서 돈암시장 조합장도 하셨어요. 돈암시장과 돈암동의 한옥을 많이 건축하셨죠. 또 아버님은 박공무소를 운영하면서 집을 팔고 중개하는 일도 하셨어요. 그 때문에 돈암동 부동산의 조합장을 맡으셨죠.

한옥 건축 과정

박공무소의 한옥 건축은 주로 박수홍의 아내 이점출이 설계를 주도했다고 한다. 당시 박영민은 어린 시절이었음에도 자주 건축 현장에 따라가 건축 현장을 구경하곤 했는데, 당시 한옥을 지을 때는 글씨로 간격과 거리를 표시했고, 지하수의 유무와 주춧돌의 종류나 처마의 길이에 따라 집의 가격이 정해졌다고 기억했다. 방 2개, 마루 1개, 부엌 1개 정도의 한옥은 공사 기간이 5~6개월 정도 소요됐고 상량보를 세울 때는 축문을 쓰고 잔치를 여는 고수레[3] 의식도 행했다. 한옥 외에도 일본식 가옥이나 돌집을 건축했는데, 1910년대에는 일본인의 별장이자 해방 이후 유명한 유원지였던 청수장 건축에 관여했다.

[3] 음식을 먹기 전에 먼저 조금 떼어 '고수레' 하고 허공에 던지는 민간 신앙적 행위(한국민족문화대백과사전, '고수레')

*** 이점출의 공무소 활동**

웬만한 집 설계는 어머님이 하셨어요. 어머님이 아주 눈썰미가 좋으셔서, 집터만 보시면 설계도를 그리고 지시하셨다고 들었어요. 아버님은 다른 활동도 많이 하셔서, 인부 관리는 어머님이 거의 하셨다고 들었어요. 그때는 설계도면이 없고, 다 글씨로 간격과 거리를 표시했어요.

*** 한옥의 건축 기간과 고수레**

보통 방 둘, 마루와 부엌 하나 정도의 집은 5~6개월이면 충분히 지었어요. 저도 어릴 때 많이 따라다녀서 지금도 저보고 지으라고 하면 저도 할 수

[그림 8]
해방 이후(추정) 박공무소 전경
박영민 제공

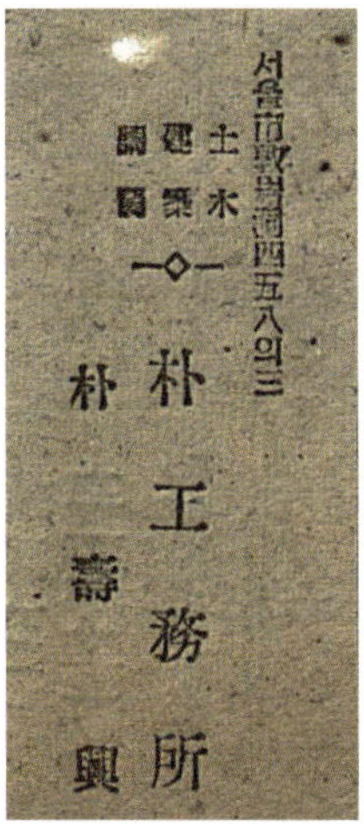

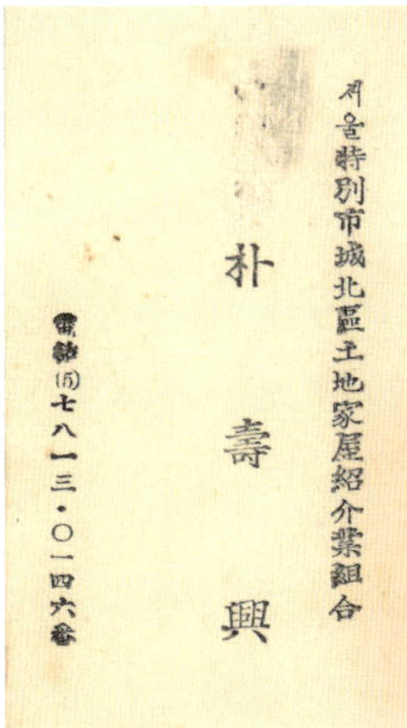

[그림 9] ◂
『민중일보』 1947년 10월 23일 자에 실린 박공무소의 신문광고

[그림 10] ▸
성북구토지가옥소개업조합장 박수흥의 명함
박영민 제공

[그림 11]
박공무소가 지은 것으로 추정되는 동소문동6가 107번지에 위치한 돌집

있을 정도였어요. 마루에 보 세울 때는 잔치가 열려요. 고수레 상량한다고 해서 인부들도 그날은 일 안 하고 실컷 먹고 그랬어요. 또 상량포에 축문을 썼는데, 그렇게 잘 쓸 수가 없었어요.

* 한옥의 등급: 지하수와 펌프

그때는 수도가 없으니까, 집을 지으면 제일 먼저 펌프부터 박았어요. 펌프를 박고 우물을 파서 물이 나오면 집값을 후하게 받을 수 있고, 안 나오면 손해 나는 거죠. 그래서 땅을 살 때도 물이 나올 만한 집을 사요. 주로 어머니가 땅을 고르셨는데 거의 다 맞았어요.

* 일본식 집의 건축

일본식 집도 건축했어요. 제가 6·25전쟁 직전에 아리랑고개에서 일본식 집에서 살았어요. 한옥은 흙이 많이 들어가서 아리랑고개에 지을 수가 없었거든요. 일본식 집은 한옥에 비해 금방 싸게 지을 수 있었어요.

* 청수장 건설에 관여

우리 아버님이 일제강점기에 청수장 건축에 관여하셨어요. 그래서 제가 결혼식을 청수장에서 했어요.

자재 조달과 직원들

박공무소는 돈암초등학교 초입에 제재소를 따로 운영해 한옥 건축자재를 마련했다. 목재는 주로 마차로 운반했고, 돌은 아리랑고개의 돌산에서 많이 가져왔다고 한다. 일제강점기인 당시에도 원목은 제재소에서 전기톱으로 다듬었으나 전기가 부족해 직접 손으로 재료를 다듬는 일이 잦았다. 직원 체계는 사무직원 두 명과 제재소의 직원들과 목수로 구성돼 있었으며, 가끔 일손이 더 필요하면 일용직을 고용하기도 했다. 직원들은 박수홍의 가족과 사이가 좋았고, 성실한 사람들이 많아 가끔 박수홍의 자택에서 숙식을 제공하기도 했다. 또한 박공무소에서 일하던 목수가 독립해 장위동에서 성공한 사례도 있었다.

＊ 목재 조달

돈암초등학교 초입에 박공무소의 제재소가 있었어요. 원목은 마차로 왔어요. 트럭은 열 번 가운데 한 번 올까 말까 하고, 마차가 주로 왔죠. 제재소에 원목이 들어올 때, 전기가 들어오면 전기로 자르고 들어오지 않는 날이면 사람이 직접 긴 톱으로 켰어요. 일제강점기에는 밤에만 전기를 주고 낮에는 전기가 모자랐거든요. 제재소에서 한옥 건축자재를 마련했어요.

＊ 석재 조달

옛날에 정덕국민학교 옆이 다 돌산이었어요. 그 옆이 우리 집이었죠. 우리 집 지을 때 돌산에서 많이 가져왔어요. 돌산 주인이 제 친구의 아버님이셨어요. 그 돌산의 돌이 유명했는데, 그 돌로 한옥을 지었지요.

＊ 박공무소의 직원들

박공무소의 사무직원은 남자 두 분이 있었어요. 한 사람이 나팔을 잘 불어대화를 잘 한다는 의미 저와 매일 같이 놀아주던 생각이 나요. 제재소에서 인력이 필요하면 보통 월급으로 안 하고, 일당을 주고 인부

[그림 12]
1959년 10월 박공무소 직원 일동
박영민 제공

[그림 13]
1967년 기사에 실린 정덕국민학교 앞 채석장
『조선일보』 1967년 5월 14일 자, 「"爆音(폭음)"에 떠는 授業(수업)」

[그림 14] ◂
1950년대 아리랑고개 돌산 정상에 선 구술자
구술자의 뒤로 돈암동의 한옥이 보인다. 박영민 제공

[그림 15] ▸
1960년대 청수장에서 박영민 부부
박영민 제공

를 사서 썼지요. 사무직원은 월급을 주었고요.

* **직원들과 박수홍의 가족들**

성실한 직원들은 우리 집에서 먹고 자고 하기도 했어요. 저희 아버지 밑에서 성공한 목수도 있어요. 이름은 기억이 안 나지만, 장위동으로 가셔서 성공해서 돈을 많이 벌어 부자가 됐다는 얘기를 들은 적이 있어요. 어린 저를 아주 귀여워해줬죠.

3. 돈암동에서의 생활

3.1 자택 이주

초창기 박수홍 가족은 돈암동 340번지현 동소문동3가 76번지에 위치한 박공무소 뒤의 2층 가옥에서 거주했다. 하지만 박공무소가 파산해 건물이 경매로 넘어가자 해방 직전에는 박공무소의 바로 옆 번지였던 돈암동 336번지현 동소문동3가 71번지에서 거주했다. 이후 박수홍은 돈암초등학교 주변 부지를 사서 가옥을 짓고 거주·매매하는 일을 반복했고, 돈암동 546번지현 돈암동 538-134번지에서 6·25 전쟁을 맞았다. 박영민은 아리랑고개 일대에서 가장 오래 거주했고, 돌산과 풍경에 대해 자세히 기억하고 있었다.

* **돈암동에서의 거주와 이전 사유**

돈암동 336번지와 340번지가 저희 집이었어요. 340번지가 박공무소였고, 공무소 뒤에 집이 있었어요. 한옥은 아니고 양옥에 가까운 2층 가옥이었죠. 그런데 일제강점기에 협조를 안 해서 파산을 하는 바람에 공무소가 경매로 넘어갔죠. 그래서 340번지 집에 자리를 잡아 거기서 해방을 맞았죠. 공무소 자리는 이후에 주유소가 됐는데, 거기 불이 났던 기억이 나요.

* **아리랑고개에서의 거주**

처음에 돈암초등학교 주변 대지를 사서 집을 지으며 아리랑고개를 따라 쭉 올라갔어요. 결국 아리랑고개에서 6·25 전쟁을 맞았어요. 그전 집들은 한옥이었는데, 그때는 어머니가 양옥에서 한번 살아보고 싶으시다고 해서 양옥으로 지었어요.

[그림 16]
1952~1953년 아리랑고개의 돌산에서 친구들과
박영민 제공

3.2 학교 생활

박영민은 혜화초등학교의 부속유치원을 졸업하고, 이후 혜화초등학교에 진학했다. 하지만 아버지 박수홍의 일제에 대한 비협조적인 태도와 파산 때문에 1년도 다니지 못한 채 삼산학교三山學校로 전학을 가게 됐다. 당시 성북구 지역민들에 의해 운영되던 삼산학교는 6년제 보통학교로 인가를 받지 못한 상태였다. 또한 학비가 없는 무상교육기관이었기 때문에 재정난을 겪어야 했다.[4] 삼산학교의 학생들 대부분은 지역민들이었으며, 학생들도 방과 후에는 솔방울을 줍고 솔잎을 따는 일을 해 학교의 운영자금에 보태야 했다고 박영민은 기억했다. 삼산학교는 해방 이후 1946년 공립국민학교로 정식 인가를 받았고, 경성성북공립국민학교현 성북초등학교로 교명이 변경돼 성북정과 동소문정이 통학구역으로 지정됐다.[5] 통학구역이

[4] 『성북소리』 제484호(2016년 8월호), 「즐기고 누리는 성북: '성북구 최초의 학교, 무산아동을 위한 삼산학교」.

[5] 『조선일보』 1946년 9월 12일 자, 「삼산학교 공립 승격」.

[그림 17]
1952~1953년 앞집 친구의 집 앞에서 친구들과
박영민 제공

지정됨에 따라 당시 돈암동에 거주하던 박영민은 돈암초등학교로 편입한 후 졸업했고, 이후 아버지의 권유에 따라 성동공업고등학교로 진학했다.

＊ 초등학교 재학

저는 원래 혜화초등학교 유치원을 다녔고, 초등학교도 혜화로 배정을 받았는데, 혜화초등학교는 일본 사람들과 귀족들이 많이 다녔어요. 그런데 아버지가 일제에 협조를 안 하니까 1학년 후반에 삼산학교로 쫓아 버렸죠. 3학년 때 해방이 돼서 4학년부터 돈암초등학교로 편입 후 졸업했어요.

[그림 18]
1952~1953년 자택 대문 앞에 서 있는 박영민
박영민 제공

＊ 삼산학교 재학

일제강점기 때 학교에서 한국말을 하면 벌을 받았어요. 삼산학교 시절 제가 한국말을 썼더니 선생님이 교무실로 끌고 와서 무릎을 꿇리고 한 시간 동안 옆으로 쓰러질 정도로 벌을 줬죠.

＊ 삼산학교에서의 학교생활

삼산학교는 한옥이었는데, 일본 사람은 없던 걸로 기억해요. 대부분 지역에 사는 한국인이었죠. 수업이 끝나고 학교 뒤에서 솔방울을 줍고, 솔을 따는 일을 시켰어요. 양을 채워야 집으로 갈 수 있었어요. 삼산초 뒤에 방공호도 있었어요.

＊ 돈암초등학교와 방공호

돈암초등학교 산비탈길을 파서 만든 공동 방공호가 있었어요. 사이렌이 울리면 방공호로 피신하는 연습을 했어요.

[그림 19]
박영민의 삼산학교 재학 시절
박영민 제공

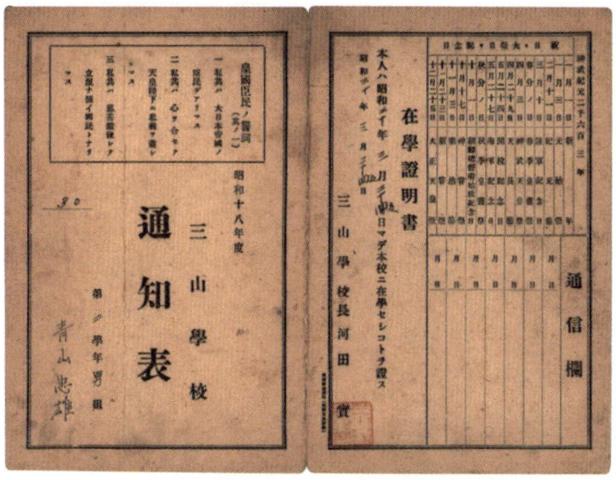

[그림 20]
박영민의 삼산학교 성적표
박영민 제공

＊ 성동공업고등학교 진학

아버님께서는 우리나라가 발전하려면 공업이 발달해야 한다고 늘 말씀하셔서 저도 성동공고에 지원을 했어요. 그때 경기·서울고등학교가 후기고 성동공업고등학교가 전기였는데, 서울고와 경기고가 항의를 해서 1년 하고 폐지가 됐어요.

3.3 6·25전쟁과 돈암동

박영민은 구술자 중 돈암동에서 6·25전쟁을 맞이한 유일한 구술자다. 6·25전쟁 당시 박영민은 한강 다리가 폭파돼 피난을 가지 못하고 서대문에서 다시 돈암동으로 돌아왔다. 따라서 그는 9·28수복 때까지 약 3개월을 인민군 치하의 돈암동에서 살았다. 박영민은 당시 미아리고개에서 국군과 인민군의 교전이 벌어지는 바람에 돈암동에 시체가 많이 쌓여 있었다고 기억한다. 또한 박영민은 자택 지하실에 숨은 친인척들을 위해 뚝섬에서 구한 채소를 돈암시장에서 팔아 생계를 유지했다. 그는 6·25전쟁 시기 돈암시장에서 사용하던 인민군 화폐와 군수창고로 쓰였던 정덕초등학교 등 당시 돈암동 주민들의 생활에 대해 생생하게 이야기해 주었다.

＊ 6·25전쟁 직후 피난을 가지 못하다

6·25 때 전쟁이 났다고 해서 피란을 가려는데, 한강 다리가 폭파되는 바람에 서대문에서 막혔어요. 그래서 건너가지 못하고 사직동 누님 집에서 묵다가 아침에 가는데, 현재 미 대사관 앞에 군인 둘이 총을 맞고 죽어 있었어요. 그때 사람이 죽은 걸 처음 봤어요.

＊ 6·25전쟁 당시 미아리고개

6·25전쟁이 일어난 다음 날 미아리고개에 올라가 봤더니, 정상에 탱크가 멈춰 서서 못 가고 있더라고요. 나중에 들으니까 국군이 산 위에서 수류탄을 던져서 탱크 길을 끊었다고 하더라고요. 그분도 죽었고요.

＊ 9·28수복 당시 아리랑고개

9·28수복 때 인천에서 함포사격을 하는데, 지금 성신여대까지 포탄이 날아와서 펑펑 떨어졌어요. 아리랑고개로 인민군 패잔병이 막 넘어왔었어요.

＊ 정덕초등학교와 군수창고

인민군이 정덕초등학교를 군수창고로 사용했어요. 당시에는 몰랐는데, 9·28수복 때 인민군이 불을 지르더라고요. 쌀이며 건빵이 잔뜩 쌓여 있어서, 쌀 한 가마를 몰래 가져다 먹었는데, 3일 먹고 국군에게 뺏긴 기억이 나요.

「지금도 생생한 漢江邊(한강변)의 痛哭(통곡)」 포성이 가까이 들리고 피난민이 미아리고개를 메우며 넘어오는 것을 보고는 겁이 나서 시부모님과 아이들을 데리고 무작정 종로의 아는 집을 찾아갔다…(중략)…종로에서 돈암동까지 길가에는 이미 군인과 시민들의 시체가 즐비하게 쓰러져 있었다…(중략)…9·28수복 다음 날 미군이 서울에 들어오면서 괴뢰군들은 정덕국민학교 쌀창고에 불을 지르고 달아나기 시작했다. 그 통에도 굶주림을 견디다 못해 불타는 창고에서 쌀을 훔치다가 괴뢰군 총에 맞아 죽은 사람이 수없이 많았다.

『경향신문』 1981년 6월 25일 자

* 돈암동 거리의 시체들

전쟁 당시 돈암동 거리에는 시체가 많았어요. 근처에 서울대학교 병원이 있었거든요. 그쪽은 시체가 하도 많이 쌓여서 아예 지나다니지 못했어요. 거리마다 시체가 쌓여 썩어서 코를 막고 다녔어요.

* 돈암시장에서 채소를 팔아 생계를 유지하다

우리 형님의 처남이 의정부에서 민족청년당 단장을 하셨고, 또 사촌형이 치안국 감찰과에서 수사과장을 했었어요. 그 두 분이 우리 집 지하실에 피신해 있었어요. 그래서 아침이면 어머니하고 뚝섬이나 송파에서 채소를 구입해 돈암시장에서 팔았어요. 그 돈으로 밀가루를 두 되 사서 그분들을 먹여 살렸죠.

서울 사람들은 농사를 안 지으니까 수입이 없잖아요. 명아주라는 식물이 있는데, 그건 독성이 있어서 삶아서 우려 먹어야 해요. 그런데 당시에는 배가 고프니까 그냥 먹어요. 그래서 몇 번을 쓰러졌는지 몰라요.

* 인민군 발행 화폐

6·25전쟁 당시 인민군이 발행한 화폐가 있었어요. 그러다가 인민군이 패잔병이 돼 떠나는데, 우리 동네 통장이 "국군들이 오면 그 화폐를 못 쓴다"고 말하니까 인민군이 그 자리에서 쏴 죽이는 걸 제가 봤어요.

* 인민군 치하에서의 돈암동 학생들

학교에 나오라고 해서 갔더니 아침부터 점심까지 군가와 인민군 노래를 가르쳤어요. 그때 제가 중학교 2학년이었는데, 그 어린애를 군대에 보내려고 그렇게 애를 쓰더라고요. 거기에 저와 같은 반 친구가 지원해 나갔었어요. 나중에 그 친구가 패잔병 속에서 총을 질질 끌고 가는 걸 봤었죠.

저녁이면 자아비판하고, 나한테도 부모님의 행동을 보고하면 상 준다고 과자도 주고…. 그러면 사탕 받아 먹는 맛에 거짓말도 조금 했죠.

4. 돈암동의 사람들과 풍경

4.1 돈암동의 사람들

돈암동에는 독립운동가이자 이승만과 정치적으로 대립하던 조병옥1894~1960을 비롯해 제5공화국 때의 인물 장세동1936~ 등 많은 정치인이 거주했다. 조병옥에 대한 돈암동 주민의 신뢰는 매우 높았고, 조병옥의 장례식 때에는 미아리고개까지 조문객이 인산인해를 이루었다고 박영민은 기억한다. 또한 돈암감리교회를 오래 다닌 박영민은 예전 돈암감리교회의 위치와 같이 다녔던 사람들, 동네 토박이와 돈암초등학교를 같이 다닌 친구들에 대해서도 이야기해 주었다.

* 조병옥과 돈암동

조병옥 박사가 대통령 선거에 나갔다가 갑자기 미국에서 돌아가셨잖아요. 그 당시 장례를 한국에서 치렀는데, 미아리고개가 인산인해로 조문객이 꽉 찼었어요.

당시에는 이승만 박사보다 조병옥 박사에 대한 신뢰가 더 대단했어요. 이승만 박사가 김구 선생을 죽였다고 소문이 나서, 주민들이 이승만 박사를 안 좋게 보고 조병옥 박사를 최고로 쳤죠. 아마 돌아가시지만 않았어도 조병옥 박사가 당선됐을 거예요.

[그림 21]
조병옥 박사의 유해가 돈암동 자택에 도착했을 때의 모습
1960년 2월 20일, 국가기록원 소장

「혈서 41통, 적객 근 5만」

조박사 호상소에 안 그치는 문객
-고 조병옥 박사의 호상소도 24일이면 마지막 밤을 새우는 셈이라 이를 하루 앞둔 23일 밤 돈암동 빈소에는 조객들로 더욱 법석, 마지막 석별을 나누고들 있었다.
-이날 빈소를 찾은 이들 가운데는 해·공군 두 참모총장을 비롯해 퇴역장군 김석원 씨, 김활란·모윤숙 여사 등이 있었으며 외국인으로는 미 대사관 2등 서기관 휴를씨가 있었다.
-조객 수는 이날 밤 10시까지 총 4만 8천을 헤아렸으며 조전 조문이 326통, 혈서 41통, 조화 155다발이 들어왔다.
-유명을 달리하신 지는 이미 오래다 할지라도 유해에라도 가까이 해 보겠다는 남녀노유 조객들의 발길은 밤이 깊도록 끊임이 없었으며 빈소를 지킨 이들도 하루만 있으면 마지막 이별이라고 피로한 가운데서도 석별지감이 뼈저린 모양들이다.

『동아일보』 1960년 2월 24일 자

*** 돈암감리교회**

저는 중학교 때부터 돈암감리교회를 다녔어요. 꽤 오래 다녔지요. 당시 서대문형무소의 헌 벽돌로 교회를 지었다고 들었어요. 현재 그 건물은 남아 있지 않지만, 저 학교 다니면서도 돌 깨던 생각이 나요. 돈암감리교회서울 성북구 동선동5가 70-3번지도 원래는 이 자리가 아니었어요. 이민우 국회의원이 돈암감리교회를 다녔는데, 그분 딸과 저는 돈암감리교회 중·고등부를 같이 다녔어요. 그분이 교회를 다시 지을 때 기부를 많이 했죠.

*** 돈암초등학교 동문: 장세동, 조윤형, 동도극장 사장**

장세동도 돈암동에 살았는데, 저와 초등학교·고등학교 동창이에요. 조병옥 박사의 아들 조윤형 씨도 돈암초등학교를 나왔지요. 어릴 적 친구들과는 지금도 연락을 해요. 동도극장 사장 아들도 제 친구였죠.

*** 돈암동 토박이와 동네 친구들**

돌산과 정덕초등학교 근처에 돌집 짓고 살던 친구가

있었는데, 지금은 아파트로 개발돼서 없어졌더라고요. 또 김구 한국일보 논설위원도 돈암동에 살았어요.

[그림 22]
1952~1953년 돈암감리교회 앞에서 친구들과
박영민 제공

4.2 돈암동의 풍경

박영민은 아리랑고개에서 가장 오래 거주했는데, 그가 거주할 당시 아리랑고개에는 채석장이 있어 돌이 많았고 고개가 험해 고개 끝에 서낭당이 자리하고 있었다고 한다. 또한 여우가 많이 출몰해 동네 사람들이 여우 사냥을 나서기도 했다. 또한 아리랑고개에는 윤보선 대통령의 소유 부지가 많았는데, 윤보선 대통령의 땅을 사람들이 무단으로 점거해 차지한 사건도 있었다. 또한 박영민은 아리랑고개와 산동네의 판잣집, 친구들과 자주 놀던 성북천의 모습, 전차 종점과 주요 공공기관의 위치 등 당시 돈암동의 풍경에 대해 상세하게 이야기해 주었다.

[그림 23]
1952~1953년 아리랑고개 돌산에서 친구들과
박영민 제공

*** 아리랑고개**

일제강점기 때도 B-29[6]가 하늘에 뜨면 아리랑고개에서 고사포를 쏴요. B-29는 고도가 1만 2,000미터인데, 고사포는 8,000미터 정도여서 중간에서 팡팡 터지는 게 보여요. 그래서 B-29가 오면 재밌어서 나가서 구경을 했어요.

아리랑고개가 험한 고개라 국군이 훈련하는 장소로 쓰기도 했어요. 또 여기 물이 많아서 살기 좋았어요. 도토리나무가 많아서 가을에는 도토리를 많이 줍기도 했죠. 해방 이후에도 아리랑고개라고 불렀던 것 같아요.

저는 친구 집에 놀러 정릉에 많이 갔어요. 여기서 바로 나가면 배밭골이죠. 원래 2차선밖에는 안 됐었는데, 산을 반이나 깎아내고 도로를 넓혔어요.

*** 도깨비가 나오는 집**

성북문화재단 건물 뒤에는[7] 옛날에 산이 있었고, 한옥도 한 채 있었어요. 거기서 밤마다 도깨비가 나온다고 소문이 났던 기억이 나요. 그렇게 아무것도 없는 산이었어요.

[6] 제2차 세계대전에서 사용된 미국의 전략폭격기

[7] 서울 성북구 돈암동 538-59번지 뒤편

＊ **여우잡이, 아리랑고개의 계곡**

1949년에 돌산에 여우가 나타났다고 해서 동네 사람들이 여우 잡는다고 난리를 쳤던 기억이 나요. 또 아파트 세워지면서 완전히 없어졌는데 학교 옆에 조그마한 계곡도 있었어요. 여름철에 물놀이하고 그랬지요.

＊ **윤보선 대통령과 아리랑고개**

아리랑고개에 윤보선 대통령의 땅이 많았어요. 그래서 사람들이 6·25전쟁 이후에 차지하면 내 땅 된다고 그 땅을 무허가로 차지해서 부자가 된 사람들이 많았어요.

「윤 대통령이 고소, 대지명도를 청구」

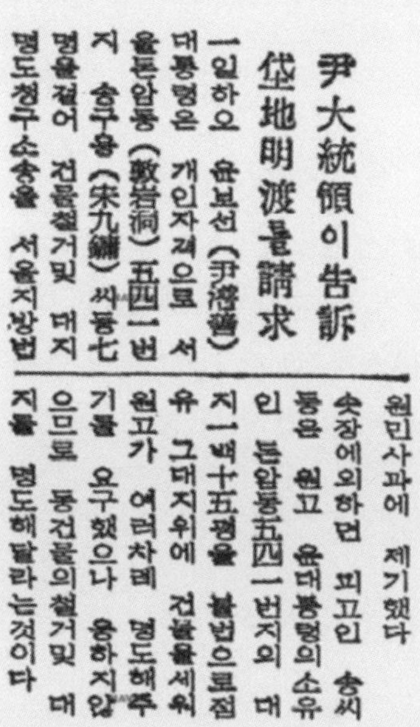

尹大統領이 告訴
垈地明渡를 請求

1일 하오 윤보선 대통령은 개인 자격으로 서울 돈암동 541번지 송구용(宋九用) 씨 등 7명을 걸어 건물철거 및 대지명도 청구 소송을 서울지방법원 민사과에 제기했다.

소장에 의하면 피고인 송씨 등은 원고 윤 대통령의 소유인 돈암동 541번지의 대지 1백15평을 불법으로 점유, 그 대지 위에 건물을 세워 원고가 여러 차례 명도해 주기를 요구했으나 응하지 않으므로 동 건물의 철거 및 대지를 명도해 달라는 것이다.

『조선일보』 1961년 2월 2일 자

＊ **아리랑고개의 서낭당**

지금 동암교회 자리에 서낭당이 있었어요. 박수무당이 살았던 기억이 나요.

＊ **돈암초등학교 뒤 산동네**

돈암초등학교 내려가서 우측에 언덕이 있는데, 그때는 먹고살기 힘들어서 거기 소나무에 사람들이 목매달아 많이 죽었다고 들었어요.

지금 아파트 있는 자리에서 아주 어려운 사람들이 판잣집을 짓고 살았어요. 그 사람들 집을 해 주느라고 헐고 아파트를 짓고 분양해 주고, 해방되고 나서부터 무허가 판자촌이 생기기 시작했어요.

＊ **당시 돈암동 거리**

일제강점기에는 큰 길마다 플라타너스를 심었어요. 1943년으로 기억하는데, 길을 넓히면서 다 잘라내고 느티나무를 심었죠.

＊ **전차 종점**

전차가 왕복으로 다녔는데 태극당이 종점이었어요. 바로 전 정거장은 파출소 앞이었어요. 태극당 자리는 동네 중심지였어요. 만나자고 하면 태극당에서 만났지요.

＊ **성북천**

저는 성북천에서 많이 놀았어요. 제가 일고여덟 살 때 성북천에서 뛰어내리는 바람에 눈이 찢어져서 어머님이 기절을 하실 뻔한 적도 있었죠. 당시 성북천은 깨끗한 물과 모래가 있는 곳이었어요. 겨울에 얼음이 얼면 썰매를 만들어 타고 놀기도 했죠.

＊ **옛 성북구청**

또 동도극장 건너편에 2층 돌집이 있었는데, 옛날 성북구청이 6·25전쟁 이후 임시로 사용했어요.

＊ **동네의 유일한 양의원 '제중병원'**

돈암동 294-5번지에는 제중병원이 있었어요. 당시 동네 유일한 양의원이었어요. 원장님 성함이 방

[그림 24]
돈암사거리 주변 구술지도
1967년 지도 위 표기

재선인데, 돈암감리교회 장로로 활동하셨어요.

* 신흥사 주변 연회장

육순 회갑잔치 장소로는 신흥사 주변 연회장을 최고로 쳤어요. 서울에서 연회를 하면 신흥사에서 했으니까요.

* 동네 우물

동소문동7가 94번지 자리에 우물이 있었는데, 물이 풍부해서 집에 펌프가 없는 집들은 다 그 물을 이용했어요.

* 돈암시장과 '작은 시장'

돈암시장은 안시장과 바깥시장이 있었어요. 안시장은 지금 시장 건너편에 있었는데, 옛날에는 안시장이 더 활발했어요. 안시장은 완전한 시장이었고, 주유소 앞에도 '작은 시장'이라고 작게 시장이 있었어요. 돈암시장 주변에는 노점상처럼 무허가 점포가 많았어요.

돈암시장 초입에는 만화가게와 문방구가 있어서, 내가 거기 그 집 가서 만화를 보곤 했던 기억이 나요. 시장 건물들은 다 단층 한옥으로, 도로변 양쪽으로 허름하게 판자로 지었던 것 같아요. 성북천 쪽은 허름한 빈터였고 창고 같은 게 있었죠.

[그림 25]
아리랑고개 주변 구술지도
1967년 지도 위 표기

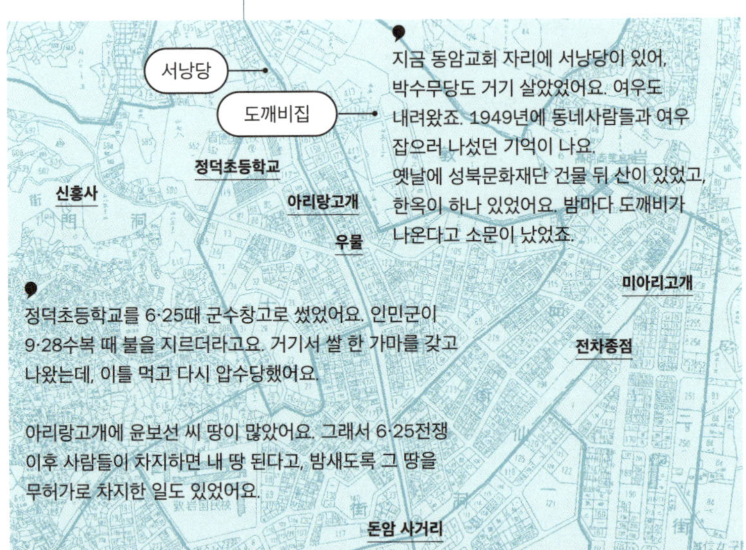

박영민의 기증 유물

박영민은 집안 대대로 서울에서 거주한 토박이로, 2000년 무과홍패武科紅牌 등 33건과 2014년 서울운동장 사진 등 61점을 기증해 구한말부터 근현대까지 서울시민의 삶과 역사를 재조명하는 작업에 많은 도움을 주었다. 또한 이번 돈암동 지역 조사 과정에서 그가 기증한 사진을 통해 1950년대 돈암동의 모습과 지역민의 생활을 생생하게 볼 수 있었다.

[그림 26]
태극기

[그림 27]
박영민의 남산 신사 참배

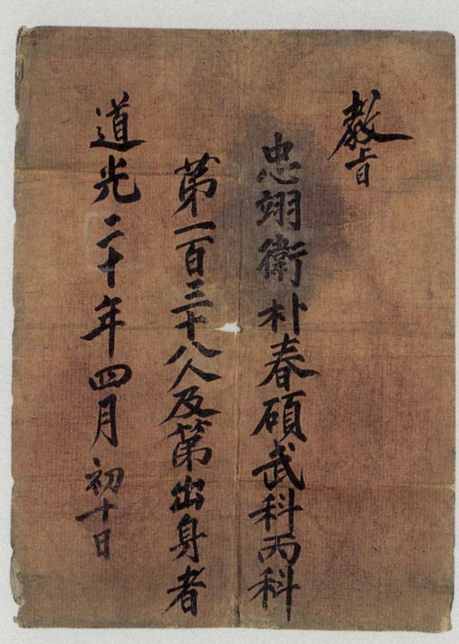

教旨
忠翊衛朴春碩武科丙科
第一百三十八人及第出身者
道光二十年四月初十日

[그림 28]
박춘석 무과홍패

[그림 29]
아리랑고개에서 돈암동 유지들과 박수홍

[그림 30]
1966년 결혼식 모습

故 신동엽 일가

신동엽 시인은 돈암동과 많은 인연이 있다. 그는 1953년 돈암동으로 상경해 친구의 책방 일을 돕던 중 그곳에 거주하던 인병선을 만났고, 1956년 결혼해 1962년 동선동5가 45번지에 자리를 잡았다. 이곳에서 신동엽은 명성여자고등학고 교사로 일하며 「금강」이나 「껍데기는 가라」와 같은 대표작을 집필했고, 1969년 동선동 자택에서 타계할 때까지 신동엽과 그의 가족들은 가장 행복하고 안정된 시절을 보냈다. 신동엽의 타계 이후에도 신동엽의 가족들은 동선동에 거주하며 생활을 이어나갔고, 인병선의 어머니 노미석에 이어 3대에 걸쳐 돈암동에서 생활 터전을 일궜다. 이번 구술에 참여한 신동엽·인병선의 장남 신좌섭은 성북천 부근의 월세방에서 태어나 유소년기를 동선동 자택에서 보냈기에 1960~1970년대 동선동 한옥의 모습과 골목 풍경, 당시 이웃들의 생활 모습에 대해 상세하게 전달해 주었다. 아파트가 개발되고 새로운 사람들이 입주하면서 현재 옛 돈암동은 흔적이 거의 남아 있지 않지만, 이들의 기억과 구술을 통해 개발 이전 돈암동의 모습, 주민들의 생활사를 본 조사에서 파악할 수 있었다.

동선동5가 45번지

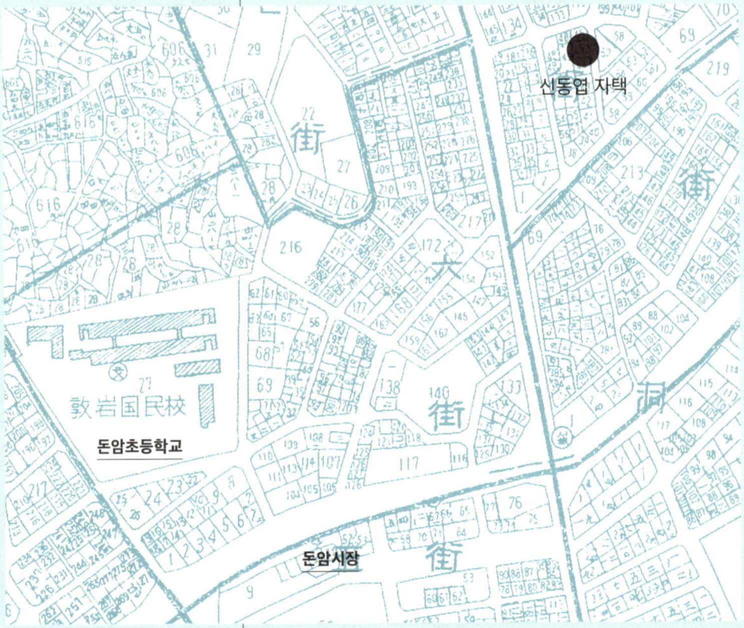

가옥 위치
1967년 지도 위 표기

주요 거주자

<table>
<tr><th>이름</th><th>생몰연도</th><th>가족관계</th><th>거주시기</th><th>직업</th></tr>
<tr><td>노미석</td><td>1904~1979</td><td>인병선의 모친</td><td>돈암동 250번지
(1953~1957)
동선동3가 109번지
(1957~1977)</td><td>돈암시장에서
포목상 운영</td></tr>
<tr><td>신동엽</td><td>1930~1969</td><td></td><td>성북천 인근
(1959~1962)
동선동 5가 45번지
(1962~1969)</td><td>시인</td></tr>
<tr><td>인병선</td><td>1935~</td><td>신동엽의 배우자</td><td rowspan="4">돈암동 250번지
(1953~1957)
성북천 인근
(1959~1962)
동선동5가 45번지
(1962~1972)
동선동3가 109번지
(1972~1977)</td><td>시인,
짚풀생활사박물관 관장</td></tr>
<tr><td>신정섭</td><td>1957~</td><td>신동엽의 장녀</td><td>화가, 캐나다 거주</td></tr>
<tr><td>신좌섭
(구술자)</td><td>1959~</td><td>신동엽의 장남</td><td>서울대학교
의과대학 교수</td></tr>
<tr><td>신우섭</td><td>1962~</td><td>신동엽의 차남</td><td>개인사업</td></tr>
</table>

1. 정착 과정

1.1 1대: 외할머니 노미석, 어머니 인병선과 돈암동

신동엽 일가 중 돈암동과 처음 인연을 가지게 된 인물은 신동엽의 아내 인병선과 그의 어머니 노미석이다. 북한의 지주 계층이었던 그의 가족들은 1946년 월남해 혜화동에 자리를 잡았고, 인병선은 혜화초등학교에 재학했다. 하지만 1950년 6·25전쟁이 발발하자 노미석의 남편 인정식1907~?과 장남 인병완은 북한으로 건너가게 됐고, 노미석과 인병선은 제주도에서 3년간 머물다 1953년 돈암동 250번지에 자리를 잡게 된다. 구술자 신좌섭은 당시 노미석이 돈암동에 거주하게 된 계기를 돈암동이 38선과 가까워 언제든지 통일이 되면 북한으로 넘어갈 수 있는 지역이었기 때문이라고 추측했다. 노미석은 돈암동 250번지에 거주하며 돈암시장에서 포목점을 운영했고 재산이 조금 모이자 동선동3가 109번지를 구입해 이사했다. 또한 딸 인병선이 결혼하자 동선동5가 45번지의 자택을 구입해 분가시켰다.

＊ 이전 거주지와 해방 직후 혜화동 정착

외할아버지 인정식은 일제강점기 사회주의 계열의 농촌경제학자였지만, 집안이 이북에서 땅이 제법 있는 지주였어요. 그래서 해방 후 주변의 압박을 피해 가족이 남하해서 혜화동에 정착했지요. 얼마 뒤 6·25전쟁이 터져서 외할아버지하고 외삼촌은 다시 이북으로 올라가셨어요. 어머니하고 외할머니는 제주도로 피난을 가서 거기서 한 3년을 지낸 후 돈암동으로 돌아와 정착하셨죠.

＊ 1953년 돈암동 250번지 정착 계기

당시 이북에서 내려왔던 사람들 상당수가 돈암동 일대에 정착을 했어요. 38선이 뚫리면, 언제든지 북한으로 올라가겠다는 생각이 있었겠죠. 당시 돈암동은 북에서 내려온 사람들에게 서울에서 북하고 제일 가까운 곳, 언제든지 통할 수 있는 곳이었어요. 외할머니도 늘 북쪽 생각을 하면서 사셨기 때문에 돈암동에 정착하신 것 같아요.

＊ 포목점 운영

외할머니는 돈암시장에서 포목점을 운영했어요. 외할머니의 영향으로 어머니도 아버님이 사시던 부여에서 잠깐 이화양장점을 운영하셨죠. 할머니 포목점에 가면, 이렇게 큰 막대기에 포목을 둘둘 말아 놓은 것들이 색깔별로 꽂혀 있었어요. 당시에는 그렇게 원단을 끊어서 이불도 만들고, 옷도 해 입으니 수요가 많았지요. 돈벌이가 좋아서, 어릴 적에 할머니 포목점에 가면 늘 돈통에 돈이 수북했어요.

＊ 동선동 3가 109번지 이사와 인병선의 분가

외할머니는 포목점을 조금씩 키워 동선동3가 109번지에 집을 사셨어요. 현재 동선한약국 맞은편 골목 끝자리였는데, 40평 가까이 되는 한옥이었죠. 그렇게 정착한 후 월세방을 전전하던 딸을 분가시키려고 1962년 집을 사준 게 동선동5가 45번지였던 거예요. 돈암동 250번지, 성북천의 셋방 두어 개 그리고 동선동3가 109번지, 동선동5가 45번지, 이곳들이 당시 우리 가족의 터전이었다고 할 수 있죠.

1.2 2대: 신동엽과 인병선의 혼인과 동선동 정착

돈암동 250번지에 정착한 인병선은 1953년 이화여자고등학교 재학 중 신동엽을 만나 교제를 시작했다. 당시 신동엽은 6·25전쟁 당시 부여에서 민주청년동맹민청 선전부장을 한 경력으로 고초를 겪고 부여를 떠나 돈암동 친구의 자취방에 기거하면서 헌책방 일을 돕고 있었다. 1956년 신동엽과 인병선은 결혼 후 잠시 부여에 정착했지만, 이듬해 신동엽이 폐디스토마로 각혈을 하면서 인병선과 장녀 신정섭은 돈암동 처가로

[그림 1]
1956년 신동엽·인병선의 결혼식 사진
김응교 글, 인병선 고증 『좋은 언어로: 신동엽 평전』, 112쪽

들어가고 신동엽은 부여에서 요양하게 됐다. 1959년 신동엽은 건강이 회복되자 가족이 있는 돈암동으로 상경했고, 본격적으로 돈암동에서의 생활이 시작됐다. 구술자의 기억에 따르면 처음 2~3년간은 성북천 근처의 '동원네' 등 여러 셋방을 전전하다 1962년 노미석이 구입한 동선동5가 45번지에 정착했다고 한다.

* 신동엽의 돈암동 상경과 인병선과의 만남

아버님은 전주사범 출신이지만 6·25전쟁 당시의 좌익 행적 때문에 부여에서 살기 곤란하셨을 거예요. 부여를 떠나 정착할 곳이 필요했는데, 당시 아는 사람이 돈암동 일대에 살아 서울에서 일단 자리를 잡을 수 있는 곳이 여기라고 생각하셨습니다.

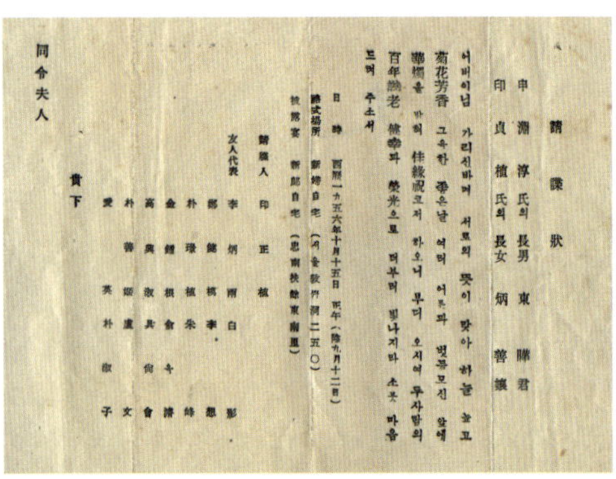

請牒狀

申瀞淳氏의 長男 東曄君
印貞植氏의 長女 炳善孃

어버이님 가리신바며 서로의 뜻이 맞아 하늘 높고
菊花芳香 그윽한 좋은날 여러 어른과 벗들모신 앞에
華燭을 밝히 佳緣을 맺고저 하오니 무더 오시여 두사람의
百年偕老 幸福과 榮光으로 더부러 빛나지다 소곳 마음
드며 주소서

日時 西曆一九五六年十月十五日 正午 (陰九月十二日)
禮式場所 新婦自宅 (서울敦岩洞二五〇)
披露宴 新郎自宅 (忠南扶餘東南里)

請牒人 印正植
友人代表 [illegible]

同令夫人
貴下

[그림 2]
1956년 신동엽과 인병선의 청첩장
예식 장소는 돈암동 250번지로 돼 있으나, 실제 결혼식은 부여에서 치렀다.
신좌섭 제공

마침 친구의 친구가 하는 헌책방이 돈암동 사거리에 있어서, 그 헌책방에서 일을 돕다가 어머님을 만나셨지요. 53년에 만나셔서 56년에 결혼하셨어요.

* 신동엽과 인병선의 혼인

청첩장의 예식 장소는 돈암동으로 돼 있지만, 실제 결혼식은 부여에서 하셨어요. 어머니 쪽에서는 결혼을 무척 반대했었어요. 그래서 결혼식 사진을 보면 외할머니도 없고, 신부 쪽에서 간 사람이 없어요. 청첩장에는 외할아버님 이름도 있는데, 당시 이북에 계셨지만 혼주로 이름을 올린 것이죠.

* 돈암동 상경과 성북천 셋방

돈암동으로 상경하셔서 서너 군데 셋방을 전전하신 것 같아요. 그중 성북천 근처에서 살았던 집은 우리 가족이 다들 '동원네'라고 불렀어요. 집주인 아들 이름이 동원이라 '동원네'라고 불렀던 것 같아요.

> 우리 가족은 서울로 올라와 이후 2년 가량 돈암동의 서너 군데 셋방을 전전하였다. 그중 돈암동 개천가, 지금도 식구들 사이에서 '동원네 집'으로 통하는 그 집에서의 기억은… 아버지의 친구분들이 종종 찾아오셨고, 그럴 때면 어머니는 나와 동생을 이끌고 집 앞 가로수 우거진 길로 나와 산책을 하거나, 흙바닥에 포도송이니 강아지 따위를 그려주시곤 하였다.[1]

[1] 신정섭, 「대지를 아프게 한 못하나 아버지 얼굴가에 그려넣고」, 구중서 외, 『申東曄,그의 삶과 문학』, 온누리, 1983, 218쪽.

* 동선동5가 45번지 정착, 거주

동선동 자택에는 1962년, 제가 세 살 때 자리 잡았죠. 그때가 집장사 집들이 막 들어설 때인데, 완전히 신축은 아니었고 다 똑같은 구조의 개량 한옥이었죠. 저희 가족은 초창기 입주자였어요. 입주할 때 좀 수리를 했던 걸로 알고 있어요. 동선동5가 45번지에는 동생이 태어난 1962년에 들어가서 아버님이 돌아가신 이후에도 3년 정도 더 살았어요. 1972년까지요. 교사증에 동선동

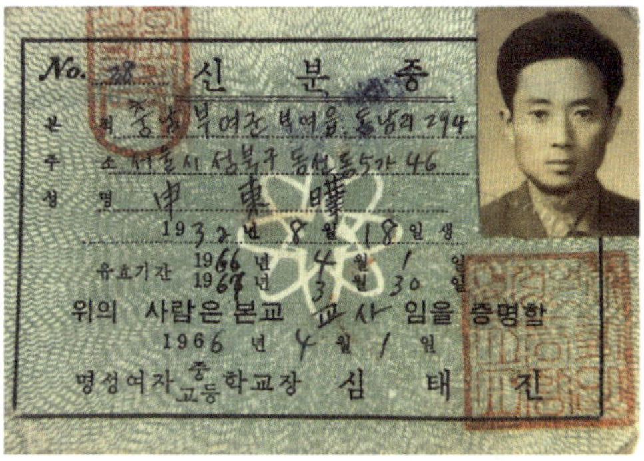

[그림 3]
1966년 명성여자고등학교 교사증
김응교 글, 인병선 고증『좋은 언어로: 신동엽 평전』, 253쪽

5가 46이라고 돼 있는데, 당시에는 이런 것들이 정확하지 않았습니다. 위치를 확인하면 5가 45번지가 맞아요.

1.3 신동엽의 죽음과 혜화동 이주

1969년 신동엽의 갑작스러운 죽음 이후에도 그의 가족들은 3년간 동선동 자택에서 거주했다. 신좌섭의 구술에 따르면, 이 시기 동안 인병선은 원고 교열 등 출판사 일을 하며 생계를 이어갔지만 돈 대신 책이나 원고지로 월급을 받는 등 수입이 변변치 않아 형편이 어려웠다고 한다. 인병선은 어려운 생활을 벗어나기 위해 동선동 자택을 정리해 노미석의 자택으로 합가하고 북한강가 새터라는 곳에서 유원지를 시작했다. 인병선의 노력 덕분에 1978년 초에는 혜화동에 작은 건물을 매입해 돈암동 집을 정리하고 혜화동 건물 옥상으로 거주지를 이전하게 된다. 인병선이 어려운 시기 마련한 혜화동 건물은 현재 짚풀생활사박물관1993~현재을 유지하는 바탕이 되고 있다.

＊ 신동엽 사후 가족들의 생활

아버지가 돌아가신 이후 어머니는 출판사에서 일본어 번역 등 원고 교열과 교정 일을 했어요. 어느 출판사에서는 월급 대신 빈 원고지를 준 적이 있어요. 그때 원고지가 트럭으로 왔지요. 또 제가 중학교 때는 동서양 사상전집이 월급 대신 온 적도 있어요. 그래서 성신여대 사거리 쪽에서 트럭에 실려 온 전집 꾸러미를 받아서, 제 키만 한 책 묶음을 양손에 들고 고갯길을 넘어 집으로 간 기억이 지금도 생생합니다.

＊ 혜화동 이주 이유

돈암동을 떠난 건 경제적인 이유였죠. 아버지가 돌아가신 이후 어머니는 출판사 교정 일을 하면서 근근이 먹고살다가 그렇게 살면 아이들 키우는 것도 불가능하겠다고 생각을 하고 뭔가 딛고 일어설 밑천을 마련하기 위해 5가 45번지를 팔고 할머니 댁으로 들어갔어요. 그리고 할머니에게 우리를 맡기고 1972년부터 북한강가에서 유원지를 시작했어요. 덕분에 우리 삼남매는 주말이나 방학이면 유원지에 가서 음식을 나르는 등 일을 돕곤 했지요. 그러다가 1978년 초 혜화동 로터리에 있는 조그만 건물 하나를 매입했어요. 그런데 매입하는 과정에서 빚을 지게 되니까, 돈암동을 정리하고 그 건물 옥상으로 살림집을 옮겼지요. 현재 그 건물은 어머니가 1993년에 설립한 짚풀생활사박물관을 유지하는 토대가 되고 있어요.

2. 돈암동에서의 생활

2.1 동선동 자택 생활

신좌섭은 동선동5가 45번지 자택의 구조나 외형이 주변 다른 집들과 거의 비슷했다고 기억한다. 동선동 자택은 문간방과 건넛방, 안방과 마루로 구성돼 있었다. 또한 난방은 연탄을 때는 방식이었으며, 부엌에는 아궁이가 있었고 화장실은 재래식이지만 바닥에 타일이 깔려 있는 전형적인 개량한옥이었다고 한다. 문간방은 처음에는 세를 주다가 신정섭이 중학교에 들어가면서 사용했고, 건넛방은 신좌섭과 신우섭이, 안방은 신동엽과 인병선 부부가 사용했다고 한다. 신동엽은 주로 대청마루에 접이식 상을 펼쳐 놓고 금전출납부 등에 글을 썼다.

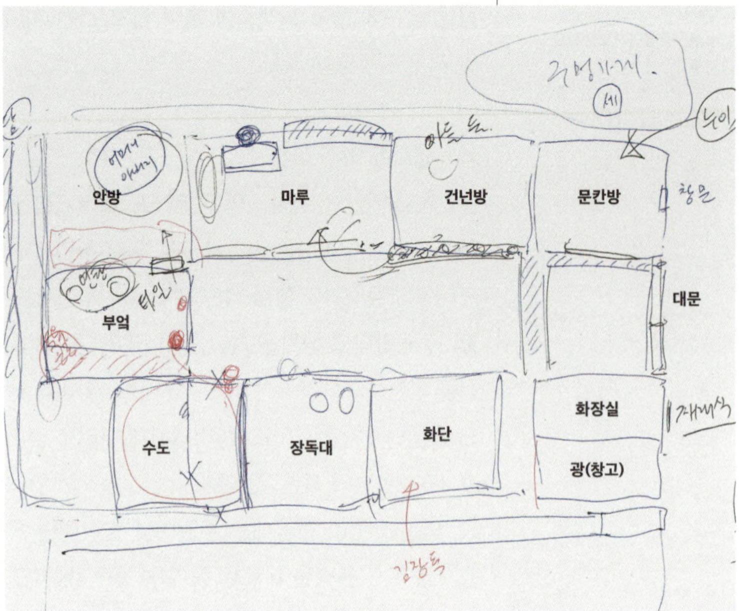

[그림 4]
구술자가 그린 동선동 자택 구술 지도

＊ 자택 구조

대문 다음에 중문이 있었어요. 대문에서 들어오다 보면 오른쪽에 문간방이 있고, 문간방에는 길 쪽으로 난 창문이 있었어요. 문간방 지나 중문을 넘어서면 우측에 건넛방이 있었지요. 그다음에 온돌 없는 마루가 있고, 그 옆에 안방이 있었죠. 대문을 마주보는 자리에 부엌이 있었어요. 부엌 옆이 수돗가라 여기서 빨래도 하고 설거지도 했지요. 그 옆에 장독대가 있고 작은 화단이 있었어요. 화단은 으레 김장독을 묻어놓는 정도로 사용했죠. 대문 왼쪽에는 화장실과 광이 있었어요. 화장실은 재래식이죠. 바닥에 타일이 깔려 있고 외부로 연결되는 작은 문이 있어서 그 구멍을 통해 용변을 퍼갈 수 있는 소위 '푸세식' 구조였지요.

＊ 자택 용도

안방에서 부엌 위쪽으로 다락이 있었어요. 거기가 꽤 넓어서, 온갖 거 다 쟁여놓고 그랬죠. 안방은 어머니·아버지가 쓰셨어요. 맨 처음에는 문간방을 세줬는데, 1967~1968년경 누이가 초등학교 고학년이 되면서부터 문간방을 썼어요. 건넛방은 저와 동생이 쓰고요. 그전에는 건넛방을 셋이 함께 썼지요. 1960년대 중반 건넛방 쪽마루와 마루를 뛰어오고가며 놀았던 기억이 나요.

＊ 난방 방식

난방은 마루를 제외하고는 연탄 온돌이었어요. 연탄 아궁이가 두 개쯤 있었던 것 같아요. 연탄을 광에다 보관하고, 옆집과 우리 집 담장 사이에 간격이 있어 거기에 보관하기도 했어요. 그리고 부엌에서는 석유곤로를 주로 썼죠.

＊ 자택에서 신동엽의 집필 모습

『금강』 같은 대작을 쓰실 때는 인근 여관방을 잡아 쓰셨지만, 주로 마루나 안방에 앉아서 글을 쓰셨지요. 아버님이 자주 보시던 책은 다 마루에 꽂혀 있었습니다. 바닥에 접이식 교자상을 펴놓고 글을 쓰셨고, 옆에 항상 담배와 재떨이가 있었습니다.

> 우리 식구가 문간방 아닌 안채를 차지하고 살게 된 건, 내가 대여섯 살 되던 무렵이었다. 돈암동에 자리한 25평짜리 자그만 한옥이었는데, 7년 후 아버지는 이 집에서 돌아가셨다. 나중에 어머니로부터 그 집을 사서 수리할 때 보니 대들보가 동강 부러져 있더라는 불길한 이야기를 들었다… 아버지는 낮 동안 안방에서 글을 쓰시고 오후에는 명성여고에 국어선생님으로 나가셨다.[2]

[2] 신정섭, 「대지를 아프게 한 못 하나 아버지 얼굴가에 그려 넣고」, 구중서 외, 『申東曄, 그의 삶과 문학』, 온누리, 1983, 218~219쪽

2.2 종교생활과 가족행사

신좌섭의 외할머니 노미석은 6·25전쟁과 제주도 피난 시절을 거치면서 독실한 기독교 신자가 됐고, 어린 손자들을 데리고 돈암감리교회에 다녔다. 노미석은 1953년 돈암동에 정착한 후 집 주변에 위치한 돈암감리교회에서 열심히 활동해 교회 권사를 지냈고, 교회 내에서 많은 존경을 받았다. 1969년 신동엽이 갑자기 세상을 떠났을 때 신동엽의 장례와 장지 마련에 돈암감리교회가 큰 도움을 주었는데, 이것은 노미석의 영향이라고 하겠다.

* 가족과 돈암감리교회

처음에 외할머니는 기독교가 아니셨어요. 제주도 피난 시절 기독교를 믿게 됐고, 실향민으로 마음 의지할 데가 없으니까 교회를 열심히 다니셨어요. 교회 활동을 열심히 하셔서 권사 직분도 얻으셨지요. 제가 어릴 때 교회를 자주 데리고 가셨는데 젊은 목사나 교회 사람들이 저보고 '우리 신 장로님 오셨구나' 했던 기억이 나요.

신동엽은 기회가 있을 때마다 가족과 함께 나들이를 가는 사람이었다.[3] 신좌섭은 어린 시절 신동엽과 같이 북한산에 자주 등반했다고 기억한다. 그뿐만 아니라 신동엽은 당시 근무하던 명성여자고등학교에 한국피톤산악회이하 피톤산악회 관계자와 같이 근무한 것이 계기가 돼 전문 등반에도 발을 들이게 됐다.[4] 또한 신동엽과 인병선은 넉넉하지 않은 형편임에도 생일이나 어린이날을 챙겨 주려고 노력했고, 노미석의 환갑과 같은 큰 가족행사는 신흥사 옆에 잔치를 할 수 있는 식당과 시설이 있어 그곳을 이용하였다고 한다.

* 등산과 나들이

산을 워낙 좋아하셔서 전문 등산가로도 활동을 하셨어요. 피톤산악회라고, 그 당시에 가장 유명한 산악회에 참여하셨었죠. 어렸을 때 아버지와 함께 정릉 쪽으로 북한산을 많이 갔던 기억이 나요. 돈암동 집에서 큰길로 나가서 아리랑고개로 쭉 그냥 걸어갔죠. 지금도 북한산에 가면 '아 저기 앉아서 아버지랑 밥해 먹었지' 하는 자리들이 남아 있어요. 아버지가 자주 다니던 북한산에는 지금 '신동엽길'이 있지요.

* 생일과 어린이날

제가 장남인 데다가 생일이 5월 5일이니까 제 생일은 빼놓지 않고 챙겼어요. 거창하게 챙기는 게 아니라 가끔 노란 셔츠 이런 거 얻어 입었죠. 그때는 '노란 샤쓰의 사나이' 같은 노래가 유행해서 노란색을 사 준 것 같아요. 또 어머니와 고모가 특별한 선물을 주시곤 했죠.

[그림 5]
1970년대(추정) 동선동 마루 앞에서 신정섭, 신좌섭, 신우섭과 외가 친척들
신좌섭 제공

[3] 김응교 글, 인병선 고증, 『좋은 언어로: 신동엽 평전』, 소명출판, 151쪽.

[4] 월간 『산』 2020년 9월호, 「'껍데기는 가라'의 신동엽 시인은 암벽 오르던 클라이머였다!」.

* 신흥사에서 환갑잔치를 하다

외할머니 환갑은 신흥사흥천사에서 했어요. 당시 신흥사 옆에 연회를 할 수 있는 곳이 있어서 동네 사람들도 거기서 잔치를 많이 했어요. 신흥사로 들어가다가 좌측에 그런 연회 장소가 있었습니다. 신흥사에서 직접 운영했는지는 정확히 모르겠어요.

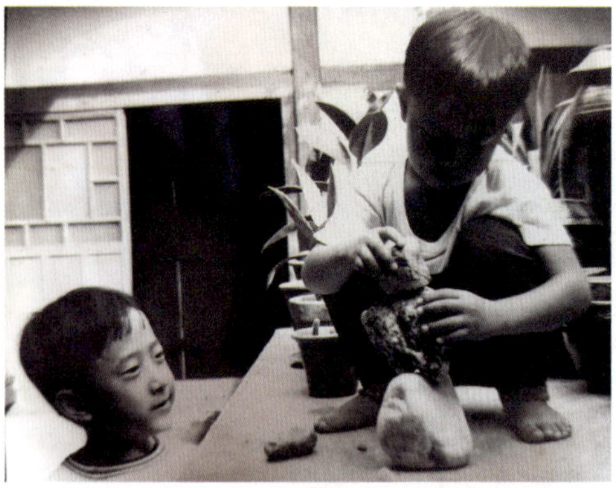

[그림 6]
1960년대(추정) 장독대 위에서 아버지가 등산에서 가져온 돌을 가지고 노는 신좌섭, 신우섭
신좌섭 제공

[그림 7]
1960년대(추정) 신정섭, 인병선, 신좌섭(왼쪽부터)
김응교 글, 인병선 고증 『좋은 언어로: 신동엽 평전』, 149쪽

2.3 생필품 구입, 편의시설

신좌섭은 거주 당시 돈암동에는 동도극장과 미도극장, 신안탕 등 다양한 문화시설 및 생활지원 시설이 있었다고 기억한다. 신동엽 가족이 생필품을 구입할 때는 주로 돈암시장을 이용했다. 특히 돈암시장 안 공터에서는 가끔 서커스 공연이 열려 아이들에게 볼거리를 제공하기도 했다. 또한 돈암시장뿐만 아니라 집 앞 골목에도 다양한 상권이 있었다고 한다. 신좌섭은 매일 아침 집 앞을 지나가는 두부장수·생선장수와 골목 주변의 솜틀집과 장독 파는 집, 돈암동 버스정류장 일대에 아침저녁 모여 있던 리어카 행상 등 자택 주변에 대해 이야기해 주었다.

＊ 식료품 구입: 돈암시장, 집 앞 골목

식료품은 돈암시장에서 많이 샀어요. 지금은 많이 작아졌지만 옛날에는 규모가 제법 큰 시장이었어요. 좀 거창하게 장을 볼 때 주로 시장에 갔는데, 집 주변에도 우리 작은 골목에만 구멍가게가 두 개가 있었지요. 또 아침마다 골목에 두부장수나 생선장수, 콩나물장수가 리어카를 끌고 지나가서 반찬거리는 주로 리어카에서 구입했죠.

＊ 버스정류장 일대 행상들

버스정류장 일대 주변으로, 출퇴근 시간이 되면 다양한 물품을 판매하는 리어카들이 나와 있었어요. 물론 시장보다는 규모가 작았지만 책도 팔고, 순두부도 끓여 팔고, 잔술도 팔고 온갖 것들을 다 팔았어요. 사람들이 새벽에 거기서 순두부 먹고 출근하던 모습도 기억이 나요.

＊ 솜틀집과 독집

옛날에는 장독을 파는 독집이 많았잖아요. 그리고 이불 속에서 뭉친 솜을 풀어주는 솜틀집, 이런 게 동네마다 있었죠. 그게 아주 중요했으니까요. 솜틀집은 아리랑고개 가는 오르막길에 있었어요. 그쪽 주변에 독집도 있었고….

[그림 8]
1964년 신흥사에서 진행한 노미석의 환갑잔치
신좌섭 제공

＊ **목욕탕**

굴다리 부근에 있는 목욕탕을 많이 다녔어요. 이름은 기억이 나지 않지만, 지금도 굴뚝이 남아 있죠. 돈암동 성당 근처 신안탕도 가끔 갔었어요.

＊ **극장**

TV가 없다 보니 극장이 많았어요. 미아리고개 쪽에도 미도극장이라고 있었지요. 동네에 작은 극장이 몇 개 있었습니다. 싸구려 극장이었죠. 동시 상영도 자주 했었어요.

＊ **서커스 공연**

돈암시장 옆에 공터가 있어서, 거기서 서커스가 열리던 기억이 나요. 할머니 포목점 돈통에는 돈이 늘 수북했는데, 철없던 때에는 그 돈을 조금 빼 가지고, 서커스를 보러 가기도 했어요.

「성북천도 돌아왔다」

서울 지하철 4호선 한성대입구역 앞까지 가면 개천 너비가 넓어져, 둔치에 곡예단이 자리를 잡고 서커스를 하기도 했다. 옛사람들은 이 물길을 따라 내려가면 사람들이 편하게 앉아서 쉴 수 있는 바위가 있다고 해 '안암천' 또는 '안감내'라고 부르기도 했다

『한겨레21』 556호 2005년 4월 20일 자

2.4 학교 생활

신좌섭은 동선동 거주 당시 돈암초등학교와 성북중학교를 다녔다. 당시 동네에 유치원이 있었지만, 유치원을 다니는 아이들은 거의 없었다고 한다. 신좌섭은 돈암초등학교를 걸어서 통학했는데, 학교로 가는 골목길에는 형편이 어려운 사람들이 사는 판잣집이 즐비하게 있었다고 한다. 또한 신좌섭 재학 당시 돈암초등학교는 미군이 남기고 간 퀀셋quonset 건물을 사용했고, 학교 뒤쪽 산에는 방공호도 있었다. 학교에서는 가난

[그림 9]
1964년 5월 창경궁으로 나들이를 간 신동엽 가족
김응교 글, 인병선 고증 『좋은 언어로: 신동엽 평전』, 151쪽

[5] 현 홍익대학교 사범대학 부속중학교, 1972~1975년 재학

한 아이들에게 구호물자를 나눠 주었고, 학교 주변에는 뽑기나 뻥튀기와 해삼을 파는 리어카 행상도 흔했다. 신좌섭은 이어 성북중학교[5]에 재학하면서 그리 멀지 않은 곳에 있던 '미아리 텍사스'와 점성촌에서 학교를 다니던 친구들에 대해서도 이야기해 주었다.

＊ **돈암동의 유치원**

저는 유치원을 안 다녔어요. 돈암동에 유치원이라는 게 매원유치원이라고 미아리 쪽에 하나 있었어요. 유치원은 부잣집 애들이 다녔고, 옛날에는 유치원에 다니는 일이 거의 없었지요.

＊ **돈암동의 학원**

태권도도장은 있었고, 웅변학원은 없었어요. 아마 좀 후대에나 중심가에 생겼을 가능성이 높아요. 여기는 거의 다 주거지였죠. 지금 우리 눈에는 밀도가 높아 보이지만, 당시 아리랑고개나 미아리 위쪽으로는 사실 가옥이 드문드문 있었습니다.

＊ **등교길 풍경**

저는 1966년에 돈암초등학교에 입학했어요. 집과 가까워서 큰길 따라 걸어서 통학했는데, 당시에는 어렵게 사는 사람들이 학교 담장 밑에 일렬로 판잣

집을 짓고 살았습니다. 그래서 아침에 등교하다 보면 밥 짓고 세수하고 하는 그 사람들의 생활이 길가에 노출돼 있었어요. 아침마다 그걸 보고 마음이 좋지 않았지요.

＊ 돈암초등학교 시설

그 시절에는 학교에 퀀셋quonset 건물이 여러 개 있었어요. 미군이 남기고 간 건물이죠. 한 학년이 18반까지 있었고, 한 반이 90명 정도였어요. 엄청난 학생 수를 감당하지 못해 오전반·오후반 나눠서 수업을 했죠. 맨날 마룻바닥을 양초로 반질반질하게 닦던 생각이 나요.

＊ 학교에서 배급하는 구호물자

그때는 학교에서 가난한 아이들에게 미국 잉여물자를 나눠 줬어요. 옥수수가루로 만든 딱딱한 빵이랑 찐 우유가루였죠. 우유가루를 찌면 딱딱하게 되거든요. 휴대하기가 편해서 들고 다니면서 먹었어요. 가끔 배급받는 친구들 거 같이 먹곤 했죠.

＊ 학교 일대 먹거리

학교 일대에서는 리어카에서 요즘 아이들이 '달고나'라고 하는 뽑기와 뻥튀기, 소라 같은 것을 팔았죠. 또 기억에 남는 것으로, 해삼을 잘게 쪼개서 양념에 버무린 것을 팔았어요. 옷핀을 쭉 펴서 해삼을 찍어 먹는데 그게 참 별미였지요.

＊ 미아리 텍사스

서라벌고등학교 북쪽 편에 미아리 텍사스가 있었어요. 저는 성북중학교를 다녔는데, 거기 사는 애들과 학군이 같아서 학교를 같이 다녔어요. 등교를 하다 보면 거기 사는 친구 하나가 멀리서 쫓아와서 제 가방을 뺏어서 들어 주곤 했죠. 학교 끝나고 그 아이 집에 갔다가 깜짝 놀란 기억이 있어요. 당시 동네 사람들도 다 알고 있는 곳이었고, 미아리고개 일대도 사창가였습니다.

＊ 미아리고개와 점성촌

당시 미아리고개 위쪽으로는 사실 주택이 별로 없었습니다. 미아리고개 맞은편 쪽 언덕에는 아주 가난한 사람들이 조그맣게 판잣집을 지어서 살았어요. 1970년대 들어서야 집들이 들어섰고, 원래는 다 허허벌판이었죠. 1960년대 들어서 점집들이 하나둘씩 들어온 걸로 기억합니다.

3. 돈암동의 풍경과 사람들

3.1 집 주변과 동네

신좌섭은 주로 어린 시절을 집 앞 골목에서 놀면서 보냈다. 때로는 골목 앞을 벗어나 아리랑고개 부근 산등성이에서 산동네 아이들과 놀기도 했는데, 매원초등학교 서쪽 산등성이에 물수제비를 할 만큼 큰 웅덩이가 있어 아이들은 웅덩이 주변에서 축구를 하거나 물수제비를 하면서 놀곤 했다. 반면 미아리고개 위쪽으로는 주택이 별로 없었으며, 길음역 방향으로 올라가는 길의 방공호굴다리 부근은 음침해서 동네사람들이 꺼리는 지역이었다고 한다. 대학생들은 주로 성북천에서 여흥을 즐겼다. 성북천은 당시 '돈암동 세느강'이라 불리며, 동네 청년들이 모여 노는 장소 중 하나였다.

＊ 집 앞 골목

아이들이 놀기 제일 좋은 데는 집 앞 골목이었죠. 포장도 안 된 골목에서 모여서 딱지치기 하고, 줄넘기 하고, 공 차고 자전거 타고 놀았어요. 공 차고 놀다 보면 공이 남의 집으로 들어가곤 했죠. 그럼 공 가지러 눈치 보면서 그 집 문을 두들겨 봐요. 대개는 '이놈들' 한마디 하고는 공을 내주었지요.

＊ 성북천

돈암시장 동쪽 성북천 하류에서 주로 놀았지요. 옛날에는 거기에 벤치도 있고, 징검다리가 군데군데 있었어요. 모여 놀기가 좋아서 저녁이 되면 거기 가서 기타 치고 노래 부르고 술 먹고 놀았어요. 당시 사람들이 성북천을 '돈암동 세느강'이라고 불렀던 기억이 나요. 당시 대학로 서울대 문리대 앞으로 흐르던 개천을 '문리대 세느강'이라고 불렀던 것과 마찬가지였던 것 같습니다.

＊ 아리랑고개 쪽 벌판과 웅덩이

매원초등학교 서쪽 인근에 산등성이가 있었고 지대가 꽤 높았어요. 그리고 거기 큰 웅덩이가 있어, 여름에는 물수제비를 할 수 있을 정도로 물이 많이 고여 있었어요. 거기가 놀기가 참 좋았어요. 거기 올라가면 위가 제법 평평해서 산동네 애들 만나서 축구 시합도 하고 놀았지요. 가끔은 싸움질도 하고….

＊ 굴다리와 약국

성신여대 사거리와 길음역 중간쯤에 굴다리가 있지요. 지금 굴다리 옆에는 문화시설이 들어서 있지만 당시에는 좀 무시무시하고 음침한 곳이었어요. 옛날에는 가로등도 없어서, 낮에 왔다 갔다는 했지만 밤에는 동네 사람들이 다니기 꺼리는 지역이었죠. 굴다리 남쪽으로 20여 미터 내려가면 모퉁이에 아주 오랜 세월 동안 약국이 있었어요. 상호는 여러 번 바뀌었지만 지금도 있어요. 약국에서 동쪽 길 건너 맞은편 골목으로 들어가면 좌측에 외할머니 댁이 있었죠.

3.2 돈암동 사람들

신좌섭은 골목에서 같이 놀았던 친구들과 주변 사람들에 대해 생생하게 이야기해 주었다. 1960년대 자택 골목의 집들은 거의 같은 구조의 한옥이었으며, 주로 출판업 종사자와 교사·문인·기자와 같이 지식인이었지만 수입은 많지 않은 사람들이 주로 거주했다고 한다. 그는 이러한 거주민의 특성에 대해 시내로 들어가는 교통이 편리한 데 비해 집값과 물가가 쌌기 때문이었던 것으로 보았다. 당시 신좌섭의 또래는 골목에 두세 명에 불과했던 때문인지 그때 자택의 옆집과 앞집, 동네에서 같이 놀았던 친구들에 대해 선명하게 기억하고 있었다. 또한 북악스카이웨이 일대의 사람들이 만든 건달 조직 '스카이파'에 대해서도 이야기해 주었다.

＊ 자택 골목의 주변의 집들

골목 한 라인에 여섯 집 정도가 있었는데, 타일 색만 다르지, 거의 같은 구조의 한옥이었어요. 집의 모양은 거의 같았습니다. 집 앞 골목의 집들 중 제 또래는 한두 집밖에 없었던 거 같아요.

＊ 옆집과 앞집

바로 옆집에는 헌병대 상사가 구멍가게를 운영했는데, 당시 좀 위세가 있었던 것으로 기억해요. 반대편 옆집은 제 또래의 애들이 있었는데, 이름이 우리는 누이가 정섭이고 제가 좌섭이고 동생이 우섭이거든요. 그런데 이 집은 이름이 한재, 두재, 세

[그림 10]
1960년대(추정) 동선동 자택 골목 앞에서 노미석, 신정섭, 신좌섭
신좌섭 제공

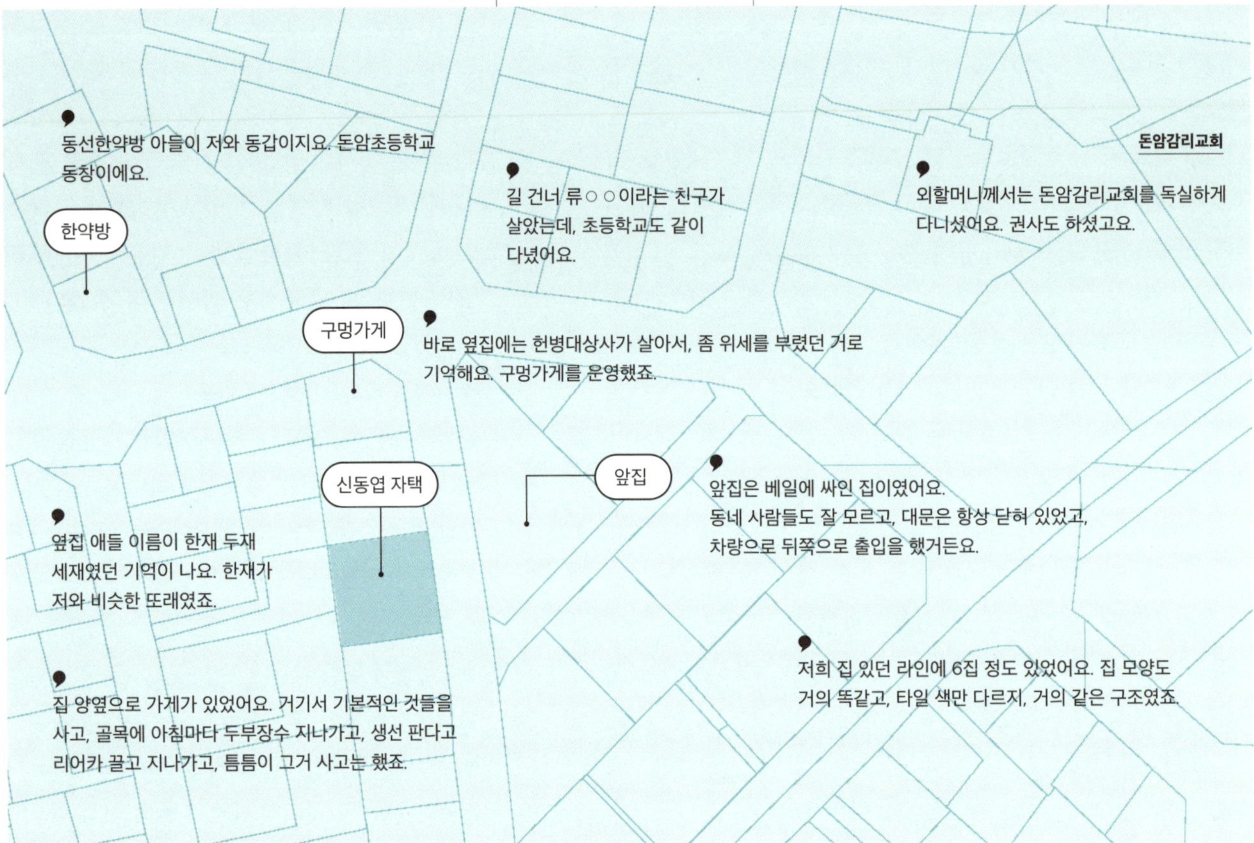

[그림 11]
자택 앞 골목 구술 지도
1968년 지적도 위 표시

재였던 기억이 나요. 다 남자였는데 한재가 저와 비슷한 또래였어요. 앞집은 뭔가 베일에 싸인 집이었어요. 동네 사람들도 잘 모르고, 지금은 극단 초인이 들어 있는 큰 집이었는데, 대문이 아닌 차량으로 주로 출입했어요. 동네에서 제일 큰 집이었던 것으로 기억해요.

＊ 골목에 살던 돈암초등학교 친구들

길 건너서 류○○이라는 친구가 살았어요. 아버지가 유명한 치과의사였는데, 이 친구는 서울대 물리학과를 다녔지요. 또 동선한약방 집 아들이 저와 동갑이에요. 치과의사 아들과 한약방 아들 모두 돈암초등학교 출신 동창들이에요. 한 학년이 1,600명 정도로 많았죠.

＊ 북악스카이웨이와 스카이파

북악스카이웨이 부근에 살던 산동네 사람들 중에는 좀 어렵게 사는 사람들이 많았어요. 그래서 거기 사는 제 또래 애들이나 조금 위 선배들이 돈암동과 성북구 일대를 장악하는 조직을 만들었었는데 그게 상당히 영향력이 강했죠. '스카이파'라고 했는데, 스카이웨이 일대를 근거지로 생각한 것 같아요.

친구 하나가 스카이파 소속이었는데 제가 대학교 1~2학년 때 가끔 나타나서 술을 같이 마신 기억이 납니다. 주로 돈암시장 일대에서 만났는데, 빌딩 유리를 닦는 등 위험한 일을 한 까닭에 주머니에서 현금이 다발로 나오곤 했습니다. 나중에 불행하게 세상을 떴는데, 어쨌든 스카이파 이야기가 이 지역 생활사에 어느 한 부분을 차지해도 의미가 있을 거예요. 그 안에 많은 스토리가 있었던 것으로 기억합니다.

＊ 돈암동 주민들

돈암동은 돈은 많이 벌지 못하지만 시내로 자주 오가야 하는 지식인들이 많이 살던 곳이었어요. 출판사에서 일하는 사람, 교사, 문인, 기자, 이런 사람들이 많았어요. 사대문하고 굉장히 가깝고, 교통

이 편리하잖아요. 전차 종점도 있었고 버스 종점도 있었어요. 또 새로 개발된 동네인 데 비해 집값이나 물가가 싸니까 그런 사람들이 들어와 살기가 좋았죠.

[그림 12]
1960년대 후반~1970년대 (추정) 집 앞 골목에서 노는 신좌섭과 친구들
신좌섭 제공

4. 아버지 신동엽

4.1 아버지의 친구들

신좌섭은 동선동 주변에 신동엽의 지인들이 많이 살지는 않았다고 기억한다. 게다가 신동엽은 외박을 하지 않는 것이 철칙인 사람이었고, 집에 지인을 초대하는 일도 거의 없었다. 하지만 인근 안암동에 거주하던 저항시인 박봉우1934~1990와 자주 교류했으며, 소설가 남정현1933~2020이나 하근찬1931~2007과도 막역한 사이였다. 또 산을 타는 것을 좋아해 등반가들과도 어울리기도 했다.

＊ 신동엽의 친구들

아버님 친구분들이 집에 자주 드나들지는 않았습니다. 본인들도 예를 많이 차리는 분들이었고, 아버님도 사람들을 막 집에 불러들이는 걸 좋아하는 스타일은 아니었어요. 돌아가시기 몇 년 전에 백병동 선생작곡가, 1937~과 자주 어울려 다녔는데, 얼마 전에 백병동 선생님을 만나서 이야기를 들어보니까 아버님 생전에 우리 집에는 딱 한 번 왔다고 그러더라고요.

＊ 박봉우 시인, 하근찬 소설가

아버님이 조선일보 신춘문예로 등단했는데, 그때 예심 심사위원이 박봉우 선생님이었어요. 박봉우 시인이 안암동에 살았는데 두 분이 무척 가까우셨지요. 또 소설가 하근찬 선생은 전주사범학교를 함께 다녔지요. 아버님과 하근찬 선생님, 박봉우 시인 세 분이 하도 어울려 다니니까 당시 문단에서 '삼총사'라고 불렀다고 합니다.

＊ 남정현 소설가

'분지' 필화사건으로 유명한 남정현 선생님도 왕래가 잦았습니다. 2020년에 돌아가셨는데, 제가 문상을 하니까 그 아드님이 저를 대번에 알아보아 깜짝 놀란 기억이 있습니다. 따로 만난 적이 없는데 말이지요. 생전에 밥상머리에서 옛 친구인 아버님 이야기를 자주 하셨다고 들었습니다.

4.2 아버지에 대한 기억

동선동 자택 시절은 신동엽에게 가장 안정적이고 행복한 시간이었다. 신좌섭이 기억

하는 아버지 신동엽은 저녁에는 명성여자고등학교의 교사로 근무하고, 평소에는 마루 책상에 앉아 담배를 피우며 글쓰기에 열중하는 모습이었다. 특히 신동엽은 초고를 금전출납부나 대학노트에 기록하고, 탈고 단계에 원고지로 옮겼다고 한다. 또한 동선동은 고려대학교, 옛 서울대학교 등 대학가와 가까워 민주화운동의 중심이 된 지역이었다. 1960년 7월 『학생혁명시집』을 펴낼 만큼 민주화운동에 관심이 많았던 신동엽은 4·19혁명과 6·3항쟁 등 민주화운동 시위에 직접 참여하기도 했다.

*** 신동엽의 집필 모습**

마루에 앉아서 주로 글을 쓰셨지요. 아버님이 자주 보시던 책은 다 마루에 꽂혀 있었습니다. 바닥에 앉는 책상이죠. 『금강』 같은 대작을 쓰실 때는 한참 아이들이 자랄 시기라 여관방을 얻어 나가 계시면서 쓰셨어요. 술과 담배를 워낙 즐기셨고, 또 술을 아무리 드셔도 흐트러짐이 없었어요.

[그림 13] ▲
삼총사로 불렸던 박봉우, 신동엽, 하근찬
김응교 글, 인병선 고증 『좋은 언어로: 신동엽 평전』, 132쪽

[그림 14] ▼
등산 동료들과 함께
김응교 글, 인병선 고증 『좋은 언어로: 신동엽 평전』, 176쪽

*** 명성여자고등학교 교사 재직 시절의 신동엽**

제가 아는 아버님은 당시 종로구 관수동에 있던 명성여고를 매일 성실하게 오고 가시던 분이에요. 제가 태어나던 해 신춘문예에 등단하고 그것이 계기가 돼 명성여고 교사로 취직하셨죠. 야간부 국어 교사라 낮에 좀 자유로웠습니다. 오후에 출근하고, 그런 와중에도 틈만 나면 새벽에 산에 갔다가 와서 옷 갈아입고 출근하고, 그런 모습이 기억에 남아요. 2019년 50주기를 기념해서 명성여고 옛 자리를 답사한 적이 있는데, 퇴근길에 종묘 앞을 지나 종로5가를 거쳐 돈암동까지 와도 걸어서 1시간 이내 거리니까 종종 걸어서 퇴근하신 것으로 짐작됩니다.

*** 원고 집필 과정**

그때는 종이라는 것이 흔할 때가 아니잖아요. 그래서 그때 많이 쓰셨던 게 금전출납부였습니다. 일반 노트에 비해 지질이 아주 좋아서 펜으로 글을 써도 종이가 찢기는 일이 없었습니다. 물론 원고를 보낼 때는 직접 원고지로 옮기셨죠.

* **64년 6·3항쟁과 신동엽**

64년 한일협정 때인 것 같아요. 낮 시간인데 길에 먼지가 자욱하고 전쟁터 같은 분위기였어요. 아버님이 먼지를 하얗게 뒤집어쓴 상태로 흥분하셔서 집으로 들어오셨던 기억이 나요. 그러고는 저희더러 밖에 나가지 말라고 말하셨죠. 그런데 어머니 말씀에 의하면 4·19 때도 그랬다는 거 같아요. 돈암동 일대는 고려대학교와 서울대학교가 가까이 있는 운동 영향권이었죠.

> 「4·19 그날, 시인 신동엽도 거리에 있었다」 중 인병선의 구술
>
> "4·19혁명 당일 아침에 나간 사람이 하루 종일 들어오지 않았다. 저녁에 들어왔는데 얼굴은 상기돼 있었고 눈은 청명하게 빛나고 있었다. 온 몸과 구두에 먼지를 뒤집어쓰고 있는 걸로 봐서 하루 종일 돌아다닌 것 같았다."

노컷뉴스 2006년 4월 13일 자

4.3 아버지의 장례식

신동엽은 1969년 갑자기 지병이 악화돼 동선동 자택에서 타계했다. 장례식은 자택에서 치렀으며, 현대식 장례와 크게 다르지 않았다고 한다. 갑작스러운 죽음이었기 때문에 경황이 없었으나 당시 돈암감리교회가 장례식 절차와 장지를 찾는 데 도움을 주었다. 장례식에서는 절친했던 소설가 하근찬이 조사를 읽었고, 명성여자고등학교 학생들과 박봉우 시인 등 많은 문인들이 조문을 왔다.

* **신동엽의 장례식**

돌아가셨을 때는 안방에 모셨죠. 갑자기 악화돼 돌아가셔 가지고. 안방에서 그냥 모시고, 건넛방에는 노인네들 모여서 밤새운다고 화투 치던 기억이 나요. 조문객은 안방과 마루에서 받았죠. 많은 분들이 왔는데 그중 박봉우 시인은 아버님 장례식에서 저희 집 장독대를 주먹으로 마구 두들기며 원통

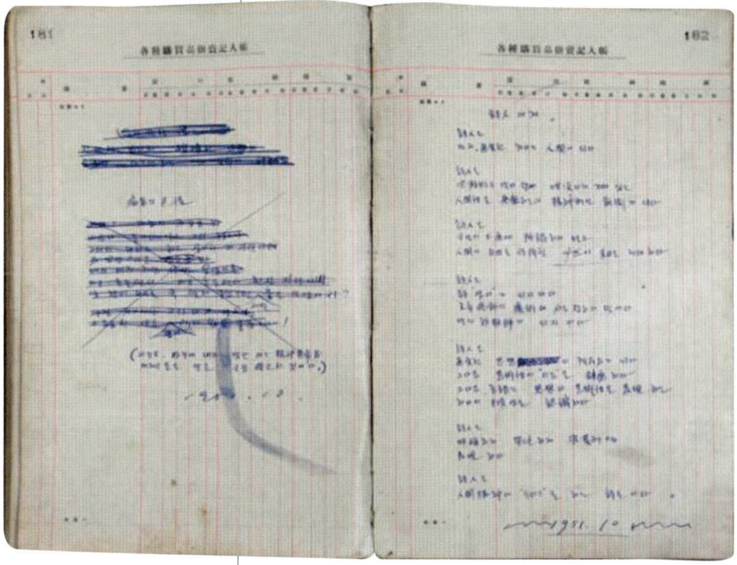

[그림 15]
금전출납부에 적힌 신동엽의 원고
성북마을아카이브

해하던 기억이 나요.

집 앞에서 장례식을 치렀지요. 소설가 하근찬 선생이 조사를 읽었고, 명성여고 학생들도 왔을 거예요. 상여나 이런 건 안 쓰고 요즘의 장례식과 거의 비슷했어요.

아버님 장례식은 돈암감리교회가 이끌어 주었습니다. 그래서 갑자기 돌아가셨는데도 깔끔하게 진행할 수 있었죠. 장지도 교회에서 알아봐 주어 처음에 파주 월롱산 기슭 기독교공원묘원에 모셨어요. 교회에 독실하게 출석하셨던 외할머니의 영향으로 북쪽이 훤히 보이는 비교적 괜찮은 자리에 모실 수 있었어요. 1994년에 부여로 이장했죠.

5. 3대의 돈암동

신동엽 가족은 1대 노미석, 2대 신동엽·인병선, 3대 신좌섭까지 모두 3대가 돈암동에서 생활했다. 살았던 시기와 생활 터전은 겹치지만 3대가 느끼는 돈암동은 각각 달랐을 것이다. 노미석에게 돈암동은 제2의 고향으로, 언제든 북한으로 달려갈 수 있는 곳이었다. 신동엽에게 돈암동은 인병선을 만나 가정을 꾸린 정착과 안정의 장소였으며, 인병선에게 돈암동은 구석구석 고생의 흔적이

남아 있는 애증의 장소였다. 마지막으로 구술자 신좌섭에게 돈암동은 어린 시절 추억이 남아 있는 마음의 치유 장소였다.

＊ 1대: 노미석과 돈암동

외할머니께 돈암동은 제2의 고향이었어요. 억척같은 생활력으로 돈암시장에서 포목점을 하면서 매일 교회 새벽기도를 나가 북으로 올라간 남편과 아들을 위해 기도를 했습니다. 외할머니에게 돈암동과 미아리 일대는 언제든 북으로 한달음에 달려갈 수 있을 것만 같은, 북을 바라보는 망향의 언덕 같은 곳이었을 것입니다.

＊ 2대: 신동엽과 돈암동

아버님께서 6·25전쟁 직후 고향 부여를 떠나 처음 자리 잡은 곳이 돈암동 일대였고 어머니를 만난 헌책방도 돈암동 사거리에 있었습니다. 난생처음 자신의 이름이 적힌 문패가 달린 집을 갖게 된 곳도 돈암동이고, 『금강』 등 주요작품을 집필하고 마지막 눈을 감으신 곳도 돈암동이었습니다. 아버님의 인생에서 '생활, 정착' 같은 단어를 떠올릴 수 있는 유일한 장소가 있다면 바로 돈암동이라 생각합니다. 아버님의 영혼이 지상의 어느 장소인가를 그리워한다면 고향 부여의 동남리 마을과 돈암동 두 곳이겠지요.

＊ 2대: 인병선과 돈암동

어머님께서는 1953년 제주도 피난살이에서 돌아온 후 1978년경까지 25년간 돈암동에 사셨지요. 그중 아버님과 함께한 기간은 가난하지만 단란한 생활이었습니다. 그러나 1969년 아버님이 돌아가신 후 약 9년간 어머님께 돈암동은 '벗어나야 할 곳'이었을 것이라 생각합니다. 소위 '미망인'이라는 굴레와 궁핍한 삶으로부터 벗어나기 위한 몸부림의 기간이었으니까요. 그래서 1978년 어느 정도 경제적 자유를 얻고 나서는 돈암동을 떠났지요. 그

[그림 16]
신동엽의 장례식 때 집 앞에서 노제를 지내는 모습
조사를 읽고 있는 소설가 하근찬.
신좌섭 제공

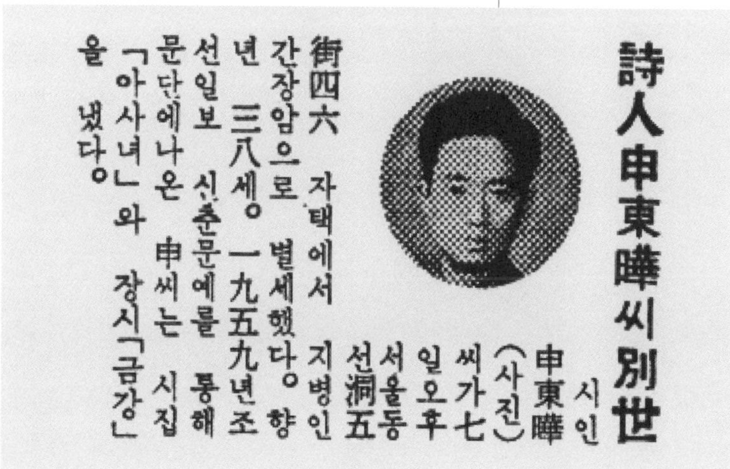

詩人申東曄씨別世

시인 申東曄(사진)씨가 七일 오후 서울동선洞五街四六 자택에서 지병인 간장암으로 별세했다。향년 三八세。一九五九년 조선일보 신춘문예를 통해 문단에 나온 申씨는 시집 「아사녀」와 장시 「금강」을 냈다。

[그림 17]
신동엽의 부고 기사
『동아일보』 1969년 4월 8일 자, 「시인 신동엽 씨 별세」

런 의미에서 어머니에게 돈암동은 구석구석 고생의 흔적이 남아 있는 애증의 장소일 것입니다.

＊ 3대: 신좌섭과 돈암동

저는 1959년 성북천변 셋방에서 태어났고 약 19년을 돈암동에서 살았습니다. 그 기간 중 아버님이 돌아가시고 여러 어려움을 많이 겪었지만, 어린 시절의 돈암동은 제게 좋은 기억으로만 남아 있습니다. 아버님이 퇴근길에 사오시던 돈암동 전차종점 인근의 태극당 식빵, 영양사 전기구이 통닭 등의 맛이 아직도 생생합니다. 또 제법 젊은 낭만이 흐르던 1970년대 성북천변과 출근길 아버님의 걸음걸이를 흉내 내며 따라 걷던 동선동 골목길, 아침이면 학생들로 바글바글하던 돈암초등학교 주변 등 돈암동은 저에게 마음의 치유 장소로 남아 있습니다.

김춘선

김춘선은 아버지 대부터 3대가 돈암 일대와 동선동에 자리를 잡아 현재까지 거주하고 있다. 김춘선과 가족들은 몇 차례 집을 옮겼으나 동선동 주변을 거의 떠나지 않았고, 돈암동 주변의 학교를 졸업했다. 김춘선은 1950~1960년대에는 학생으로, 1970~1980년대에는 학부모로 돈암동 주변의 학교를 경험했다. 따라서 김춘선은 당시 동선동의 도시형 한옥의 구조, 골목 풍경과 동네의 지형, 주변에 살았던 유명인들과 특히 집 주변의 미아리고개 풍경에 대해 자세하게 기억하고 있었다. 또한 돈암 일대에 위치한 학교와 면학 분위기에 대해서도 자세히 구술해 주었다. 김춘선의 기억과 사진자료를 통해 당시 동선동에 위치한 도시형 한옥의 모습과 생활 모습, 편의시설 등을 생생하게 조사할 수 있었다.

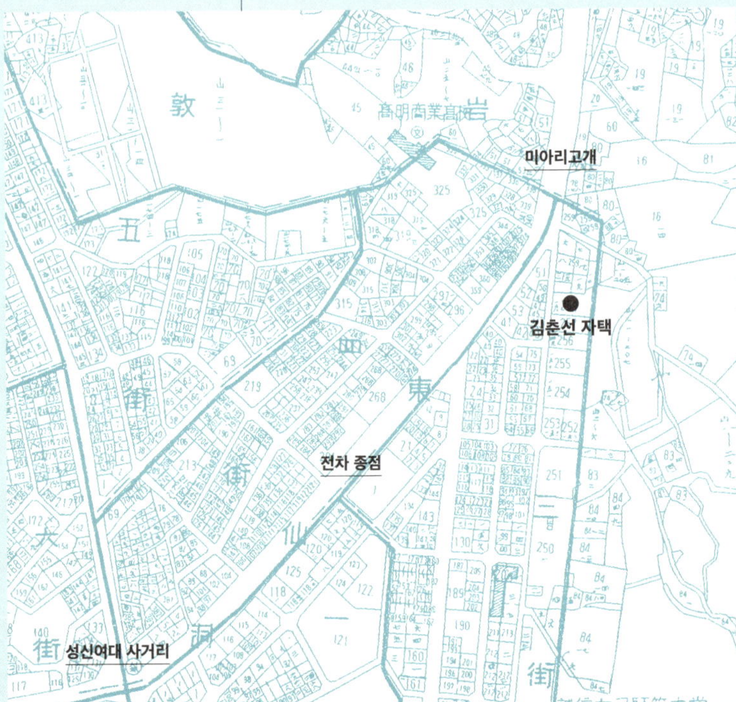

자택 위치
1967년 지도위 표시

동선동3가 24번지

주요 거주자

이름	생몰연도	가족관계	거주시기	직업
김영수	1922~1990	김춘선의 아버지	1953~1990	사업가
정영아	1925~2000	김춘선의 어머니	1953~2000	가정주부 (슬하 2남 4녀)
김춘선	1946년~	김영수·정영아의 장녀	1953~1994 1999~현재	가정주부
홍 ○○	1938년~	김춘선의 배우자		

1. 거주 계기와 가족관계

김춘선의 아버지 김영수는 평안남도 진남포 출신으로, 6·25전쟁 중 남하해 강원도 영월에 위치한 대한중석[1]에서 근무했다. 그러던 중 자녀들의 학교 진학을 위해 1953년 동선동으로 이사했다. 김춘선은 가족이 동선동에 정착한 이유를 당시 돈암 일대에는 북한에서 건너온 지인들이 살고 있었고, 교통이 편리하고 좋은 학교가 많았기 때문이라고 한다. 그는 1994년까지 동선동에 거주하다 잠시 분당에 있는 아파트를 거쳐 1999년 어머니의 건강이 나빠지자 다시 동선동으로 이주해 현재까지 거주하고 있다.

* 거주 계기

아버지는 평안도 진남포가 고향이세요. 월남하셔서 대한중석에서 공무원 생활을 하셨어요. 처음에는 달성에 살다가 강원도로 이주했고, 1953년 우리들 학교 때문에 동선동에 왔지요. 그때 이 근처에 이북에서 같이 오신 지인분이 한두 분 계셨어요. 초등학교 2학년 때 와서 대학 졸업할 때까지 이 지역에 살았어요.

* 동선동으로 복귀

결혼 이후에도 계속 살다가 1994년에 분당아파트에 당첨돼 분당에서 3~4년 정도 살았어요. 그러다 어머니 몸이 안 좋아지시니까, 1999년에 다시 동선동으로 와서 지금까지 살아요.

* 가족관계

아버지는 서울시청에서 공무원을 몇 년 하셨고, 개인회사를 하시다가 직접 건축회사 사업을 하셨어요. 69세에 돌아가셨으니까 1990년 정도에 돌아

[1] 1952~1998년까지 존속하였던 중석 생산과 가공을 주로 하였던 기업체로 기업의 역사는 1901년 4월 영월 상동광산(上東鑛山)이 발견되면서 시작되었다. 개발은 1937년 고바야시광업회사(小林鑛業會社)에 의하여 활발히 이루어졌으며, 1945년 8월 그 경영권이 우리나라로 넘어오게 되었다. 이 회사는 중석의 효율적인 개발을 위하여 1958년 5월 상동광업소 화학처리공장을 준공하였고, 1972년 12월 본사를 서울에서 대구 달성으로 이전하였다(한국민족문화대백과사전, '대한중석').

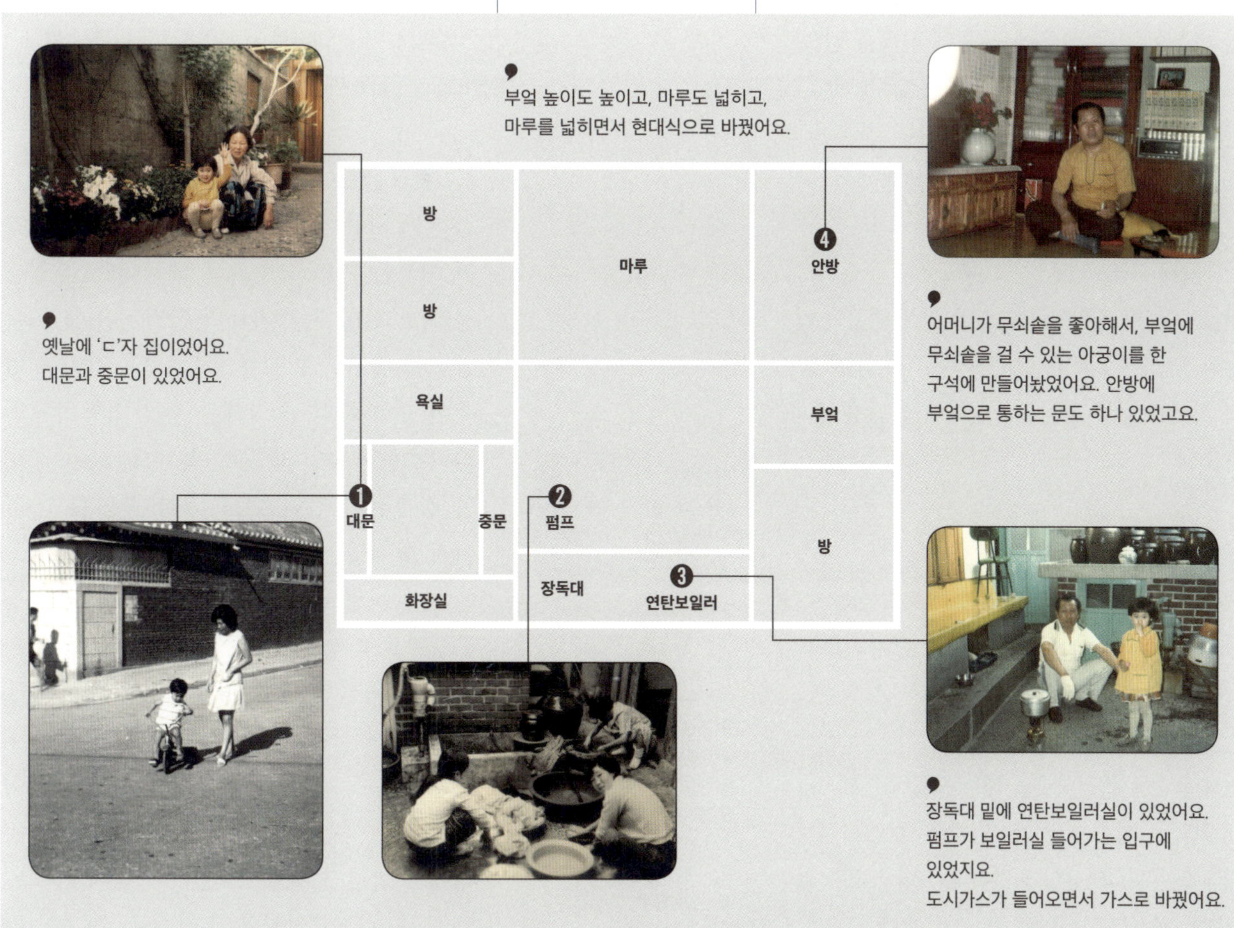

[그림 1]
자택 내부 구술 지도
김춘선 제공

가셨네요. 어머니는 딱 10년 후 일흔다섯에 돌아가셨어요.

2. 돈암동에서의 생활

2.1 자택 거주와 생활

일제강점기 돈암 일대는 일제의 토지구획 정리사업으로 인해 집장사 하는 이들이 만든 '도시형 한옥'이 대거 들어서기 시작했다. 김춘선은 동선동3가 24번지 한옥에 오랜 기간 거주하면서 당시 돈암 일대 한옥의 내부 구조, 골목 풍경, 생활 모습에 대해 자세히 기억하고 있었다. 동네의 한옥은 거의 비슷비슷한 'ㄷ'자 구조의 형태였으며, 난방과 펌프가 갖춰져 있었다. 특히 그의 집은 건축회사에 다니던 김춘선의 아버지가 기존의 한옥을 현대식으로 개량했기 때문에 오랫동안 한옥에 거주했음에도 큰 불편함이 없었다고 한다. 김춘선과 그의 가족은 2000년대 초반까지 한옥에서 거주했고, 이후 한옥을 헐고 앞집을 매입해 건물을 신축했다.

＊ 자택 구조

옛날에 'ㄷ'자 집이었어요. 대문 안에 중문이 있었는데, 옆집은 2층 한옥이었어요. 저희 집은 방이 네 개에 욕실과 화장실이 분리돼 있는 한옥이었어요.

＊ 자택 크기

동선동에는 큰 한옥이 많았어요. 저희 집은 42평 정도로 동네의 집들보다는 조금 큰 편에 속했죠.

＊ 난방

처음 동선동에 정착했을 때는 불을 땠는데, 이 집에 살았을 때는 연탄으로 난방을 했어요. 장독대 밑에 연탄보일러실이 있었어요. 도시가스가 들어오면서 가스로 바꿨어요.

＊ 수도

마당에 펌프가 있어서 공동으로 동네에서 썼었어요. 어머니가 동선동에서는 물이 풍족한 곳에서 살고 싶다 하셔서, 펌프 있는 집만 찾아다니셨어요. 펌프가 보일러실 들어가는 입구에 있었지요.

＊ 부엌과 마루

어머니가 무쇠솥을 좋아하셔서, 부엌에 무쇠솥을 걸 수 있는 아궁이를 한구석에 만들어 놨어요. 안방에 부엌으로 통하는 문도 하나 있었어요. 미닫이 문이라 왕래하기도 좋았죠. 마루도 있어서 넓혀서 사용했어요.

＊ 주요 거주자와 자택의 개조

이사 온 초기에 현대식으로 개량을 많이 해서, 2004년까지 사는 데는 불편함이 없었어요. 아버지가 건축을 하셔서 한옥을 거주하기 편하게 고쳤어요. 사람이 많아 월세는 주지 않았어요. 집에 아들 방, 딸 방 다 있었어요. 한옥 형태로 2000년대 초반까지 살다가 허물고 앞집을 매입해서 건물을 지었죠.

2.2 학교 생활

김춘선 가족이 동선동으로 이주한 결정적인 이유는 자녀들의 교육 때문이었다. 김춘선과 그의 형제들, 자녀와 조카들은 모두 돈암동에 위치한 학교를 졸업했다. 김춘선 가족이 이주했던 초기에는 돈암초등학교와 정덕초등학교의 학군이 분리돼 있어 장녀인 김춘선만 정덕초등학교를 졸업했고, 나머지 형제들은 돈암초등학교를 졸업했다고 한다.[2] 돈암 일대에는 당시 명문 학교인 경동중학교와 성신여자중학교가 있는 지역이었다. 김춘선의 남자 형제는 경동중학교에, 여자 형제는 성신여자중학교에 재학했다. 또한 자녀들과 조카들도 돈암동성당의 어린이집과 성신초등학교에 진학해 돈암 일대에서 학창 시절을 보냈다.[3] 당시 유치원과 초등학교의 입학은 추첨제로, 경쟁이 매

[2] 동선동은 1957년 돈암초등학교의 통학구역에 포함됐다. 『경향신문』 1957년 2월 14일자, 「通學區域을 決定」.

[3] 돈암동성당의 어린이집은 1973년 3월 3일에 개원했다. 본래는 정식 유치원을 설립하기 위해 유치원으로 활용할 큰 규모의 부속건물(회관)까지 신축했다. 그러나 성당 인근 기존 유치원(덕성유치원)과의 거리가 유치원 인가기준 거리인 300미터를 넘지 못해 계획을 바꿔 유치원 대신 어린이집을 개원하게 됐다(돈암동성당 편, 『돈암동성당 50년사』, 115쪽).

[그림 2]
1956년 정덕초등학교 3학년 3반 소풍 사진
김춘선 제공

우 치열해 들어가기 어려웠다고 김춘선은 기억했다.

* 초등학교 재학

저는 처음에 돈암초등학교를 지원하려고 했어요. 하지만 학군이 아니라고 해서 못 넣고 저만 정덕초등학교를 나왔어요. 이후 학군이 바뀌어서 다섯 형제는 다 돈암초등학교를 나왔어요. 돈암초등학교가 여기서 가까워서 편했어요. 정덕초등학교는 저 꼭대기에 있었거든요.

* 학교 생활소풍

초등학교 때는 소풍을 정릉 청수장으로 많이 갔어요. 중·고등학교 때는 지금 성신여대 생활관에서 수련회를 했던 기억이 나요. 중학교 1학년 때 담임 선생님 별장이 청수장에 있어서 놀러 가서 된장찌개를 먹던 기억도 나요.

* 중학교 재학

중학교는 성신여자중학교를 나왔어요. 그때 교통이 안 좋으니까, 아버지께서 저희 형제들 학교를 가까운 데로 보내려고 노력을 많이 하셨어요. 남자 형제는 경동중학교를, 여자 형제는 성신여자중학교를 다녔어요.

* 돈암동의 유아교육기관

우리 아들들과 조카 모두 돈암동성당 어린이집을 나왔어요. 입학 경쟁이 치열해서 추첨에 참여하려고 밤에 서 있기도 했죠. 동네에는 덕성유치원도

[그림 3]
1980년대 초 조카의 돈암동성당 어린이집 졸업식
김춘선 제공

있었는데 거기보다 성당 어린이집이 더 좋다고 해서 경쟁이 치열했어요. 셔틀버스 같은 건 없었고, 남편이 아침에 출근할 때 데려다주곤 했어요.

＊ 자녀들의 학교 생활

아들들은 다 성신초등학교를 나왔어요. 그때는 성신여자대학교 부속초등학교였죠. 입학은 제비뽑기로 추첨을 했었어요. 큰애는 제일 먼저 붙었는데 작은애는 마지막에 붙는 바람에 걱정이 많았죠.

＊ 학부모 생활

성신초등학교에는 학부모들을 위한 클럽이 많이 있었어요. 테니스도 있고, 여러 가지 활동들이 있었어요. 아이들 아버지가 테니스클럽에 다니기도 했죠.

[그림 4]
1980년대 성신여대 부속초등학교 소풍 때 모습
김춘선 제공

3. 돈암동 풍경

3.1 동네 풍경

김춘선은 집 앞 골목 풍경과 미아리고개 주변에 위치한 방공호에 대해 자세히 기억하고 있었다. 김춘선은 어린 시절 주로 집 앞 골목이나, 방공호 위에 있는 녹지에서 놀았

[그림 5]
1982년 성신초등학교 학부모 모임 공지
김춘선 제공

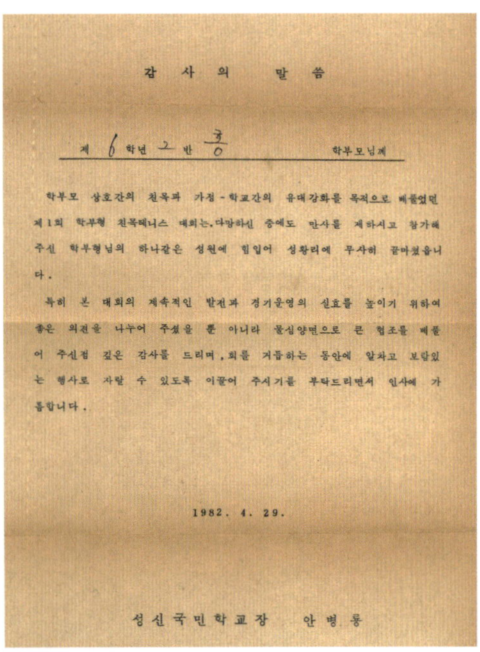

감 사 의 말 씀

제 6 학년 2 반 홍 학부모님께

학부모 상호간의 친목과 가정 - 학교간의 유대강화를 목적으로 베풀었던 제1회 학부형 친목테니스 대회는, 다망하신 중에도 만사를 제하시고 참가해 주신 학부형님의 하나같은 성원에 힘입어 성황리에 무사히 끝마쳤읍니다.

특히 본 대회의 계속적인 발전과 경기운영의 실효를 높이기 위하여 좋은 의견을 나누어 주셨을 뿐 아니라 물심양면으로 큰 협조를 베풀어 주신점 깊은 감사를 드리며, 회를 거듭하는 동안에 알차고 보람있는 행사로 자랄 수 있도록 이끌어 주시기를 부탁드리면서 인사에 가름합니다.

1982. 4. 29.

성신국민학교장 안 병 용

[그림 6]
1980년대 성신초등학교 운동회
김춘선 제공

다고 한다. 미아리고개 아래에는 1970년대까지 공장이 있어 아이들이 자주 숨바꼭질을 하기도 했다. 김춘선은 당시 동선동 일대 거주하던 사람들에 대해서도 이야기해 주었다. 그의 어린 시절에는 굴다리가 가로막혀 있어 맞은편 동네 주민들과의 교류가 거의 없었지만, 주변 이웃들은 공무원이나 사업가 등 생활 수준이 비슷비슷한 사람들이 많이 살았다고 한다. 또한 미아리고개 인근에는 영화배우 김지미가 살기도 했다.

*** 방공호**

당시에는 고가도로가 없었고, 양쪽에 길이 있었어요. 이 주변동선동에 방공호도 있었어요. 반대쪽 가려면 굴다리를 넘어 다녔어요. 방공호 위에 녹지가 있어서, 아이들은 숨바꼭질을 방공호에서 했어요. 굴다리가 생기기 전에는 건넛마을 사람들과 교류가 없었어요. 그래서 건너편 동네에 살 때는 여기가 어떻게 생겼는지도 몰랐어요. 조금 올라가서 넘어가기가 불편하잖아요.

*** 집 앞 골목**

집 앞 골목도 굉장히 넓었어요. 애들이 목마를 타고 놀아도 될 정도였죠.

*** 아리랑고개 주변**

아리랑고개 밑에 공장이 있었어요. 하수를 내려보내는 둥근 통을 만드는 공장이었는데, 애들이 거기서 놀곤 했죠. 아들이 자랄 때는 공장이 없어졌지만 그대로 건물은 남아 있었어요. 목공소도 있었지요. 길은 그대로인데 차가 없어서 아이들이 편히 놀았어요.

*** 돈암동의 사람들**

이 건물 바로 다음에 살던 분은 공무원이었고, 우리 아버지는 사업을 하셨어요. 그 정도 수준의 사람들이 살았던 것 같아요. 주민들이 크게 바뀌거나 한 적은 없었어요.

[그림 7]
1973년 방공호 앞
김춘선 제공

미아리고개 좀 못 미쳐서 영화배우 김지미의 집이 있었어요. 동선동에도 김지미 오빠가 살았는데, 조카들이 다 예쁘더라고요. 옛날에는 우리 동네가 살기가 좋아서 인기가 많았어요. 김지미 조카들도 이 동네에서 살았죠.

*** 돈암동에서의 삶**

애들 학교가 가깝고, 교통도 편하고, 강남 부럽지 않게 살 수 있는 곳이 여기인 것 같아요. 편의시설이 잘 돼 있으니 불편한 점이 하나도 없었어요.

[그림 8]
1973년 집 앞 골목 풍경
김춘선 제공

교통이 좋다는 점이 우리 동네 최고 장점인 것 같아요.

＊ 돈암동의 사건·사고

특별한 사건·사고는 없었던 것 같아요. 지하철 공사할 때 여기 땅을 파니까, 일제 때 하수구가 그대로 보존돼 있었다고 들었어요. 그만큼 상하수도도 잘돼 있고, 여기는 지대가 높아서 그런지 산사태나 화재도 없었어요.

「참화 부른 봄비 사흘」
서울시내 축대 등 19개소 붕괴
세 사람이 압사 말 1필도
15일 상오에만 잇달아 16건

연 사흘 계속된 봄비에 서울에서 축대 등의 붕괴사고가 15일 정오까지 무려 19건이나 발생해 3명이 죽고 말 한 필이 압사했으며 가옥 29동이 피해를 봤는데, 15일 상오에만 16건이나 붕괴사고가 발생하였다…(중략)
13일 하오 3시 40분쯤 돈암동 산 48-24 정영창 씨 집 왼편에 있는 방공호 입구 높이 약 4미터의 언덕이 무너지는 바람에 방공호 속에 매둔 말을 끌어내려던 정 씨가 말과 함께 압사했다. 정 씨는 아홉식구를 거느리고 김포상회(쌀, 연탄도매)를 경영하며 유복하게 살아왔는데, 이날 언덕이 무너질 것 같아 말을 구하러 가다 참변을 당했다. (후략)

「동아일보」 1963년 4월 14일 자

＊ 6·25전쟁과 돈암동

남편에게서 6·25전쟁 당시 돈암시장 맞은편에 시체가 많이 쌓여 있었다고 들었어요.

3.2 돈암동의 편의시설

김춘선은 홍천사 인근 연회장에서 약혼식을 했고, 연건동 195-10번지에 위치한 이화예식장에서 결혼을 하는 등 대부분의 시간을 돈암 일대에서 보냈다. 김춘선은 주로 생필품을 구입할 때 돈암시장을 이용했다. 돈암시장 외에도 동선동4가 104번지 주변에 작게 시장이 형성돼 있어 동네사람들은 돈암시장을 '큰 시장'으로, 해당 자리의 시장을 '작은 시장'이라 부르며 이용했다고 한다. 또한 김춘선은 돈암동 주민들이 주로 이용하는 목욕탕과 나들이 장소, 병원뿐 아니라 한의학의 근대적 교육에 큰 공을 세운 홍순승의 장손 홍성원이 운영하는 홍씨한의원에 대해서도 이야기해 주었다. 김춘선에게 돈암동은 여러 편의시설과 가깝고, 교통이 편리하며, 사고가 없어 살기 편한 도시였다.

＊ 결혼식과 약혼식

저는 흥천사에서 약혼식을 했어요. 흥천사 안에 행사를 할 수 있는 연회장이 있었어요. 요새 교자상에 나오는 한식을 팔았어요. 다른 분들도 거기서 행사를 많이 했어요. 결혼식은 연건동에 있는 이화예식장에서 했어요. 아마 제가 이화예식장에서 맨 처음으로 결혼을 한 부부일 거예요.

＊ 돈암동의 시장

돈암시장과는 별도로, 롯데리아성신여대점 있는 자리에도 시장이 있었는데, 사람들이 '작은 시장'이라고 불렀죠. 지금의 돈암시장을 '큰 시장'이라고 불렀어요. 생필품은 주로 돈암시장에서 사고, 경동시장도 가끔 갔어요.

＊ 의류 구입

옷을 사려는 남대문시장을 많이 갔어요. 명동 가서 맞춰 입고. 또 지금 돈암탕 터[4] 옆에 양장점이 있어서 동네 사람들이 많이 갔어요. 지금은 없어졌죠. 아이들이 자랄 때도 남대문에 많이 간 것 같아요.

＊ 목욕탕

'작은 시장' 근처에 목욕탕이 있었어요. 그리고 지금도 굴다리 가는 길에 굴뚝이 아직도 남아 있는데, 그 자리에 돈암탕이라는 목욕탕이 있었어요동선동3가 1번지. 동네 사람들은 주로 돈암탕을 다녔어요.

＊ 태극당

동네 사람들은 어디서 만나자고 하면 꼭 태극당에서 만났어요. 태극당 맞은편에 '작은 시장'이 있었죠.

＊ 나들이

동네 사람들은 정릉으로 많이 놀러 갔었죠. 이 동네는 정릉하고 개운산밖에 없었어요. 개운산이 고대 넘어가는 쪽에 있었어요. 그전에는 여기에 아파트가 아니라 조그만 집들이 있었어요. 저희는 주로 개운산에서 배드민턴을 쳤어요. 어머니·아버지가 거기 가서 쉬시면, 강아지하고 같이 올라갔었던 기억이 나요.

＊ 병원

저는 돈암시장 안에 윤산부인과에서 출산했어요. 그 집은 집안이 다 의사였어요. 우리 어머니 또래였으니, 아마 돌아가셨겠죠. 또 성북구 장애인회관 골목 안쪽에 성림산부인과가 있었어요.

＊ 홍씨한의원

지금은 없어졌지만, 돈암동에서는 홍씨한의원이 유명했어요. 지금은 연세가 많아서 운영을 안 하시지만, 그분이 우리 남편의 당숙이에요. 당숙이 경희대 한의학과 초창기 세운 분이라 들었어요. 먼저 당숙분이 하시다가 손자가 물려받았다고 들었어요.

> 내가 살았던 돈암동에 '홍약국'[5]이라고 하는 장안의 명의 집안이 있었다. 원래 홍약국의 명의는 지금 원장을 하시는 홍성헌 선생의 조부로 남양 홍씨 소석 홍순승이라는 할아버지였다. 우리 형제들은 홍약국 옆에 위치하고 있는 작은 한옥에서 서울 유학을 다 끝마쳤기 때문에 홍약국 집과는 근 반세기의 인연이 깊다. 홍 할아버지는 참으로 고결한 품덕을 지닌 명의였던 것 같다. 항상 그 집 앞에 병자들이 줄을 지어 있던 모습이 눈에 생생하게 서린다.[6]

[4] 동선동3가 1번지

[5] 정식 이름은 홍씨한의원

[6] 김용옥, 『너와 나의 한의학』, 통나무, 1996.

조흥동

서울시 무형문화재 '한량무閑良舞' 보유자이며 국가 무형문화재 태평무太平舞 이수자인 월륜月輪 조흥동은 1953년 경동중학교 입학을 계기로 돈암동과 첫 인연을 맺게 된다. 그는 학창 시절 돈암동의 극단 연습실과 동도극장에서 열리는 공연을 보면서 무용가의 꿈을 키워 나갔다. 당시 무용은 여성의 전유물로 여겨 남성 무용가의 입지는 매우 좁았다. 하지만 조흥동은 가족들의 반대와 당시의 편견을 이겨내고 1960년 미아리고개에 위치한 서라벌예술대학에 입학했고, 1962년 국립무용단의 공연으로 데뷔해 현재까지 활발하게 활동하고 있다. 비록 그의 인생에서 돈암동 거주기간은 길지 않지만, 조흥동의 무용 인생에서 돈암동은 무용인의 꿈을 본격적으로 키우고 활동을 전개하게 되는 '제2의 고향'이었다. 그의 구술을 통해 당시 돈암동·보문동의 풍경이나 생활상은 물론 경동중·고등학교와 서라벌예술대학에서 그가 보낸 시간을 되돌려볼 수 있었다.

돈암동 거주지와 경동중·고등학교
1967년 지도 위 표시

주요 거주자

이름	생몰연도	출생지	거주시기	거주지	직업
조흥동	1941~	경기도 이천	1953 ~ 1965	돈암동 241-13번지 (1953~1960) 보문동 탑골승방 앞 (1960~1965)	무용가

돈암동, 서라벌예술대학

1. 학창 시절

1.1 경동중·고등학교 재학 시절

1941년 경기도 이천의 만석꾼 집안에서 외아들로 태어난 조흥동은 법관 혹은 기업가가 되길 원했던 부모님의 권유로 돈암동으로 상경했다. 당시 돈암동에는 그의 둘째 누이와 성북경찰서의 경찰관으로 근무하는 매형이 거주하고 있었고, 매형의 추천을 받아 1953년 경동중학교[1]에 입학했다. 돈암동은 북한과 가까운 도시였기 때문에, 당시에도 생활 곳곳에 6·25전쟁의 흔적이 많이 남아 있었다. 학교의 수위 기사는 상이군인들이 담당했으며, 부모님이 이북 출신인 학생들도 있었다고 한다. 그 밖에도 조흥동은 당시 통학로의 풍경과 정문의 위치, 교내 식당, 학생들의 소풍 장소 등 학교생활 전반에 대해서도 이야기해 주었다.

[1] 경동중·고등학교: 1940년 '욱구공립중학교'라는 교명으로 당시 용산공립중학교의 일부 교사를 대여해 개교했다. 1941년 현재의 삼선동3가 50번지 교사로 이전했으며 1945년 경동공립중학교라 개칭했다. 1951년 학제 개편으로 경동중학교와 돈암중학교로 분리됐으며 1953년 돈암중학교를 경동중학교로 환원했다. 중학교 평준화 정책에 따라 1972년 경동중학교를 폐교했고 현재의 경동고등학교체제로 변경됐다.

＊ 거주 계기

저는 이천에서 초등학교를 마치고, 1953년 경동중학교에 입학하면서 둘째 누님 집에 기거했어요. 둘째 누님 집은 당시 동도극장 뒤편의 돈암동 247-13번지였어요. 누님은 매형이 경찰관이어서, 성북경찰서에서 근무하게 되면서 돈암동에 정착하신 것 같아요.

＊ 경동중학교 진학

그때 우리 담임 선생님이 병사 관계로 우리 매형과 친분이 있던 것 같아요. 지금은 병무청으로 분리됐지만, 그때는 모든 병사 업무를 경찰서 병사계에서 했거든요. 매형의 천거로 경동중학교에 입학할 수 있었죠.

＊ 통학로, 학교 주변 풍경

통학은 걸어 다녔죠. 걸어서 15분이나 20분이면 가니까요. 골목에는 소위 구멍가게만 있었는데, 아이스케키라고 그러죠, 얼음과자를 소금통에 넣고 팔았던 기억이 나요. 학교 주변은 다 주택가였어요. 다 단층 한옥이고, 양옥집도 없었어요. 길가에는 양옥이라기보다는 창고 비슷한 건물은 있었어요.

＊ 정문과 교사의 위치

경동중학교 정문이 돈암동 쪽으로 있고, 삼선국민학교로 들어가는 문이 두 개가 있었죠. 정문에서 왼쪽으로 올라가면 교사가 있었어요. 올라가는 곳이 경사지였던 걸로 기억해요.

＊ 교사와 학생들의 출신지, 생활수준

지금으로 보면 그 당시 적어도 중산층 정도의 자녀들이 아니었나 싶어요. 그때 5대 공립고교가 경기, 서울, 경복, 용산, 경동이었잖아요. 시험을 보고 들어가는 학교였는데도 돈암동과 삼선동 아이들이 많았어요. 선생님들은 경기와 서울분이 많았던 것 같아요. 사투리 쓰는 선생님들이 별로 없었어요.

＊ 이북 출신 학생들

부모가 이북 출신이었던 아이들도 많았어요. 가끔 부모님이 학교 찾아오면 아이들이 평양 사투리나 함경도 사투리를 흉내 내곤 했죠.

[그림 1]
1953년 경동중·고등학교 교사 사진
경동중학교 5회 졸업앨범

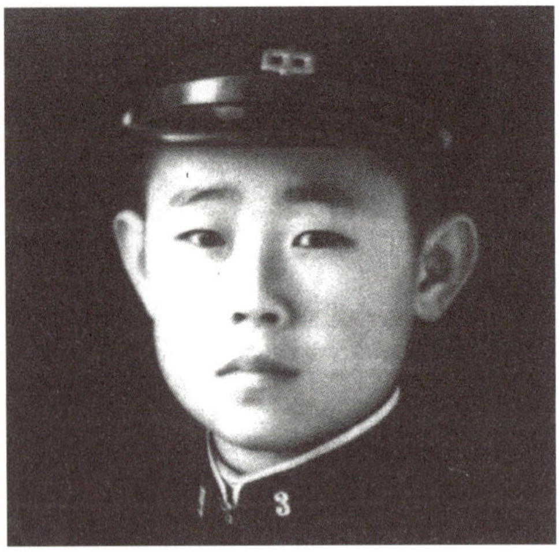

[그림 2]
경동중학교 재학 시절
조홍동 제공

[그림 3]
경동고등학교 운동회 날의 구술자
조홍동 제공

＊ 상이군인 수위 기사님

상이군인 수위분이 정문을 지키던 모습이 기억나요. 그 당시에는 학교 정문 수위가 다 상이군인이었어요. 그때는 걸인들도 학교에 많이 들어왔는데, 상이군인들이 지키고 있으면 못 들어왔지요.

＊ 교내 식당

학교 내에 식당이 있었어요. 식당이라고 해야 우동 정도 팔았지요. 지금도 기억나는 장면이, 멸치국물로 우동을 말아 파는데, 국물을 우리고 그 멸치를 또 말리더라고요. 학교 교실 뒤, 식당 옆에 가면 쭉 발을 펼쳐서 거기서 멸치를 말렸던 게 눈에 선해요.

＊ 학생들이 노는 장소, 소풍 장소

특별하게 노는 장소는 없었고 한성여고 뒤쪽, 낙산 근처에 가끔 가곤 했죠. 소풍은 주로 봄·가을에 갔는데, 정릉 아니면 신흥사 쪽으로 많이 갔죠. 멀리 갔을 때는 북한산 승가사를 간 적도 있어요.

1.2 서라벌예술대학 재학

조홍동은 부모의 기대를 저버릴 수 없어 공대에 응시했다가 낙방했고, 가족들 몰래 1960년 돈암동 산3-1번지에 위치한 서라벌예술대학 체육무용과에 입학했다. 당시 미아리고개에 위치했던 서라벌예술대학은 1972년 중앙대학교에 합병돼 흑석동으로 이전할 때까지 유명한 문화·예술인들을 배출하는 우리나라 최초의 예술대학이었다. 당시 체육무용과는 체육과와 무용과로 나뉘어 있었고, 포크댄스 등 다양한 교과과정으로 구성돼 있었다. 당시 캠퍼스는 학내에서 자유롭게 노래를 부르거나 춤을 추는 학생들도 있을 만큼 자유로운 분위기였다. 조홍동은 무용과의 유일한 남학생이었고, 다른 학생들에게 특이한 시선을 받기도 했다.

＊ 서라벌예술대학이 배출한 예술인들

서라벌예술대학에 유명한 예술가들이 많이 다녔죠. 그런데 저는 재학 시절에 유명한 분들을 못 알아본 것 같아요. 성우들 1·2기도 서라벌예술대학 출신이 많았어요. 지금의 서울예술대학보다도 더 유명했던 것 같아요.

＊ 체육무용과 재학 시절

저는 체육무용과에 다녔어요. 그때는 체육과와 무용과가 합쳐져 있었죠. 다른 남자들은 다 유도·권투·기계체조 전공이었고, 무용과를 다니는 남자는 저 하나였어요. 그래서 운동하는 남학생들이 저보고 남자가 무슨 춤을 추냐고, 창피하다고 놀려대는 바람에 많이 힘들었어요.

[그림 4]
1966년 서라벌예술대학 무용과 수업 모습
서라벌예술대학 홍보책자

＊ **무용과의 수업**

당시 동명여자고등학교 교사였던 최규남[2] 선생님이 서라벌예대에서 강의를 하셨어요. 포크댄스 과목을 가르치셨는데, 그때 폴카를 많이 배웠죠. 최규남 선생님이 저를 잘 봐주셔서 졸업 후 동명여자고등학교 체육교사로 부임하게 됐어요.

＊ **연습복 마련**

연습복은 제가 동대문시장에 가서 직접 박았어요. 몸뻬랑 저고리를 만들었죠. 또 무용연구소에 얘기를 하면 만들어 주기도 했어요. 그때는 무용을 하려면 반드시 한복을 입어야 했어요. 남자는 행전, 머슴 바지, 저고리를 입었죠.

＊ **교내 분위기**

학교가 산 밑에 있으니까 가수 된다고 노래 부르고, 트로트나 뽕짝 부르는 학생, 성악을 하는 학생, 또 연기한다고 막 대사를 읽어대는 학생, 무용실에서 춤추는 학생 등 학교가 아주 시끄러웠어요. 속된 말로 딴따라 집단 같았죠.

2. 무용의 시작

조흥동은 경동중·고등학교 재학 시절부터 무용가의 꿈을 본격적으로 키워 가기 시작했다. 1950년대 돈암동은 여러 무용인의 무용연습소가 존재했다. 1943년에는 조택원이 돈암동에서 무용연구소를 운영했으며, 1955년에는 한영숙·박귀희·김소희가 중심이 돼 돈암동에서 국악예술학원을 운영했고, 김진걸은 동도극장 앞에서 무용연구소를 오랫동안 운영했다.[3] 그 밖에도 주리·정인방·김순성·강선영·박금술 등 많은 무용가가 돈암동에서 무용연구소를 운영했다.[4] 특히 김진걸은 동도극장에서 무용발표회를 주기적으로 가졌고, 조흥동은 무용연구소와 무용공연을 구경하면서 무용에 더욱 심취하게 됐다. 결국 조흥동은 중학교 1학년부터 돈암동에서 전차를 타고 당시 창덕궁에 위치한 국립국악원 국악사양성소운니동 98번지를 다니면서 무용을 배우기 시작했다.

＊ **본격적으로 춤에 입문하다**

제가 외아들이라 집에서는 검사를 하든가 판사를 하든가 아니면 부자가 되기를 바랐어요. 그런데 저는 초등학교 3학년 때부터 춤에 관심이 많아서 중학교 2학년 때부터 학교가 끝나면 무용연구소를 찾아다녔어요.

＊ **태극당 뒤 국악예술학원**

돈암동 전차종점 우측, 태극당 뒤에 국악예술학원

[2] 최규남: 1950~1960년대 서라벌예술대학 무용과에서 강의했고, 동시기 동명여자고등학교 교장을 겸임했다. 1962년 서라벌예술대학 무용과 학과장을 지냈다.

[3] 특히 김진걸은 1959년 돈암동에서 김진걸무용연구소를 설립한 이후 50년간 돈암동에서 무용연구소를 운영했다(송지영·심지혜, 『성북, 100인을 만나다』, 성북구청 홍보전산과, 2015, 74쪽).

[4] 『경향신문』 2007년 6월 14일 자, 「춤과 그들-산조춤 명인 '김진걸'」.

동도극장

동도극장은 1947년 문화기관이 서울 도심에만 집중돼 있는 현상을 방지하기 위해 당시 동신공사대표 이근세의 발안으로 착공을 시작,[5] 이근세가 건립하고 건축가 오영섭이 설계해 1948년 동소문동3가 63번지에 개관한 극장이다. 당시 사장은 강치성姜致晟1912~?으로, 자유당 성북구 총무부장을 비롯해 서울특별시극장협회 이사와 성북구 동소문동회장 등을 지내며 지역에서 영향력이 큰 인물이었다.

동도극장은 1981년 폐관할 때까지 돈암동의 대표적인 문화시설이 됐다. 동도극장은 주로 개봉관에서 내린 영화를 상영하는 재개봉관이었지만, 영화관에 무대가 따로 있어 영화뿐만 아니라 발표회·연극·무용공연 등 다양한 문화행사가 열리는 장소였다. 특히 당시 돈암동에서 무용연구소를 운영한 김진걸은 동도극장에서 매년 연구생발표회를 열었고, 조흥동은 무용발표회를 구경하며 무용가의 꿈을 키웠다.

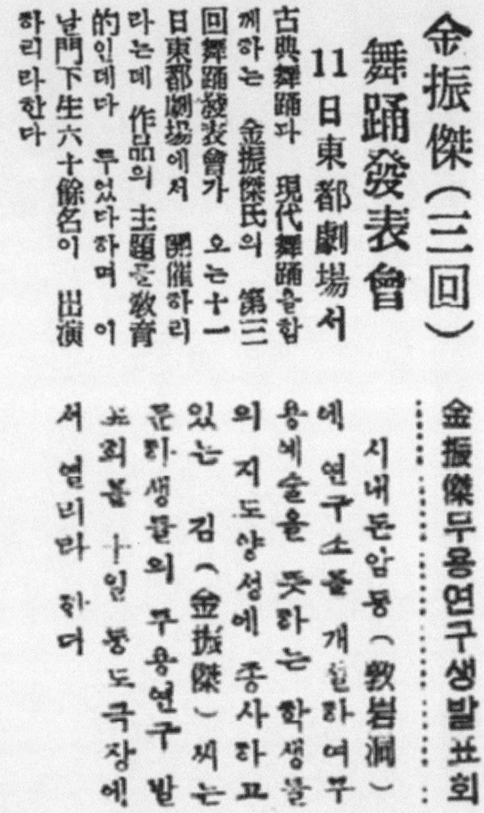

金振傑(三回) 舞踊發表會
11日東都劇場서
古典舞踊과 現代舞踊을 합께하는 金振傑氏의 第三回舞踊發表會가 오는 十一日東都劇場에서 開催하리라는데 作品의 主題를 敎育的인데다 두었다하며 이 날門下生六十餘名이 出演하리라한다

金振傑무용연구생발표회
시내돈암동(敦岩洞)에 연구소를 개설하여 무용예술을 뜻하는 학생들의 지도양성에 종사하고 있는 김(金振傑)씨는 문하생들의 무용연구발표회를 十일 동도극장에서 열리라 한다

[그림 5]
동도극장에서 열린 김진걸 무용발표회 기사
『조선일보』, 1955년 11월 9일 자, 「김진걸 삼회 무용발표회」(위)
『경향신문』, 1957년 10월 7일 자, 「김진걸 무용연구생발표회」(아래)

[5] 『조선일보』 1947년 11월 28일 자, 「동도극장 착공」.

[그림 6]
동도극장 개관 광고
『동아일보』 1948년 2월 20일 자

* **동도극장의 내부와 시설**

동도극장 많이 갔죠. 누님 몰래 가서 영화 보기도 했던 기억이 나요. 삼선교와 돈암동, 이쪽은 동도극장 하나였으니까 굉장히 인기가 많았어요. 영화관은 단층에 1개 관이었는데, 무대가 있어서 공연도 했죠.

* **동도극장에서 열린 김진걸무용연구생 발표회**

매년 봄이나 가을에 김진걸 선생님 문하생 발표회를 동도극장에서 열었어요. 그때 동도극장 앞에 선생님이 무용 자세를 하고 있는 포스터가 붙었었어요. 그게 강렬하게 인상에 남았는데, 김진걸 이름의 한자가 어려워서 공책에 써 놓았다가 집에서 옥편을 찾아보니까 김진걸 선생님이었어요.

이 있었어요. 제가 중학교 때 창가 너머 춤을 추는 모습을 보거나 멀리서 구경하던 기억이 나요.

＊ **김진걸 무용연구소**

동도극장 앞에 김진걸 무용연구소가 있었어요. 단층으로 일제강점기에 공장이 있던 자리라고 들었는데, 굉장히 컸어요. 중학교 때 연습실에 구경을 가기도 했죠.

＊ **국립국악원 국악사양성소**

매형이 나중에는 창덕궁 안에 있는 파출소 서장으로 발령을 받았어요. 봄이면 파출소 주변에 상추나 배추 같은 걸 심었어요. 토요일이 되면 돈암동에서 전차를 타고 원남동에서 내려서 파출소까지 걸어가 채소를 가져갔어요. 근데 주변에 큰 기와집이 있는 거예요. 문패를 보니까 국립국악원, 국악사양성소라는 간판이 있었어요.

제가 어떻게 하면 배울 수 있냐고 물어봤더니, 여름·가을·겨울 강습회 때 신청을 하라고 해서 중학생 때부터 다니기 시작했어요. 그때는 국악사양성소가 월요일부터 토요일 저녁에 운영했어요. 그래서 집에는 공부하느라 늦게 들어간다고 말하고 연구소에 가서 무용을 배웠죠.

「이론, 실기 등 지도 민속예술학원서 국악진흥목적」

국학진흥의 일익을 스스로 담당하고 나선 한국민속예술학원(돈암동 142)은 지난 4월 초 여성 국악회 회원들의 조력을 얻어 그 첫발을 내디게 되었는데 이것은 국립국악원에서 경영하고 있는 국악사양성소와 함께 아악의 진면목을 유지해 가고 있는 쌍벽으로서 차츰 건전한 면모를 갖추어 가고 있다. 사계의 "호-프"로서 왕년에 이름을 떨쳤던 김소희(이사장), 박귀희(상무), 박초월(이사) 등 명기명창들이 장년의 정열을 기울여 후세의 양성에 정진하고 있는 이 예술학원은 현재 백여 명의 원생을 옹(擁)하고 있는데 판소리 단가, 시조, 무용, 장고, 북 등 실기를 가르치는 한편 시문학을 비롯한 이론면지도에도 충실을 기하고 있어 동원의 발전은 국악의 발전을 약속하여 주는 것으로 그 앞날이 크게 기대되고 있다.

『동아일보』 1955년 9월 16일 자

3. 돈암동과 보문동 주변과 생활모습

3.1 돈암사거리와 돈암시장

조흥동은 1953년 둘째 누나의 자택이었던 돈암동 241-13번지에 거주하면서 돈암동에 정착했다. 6·25전쟁 직후 돈암동은 한산하고 조용했지만, 호기심 많던 조흥동은 방과 후 삼선교 거리와 돈암시장 부근은 물론 아리랑고개와 홍천사까지 돌아다니며 동네를 구경했다.[6] 조흥동은 돈암동을 '한옥이 많은 동네'로 기억한다. 당시 돈암동의 한옥은 'ㄷ'자 형태로 방 3개에 사랑채와 중문이 있는 구조가 많았다. 특히 돈암동성당 뒤, 성신여자대학교 주변과 삼선초등학교 뒤에 부촌이 있었고, 거기에 좋은 한옥들이 많았다고 한다. 또한 당시 돈암시장에서는 한국 최초의 서커스단인 동춘서커스가 주기적으로 공연을 열기도 했다.

＊ **돈암동의 한옥들**

돈암동 집은 다 한옥이었어요. 한옥들 구조가 다 비슷했는데, 보통 대지 70~80평 된 것 같아요. 디근자 구조로, 사랑채와 방 3개에 부엌 하나가 있었던 것 같아요. 대문 들어가면서 왼쪽이나 오른쪽에 방

[6] 『조선일보』 1997년 11월 11일 자, 「[나를 키운 공간-26] 무용가 조흥동의 서울 돈암동」.

이 있고, 대문을 열면 중문이 또 있는 형태였어요.

＊ **돈암동의 부촌**

돈암동 부자들은 돈암동성당 뒤편 한옥에서 많이 살았어요. 돈암장 근처 한옥마을에서도 살고, 또 성신여대 주변이 부촌이라 한옥들이 엄청 컸던 기억이 나요. 삼선초등학교 뒤쪽에도 좋은 한옥들이 많이 있었죠.

＊ **돈암초등학교의 돌산과 방공호**

돈암초등학교 앞 아파트도 원래는 다 돌산이었어요. 소나무가 있고, 계곡도 있어서 거기서 빨래도 했죠. 또 정문 아래는 방공호가 있었는데, 거기서 막걸리를 팔았어요. 매형이 저녁 때 심부름을 시키면 사 오던 기억이 나요.

＊ **돈암시장의 풍경**

돈암시장에 포목점이 많았어요. 제 학교 친구 어머님도 돈암시장 안에서 포목점을 했어요. 시장에 들어가면 쌀가게도 있었고, 특히 포목점이 많았어요.

＊ **돈암시장과 돈암천 주변 서커스단**

돈암천과 돈암시장에 서커스단이 정기적으로 왔었어요. 동춘서커스단[7]이 여기 와서 저도 가서 보곤 했어요. 공 굴리는 거, 여자들이 공연하던 장면이 아직도 눈에 선해요.

3.2 성북천과 아리랑고개 주변

조홍동은 당시 돈암동 주민들이 돈암동의 성북천을 '돈암천'이라 불렀다고 기억한다. 돈암천 아래에는 많은 판잣집들이 존재했는데, 1960년대 상가아파트가 들어서면서 성북천이 복개되고 판자촌은 철거됐다. 또한 당시 돈암동은 성북천 중·하류가 흘러가는 지역이었고, 물이 맑지 않아 돈암동 주민들은 주로 아리랑고개와 홍천사 주변 일대 우물을 이용하거나 정릉천에 빨래를 하러 가기도 했다. 조홍동은 정릉천에 빨래를 하러 아리랑고개를 넘어 가거나 홍천사 일대 연회장에서 열리는 잔치를 구경하러 가기 위해 아리랑고개 일대를 경험했고, 당시 아리랑고개에 위치한 서낭당과 회갑잔치 풍경에 대해서 상세히 기억하고 있었다.

[그림 7]
1962년 미아리공영주택

[7] 동춘서커스는 1925년 동춘 박동수 선생이 조선인을 모아 창단한 국내 첫 곡예단으로 전성기인 1960~1970년대엔 단원이 250여 명에 달했고 허장강과 서영춘, 배삼룡, 이주일 등 유명 연예인을 배출했다.(『연합뉴스』 2009년 10월 21일 자, 「한국 첫 곡예단 동춘서커스단 해체(종합)」).

＊ **성북천**

돈암동은 성북천을 돈암천이라 불렀어요. 물줄기가 성북동에서 돈암시장 앞을 지나 보문동, 안암교로 흘러가는 물이거든요. 중·하류라 물이 그렇게 맑지는 않았어요.

＊ **성북천 아래 판잣집**

성북천 아래에 판잣집이 많았어요. 삼선교에서 올라가면 왼쪽이 낭떠러지인데, 그쪽에 판자촌이 있었어요. 삼선교 성북천의 판자촌들을 없애고 복개해서 상가아파트가 들어섰죠.

＊ **홍천사 주변의 우물**

아리랑고개 초입에 우물이 많이 있었을 거예요. 홍

천사 주변도 물이 좋았어요.

* **정릉천에서 빨래를 하다**

중학교 때 누님이 토요일만 되면 빨래를 잔뜩 쌓아서 정릉천으로 가요. 돈암동, 안암동 사람들이 빨래를 이고 정릉천에 가서 빨았어요. 또 장작도 갖고 가요. 불을 때서 삶아서 너는 거죠.

국민대학교 자리 우측에 포도밭이 있었어요. 그래서 포도밭 밑에 빨래를 쫙 널어놓았다가 저녁때 완전히 마르지 않고 꾸덕꾸덕 말랐을 때 빨래를 걷어서 집으로 지고 오던 기억이 나네요.

* **홍천사의 회갑잔치**

그 당시 흥천사 주변이 절보다 회갑잔치집으로 유명했어요. 그때는 회갑잔치를 연회장을 크게 차려놓고 했죠. 절에서 운영한 것인지는 모르겠지만 여러 집이 운영을 했어요. 그래서 제가 몇 번 가서 춤도 추고 그랬지요. 장구 치고 소리 하고, 기생들이 술 따라주면서 권주가 부르고, 제대로 옛날식으로 환갑잔치를 한 거죠.

* **아리랑고개의 서낭당**

아리랑고개 쪽에 서낭당이 있던 기억이 나요. 고개 넘어갈 때 돌을 쌓거나 빨간 천 같은 걸 놓았던 생각이 나요.

3.3 미아리고개와 전차종점 일대

조흥동 재학 당시 대부분의 서라벌예술대학 학생들은 학교에서 돈암동 종점까지 걸어와 전차를 이용해 통학했다. 조흥동 역시 미아리고개에서 전차종점을 넘어 걸어서 통학했고, 당시 미아리고개 일대와 전차종점의 모습에 대해 이야기해 주었다. 서라벌예술대학 주변에는 미아리공동묘지와 많은 판자촌이 있었고, 미아리고개는 지금보다 지대가 높았고 지금처럼 길가에 집이나 점집이 없는 휑한 곳이었다고 한다. 학교 주변에 학생들이 모일 수 있는 장소가 없었기 때문에 학생들은 주로 돈암동 전차종점 주변의 다방에서 모이거나, 전차를 타고 한강으로 놀러 가기도 했다. 또한 미아리고개에는 지역이 의정부와 연천 등 군사도시와 인접해 있어 군용 차량이나 군인들도 눈에 많이 띄었다.

* **학교 주변 미아리공동묘지와 돌산**

그 당시 미아리고개는 지금보다 훨씬 높았어요. 양쪽에 집이 하나도 없었어요. 정릉천 다리를 건너면 왼쪽에 미아리공동묘지가 있었어요. 그때는 공동묘지는 재수 없다고 땅도 팔리지 않고, 사람들이 가지도 않았어요. 서라벌예술대학 우측에는 돌산이 있었어요. 아래쪽에는 서라벌고등학교가 있었고요.

* **학교 주변의 판자촌**

산 위에 있으니까 서라벌예술대학 아래는 다 산동네 판자촌이었어요. 단층집이었고, 돌산 밑에 비만 피할 수 있을 정도의 규모였어요. 당시 미아리는 빈촌이고 시골동네였죠. 그때는 장위동도 형성이 덜 됐던 시기였어요.

[그림 8]
1958년 미아리공동묘지 전경
서울사진아카이브

＊ 학생들의 주요 통학로

학생들의 8할이 돈암동 종점에서 걸어서 등교했어요. 버스 노선이 많지도 않았고, 주로 학생들은 전차로 통학을 했어요. 지역민들은 많이 없었고, 주로 외부에서 통학하는 학생들이 많았어요.

거리도 가깝고 해서 저는 자주 걸어서 학교를 다녔어요. 수업이 끝나고 집으로 걸어가는데 뒤에서 여학생들이 수군대며 따라왔어요. 남자애가 춤을 춘다고 특이하다는 거죠. 그게 부끄러워서 미아리고개 넘어와서 성신여대 있는 골목으로 들어가 버렸던 기억이 나요.

＊ 돈암동 전차종점 풍경

옛날 분들은 아직도 돈암동 전차종점 태극당에서 만나자고 하죠. 돈암동의 대표적인 장소였어요. 당시 다방이나 커피숍이 유행이라 전차종점 주변이 다 다방이었죠. 돈암동 종점 왼쪽은 아리랑고개인데, 그때는 집들이 몇 개 없었어요.

＊ 돈암동 전차노선

돈암동 종점에서 을지로4가까지 단선이었어요. 그래서 돈암동에서 출발하면 돈암동, 돈암교, 삼선교, 명륜동, 원남동, 종로4가, 을지로4가, 이렇게 7개 역을 정차하죠. 맨날 전차를 타고 다녀서 지금도 외울 정도예요.

＊ 학생들의 주요 모임 장소

서라벌예술대학 주변은 학생들이 놀 곳이 없었어요. 그래서 전차종점의 다방을 가거나, 돈암동에서 전차를 타고 종로4가에서 내려 마포종점에 가서 한강을 걷는 것이 학생들의 주요 데이트 코스였죠.

＊ 미아리고개 풍경

그 당시 미아리고개에는 점집이 많이 없었어요. 고개 아래 점집 깃발이 한두 개 있던 기억이 나는데, 그 후에 언젠가부터 점집이 많아지더라고요. 정릉 쪽에 절이 많아서 돈암동에 점쟁이나 무당도 살았던 것 같아요.

[그림 9]
1960년대 서울 전차노선

[그림 10]
1964년 미아리~돈암동 도로 전경
서울사진아카이브

미아리 공동묘지 지나면 창동, 의정부 등 군사도시였죠. 그래서 군인들이 많이 미아리고개를 넘어갔어요. 차가 지나가면 80~90프로가 군용차였죠.

3.4 보문동에서의 생활과 풍경

가족들 몰래 서라벌예술대학을 다니던 조흥동은 이듬해 가족들에게 재학 사실을 들키게 된다. 가족들은 조흥동이 무용을 그만두고 공부를 하기 원했고, 그는 무용을 계속하기 위해 돈암동의 누나 집에서 나와 보문동 탑골승방 앞에 문간방 월세를 얻어 보문동에서 생활했다. 그는 1965년까지 보문동에서 거주했고, 이후 동명여자고등학교 교사로 부임하면서 보문동을 떠나게 된다. 조흥동이 돈암동과 보문동에 거주한 기간은 10년이 조금 넘는 짧은 기간이었지만, 돈암동은 그의 무용인생에 발판이 되어 준 '제2의 고향'이었다.

* 가족들의 반대와 독립

2학년 때 같은 과 여학생들이 저희 집에 찾아왔어요. 그래서 가족들에게 들켜서 시골에서 부모님 올라오시고, 이모와 외삼촌 불러다가 '얘가 하라는 공부는 안 하고 춤췄다'고, '남자가 무슨 춤이냐'고 물어뜯고 난리가 났죠. 그래서 결국 친구 집을 여기저기 떠돌다가 이천 집으로 내려갔어요.

* 탑골승방 근처에서 자취하다

어머님이 다시 올라가서 공부를 하라고 권하셔서, 보문동에서 신설동으로 내려가는 길에 탑골승방이 있는 사거리가 나와요. 사거리에서 우회전해서 한 20미터 들어가면 우측 골목에 있는 집 문간방을 얻었어요. 방 주인은 회사원이었고, 아기가 둘이 있던 기억이 나요.

* 보문시장, 돌산

보문동 살 때는 길 건너에 보문시장이 있었어요. 그래서인지 보문동이 좀 더 활발했던 느낌이 들어요. 보문시장에서 안암 쪽으로 넘어가면 안암병원이 있는데, 거기 돌산이 있었어요. 그 산에도 가끔 놀러간 적이 있죠.

* 조흥동의 돈암동: 본격적으로 무용가의 꿈을 키운 제2의 고향

제가 세상을 모를 때 서울 돈암동에 정착을 했어요. 당시의 돈암동은 영화관이 존재했던 신도시였죠. 문화적으로도 마음의 여유도 있고, 주민들도 온순하고 따듯했어요. 또 돈암동은 제가 본격적으로 무용가의 길을 걷게 도와준 지역이기도 하죠. 제 고향은 이천이지만, 제2의 고향은 돈암동인 것 같아요.

태조감자국

1958년 '부암집'이란 이름으로 개업해 3대를 이어 운영하는 태조감자국은 오랜 기간 돈암시장의 터줏대감으로 자리 잡아 왔다. 창업자 이두환은 감자탕이 없던 시절 '감자국'이라는 이름을 붙여 판매했고, 아들 이규회에 의해 감자국은 태조감자국의 단일 메뉴이자 대표 메뉴로 정착했다. 감자국으로의 메뉴 단일화 이후 매장은 호황을 이루어 3층 건물까지 확장했지만, 건물주의 일방적인 매도로 2호점인 동소문동5가 73번지만 운영하게 됐고, 2019년 대기업 건설사의 재건축으로 인해 동선동1가 49번지에 위치한 성신여대점이 유일한 점포가 됐다. 이번 조사에서는 2대 사장 박이순과 3대 사장 이호광이 구술에 참여했다. 박이순은 이규회의 아내이자 공동 대표로서 감자국의 개발과 태조감자국의 상호 변경, 호황 과정을 지켜본 것은 물론 감자국의 조리법에도 결정적인 역할을 하고 있다. 태조감자국의 현 대표인 이호광은 이규회와 박이순의 차남으로 돈암동에서 출생해 돈암시장에 생활 터전을 잡았고, 조부모와 부모에 이어 3대째 태조감자국을 운영하고 있다. 그는 태조감자국의 호황 시기, 이전 사유, 돈암시장 구조와 사람들, 상인들의 생활 모습과 주변 풍경에 대해 상세하게 구술해 주었다.

매장위치
2010년 지적도

주요 거주자

이름	생몰연도	가족관계	출생지	직업
이두환	1913~1975		충북 진천	1대 부암집 운영
이규회	1945~2002	이두환의 차남		2대 태조감자국 운영
박이순 (구술자)	1947~	이규회의 부인		
이호관	1972~	이규회의 장남	돈암동	3대 태조감자국 운영
이호광 (구술자)	1973~	이규회의 차남		
이호윤	1976~	이규회의 장녀		
이성심	1979~	이규회의 차녀		

동소문동5가 64-1번지

1. 돈암시장 정착과 부암집 개업

태조감자국의 창업자 이두환1913~1975은 충북 진천 출신으로, 1950년대 서울로 올라와 돈암시장에서 노점상으로 풀빵 장사를 시작했다. 어느 정도 자금이 모이자 그는 동소문동5가 64-1번지에 자리를 잡아 이 지역에 뿌리를 내리고 정착한다는 의미로 '부암집'이라 이름 짓고 매장을 운영했다. 구술에 따르면 이두환은 서민들에게 값이 저렴하고 영양이 풍부한 음식을 제공하기 위해 감자국을 개발했다고 한다. 초창기 부암집 시절에는 감자국 외에도 다른 음식을 같이 판매했으며, 매장이 매우 작아서 솥을 외부에 설치했다고 한다.

* 이두환의 돈암시장 정착

진천에서 농사를 지으시다가 40대 초반에 서울로 올라와서 돈암시장에서 부암집을 운영하신 걸로 알아요. 처음에는 풀빵 노점을 하셨대요. 큰 기술이 필요 없으니까요. 혼자 올라오셔서, 1958년에 부암집을 개업하셨죠. 나중에 할머님도 진천에서 올라오셔서 같이 운영했어요.

* 부암집 개업

부암집이라는 이름은 할아버님이 지으셨는데, 이 지역에 내가 뿌리를 내리고 정착한다는 의미로 '부암'이라고 이름을 지으셨다고 들었어요.

* 매장 공간

당시 부암집은 한옥이었는데, 가게가 정말 작았어요. 솥을 밖에 걸었는데, 신고가 들어오면 철거해야 하고 또 내놓고 철거하고를 반복했죠. 안에는 상 세 개 정도의 공간밖에 없었어요. **박이순**

* 감자국 개발

감자국을 하게 된 계기는 정확한 건 아니지만. 그 당시 서민들이 먹기에는 돼지고기가 비싸잖아요.

[그림 1]
1991년 부암집 전경
이호광 제공

[그림 2]
이규회 사장이 입었던 조끼
이호광 제공

[그림 3]
이규회 사장이 부암집 벽면에 적은 태조감자국의 내력
이호광 제공

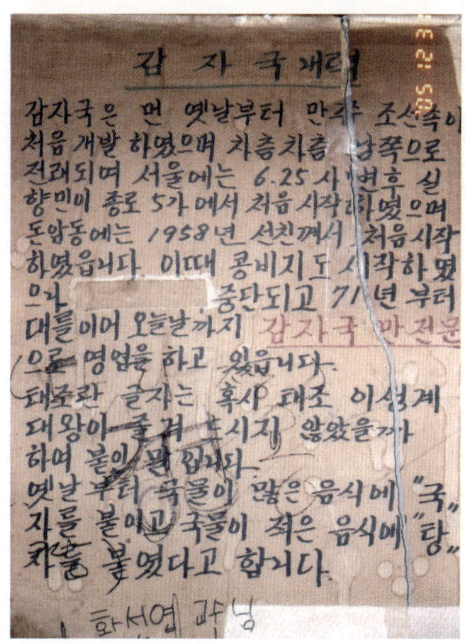

대신 뼈는 그 당시에 고기에 비해 가격이 저렴하고, 영양도 풍부하잖아요. 할아버지께서 서민층 대상으로 푸짐하게 먹을 수 있는 음식을 개발하신 게 감자국이죠.

2. 매장 운영과 확장

2.1 2대: 메뉴 단일화와 상호명 변경

2대 사장이었던 이규회는 1960년대 말부터 매장 운영에 참여했다. 이규회는 비용 절감과 감자국의 질을 향상시키기 위해 메뉴를 감자국 하나로 단일화하고, 국밥 형태에서 전골 형태로 변경했다. 이후 1980년대 응암동 감자탕거리가 유명해지면서 '원조元祖'라는 상호명이 늘어나자 이규회는 원조 위의 태조太祖라는 의미로 '태조감자국'이라고 상호를 변경했다. 그의 부인이자 공동 사장이었던 박이순의 양념 비법에다 마장동에서 가져온 좋은 재료 덕분에 태조감자국은 입소문을 타게 돼 손님이 줄을 이었고, 1980년대 초반에는 73번지에 2호점을 개점했다. 1980년대 후반에는 성신여대입구역 지하철 공사 현장의 인부들이 많이 이용했고 예비군이나 택시기사, 유명인들도 많이 방문했다고 한다.

[그림 4]
1980년대 73번지 가게에서의 2대 박이순 사장 모습
이호광 제공

＊ 메뉴 단일화

처음에는 메뉴가 많았어요. 동태찌개나 콩비지 같은 걸 팔았지요. 메뉴가 많으니까 재료 사는 데 비용이 많이 들어서 이익이 안 남더라고요. 그래서 메뉴를 줄이고 전적으로 감자국만 판매하기 시작했어요. 박이순

＊ 전골 형태로의 변경과 가격

초반에는 국밥 형태였다가 어머님이 양념을 개발하시면서 전골 형태로 바뀌었어요. 그 형태가 지금까지 계속되고 있죠. 전골 형태의 가격은 1980년대에는 2,000~3,000원 했죠. 1990년대는 5,000원에도 팔기도 하고. 지금은 2만원 해요.

＊ 태조감자국으로 상호명 변경

1980년대 초반 은평구 응암동에 감자탕거리가 형성이 됐어요. 그때 아버님에게 배우신 분이 응암동에다 가게를 차리셨다는 얘기도 들었어요. 너도 나도 감자국을 팔면서 다들 '원조'라고 쓰니까, 아버님께서 그럼 우리 매장은 '태조'라 하겠다고 해서 태조감자국이라고 상호를 변경했어요.
옛날에는 감자탕보다 감자국이라고 많이 불렀어요. 응암동 감자탕거리가 형성될 때도 감자국이라고 많이 불렀어요. 저희 식당 감자국 이름이 넘어간 거죠. 이후 프랜차이즈가 늘어나면서 보편화되자 감자탕으로 쓰기 시작했죠.

＊ 영업시간

아침에는 시아버지께서 장사하시고 우리 부부는 늦은 시간에 장사하고, 24시간으로 잠을 안 자고 운영했죠. 12시까지 영업제한이 있었을 때는 24시까지 하다가, 풀리면 24시간 영업을 했었어요. 1990년에도 영업제한이 생겨서 24시까지 운영하고, 아들이 도와주면서 다시 24시간 운영했어요. 박이순

[그림 5]
2005년 64-1번지 매장 내부 전경
이호광 제공

돈암시장에 위치한 대부분의 식당들이 24시간 운영은 아니었어요. 돈암시장에서는 저희 가게가 항상 불을 켜고 있는 집이었죠. 그래서 부모님은 거의 점포에서 생활을 하셨어요. 저희 형제들도 가게 안에 딸린 단칸방 같은 곳에서 생활할 수밖에 없었죠.

＊ 2호점 확장

원래 64-1번지 건물은 저희 소유가 아니었어요. 1980년대에 기존 한옥을 신축하게 되면서 공사가 끝날 때까지 73번지에서 운영하다가 완공되자 다시 64-1번지로 가서 한 층 한 층 매장을 확대해 1~3층까지 빌려 73번지와 함께 운영했어요. 아버지는 73번지를 '본사', 64-1번지를 '지사'라고 부르셨어요.

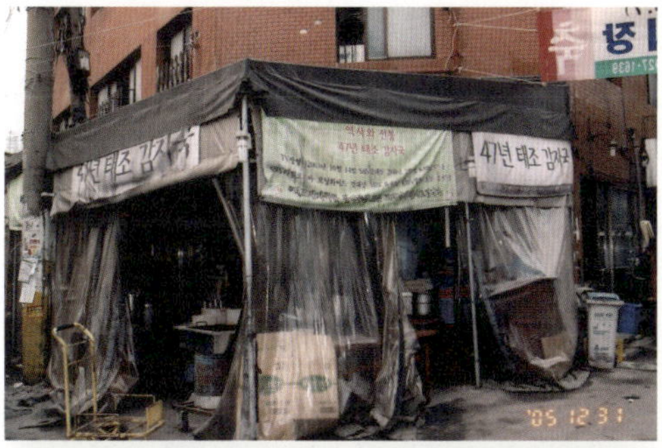

[그림 6]
2005년 64-1번지 매장 전경
이호광 제공

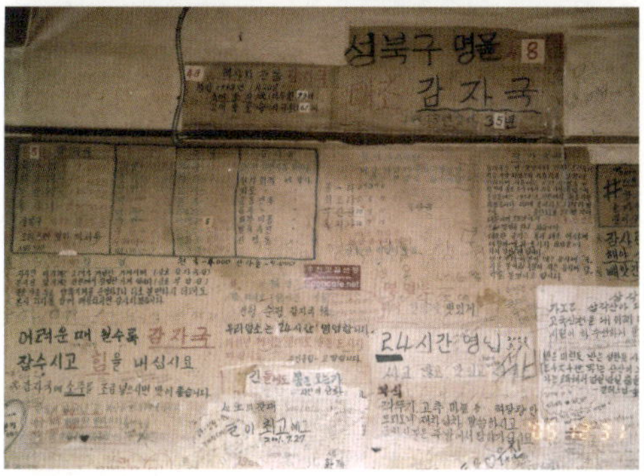

[그림 7]
64-1번지 매장 벽면
이호광 제공

＊ 마장동에서 재료 조달

저희는 마장동에서 돼지등뼈를 구입하고 있어요. 아버님 때는 영등포까지 갔다고 들었어요. 한때는 포천에서 군납에 들어가는 돼지등뼈를 구해다 썼었어요. 돼지등뼈를 사면 어머님하고 아버님께서 도끼로 직접 잘랐어요.

＊ 1980년대 주요 손님들

1980년대는 성신여대입구역 지하철 공사를 하면서 인부들이 많이 왔었어요. 공사가 끝나고 식비를 지불해 주지 않아 그걸 갚느라고 힘들었던 기억이 나요. **박이순**

제가 중학교 때 기억나는 것은 사람들이 막 몰리는 건 아닌데 자주 보는 손님들이 많았어요. 군인들이 휴가 나와서 저희 집이 맛있다고 소문을 내서 군인들도 많이 왔고, 주로 입소문이나 연줄로 손님들이 많아졌죠. 1980년대 후반에는 영화배우 최재성, 여러 연예인, 연극배우도 왔고 기업인 등 유명 인사들도 많이 왔어요.

2.2 3대: 본격적인 호황기와 매장 위치 이동

1990년대 IMF 외환위기 시기에도 태조감자국은 더욱 호황을 이어갔다. 3대가 대를 이어 오랜 기간 같은 자리에서 운영하다 보니 3대의 손님이 단골이 되는 경우도 있었고, 일본에서까지 오는 손님 등 다양한 연령대와 여러 직업군의 사람들이 태조감자국을 찾았다. 손님이 증가하면서 자연스럽게 직원도 늘어났고, 일이 바쁘다 보니 일용직을 고용하는 일도 많아졌다. 하지만 건물주의 건물 매도로 인해 2000년대 초·중반에는 73번지의 2호점만 운영했고, 2019년 대

기업 건설사의 재건축으로 인해 시장을 떠나 현재의 자리동선동1가 49번지에서 운영을 계속하고 있다.

[그림 8]
73번지 매장 앞에서의 3대 이호광 사장
이호광 제공

＊ IMF와 호황

저희는 IMF 시기에 오히려 장사가 번창했어요. 제가 눈으로 직접 봤는데, 정말 많이 찾아왔어요. 그전에도 입소문이 나서 장사가 잘되긴 했지만, 2000년대부터 감당이 안 될 정도로 손님이 몰려왔죠. 가격이 싸고 좋은 재료로 푸짐하게 대접하니까 장사가 잘된 것 같아요.

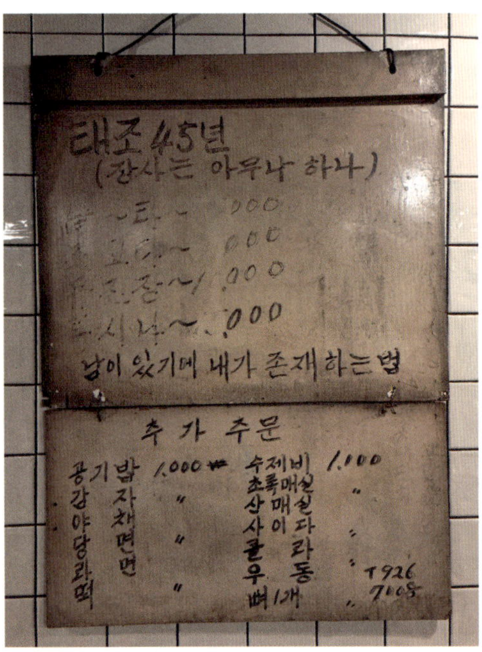

[그림 9]
약 20년 전의 매장 외부 간판
이호광 제공

＊ 건물주와의 갈등과 매장 이전

원래 2000년쯤 64-1번지 건물주가 3층까지 임대하는 조건에 5년 뒤에 저희에게 매매하기로 구두약속을 했어요. 그런데 건물주가 약속을 이행하지 않고 딴 사람한테 팔아서, 2005년에 저희는 73번지만 운영하게 됐어요. 그리고 2019년에 건설사의 재건축으로 73번지도 폐점하고 2017년부터 같이 운영하던 현재의 자리동선동1가 49번지에서만 운영하게 됐어요. 우여곡절이 있었지만 많은 분들이 찾아와 주셔서 잘 운영하고 있어요.

＊ 주요 직원들

할아버님 때는 아버님하고 할아버님·할머님 세 분이 하시고, 아버님 대는 어머님·아버님·할아버님·할머님 네 분이 운영하셨어요. 1980년대에는 직원 한 분과 같이 운영했는데, 딸 이름이 장미라 저희 모두 '장미 아줌마'라고 불렀어요. 어머님과 손발이 맞으셔서 오래 일하셨고, 그러다 이후에 설거지하시는 분을 따로 고용했었어요.
1990년대 중반 넘어가서 많이 바빠졌어요. 그때는 직원도 있지만 인력시장에서 일용 근로자를 많이 고용했어요. 그때 손님이 많아서 그릇이 100개가 있다면 50개는 설거지를 못 한 상태로 바닥에 깔려 있었어요. 그렇게 바쁘다 보니 직원보다는 일용으로 많이 썼던 면도 있어요.
1990년대 초반까지는 장미 아줌마와 어머니랑 설거지하시는 분 그리고 아르바이트 한 명, 일용 한 명 등 모두 5명이 운영했어요. 제가 운영하던 시점에는 바빠져서 두 명을 더 고용했죠.

＊ 1990년대 기억에 남는 손님들

저희가 3대째 하잖아요. 시간의 흐름에 따라 손님들도 마찬가지로 할아버님, 아드님, 자녀분 3대로 손님이 오는 거죠. "제가 할아버지랑 어릴 때 와서 먹었다"고 얘기하시는 분도 있고 그분이 또 자녀를 데리고 오시기도 했어요.
어린 손님이 잘 자라서 대학교에 입학했다고 인사를 오시기도 했어요.
일본에서 오신 할머님 손님이 기억에 많이 남아요. 일본에서 오시면 항상 저희 집으로 제일 먼저 오세요. 문도 안 열었는데 들어와 있어요. 천막을 주변 상인들이 열어주면, 거기 앉아 계세요. 처음에는 아드님이랑 오시다가 나중에 아드님이 결혼하셔서 며느님, 손자분과 항상 같이 오셨어요.
이곳이 대학가이다 보니, 대학 졸업하고 인사 오는 사람도 많아요. 단골손님들은 제가 없으면 항상 찾고, 어머님 안부도 많이 물어보세요. 해드린 건 없는데 먼저 인사를 해 주시고 다시 찾아주셔서 정말 감사하죠.

2.3 돈암시장에서의 생활

개업 초기 이두환은 북선동에 거처를 마련했지만, 24시간 운영을 하다 보니 이규회와 박이순은 64-1번지 매장에서 생활하거나 매장 뒤 안채 단칸방에 세를 들어 생활했다. 73-1번지로 매장을 확장했을 시기에는 매장에 방을 만들고, 자식들은 옥탑에서 생활했다고 한다. 태조감자국 일가는 1995년 시장 안에 따로 전셋집을 얻을 때까지 매장과 생활공간이 분리되지 않은 형태로 생활했다.

＊ 돈암시장에서의 생활

시아버지는 처음에 북선동에 자리를 잡으셨어요. 하지만 장사를 본격적으로 시작하시면서 북선동은 세를 주고 64-1번지 매장 안쪽의 조그만 방에서 생활하셨죠. 저희 가족은 거의 가게 안에서 생활했어요. **박이순**
어렸을 때 64-1번지 안채에 있는 단칸방에서 지낸 기억이 많이 나요. 73번지 매장 시절에는 어머니와 아버지는 가게 한쪽에다가 방을 만들어서 생활하시고, 형제들은 옥탑에서 생활했었죠. 생활공간이 완전 분리됐을 때는 1995년 시장 안에 방 두 개짜리 2층을 전세로 얻어서 살았던 때부터인 것 같아요.

3. 돈암시장

3.1 안시장과 바깥시장

돈암시장은 1944년 동소문동5가 120번지에 설치된 공설시장으로, 6·25전쟁 이후 돈암동 주민이 급증하면서 돈암시장 건물 주변에 사설시장이 형성되기 시작했다. 따라서 1960년대 돈암시장은 안시장공설시장과 바깥시장사설시장으로 나뉘어 있었다.[1] 바깥시장은 1962년 서울시 시장정비계획에 의해 돈암시장으로 수용·합류될 예정이었으나,[2] 1990년에 이르러서야 '돈암제일시장'으로 합쳐졌다.[3] 이호광은 2000년대까지 공설시장안시장과 사설시장바깥시장으로 나

[1] 성북구청 문화체육과, 『돈암동, 잊혀져 가는 우리 동네 옛이야기를 찾아서』, 성북구청, 2012, 27쪽.

[2] 『동아일보』 1962년 11월 13일 자, 「無許市場 撤去(무허시장 철거) 月末(월말)까지 完了(완료)」.

[3] 성북구청 문화체육과, 위의 책, 36쪽.

뉜 구조가 지속됐다고 기억한다. 또한 1980년대 바깥시장은 옷가게, 안시장은 식자재가 주요 판매 품목이었으며 안시장의 구조는 큰 길을 중심으로 미로처럼 복잡한 형태로 작은 한옥 건물이 따닥따닥 붙어 있었다고 전한다. 바깥시장의 경계 골목에는 노점상이, 성북천 주변에는 상가아파트가 위치해 매우 큰 상권을 형성했다고도 들려줬다.

＊ 안시장과 바깥시장

바깥시장은 거의 시장으로 안 쳐줬죠. 한참 뒤에 시장으로 인가받았어요. 지금의 돈암제일시장은 동일하이빌이 들어온 이후에 인가를 낸 거예요. 안시장은 돈암시장, 바깥시장은 제일시장이었는데, 돈암제일시장으로 합쳐졌어요. 안시장이 없어지면서 그만두신 분도 계시고 옮겨온 분도 계셔요. 안시장 분들은 바깥시장을 끼워 주지 않았어요. 또 사람이 너무 많으니까 안시장은 안시장끼리, 외곽시장은 외곽시장끼리 상인회를 조직했죠. **박이순**

＊ 안시장의 구조

옛날 안시장은 미로에 가까웠어요. 작은 건물들이 따닥따닥 붙어 있었어요. 중심도로는 있지만 샛길이 많아서 구조가 아주 복잡했어요. 중심도로는 두 개 정도 있었고 광장시장을 축소한 것 같았어요.

「텃세에 몰려 산다 '밑바닥 人生(인생)'」

"돈암시장은 두 개의 시장이 있다. 허가난 안시장과 이른바 무허가인 바깥시장. 이 바깥시장은 소방통로고, 공중변소 옆이고를 아랑곳없이 영세상인들로 길을 메웠다."

『조선일보』 1963년 9월 17일 자

[그림 10]
1970~1980년대 바깥시장 구술지도

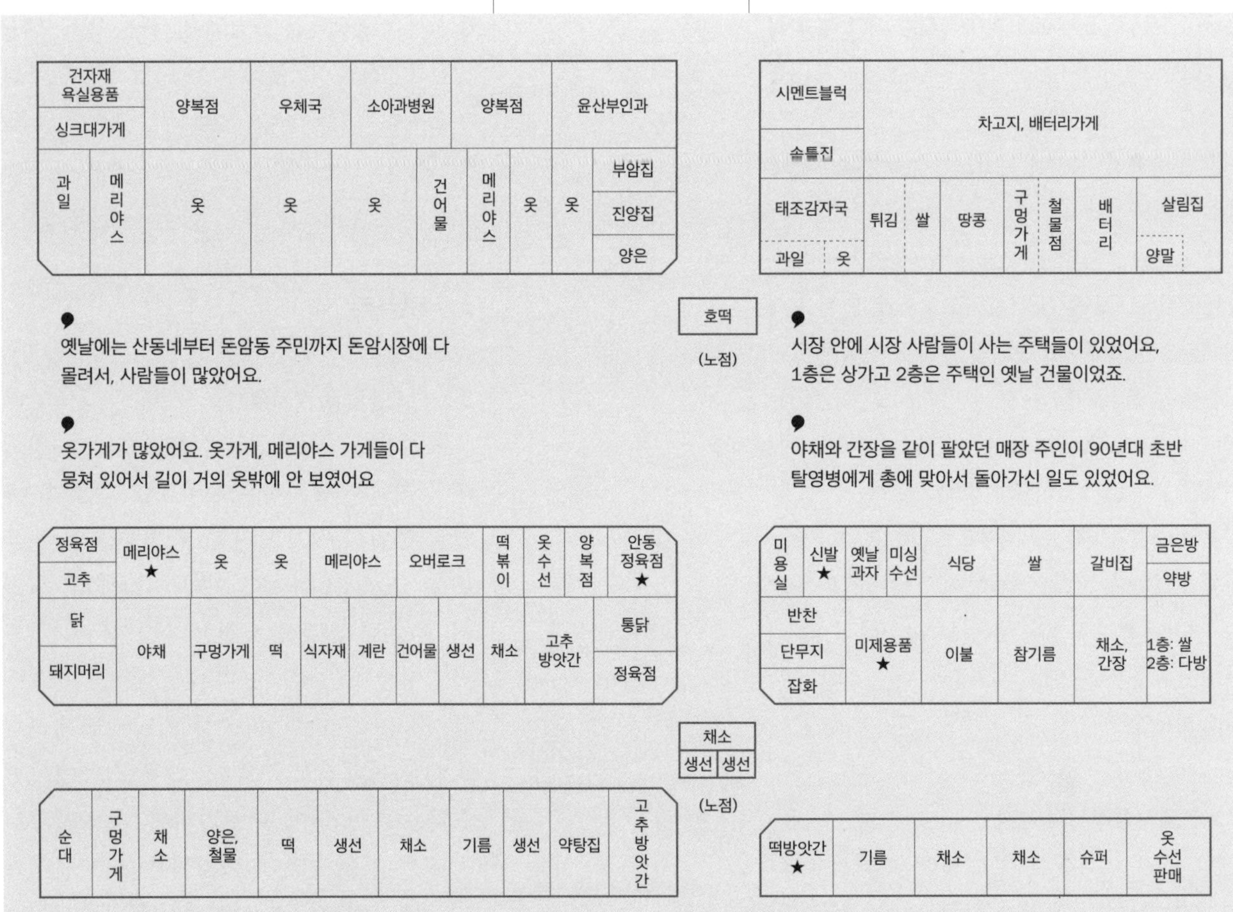

★: 현재도 존재하는 가게

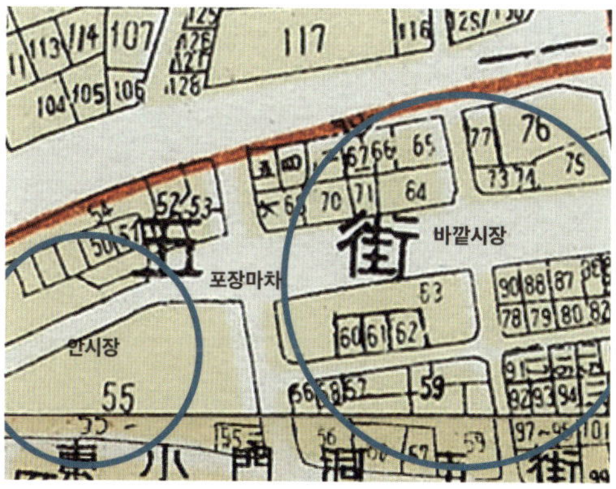

[그림 11]
공설시장(안시장)과 사설시장(바깥시장)의 위치
1967년 지도 위 표시

* 주요 판매 품목

안시장이라고 불리던 곳은 거의 식자재상들이 많고, 바깥시장은 옷가게가 많았죠. 안시장 경계에 방석집 같은 술집이 있었어요.
바깥시장은 건물 한 줄이 다 옷가게였을 만큼 옷가게가 많았어요. 몇몇 양복점도 있었던 기억이 나요. 시장 전체에 옷가게, 메리야스나 오바로크 집이 많이 있었어요.

* 시장의 경계 골목

안시장과 바깥시장 경계에는 포장마차처럼 노점이 많았어요. 순댓국집, 콩나물가게, 떡집도 즐비했어요.

* 성북천 주변의 상가아파트

성북천 위의 건물 전체가 연결된 상가아파트였어요. 삼선교에서도 있었고 돈암천 위에도 있었는데, 천을 복개하면서 다 없어졌죠.

3.2 돈암시장의 공간구조

태조감자국이 위치한 바깥시장의 한옥은 대부분 안채와 외부 매장으로 구성돼 외부의 상가가 안채를 둘러싸고 있는 구조였다. 태조감자국 일가가 가장 오래 거주한 64-1번지도 이와 유사하게 2층 한옥안채를 둘러싸고 태조감자국과 여러 음식점이나 옷가

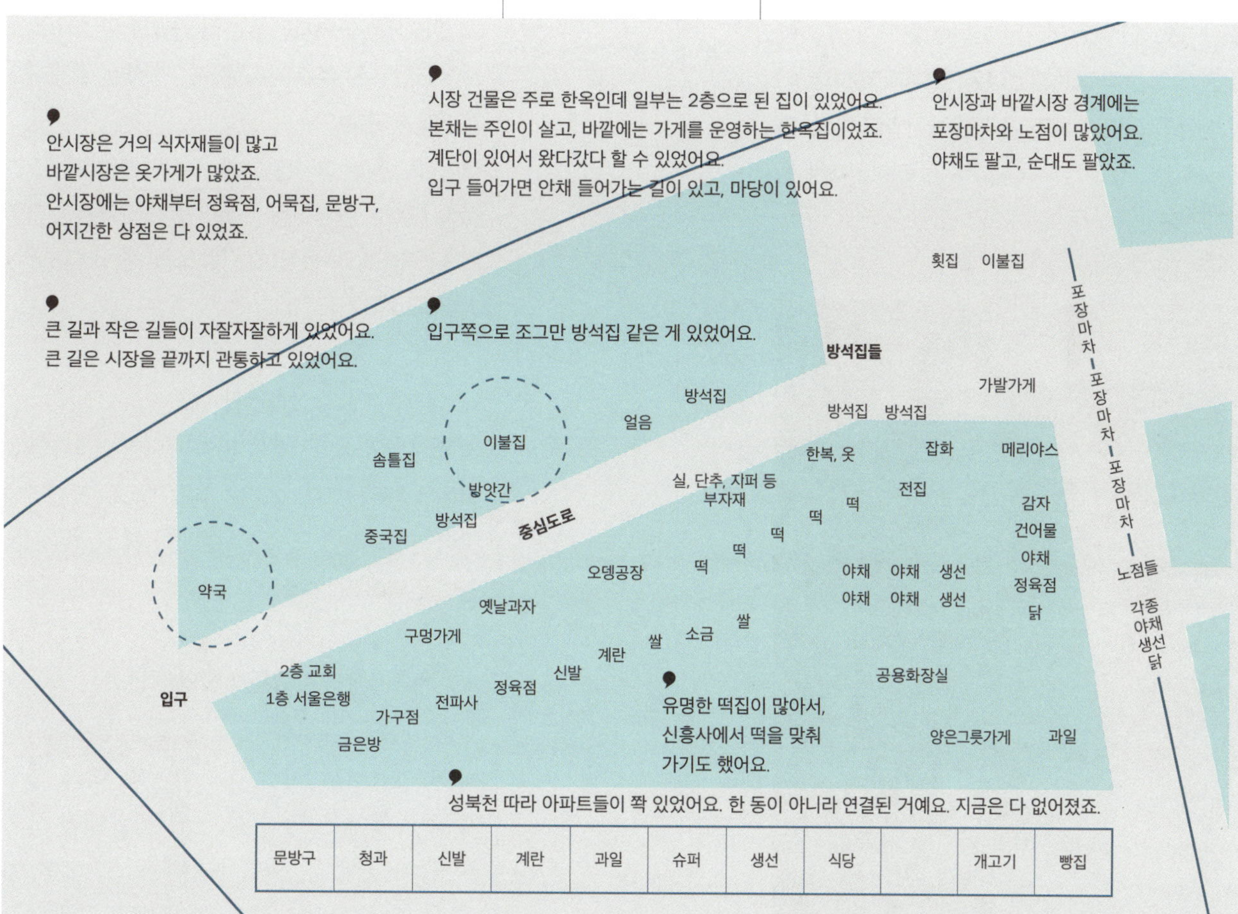

[그림 12]
1970~1980년대 안시장 구술지도

게들이 안채를 둘러싸고 있는 구조로 이루어져 있었다. 반면 안시장의 건물은 2층의 '一'자 상가 건물 뒤에 'ㄱ'자형 안채가 위치하고 계단이 상가에 설치된 형태였다. 또한 콘크리트와 목재 등 다양한 자재로 개량돼 있었으며, 1980년대에는 이미 건물이 많이 노후돼 수리나 개축이 어려웠다고 한다. 또한 안시장과 바깥시장의 외부에도 오래된 상가건물들이 형성돼 있었다.

＊ 바깥시장의 건물 구조

바깥시장 건물은 한옥인데 일부는 2층으로 된 집이 많았어요. 본채에는 주인이 살고, 바깥에는 가게를 운영하는 한옥집이었죠. 번지들이 잘게 쪼개져 있어서 한 건물 안에 가게들이 많았어요.

＊ 64-1번지 상가한옥

한옥이 좀 컸어요. 아마 정식 한옥은 아니고 개조를 했겠죠. 안채 들어가면 한옥이 있고 한옥 기와로 된 담이 둘러싸여 있었어요. 안채에 2층이 있어서 안채의 계단을 제가 올라갔던 기억이 나요. 안채는 주인이 살고, 'ㄱ'자 형태로 점포를 임대한 형식이었죠.

[그림 13]
1970년대 가게 앞 시장 골목에서
이호광 제공

＊ 64-1번지 상가한옥에 입주한 상점들

안채랑 대문을 둘러싸고 부암집이 있고 그 옆에 진양집이라고 음식집이 있었고 다시 양은가게가 옆에 있었어요. 양은가게가 커서 코너를 다 차지했었죠. 또 그 옆에는 옷가게가 하나 있던 것 같아요.

＊ 64-1번지 상가한옥의 주인

당시 안채가 좀 고급스럽고 넓은 형태로 있었어요. 옆 건물에 옷가게를 운영하시는 아주머니 남편이 안채 분 운전기사를 했었어요. 잘사는 집이었는데, 한 블록이 다 그분 집이었어요.

＊ 안시장의 건물 구조

안시장에는 시장 사람들이 사는 주택들이 있었어요. 주택 앞에 상가가 있는 형태였는데, 단층 아니면 2층 상가였어요. 건물이 오래돼 올라가기 힘든 구조였어요.

안시장은 목조나 콘크리트 건물이 많았어요. 완전히 일본식은 아니지만 일본식 건물과 구조가 비슷했어요. 1층은 주로 매장이었고, 안채는 살림집으로 운영했어요.

어머님도 잠깐 안시장 쪽에 산 적이 있어요. 그 건물은 목재로 만든 2층 가옥이었어요. 완전히 한옥집 형태는 많이 없었고요. 안쪽에 계단이 있었던 기억이 나요.

＊ 시장 주변의 상가건물 구조

시장 주변의 상가건물은 단층 아니면 2~3층인데, 보통 1층은 상가고 2층은 주거지였죠. 중심가에 많이 형성돼 있었고, 보문시장보다 더 오래된 건물들이 있었어요.

3.3 돈암시장의 사람들과 상권의 변화

돈암시장은 삼선동·돈암동 주민 등 많은 사람이 이용하던 시장으로 서울의 대표 시장 중 하나였다.[4] 명절 등 특별한 날에는 사람이 많아 물건을 사지 못할 정도였다.[5] 이호광 또한 돈암시장을 미아리와 아리랑고

[4] 1960~1980년대 돈암시장이 등장한 기사를 분석해 보면, 돈암시장은 서울의 물가 동향 조사나 경량 파악을 위한 저울 설치 사업에 포함될 정도로 서울의 대표적인 상권이었다. 돈암시장이 등장한 신문기사들은 당시의 구체적인 상점 수와 방문객들을 밝히고 있지는 않지만 1960~1980년대까지 돈암시장이 지역은 물론 서울 안에서도 중요한 상권이었으며, 운영되는 규모도 상당했던 공간임을 보여준다(김현진, 「전통시장의 관광자원화와 그 공간의 변화: 성북구 돈암시장에 대한 사례연구」 중앙대학교 석사학위논문, 29~30쪽 참조).

[5] 『경향신문』 1954년 9월 12일 자, 「잠망경(潛望鏡)」, "추석 명일을 치르기 위하여 서울 시내에서도 소를 1천2백 마리나 잡었건만 시내 각처의 고기간 앞에 10일 밤까지도 일대 난장판을 이루었겠다. 특히 돈암시장 내에 있는 푸주간 앞에서는 밤중까지 고기 한 칼을 사고자 열을 지어 섯는데 새치기하는 친구들이 어찌나 많았던지 나중엔 치고 꼬집고 욕설을 퍼붓고 수라장화하였다고."

[그림 14]
1973년 돈암시장 항공사진
서울시항공사진서비스

[그림 15]
2010년대 돈암시장
서울연구데이터서비스, 서울연구원

시장 건물은 한옥인데 가끔 2층, 3층으로 된 집이 있었어요.
보통 1층은 상가고 2층은 주거지였죠. 중심가에 많이 형성되어 있었어요.

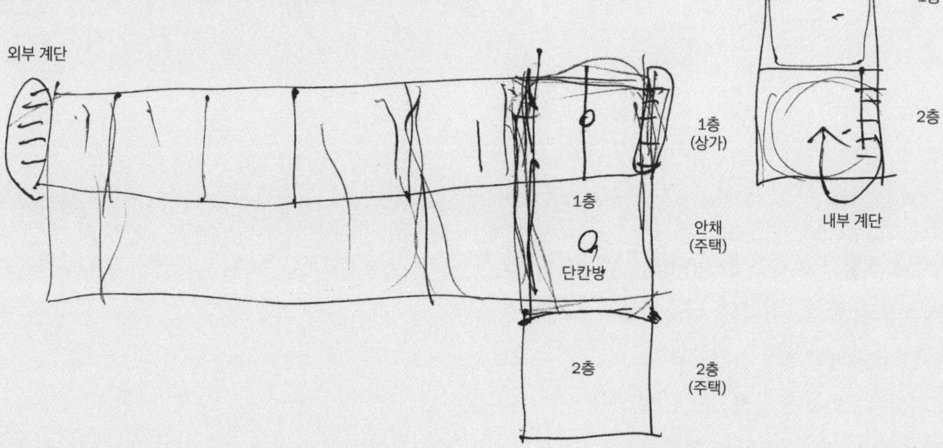

64-1번지 건물은 겉은 한옥인데, 안채는 2층으로 된 일본식 가옥이었어요.
한 번지 안에 가게들이 잘게 쪼개져 있었어요.

돈암시장의 건물들은, 목조나 콘크리트로 만든 굉장히 오래된 건물이었어요. 개량을 해서 살기는 했는데, 80년대 건물들은 따닥따닥 붙어 있어 개량이 힘들었을 거예요.

[그림 16]
돈암시장 내부 구술 지도

개의 산동네 주민들, 돈암동 주민들 등 많은 사람이 북적이는 시장으로 기억하고 있었다. 그러나 1990년대 한진한신아파트의 건축과 성신여대입구역을 중심으로 새로운 상권이 개발되기 시작했고, 2001년 재건축으로 인해 안시장 구역이 재개발되면서 상권이 대폭 축소됐다. 또한 아파트 개발과 상권의 이동 과정에서 기존 산동네 사람을 중심으로 조직폭력배가 등장하기도 했다.

＊ 돈암시장의 이용객들

옛날에는 산동네부터 동네 사람들까지 다 돈암시장을 이용해서 사람들이 정말 많았어요. 사람과 가게들이 빽빽하게 메우고 있었죠. 그래서 옷가게 등 생필품 가게가 많았어요.

＊ 돈암동 내 조직폭력배들

시장 내에서 조폭이 활동하지는 않았어요. 단지 북악 스카이웨이 쪽에 산동네가 있었는데, 거기 사는 사람들이 좀 거칠었죠. 대략 두 개 정도의 조직이 모인 걸로 알고 있어요. 시장은 원체 사람이 많으니까, 시장 내에 따로 힘센 사람들이 모이기도 했었기 때문에 산동네 사람들도 시장은 건드리지 않았어요.

＊ 1990년대 중심 상권의 이동과 사건·사고

1990년대 동소문로 22길 골목이 많이 활성화됐었어요. 그때 힘쓰는 사람들이 많이 나왔죠. 주로 돈암동 산동네 사람들이 많았는데, 그래도 큰 사건은 없었던 것 같아요.

지금의 성신여대입구역 주변 번화가에는 1990년대 초반까지 한옥집이 많았어요. 뒷골목은 어두컴컴하고 무서워서 불량배들이나 거기 사는 사람들만 가는 곳이었어요. 그래서 해지고 어두워지면 사람들의 발길이 뜸했죠.

나폴레옹과자점

나폴레옹과자점은 국내 초창기 제과점 중 하나로, 단일 점포로는 국내 최대의 제과점이었다. 다수의 제과명장이 거쳐가 '한국 제빵업계의 사관학교'로 불린다. 나폴레옹과자점은 1968년 삼선교에 위치한 삼선상가아파트동소문동2가 130-2번지에서 개점한 뒤 성북천 복원 공사로 인해 2007년 성북동으로 이전하기까지 삼선상가아파트 일대 상업의 중심지가 됐다. 이번 조사에서는 창업주 강인정1928~2002의 장남 강병문이 구술자로 참여했다. 강병문의 가족은 돈암동 인근 지역인 장위동·명륜동·혜화동에서 거주하며 대를 이어 나폴레옹과자점을 운영했다. 그는 나폴레옹과자점의 개점과 역사, 삼선교 일대 상업의 중심이 되었던 삼선상가아파트의 모습과 철거 과정, 성북천 복개와 복원에 관해 상세히 이야기해 주었다. 매장이 발전하면서 많은 분점이 생기고 본점을 이전했음에도 나폴레옹과자점은 현재까지도 삼선교 일대를 떠나지 않고 그 자리를 지키고 있다. 이들의 기억과 구술을 통해 나폴레옹과자점의 탄생과 발전, 성북천 복개 이전 삼선상가아파트의 모습, 삼선교 일대의 변화와 생활사를 본 조사에서 파악할 수 있었다.

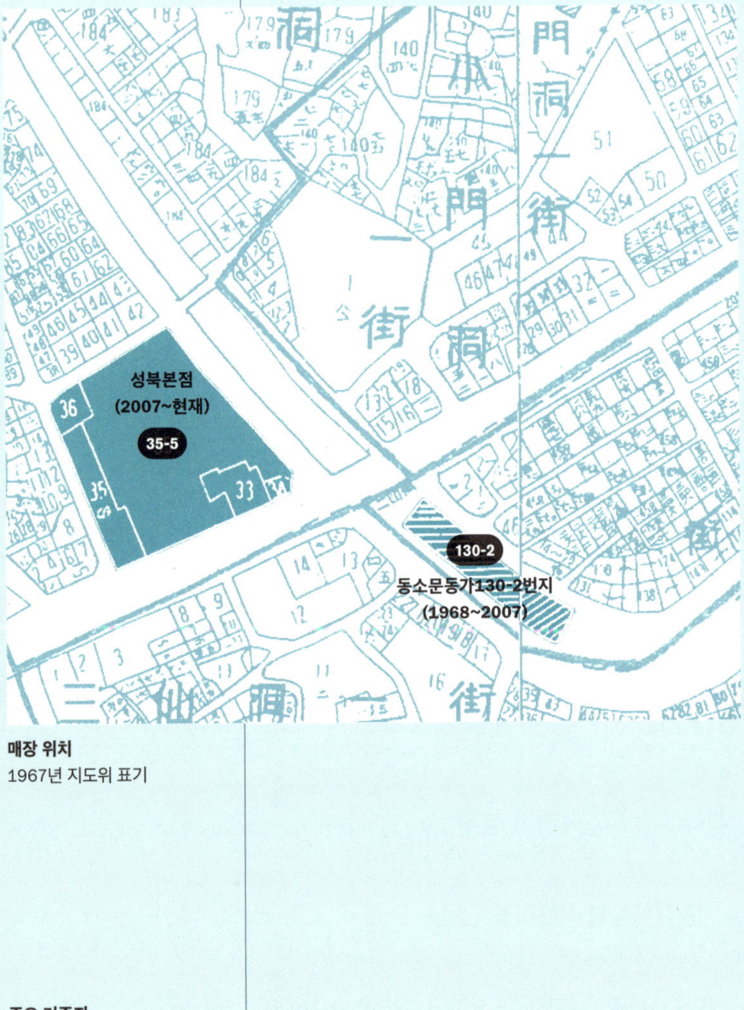

매장 위치
1967년 지도위 표기

성북동1가 35-5번지

주요 거주자

이름	생몰연도	가족관계	직업
강인정	1928~2002		신문기자, 저널리스트
양인자	1933~	강인정의 부인	나폴레옹과자점 1대 사장
강병문 (구술자)	1955~	강인정의 장남	나폴레옹과자점 성북본점 외 다수 지점 운영
강병천	1958~	강인정의 차남	㈜정암유통 대표이사 나폴레옹과자점 지점 다수 운영
강수경	1960~	강인정의 장녀	나폴레옹과자점 지점 다수 운영

1. 나폴레옹과자점의 탄생

나폴레옹과자점의 창업주 강인정은 신의주 출신으로, 서울대학교 치의학과에 입학하기 위해 홀로 상경했다. 그러던 중 6·25전쟁이 발발해 고향으로 돌아가지 못하고, 제주도 출신 지인들의 도움을 받아 제주신문사의 서울지부 언론인으로 활동했다. 1968년 강인정의 부인 양인자는 장위동에서 조그만 점포를 운영하던 중 지인에게 빌려준 자금 대신 삼선상가아파트의 조그만 카페를 인수하게 된다. 강인정은 이 카페를 제과점으로 운영했고, 이것이 나폴레옹과자점의 시작이었다.

＊ 강인정의 서울 정착

아버지의 고향은 신의주예요. 남한에서는 주로 혜화동에서 살았어요. 신의주에 거주하시다가 서울대 치의학과에 입학하기 위해 1946년쯤 혼자 남쪽으로 내려오셨죠.

아버지는 서울에 내려와서 신문기자를 하셨어요. 제주도에 지인들이 많아서 아버지는 그분들 도움으로 서울에 정착했죠. 제가 어렸을 때는 제주신문사의 서울지부장으로 계셨을 거예요. 처음에 살던 동네는 장위동이었어요. 신설동도요. 그다음이 명륜동, 혜화동. 제일 오래 살았던 데가 혜화동이에요. 제 본적도 경신고등학교 앞에 위치한 혜화동 5-33번지예요.

＊ 나폴레옹과자점 운영 계기

어머니가 장위동에서 쌀집 같은 조그만 장사를 하셨어요. 옛날 일본식 2층집의 1층 일부에다 가게를 하셨죠. 그러다 제가 중학교 2학년 때 어머니에게 돈을 빌려 가신 분이 돈을 못 갚고 당시 삼선상가아파트에 있는 카페를 넘기겠다고 하셨어요. 그래서 거길 인수했죠. 아마 제과점을 하실 생각이 있으셨던 것 같아요. 그때 아버지가 날 데리고 제과점을 다니시던 기억이 나요.

2. 나폴레옹과자점의 변천

2.1 개점 초기와 권상범 명장

강인정은 제과업 종사자가 아니었기 때문에 개점 초창기에는 많은 어려움을 겪었다고 한다. 4년 동안 공장장도 6번이나 바뀌었고, 운영이 어려워 친척에게 매장을 인계하기도 했다. 하지만 강인정은 친분이 있던 재일교포의 도움을 받게 됐고, 또 당시 유명한 제과기술자였던 김충복을 통해 권상범 명장을 소개받았다. 1972년 나폴레옹과자점에 입사한 권상범 명장은 매장 체계를 탄탄하게 갖추기 시작했고, 매장 확장의 주역이 됐다. 강인정도 그를 신뢰해 해외 유학을 지원해 주었고, 1979년 독립할 때 '나폴레옹'의 상호를 사용하게 허락해 주었다.[1] 이후 나폴레옹과자점은 기술자들을 중시해 직원들의 해외연수를 지원해 주는 제도를 정착시켜 '제과제빵계의 사관학교'라 불리기도 했다.

[1] 『월간 베이커리』 2002년 11월호, 「권상범 명장(名匠)의 일과 삶-남상(監儀)에서 도도한 큰 물줄기까지」, 97~98쪽.

＊ 개점 초기

초반에는 장사가 너무 안 됐어요. 그래서 잠시 친척한테 넘겼는데 그분도 장사가 안 돼서 다시 아버지에게 넘어왔어요. 그 당시 아버지가 한 재일교포랑 친하셨는데, 그분이 많이 도와주셨어요. 또 아버님이 풍년제과 김충복 씨를 만나서 도움을 요청했어요. 그래서 그분이 자기 밑에 있던 제일 잘하시는 분, 권상범 명장님을 소개해 주셨어요. 그리고 그다음부터 매장이 번창하기 시작했죠.

＊ 권상범 명장과 기술자들의 해외연수 지원

권상범 명장님은 나폴레옹의 일등공신이었어요. 아버지께서 거의 아들처럼 여기셨죠. 당시에는 의사도 외국유학을 잘 못 가던 시대였는데 아버지께서 권상범 명장님의 유학도 도와 주셨죠. 권상범 명장님이 유학 가실 때 '돌아와서 그만큼 일을 하겠다'고 계약서를 쓰려 했는데, 아버지가 편하게

있다 오라고 말씀하셨다는 일화가 유명하죠. 권상범 명장님은 1970년대 들어오셔서 나폴레옹에 오랫동안 계셨어요. 이 업계에서 기술자에게 해외 연수를 보내는 전통을 만든 게 나폴레옹이에요. 그 이후 좋은 사람들이 많이 들어왔어요.

2.2 삼선상가아파트와 매장 확장

초기 나폴레옹과자점은 삼선상가아파트 코너의 5평 매장으로 작게 시작했으나, 유능한 직원들의 노력으로 1974년경부터 점점 규모가 커지기 시작했다. 최종적으로는 건물 3층까지 확장했는데 1층을 매장, 2층을 카페, 3층은 빵 공장으로 사용했다. 나폴레옹과자점은 매장이 확장됨에 따라 지속적인 리모델링을 통해 매장을 세련되게 가꾸었다. 또한 2층에는 나폴레옹의 부인 이름을 딴 '죠세핀'이라는 레스토랑도 운영해

[그림 1]
삼선상가아파트 시절 나폴레옹과자점 전경
강병문 제공

손님을 더욱 끌어모았다. 이러한 노력으로 인해 나폴레옹과자점은 서울 전역에서 유명인들이 찾아오는 삼선상가아파트의 대표적인 상점이 됐다.

* **나폴레옹과자점의 확장**

삼선상가아파트에서는 처음에는 5평으로 작게 하다가 점점 확장했어요. 처음에는 매장에 먹을 수 있는 공간은 없고, 그냥 판매만 했어요. 탁자 한두 개 정도 간단히 먹을 수 있는 장소는 있었죠. 1974년쯤 확장이 되기 시작했죠. 1층에 50평, 2층도 50평, 3층도 50평으로 확장했어요. 3층을 빵 공장으로 쓰고, 2층은 카페, 1층은 매장으로 썼어요. 1층에서 2층으로 확장하기까지 시간이 꽤 걸렸어요. 10년 이상 걸렸을 거예요.

* **매장 인테리어**

나폴레옹이 잘된 비결 중 하나가 인테리어죠. 인테리어에 많은 비용이 들어가서 그때도 명성에 비해 돈은 못 벌었어요. 저희가 파리바게트보다 먼저 일반 제과점을 시작해서 수입이 꽤 있었는데, 1~2년에 한 번씩 다 인테리어를 바꿨어요. 돈이 남아날 수가 없어서 어머니가 힘들어하셨죠.

삼선상가아파트는 1967년부터 1970년대 초반에 동소문로2길 일대에 준공된 상가아파트로, 삼선교 상권의 한 축을 담당했다. 2007년 삼선상가아파트는 성북천 복원 공사로 인해 철거됐지만, 강병문은 당시 상가아파트의 내부와 구조, 입점한 상점에 대해 기억하고 있었다. 준공 당시 삼선상가아파트는 1동 3층 50호로 구성돼 있었으며, 15~16평의 아파트가 있는 계단식 형태로 건설됐다.[2] 구술에 따르면 1·2층은 상가, 3층은 아파트가 있었으며 중복도의 건축구조였다고 한다. 삼선상가아파트에는 생활을 지원하는 전파사와 철물점 등의 점포가 입점해 있었다. 한편 삼선상가아파트 건너편에는 프라모델로 유명한 초창기 아카데미과학사가 있었는데, 나폴레옹과자점과 더불어 삼선교에서 기반을 다져 성장한 회사다.

[그림 2] ▲
삼선상가아파트 시절 나폴레옹과자점 내부 전경
강병문 제공

[그림 3] ▼
삼선상가아파트 시절 나폴레옹과자점 전경
강병문 제공

* **삼선교의 상점들**

아카데미과학도 삼선교에 있었는데, 그쪽 분이 인터뷰에서 삼선교에서 사업해서 제일 성공한 사람은 자기랑 나폴레옹이라는 말이 있다고 하셨더라고요[3]. 상가아파트에 특별한 건 없었어요. 개인이 운영하는 조그마한 전파사 철물점, 옷가게 등이 있었죠.

* **삼선상가아파트의 구조**

삼선상가아파트 1·2층에는 주로 상가가 많았어요. 3층은 주로 아파트가 있었는데 우리는 초입 부분이라 상가로 쓸 수 있어서 1층부터 3층까지 모두 상가로 사용했어요. 층마다 중복도가 있었어요.

* **매장 주인**

삼선상가아파트 시절 매장은 삼선교 일대에서 유명한 부자의 소유였는데, 저희는 이 사람한테 조금씩 매장을 사서 확장했어요. 이름이 기억이 안 나는데, 오 사장님으로 기억해요. 상가아파트의 전체는 아니고 코너만 이분 소유였어요. 삼영탕이라는 목욕탕도 운영하셨고, 삼선교에 많은 땅을 갖고 있었어요.

* **삼선상가아파트의 거주공간과 소유권**

아파트는 11평 정도로 작았던 걸로 기억해요. 아파트가 워낙 오래돼서 수리가 안 됐어요. 잘못하면 부서지니까 수리를 못 해요. 또 이 건물의 땅이 하

[2] 장성수, 「1960~1970년대 한국 아파트 변천에 관한 연구」, 서울대학교 박사학위논문, 1994, 211쪽.

[3] 『조선일보』 2012년 9월 22일, 「삼선교 과학 선생님, 한국 프라모델의 전설로… 아카데미과학 김순환 회장」, "삼선교에 '나폴레옹과자점'이라고 있죠? 그 집하고 나하고 같은 해에 시작했어요. 그래서 삼선교에서 제일 성공한 사람이 나폴레옹과자점하고 아카데미과학이다, 그런 말도 있었죠."

[그림 4]
1층 매장
월간 파티시에, 『대한민국 골동과자점 5』, 비앤씨월드, 2012

[그림 5]
삼선교매장 2층에서 운영했던 죠세핀 레스토랑
강병문 제공

[그림 6]
삼선교매장 3층의 빵 공장
월간 파티시에, 『대한민국 골동과자점 5』, 비앤씨월드, 2012

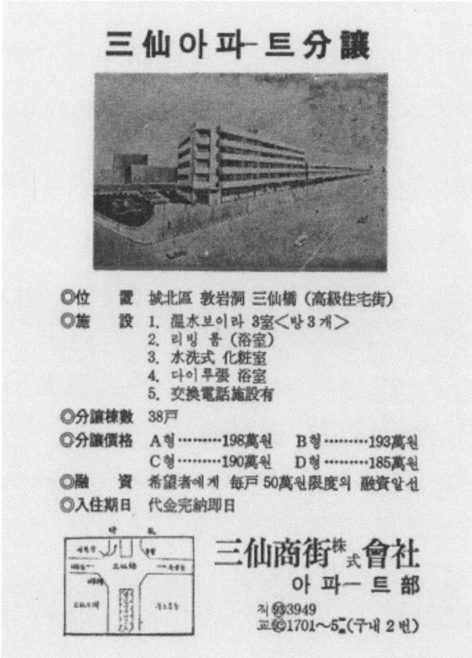

[그림 7]
삼선상가아파트 분양광고
『동아일보』 1970년 11월 13일 자
삼선상가아파트의 거주공간은 온수보일러와 방 3개, 수세식 화장실 등 당시로서는 최신 시설이 구비돼 있었다.

천부지이기 때문에 국가 소유였어요. 이용권만 있지 재산권은 없었죠.

2.3 삼선상가아파트 철거와 성북동 이전

1960~1970년대 지어진 하천복개 지상 상가아파트의 존속기간이 만료됨에 따라 1999년 서울시는 성북천·정릉천·홍제천 등 3곳의 자연하천을 복원하기로 결정했다.[4] 삼선상가아파트도 그 대상 중 하나가 돼 2007년에 모두 철거됐다. 강병문은 이 시기 마땅한 매장 이전장소를 구하기 어려워 유능한 직원들이 빠져나가 '나폴레옹이 망한다'는 소문이 날 정도로 어려움을 겪었다고 기억한다. 매장 장소로는 몇 개의 후보지가 있었으나, 마침 삼선상가아파트 매장과 가까운 현재의 매장 자리성북동1가 35-5번지를 경매로 매입해 2007년 매장을 이전했고, 유능한 직원들과 함께 나폴레옹의 명성을 되찾았다.

* **매장 이전의 어려움**

상가아파트를 철거하고 매장을 이전할 때도 고생을 많이 했어요. 구청에서 저희에게 빨리 나가라고 압박을 많이 했죠. 하지만 나갈 데가 있어야 가죠. 찾아봤는데 주위에 갈 만한 데가 없었어요. 당시 매장을 안 빼려고 법원에 구제요청을 했는데, 허가가 나니까 구청에서 빨리 철거하려고 철골을 입구 빼고 둘러 버렸어요. 그렇게 1년 장사하다 3개월 문 닫고 현재 매장으로 이전했죠.

* **매장의 이전 과정**

현재 성북동 매장 자리가 경매로 나온 걸 우연히 알아서 구입했어요. 원래는 사거리의 하나은행 자리로 이동하려고 했어요. 지금 매장 자리는 '죽은 자리'라고 했거든요. 미아리 고개 쪽은 큰 길을 따라서 굉장히 밝았는데, 이쪽은 불이 안 켜질 정도로 어두웠었어요. 그런데 운이 좋게 이쪽이 발전하면서 주차시설도 갖춰진 아주 좋은 자리가 된 거죠. 이쪽 골목이 발전되니까 땅값이 오르고, 이 옆에 청우제과도 들어오고, 상권이 확 커졌어요.

* **나폴레옹과자점의 부활**

매장 이전 당시에 나폴레옹과자점이 망한다고 소문이 나서 업계의 좋은 직원들이 나갔죠. 그래서 그때 막내와 주임 직원 하나 데리고, 밖에서 제과학교 졸업한 직원들 한 열 명 데려다가 다시 시작했어요.

[4] 『조선일보』 1999년 4월 2일 자, 「복개하천 위 상가아파트 철거 성북-정릉-홍제천 3곳 자연하천 복원키로」.

[그림 8]
삼선동 복개공사 및
삼선상가아파트 신축공사 전경

[그림 9]
성북상가아파트 입주안내 광고
『매일경제』 1970년 1월 12일자

2.4 운영방식

나폴레옹과자점은 삼선교뿐만 아니라 서울의 대표적인 제과점이 됐다. 서울 전역에서 손님들이 몰려왔다. 당시 김용옥 교수, 문희상 전 국회의장, 신세계 회장 등 다양한 유명인들이 방문했다. 나폴레옹과자점이 꾸준히 인기를 유지한 비결은 직원들의 처우와 좋은 재료 사용에 있었다. 먼저 강인정은 초기 매출 부진을 겪으면서도 열흘 분 매출에 해당하는 금액을 공장장에게 지급할 만큼 기술인을 우대했다.[5] 1970년대부터 시작한 기술자들의 해외유학 지원 제도는 권상범·서정웅 등 많은 명장을 배출하는 계기가 됐다. 또한 제과업계 최초로 주5일제를 시행하고 숙소와 식사 제공 등 직원들의 처우에도 각별히 신경을 썼다.

[5] 손인수, 「나폴레옹, 대물림된 파격으로 만드는 청사진」, 『베이커리』 7, 대한제과협회, 1995, 51쪽.

＊ 서울의 대표적인 제과점이 되다

내가 대학교에 들어간 다음부터 서울시 전체에서 사람들이 많이 왔어요. 아직도 기억나는 게 나이 드신 할아버지가 앉으셔서 조그만 빵 하나와 우유 하나 사서 드시고 가시면서 “지금 유일한 낙이 이거다”라고 하시더라고요. 저희 빵집에서 맞선을 많이 보기도 했어요.

＊ 학생 출입 금지

손님 중 학교 학생들도 많아서 학생들의 명소가 될 뻔했는데 당시 아버지가 중·고등 학생은 출입을 금지시키셨어요. 연애질이나 한다고 해서 못 들어오게 해 버렸죠. 그래서 대학생부터 들어올 수 있었어요.

＊ 미군부대 납품

미군부대에서 빵이 맛있다고 해서 납품을 잠깐 하기도 했어요. 하지만 납품은 제조 위주여야 하는데, 저희는 판매 위주라 오래 하지는 못했어요.

＊ 매장을 방문한 유명인들

김용옥 교수가 제자를 데리고 자주 왔었죠. 또 문희상 전 국회의장도 자주 왔어요. 또 배우나 아나운서 같은 유명인들도 많이 왔었어요. 또 신세계 회장님이 당시 성북동에 사셨는데, 베이커리 사업이 잘 안 되셔서 연구하신다고 당시 베이커리사업부 직원분이 빵을 수십만 원씩 사갔다고 들었습니다. 요새는 아이돌 그룹에 선물 보내주는 주문도 많이 들어와요.

＊ 직원 수의 증가

초창기에는 직원이 그리 많지 않았어요, 기본적으로 빵 공장을 하려면, 최소 네 명은 있어야 해요. 그리고 매장도 해야 하니까 매장도 두 명은 있어야 하죠. 그러니까 여섯 명은 있었을 거라 생각해요. 현재는 제 동생들이 하는 사업을 제외해도 한 200명에서 250명 정도로 늘어났어요.

＊ 해외유학 제도와 주5일제 시행

아버지는 기술자들을 외국에 유학 보내는 제도를 정착시키셨죠. 그렇게 하니까 매장에 도움이 많이 됐어요. 제과라는 직종이 생각보다 이익이 박하고, 일은 힘들어요. 그래서 우리는 빵도 적정 가격을 받고, 직원들을 편하게 해주려고 노력을 많이 해요. 정부에서 얘기가 나오자마자 주 5일제를 시작했죠. 영업시간도 원래는 저녁 10시까지 운영했지만, 직원들이 너무 힘들어해서 9시까지로 줄였죠. 매장 오픈 시간도 8시 반에서 9시로 늦췄습니다.

[그림 10] ▲
현재 나폴레옹과자점 성북본점 매장 외부 전경

[그림 11] ▼
현재 나폴레옹과자점 성북본점 매장 내부 전경

* **숙소와 식사 제공**

숙소는 저희가 원하는 사람에 한해 돈암동하고 그 외 지역에 회사에서 세를 내서 제공하고 있어요. 현재도 대여섯 군데 정도 운영하고 있지요. 숙소는 이 근처에도 있고, 목동에 공장이 있어 목동 등에도 있어요. 네 군데 정도 있어요. 점심식사도 구내식당에서 제공하고 있어요.

강인정은 재료의 품질도 중요하게 생각했다. 1970년대 나폴레옹과자점은 한국의 유명한 재료상과 강인정의 인맥으로 연결된 일본 제과업자를 통해 재료를 조달했다. 주요 메뉴로는 크림빵·초콜릿빵·골든식빵 등이 있었으며, 일부 빵은 현재 나폴레옹과자점에서 계속 판매하고 있을 정도로 꾸준히 인기를 끌고 있다.

[그림 12]
나폴레옹과자점의 주요 메뉴

* **주요 메뉴**

나폴레옹에서 전통적으로 오랫동안 팔았던 빵은 크림빵, 초콜릿빵, 밀크식빵, 골든식빵이었어요. 이 빵들이 나폴레옹을 키운 거죠.

* **주요 재료 조달처**

우리나라에서 유명하다는 재료상들과 거래를 했어요. 어떤 재료는 직수입도 했죠. 무조건 제일 좋은 재료를 쓰셨어요. 또 아버님이 일본 제과업계 사람과 굉장히 친하셨는데, 그분이 네덜란드제 유명한 냉동고를 일본에 납품하는 총책이었어요. 일본의 재료가 굉장히 좋아서 그분을 통해서 필요한 건 다 샀어요.

3. 나폴레옹과자점과 돈암동

강병문은 30년 이상 삶의 터전이 된 돈암동을 '아직 발전이 더디지만, 지역민들의 노력에 따라 발전할 수 있는 가능성이 많은 지역'으로 보았다. 또한 나폴레옹과자점은 유니세프, 성나자로 병원, 성북구의 방과후 학생들, 성북구 푸드뱅크 등 다양한 기부활동과 지역활동을 모색해 현재 15곳에 기부를 이어가고 있으며 오랫동안 지역주민들과 상생하고 있다. 또 코로나19 사태 이후 매장의 취식공간을 없앴지만, 온라인과 배달 주문 등 다양한 방법을 통해 매출을 유지하고 있다고 한다. 제과제빵의 선구자이자 시민들에게 많은 사랑을 받고 있는 나폴레옹과자점은 2018년 서울미래유산, 백년가게중소벤처기업부 인증로 등록됐다.

* 다양한 기부활동

작년에 국세청에서 공식적으로 잡은 기부금액이 6억이었어요. 주로 유엔 난민기구, 그린피스, 성나자로 병원, 성가병원, 성북구청의 아동들, 노인 등에게 기부했죠. 현재 총 15곳에 기부를 하고 있죠. 70년대에는 남는 빵을 기부해서 신문에 기사가 나기도 했어요. 주로 학생들, 결식아동들, 공부방이나 노인들에게도 나누어 주었죠. 특정 기관에 기부한 것이 아니라 대부분 지역민에게 기부했는데 점점 확대돼 지금은 푸드뱅크로 들어가고 있어요.

* 코로나19 사태 이후 현재의 나폴레옹

코로나19 사태 이후 국민 방역 취지에 맞게 하기 위해서 매장의 앉는 자리는 완전히 없앴어요. 대신 온라인 판매가 두 배 정도 늘었죠. 배달 앱 서비스도 확 늘었어요. 온라인은 저희가 제조를 같이 해서 가능하죠. 제조는 온라인 판매, 제과는 현장판매를 하고 있어요. 그래서인지 코로나19 사태의 영향을 많이 안 받은 것 같아요. 정확하지는 않지만 온라인 판매와 배달 판매가 두 배 정도 늘었어요.

* 나폴레옹과자점과 돈암동

저희는 지역과 상생하려고 여러 노력을 기울이고 있어요. 최순우 가옥의 기부자 명단에 나폴레옹도 적혀 있어요. 또 제 딸이 지역민들을 위한 제빵 클래스 같은 지역활동에 관심이 있어 시도하려고 생각하고 있어요.

거의 내 삶의 뿌리가 이 동네죠. 제가 보기에 이 동네는 발전이 늦은 편이에요. 하지만 성북동 분위기가 많이 좋아졌듯이 나중에 이 동네도 잘될 것 같아요. 북악산과 낙산이 있고, 전체적인 분위기도 대학로라 발전할 수 있는 많은 가능성을 가지고 있죠. 나중에 시간이 지났을 때 이 동네는 아마 괜찮은 사람들이 모일 수 있는 장소로 변하지 않을까 싶어요.

[그림 13]
2018년 서울미래유산으로 지정된 나폴레옹과자점

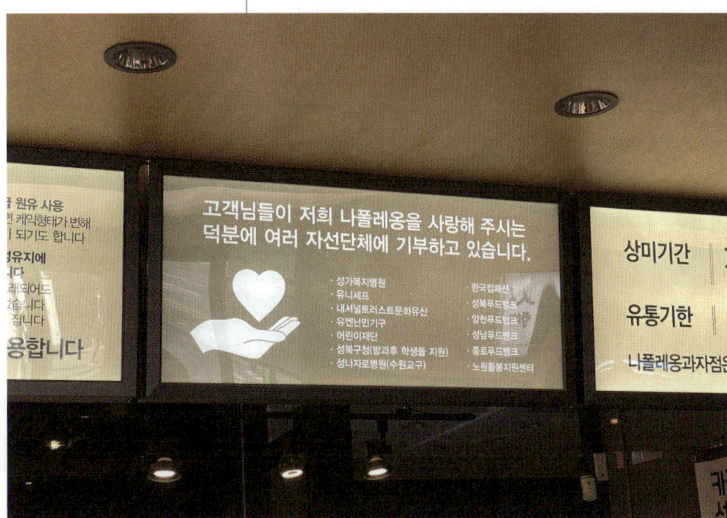

[그림 14]
나폴레옹과자점이 기부하고 있는 단체들

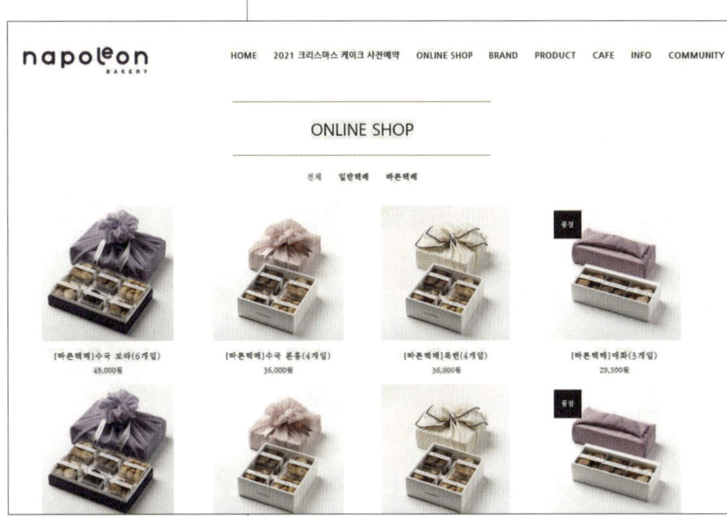

[그림 15]
나폴레옹과자점의 온라인 판매 사이트

강인정 일가와 혜화동 74-30번지

강인정 일가는 나폴레옹과자점 개업 이후 대부분의 시기를 혜화동 일대에서 보냈다. 그중 가장 오래 거주한 혜화동 74-30번지의 한옥은 1920년대부터 여의사로 활동했던 한소제1899~1997가 1949년에 부지를 매입해 지은 가옥이다. 해당 가옥은 한소제 가족의 도미渡美 이후 1969년 서장욱천일무역 사장, 1927~2007이 소유했고, 1978년 강인정이 매입해 거주하기 시작했다. 매입 당시에는 귀신 들린 집이라 동네에 소문이 나서 아무도 구입하지 않는 집이었다고 한다. 혜화동 가옥은 강인정이 한옥을 선호하는 데다 매장과 가깝다는 지리적 이점 때문에 일가의 오랜 생활 터전이 됐다. 혜화동 74-30번지 가옥은 강인정이 작고한 이후 2004년 혜화동 동사무소로 변모했으며, 최초의 한옥 동사무소로서 2012년 서울미래유산에 등재됐다.

* **일가의 혜화동 정착**

저는 장위초등학교를 4학년까지 다녔어요. 이후 혜화초등학교를 다녔죠. 장위동에서 다시 명륜동에 살다가, 나중에 혜화동 큰 집으로 옮겼어요. 처음 혜화동에서 정착한 집은 혜화동 5-33번지예요. 제 본적도 거기로 돼 있어요. 경신고등학교 바로 아래였는데, 경신고 축구부 학생들의 공이 담 넘어 오면 제가 던져주곤 했죠.

* **혜화동 74-30번지 거주 계기**

혜화동 거주 당시에는 아버지, 어머니 그리고 저와 남동생, 여동생이 살았어요. 혜화동 74-30번지에서 가장 오래 살았어요. 집이 250평인데, 굉장히 컸죠. 당시 귀신 나온 집이라고 소문이 나서 사람들이 아무도 안 샀는데, 아버지께서 구입하셔서 저희가 입주했어요. 그런데 그 집을 사고 제과점이 잘됐죠.

* **혜화동에서의 생활**

한옥이 굉장히 좋았어요. 기둥은 다 백두산 목재를 썼다고 들었어요. 또 아버지께서 한옥을 좋아하셔서, 혜화동 한옥에서 오래 살았죠. 출퇴근하기도 편했어요. 혜화문 쪽으로 5분 정도 뛰어가면 매장이었으니까요. 주로 걸어서 출퇴근하셨죠.

* **혜화동 이주 사유**

혜화동 한옥은 담이 낮고 옛날 집이라 도둑이 자주 들었어요. 그래서 아버님 돌아가시고 나서 팔려고 했는데, 사겠다는 사람이 없었어요. 마침 동사무소에서 관심이 있어 한다고 해서 종로구에 매매했어요. 지금은 혜화동 동사무소가 입주해 있어요.

[그림 16]
혜화동 74-30번지에서 촬영한 가족사진
강병문 제공

[그림 17] ▲
혜화동주민센터 전경
서울미래유산 홈페이지

[그림 18] ▼
혜화동주민센터 내부 정원
서울미래유산 홈페이지

박윤락

1960년대부터 1970년대까지 농촌에서 서울로 이주한 영세민 중에는 토지를 무단으로 점유하고 무허가 주택을 지은 이들이 많았다. 돈암동 또한 606번지 고지대를 중심으로 무허가 주택 지대가 형성됐으며, 1970년대 초 돈암동은 서울시의 재개발정책으로 인해 개발과 철거가 반복되면서 주민들과의 갈등이 발생하기 시작했다. 또한 사람들이 많이 모이던 전차 종점과 미아리고개·동도극장을 중심으로 몇 개의 폭력조직이 형성됐으며, 무허가 주택을 철거하고 아파트를 건설하는 과정에서 여러 사건·사고가 발생하기도 했다. 1985년 지하철 4호선이 개통되고 지하철 주변에 새로운 상업시설이 들어서고, 이전의 재개발로 인해 새로 들어선 아파트와 현대식 상가에 새로운 인구가 유입되면서 지역의 조직폭력배나 우범지대는 점차 사라져 갔다. 구술자 박윤락은 1960년대부터 1990년대까지 성북경찰서 2계 정보과에서 경찰로 근무했다. 박윤락은 당시 성북경찰서 관할 파출소의 위치와 사건·사고가 많은 지역, 돈암 일대 조직폭력배 활동이나 아파트 개발과 학생시위 등 1960년대부터 1980년대까지 돈암동 지역의 사건·사고에 대해 상세하게 이야기해 주었다.

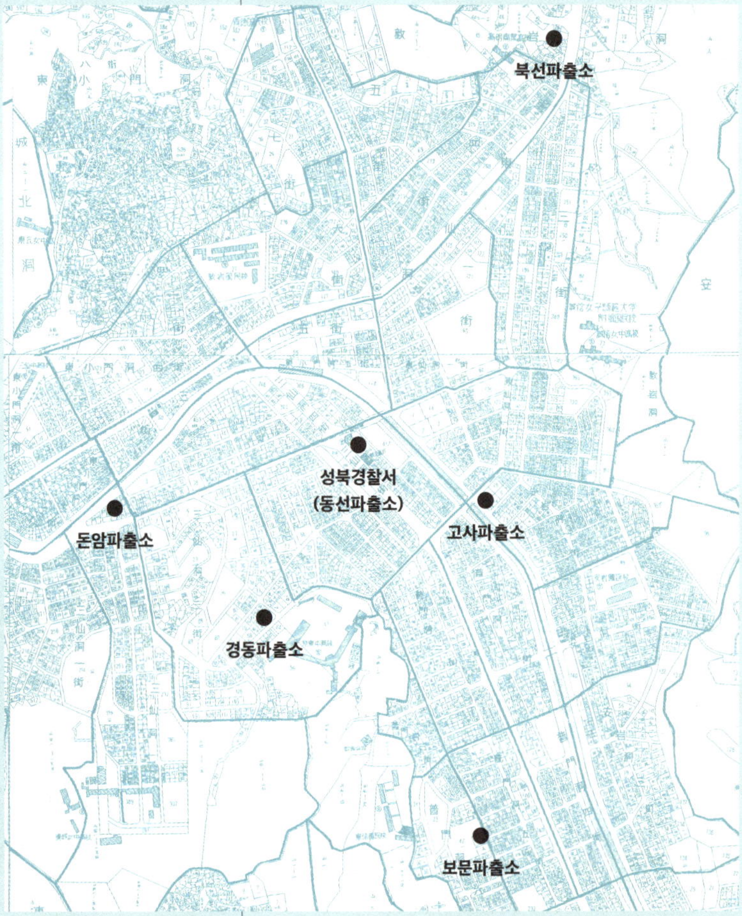

돈암동의 주요 파출소 위치
1967년 지도 위 표시

주요 거주자

이름	생몰연도	출생지	정착 시기	직업
박윤락	1940~	경북 영덕	1980년~현재	경찰공무원(1966~1998)

동소문동5가 64-1

1. 성북경찰서의 활동

박윤락은 1966년부터 1998년까지 성북경찰서와 관할 파출소에서 근무했다. 그가 근무할 당시 서울 시내의 경찰서는 총 9개였고, 성북경찰서는 종암·하월곡·장위·길음을 포함하고 있어 현재보다 관할 범위가 훨씬 넓었다.[1] 파출소 위치도 현재와 달랐다. 돈암파출소현 돈암치안센터의 경우 하천 부지가 넓어 좀 더 길 안쪽으로 들어와 있었으며, 성북경찰서는 도로가 확장되면서 1973년 청사를 허물고 신청사를 준공했다. 고사파출소의 경우 1942년 보문동2가 135-1번지에 착공했으나 토지 주인이 반환소송을 청구해 두 번이나 자리를 이동했다.[2] 박윤락은 당시 유흥가가 번화했던 월곡·숭인·종암파출소 관할 지역은 크고 작은 사건이 많았고, 경동·남종·북선은 사건·사고가 별로 없었다고 기억한다. 그는 주로 2계 정보반에서 활동했고, 정치·사회·경제·일반 등 돈암동 지역의 전반적인 사건·사고를 담당했다. 당시 파출소는 4인 1조로 갑부·을부로 나누어 돌아가면서 24시간씩 근무를 했다.

[1] 성북경찰서는 1969년 북부경찰서 개서로 삼양·북양 등 10개의 파출소가 관할 이전되고 1979년 종암경찰서 개서로 종암·하월곡·상월곡·장위·길음3동 등 5개 동이 관할 이전되면서 그 범위가 축소됐다.

[2] 『조선일보』 1975년 9월 14일 자, 「파출소 상대 소송 원고에 승소판결」.

＊ 1960년대 서울의 경찰서와 관할 범위의 축소

제가 들어올 당시에는 서울 시내에 전부 아홉 개의 경찰서밖에 없었고, 당시 성북경찰서 관할이 지금보다 몇 배는 넓었죠. 지금 성북경찰서는 종암·강북·도봉·노원이 빠져나갔죠. 그리고 또 성북경찰서가 관할하던 동이 몇 개가 중랑으로 들어갔어요.

＊ 성북경찰서와 돈암파출소의 위치

당시 성북경찰서 위치는 그대로이지만, 도로가 확장되면서 헐어서 두 번을 새로 지었어요. 또 돈암시장 코너에 돈암파출소가 있었어요. 지금은 교통

[그림 1]
1977년 성북경찰서 전경
성북구청 소장

[그림 2]
1960년 돈암파출소 전경
서울사진아카이브

초소로 운영하고 있죠. 과거에는 하천 부지가 넓어서 경찰서와 구청 부지가 좀 더 안쪽으로 들어와 있었어요.

＊ 1960년대 성북경찰서 관할 파출소

경동파출소는 경동고등학교 밑, 삼선초등학교 옆에 있었어요. 안암동2가에는 안서파출소, 안암동 로터리에는 안동파출소가 있었죠. 대부분 한 동네에 파출소가 2개씩 있었어요. 종암2동에는 남종파출소가 위치했어요. 북선파출소는 미아리고개 너머 있었는데 지금은 없어졌어요.
보문동은 옛날에 동대문경찰서 관할이었다가 성북경찰서에 넘어왔는데, 고사파출소와 보문파출소 두 개가 있었어요. 고사파출소는 도로로 들어가서 없어졌죠.

「있을 곳엔 없고……한곳에 몰리고…파출소 위치 "시민 불편"」
성북구 보문동 보문시장 안 골목에 위치한 고사파출소는 본래 보문사입구 네거리의 사유지 10여 평을 기증받아 건물을 짓고 운영해 왔는데, 79년 땅 임자가 반환을 요구해 보문사 앞 3층 건물의 지하실로 옮겼다가 작년 2월 현재의 건물로 신축·이전했다.

『조선일보』 1981년 4월 24일자

＊ 성북경찰서에서의 담당업무

1계는 서무반이고 2계는 정보반이에요. 저는 주로 정보반 업무를 담당했고, 각기 관할 지역의 업무를 봤죠. 정치·경제·사회·일반업무 다 했던 것 같아요. 보통 갑부와 을부로 나누어서 24시간씩 근무를 했어요. 한 부에 보통 4명이었고, 아침에 다른 부가 오면 그때 업무 인계를 하는 거죠.

＊ 사건·사고가 많고 적은 파출소

옛날에는 제일 바쁜 파출소가 월곡·숭인 파출소 정도였죠. 그다음이 종암파출소. 그다음에 한가한 곳이 안서파출소·경동파출소·남종파출소·북선파출소였죠. 지금은 다 없어졌어요. 보통 A급·B급·C

급으로 불렀지요.
경동·남종·북선파출소는 사건이 많이 없었어요. 월곡·숭인·종암파출소는 주변에 유흥업소가 많아 사건·사고가 많았고요. 돈암파출소는 중간 정도였고, 길음파출소는 시장이 가까워서 사건이 많았지요. 그래도 대부분 큰 사건은 아니었고 합의를 붙여줄 수 있는 사건이 많았던 것 같아요.

2. 돈암 일대 조직폭력배 활동과 사건

2.1 조직폭력배의 출신과 주요 조직단

1963년 신문기사에서는 동도극장과 돈암시장 일대를 돈암동의 대표적인 우범지대로 뽑았다.[3] 1960년대 돈암동에서는 산동네를 거점으로 하여 '빅토리파'와 같은 조직폭력배가 등장하기 시작했다.[4] 주요 조직원들의 출신은 주로 돈암동, 특히 606번지와 동소문동1가 1번지에 형성된 산동네 주민들이 많았다. 연령층도 어린 소년부터 20대까지 다양했다. 박윤락은 주로 사람이 많이 모이는 태극당 앞 전차 종점 거리를 중심으로 형성된 '돈암동파', 미아리고개 중심의 '미아리파', 동도극장을 거점으로 하는 '삼선교파' 등 다양한 조직폭력배에 대해 이야기해 주었다. 그에 따르면 1980년대 돈암동에는 '사심이파'[5]가 존재했고, 1990년대 미아리텍사스를 거점으로 '쌍택이파'가 활동하기도 했다. 그 외에 아리랑고개나 신흥사 주변에도 자잘한 조직폭력단이 존재했다.

[3] 『동아일보』 1963년 5월 21일 자, 「暴力(폭력) 뿌리째 뽑을 수는 없나」

[4] 『동아일보』 1959년 8월 5일 자, 「장난삼아 만든 단체-빅토리 소년단 공판서 진술」

[5] 『조선일보』 1985년 7월 18일 자, 「10대 폭력배 6명 검거 '대학로-돈암동 유흥가 누빈 『사심이파』」

* **조직폭력배의 탄생**

어떻게 모여서 발생했는지는 모르겠어요. 아마 저희끼리 싸우고 어울리면서 형님 동생 하다 그룹이 만들어졌겠죠. 동소문로에 살고 있는 홍○○이라는 친구는 배짱이 제일 좋았고, 관악구에서 오는 박○○라는 친구는 날쌨죠. 정육점 운영하는 황○○은 뱃심이 좋았어요.

「장난삼아 만든 단체-빅토리 소년단 공판서 진술」

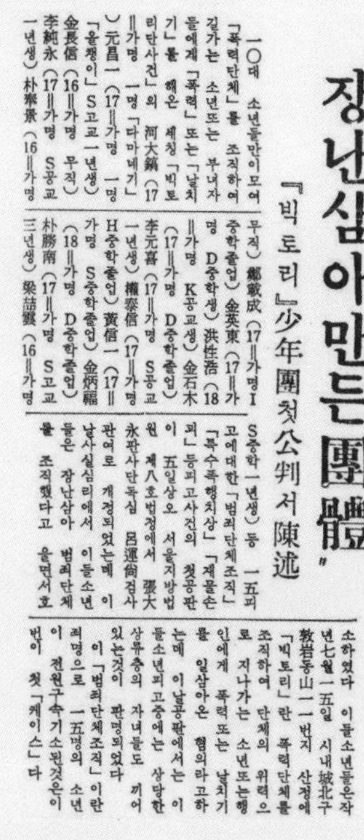
"장난삼아 만든 團體"
『빅토리』少年團첫公判서陳述

10대 소년들만이 모여 「폭력단체」를 조직하여 길가는 소년 또는 부녀자들에게 「폭력」 또는 「날치기」를 해온 세칭 「빅토리단사건」의 하대호(17, 일명 「다마네기」), 원창일(17, 일명 「올챙이」 S고교 1년생)…(중략) 등 15명의 피고에 대한 「범죄단체조직」 「특수폭행치상」 「재물손괴」 등 피고사건의 첫 공판이 5일 상오 서울지방법원 제8호 법정에서 장대영 판사 단독심 여운상 검사 관여로 개정됐는데, 이날 사실 심리에서 이들 소년들은 장난삼아 범죄단체를 조직했다고 울면서 호소했다. 이들 소년들은 작년 7월 15일 시내 성북구 돈암동 산 11번지 산정에 「빅토리」란 폭력단체를 조직하여 단체의 위력으로 지나가는 소년 또는 행인에게 폭력 또는 날치기를 일삼아 온 혐의라고 하는데 이날 공판에서는 이들 소년 피고 중에는 상당한 상류층의 자녀들도 끼어 있는 것이 판명됐다. 이 「범죄단체조직」이란 죄명으로 15명의 소년이 전원 구속기소된 것은 이번이 첫 「케이스」다.

『동아일보』 1959년 8월 5일 자

[그림 3]
돈암동 주변 조직폭력배의 주요 거점

산동네 사람들

흥천사 사거리 들어가는 길을 기점으로 많이 활동했죠.
조그마한 그룹이 몇 개 있었는데 큰 그룹은 아니라
낯선 사람 왔다고 텃세 하는 정도였어요.

삼선교파

옛날 동도극장을 중심으로 삼선교파가 있었어요.
극장을 뜯어먹고 살다시피했는데,
동도극장이 없어지면서 근거지가 없어졌어요.

1960년 돈암파출소

1973년 돈암시장
서울시항공사진

돈암시장 코너에 돈암파출소가 있었어요.
지금은 교통초소로 운영하고 있죠.

미아리파

미아리고개 너머 미아삼거리 쪽은 미아리파라고 불렸어요.
미아리텍사스와는 관련이 없었고, 또 큰 사건도 없었어요. 그쪽이 파출소가 가까워서 폭력배랑 얽히면
귀찮거든요. 또 통금 시간 이후에 적발되면 파출소에서 단속을 하고, 심하다 싶으면 직결처분도 하곤 했어요.

1964년 미아리~돈암동 도로 전경

돈암동파

전차 종점 뒷 골목에 술집이랑,
색시집이라 말하는 다방이 많았어요.
전차 종점을 중심으로 깡패가 좀 있었는데,
저들끼리 돈암동파라고 부른 것 같아요.
하나로거리 골목에 노점상들이 많았어요.
거기에서 자릿세 얘기가 좀 있었어요.

「건설업자 칼로 찔러 중상입혀
'미아리 텍사스' 조폭두목 영장」

건설업자 칼로 찔러 重傷입혀
'미아리 텍사스' 組暴두목 영장

서울종암경찰서는 4일 건설업자를 구타하고 칼로 찌른 혐의로, 서울 미아동 속칭 '텍사스'거리 일대를 장악하고 있는 폭력조직 '쌍택이파' 두목 박상택(42)씨 등 2명을 붙잡아 구속영장을 신청했다.

박씨는 지난 4월28일 새벽 서울 미아5동 횟집에서 술을 먹다 전 건설업체 사장 A씨 등 2명을 "건방지다"며 조직원들과 함께 집단 구타, 전치 4주의 상처를 입힌 혐의를 받고 있다. 박씨는 또 조직원을 시켜 식당에 있던 34㎝ 길이의 흉기로 A씨의 후배 B씨를 찔러 중상을 입힌 뒤 달아난 혐의를 받고 있다. 박씨가 이끄는 '쌍택이파'는 '텍사스'거리 일대의 유흥가를 장악한 서울 강북의 대표적인 폭력조직으로, 조직원이 100여명에 달하는 것으로 추정되고 있다.

박씨는 TK(대구-경북)출신 조직폭력배의 대부이자 'C호텔 파친코 살인사건'의 배후 혐의로 수감중인 D씨의 조직원으로 출발, 90년대 초반부터 미아리 일대의 260여개 윤락업소를 토대로 세력을 구축해온 것으로 알려졌다. 수사기관의 한 관계자는 "박씨가 폭력, 공갈 등의 혐의로 기소된 적은 여러 번 있으나 정작 범죄조직단체구성 혐의로는 기소된 적이 없을 정도로 조직관리에 철저한 인물"이라고 말했다.

/李鍾赫기자 jhlee@chosun.com

서울종암경찰서는 4일 건설업자를 구타하고 칼로 찌른 혐의로, 서울 미아동 속칭 '텍사스'거리 일대를 장악하고 있는 폭력조직 '쌍택이파' 두목 박상택(42) 씨 등 2명을 붙잡아 구속영장을 신청했다. …(중략) 박 씨가 이끄는 '쌍택이파'는 '텍사스'거리 일대의 유흥가를 장악한 서울 강북의 대표적인 폭력조직으로, 조직원이 100여 명에 달하는 것으로 추정되고 있다. 박 씨는 TK(대구-경북) 출신 조직폭력배의 대부이자 'C호텔 파친코 살인사건'의 배후 혐의로 수감 중인 D씨의 조직원으로 출발, 90년대 초반부터 미아리 일대의 260여 개 윤락업소를 토대로 세력을 구축해 온 것으로 알려졌다.

『조선일보』 1999년 7월 5일 자

＊ 폭력단의 규모와 주요 단체들

보통 한 그룹당 6~7명 정도 활동했던 것 같아요. 저희들끼리 스스로를 지칭하는 이름이 있었는데, 전차 종점에서 활동하는 그룹은 '돈암동파'라고 했고, 동도극장 중심으로 활동하는 '삼선교파', 미아리고개 너머 미아삼거리 쪽은 '미아리파'라고 불렀어요.

＊ 주요 거점 지역

한진아파트의 산동네 사람들은 주로 신흥사 입구에 있는 술집이나 사거리 들어가는 길을 거점으로 많이 활동했어요. 이 동네에는 돈암동 전차 종점

[그림 4]
1985년 2월 1일 성북경찰서 복도에서 농성 중인 성북구의 이철 후보 지지 대학생 동원들
민주화운동기념사업회 오픈아카이브

주변에 하나, 동도극장 주변에 하나, 미아삼거리에 하나, 신흥사 주변의 산동네에 하나까지 총 네 개의 세력이 있었어요.

2.2 주요 사건·사고, 활동범위

박윤락은 돈암동의 조직폭력배가 지역을 기반으로 존재했고, 전국적인 규모의 세력은 없었다고 기억한다. 돈암동의 조직폭력배들

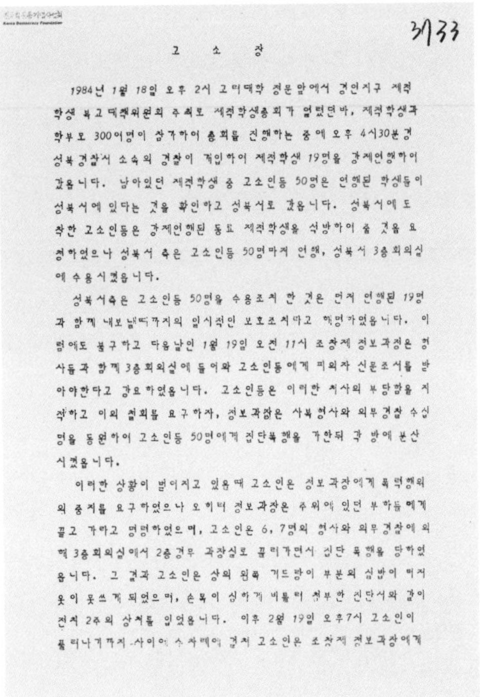

3133

고 소 장

1984년 1월 18일 오후 2시 고려대학 정문앞에서 경인지구 제적학생 복교대책위원회 주최로 제적학생총회가 열렸던바, 제적학생과 학부모 300여명이 참가하여 총회를 진행하는 중에 오후 4시30분경 성북경찰서 소속의 경찰이 개입하여 제적학생 19명을 강제연행하여 갔읍니다. 남아있던 제적학생 중 고소인등 50명은 연행된 학생들이 성북서에 있다는 것을 확인하고 성북서로 갔읍니다. 성북서에 도착한 고소인등은 강제연행된 동료 제적학생을 석방하여 줄 것을 요청하였으나 성북서 측은 고소인등 50명마저 연행, 성북서 3층회의실에 수용시켰읍니다.

성북서측은 고소인등 50명을 수용조치 한 것은 먼저 연행된 19명과 함께 내보낼때까지의 일시적인 보호조치라고 해명하였읍니다. 이럼에도 불구하고 다음날인 1월 19일 오전 11시 조창제 정보과장은 형사들과 함께 3층회의실에 들어와 고소인등에게 피의자 신문조서를 받아야한다고 강요하였읍니다. 고소인등은 이러한 처사의 부당함을 지적하고 이의 철회를 요구하자, 정보과장은 사복형사와 의무경찰 수십명을 동원하여 고소인등 50명에게 집단폭행을 가한뒤 각 방에 분산시켰읍니다.

이러한 상황이 벌어지고 있을때 고소인은 정보과장에게 폭력행위의 중지를 요구하였으나 오히려 정보과장은 주위에 있던 부하들에게 끌고 가라고 명령하였으며, 고소인은 6, 7명의 형사와 의무경찰에 의해 3층회의실에서 2층경무 과장실로 끌려가면서 집단 폭행을 당하였읍니다. 그 결과 고소인은 상의 왼쪽 거드랑이 부분의 실밥이 터져 옷이 못쓰게 되었으며, 손목이 심하게 비틀려 첨부한 진단서와 같이 전치 2주의 상처를 입었읍니다. 이후 2월 19일 오후7시 고소인이 풀려나기까지 사이에 수차례에 걸쳐 고소인은 조창제 정보과장에게

[그림 5]
1984년 경인지구 제적학생총회 중 성북경찰서 경찰에 의해 강제 연행된 뒤, 폭력을 지시한 정보과장 조창제에 대해 처벌해 줄 것을 요청한 고소장
민주화운동기념사업회 오픈아카이브

은 주로 유흥업소의 사건·사고를 도맡는 일로 조직을 유지했으며, 대장오야과 선후배 간의 위계가 있어 서로의 경조사를 아주 중요하게 여겼다고 한다. 또한 다른 지역으로 독립해 고리대금업을 하거나, 다른 지역의 폭력단들과 세력다툼을 하는 경우도 있었다. 특히 1985년 성신여대입구역이 신설되고 지하철역 주변과 성신여자대학교 인근에 노점상들이 증가하면서 노점상의 자릿세 문제에 관여하기도 했다.

＊ 1970~1980년대 돈암동 조직폭력배

1970년대는 조폭 세력이 대체적으로 작았어요. 전국적인 단위는 아니었고, 낯선 사람이 오면 텃세를 부리는 정도예요. 1980년대는 작은 사무실을 얻어서 친구들을 모아 고리대금업을 뛰기도 하고, 주무대는 유흥업소죠. 누가 시비 걸면 봐 주고 그 대가로 뜯어 먹고 사는 거죠.

어느 날은 돈암시장 가운데 쪽으로 순찰을 갔는데, 어떤 음식점이 통금시간이 지나도 영업을 하고 있어 살펴봤더니 거기 놀던 건달들이 모여 있는 거예요. 그런 적이 많았어요.

＊ 위계, 경조사

자금 확보 잘하고 후배들 자립 도와주는 사람을 대장 혹은 오야라고 하지요. 지금도 선후배 사이에 관혼상제 있으면 꼭 모이곤 해요. 평소 옷도 까만 양복을 입고 다녀요.

＊ 지역 내 다툼, 독립

보문동에 있는 조폭들이 저희끼리 관할구역을 정하느라 세력다툼을 한 적은 있었어도, 지역 단위로 크게 싸움이 일어난 적은 없던 것 같아요. 여기 있던 조폭 중에 독립해서 동대문에 3~4층짜리 사무실을 얻은 적도 있었어요.

＊ 집단 활동

집단 활동은 관혼상제 말고는 없었어요. 저들끼리는 뭐 우리는 어디 파 어디 파라고 자칭했는데, 조직이 워낙 작아 큰 업소에서 행패를 부리는 정도였죠. 크게 해봤자 통유리나 현관문 부수는 정도였어요.

＊ 1980년대 후반 돈암동 조직폭력배, 자릿세

하나로거리 골목은 6·25전쟁 때 터키군이 주둔했다고 들었어요. 1980년대 후반에는 술집과 다방이 3층으로 쭉 있었어요. 거기 노점상이 많아서 자릿세 얘기가 좀 있었어요. 그래서 노점상들이 구청에 따져서 인정을 받고, 대신 지역 행사를 상인들이 지원해 주곤 했어요.

2.3 조직폭력배의 쇠퇴

1980년대 신군부정권이 들어서면서 치안정책이 강화되고, 1990년 10·13선언으로 서울의 조직폭력배 세력은 많이 위축됐다. 돈암동 또한 아파트 개발과 도시정책으로 인해 그들의 거점과 기반은 점차 사라져 갔다. 박윤락은 돈암동 조직폭력배의 쇠퇴에 대해 동도극장의 폐관과 돈암동 상권의 변화 등 기존에 그들이 자리 잡았던 거점이 사라지면서 자립책을 잃어버렸고, 더 이상 조직폭력배 활동이 생계에 큰 도움이 되지 않았

기 때문에 점차 사라진 것이라고 보았다. 이러한 이유로 인해 돈암동의 조직폭력배들은 2000년대 초반에 이르면 거의 소멸 상태가 됐고, 조직원들 또한 지역사회의 일원으로 흡수됐다.

* **1990년대 조폭 소탕 정책과 자립책의 소멸**
군사정권이 들어서면서 깡패들을 엄하게 다스렸어요. 그래서 점점 세력이 약화돼 갔죠. 또 조직이 잘 운영되려면 선배들이 자금을 확보할 수단이 있고 후배들의 자립을 도와줘야 하는데, 여긴 규모가 크지 않아 자립책이 잘 이어지지 못했어요.

* **돈암동 조폭의 소멸**
조폭 활동을 하지 않아도 먹고살 수 있는 수단이 있어 점차 없어진 거라고 생각해요. 동도극장은 폐관했고 전차 종점 지역은 전차 폐선 이후에도 어느 정도 상권이 유지됐었어요. 하지만 지금 그 골목에는 노점상도 몇 개 안 되고, 유흥업소와 다방도 완전히 사라졌어요. 그래서 조폭들도 서서히 줄다가 10년 전쯤 완전히 사라졌어요.

3. 돈암 일대 사건·사고

3.1 학생시위 관련

돈암동은 인근에 한성대·성신여대·성균관대·고려대·국민대 등 여러 대학교가 위치했고, 따라서 민주화운동 시기에 학생시위와 관련된 일화도 많았다. 박윤락은 사전 조사를 통해 경찰 측에서 학생시위를 미리 인지하고, 안암로터리에서 차단하기 때문에 교통체증 외에는 돈암동 지역에 큰 영향은 없었다고 기억한다. 반면 시위대와 자주 부딪치는 경찰서는 학생시위대의 주요 표적이 됐다. 1960년대는 4·19혁명으로 인해 돈암파출소가 피해를 보았고, 1984년에는 화염병 시위로 인해 경찰처장의 차가 불타는 등 많은 고역을 치르기도 했다.

* **학생시위와 돈암동**
여기 학교가 많았죠. 하지만 시위의 여파는 크게 없었던 것 같아요. 서라벌은 예술대학이니까 가담할 수도 없고, 고려대도 있고 국민대도 있었지만 시위의 여파가 이 지역에 미친 적은 없었어요. 학생들이 교문 밖으로 진출했을 때는 보통 안암로터리 오기 전에 차단이 되죠. 피해라고 해야 교통체증 정도 있었던 것 같아요.

* **성북경찰서와 학생시위**
대학교만 들어가는 담당이 따로 있었어요. 거기서 리스트를 주면 비교적 큰 피해 없이 마무리가 되는 편이었죠. 당시 고려대학교 총학생회장이었던 정세균도 우리 경찰서에 왔었죠. 제가 그때 당직이었는데, 정세균과 최규혁인가 화장실 간다고 하면서 그대로 도망갔었어요. 근데 서너 시간 되니까 다시 잡혀 왔던 기억이 나요.

「성북서(城北署), 고대(高大)에 불탄차(車) 보상요구」
"4·18 당시 학내의 분위기는 경찰의 학원 감독이 아주 심했다. 성북경찰서 형사들이 학생들로 가장해 캠퍼스에서 살다시피 하고 강의실까지 들어왔다. 학생회 간부에게는 밀착감시가 붙곤 했다"[6]
학생(学生)시위 대책(対策) 수정
…지난 27일의 고려대생 가두시위 때 경비과장의 승용차가 불타는 등 큰 고역을 치른 서울 성북경찰서는 학생 가두시위 저지방법을 수정키로 하는 등 새로운 대책 마련에 고심.
경찰은 데모를 진압해야 할 입장에서 오히려 「공격」을 받은 점을 씻을 수 없는 「치욕」으로, 받아들이고 앞으로는 결코 그런 일이 되풀이되지 않도록 만전을 기하기로 했다고. 또 우선은 방화한 학생을 빨리 잡는 것이 명예를 회복하는 길이라고 판단, 방화학생 색출에 전력을 쏟고 있다.

[6] 민주화운동기념사업회 오픈아카이브 중 4·19혁명 관련 노재동 구술 발췌.

한편 고려대 측은 서진영(徐鎭英) 학생처장을 성북경찰서에 보내 경찰 측 피해가 막심한 데 대해 정중히 유감의 뜻을 표명했는데, 이 자리에서 경찰은 『학교 측에서 최소한 불탄 승용차는 보상해 주어야 한다』고 요구했다고.
그러나 서(徐) 처장은 자리를 물러난 후 『학교 책임이 없는 건 아니지만, 이 말 저 말에 모두 신경 쓸 수 있느냐』고 말해 보상할 의사가 없음을 시사.

『조선일보』 1984년 9월 30일 자

3.2 아파트개발 관련

1973년 돈암동 606번지와 동소문동1가 1번지 일대는 재개발지역으로 지정됐고, 1986년 본격적으로 불량지구 재개발사업이 시작됐다. 이에 세입자들은 1988년 세입자대책위원회를 결성해 반대운동을 전개했는데, 이 과정에서 폭력이 발생하거나 경찰서와 마찰을 빚기도 했다. 시위 현장에서는 지역민들뿐만 아니라 타지의 용역이 고용되는 등 시위가 매우 과격한 양상을 보이며 갈등이 심화되기도 했다.[7] 박윤락이 근무할 당시에는 시위의 주동자들이 성북경찰서에서 조사를 받는 일도 있었다. 재개발조합의 내분과 무력 충돌 등 우여곡절이 많았던 돈암동 606번지 일대 재개발은 1990년 4월에 재개발조합과 서울시가 세입자에게 영구임대아파트 건설과 입주권 부여를 합의하면서 일단락됐다. 중재안이 받아들여지면서 재개발구역 세입자들은 돈암동 일대로 흡수됐고, 1995년 돈암동 606번지 일대에는 한신한진아파트가 들어섰다.

[7] 『한겨레』 1988년 7월 15일 자, 「성북경찰서 앞에서 농성 동소문재개발지역 세입자」; 『한겨레』 1989년 10월 10일 자, 「괴청년들 세입자 집단 뭇매」.

* **돈암동의 아파트개발**

당시 산 606번지와 616번지가 재개발을 많이 했죠. 616번지는 지금 동소문동에 들어가고, 606번지는 돈암 1동에 속해 있었어요. 삼선중학교 옆 송산아파트는 한신한진아파트에 비해서는 비교적 조용한 편이었죠. 한진한신아파트의 경우는 심하게 시위에 나선 사람들을 경찰서에 데리고 와서 조사

[그림 6]
1990년 돈암동·동소문 세입자들이 정부정책에 대한 항의 피켓을 들고 있는 모습
민주화운동기념사업회 오픈아카이브

[그림 7]
1990년 이주를 거부하는 돈암동 철거지역 주민이 써놓은 구호
민주화운동기념사업회 오픈아카이브

한 적도 있었어요.

그때 시위에 참여했던 사람들 가운데 아직도 이 동네에 사는 사람이 많아요. 대표적으로 길음에 사는 손○○ 씨는 거기서 조합장을 했는데, 지금은 단독주택에서 살고 있어요.

「동소문 재개발 분규 타결」
세입자대표·조합 8개 항 합의서 교환

서울 성북구 동소문동·돈암동 재개발조합장 오병천(48) 씨와 세입자대책위 공동의장 이태교(48) 씨 등 세입자 대표 3명은 10일 오후 5시 성북구민회관에서 대책회의를 갖고 △3천2백여 평 부지에 세입자용 영구임대아파트 2개 동 건립 △89년 12월 31일 이전 입주한 세입자들에게 영구임대아파트 입주권 부여 △세입자는 재개발사업추진을 위해 적극 노력할 것 등을 골자로 하는 8개 항의 합의서를 변호사 공증을 거쳐 교환했다.

이 같은 합의서 교환으로 지난 86년부터 마찰이 계속돼 온 이 지역 재개발문제가 순조롭게 해결될 길이 열렸다.

이날 대책회의에서 세입자 대표들은 그동안 쟁점이 돼 왔던 이주대책 문제에 대해 △입주대상자 중 희망자에게는 영구임대주택 부지 내 임시거주 허용 △이주를 희망하는 입주대상자에게는 서울시가 무이자로 2백만 원의 융자금을 지원한다는 서울시 쪽의 중재안을 받아들여 협상타결이 전격적으로 이루어졌다.

이에 따라 관할 성북구청은 10일부터 15일까지 세입자들에게 영구임대아파트 신청서를 배부해 입주대상자 선별작업에 착수했으며, 조합 쪽도 빠른 시일 내에 현재 남아 있는 가옥 5백30여 채에 대한 철거를 마치기로 하고 12일 중으로 영구임대아파트 건립 부지를 대상으로 80여 채의 가옥을 우선 철거, 세입자들의 임시거주시설 설치 부지로 확보할 방침이다.

한편 세입자들은 조합 쪽의 철거완료시일 5일은 이주 준비를 하는 데 너무 촉박한 데다 영구임대아파트 건립 부지의 대부분 가옥도 사람이 살고 있는 곳이기 때문에 철거완료시일을 한 달 정도로 늦춰줄 것을 요구하고 있다.

『한겨레』 1990년 4월 12일 자

한○○

흥천사신흥사는 조선 초기 태조의 왕비인 신덕왕후 강씨의 명복을 빌기 위해 지어진 사찰로, 화재로 소실된 후 여러 차례 옮기다가 1794년 새롭게 중창하며 현재의 돈암동에 자리를 잡은 조선시대의 대표적 왕실사찰이다. 일제강점기 대처승 제도가 도입되면서 승려들은 출가해 가족이 생겼고, 가족들의 생계를 책임지기 위해 사찰 주변에 음식점과 연회장을 영업했다. 그중 흥천사 일대는 도심과 가깝고 전차 종점이 위치해 일제강점기 이후 서울의 대표적 연회장소로 자리 잡게 됐다. 1960년대부터 1990년대 후반까지 존재했던 흥천사 주변 연회장들은 한국의 잔치 문화가 변화하고, 돈암동에 아파트가 개발되면서 사라졌다.

한○○은 전남 나주 출생으로, 미아리고개에 외가가 있어 1972년 돈암동으로 상경했다. 외가의 가업이 적성에 맞지 않았던 그는 직업소개소에서 소개를 받아 1972년부터 1986년대 후반까지 흥천사 주변 대표적인 연회장이었던 신흥각에서 근무했다. 연회장을 그만둔 이후에도 돈암동에 계속 거주하면서 연회장의 손님들을 대상으로 버스를 운행하며 연회장의 번영과 폐업, 풍경, 연회 과정, 자주 오던 손님들 등 연회장의 운영 모습을 생생하게 지켜보았다. 이번 조사를 통해 당시 흥천사 주변 주요 연회장의 위치와 연회의 풍경이나 상차림, 연회장의 주인과 직원 체계에 대해 파악할 수 있었다.

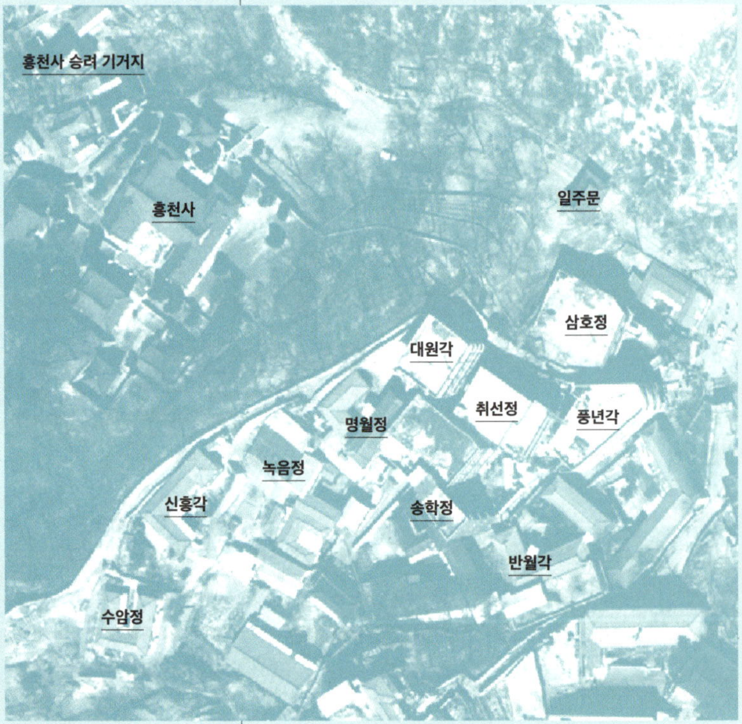

흥천사 주변 연회장
1975년 항공사진

주요 거주자

이름	생몰연도	출생지	정착 시기	직업
한○○	1957~	전남 나주	1972 ~ 현재	1970~1980년대에 신흥각·풍년각 등 흥천사 주변 연회장에서 근무

흥천사 주변 연회장

1. 흥천사 주변 연회장의 탄생

1.1 일제강점기 대처승 제도와 흥천사

일제강점기 일제는 한국 불교의 정체성을 약화시키기 위해 사찰령을 선포하고 기존 한국의 종단을 부정하였으며, 일본 불교의 대표적 문화였던 승려의 결혼을 장려했다.[1] 승려들이 결혼하고 가정을 꾸리면서 가족의 생활을 책임질 필요가 있었고, 생계유지를 위해 사찰 주변에 음식점을 열어 술과 고기를 팔기 시작했다. 이 중 경치가 좋고 도심과 가까운 흥천사는 일제강점기 이후 연회와 만남의 장소로 유명해졌다.[2] 한○○ 또한 대처승과 가족의 기거지인 사하촌寺下村이 대웅전 뒤에 존재했고, 여기서 남녀 손님을 받으면서 연회장이 형성됐다고 기억했다.

＊ **사하촌에서 데이트, 연회 명소로**

원래 지금 불교대학 자리에 스님들이 사는 마을사하촌이 있었어요. 거기서 손님이 오면 반찬을 해주고 돈을 받았어요. 손님은 남녀 둘만 온다고 해서 '짝패 손님'이라고 불렀어요. 그런데 차츰 사하촌이 없어지고 흥천사 앞의 업소가 형성된 것 같아요. 사하촌의 집은 보통 독채로 돼 있었고, 한 세 칸에서 열 칸까지, 더 작거나 더 큰 집도 있었고요. 제가 올 적에는 마을이 많이 사라지고 입구의 연회장이 번창했었죠.

1.2 1960년대 흥천사 연회장의 탄생

해방 후 대처승 제도는 일제의 잔재로 인식돼 점차 사라져 갔다. 흥천사 또한 대처승이 터부시되면서 절 안의 음식점은 점차 사라졌고, 대신 흥천사 초입에 연회장이 성행하기 시작했다.[3] 초창기에는 불교재산관리법에 의해 불허됐으나, 토지대장을 살펴보면 1972년경 허가를 받아 정식으로 토지 소유권이 이전된 것으로 확인된다. 한○○가 연회장에서 일할 당시에는 이미 흥천사 입구에 9개의 연회장이 자리 잡고 있었다. 흥천사 연회장은 한 골목에 연회장이 모여 있는 형태였으며, 보통 2~3층의 단일 건물 형태

[1] 김광식, 「식민지(1910~1945) 시대의 불교와 국가권력」 『大覺思想』 13, 2010, 14쪽.

[2] 성북문화원, 『동소문 밖 능말 이야기』, 성북문화원, 2013, 74쪽.

[3] 흥천사 내 사하촌은 2010년대까지 존속했던 것으로 보인다. 현재 사하촌 터에는 불교대학과 어린이집이 세워져 있다(『법보신문』 2020년 11월 2일자, 「10년 중창불사 이끈 흥천사 불사도감 금곡 스님」).

[그림 1]
1935년 흥천사에서 열린 정인택과 권영희의 결혼식 기념사진
뒷줄 가운데 검은 양복이 시인 이상이다.
성북문화원, 『동소문 밖 능말 이야기』, 성북문화원, 2013, 74쪽

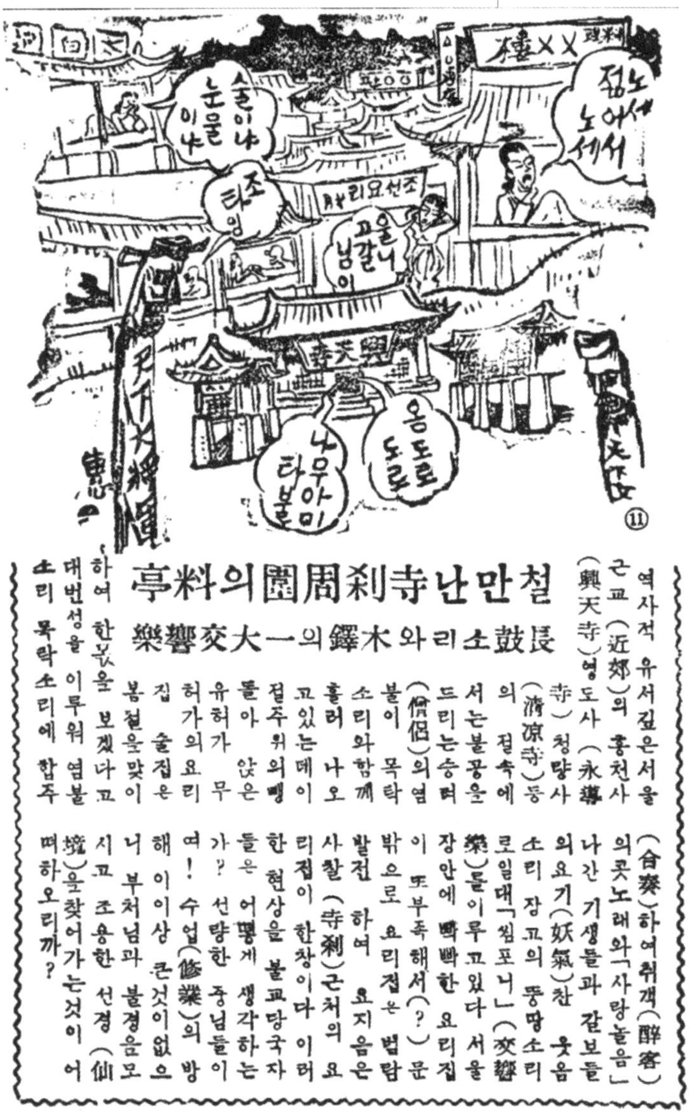

철만난寺刹周圍의料亭

長鼓소리와木鐸의一大交響樂

역사적 유서깊은서울근교(近郊)의 홍천사(興天寺)영도사(永導寺)청량사(淸凉寺)등의 절속에서는불공을드리는승려(僧侶)의염불이 목탁소리와함께흘러나오고있는데이절주위의뼁돌아 앉은유허가 무허가의요리집 술집은봄철을맞이하여 한몫을 보겠다고대번성을이루워 염불소리 목탁소리에 합주(合奏)하여취객(醉客)의콧노래와「사랑놀음」나간 기생들과 갈보들의요기(妖氣)찬 웃음소리 장고의 뚱땅소리로일대「씸포니」(交響樂)를이루고있다 서울장안에 빽빽한 요리집이 또부족해서(?)문밖으로 요리집은 범람발전하여 요지음은사찰(寺刹)근처의 요리집이 한창이다 이러한 현상을 불교당국자들은 어떻게 생각하는가? 선량한 중님들이여! 수업(修業)의 방해 이 이상 큰것이없으니 부처님과 불경을모시고 조용한 선경(仙境)을찾어가는것이 어떠하오리까?

[그림 2]
『경향신문』 1947년 4월 17일 자, 「철 만난 사찰 주위의 요정」의 삽화
가운데에 '흥천사'라는 편액이 그려져 있다.

였다. 또한 당시 연회장으로 올라가는 골목에는 작은 도랑이 흘렀고, 현재 흥천사 입구에 위치한 고목 옆 나무는 연회장의 쓰레기를 배출하는 장소였다.

＊ 사하촌의 소멸

지금 사하촌은 없어요. 옛날부터 계신 흥천사 스님은 한 분도 없어요. 몇십 년 전에 낙산사에서 새로 오신 주지 스님이 많은 비용을 들여 보상해서 다 내보내고, 그 자리에 불교대학과 유치원을 지었어요.

＊ 흥천사 입구 연회장의 형성

연회장 있던 장소가 원래 절 땅이에요. 고목 있는 곳까지 다 절 땅이었죠. 처음 연회장도 원래 다 불법이었어요. 사찰 땅은 팔지 못하게 돼 있잖아요. 근데 어떻게 불하를 받아서 땅을 사서 집을 짓고 넓힌 것 같아요.

「新興寺內(흥천사내) 난장판」

불교재산관리법에 의해 불허가 처분된 성북구 흥천사의 사찰 경내에 위치하고 있는 신흥각·송학정 등 10여 개소의 대규모 무허가 음식점들이 가을철을 맞아 회갑연·결혼피로연 등 각종 연회석을 마련, 장구를 치고 고성방가를 하면서 대대적인 영업행위를 계속하고 있으나 관할 성북보건소는 단속을 외면하고 있어 시민들로부터 빈축을 사고 있다. 이들 업소는 지난 67년 8월 성북보건소에 허가 신청한 바 있으나 사찰 경내에는 접객업소의 허가를 할 수 없게 된 불교재산관리법 제4조의 규정에 의해 불허가 처분되자 그 후 2년이 넘도록 계속 무허가로 영업행위를 해 오고 있는 것이다.

『매일경제』 1969년 11월 3일 자

＊ 주요 연회장 위치

풍년각은 올라가서 좌측에 있었어요. 삼호정은 윤관병의 처형이 운영했을 거예요. 고목을 중심으로 보면 돈암2동 동사무소 자리가 삼호정, 그 옆에 쓰레기장이 있었고, 길가에는 도랑이 흘렀어요.

반월각, 녹음정, 그 옆에 취선정, 송학정이 있었어요. 대원각이 절 바로 옆이었어요. 수암정, 명월정, 녹음정이 신흥각 밑에 있었어요. 녹음정 앞에 연회장이 하나 또 있었는데 금방 없어져서, 제가 일할 때는 9개의 연회장이 형성돼 있었어요. 신흥각 뒤에 수암정이 있었어요. 신흥각 골목으로 들어가면 수암정까지 가거든요.

신흥각보다 더 오래된 곳도 있을 거예요. 신흥각 외에 주된 곳이 반월각, 옥류정이었어요. 옥류정은 나 왔을 때 있었는데 잠깐 있다가 사라졌어요.

＊ 연회장의 규모

1·2층은 하나의 홀로 구성돼 있었어요. 홀 한쪽에 무대가 있어요. 거기서 피로연 사진을 찍고, 연회하고 노는 거죠.

신흥각은 3층 건물이었어요. 지하가 주방, 1층이 300명, 총 50개의 상이 들어갈 수 있는 규모였죠. 2층에는 70~80상, 500명 정도 들어갔죠. 3층은 개인손님용으로 방 조그마한 거 두 개에 홀이 하나였고, 200명 정도 들어갈 수 있었어요.

건물은 돌로 마감하고 옥상은 콘크리트로 평지붕을 했어요. 거의 2층에서 3층이었죠. 규모에 따라 하나나 두 개의 건물이 있었어요. 취선당 같은 경우에는 두 개가 있었어요.

＊ 신흥각의 조경

신흥각 조경은 잘해 놨었어요. 입구에 물레방아도 만들었었죠. 신흥각이 골목 가장 끝에 있으니까 잘 보이라고 긴 돌도 세웠어요. 다른 곳은 바로 들어가기 때문에 조경이 따로 없고 건물만 있는 형태였어요.

＊ 주변 풍경

지금 고목 옆에 다른 나무가 있는데 거기가 연회장의 쓰레기 매립지였어요. 쓰레기가 엄청났어요.

도로는 지금이랑 비슷했어요. 지금 흥천사로 올라가는 길은 원래 있었고, 새로 뚫린 길은 없어요. 연회장 사잇골목은 없었어요. 한길에 연회장이 모여 있어서 각 집 손님이 다 모이는 거예요. 제대로 길이 뚫려 있지는 않았어요.

입구 우측에 '흥천사'라고 써 있는 비석 옆 앞에 큰 돌이 있는데, 항상 이 돌에 앉아서 놀았어요. 역사가 깊은 돌이죠.

[4] 『주간불교』 2003년 5월 8일 자, 「"이 풍진 세상을 만났으니 너의 희망이 무엇이냐. 부귀와 영화를 누렸으니…"서울 돈암동 흥천사 사하촌」.

2. 연회장의 운영

2.1 연회 과정

1970년대 흥천사 주변 연회장은 회갑·피로연의 장소로 크게 번성했다. 장안 회갑 잔치의 절반을 이곳에서 열었다고 할 정도로 각 지역에서 손님이 몰려들었고,[4] 연회장들은 손님을 실어나르기 위해 버스 대절 체제를 갖추고 있었다. 주로 봄·가을이 성수기였으며, 대개 주말 1회만 연회를 열었다. 연회는 각 연회장 소속 기생 4명이 1조로 공연하는 형태였다. 연회의 규모가 크면 6인 1조가 모이기도 했으며, 유명 국악인들이나 연예인이 오기도 했다고 한다. 연회에는 28가지 음식이 한 상에 제공됐고, 이는 모든 연회장이 같은 형태였다. 이 때문에 음식의 맛에 따라 연회장 인기가 결정됐는데, 한○○이 근무하는 신흥각은 음식 맛이 좋아 손님들이 많이 찾는 대표적인 연회장이 됐다.

＊ 흥천사 연회장의 번성

당시에 흥천사 모르면 간첩이었죠. 주말이나 공휴일에는 신흥각 연회 때문에 신설동에서부터 길이 막혔어요. 주로 환갑이 많았죠. 결혼은 가끔. 절에서 결혼하고 연회장에서 음식만 하는 경우였죠.

＊ 주요 성수기와 시간대

보통 겨울에는 좀 비고, 봄·가을에 제일 손님이 많았죠. 평일에는 별로 없었고, 주말과 공휴일만 되면 물밀듯이 손님이 왔어요. 연회는 보통 하루에 한 번 있었어요. 대개 오후 1시부터 시작해서 4~5시 정도에는 끝나죠.

＊ 버스 대절 체제

어느 연회장이든 버스 대절 체제가 갖춰져 있었어요. 큰 동네는 버스 두 대도 가고 세 대도 대절했어요. 서울이나 가까이 사는 사람들은 직접 오는 사람도 있었어요.

[그림 3]
흥천사 주변 연희장 구술 지도

＊ 4명의 기생

기생은 보통 피리, 장구, 창 부르는 기생 2명 등 4명이 한 조였죠. 손님이 돈이 많으면 대금과 가야금까지 6명이 오기도 했어요. 기생들은 각 소속 연회장에서만 공연을 했어요. 국악인들은 여기서 많이 활동했죠.

＊ 연회에 자주 참여한 유명인들

국악인 지화자 씨는 부르면 단골로 공연했죠. 다른 국악인이 20만~30만 원 줘야 한다면 그 사람은 한 100만 원, 150만 원씩 줘야 했어요. 연예인들도 사회를 보러 많이 왔었어요.

＊ 연회에 나오는 음식들

한 상당 김치까지 전부 28가지 음식이 올라가요. 갈비, 김치, 신선로까지 음식 구성은 모든 연회장이 똑같았어요. 보통 한 상에 2000원에서 2500원 받았던 것 같아요. 두 상을 한 사람이 들고 오는데, 잘못하다간 다 뒤집어엎으니까, 힘이 아니라 요령이 필요했어요.
갈비, 불고기, 동태전, 잡채, 붉은 생선, 통닭, 신선로, 오징어채와 홍어채, 도라지, 묵, 사라다, 약식, 잔치국수, 탕수육, 바람떡, 인절미, 빈대떡 등 가짓수가 총 28가지였어요. 7인치 쟁반을 겹쳐서 딱 한 상이 나오는 규모였죠. 이게 딱 6인분인데, 그건 여기 어느 연회장소나 똑같았었어요. 그래서 음식의 맛이 가장 중요했죠.

＊ 풍년각의 음식 솜씨

풍년각이 잘된 이유는 음식이 맛있었어요. 그때 지배인이 윤관병 사장의 형이었는데, 꼭 국수에 멸치 국물을 쓰고 주방을 깐깐하게 관리했어요. 풍년각, 신흥각 하면 음식 솜씨를 최고로 쳤죠.

＊ 식자재 구입

식재료는 주로 경동시장에서 샀어요. 아침에 일찍 가면 차로 한 가득 들어와요. 그때 갑오징어가 주방에 산더미처럼 쌓여 있던 게 기억나요.

「잔치 마당을 빌려줍니다」

회갑연(回甲宴) 전문 음식점
큰비용—일손 안 들어 인기(人氣)
옛날의 이웃정(情) 아쉬움도

도심에서 과히 떨어지지 않은 주택가와 맞붙어 있는 서울 성북구 돈암동 흥천사(新興寺) 절동네는 아침부터 저녁까지 회갑잔치에 모여드는 사람들로 붐빈다. 도시기능의 이합집산(離合集散)이 계속되고 어느 한곳에 같은 기능끼리 모이다 보니 어쩌다 이곳은 회갑잔치객만을 전문으로 받는 음식업소들이 모이게 된 것이다. 말하자면 이 절동네는 1년 열두 달 회갑연이 끊이지 않는 잔치동네다. ○○정, ××각이라고 써 붙인 업소마다 장구소리에 맞춰 목청껏 뽑아대는 아낙네들의 합창이 흥을 돋우고 마이크 앞에서 흘러간 옛 노래를 구성지게 부르는 영감님도 있다. 어질러진 교자상을 한쪽으로 밀쳐낸 비닐 돗자리 위에서는 어깨춤이 덩실덩실 돌아가다 춤이 뒤섞이기도 한다. 스테인리스 양푼을 두드리는 숟가락 장단도 한몫 거든다. 집안 어른의 만수무강을 빌고 겸사겸사 오랜만에 모인 일가친척들끼리 하루 만이라도 이마의 주름살을 펴 맘껏 놀아 보자는 회갑잔치다.

어딘가 어설프고 무질서한 것도 같지만 나이 든 딸들도 옥색이나 남색 회장을 댄 치마저고리 차림으로 통일하고 마냥 즐겁기만 한 아이들은 풍선과 솜사탕을 양손에 쥐고 어른들 틈바구니를 비집고 다니느라 정신이 없는 잔치마당이다.

이 절동네가 회갑연이나 계모임의 장소로 애용된 것은 벌써 오래전부터다.

10여 년 전까지만 해도 납작한 기와집이 옹기종기 모여 있고 일반 주택가와는 꽤 떨어져 있어서 그런대로 도심을 벗어난다는 여유를 맛볼 수 있는 곳이었지만, 이제는 아예 골목길마저 시멘트로 발라 지난날의 그런 운치라고는 찾아

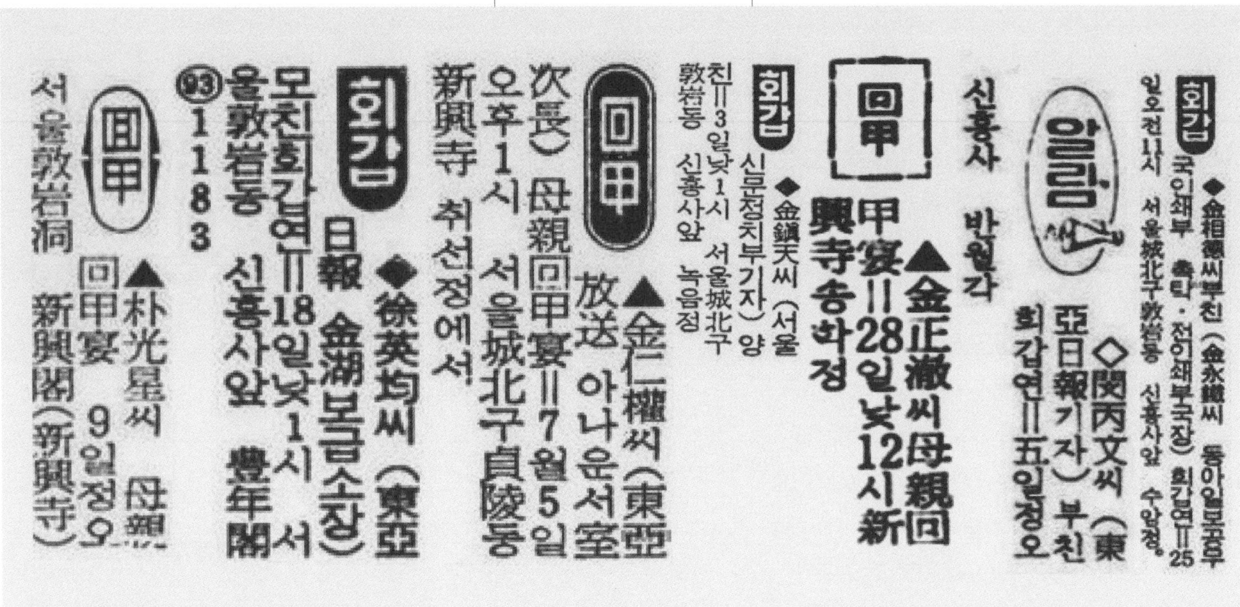

회갑 ◆金相德씨부친(金永鐵씨 동아일보공무국인쇄부 촉탁·전인쇄부국장) 회갑연=25일오전11시 서울城北구敦岩동 신흥사앞 수안정

알림 ◇閔丙文씨(東亞日報기자)부친 회갑연=五일정오 신흥사 반월각

回甲 ▲金正澈씨母親回甲宴=28일낮12시新興寺송학정

회갑 ◆金鎭天씨(서울신문정치부기자)양친=3일낮1시 서울城北구敦岩동 신흥사앞 녹음정

回甲 ▲金仁權씨(東亞放送 아나운서室次長)母親回甲宴=7월5일오후1시 서울城北구貞陵동 新興寺 취선정에서

회갑 ◆徐英均씨(東亞日報 金湖보급소장)모친회갑연=18일낮1시 서울敦岩동 신흥사앞 豊年閣서 ⑨1183

回甲 ▲朴光星씨 母親回甲宴 9일정오 서울敦岩洞 新興閣(新興寺)

[그림 4]
1960년대 후반~1980년대 흥천사 연회장에서 열린 회갑연 신문광고

> 볼 구석이 없다. 누각 모양의 연회석이 사라진 자리에는 연건평이 4백~5백 평쯤 됨직한 3~4층 전문연회업소 콘크리트 건물들이 멋없이 솟았다. 한 업소에서 동시에 열 손가락을 꼽을 잔치를 치러낼 수 있을 만큼 대형화·기업화한 것이다.

「조선일보」 1981년 4월 17일 자

2.2 직원 체계와 급여

신흥각의 직원 체계는 주방 직원 10명 내외와 상을 메거나 호객행위를 하는 남직원 10명 내외 등 평균 10~20명이 있었다. 한○○의 주요 업무는 연회장 골목 입구 옆 '마당'에 손님이 예약을 하러 오면 소속 연회장으로 안내하는 호객행위였다. 일정한 월급은 없었지만, 연회에서 나오는 팁을 총 5개의 몫으로 나누어 한 몫을 전 직원이 나눠 가지는 것이 상당한 벌이가 됐다고 한다. 직원들은 각지에서 온 이들로, 일당으로 고용된 사람도 있었지만 대부분은 신흥각의 사장이었던 윤관병의 친인척이었다.

* 직원 체계

주방장 둘에 주방 책임자, 주방 아줌마, 설거지하는 아줌마, 주방만 열 명 정도 됐죠. 남직원도 열 명 됐는데, 상을 메거나 호객행위를 했어요. 직원은 한 집에 대략 열댓 명에서 스무 명까지 있었어요. 다 정직원은 아니고 일당으로 온 사람도 있었어요.

* 주요 업무

저는 주로 호객행위를 했어요. 손님이 연회장 예약을 하러 오면 이 집 저 집 돌아다니죠. 마당에 손님 차가 오면 저 손님이 회갑잔치 예약을 하러 오는 거다, 아니다 딱 보면 눈치로 알아요. 그러면 우리가 접근해서 자기 소속 음식점으로 안내를 하는 거죠.

손님이 "당신은 어디요"라고 물으면 "신흥각 소속입니다. 오늘 손님도 있고 그러니까 한 입 음식도 맛보고 구경도 하시죠"라고 말하면 손님이 따라왔어요. 신흥각은 골목에 있어서 손님을 데려오려면 한참 호객행위를 해야 했어요.

* 급여 체계와 수익 분배

숙식과 식사를 제공하고, 일정한 월급은 없었어요. 받아도 한 달에 2,000원 정도 아주 소액이었죠. 연회에서 국악인들을 불러 놀면 팁이 모아져요. 그걸 총 다섯 몫으로 나누면, 한 몫이 종업원 몫이 되죠. 종업원 5명이 됐든 10명이 됐든 한 몫으로 나눴어요. 그게 벌이가 됐죠.

기생들과 나누는 돈은 소속된 직원들끼리만 분배받았어요. 기생들도 봉급이 없어요. 오직 연회 때 춤추고 나오는 팁으로 먹고사는 거죠. 운이 좋으면 많이 받았어요. 그때는 외상도 없이 다 현금이었으니까요.

*** 신흥각 직원들의 출신**

신흥각·삼호정·풍년각은 모두 윤관병이 운영했는데, 책임자나 직원은 윤관병의 인척이 많았어요. 다 경기도 연천 사람이었죠. 나머지는 전국 각지에서 몰려온 뜨내기들이 많았죠.

*** 숙소와 통근**

숙소는 아무 데서나 자요. 연회장에서도 자고, 3층에 작은 방에서도 자고, 자기 집이 가까우면 출퇴근도 하고요.

2.3 주요 손님들, 동네 사람들

한○○에 따르면 당시 연회장의 주요 고객층은 서울시민뿐만 아니라 경기도 출신 부호들이 주를 이루었다. 또한 연회가 열리면 동대문·남대문의 지게꾼이나 넝마주이들이 찾아와 음식구걸을 하기도 했다. 연회장의 직원들은 외지 출신이 많은 편이어서 주변 산동네 주민들이 텃세를 부리기도 했다. 하지만 종업원의 숫자가 워낙 많아 큰 싸움이나 다툼이 일어나지는 않았고, 오히려 그들과 음식을 나누기도 했다. 돈암동 주민들도 홍천사 주변 연회장을 많이 찾았다. 연회장 직원들은 돈암동 주민들이 연회를 찾으면 음식을 조금씩 더 얹어주는 등 인심을 쓰기도 했다.

*** 주요 손님들의 출신**

손님은 서울 사람보다는 시골 사람들이 많이 왔어요. 고양시를 비롯한 경기도, 서울 외곽이 많았어요. 우리가 차를 배차하면 다 경기도 쪽이었어요. 지역의 땅부자들이 많이 잔치를 했죠.

[그림 5]
1960년대 신동엽의 장모 노미석의 환갑잔치
신좌섭 제공

*** 연회장의 불청객**

싸움도 많이 했죠. 동대문·남대문의 지게꾼들도 다 와서 국수 달라고 떼쓰고, 그때는 배고픈 시절이니까, 넝마주이들도 와서 진상을 부렸던 기억이 나요. 그러면 우리가 손님이 안 먹고 물만 따라놓은 국수가 있으면 주곤 했어요.

*** 산동네 주민들의 텃세**

종업원 숫자가 많아서 조폭이나 지역 건달들이 싸

[그림 6]
이호광(태조감자국) 가족이 1985년 대원각에서 환갑잔치를 할 때 찍은 기념 사진
이호광 제공

움을 걸지는 않았어요. 한진한신아파트가 원래 산동네인데, 거기 사람들이 텃세를 부린 적은 있었어요. 종업원들은 주로 외지인이니까, 자기들이 본토라고 시비를 거는 거죠.
산동네 사람들이 저녁에 오면 우리가 술도 주고 음식 남겨 놨다가 주기도 했었어요. 옛날 말로 잡탕을 끓이면 굉장히 맛있거든요. 손님들이 남긴 음식들 다 넣고 국수를 끓이고, 거기다 소주 한잔 먹고. 그런 시절이었어요.

＊ 돈암동 주민과 연회장

돈암동 주민들도 연회장에 오는 경우가 많았죠. 서로 아는 사이니까 동네 사람이 잔치를 하면 덤으로 갈비 하나를 더 준다거나 육회를 더 준다거나 했었죠.
할머니가 흥천사에서 환갑잔치를 했어요. 흥천사 입구 좌측에 연회 장소가 많았죠.**신좌섭**
돈암동 사람들은 다 신흥각에서 잔치를 했어요. 흥천사 바로 옆에 붙어 있었는데, 입구에 물레방아도 있고 정원처럼 잘 꾸며 놨었죠.**이호광**
흥천사 옆에 연회를 할 수 있는 장소가 있어서, 보문동 주민들도 많이 이용했어요. 잔치가 열리면 기생들이 몇십 명씩 와서 풍물놀이를 했죠.**박동운**
그 당시 흥천사는 절보다 회갑잔치집으로 유명했어요. 그때는 연회장을 크게 차려놓고 회갑잔치를 열었죠. 절에서 운영했는지는 모르겠지만 여러 집이 운영을 했어요. 그래서 제가 몇 번 가서 춤도 추고 그랬지요. 장구 치고 소리 하고, 기생들이 술 따라주면서 권주가 부르고, 제대로 옛날식으로 환갑잔치를 한 거죠.**조흥동**

3. 연회장의 폐업

3.1 연회장의 큰손, 윤관병

한○○는 흥천사 주변 연회장 중 가장 많은 연회장을 소유했던신흥각·풍년각·삼호정 윤관병 사장1945-?에 대해서도 이야기해 주었다. 윤관병은 경기도 연천북한 사람으로, 무속인이었던 장모의 도움을 받아 1960년대 흥천사 주변에서 연회장을 영업했다. 연회장이 번성해 많은 재력을 쌓게 된 그는 신흥건설과 풍년건설 등 사업을 확장해 나갔고, 지역민들의 명망도 얻어 1991년 성북구 시의원을 지내기도 했다.

[그림 7]
『조선일보』 1988년 9월 24일 자에 실린 신흥각과 풍년각의 광고

[그림 8]
1991년 시·도의회의원선거 서울 광역의원 윤관병 선전벽보

＊ **윤관병과 돈암동**

윤관병 사장은 원래 경기도 연천, 이북 사람이에요. 흥천사 밑에 집이 따로 있었는데, 그 사람도 여기 와서 구두닦이도 하고 고생을 많이 했대요. 장모님이 무당이라 금전적으로 많이 도와줬다고 들었어요. 장사가 잘돼서 지역 명망도 쌓아 성북구 시의원도 한 번 했었어요.

＊ **윤관병과 신흥각**

신흥각, 풍년각, 삼호정은 모두 윤관병 사장과 그 인척이 운영했어요. 신흥각도 처음에는 다른 집이 었는데, 윤관병 씨가 사서 신흥각으로 바꾼 거죠. 윤관병 사장은 처음에는 신흥각만 운영하다가 풍년각 자리에 신관을 지었어요. 10년간 신관으로 운영하다가 나중에 신관을 풍년각으로 명칭을 바꾼 거죠.

3.2 연회장의 폐업과 아파트의 건설

1980년대 후반에 이르러 한국인의 평균수명은 70세로 증가했고, 회갑잔치 문화도 축소되거나 아예 하지 않는 쪽으로 변화했다.[5] 이러한 시대적 조류에 따라 흥천사 옆 연회장도 불황을 맞아 하나둘 사라지기 시작했다. 연회장을 마지막까지 운행했던 윤관병은 연회장을 뷔페식으로 전환하는 등 회생을 시도했지만, 1999년 해외에서 불법 도박을 한 사실이 밝혀지면서 파산했다.[6] 결국 2000년대 그 자리에 돈암동 더샵아파트가 준공되면서 100년 가까이 시민의 연회장소로 애용됐던 흥천사의 연회장들은 시대의 뒤안길로 사라졌다.

[6] 『경향신문』 1997년 4월 30일 자, 「해외 상습도박 151억 밀반출」.

[5] 『조선일보』 1996년 7월 9일 자, 「고령고용제 도입할 때다」, "최근 우리나라 평균수명이 70세를 넘고있어 환갑(61세)을 맞는 이가 잔치를 하지 않으려 한다. 어쩌다 자손들의 권유에 못 이겨 잔치를 하는 경우가 더러 있으나 대개는 쑥스러워 여행을 가곤 한다."

＊ **풍년각의 폐업**

1990년대 들어서면서 장사가 잘 안 됐죠. 신흥각과 풍년각이 제일 늦게 폐업했어요. 윤관병 씨가 어떻게든 살려보려고 뷔페도 만들고 여러 시도를 했는데, 결국 잘 안 됐죠.

윤관병 사장이 시의원도 할 정도로 지역에 명망이 있었는데, 1999년 외국에서 노름을 하는 바람에 싹 망했어요. 돌아가신 지는 몇 년 됐어요.

＊ **아파트의 건설**

지금 포스코아파트 들어올 때 다 없어졌어요. 포스코에서 9개의 연회장 자리를 모두 매입하고 아파트를 지었죠.

[그림 9]
흥천사와 연회장 자리에 준공된 현재의 더샵아파트

김인규·모초롱

1990년 이후 돈암 일대의 재개발이 활성화되면서 새로운 주민들이 이주해 오기 시작했다. 먼저 1981년 성신여자대학교가 종합대학으로 승격되고, 1985년 지하철 4호선 성신여대입구역이 개통되면서 돈암동에는 학생들의 하숙촌과 자취촌이 형성되기 시작했다. 또한 대학로 극단의 연극실과 소공연장 등이 돈암동 일대로 이전하면서 예술인들이 많이 거주하는 공간이 됐다. 예술인들은 주민들과 함께 지역을 기반으로 하는 네트워크를 결성했고, 돈암동에 문화예술공간을 설치하기도 했다. 구술자 김인규는 성북구 지역의 문화예술활동과 지역축제에 참여하면서 돈암동과 연을 맺었다. 그는 공유성북원탁회의와 같은 지역 기반의 문화예술활동과 돈암동에서의 생활에 대해 이야기해 주었다. 구술자 모초롱은 성신여자대학교에 재학하면서 외부 기숙사인 돈암풍림아파트 등에서 거주·생활했고, 졸업 후에도 돈암동에 거주하고 있다. 그는 학생들의 생활과 자취, 하숙촌, 학생들이 자주 찾는 장소 등 성신여자대학교 학생들이 바라보는 돈암동 지역에 대해 구술해 주었다. 이들의 경험을 통해 현재 돈암동의 지역 특색과 거주민들의 생활에 대해 상세히 조사할 수 있었다.

2021년 돈암동 전경사진

이름	생몰연도	출생지	정착 시기	직업
김인규	1987~	부천	2016년~	연극인
모초롱	1994~	대전	2013년~	직장인(성신여자대학교 졸업)

현재의 돈암동 주민들

1. 김인규

1.1 정착 계기

김인규는 경기도 부천 출신으로, 연극인으로 활동하던 중 2012년 연기 선생님의 추천으로 극단 '서울괴담'에 입단하게 됐다. 같은 해 '서울괴담'은 마을을 기반으로 지역민들이 함께 참여하는 '기이한 마을버스 이야기-성북동'을 진행했고, 그는 이 지역과 본격적으로 연을 맺었다. 김인규는 약 4년간 마을 기반의 창작 공연을 진행하면서 성북구에 자주 방문하게 됐고, 성북구의 여러 지역문화예술축제에 참여했다. 그는 성북구, 특히 돈암 일대에서 많은 예술활동과 지역축제를 전개하면서 돈암동 사람들이 주는 편안함이나 안정감에 매력을 느꼈고, 2016년 축제를 진행했던 '미인도' 공간과 멀지 않은 곳에 거주지를 마련했다.

＊ 서울괴담 소속으로 성북구 지역예술활동에 참여

저는 원래 '서울괴담'이라는 극단에 소속돼 있었어요. 제가 입단하고 얼마 안 돼 극단이 성북구민여성회관에 상주단체로 들어가면서 연극뿐만 아니라 '공유성북원탁회의'에도 참가해 본격적으로 성북구에서 마을활동을 하게 됐어요.

＊ 마을 안에서 만든 「기이한 마을버스 여행」

서울괴담은 프랑스 자크 르콕Jacques Lecoq 메소드를 배운 사람들끼리 모여 만든 극단이었고, 2012년부터 '기이한 마을버스 여행'이라고, 성북동 북정마을에서 공연을 4년 차까지 이어갔어요. 그때 합류하면서 성북구에 발을 들이게 됐죠.

＊ 성북구 지역 내 예술축제와 미인도 공간의 형성

예술인을 위한 공간이 성북에 많이 있다 보니까, 성북구에서 활동할 기회가 많았어요. '미인도'라는 공간이 생기면서 지역축제나 행사에 많이 참여했어요.

＊ 돈암동과 주민들이 주는 안정감, 즐거움

2016년 '미소 활짝 미인도' 축제를 준비하면서 이 동네에 살고 싶다는 생각이 들었어요. 사람들이랑 만나면서 '즐겁게 부대낄 수 있겠다'라거나 '이 동네라면 좀 내가 안전할 수 있겠다'라는 생각이 들었거든요. 그래서 일부러 축제를 했던 공간과 미인도에서 그렇게 멀지 않은 곳으로 집을 구했었어요.

1.2 돈암동에서의 생활

예술·문화 활동

성북구는 신동엽·박완서·김종영 등 많은 예술인이 거주했던 지역이었고, 2021년 서울시 자치구 중 예술인 거주 비율 2위를 차지할 만큼 많은 예술인이 이 지역에서 창작 활동을 전개하고 있다.[1] 특히 2014년 이후 지역구와 예술인, 주민들이 돈암 지역을 기반으로 네트워크 조직을 결성해 활동하면서 돈암 일대는 지역 예술활동의 중심지로 거듭나게 됐다. 김인규는 성북지역의 예술인 네트워크 '공유성북원탁회의'를 통해 지역민·예술가가 한자리에 모여 지역과 예술문화에 대해 함께 모색하고, 동선동 주민자치회, 성북동 마을계획단, 삼선슬리퍼구 삼선동예술마을만들기 등 다양한 지역 예술활동에 참여했다.

＊ 공유성북원탁회의

공유성북원탁회의는 성북구의 예술가·활동가·기획자들이 지역 행정재단과 협업하는 구조로 돼 있어요. 그래서 같이 성북에서 일어나고 있는 문화예술에 대한 이슈나 행사에 대해 이야기하고, 지향점을 모색하고 있어요.

그는 혜화동의 연극·예술활동이 직업인으

[1] 2021년 한국예술인복지재단 예술활동증명자 기준, 3002명

[그림 1] ▲
2015년 성북구민회관에서 개최된 서울괴담의 주민참여연극 '칠순잔치'
김인규 제공

[그림 2] ▼
2017년 창작모둠 잡담의 주민참여연극 '달빛 아래 정숙이' 공연
김인규 제공

로서의 상업적인 활동이라면, 돈암 일대의 예술활동은 지역과 예술이 소통해 교합부를 만드는 자치활동이라고 정의한다. 즉 돈암동 일대의 예술활동은 예술을 제공하는 예술가와 제공받는 시민을 분류하는 것이 아니라 모두가 함께 소통해 지역 예술활동을 전개해 나가는 것이다. 특히 2015년 미아리고개 하부에 문화예술공간 '미인도'가 건설되면서 예술가·행정가·마을주민들이 돈암동과 그 주변부에 모여 다양한 지역 문화예술활동을 전개하고 있다. 김인규 또한 미인도를 중심으로 활동을 전개했고, 이를 더 확장해 미아리고개와 미인도 인근에서 활동하는 마을활동가·예술가·기획자·대학생들과 함께 협동조합 '고개엔마을'을 만들어 활동하고 있다.

＊ 성북구 지역 예술활동의 특징

단지 몇몇의 윗사람이 지시하는 구조가 아니라 사람들을 계속 모으고, 그 사람들과 연계해서 어떻게 지역활동을 모색하고, 나아가야 할지 고민을 많이 했던 것 같아요. 다른 지역의 예술이 지역민에게 제공되는 느낌이었다면, 성북구에서는 '어떻게 같이 퍼즐을 맞출 수 있을까' 또는 '어떻게 지역과 예술문화의 교합부를 만들어낼 수 있을까'를 굉장히 고민했던 것 같아요.

＊ 돈암동의 문화예술공간, 활동예술인들

문화 시설은 미인도를 기점으로 하면 그나마 아리랑고개 방면으로 모여 있는 것 같아요. 이 지역에서 활동하는 예술인들은 지역활동을 자신의 주직업이라고 생각하지 않는 것 같아요. 그래서 특정 지역이나 돈암동이 아니라 다양한 지역에 거주하고 있죠. 여기에서 활동을 하고 여기서 사는 사람은 아마 저밖에 없을 거예요. 돈암동에 살면서 활동도 하는 사람은 주민자치회 외에는 아직 못 본 거 같아요. 저는 운이 좋게 돈암동에서 살고 있고 돈암동에서 일하지만 함께하는 친구들은 성북구 내 인근 동네부터 성북구 밖까지 다양한 지역에서 거주하고 있어요.

＊ 미아리고개와 미인도

원래 '아름다운 미아리고개 친구들'이라고 해서 '아미고'라는 워킹그룹이 있었어요. 아미고는 미인도라는 공간을 어떻게 운영할 수 있을까를 논의하는 모임이었어요. 동네 중학교·초등학교 친구들, 성신여대 학생들, 예술가, 활동가, 기획 행정가들이 모여서 논의를 하는 모임이었죠. 이때 함께하는 동료들과 협동조합 '고개엔마을'을 만들고 지금까지 미인도를 기반으로 활동하고 있어요.

＊ 공간 '지하소굴'의 탄생

아미고 모임 초반에 우리만의 공간이 없어서 다른

[그림 3]
2021년 공유성북원탁회의 모임 포스터
김인규 제공

시설에서 모임을 갖곤 했어요. 그러다 우리만의 공간이 있어야겠다 싶어 마을통장님의 소개를 받아 '지하소굴'을 만들게 됐어요. 처음에는 다른 협동조합 극단, 4개 단체가 같이 공유 오피스처럼 사용을 했었어요. 멤버들이 중첩돼 있기는 하지만 협동조합 고개엔마을, 협동조합 누리마실 친구들, 극단 청년단, 공연예술인노동조합이 같이 했었어요. 고개엔마을 친구들이 주로 공간을 사용했던 거 같아요.

거주공간과 생활

김인규는 돈암동에서 지역 예술활동을 전개하면서 이곳에 정착했고, 2020년 결혼 후 거주공간을 옮겨 현재까지 돈암동에 거주하고 있다. 처음 돈암동에 정착했을 때는 다세대 주택에서 혼자 생활했고, 결혼 후에는 지인

[그림 4] ▲
고개엔마을 놀이프로그램 '미인도 보물찾기'
김인규 제공

[그림 5] ▼
협동조합 고개엔마을 로컬랩 사업 소개
김인규 제공

을 통해 중개받은 복층 구조의 생활공간으로 이주해 생활하고 있다. 김인규는 돈암동의 장점으로 편리한 교통을 꼽았다. 그는 현재 거주하는 공간의 활용과 자주 이용하는 편의시설, 주민들과의 일화, 성북천과 번화가 풍경 및 변화에 대해 이야기해 주었다.

* 접근성이 좋은 동네

10여 년 전에는 집세가 저렴했다고 하는데, 지금은 집값이 많이 오른 상태예요. 성북에 있다가 잘 안 되면 미아로 갔다가 더 안 되면 수유로 가고, 더 안 되면 의정부로 간다는 쓴 농담을 예전에 들었어요. 여기가 비교적으로 다른 서울 중심가와 접근성이 좋고 번화가와 가까워서 많이 사는 것 같아요.

* 거주민들과 기존 주민들의 갈등

원룸촌이나 오피스텔이 생기면서 젊은 사람들이 늘어나고 이들과 활동시간대가 맞지 않아 갈등이 생기다 보니 주민들이 활동하는 단체에 대해 민원을 제기한다는 얘기를 들은 적이 있어요.

* 돈암동의 거주공간

처음에는 부동산을 통해서 가격이 싼 집을 선택했어요. 지금 집은 지인 소개로 들어가게 됐지요. 지인이 지금 집주인의 아들인데, 아내와 결혼과 신혼집에 대해 논의하고 있을 때 소개를 받았어요. 맘에 드는 집을 빨리 구하게 돼 결혼이 일사천리로 진행됐고, 현재까지 그곳에서 살고 있어요.

* 거주공간의 활용

저희 집이 복층인데, 2층은 일반 가정집처럼 돼 있고 1층은 원룸처럼 방 하나 있는 형태거든요. 그런데 그전에 살았던 분이 가운데를 터서 계단을 만들었어요. 그래서 2층은 생활공간으로, 1층은 사람들이 모일 수 있게끔 작업실 겸 모임공간으로 활용하고 있어요. 아내 역시 자기 친구 생일이면 우리 집에서 파티를 열기도 해요.

[그림 6]
2018년 삼선슬리퍼 활동 '동네사진관'
김인규 제공

＊ 주요 식자재 구입
반찬은 돈암제일시장에서 사거나 식자재 마트에서 사요. 간단한 과자들은 주변 마트에서 사고요. 이 동네에 식자재 마트가 많은 것 같아요. 저는 싸다고 생각했는데, 안산 출신인 제 아내는 물가가 비싼 동네라고 생각하더라고요.

＊ 하나로거리와 성북천의 변화
성북구 안의 번화가는 하나로거리가 거의 유일한 것 같아요. 지금은 성북천 따라 생기고 있긴 하지만요. 한 1~2년 사이에 카페가 많이 생겼어요. 아무래도 여대 앞이다 보니 미용실이나 네일숍도 많은 것 같아요. 또 머리 깎으러 갔다가 가격 때문에 되돌아오는 경우도 많았죠.

1.3 김인규의 돈암동: 사람 냄새가 나는 정감 가는 도시

김인규는 돈암동이 가진 매력을 지역의 명소나 특별한 공간이 아닌 '사람들'로 꼽았다. 그는 처음부터 이 지역에 연이 있는 것은 아니었지만, 지역 문화활동을 하면서 돈암 일대 주민들이 주는 인정에 심리적 안정감을 느꼈다. 그에게 단순히 공연해야 하는 공간이었던 돈암 일대는 지역 주민들과의 교류를 통해 안정감을 느낄 수 있는 거주지로 바뀌었다. 김인규는 돈암동 주민들에 대해 자신의 지역에 애착을 가지고 지역의 사건·사고와 자치활동에 적극적으로 참여하는 '마을 공동체'적 이미지를 떠올리곤 한다. 그가 생각하는 돈암동은 특별한 랜드마크나 명소는 없지만, 사람들이 지역에 애착을 갖고 서로 소통하면서 공간에 인간미를 불어넣는 공간이었다.

＊ 북정마을에서의 기억
처음에 북정마을은 내가 공연해야 하는 공간이었죠. 하지만 4년 동안 있으면서 주민들이 반가워해주시고, 저희도 프로젝트 끝나면 종종 가기도 했

[그림 7]
구술자의 구술을 토대로 작성된 돈암동의 문화예술공간
네이버지도 위 표시

죠. 한 번은 그 동네 어르신들끼리 싸움이 벌어졌는데 그 싸움을 제가 말리기도 했어요. 또 도움 필요하면 저희한테 연락을 주시기도 했었죠.

＊ 사람냄새가 나는 정감 있는 도시

저는 공연이 아니면 성북이라는 지역을 아마 몰랐을 거예요. 하지만 성북구, 돈암동을 떠올리면 지역적인 특색이나 역사적 자원보다는 여기서 같이 일했던 사람들이 많이 기억나요. 그래서 이 지역의 느낌은 처음 공연했던 북정마을에 계셨던 주민분들에게서 느꼈던 정감 있는, 사람 냄새가 난다는 느낌이 들어요.

＊ 특별한 명소가 없는 동네

개인적으로 동네의 명소는 잘 모르겠어요. 이 동네가 일제강점기 때 계획된 도시라서 집만 다닥다닥 붙어 있고, 대학가 근처라 대부분 원룸촌이 많죠. '동네의 명소다' '미학적이다' 하는 요소를 뽑기는 어려운 것 같아요. 다만 미아리고개에 있는 철교 위에서 보면 동네 전경이 한눈에 들어오는데 이것은 참 예쁘다고 말할 수 있을 것 같아요.

＊ 주민들의 애착과 적극적인 지역활동 참여

주민 자치회 활동을 하면서 느낀 것인데, 이 지역은 내 동네라는 애착을 가지신 주민분들이 많은 것 같아요. 동네에 오래 살았다 하더라도 그 동네에 어떤 애착을 갖고 활동을 하는 이들을 많이 못 봤거든요. 근데 그런 애착으로 활동해 주시는 분들이 많아요.

＊ 사람이 매력을 만들어 가는 도시

돈암동 지역의 매력은, 매력을 우리가 만들어 가고 있다는 점인 것 같아요. 지역 자체에 확 끌리는 매력은 없어요. 쉼터나 미인도라는 문화공유공간을 만들고, 그 의미를 우리가 직접 찾고 논의하는 것이 가장 큰 매력인 듯싶어요.

2. 모초롱

2.1 거주 계기와 기숙사 생활

모초롱은 2013년 성신여자대학교에 입학하면서 돈암동에 첫발을 디뎠다. 구술자가 입학할 당시 심리학과가 개설된 학교가 많지 않았는데, 심리학과가 개설된 학교 중 성신여자대학교가 가장 마음에 들어 입학을 결정했다고 한다. 성신여자대학교의 기숙사 시설은 교내에 위치한 내부 기숙사[2]와 학교 주변의 아파트나 오피스텔을 임대해 학생들에게 제공하는 외부 기숙사로 분류할 수 있다. 모초롱은 재학 시절 주로 돈암풍림아파트 등의 외부 기숙사에서 거주했고, 졸업 후 2016년 다시 돈암동으로 돌아와 빌라에서 거주하고 있다.

[2] 성미료, 성미관

＊ 거주 계기

원래는 대전에 살았어요. 학교 때문에 여기로 왔고, 전공은 심리학과였어요. 심리학과를 선택한 이유는 심리학이 여러 분야에서 쓰일 수 있으니까, 다양한 경험을 하고 싶어 심리학과를 선택했어요. 당시에는 심리학과가 개설된 학교가 많지 않았어

[그림 8]
성신여자대학교 인근에 설치된 외부 기숙사(일부)
네이버지도 위 표시

[그림 9]
성신여자대학교 정문

요. 그중 하나가 성신여자대학교였죠. 심리학과가 개설된 대학 중에서는 제일 좋았어요.

현재 성신여자대학교 주변 외부 기숙사는 총 6곳이 있으며, 모초롱은 돈암풍림아파트에서 가장 오래 거주했다. 모초롱이 입학할 당시 기숙사는 첫 학기에는 추첨제로, 이후에는 성적순으로 선발하는 형태였다. 외부 기숙사는 시설마다 주거 인원과 형태가 달랐다. 돈암풍림아파트의 경우 한 가구에 10명이 거주하는 형태였으며, 학내 기숙사의 사감과 방마다 선발한 도우미 학생을 통해 관리했다고 한다. 모초롱은 외부 기숙사 생활이 룸메이트의 선택권이나 통금시간을 제외하면 자취생활과 비슷했으며, 여러 명이 거주하는 형태였기 때문에 안정감을 가질 수 있었다고 기억한다. 반면 단체생활이었기 때문에 룸메이트와 갈등을 빚는 경우도 있었다.

＊ 성신여자대학교의 외부 기숙사

기존 기숙사가 수용인원이 부족하니까, 학교 주변 아파트나 빌라·오피스텔을 임대해서 학생들에게 공급하는 외부 기숙사가 있어요. 저는 돈암풍림아파트에서 살았어요. 외부 기숙사는 아파트형, 빌라, 오피스텔 등 그 형태가 다양했어요. 풍림아파트에는 이런 기숙사가 네 개 있었던 걸로 기억해요.

＊ 기숙사 선발 방식, 가격

기숙사는 입학 시에는 추첨제로 뽑았고, 다음 해에는 학점 순으로 뽑았어요. '외부 기숙사가 괜찮다'는 얘기가 학생들 사이에서 나오면서 점점 경쟁이 치열해졌어요. 기숙사비는 학기별로 지불하는데, 식비 제외하고 월 18만 원 정도 나왔던 걸로 기억해요.

＊ 외부 기숙사의 구조와 정원

제가 처음 살았던 기숙사는 아파트였고, 열 명이서

[그림 10]
성신여자대학교 앞 하나로거리
서울연구데이터베이스
서울연구원, 2014년

살았어요. 방이 네 개였는데, 큰 방에 네 명, 작은 방에 각 두 명씩 총 10명이 살았어요.

* 기숙사의 관리 체계

관리는 학내 기숙사의 상시 거주 사감님이 밤마다 나와서 체크하시고, 그걸 보조해 줄 수 있는 도우미를 호실마다 한 명씩 뽑아서 출입을 관리했어요. 청소 같은 것도 도우미 학생이 호실마다 다니면서 체크했었어요.

* 기숙사 생활

학내 기숙사식당이 있었지만, 음식은 주로 만들어 먹거나 배달을 시켜 먹었어요. 아파트라서 조리도구와 거실, 주방이 다 있어서 직접 요리해 먹는 경우가 많았어요. 통금시간이 있고 룸메이트를 선택할 수 없다는 점을 제외하고 외부 기숙사 생활은 거의 자취생활과 비슷했어요.

* 기숙사 생활의 장·단점

외부 기숙사는 학내 기숙사보다 자유로운 분위기라 좋았어요. 그리고 여대생들끼리 모여 있으니 위험하다고 느낄 수 있는 요소도 적어서 좋고, 밥 먹을 친구가 같이 있다는 것도 좋았어요. 그래서 저는 외부 기숙사 생활이 만족스러웠어요. 하지만 다른 호실의 경우에는 룸메이트끼리 서로 맞지 않아서 안 좋은 기억을 가진 친구들도 있었어요.

2.2 학교 주변 풍경

모초롱은 성신여자대학교 학생들이 주로 자취하는 구역과 자주 가는 음식점, 번화가, 통학로에 대해 설명해 주었다. 모초롱의 재학 시절 성신여자대학교 학생들의 생활반경은 학교 주변에서 크게 벗어나지 않았다. 학생들은 주로 동소문동6가와 성신여대입구역 4번 출구 부근 오피스텔에서 자취를 하고, 생필품은 근처 다이소나 미아나 보문쪽의 대형마트에서 구입한다고 한다. 또한

[그림 11]
구술자의 구술을 토대로 만든 성신여자대학교 학생들의 주요 이용장소
네이버지도 위 표시

정문 앞에는 저렴하고 좋은 음식점이 몰려 있어 학생들이 자주 이용했다. 특히 대표적인 번화가로 꼽을 수 있는 하나로거리는 주요 통학로 동선이자 쇼핑몰·음식점·카페가 밀집돼 있어 학생들이 자주 찾는 거리다. 모초롱은 하나로거리의 스타벅스, 탐앤탐스와 24시간 카페에서 공부를 하는 학생이 많아 시험기간이 되면 새벽에도 자리를 잡기 힘든 적이 많았다고 기억한다.

*** 성신여자대학교 학생들의 주요 자취 구역**

학생들은 동소문동6가 쪽이나 성신여대입구역 4번 출구 쪽 오피스텔에서 많이 자취했어요. 4번 출구 반대편에도 시티플레이스 같은 큰 오피스텔이 많았어요.

*** 생필품 구입**

다이소가 언제부터 있었는지 잘 기억은 안 나는데, 다이소 성신여대점을 이용했어요. 웬만한 건 다이소에서 사고 아니면 동네 슈퍼를 이용했죠. 이 주변에 대형마트가 없잖아요. 자취하는 학생들이 마트를 간다고 하면 미아 쪽이나 보문·청계 쪽의 이마트를 이용했어요.

*** 주요 통학로와 하나로거리**

1번 출구에서 내려서 하나로거리를 지나 정문으로 내려오는 길이 학생들이 주로 등교하는 라인이에요. 그래서 하나로거리에 쇼핑몰이 많은 것 같아요. 학생들은 주로 하나로거리에서 쇼핑을 했죠.

*** 학교 주변 음식점**

식사는 즉석 떡볶이나 닭갈비 같은, 여러 명이 나눠 먹을 수 있는 요리를 좀 많이 먹었던 것 같아요. 학교 다닐 때 사실상 애들이 가장 좋아하는 위치는 학교 바로 앞이었어요. 왜냐하면 이 주변 음식점 사장님들이 무심한 듯하면서 친절하셔요. 가격도 저렴하고 맛도 괜찮은 카페들이 정문 앞에 몰려 있었어요.

*** 자주 이용하는 카페**

주로 카페는 공부를 목적으로 가는 것 같아요. 스타벅스를 많이 갔죠. 왜냐하면 그냥 음료를 한 잔 시키고 오래 있어도 그렇게 막 방해받지 않고, 콘센트도 있고요. 성신여자대학교 근처에는 스타벅스가 두 군데 있는데, 시험 기간이면 제일 자리 잡기 어려운 곳이 이 두 곳이었어요.
24시간 카페들도 학생들이 많이 찾았어요. 탐앤탐스는 24시간 영업이라, 4층까지 있는데도 늘 사람이 많았어요. 새벽에도 항상 사람이 우글우글하고 시험 기간에는 자리가 꽉 찬 풍경을 볼 수 있던 곳이었죠.

2.3 모초롱의 돈암동: 교통이 편리하고 고요함이 매력으로 다가오는 동네

모초롱은 성신여자대학교 인근에 설치된 외부 기숙사에서 4년을 거주했고, 이후 서대문구에서 2년 정도 거주했다. 그리고 2016년 직장과 가까운 돈암동으로 다시 이주해 현재까지 거주하고 있다. 구술자는 교통이 편리하고 물가가 저렴한 점, 조용한 주택가가 많은 점을 돈암동의 장점으로 꼽았다. 또한 돈암동에 특별한 명소는 없지만, 최근 미아리고개와 성북천에도 예쁜 카페나 공방이 들어서기 시작하면서 갈 수 있는 곳이 확대되는 느낌을 받는다고 한다. 모초롱이 느끼는 돈암동은 특별한 명소는 없지만, 돈암동 성당의 종소리를 들으며 고요함을 즐길 수 있는 공간이었다.

*** 거주 형태와 재이주**

저는 4년을 외부 기숙사에서 살았고, 집세를 아끼기 위해 동생과 서대문구 쪽에서 2년 정도 살았어요. 그러다 2016년에 다시 이 동네로 돌아와서 학교 근처 빌라에서 살고 있어요.

*** 편리한 교통**

만약에 직장이 강남처럼 멀리 잡히더라도 저는 여

기서 좀 오래 살 생각이었어요. 왜냐하면 생각보다 성신여대입구역이 교통이 편리해요. 저는 가끔 식물 쇼핑하러 양재의 화훼단지에 가거든요. 거기도 한 번에 가는 버스가 있어요. 특히 저는 기차를 많이 타는데 서울역도 4호선 라인이잖아요. 그래서 갈아타지 않고 한 번에 갈 수 있다는 것이 꽤 큰 장점이죠.

＊ 저렴한 물가와 1인식 음식점

이 지역은 대학생들이 많이 있다 보니까 물가가 좀 저렴한 편이에요. 외식할 때 많이 느껴요. 또 컵밥이나 덮밥류 같은 혼자서 간단하게 먹을 수 있는 음식들도 많이 팔고 있죠. 저는 혼자 사니까 그 점

[그림 12]
돈암동성당 전경

이 잘 맞는다고 생각했어요. 앞으로도 2년은 계속 살 것 같아요.

＊ 고요함이 매력적인 도시

이 지역 명소는 생각나지 않아요. 하지만 저는 여기가 오히려 핫플레이스가 아니라서 살기가 좋아요. 하나로거리에서 조금만 넘어오면 조용한 주택가거든요. 카페가 있긴 하지만 시끄러운 유흥가가 아니다 보니 오히려 살기가 좋아요.

＊ 성북천 골목의 변화

요새 성북천을 따라 예쁜 카페나 가죽 공방이 있어서 구경하기가 좋아요. 저는 지도 앱을 켜고 이곳저곳 돌아다니는 걸 좋아하는데, 골목 사이사이가 좋고, 길 따라 걷는 게 좋더라고요.

＊ 미아리고개의 변화

미아리고개는 점집이나 부동산 그리고 폐가가 많은 느낌이었는데, 요새 예쁜 카페가 두 군데 생겼어요. 또 친환경 제로웨이스트숍도 생기고, 점점 재미있는 곳으로 바뀌어 가는 것 같아요. 골목골목에 갈 만한 영역이 많아지고 있다는 변화가 느껴져요.

＊ 돈암동 성당의 종소리

돈암동 성당에서 종 치는 소리가 좋아요. 제가 아는 건 6시인데, 일정한 시간에 맞춰서 또 치거든요. 성당의 종소리만은 변하지 않았으면 좋겠어요.

[그림 13]
봄, 겨울의 성북천 전경

마을지도 만들기

1. 김춘선 · 최점순

2. 고개엔마을 활동가

3. 고개엔마을 활동가

2021년 10월 20일에 돈암연구 지역활동가 2명과 협동조합 고개엔마을 활동가 7명이 모여 마을지도 만들기 활동을 하였다. 돈암연구 지역활동가인 김춘선과 최점순은 각각 엔젤오피스텔과 돈암안경원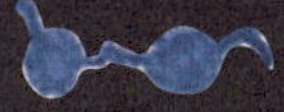을 운영하며 1953년과 1983년부터 동선동에 거주하였다. 협동조합 '고개엔마을'은 동선동3가 미아리고개의 '미인도'에서 고개장을 운영하며 문화예술을 통해 마을의 문화를 바꿔 가는 활동을 하고 있다. 우선 마을지도를 만들기 위해 활동가들이 생각하는 주요한 장소의 목록을 작성하였다. 작성한 장소목록을 참고하여 길과 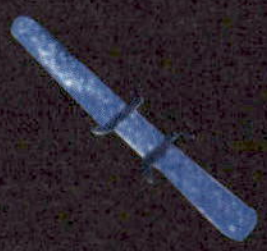 하천,  건물을 채워 넣어 3개의 지도를 완성하였다.

1. 김춘선 · 최점순 마을지도

첫 번째 지도는 돈암연구 지역활동가, 협동조합 고개엔마을의 활동가가 함께 작성한 지도이다. 지역활동가 김춘선과 최점순이 1980년대와 1990년대 초에 기억하는 동네의 장소들과 '미인도'나 '솔마트'처럼 현재 있는 장소들이 지도에 함께 표현되었다. 성신여대입구역에서 미아리고개로 가는 대로를 중심으로 들어서 있는 상가들이 구체적으로 그려졌다. 대로변의 상가 중에서도 1990년대에 지역활동가 최점순이 운영한 안경원이 있었던 블록의 상가들을 자세히 묘사하였다. 현재의 유타몰이 1983년에 지어지기 이전의 상가블록으로 대로변을 따라 돈암주유소, 간판집, 돈암지물포, 프린스양복점, 돈암안경원, 이화장, 성신안경, 돈암오락실, 화장품, 돈암통닭, 아메리카나(햄버거집), 온달통닭, 크라운베이커리가 있었다고 한다. 그리고 지도에 묘사된 미아리고개 주변은 도시한옥으로 가득 차 있는 주거지로 묘사되어 당시까지 도시한옥이 이 주변의 주된 주거 유형이었음을 알 수 있다.

토박이가 기억하는 장소가 담긴 마을지도

동네의 주요 장소

이름(가명)	지역 활동	동네의 주요 장소
김춘선(엔젤)	엔젤오피스텔 운영 1953년부터 동선동 거주	국민은행(최내과), 태극당(버거킹), 성신여대, 성신여중고, 돈암떡집, 토끼굴, 아리랑고개, 미아리고개, 미인도, 체육관건물, 원룸, 엔젤오피스텔, 동선오피스텔, 노인정
최점순	돈암안경원 운영 1983년부터 동선동 거주	온달통닭, 아메리카나, 돈암통닭, 화장품, 이화장(식당), 성신안경, 삼성전자, 돈암안경원, 프린스양복점, 돈암지물포, 간판집, 돈암주유소, 림스치킨, 돈암장갈비, 돈암꽃집, 야구연습장, 함흥냉면, 돈암만두, 신발·가방집, 크라운베이커리, 1층 이랜드옷가게, 2층 샘터다방(선 본 다방), 이랜드 옆 최내과, 태극당 예식장
이지영(지랭)	협동조합 고개엔마을 활동가	2층집 시바2마리, 모텔촌, 아크릴집(이사 가려고 했던 곳), 미고극장 뒤 샤워실 없는 집(이사 가려고 했던 곳), 통장님댁 화분(바질, 돈암안경점, 봉다리슈퍼, 해인사 1층(전셋집 알아본 곳), 돈암시장 감자탕집 앞 홍어집, 칼디카파, 봉제공장, 사나운 철물점, 순대차, 기타 치는 뽑기(달고나) 아저씨, 드림디포, 소금&도라네(카레집)

고개엔마을 활동가

2. 마을지도

공공장소, 맛집 위주의 현재 마을지도

두 번째 지도는 동선동에 거주하는 협동조합 고개엔마을의 활동가들이 작성한 지도이다. 활동가들은 오래전부터 거주하고 있는 사람들이 아니라 현재 시점에서 활동하고 있는 사람들이다. 그렇기에 주로 현시점의 성북천과 성신여자대학교 사이의 장소를 묘사하였다. 성북천과 성신여대 정문으로 가는 벚꽃길, 가로변의 가로수를 주로 표현하였다. 지도에서 큰 건물로는 성신여대, 돈암동성당, 유타몰, 성북구청 등의 장소가 보인다. 하지만 이를 크게 그리지 않고 있어 건축물보다는 벚꽃길과 가로수 등으로 대표되는 거리의 모습을 중요하게 표현한 것으로 보인다. 그리고 활동가들은 현재 성신여대입구역 근방에서 주로 활동하기 때문에 평소에 자주 다니는 카페와 음식점들의 위치를 세세하게 표현하였으며, 지도를 그리기 위해 작성한 장소목록에도 가장 많은 장소를 기입하고 있어 현재 이 지역의 장소를 영위하고 있는 사람들의 지역에 대한 인식을 보여준다.

동네의 주요 장소

이름(가명)	지역 활동	동네의 주요 장소
이채원(홀연)	협동조합 고개엔마을 활동가	성신여대, 성신여대입구역, 미인도, 지하소굴/돈암안경점, 칼디카파, 봉다리슈퍼, 마늘과올리브, 아리랑컵밥, 바람마당, 지상소굴, 아리랑시네센터, 제순식당, 지지고, 투고샐러드, 감닥, 소소카페, 빈틈, 김가네, 순대트럭, 모블러, 미고극장, 무지랑, 명랑핫도그, 에그드랍, 유타몰, 유타몰 옆 담배존, 청문공, 커피프라하, 이드애비뉴, 할리스 앞 포장마차, 대도마트, 봉골레 스파게티, 스머크와플, 노가리집, 매화부인예언가, 그레이카페, 조부장아저씨, 성신여대 앞 수녀원, bs유통, 아마스빈버블티, 그릭데이, 고씨네 메종드루즈
하장호(하마귀)	협동조합 고개엔마을 활동가	미인도, 지하소굴, 지상소굴, 유타몰, 미아리고개예술극장, 청문공, 한우식육식당, 돈암동성당, 박과장네 집, 엽떡, 김통(이사), 성북구청, 모블러, 쎄오쎄오, 담배존, 돈암시장, 오백집, 담쟁이덩쿨집, 봉다리슈퍼, 방이샤브, 방이샤브 앞의 집, 목욕탕집(카페), 세원약국네 2층집, 뜰안
추일범(츄)	협동조합 고개엔마을 활동가	돈암동떡볶이, 응담말, 돈암제일시장, 땡땡이분식, 컴퓨터크리닝세탁, 엔젤리너스, 유타몰, 신의주찹쌀순대, bs유통, 그 위 볼링장, 김통, 짱구분식, 커피나무, 미인도, 원불교, 성신여대입구역, 아리랑시네센터, 아리랑빵집, kfc, 황해옥감자탕, 구룡포횟집, 돈암동성당, 참나무 바비큐 숯불통닭, 롯데슈퍼마켓, 순대트럭, 흥부네식당, 아트박스, 빵굼터, 성신여고, 치킨마루, ost, 애슐리, 테드탁, 미스사이공, 매운창신족발, 코인빨래방, 할리스, 탐앤탐스, 또봉이통닭, 방이샤브, 대로변에 있는 미용실, 화방넷, 미아리고개예술극장, 블루레몬, 개구리분식, 땅콩빵, 올리브영, 롯데리아, 파파이스, 무중력지대

3. 고개엔마을 활동가 마을지도

동네의 주요 장소

이름(가명)	지역 활동	동네의 주요 장소
이민영(미냉)	협동조합 고개엔마을 활동가	성신여대입구역, 대도마트, 방이샤브, 지하소굴(돈암안경점), 미인도, 모블러, 오래누드김밥, 칼디카파, 동선동주민센터, 지상소굴, 드림디포, 성신여대 정문, 성북구청, 미아리고개예술극장, 아리랑시네센터, 아리랑시네센터 주차장, 아리랑 힐 호텔, 아리랑 빵집, 돈암시장
유희정(희왕)	협동조합 고개엔마을 활동가	미아리고개예술극장, 볼링장, 미인도, 모블러, 국시집, 성신여대로데오, 점집, 육효점 조형물, 구청 바람마당, 돈암시장, 계란빵집, 명랑핫도그, cgv/유타, 스타벅스, 대도마트, 그릭데이
장지원(쯔위)	협동조합 고개엔마을 활동가	대도마트, 드림디포, 미아리고개예술극장 위 다리, 삼거리식당, 빵굼터, 유타몰 안 스파오

세 번째 지도는 타 지역에 거주하는 협동조합 고개엔마을 활동가가 작성하였다. 지하철 4호선 성신여대입구역 중심으로 그려진 큰 길을 따라 성북구청, 돈암동성당, 성신여자대학교 등의 공공건물이 있다. 공공건물 외에는 활동가가 주로 방문하는 미인도나 안경집, 미아리고개예술극장 등 사무실 주변 장소들을 표현하였다. 그리고 그 외의 장소는 김춘선·최점순 지역활동가의 지도와 다르게 아파트가 크게 그려진 점이 대비된다. 이는 돈암지역의 주거 유형이 도시한옥에서 아파트로 바뀌었다는 사실과 함께 타 지역에서 돈암지역을 방문하는 사람에게 주변을 둘러싸고 있는 아파트단지가 강하게 인식되고 있음을 보여준다. 그리고 블록과 도로가 섞여 있는 다른 마을지도와는 다르게 대로를 중심으로 하는 묘사를 통해서 길을 중심으로 장소를 인식하고 있음을 보여준다.

큰 길과 공공장소 위주의 현재 동네 지도

우리동네 한바퀴

청소년 박물관 talk 톡 여름방학 특별프로그램

“다같이 그리자, 동네 한바퀴!” 돈암 일대

2021년 돈암 일대 서울생활문화자료조사에서는 서울역사박물관 교육대외협력과의 교육프로그램과 연계하여 마을지도그리기를 교육을 시도하였다. 돈암 일대에 거주하는 주민대상 마을지도그리기와 더불어 타 지역에 거주하는 학생들이 인식하는 돈암 일대는 어떤 이미지인지 지도를 통해 살펴보았다. 서울과 제주 소재 중학교와 고등학교에 재학하는 학생 총 12명이 참여하였으며, 7~8월에 5차에 걸쳐 진행하였다.
1차에서는 서울생활문화자료조사 사례와 돈암 일대 역사와 지역 현황을 소개하는 수업을 진행하였는데, 학생들의 대다수가 돈암 일대에 인상 깊은 부분이 ‘이층 한옥’이라고 답하였다.
2차부터는 본격적으로 마을지도그리는 방법과 기획안 작성법에 대해 교육하고, 개별 답사를 통해 최종 마을지도를 완성하였다.

일시 7. 30. / 8. 6. / 8. 13. 10:00~12:00
시간 10:00~12:00(2시간)
대상 중학생 2학년~고등학생 2학년(개인) (공공예약 신청자)
인원 12명
방법 ZOOM(줌), 네이버 밴드

수업 진행

1차 돈암 일대의 역사와 지역소개(연구책임, 정기황)
서울생활문화자료조사 사업소개(대치동 사례, 정수인 학예연구사)
2차 마을지도 사례 소개와 방식, 기획서 작성하기(매드맵)
3차 동네 인식하기, 무엇을 그려야 하는가?(매드맵): 지도 교재 제공, 기획서 자유 작성
4차 개별 돈암 일대 답사
5차 돈암 일대 마을지도 제출

학생들의 제작한 지도의 주제는 역사 2건, 문학 3건, 먹거리 4건, 지역소개 3건이었다. 지도에 나타난 장소를 확인해보면, 공공기관, 지역명소, 시장 등을 소개하는 부분이 가장 많았으며, 다음으로는 역사적 장소로 역사적 인물의 생가와 거주지가 소개되었다. 음식점과 문화시설도 학생들이 돈암 일대의 주요 장소로 표기하였다. 이들 중에서 가장 많이 거론된 장소는 '흥천사'로 총 6개의 지도에서 등장하였다. 차순위는 성신여자대학교이며, 돈암제일시장, 최순우 옛집, 권진규 아뜰리에, 미아리고개 노래비, 한중평화의 소녀상도 중복적으로 나타났다.

결과적으로 돈암 외 지역에 거주하는 학생들이 인식하는 이곳의 가장 상징적 장소는 '흥천사'와 '성신여자대학교'이며, 지역을 소개하는 주제로는 역사, 문화, 먹거리 등 다양하게 나타났다.

마을지도에 나타난 돈암 일대 주요 장소

분야	음식	역사	장소	문화시설	학교	문학 등	계
총 항목	**18**	**20**	**23**	**16**	**4**	**4**	**87**
소분류	음식점 10 편의점 3 디저트카페 5	조선시대 1 근,현대 11	공공기관 3 상업시설 3 시장 3 지역명소 3 지형지물 2 공원 3 주택 1	박물관 6 문화기관 7	대학교 1	영화 4	
특정 장소		흥천사 6 최순우옛집 3 미아리고개노래비 2 한중평화의소녀상 2	돈암제일시장 3	권진규 아뜰리에 3 아리랑 시네마센터 2	성신여자대학교 4		

이름 곽도현
학교 용강중학교 2학년
제목 돈암동 가볼 곳

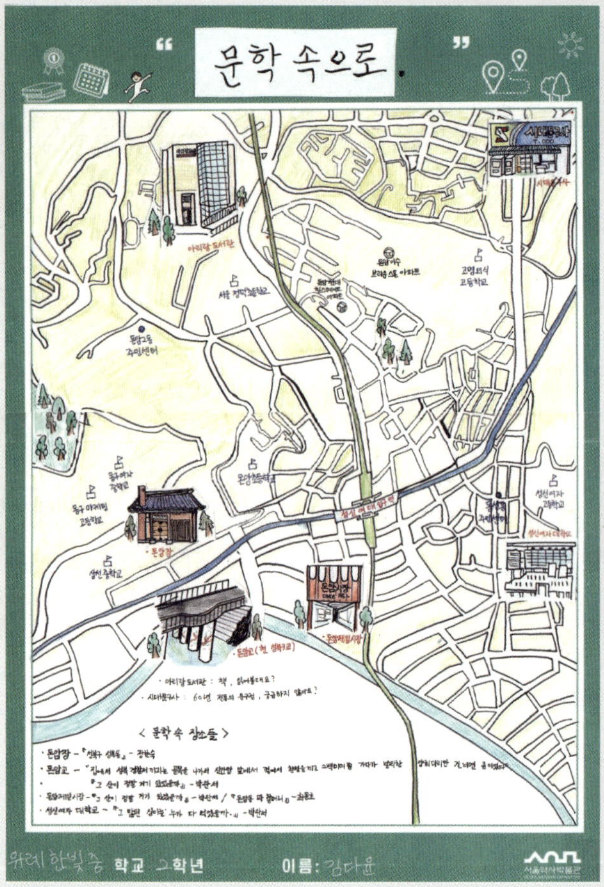

이름 김다윤
학교 위례한빛중학교 2학년
제목 문학 속으로

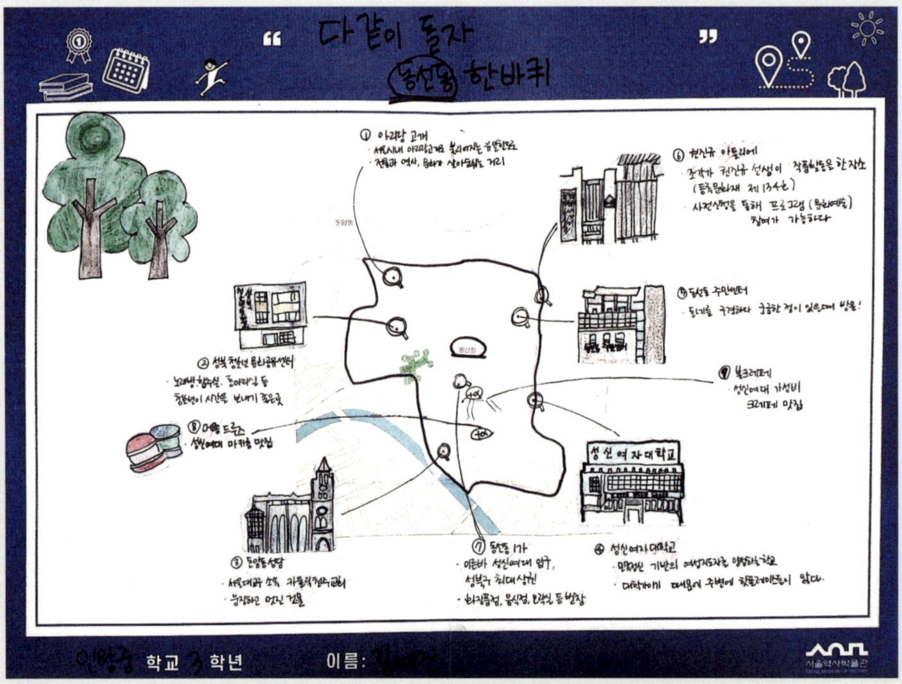

이름 김예진
학교 인왕중학교 3학년
제목 동선동 한바퀴

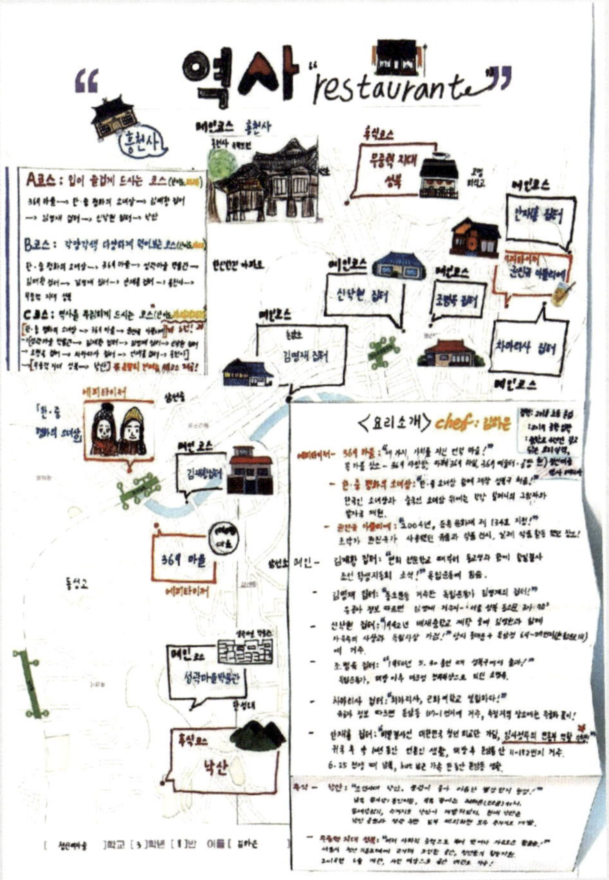

이름 김하은
학교 정신여자중학교 3학년
제목 역사 레스토랑

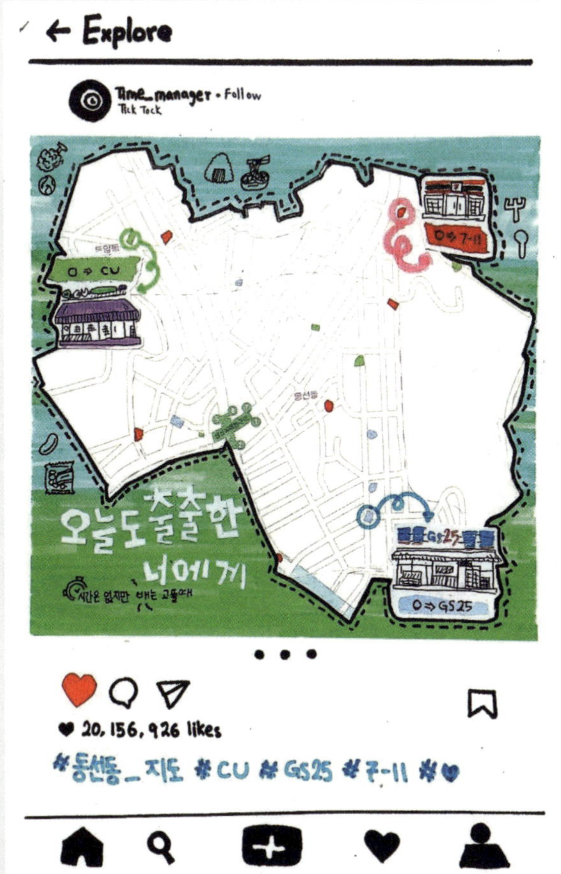

이름 김현승
학교 제주NLCS 2학년
제목 오늘도 출출한 너에게

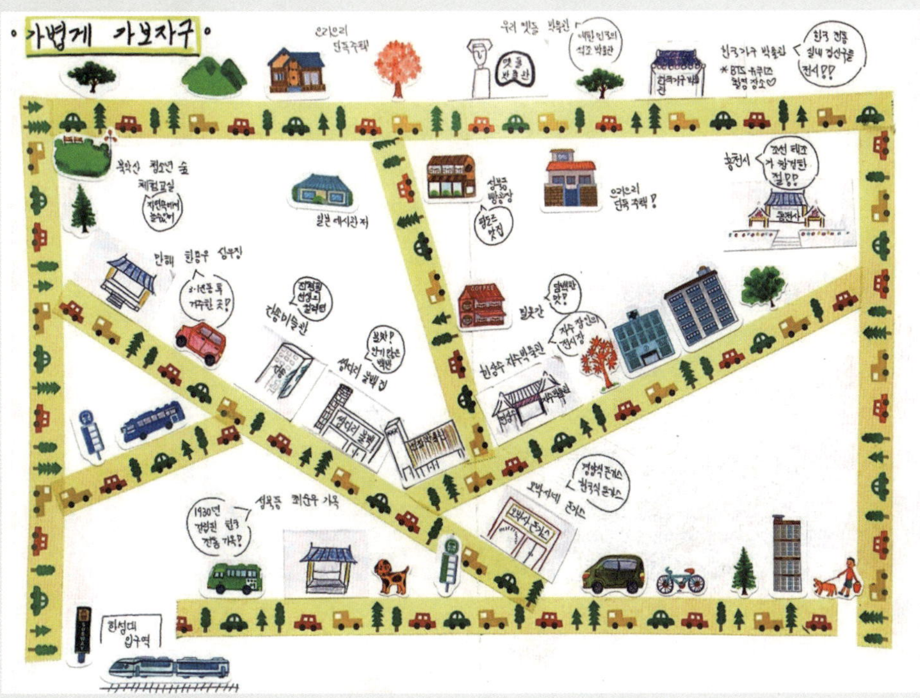

이름 민서현
학교 숭덕여자고등학교 2학년
제목 가볍게 가보자구

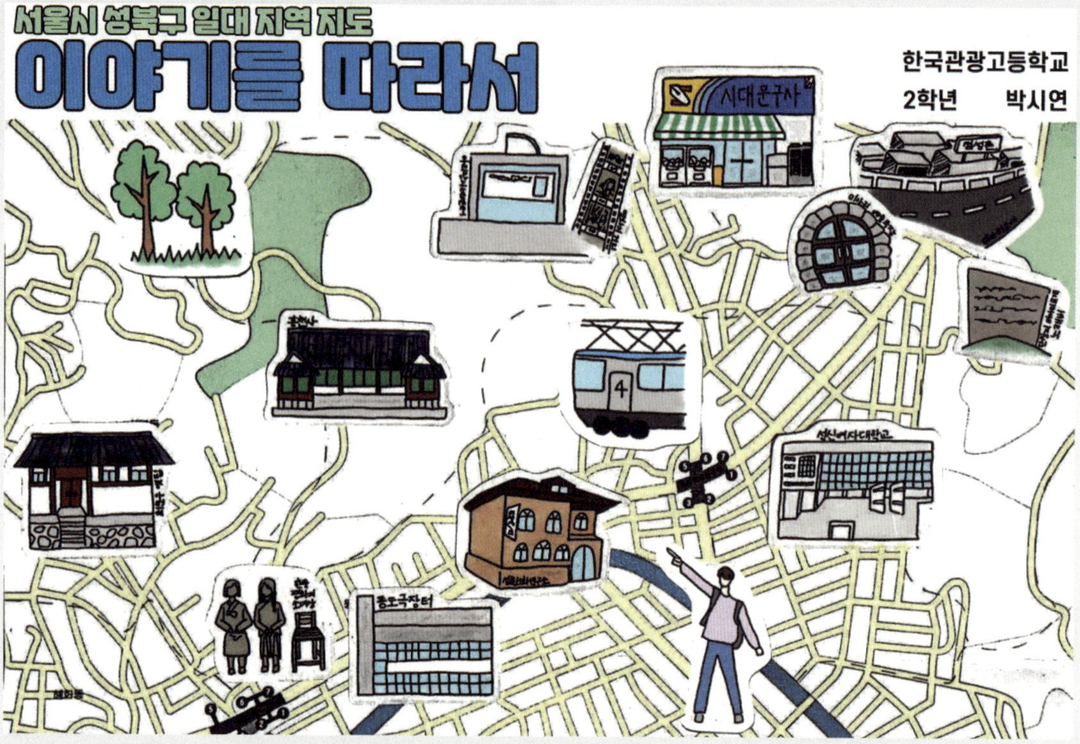

이름 박시연

학교 한국관광고등학교 2학년

제목 이야기를 따라서

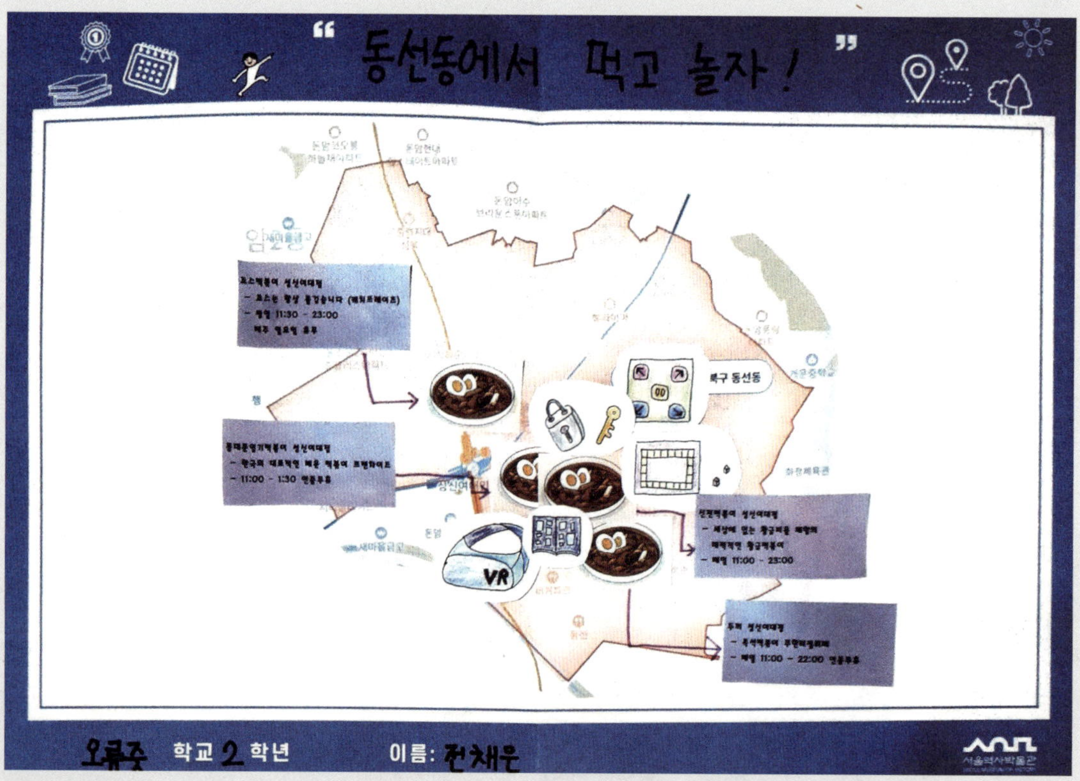

이름 전채은

학교 오류중학교 2학년

제목 동선동에서 먹고 놀자

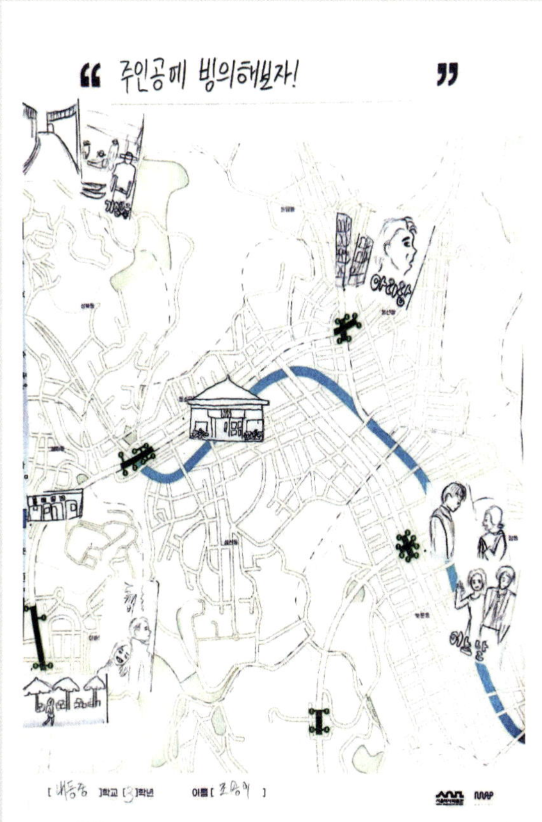

이름　조송이

학교　내동중학교 3학년

제목　주인공에 빙의해보자

이름　조은빈

학교　문산중학교 2학년

제목　냠냠 어디까지 먹어봤니

이름　지성훈

학교　경신중학교 2학년

제목　돈암동 (인싸의 거리)

이름　한종요

학교　철산중학교 3학년

제목　역사의 옛 돈암동

2021 서울생활문화자료조사

도성 밖 신도시
돈암

발행인 김용석
발행일 2022년 5월
발행처 서울역사박물관
03177 서울특별시 종로구 새문안로 55
museum.seoul.go.kr
T. 02.724.0274 F. 02.724.0206
제작 (주)사월오일
디자인 김은정, 여의주, 김유미
발간물등록번호 51-6110569-000329-01
ISBN 979-11-90480-62-8
978-89-91553-15-6(세트)